헨드릭슨 패턴 주석 시리즈

J.N.D. 켈리 성경주석

# 베드로전후서
# 유다서

헨드릭슨 패턴 주석 시리즈

J.N.D. 켈리 성경주석

# 베드로전후서
# 유다서

J.N.D. 켈리 지음

전순영 · 김유배 옮김

AGAPE

[주]아가페출판사

# 「헨드릭슨 패턴 주석 시리즈」 개정판을 내면서

온전한 그리스도인이 되기 위해서는 하나님의 말씀에 바로 서야 한다. 성경을 가르치고 설교하고 연구하고 해석하고 묵상하는 모든 이들은 거룩한 계시의 말씀인 성경에 대한 신학적 이해를 바로 세워야 한다. 현대 사회는 세속적 인본주의 세계관, 뉴에이지 세계관, 포스트모더니즘 세계관 등 비기독교 문화와 사상에 잠식되어 있다. 그리스도인은 세상의 기준에 흔들리지 않는 올바른 기독교적 가치로 무장하고 이 시대에 예수 그리스도를 바로 증언할 수 있어야 한다. 기독교 신앙의 본질이 되는 것은 무엇보다도 성경 말씀에 대한 바른 이해와 적용이다.

아가페 출판사는 1988년에 소명의식을 갖고 다년간의 노력 끝에, 복음주의적인 주석으로서 권위를 인정받고 있는 윌리엄 헨드릭슨 신약주석 전 20권(원서는 전 11권) 초판본을 이미 한국 교계에 내어놓은 바 있다. 그러나 애석하게도 헨드릭슨 박사는 로마서 주석을 마지막으로 집필하시고 1982년에 하나님의 부름을 받으셨다. 따라서 아가페 출판사는 헨드릭슨 박사가 미처 저술하지 못한 신약 주석–사도행전·고린도전후서·히브리서·야고보서·베드로전후서·유다서·요1·2·3서–을 그 분야의 고전적인 주석으로 평가받고 있는 책 중에서 엄선하여 10권을 번역해서 1988년에 헨드릭슨 신약주석 20권과 함께 전 30권으로 번역·출간하였다.

1988년으로부터 주석서 발행 20여년이 지난 지금 본사는 「헨드릭슨 패턴 주석 시리즈」라는 이름으로 신약 주석 30권에 대한 재발행 작업을 추진하게 되었다. 새롭게 개정하는 「헨드릭슨 패턴 주석 시리즈」의 내용은 1988년 초판본과 동일하되, 기존의 우리말 번역에서 예스러운 표현이나 낯선 한자어는 현재의 한글맞춤법을 기준으로 순화하여 독자들이 읽기에 편하게 조정하였다.

헨드릭슨 박사의 20권 주석 외에 그 분야의 고전으로 인정받는 나머지 10권의 주석서들은 하나님의 말씀이 바로 선포되고 해석되기를 열망하는 학계와 교계의 조언과 추천을 십분 받아들여서 엄선된 것들이다(사도행전–F.F. 브루스 ; 고린도전후서–찰스 핫지 ; 히브리서–존 브라운 ; 야고보서–토마스 맨튼 ; 베드로전후서·유다서–J.N.D. 켈리 ; 요한1·2·3서–F.F. 브루스). 이 10권의 주석서들은 한 신학자의 저작이 아니라, 각각 영어 문화권에서 가장 훌륭하다고 인정받고 있는 성서 해석학자 및 조직 신학자들이 하나님의 말씀을 사모하는 마음으로 오랜 기간에 걸쳐 심혈을 기울여 저술한 책들이다. 사실 이 주석 시리즈 가운데 히브리서와 야고보서는 저술 연도가 다소 오래되기는 했지만, 아직도 해당 분야의 고전으로서 확고한 위치를 차지하고 있다.

엄선된 주석 시리즈는 헬라어 원문의 의미와 구문상의 관계를 충분히 검토하고, 저자 문제를 비롯한 서론상의 여러 가지 문제점들을 다양하게 다루고 있으며, 교회가 처했던 역사·문화·사회적 배경 등을 학문적으로 충실히 다루고 있다. 그러므로 이 주석 시리즈는 성경 저자들이 의도하는 바를 여러 가지 측면(본질적인 측면과 상황적인 측면)에서 올바로 해석·적용시켜 주는 해당 분야의 고전적인 주석서들–최근에 이르기까지!–이라고 평가할 수 있다. 그리고 이 주석서들은 신학계의 여러 석학들이 올바른 신앙과 심오한 학문·경건한 생활에 근거하여 저술하였으므로, 독자들은 안심하고 이 주석 시리즈에 제시된 하나님의 말씀에 마음을 열 수 있을 것이다. 왜냐하면 이 주석 시리즈에는 성경 본문과 상관없는 지나친 영적 해석이라든가, 하나님의 신비로운 지혜를 알지 못한 채 인본주의적인 해석 원리를 적용하는 과오가 없기 때문이다.

2014년 개정판의 가장 큰 특징은 「개역개정판(4판)」으로 주석서의 성경 본문을 전면 수정하고, 본사의 원문번역성경인 「쉬운성경」 본문을 새롭게 추가하여 성경 본문에 대한 이해도를 높이고자 기획한 것이다. 그 결과로 2014년「베드로전후서·유다서」를 개정판의 첫 열매로 한국 교계에 내놓게 되었다. 「헨드릭슨 패턴 주석 시리즈」는 신약 주석 30권으로 목표로 앞으로도 계속 발간될 예정이다.

헨드릭슨 패턴 주석 시리즈를 다시 새롭게 출간하도록 은혜를 베푸신 하나님께 우선 감사드리며, 아울러 이 시리즈가 출간되는 데 여러 분야에서 수고하고 봉사한 분들께 감사드린다. 그리고 아가페 출판사가 의도하며 기도하는 것 이상으로, 이 시리즈를 통하여 하나님의 말씀이 이 땅에 올바로 심어져 아름다운 꽃들을 활짝 피우고 좋은 열매들이 풍성히 맺히기를 바라는 마음 간절하다.

헨드릭슨 패턴 주석 시리즈 번역위원회

발행인 정 형 철

# 서 언

본서에 포함된 세 서신에 관한 새로운 주석서를 내놓는 것이 현시점에서 독자들에게 도움이 되기를 바란다. 베드로전서를 연구하는 영어 문화권 내의 독자들은 이 서신에 관한 셀윈(E. G. Selwyn)과 베어(F. W. Beare)의 명저를 접할 기회가 있었겠지만, 이 주석서들은 각각 1946년과 1947년에 출간된 것들로서, 그 후 베드로전서에 대한 격렬한 논쟁이 끊임없이 확대되어 왔다. 본 서신에 관한 간결하고 훌륭한 주석서들(그 중 하나를 특별히 언급한다면 A. M. Stibbs의 주석서를 들 수 있다)이 간간이 나왔지만, 그 주석서들이 다루는 범위는 한결같이 제한되어 있다. 한편 상당히 제한된 범위를 다루는 간략한 주석서들 이외에는 베드로후서와 유다서는 베드로전서에 비해서 더욱 소홀히 취급되어 왔으며, 모팻(J. Moffatt, 1928)과 완드(J. W. C. Wand, 1934) 이후 영어 문화권 주석가들은 베드로후서와 유다서를 사실상 소홀히 여겨 왔다. 이는 실로 유감스러운 일이다. 왜냐하면 이 서신들은 베드로전서에서 찾을 수 있는 것 같은 몇 가지 훌륭한 특징은 결여되어 있지만, 사도 시대 직후의 기독교 발전 모습에 관하여 몇 가지 흥미로운 견해를 제시해 주기 때문이다.

이상의 세 서신에는 특별히 난해한 점들이 포함되어 있다. 나는 종종 복잡하고 난해한 문제들을 가려내어, 쉽지 않은 일이었지만 가능한 한 알기 쉽고 명확하게 설명하려고 노력하였다. 그렇다 하더라도 구문의 해결하기 어려운 점들과 모호한 단어의 배경 등을 설명함에 있어서, 헬라어를 잘 모르는 독자들에게는 다소 전문적인 논쟁이라고 여겨지는 부분도 있을 것이다. 그렇지만 본문의 의미를 명확하게 알기 위해서는 이러한 논란을 회피할 수 없을 것이다. 논란이 되고 있는 구절들의 명확한 의미를 알기 위해 애쓰는 과정에서 많은 유익을 얻었으므로 나는 신학 연구생들도 이러한 작업을 더욱 끈기있게 계속하여 동일한 유익을 얻기를 권한다. 내가 개인적으로 특별히 아쉽게 생각하는 것은 이 한 권의 책으로 세 서신에 대해서 내가 원했던 만큼 철저하고 상세히 다룰 수 없었다는 점이다. 또한 성경 본문을 가능한 범위 내에서 문자적으로 번역할 필요가 있었기 때문에 원문에 담긴 문체상의 여러 가지 흥미로운 특징을 제대로 전하지 못했다는 것이다.

신약에 대해서 주석하고자 하는 모든 이들의 경우와 마찬가지로, 나는 이전의 탁월한 주석가들의 저서에서 많은 도움을 받았다. 베드로전서에 대해서 빈디쉬와 프라이스커(Windisch-Preisker), 크노프(R. Knopf), 셀린(E. G. Selwyn), 베어(F. W. Beare), 쉘클레(K. H Schelkle), 그리고 스피크(C. Spicq)의 명주석서에서 특별히 많은 도움을 받았다. 가장 많은 도움을 얻은 개별적인 주제에 관한 연구 논문은 벧전 3:18-4:6에 관한 달톤(W. J. Dalton)의 탁월한 논문이다. 비록 초고가 완성된 직후에 이 논문을 입수하게 되었지만, 이 논문의 전반적인 논지(論旨)는 내 자신이 자신이 취하고 있는 입장과 상당히 일치했다. 따라서 달톤의 여러 가지 예리한 통찰력을 본 저서를 마무리하는 작업을 할 때 참조할 수 있었다. 한편 베드로후서와 유다서에 관해서 가장 큰 도움을 제공한 저서들은 코노프(R. Knopf)와 쉔느(J. Chaine)의 저서이다.

노고를 아끼지 않고 베드로전서의 서론을 통독해 주고 통찰력 있는 논평을 해줌으로써 나에게 많은 도움을 준, 트리니티(Trinity) 대학 동기요 친구인 훌덴(J. L. Houlden) 목사에게 사의를 표한다. 또한 내가 본 총서 중 2권을 맡아서 저술하도록 권고하여 교부 시대에 관한 연구에서 잠시 주의를 돌려 신약을 좀더 탐구하도록 한 편집장 채드위크(Henry Chadwick) 교수에게 특별히 사의를 표한다. 나는 형 엔·디·켈리(Nevill Davidson Kelly)와 누이 맥크레켄(Marjory McCracken)과 그들의 가족에게 특별히 감사의 마음을 표한다. 지난 여름 내가 에딘버러(Edinburgh)와 켈소(Kelso)에 있는 그들의 집에서 오랜 기간 타자를 치며 주석 작업을 하는 것을 그들이 기꺼이 허락해 주었다.

저자 J.N.D 켈리

# 차 례



## 베드로전서

## 베드로후서 · 유다서

# 약어표

## 1. 일반 문헌

| | |
|---|---|
| A.V. | Authorized, or King James, Version of the Bible |
| CIG | Corpus Inscriptionum Graecarum |
| CIL | Corpus Inscriptionum Latinarum |
| Corp. Herm. | Corpus Hermeticum |
| LXX | Septuagint (Greek version of the Old Testament) |
| m(e.g. AVm) | Alternative reading in margin or footnote |
| Moffatt | James Moffatt's translation of the Bible |
| MS(S) | Manuscript(s) |
| NEB | New English Bible (New Testament) |
| NT | New Testament. |
| Old Latin | Pre-Vulgate Latin versions of the Bible |
| OT | Old Testament |
| Pap. Hib. | Collection of papyri found at El-Hibeh |
| Pap. Oxy. | Collection of papyri found at Oxyrhynchus |
| PG | *Patrologia Graeca*, edited by J.P. Migne |
| RSV | Revised Standard Version of the Bible |
| RV | Revised Verson of the Bible |
| SB | Strack-Billerbeck: *Kommentar zum Neuen Testament aus Talmud und Midrasch* |
| TWNT | Kittel-Friedrich: Theologisches Wörterbuch Neuen Testament |
| Var. lect. | Variant reading |
| Vulgate | The Vulgate (Jerome's Latin version of the Bible) |
| ZNTW | *Zeitschrift für die neutestamentliche Wissenschaft* |

## 2. 저자의 이름 없이 인용된 정경 이외의 저서

| | |
|---|---|
| Apoc. Bar. | The Syriac Apocalypse of Baruch (2 Baruch) |
| *Apoc. Pet.* | The Apocalypse of Peter |
| Asc. Is. | The Ascension of Isaiah |
| Ass. Mos. | The Assumption of Moses |
| *Barn.* | The Epistle of Barnabas |
| 1 *Clem.* | The First Epistle of Clement |
| 2 *Clem.* | The Second Epistle of Clement |
| *Cod. Theod.* | The Theodosian Code |
| *Const. Apost.* | The Apostolic Constitutions |
| *Did.* | The Didache, or Doctine, of the Twelve Apostles |
| *Didasc.* | Didascalia Apostolorum |
| 1 En. | 1 Enoch (the 'Ethiopic Enoch') |
| 2 En. | 2 Enoch (the 'Slavonic Enoch') |
| *Ep. ad Diogn.* | The Epistle to Diognetus |
| *Ep. Apost.* | The Epistle of the Apostles |
| *Ep. Arist.* | The Letter of Aristeas |
| Jub. | The Book of Jubilees |
| 3 and 4 Macc. | The Third and Fourth Books of Maccabees |
| *Mart. Polyc.* | The Martyrdom of Polycarp |
| Orac. Sibyll. | The Sibylline Oracles |
| *Pass. Perp. et Fel.* | The Passion of Perpetua and Felicitas |
| Ps. Clem. *Hom.* | The Pseudo-Clementine Homiles |
| Ps. Clem. *Recog.* | The Pseudo-Clementine Recognitions |
| Ps. Sol. | The Psalms of Solomon. |
| 1QGnApoc | Qumran: Genesis Apocryphon. |
| 1QH | Qumran: Hymns |
| 1QM | Qumran: War Rule |

| | |
|---|---|
| 1QpHab | Qumran: Commentary on Habakkuk |
| 1QS | Qumran: Community Rule |
| 1QSa | Qumran: Rule Annexe |
| 1QSb | Qumran: Book of Blessings |
| 4QpHos | Qumran: Commentary on Hosea |
| 4QpNah | Qumran: Commentary on Nahum |
| 4QpPs37 | Qumran: Commentary on Psalm xxxvii |
| 6QD | Qumran: Damascus Documnet |
| Targ. Onk. | Targum of Onkelos |
| Test. Reub. etc. | The Testaments of the XII Partiarchs |
| *Vit. Ad. et Ev.* | The Life of Adam and Eve |
| *Vit. Cypr.* | The Life of Cyprian |

3. 사본들

사본들의 참고 목록은 최소한으로 줄였다. 다음은 인용된 약자 표기들이다.

| | |
|---|---|
| Pap. 72 | Papyrus Bodmer vii-ix (3rd cent.) |
| Codex Sin. | Codex Sinaiticus (4th cent.) |
| A | Codex Alexandrinus (5th cent.) |
| B | Codex Vaticanus (4th cent.) |
| C | Codex Ephraemi rescriptus (5th cent.) |
| K | Codex Mosquensis (9th cent.) |
| L | Codex Angelicus (9th cent.) |
| P | Codex Porphyrianus (9th cent.) |
| 69 | Codex Leicestrensis (cursive: 15th cent.) |

# *1Peter*

●

## 베드로전서 주석

# 베드로전서 서론

## 1. 개요

베드로전서는 목회적인 측면에서 가장 우리의 관심을 불러일으키며 또한 확신으로 가득 찬 신약의 문서들 중의 하나이다. 이 서신에는 당시에 잔인한 학대와 박해로 말미암아 어려움을 겪고 있던 소아시아 지역의 그리스도인 공동체에 보내는 사도 베드로의 격려의 메시지가 담겨 있다.

또한 베드로전서는 신자들에게 그리스도인들로서 그들은 하나님이 선택하신 백성이며, 그들이 받고 있던 고난은 단지 일시적인 것으로서 신자들의 믿음을 연단시키는 것에 불과하다는 점을 상기시켜 준다. 그리고 신자들의 대적자들을 멸망시킬 마지막 때가 가까이 왔으며, 만일 그들이 굳게 선다면 영원한 영광을 얻으리라고 말해 준다. 따라서 신자들은 악의와 오해로 인하여 낙심하기 보다는 생활의 모든 면에서 거룩한 부르심에 합당하게 행동함으로써 대적자들의 힘을 무력하게 해야만 한다는 것이다. 비록 그리스도는 죄가 없으셨지만, 그는 죽음을 인내로 받아들이셨으며 하나님의 뜻에 순종하셔서 악의 세력을 정복하시고 영광의 보좌에 오르셨다. 그러기에 신자들은 이러한 그리스도의 태도를 본받아야 한다. 왜냐하면 그들이 그리스도의 고난에 참여함으로 말미암아 그리스도의 승리를 함께 누리게 될 것이기 때문이다. 그러므로 신자들은 현재의 여러 가지 고난을 보다 견고하게 서기 위한 계기로 여김과 동시에 더욱 긍정적인 측면에서 그 고난을 기쁨으로 여겨야 한다는 것이다.

이러한 전체 내용을 고려해 볼 때, 베드로전서가 오늘날 그리스도인들이 직면하는 실제적인 문제들과도 매우 깊은 연관성을 갖고 있다는 것은 놀라운 일이 아니다. 언제나 그리스도인들은 이 서신을 통해서 그들을 도우시는 하나님의 능력을 체험해 왔다. 또한 그리스도인들이 여러 나라에서 실질적으로 박해를 받고 있으며, 그리하여 이웃 나라들에 사는 그리스도인들이 박해로 인해서 참된 신앙의 가치관을 갖고 사는 이들의 수가 점점 격감되는 현실을 안타깝게 심지어는 분개하며 바라보고 있는 이 시기에, 이 서신은 그리스도인에게 더욱 힘을 줄 것이다. 한편 베드로전서가 제기하는 흥미로운 문제들로 인해서, 신약을 연구하는 이들은 이 서신에 특별한 관심을 지니게 된다. 비록 그러한 문제들에 대한 결정적인 답변을 제시하지는 못한다고 하더라도, 적어도 이들은 그 문제들에 관하여 논쟁하는 과정을 통하여 초기 기독교에 관한 이해를 심화시킬 수 있을 것이다. 여기서 몇 가지 논점을 소개한다면 다음과 같다. 베드로전서의 저자는 과연 누구인가? 이 서신은 다른 신약성경들과 어떠한 관계에 놓여 있는가? 이 서신이 기록된 연대는 언제인가? 이 서신의 신학적인 특징은 무엇이며, 또한 이것은 저자의 개인적인 관점을 어느 정도까지 반영하고 있는가? 만일 저자가 전승 자료(traditional material)를 수집 및 편집했다면, 그 범위는 어느 정도인가? 그리고 독자들이 대강 읽어 보면 베드로전서가 문학적인 통일성을 갖고 있는 것처럼 여겨질 터인데, 과연 어떤 통일성을 갖고 있는가? 베드로전서는 본래 개별적인 문서들을 한데 결합시켜서 기록된 것인가? 그런데 이 서신의 1장 1절에는 수신자들이 언급되고 있다. 그렇다면 그들은 누구였는가? 또한 매우 중요한 문제로서, 그들은 과연 구체적으로 어떠한 박해를 당하고 있었는가?

이 모든 문제들은 서로 밀접하게 관련되어 있다. 따라서 우리가 위에서 제기한 어떤 질문에 답변을 제시한다면, 그것은 다른 질문들에 대한 답변을 내리는 데에도 영향을 미치게 된다. 비록 충분하다고 인정할 수는 없겠지만, 이 문제들은 서론의 제2항에서 제7항까지에서 다루어질 것이다. 그리고 특별한 점들은 주석의 해당 부분에서 좀더 상세히 취급될 것이다. 여기서는 교회사가 유세비우스(Eusebius. A.D. 260-340년경. *Hist. eccl.* iii. 3. 1)—이러한 문제들에 대한 그의 증언은 주의를 기울일 가치가 있다—가 베드로전서를 초기부터 받아들여져 온 문서들에 포함시킴으로써 이 서신이 정경이라는 것을 당연하게 생각했는데 이 점을 상기해 보는 것이 필요할 것이다. 사실상 베드로전서의 정경성 및 이 서신의 저자가 사도 베드로라는 점에 관한 최초의 증거는 성경 자체(참고. 벧후 3:1의 본문 및 각주-이 서신의 기록 연대는 가장 늦게 추정하더라도 2세기 초엽임)에서 찾아볼 수 있다. 서머나의 폴리캅(Polycarp)은 그의 빌립보 서신(*Letter to the Philippians*, 135년경)에서 여러 차례 이 서신의 내용을 인용하며, 유세비우스(Eusebius, *Hist. eccl.* iii. 39. 17)는 히에라폴리스(Hierapolis)의 파피아스(Papias, A.D. 60-130년경)가 이 서신을 사용하였다고 보고한다. 이 서신을 베드로가 썼다고 맨 처음으로 언급한 교부는 이레니우스(Irenaeus, *Haer.* iv. 9.2; 16.5; v.7.2: A.D. 185년경)이다. 알렉산드리아의 클레멘트(Clement, A.D. 약 150-212)는 그의 저서 *Hypotyposes*('원형' 또는 '모형')에서 이 서신에 대해서 논평하였으며, 그의 다른 저서들에서는 이 서신의 모든 장으로부터 인용하여 언급한다. 이상하게도 서방에서는 터툴리안(Tertullian)에 이르러서야 비로소 이 서신이 명백하게 언급된다. 그는 A.D. 210년경에 쓴 저서들(*De or.* xx; *Scorp.* xii. 2f.)에서 이 서신을 인용한다. 2세기 후반기에 로마에서 받아들여진 신약성경들을 목록에 기록한 무라토리 단편(Muratorian Canon)에는 이 서신에 대한 언급이 전혀 없다. 한편 모두 로마에서 저술된 헤르마스(Hermas)의 「목자서」(*Shepherd*, A.D. 140년경)와 영지주의의 「진리의 복음」(*Gospel of Truth*, A.D. 145년경)에는 이 서신의 내용을 반영하는 부분들이 있다.

## 2. 수신자

모든 사람이 일치된 견해를 갖고 있지는 않지만, 하여간 베드로전서는 자체의 결정적인 형식에 있어 진정한 한 편의 편지라는 것은 전혀 의심할 여지가 없다. 곧 베드로전서의 구성 요소가 어떠하든지, 또한 이 서신의 저작 연대와 저자에 관해서 어떠한 견해를 제시하든지 이것이 편지 형식을 취하고 있다는 사실은 명백하다. 서신으로서의 특징은, 감사에 대한 표현(1:3-12)이 뒤따르는 관례적인 인사말(1:1)과 실루아노와 마가에 대한 언급이 포함된 마지막 인사말(5:12-14)과 같은 외형적인 특징뿐 아니라, 이 서신의 구석구석에 담긴 목회자의 부드러운 음성과 같은 어조, 직접적인 권고의 말, "사랑하는 자들아"(2:11, 4:12)와 같은 어구가 반복되어 나타나는 점, 그리고 교회 지도자들에 대한 특별한 권고의 말(5:1) 등에서 발견할 수 있다. 이 서신의 저자와 수신자들이 서로 잘 아는 사이라는 것을 입증해 주는 자료는 아무것도 없다. 어쨌든 이 서신의 저자는 개인들에게 보내는 메시지를 회람의 성격을 띤 서신(a circular letter)에 포함시키지는 않았을 것이다. 그렇다고 저자는 일반적인 사항들만을 언급하지는 않는다. 이 서신을 자세히 살펴보면, 저자는 수신자들의 배경과 그들이 처해 있던 매우 고통스러운 상황에 대해서 정확하게 알고 있었음을 암시해 주는 구절들이 도처에 있다.

한편 수신자들이 속해 있던 공동체들은 광대한 지역에 흩어져 있었다. 본도와 비두니아, 갈라디아, 갑바도기아, 그리고 아시아는 1-2세기에 타우루스(Taurus) 산맥과 흑해 사이의 아나톨리아(Anatolia) 지역, 곧 오늘날 대부분의 터키 영토에 해당하는 로마 제국의 네 영토에 대한 명칭이다. 몇몇 학자들이 제의하였듯이, 만일 그러한 명칭들이 정치적인 의미보다는 통속적이거나 종족적인 의미로 사용되었다면 그 지역은 극히 제한될 것이다. 곧 갈라디아는 브리기아, 루가오니아 등의 지역들을 제외한 옛 북부 왕국을 가리키는데, 기원전 25년 로마의 속주로 병합되었다. 여기서 아시아는 그 지방의 북동 지역만을 가리킨다. 공식적으로 단일 영토의 지역들인 본도(Pontus)와 비두니아(Bithynia)가 개별적으로 언급된다는 사실이 이러한 해석을 지지하는 것으로 주장되어 왔다. 여기에 바울에 대한 언급이 전혀 없긴 하지만 어떤 이들은 베드로가 이 서신을 보낸 곳으로, 최초로 바울에 의해 복음화된 중심 지역(곧 이고니온과 에베소)을 포함시키는 것이 자연스러울 것으로 생각한다. 이러한 후자의 견해는 의문스럽다. 그러나 이러한 식으로 아시아를 제한시키는 의심스러운 타당성 문제는 논의에서 제외하기로 하자. 다만 특별히 이상의 네 지역으로 된 영토는 실제로 존재하는 지역이었으므로 로마에서 쓰여져서 발송된 것으로 생각되는 서신의 초두에서의 이러한 인사말은 그 당시의 사람들에게 네 지역들을 생각나게 했을 것이 당연하다(Strabo, *Geog*. ii. 5, 31; Cassius Dio, *Hist*. lxxi. 23). 우리는 어떻게, 그리고 누구에 의해 그렇게 되었는지 추측할 수 있을 뿐, 기독교가 왜 1세기의 60년대까지 흑해 일대와 갑바도기아의 목축에 적합한 산지 및 바위 투성이의 산기슭에 전해지지 않았는지에 대한 정당한 이유를 찾을 수 없다. 베드로 자신이 이러한 지역들에 이르렀을 가능성은 부정될 수 없다. 그러나 이와는 별개로 복음이, 바울에 의해 시작된 전도 여행에 의해 북부와 동부로, 우수한 교통 수단에 의해 매우 급속히 전해졌을 수도 있다.

사람들의 계속적인 이주의 결과로 아나톨리아에는 여러 인종, 문화 및 종교가 아주 잡다하게 섞여 있었다. 이곳(특히 아시아와 비두니아-본도)의 대다수 사람들이 오랫동안 철저히 헬라화되어 있었다. 그리고 토착민, 혹은 켈트 족이 왕성하게 번성한 지역에서도 확고한 헬라 문화가 적어도 도시들에서는 큰 영향력을 발휘했다. 회당을 소유하고 정부로부터 특권을 부여받았던 유대인들(Philo, *Leg. ad Gai*. 245; 281; Josephus, *Ant*. xiv. 110-118)은 거의 어디에서나 상업상 중요한 활동 영역을 크게 형성하였다. 누구든지 본 서신을 조급하게 읽는 사람들은(헬라 교부들, 에라스무스, 칼빈과 그 외의 사람들처럼), 베드로전서의 수신자들은 유대교에서 개종한 자들이라고 결론지을 가능성이 높다. 아무튼 그들(본 서신의 수신자들)은 '흩어진 나그네'라는 말로 문안 인사를 받는다(1:1). 그리고 본 서신의 기자는 구약을 많이 인용하여 유대인의 사상과 전통에 대한 직접적인 지식을 나타내는 것처럼 보인다. 그러나 이러한 결론은 잘못된 것이라고 할 수 있다. 수신자들 혹은 그들 중 대다수가 이교도의 배경을 갖고 있다는 것은 아주 확실하다. 이것은 그들이 조상으로부터 이어받은 삶의 무익한 방법(1:18)으로부터 구원 받았다는 것과, 전에는 '백성이 아니었던' 그들이 '이제는 하나님의 백성이 되었다'(2:10)는 것과, 전에는 그들이 이방인의 부정한 행실에 빠졌던 우상 숭배자들이었다(4:3, 1:14, 2:9, 3:5)는 것을 볼 때 확실히 드러난다. 그들을 가리켜 '흩어진 나그네'라고 부른 것은 구약 시대의 이스라엘의 경험에서 나온 말을 새 이스라엘인 교회에 적용해서 사용하던 초대 교회의 습관의 한 예(例)이다. 의심할 바 없이 그 자신이 유대인인 본 서신의 기자는, 구약은 그들의 교리 문답 훈련에 대한 성경적인 기초를 제공하였기 때문에, 또한 어쩌면 그들 중 다수인들이 기독교로 전향하기 전에 백부장 고넬료(행 10:2)처럼 '하나님을 경외하는 자들' 로서 회당에 자주 다녔기 때문에, 그들이 구약에 친숙할 것이라고 생각하는 것은 당연하다.

본 서신은 이들 그리스도인들이 각자의 거주지에서 소규모로 긴밀한 친교를 맺고 있다(2:17, 5:9에서 구체적으로 사용된 '형제애' 라는 말을 참조하라)는 인상을 준다. 만일 본 서신의 저자가 선택하여 말하는 내용이 믿을 만한 암시를 제공한다면, 그들의 사회적인 수준은 대체로 낮은 것이며(권고의 대상으로는 주인들이 아니라 종들이 나타나고 있다), 그들 중 대다수가 청년들이었다고 판단할 수 있다. 그러나 그들 중에는 유행하는 옷과 헤어 스타일로 단장하기도 하고, 여전히 이교도를 남편으로 둔 부유층 여인들도 있었다(3:1-6). 그들의 이전 우상 숭배와 세례에 대한 빈번한 언급은 그들 중 많은 사람들이- '너희에게 복음을 전한 자들' 에 대한 언급(1:12)이 암시하듯이-바로 최근에 개종하였다는 것을 의미하는 것 같다. 그들의 공동체들은, 지위(5:1)를 의미할 수도 있고 나이(5:5)를 의미할 수도 있는 말인 '장로들' 에 의해 구성되었다. 한편, 어떤 영적이거나 실제적인 '은사' 를 소유한 평신도들은 그것을 발휘하라는 권고를 받는다(4:10). 그러므로 그들의 공동체는 비교적 초보적인 단계에 머물러 있었는데(앞으로 제7항에서 보겠지만), 이것은 본 서신의 기록 연대에 대한 어떤 암시를 제공하는 것일 수 있다.

## 3. 박해

본 서신의 수신자들은 시련과 박해를 받고 있었거나 또는 언제라도 그러한 것들을 받을 가능성이 있다는 전제가 본 서신 전체에 걸쳐서 나타나는데, 그것은 때로는 명백하고 구체적으로 나타난다. 그리고 그리스도의 고난을 하나의 선례(先例)로 제시하면서 또한 그것을 확신의 근거로 삼는 저자의 권고를 강조하는 역할을 한다. 가능한 한 그들의 상황에 대해 정확한 평가를 하는 것이 무엇보다도 중요하다. 학자들이 각각 전혀 다른 견해를 취해 왔으므로 우리는 이제 관련된 절들을 면밀히 살펴보아야 한다. 대체로 여기에서는 답변을 요구하는 관련된 두 질문이 제기된다. 첫째는, 1:3-4:11에서 암시되는 박해가 실제적인 것인가 아니면 단지 잠재적인 것인가 하는 것이다. 왜냐하면 모든 학자들이 저자가 4:12 이하에서 가혹한 현실을 다루고 있음을 인정하면서도, 그들 중 많은 이들이, 전장(前章)들에서 기자는 대체로 만일의 경우들에 대해 말하고 있다고 주장하기 때문이다. 둘째는, 핍박의 성격에 관계된다. 곧 그것이 제국의 행정권에 의해 시작된 공식적인 박해인가, 아니면 근본적으로 그리스도인들 주위에 시민들의 악의에서 비롯된 개인적인-그러면서도 물론 시(市) 당국의 주의를 끌기에 충분했겠지만-학대로서 단지 특정 지방들에서만 발생한 것인가 하는 문제이다.

(1) 1:6에서 저자는 그의 수신자들이 여러 가지 시험에 의해 괴롭힘을 받으면서도 기쁨을 느끼고 있다는 사실을 감동적으로 강조한다. 그들이 기쁨을 느끼는 것은 그들이 썩지 않을 기업을 상속하도록 하나님께서 그들을 안전하게 지키신다는 것을 알기 때문이다. 저자는 그들의 시련이 어떤 모양으로 나타나는지에 대해서는 전혀 암시하지 않지만, 그들의 시련의 결과를 불이 금을 단련하는 것에 비유함으로써 그 시련의 가혹함을 강조한다. 많은 학자들은 여기서 저자가 실제로 일어난 어떤 특정한 박해에 대하여 말하는 것이 아니라, 다만 박해가 일어날 가능성이 아주 확실하다고 말하는 것이라고 주장한다. 그러나 이러한 것은 해당 절, 특히 겉보기에는 가정적인 '필요하면'(if need be)이라는 말에 대한 오해에서 비롯된 잘못된 해석이다. 여기서 '만일'(if)은 거의 '…이므로'(since)의 의미를 갖고 있다. 분사 '괴롭힘을 받아'는 시제로는 부정 과거이며, 오직 '비록 너희가 괴롭힘을 받아 **왔지만**'(although you *have been* distressed)을 의미할 수 있다. 더욱이 여기에서(6:1) 언급되는 고난이 현재 경험하고 있는 괴로운 현실이 아니라 장차 겪을지도 모를 어떤 것이라면, 1:3-12에서 전개되는 격려 메시지의 긴급성은 상실될 것이며 저자의 신학에서 빠뜨

릴 수 없는, 고난 중에서의 기쁨에 대한 역설은 흐려지게 될 것이다.

(2) 2:11 이하에서 저자는 이웃 이교도들이 그의 수신자들에게 '행악자들' 이라는 비방의 구실을 갖지 못하도록 가장 숭고한 수준의 행위를 진척시켜 나가도록 그들을 격려한다. 저자는 이를 서로에 대한, 그리고 황제, 통치자, 주인과 이방인 남편에 대한 관계의 적절한 태도를 개괄적으로 진술하는 일련의 절(節)들로써 힘써 마무리한다. 여기에서의 논지는 모든 사람에 대해 유순하고 자비로워야 한다는 것과, 어떠한 원한도 전적으로 삼가야 한다는 것이다. 덧붙여 저자는, 만일 그들이 선에 대한 열심을 보인다면 누가 그들을 해(害)하겠느냐고 묻는다(3:13). 이러한 물음은 명백히 수사적인 표현일 뿐이다. 비록 자신들의 의로운 행위로 말미암아 고난을 받는다 하더라도 그들은 두려워할 필요가 없으며, 도리어 그것을 그들의 특권으로 생각해야만 한다고 저자가 강조하는 것(3:14-17)은 더욱 실감나는 표현이다. 그리스도인으로서 자신들의 소망에 대해 설명하라는 요구를 받게 될 때마다 그들은 정중하고 공손하게 설명할 준비가 되어 있어야 한다. 만일 그들의 양심이 깨끗하다면 그들의 명백한 청렴은 비방자들을 부끄럽게 할 것이다. 부정 행위로 말미암아 고난을 받아야만 한다는 것은 의심할 바 없이 치욕스러운 일이지만, 그리스도의 본보기가 입증하듯이 의를 행함으로 고난을 받는 것(만일 그것이 하나님께서 뜻하신 것이라면)은 영광을 가져다 준다.

본 논법이 어색하게 되었지만, 우리의 관심을 끄는 점들은 쉽사리 해결될 수 있다. 첫째, 3:13-17에서 볼 수 있는 학대는 재판상의 고소와 정죄의 형식을 취하는 것일까? 여기에 사용된 단어는 언뜻 보기에 이를 지지하는 것 같다. 곧 '변호하다' (make a defence)와 '설명을 구하다' (call to account)라는 말은 (어떠한 종류의 법정인지는 분명치 않으나) 법률상의 소송 절차를 의미하는 것 같다. 그러나 그러한 말들은 반드시 그런 것을 의미하지는 않는다. 그러한 두 가지 표현은 다 묻는 자들(3:15)에게 믿음을 조리있게 설명하여 주는 것에 관계될 수 있으며, 이러한 일('조리있게 설명하여 주는 것')은 실로 '너희 소망' 이라는 말과 더 잘 일치한다. 왜냐하면 로마 제국의 법관들 앞에서의 재판에 관한 기록들은, 후자('설명을 구하다')가 그러한 물음들(3:15)과 관계되어 있었음을 가리키지 않기 때문이다. 더욱이 문맥(3:13-17)은 만연된 편견과 폭력으로 폭발할 수도 있는 비방과 더욱 잘 일치한다. 학대와 비방이 본 대목에서 언급되는 유일하게 구체적인 피해는 아니다. 본 대목은 극진한 용의주도함과 모든 도전에 대한 회피를 강조하는 앞서의 긴 대목과 분리될 수 없다. 의를 행함으로 말미암아 고난받음에 대한 조언(3:14)은 본질적으로 종들이 주인들에 의해 위협을 받을 때 그들에게 주어진 권고(2:20)를 재현하는 것과 동일하다.

둘째, 여기서 암시하는 학대는 단지 미래의 가능성으로 간주되는 것인가? 흔히 이것은 "만일 너희가 고난 받는다면"(3:14 참조)과 "만일 그러한 것이 하나님의 뜻이라면"(3:17 참조)이라는 가정법에서 도출되는 결론이다. 이것은 명백히 엄밀하게 구문론적으로 주장될 수 있는 부분이지만, 어떤 이는 이러한 결론이 당시의 상황에 대한 너무나 협소한 견해에서 야기되는 것은 아닐까 의심한다. 1:6은 그만두고라도 본 서신의 기자는, 그의 수신자들이 언제나 오해와 악의와 중상 가운데 사는 것이 그들의 현실이라는 것을, 2:12에서와 다양한 부류의 사람들에 대한 그의 권고에서 분명하게 밝히고 있다. 본 서신의 기자가 하고 있는 것은, 그의 독자들이 그러한 해악들을 더욱 격렬한 형식으로 촉발시키는 일을 방지하기 위해 가능한 모든 경계심을 발휘하도록 권고하는 것이다. 그들은 이 세상에서 최선의 뜻을 품고 살아간다 하더라도 완전하게 성공할 것 같지는 않다. 그렇기에 저자는 비록 그들에게 최악의 사건이 일어난다 하더라도 그들은 복되다는 사실에 대해 분명하게 진술한다. 미움과 멸시를 받는 소수의 무리의 삶을 비참하게 하는 것은, 최근의 역사가 확증하듯이, 냉대와 모욕과 학대가 매일매일 일어난다는 사실이 아니라(직접적으로 침해를 받는 개인들은 거의 없을 것이다) 예측 불허의 현 상황에서 누가 언제 또 다시 강타할지 아무도 모른다는 사실이다. 본 서신의 기자가 그들의 이교도 이웃들이 그들을 난잡한 방탕에 빠뜨리려고 했는데 그들이 거부함으로 인하여 분노하게 되었다는 것을 상기시켜 주고 있음에도 불구하고(4:4), 우리는 아시아 그리스도인들의 실제적인 곤경에 대해서는 이후의 몇몇 대목에 의해서만 어렴풋이 알 수 있을 뿐이다.

셋째, 4:12-19에서 기자는 그의 독자들에게 그들이 겪고 있는 격심한 시련에 대해 마치 이해할 수 없는 무엇이 자신들에게 일어나고 있다는 듯이 놀라지 말라고 명한다. 그것은 그들의 믿음을 시험하는 것이며, 그러므로 그들은 장차 올 영광에 대해 미리 맛봄으로써 그리스도의 고난을 함께 나눌 기회를 반가워해야 한다. 그는 그들 중 누구도 범죄자로서 고난받아서는 안 된다는 것과, 그리스도인으로서 받는 어떠한 고난에 대해서도 불명예로 여기지 말라고 역설한다. 심판의 때가 왔다. 그는 이미 4:7에서 마지막이 가까이 왔음을 지적하였다. 그리고 심판이 '하나님의 집' 곧 교회로부터 시작되리라는 성경의 가르침은 그들이 자신들이 선택된 이유를 이해하는 데 도움을 줄 것이다. 복음을 거부하는 자들에 대해서는 사태가 더욱 악화되어 갈 것이며, 그러므로 그 사이에 그리스도인들은 확신을 갖고 자신들의 영혼을 하나님께 맡겨야만 하며 선행을 계속해야만 한다.

본 대목의 문제는, 그것이 전장들(1-3장)에서와 동일한 상황을 다루고 있는가, 아니면 교회에 일어난 새롭고 더욱 격심한 일정한 난국을 다루고 있는가 하는 것이다. 많은 해석자들이 본 대목은 후자의 경우를 다루고 있다고 주장하고, 어떤 해석자들은 본 대목에서 다루고 있는 것은 본 서신에서 진술되는 실제적인 박해에 대한 최초의 언급이라고 부언한다. 그들은 다음과 같은 점들을 주장한다. (1) '불 시험' 은 특별히 가혹한 시련을 의미하는 것임이 틀림없다. (2) 그리스도의 이름으로 '그리스도인으로서' 받는 고난이란 곧 극형의 판결로 이끄는 형사상의 소송 절차를 의미한다. (3) 이러한 것은 A.D. 110년에 있었던 플리니(Pliny)와 트라얀(Trajan)의 서신 왕래-이 서신 왕래의 내용을 보면, 우리는 당시에는 그리스도인이 되는 것만으로도 범죄자로 간주되었다는 것을 알 수 있다-와 유사한 점에 의해 확증된다는 것이다(본서 p.48 이하를 보라). 부분적으로 이러한 주장은 고난에 대한 앞서의 언급이 실제로 일어난 사건들과는 전혀 관계없는 일반적인 것이라는 전제에 의존한다. 그러나 이를 의심하는 이유들이 제기되어 왔다. 이러한 견해가 타당하다고 주장하는 근거들은 '불 시험' 이라는 말을 원어의 의미에서 보다 훨씬 더 무서운 내용으로 보는 것과 이 말을 과장하여 번역하는 데서(F.W. Beare의 해석인 "너희 중에서 격노하는 불 같은 시련"을 참조하라) 비롯된다. 해당 절(4:12)에 대한 주해가 보여주고 있듯이 이 말('불 시험')은 단지 불에 의한 시험을 의미하며, 따라서 정확하게는 1:7에서 사용된 비유적 표현을 반복하고 있음을 의미한다. 이 말 자체는 우리가 보아 왔듯이 그리스도인을 향한 끓어 오르는 증오를 묘사한다.

이와 마찬가지로 범죄자로서 받는 고난에 대한 경고는 본질적으로 동일한 개념, 곧 2:19에서 언급되며 3:17에서 좀더 일반적으로 언급되는, 종들에 대해 주어지는 경고를 약간 변형된 어법으로 반복하는 것에 지나지 않는다. 그리스도인들의 고난을 살인자들과 도둑들에게 해당하는 형벌에 비교하는 것(4:15)은 기독교가 이제 사형에 처할 만한 불쾌한 것이라는 암시일 것이며, 그러한 비교는 동일한 기원을 특별히 강조하기 위해 사용되는 것으로 생각된다. "그리스도의 이름으로"(4:14) 고난받는 것이 특별한 의미로 해석되어서는 안 된다. 왜냐하면 1세기의 교회에서는 이러한 그리스도의 이름으로 고난받는 것이 본 서신 도처에서 나타나는 것과 동일한 학대를 묘사하는 보통 방법이었기 때문이다. 그 상황은 플리니(Pliny)가 묘사하는 것과 동일한 난제들이 그러하듯이(본서 p.48 이하를 보라) 주석에서 더욱 상세히 다루어질 것이다. 이러한 말이 갑작스럽고 전적으로 새로운 표현에 의해 가장 잘 설명된다는 견해는 또한 입증하기가 어렵다. '놀라지 말라' 는 말은 마비시킬 만한 충격을 의미하지 않으며, 단지 예의 바른 사람들이 하나님의 뜻을 성취하려는 자신들의 모든 노력이 이해할 수 없는 야만적 행위를 접하게 될 때 느낄 수밖에 없는 당황을 의미한다. 이 명령법이 부정 과거가 아니라 현재라는 사실은, 본 서신의 저자가 그의 독자들이 당혹스러운 상태에서 살고 있음을 알고 있다는 것을 암시한다. 이와 마찬가지로 '너희에게 일어난' (has happened to you) 대신에 '너희에게 일어나는' (happening to you)이라는 현재분사를 사용한 것은 그 고통스러운 경험이 새로운 것이 아니라, 그들이 익숙해져야만 하는 상황들 중의 하나임을 강조한다. 4:19에 나타난 적극적인 선행을 위한 격려의 말이 이를 입증하는데, 이는 이 말이 순교를 직면하고 있지 않음을 전제로 하기 때문이다.

넷째, 5:6-10에서 저자는 하나님께서 그들을 돌보신다는 것과, '잠시 고난을 받은' 후에는 그가 그들을 높이실 것임을 확신하면서 그의 독자들에게 하나님의 징계를 겸손히 받아들이도록 권유한다. 그들이 근신하고 깨어야 할 것은 마귀가 삼킬 자를 찾아 두루 다니기 때문이다. 그들이 이 세상에서 당하는 것과 동일한 고난을 동료 그리스도인들도 당한다는 것을 알고 정신 무장을 하여 마귀를 대적해야 한다. 마귀에 대한 언급은 그리스도인들이 늘 배교의 유혹이 따르는 박해를 받으며 살 수밖에 없다는 것을 암시한다. 그리고 그들의 고난이 잠시 동안이라는 확신은 이와 마찬가지로 종말이 가까이 왔다는 확신에 근거한 1:6에서의 유사한 확신을 상기시킨다. 이 마지막 진술은 매우 의미 심장하다. 왜냐하면 5:6-10에 대한 가장 명백한 해석에 의하면, 이것은 4:12 이하에서 언급된 고난들이 결코 예외적인 것이 아니며 다른 여러 경우에도 있을 수 있는 것임을 확증하기 때문이다. 해석자들은 이러한 결론을 회피하려고 애써 왔지만, 그러한 시도는 가상적(假象的)인 난제들에 근거할뿐더러 무리한 해석으로 귀결된다. 만일 이러한 결론을 받아들인다면 그것은 본 대목이나 또는 본 서신의 다른 부분들에서 언급된 고난은 명백히 국가적인 개입의 결과라는 설(說)에 대해 커다란 혼란을 야기할 것이다. 왜냐하면 어법상의 과장적인 표현을 인정한다 하더라도, 1세기 혹은 2세기에 로마 정부에 의해 시작된, 실로 광범위한 박해에 대한 증거는 없기 때문이다.

이제 우리는 이러한 분석의 결과를 요약할 단계에 이르렀다. 첫째, 저자는 서신 전체를 통하여 실제로 일어나는 박해 상황을 다루고 있다는 것이 명백하다. 그리스도인 공동체들이 1:3-4:11에서 참아야만 하는 혐의와 학대와 전반적인 악평은 바로 4:12 이하에서 언급되는 것과 동일하게 실재하는 것들이며 사실상 그것들과 동일한 것이다. 만일 4:12 이하에 강력하고 더 구체적인 치밀함과 더욱 긴급한 어조가 있다면, 이는 본 서신의 저자가 그의 메시지의 요점을 되풀이하여 말하는 것이며 선한 선생처럼 이(메시지)를 되풀이하여 더욱 철저히 하기 위해 점층법을 사용하고 있기 때문이다. 둘째로, 전체적으로 볼 때 본 서신의 언급은 박해가 주변 주민들의 적개심에서 비롯된 사적(私的)이며 국부적인 것이라는 분명한 인상을 준다. 본 서신에는 공식적인 박해에 대한 전문어들(διωγμός 등)이나 공식적인 고소(κατηγορία)에 대한 명백한 언급이 나타나지 않으며 투옥이나 처형에 대한 언급은 더더욱 나타나지 않는다. 우리가 접하는 묘사는 혐오, 와전(訛傳)과 적극적인 적의, 어쩌면 간헐적인 폭력을 동반하는 환경에서 살고 있는 소수의 무리에 대한 것이다. 지방 관리들의 행동 또한 제외될 수 없는 것은 공공연한 언쟁들에서 기인하는 무질서가 그들의 관심을 끌 수밖에 없었기 때문인데, 일반적으로 인류의 혐오자들이요 가능한 모든 죄를 범하는 자들로 간주되던 그리스도인들(Tacitus, *Ann.* xv. 44; Suetonius, *Nero*, xvi. 2)은 많은 동정을 기대할 수 없었다. 그러나 제국의 통치에 대한 저자의 태도는 긍정적이다. 저자는 제국의 통치가 공의를 베풀고 훌륭한 시민의 자격을 증진시키기 위해 존재한다고 생각한다. 그리고 저자는 제국의 통치가 반드시 기독교에 대해 적대적인 것이라고 생각하지 않으며 그것을 두려워하지 않는다.

## 4. 문학적 · 신학적 유사성

우리가 살펴보아야만 할 다음의 문제는 베드로전서와 그 외의 신약의 기록들 사이의 관계이다. 특별히 바울 서신과 베드로전서 사이의 유사성이 많이 강조되어 왔다. 어떤 학자들은, 만일 이 서신이 베드로의 이름으로 되어 있지 않았더라면, 우리는 이것이 바울의 제자들과 찬미자들 중 한 사람의 저작이라는 결론을 내렸을 것이 틀림없다고 못 박았다. 첫 인사말은 바울의 인사말들을 따서 기술된 것 같은 인상을 준다. 그리고 "그리스도 안에 있는"이라는 바울의 특징적인 표현법이 본 서신에서 세 번 나온다(3:16, 5:10, 14). 또한 여러 절들이 사상과 언어에 있어서 로마서를 연상시킨다는 설이 있는데, 다음 절들이 특히 그러하다. 1:14(롬 12:2); 1:22(롬 12:9); 2:5(롬 12:1); 2:6-8(롬 9:32); 2:10(롬 9:25); 2:13-17(롬

13:1, 3, 4, 7); 3:8, 11(롬 12:16-18); 4:7-11(롬 12:36). 또한 어법과 개념에 있어 밀접한 일치점들이 에베소서와 관련하여 발견된다. 1:3(엡 1:3); 1:10-12(엡 3:2-6); 1:20(엡 1:4); 2:1(엡 4:25, 31); 2:2-6(엡 2:18-22); 3:1(엡 5:22); 3:22(엡 1:20). 바울의 서신으로 인정되는 다른 서신들 및 목회서신과의 유사점은 다소 적은 듯하지만, 우리는 목회서신에서 다음의 절들을 뽑을 수 있다. 1:3-5(딛 3:4-7); 2:1(딛 3:3); 2:9(딛 2:14); 3:1-6(딤전 2:9-11). 마지막으로 베드로전서의 신학은 바울적인 신학-이 바울 신학에 대한 실례(實例)들은 신약의 다른 부분들에서는 다소 발견되지 않는다-으로 묘사되어 왔다. 예수의 고난의 구속적인 결과(2:24, 3:18, 4:13), 교회(2:4 이하), 그리스도와 함께 고난을 받음으로써 그의 영광에 참여하게 됨(4:13, 5:1) 및 구원을 이루는 그리스도의 부활(1:3, 3:21)에 관한 본 서신의 가르침이 이런 묘사의 타당성을 입증하기 위하여 인용된 내용이다.

베드로전서와 야고보서 및 히브리서 사이의 유사절들 중 다음의 절들은 야고보서와 본 서신 사이의 주목할 만한 구절들이다. 1:1(약 1:1); 1:6(약 1:2); 1:23(약 1:18); 1:24(약 1:10); 2:1(약 1:21); 4:8(약 5:20); 5:5(약 4:6); 5:9(약 4:7-10). 히브리서와 본 서신 사이의 유사절들로는 다음의 절들이 종종 인용된다. 1:1, 2:11(히 11:13); 1:2(히 12:24); 2:24(히 10:10); 2:25, 5:4(히 13:20); 3:9(히 12:17). 이외에도 공관복음서의 전승에 대한 지식을 무심코 드러내는 듯한 여러 구절들이 있다. 1:10(마 11:13, 13:17); 1:17(마 6:9); 2:7(마 21:42); 2:12(마 5:16); 3:9(마 5:44); 4:13(마 5:10); 5:8(마 5:25; 눅 18:3). 베드로전서는, 신약성경에 포함되지는 않았지만 1세기 기독교의 중요 문헌인 클레멘트 1서(95년경)와 밀접한 관계가 있다. 두 서신은 초기 기독교 문헌들에서는 거의 발견되지 않거나 전혀 발견되지 않는 인상적인 단어들을 포함하는 상당량의 어휘를 사용하고, 동일한 인사말로 시작하며, 그리스도인들을 가리켜 '나그네들' 이라고 말하고, 구약의 본문을 동일한 독특한 형식으로 인용한다(4:8: *1 Clem.* xlix. 5; 5:5: *1 Clem.* xxx. 2). 사상과 어법의 유사점을 보여주는 이외의 절들은 다음과 같다. 1:11(*1 Clem.* viii. 1); 2:9(*1 Clem.* lix. 2); 2:21(*1*

*Clem*. xvi. 17); 3:6(*1 Clem*. iv. 8; xxxi. 2); 5:1–5(*1 Clem*. lvii. 1).

어쩔 수 없이 불충분하고 선택적일 수밖에 없는 이 요약에 대해서 우리는 어떤 결론을 내려야 하는가? 우리는 여기서 클레멘트 1서를 더 이상 언급하지 않아도 좋을 것이다. 왜냐하면 베드로전서가 이 서신에 빚지고 있다는 견해가 성립하려면, 베드로전서의 기록 연대를 훨씬 후기로, 즉 우리가 흔히 생각하는 연대보다도 훨씬 나중으로 잡아야 한다. 이 두 서신들 간의 유사점들은 베드로전서와 클레멘트 1서의 유사성에 대한 가정(假定)이나, 또는 더욱 그럴 법하게는 두 서신이 같은 환경에서 기록되었다는 가정에 의해 가장 잘 설명된다. 더욱 긴급한 문제는 신약의 자료들이 문학적인 상호 의존성(literary dependence)을 암시하는지의 여부이다. 초기 학자들에게는 이것이 중복되는 부분들 중의 대부분을–비록 전부는 아닐지라도–설명해 주는 명백하고도 자연스러운 방법으로 보였다. 베드로전서의 저자는 사실상 신약 전체에 정통하였음에 틀림없다고 주장되어 왔다. 오늘날 이러한 해결책은–적어도 1세기의 기독교의 특성을 고려하지 않음으로써 결과적으로 가능성의 범위를 인위적으로 제한시킨다는 이유 때문에라도–더욱 회의적인 것으로 받아들여진다. 원시 교회는 본래 자체에 맡겨진 구원하는 진리를 증언하고, 그러한 진리를 자체의 뚜렷한 생활 양식과 예배 형식으로 나타내는 전통적인 교회였다. 원시교회는 판에 박힌 교의(敎義), 규칙과 예배의식이 형성되기 오래전에 발췌된 구약의 증언들에 대한 자체의 특징적인 주석을 갖고 있었을 뿐만 아니라, 예수님의 수난, 위대한 행위와 말씀에 대한 기록, 중요한 교의에 대한 요약과 '교훈의 본'(롬 6:17)을 갖고 있었다. 설교자들은 공인된 규범에 따라 설교했으며, 세례와 성례식이 규정되고 있었다. 어법에 있어 유동적으로 계속 발전하지만, 비교적 일정한 형식으로 정해진 믿음, 예배 및 행위에 있어서 이러한 공유적인 전통은 1세기 그리스도인들의 사상에 널리 영향을 미쳤고 깊은 인상을 남겼을 것임에 틀림없다. 이것은 당연한 일로서 신약 전체의 기초를 이룬다. 실로 신약의 모든 문서들은, 저자들의 개인적인 특성을 반영하는 정도나 또는 그 목적들이 아무리 다양하다 하더라도, 신약의 근본적인 주제들에 따라 다소 윤색(潤色)되고 변형된 것들로 간주될 수 있다.

만일 이 견해가 옳다면, 문학적 상호 의존성에 대한 증거가 명백하게 나타나는 곳 이외에서 이러한 의존성에 입각하여 신약의 유사 구절들을 설명해서는 안 된다. 이러한 증거는 때로, 우리가 마가복음과 마태복음의 관계, 혹은 유다서와 베드로후서의 관계를 고려할 때처럼 거의 논쟁의 여지가 없는 것이다. 그러나 언뜻 보기에는 다른 곳에서 직접 빌려온 것으로 보이는 부분이 좀더 조사해 보면 두 기자들이 의식적으로든 혹은 무의식적으로든 전승 자료들을 서로 독자적으로 이용했음을 보여 주는 경우들이 빈번하다. 원시교회의 사상과 삶을 살찌게 한 이 전승 자료에는 교리 문답, 신경, 의식(儀式), 또는 권면에 대한 자료들이 있다. 예를 들면, 오늘날 베드로전서가 복음서들에 대한 지식을 보여 준다고 주장할 사람은 아무도 없을 것이다. 왜냐하면 우리는 주님의 말씀을 모은 자료들이 복음서들의 기록 이후 오랫동안 그리고 물론 그것들이 기록되기 훨씬 전부터 이미 유포되어 있었다고 확신하기 때문이다. 그리고 베드로전서에 나타나는 구절 중에서 바울의 것으로 인정된 서신들과 목회서신과 히브리서와 유사한 절들은 직접적인 친숙함에 대한 증거가 아니라, 교훈, 설교, 전통적 관념 및 일상적 용어의 형태에 대한 증거이다. 이것은 오늘날 널리 인정되는 사실이라고 할 수 있다.

그러한 유사절들이 보여 주는 일치점들은 신약의 다른 데서 보다 더 많고 밀접하기 때문에 어떤 학자들은 한편으로는 야고보서를, 다른 한편으로는 로마서와 에베소서를 예외적인 것으로 취급하는 경향이 있기는 하지만 이를 정당화할 증거가 충분할지 의문스럽다. 앞서 목록으로 만든, 베드로전서와 야고보서 간의 일치점들 중 많은 것들이 주목할 만하게 보이긴 하지만, 엄밀한 비교는 축어적인 유사점들이 피상적이라는 것(예를 들면, 같은 단어가 각각 다른 의미로 사용되었다)과, 같은 구약의 본문들이나 동일한 기독교적인 개념들이 매우 다른 방법과 취지로 적용되었다는 것, 혹은 문제의 유사절들이 일반적인 기독교적 주제나 어투를 명백히 반영한다는 것을 나타낼 것이다. 이에 대한 철저한 논의를 위해서 독자들은 디벨리우스(M. Dibelius)의 **야고보서**(*Der Brief des Jakobus*, 11

판, 1964년)를 참고로 해야 할 것이다. 이 주석서가 보여 주려는 것처럼 로마서 및 에베소서와의 대응절들의 전후 관계를 면밀히 조사해 보면 그것은 동일하게 부정적인 결과들을 낳는다. 미톤(C. L. Mitton)이 생각하고 있듯이, 명백히 골로새서에 근거하고 있지만, 또한 베드로전서와도 관계가 있는 에베소서의 어떤 절들(그것들 중 대부분이 앞서 목록으로 기술되었다)에 그가 특별히 호소하였다는 것은 사실이다. 다른 일치점들에 대해 무엇이라 언급되든, 미톤은 그러한 일치점들이 전통적인 자료에 관계 없이 독자적으로 사용되었다고 가정하더라도 동등하게 잘 설명될 수도 있다는 것을 거리낌 없이 인정한다. 그러한 점들은 베드로전서의 저자가 에베소서를 읽었다는 것을 증명한다고 미톤은 주장한다. 만일 베드로전서와 에베소서의 사상과 어법상의 일치가 실로 매우 밀접한 것이라면(물론, 가령 에베소서가 먼저 기록되었다고 인정할 만한 다른 이유들에 근거했다 하더라도) 그의 논법이 정연한 것일 수도 있지만, 사실 그러한 일치란 존재하지 않는다. 그가 주의깊게 고려하고 있는, 너무나 자주 나오는 단어들은 신약의 일상적인 단어들이거나 대조적인 의미로 쓰인 단어들이며(예를 들면, 1:10과 엡 2:20에서의 '선지자들'), 자주 나오는 구(句)들은 표준화된 형식들이거나 보통 구약의 증언들을 내포한다. 그리고 사상적으로 유사해 보이는 구절들은 사실 개념상으로 다른 문맥에 속하며(예를 들면, 2:2에서의 '갓난아기의 성장'과 엡 2:21에서의 '건물의 세움'), 취급된 주제들뿐 아니라 그 주제들에 대한 논법의 결정과 형식도 각각 다르다. 그러므로 앞서 언급한 부분에서 에베소서와 베드로전서의 일치점들은 두 저자에게 독립적으로 작용하는 공유된 전통에 대한 증거라고 결론짓는 것이 보다 용이하고도 자연스럽게 보인다.

만일 신약의 다른 문서들과 베드로전서와의 친밀함이 흔히 가정되었던 것보다 약하게 보인다면, 우리는 베드로전서와 관련성이 있어 보이는 바울 사상으로 향할 수도 있다. 대부분의 학자들이 이 서신이 어쨌건 피상적으로는 바울의 색채를 띠고 있다고 인정하였지만, 이러한 말의 정확한 의미가 무엇인지를 분명히 밝혀야 할 필요가 있다. 바울의 가르침은 초대 교회에 널리 영향력을 미쳤다. 바울은 물론 전통적인 자료를 연구의 대상으로 삼았을 뿐 아니라, 그것을 개인적인 범위를 훨씬 넘어 강력하고도 직접적인 영향력을 갖는 형식으로 개정한 초대교회의 위대한 창조적 천재였다. 바울의 어투는 베드로전서뿐만 아니라 야고보서와 히브리서, 그리고 그 외의 몇몇 신약 책들에 나타나 있다.

다음 두 가지 점들을 고려해 볼 때 우리는 본 서신에서 더 이상 바울의 색채를 과장하지 못하게 된다. 첫째, 소위 바울적인 특징 중 많은 것들이 저자가 바울 자신이 인용한 자료들에서 끌어 왔다는 것을 발견할 수 있다. 둘째, 사도 베드로의 신학은 중요한 점들에서 사도 바울의 신학과 다르며, 그의 신학보다 현저하게 덜 진보적이다. 예를 들면 베드로는 믿음에 의한 칭의, 믿음과 행위 간의 긴장 상태, 율법의 문제, 혹은 그리스도의 몸으로서의 교회 등에 관한 지식을 거의 갖고 있지 않았다. 베드로의 서신에서는 실로 '교회' 라는 말(이 말은 바울 서신에서는 62회 나온다)과 '십자가' 와 '십자가에 못 박다' 라는 말(이 말은 바울 서신에서 18회 나온다)이 전적으로 결여되어 있다. 베드로의 정신세계에 히브리적인 경향은 그가 '주(主)' 라는 칭호를 한정하는 하나님에 대한 그의 명백히 구약적인 교의에서 뿐 아니라, 이스라엘과 그리스도인들의 관계에 대한 개념에서도 나타난다. 그리고 사도 베드로에게 '죄' 는 보통 실제 행위를 가리키는 데 비하여, 이 말을 복수형으로는 거의 사용하지 않는 바울에게는(특히 로마서에서) '죄' 는 위협적이고 거의 인격적인 세력을 의미하는 경향이 있다.

인간에 관한 베드로의 언어 또한 다른 성격을 갖고 있다. 베드로에게 '영혼' (프쉬케)이라는 말은, 바울이 그것을 보다 낮고 자연적인 사람을 가리키는 데 사용하는 것과는 대조적으로 '자아' 혹은 '생명' 에 대한 셈어적인 의미를 갖고 있다. 그리고 베드로가 쓰는 '육신' 이라는 말은 죄가 거하는 자리라는 의미가 전혀 내포되어 있지 않고, 단지 인간의 육체를 나타낼 뿐이다. 결국, 그리스도의 고난을 우리에 대한 본보기로 보는 베드로의 견해는 바울의 시각과는 다르다.

## 5. 의식(儀式)에 대한 가설

앞에서의 논증은 우리가 베드로전서의 기술에 대한 단서를 찾아내기 위하여 그 이면을 면밀히 검토하도록 고무한다. 본 서신은 일견 크기가 다양하고 다채로우며 거의 연관이 없고 무계획적인 모자이크처럼 보인다. 예를 들면 많은 사람들은 4:12–5:11에서 더욱 절박한 어조의 확언을 접하면서도 4:11의 송영에서는 날카로운 단절을 느낀다. 또 어떤 이들은 확대된 서두의 감사(1:3–12)와 간결한 권고(1:13–2:10)–이 대목은 독자들의 과거의 우상 숭배와 그들이 새롭게 그리스도인으로 받은 소명의 거룩함 사이의 감동적인 대조를 내포한다–사이의 단절과, 이 대목(1:13–2:10)과 산만한 권고의 대목(2:11–4:11) 사이의 단절을 주장했다. 후자의 대목은 또한, 특별히 박해에 관계된 부분(3:13–4:6)인 공동 사회의 특별한 집단을 위한 상세한 조언의 목록(2:11–3:12)과 종말론적인 개요(4:7–11)로 진술된 보다 전반적인 조언의 단락으로 다시금 나누어지는 것 같다. 프리스커(H. Priesker)가 지적하였듯이 초본에 대한 어떤 이들의 문체는 다른 사람들의 것과는 다른 것으로 보인다. 결국, 세례에 대한 주제가 어떤 절들(특히 1:3; 23, 2:2의 중생에 대한 언급과, 3:21에서 성례에 대한 간결한 설명을 참고하라)에서는 현저한 데 비하여, 다른 절들에서는 전적으로 부재하다는 것이 주목되어 왔다. 어떤 다른 절들은 초기의 교의나 송축문의 단편을 내포하고 있는 것 같다.

비록 한 편집자가 문서의 최종적인 집성에 대해 책임이 있었다는 것이 일반적으로 인정되고 있긴 하지만, 이러한 특성들을 설명하기 위해서 혼합문 구성에 대한 여러 설들이 제기되어 왔다. 그러한 여러 설들 중 중요한 것들이 세례에 관하여 집중적으로 언급되는데, 그러한 언급은 본 서신, 혹은 본 서신의 대부분이 고대 세례 의식의 특징을 재현한다는 결론에 이른다. 따라서 퍼델위츠(R. Perdelwitz)에 의하면, 1:3–4:11은 주로 이교도의 신비한 종교의 입회식과 비교하여 기독교 성례의 우월성을 입증하려는 목적으로 최근의 개종자들에게 하는, 세례에 관한 설교라는 것이다. 본 서신은 단편적인 교훈과 권고의 내용을 담고 있으며, 이단 종교들이 성행하는 지역들에서 사는 박해받는 그리스도인들을 위해 쓴 편지 앞에 덧붙여진 것이다. 신비한 의식의 개념과 그러한 의식에 관한 전문 용어의 지대한 영향력에 대한 저자의 견해를 받아들이는 경우는 거의 없긴 하지만 대다수의 학자들이 그 주제에 관심을 가져왔다. 이러한 해결법의 한 가지 명백한 취약점은(더욱 근본적인 취약점들은 뒤에 가서 다뤄질 것이다) 그것이 이러한 긴 대목을 거의 설교로만 보이게 함으로써 본 서신을 구성하고 있는 모든 이질적인 요소들을 정당하게 다루지 못했다는 것이다. 또 다른 취약점은, 그러한 인사말이 최근에 세례받은 자들에게 한 것일 수는 있지만, 실로 그렇게 여러 가지 광범위한 화제에 걸쳐 이야기했을지 의문이 생긴다는 점이다.

이러한 방향에서 연구해 온 다른 학자들은 순전히 세례식에 관련하여 해결책을 모색해 왔다. 프리스커(H. Preisker)는 베드로전서가 사실상 로마 가톨릭의 세례식에 대한 사본이라고 대담하게 주창하였다. 본 서신의 대부분(1:3-4:11)이 세례식 지원자들을 위한 권고를 나타내는데, 프리스커의 상세한 분석에 따르면 계속적인 여덟 가지 단계들이 식별될 수 있다. 첫째, 본 서신은 종말론적인 분위기를 풍기며, 세례받은 자들이 누릴 미래의 안전을 강조하는(1:5의 "보호하심을 받았느니라"를 참고하라) '기도 성시' (prayer-psalm, 1:3-12)로 시작된다. 둘째, 본 서신은 세례 지원자들이 곧 받게 될 세례를 나타내는 신경(信經)적인 문구를 포함하는 '강론' (1:13-21)으로 넘어간다. 셋째, 세례 의식은 바로 1:21 이후에 나타난다. 세례식에 대한 설명을 회피하는 관례는 그것에 대한 묘사를 회피하지만, 1:22에서 완료시제로 갑작스럽게 전환됨으로써 세례의 시행이 명백하게 암시된다고 프리스커는 주장한다. 넷째, 무절제한 열광을 억제하도록 하기 위하여 진지한 실제적인 말로 표현된 '세례에 의한 헌신' (1:22-25)이 간결하게 언급된다. 다섯째, 이러한 언급 다음에는 회중의 한 영감받은 자가 나타낸, 세 단락으로 된 '송축' (festal song, 2:1-10)이 따른다. 여섯째, 우리는 '새 설교자' 에 의해 주어질 뿐만 아니라 그 회중이 갑자기 그리스도를 찬양함(2:21-24)으로써 중단되는 '권고' (2:11-3:12)를 접한다. 일곱째, 카리스마적인 다른 방관자에 의해 명백하게 전달되는 '계시'

(3:13-4:7)를 접한다. 마지막으로, 본래 '마무리 기도'(4:7-11)였을 것으로 생각되는 것이 서한체로 다시 나타난다. 그러나 이것이 전부는 아니다. 세례 지원자들이 이와 같이 시작했으므로, 4:12-5:11 부분은 모든 신자들을 위한 권고이다. (왜 박해자들이 세례받은 그리스도인들과 교육을 받고 있는 자칭 그리스도인들 사이를 이렇게 미묘하게 구별하는지가 여전히 모호하긴 하지만) 이것은 박해가 왜 세례 지원자들에게 더 이상 미래의 가능성으로 표현되지 않고 이제는 피할 수 없는 현실로 표현되고 있는지를 설명해 준다.

프리스커는 이 기도식문(liturgy)의 여러 부분이 제2, 3세대의 그리스도인인 실바누스에 의해 편집되었으며, 또한 사도 베드로의 이름과 정신이 담긴 편지를 통해 그를 알고 있던 아나톨리아 지역 교회들로 보내졌다고 주장한다. 더욱 최근에 크로스(F. L. Cross)는 본질적으로 무엇이 같은 문서에 대한 단순화된 번역인가를 제시하였는데, 그 문서는 다소 독단적이며 즉흥적으로 기록했던 것들에서 갈라져 나온 것으로, 우리가 2세기의 세례식에 대한 이미지와 그 절차에 대해서 갖고 있는 정보와 더욱 실제적으로 관계가 있다. 크로스는 1:3-4:11이 초기 로마 가톨릭 교회 세례식의 구성요소가 된다는 것을 프리스커와 함께 인정하면서 1:21의 말씀 직후에 있었던 침례에 대해 다음과 같이 세분하여 언급한다. 첫째, 세례식을 관장하는 목사의 개식(開式) 기도(1:3-12), 둘째, 세례식 지원자들에게 세례를 주기 전에 그들에게 하는 의식상의 요구사항(1:13-21), 셋째, 구속받은 공동체에 가입하게 된 것에 대해서 최근에 세례받은 자들에게 하는 그의 환영사(1:22-25), 넷째, 그러한 세례자들의 성찬식과 최초의 친교를 포함하는 그리스도인 생활의 기초 원리에 관한 제언(2:1-10), 다섯째, 그리스도의 제자됨의 의무에 관한 제언(2:11-4:6), 여섯째, 그의 마지막 훈계와 송영(4:7-11). 크로스의 특별한 공헌은 그러한 종교 의식을, 로마에서 215년에 기록되긴 하였지만 초기의 어법을 유지하는 히폴리투스(Hippolytus)의 「**사도적 전통**」(*Apostolic Tradition*)에 상세히 묘사된 부활절 세례, 안수례 및 성찬식과 관련시킨 것이다. 사실 그것은 부활절 철야를 위하여 종교 의식을 집행하는 성직자의 사역이며, 이를 위해 교회 역년(曆年)에서 가장 엄숙한 축전(祝典)으로서 세례와 성찬에 관한 본문이 매우 신중하게 예비되었을 것임에 틀림없다. 초대교회에서 부활절은 세례를 주기에 가장 적절한 때였는데, 크로스는 말하기를 세례와 부활절과의 관계는 베드로전서에서 '고난받다'(*πάσχειν*)라는 말과 이와 관련된 말의 빈번한 사용에 의해 명백하게 나타난다고 한다. 왜냐하면 초기의 부활절 설교에는 "부활절-고난받는 것"(*πάσχα* [Easter]-*πάσχειν*)이라는 특이한 표현에 대한 많은 유사절들이 있기 때문이다. 더욱이 초대교회에서 출애굽은 그리스도인의 고난과 세례를 예시하는 것으로 해석되었는데, 크로스는 이러한 예표론(typology)의 기원이 베드로전서에서 발견된다고 생각한다. 그는 부활절 세례식과 성찬식에 대한 자신의 이러한 견해를 각기 다른 많은 본문(예를 들면 1:13, 출 12:11에서처럼 허리를 동임; 1:18, 유월절 어린양; 2:3, 세례와 성찬식; 3:3, 침수 전에 옷을 벗음)에 대한 자신의 주석에 의해 지지한다.

프리스커와 크로스의 이러한 견해는 우리를 깜짝 놀라게 할 만한 것들이다. 그리고 퍼델위츠(Perdelwitz)처럼 그들은 우리로 하여금 그 서신의 도처에서 들을 수 있는 세례에 대한 반향-(신약이 빈번히 보여주는 것처럼) 그 중요한 입교식 성례가 1세기 그리스도인들의 사상을 지배했던 정도를 상기할 때 우리가 놀라서는 안 되지만-을 진지하게 받아들이지 않을 수 없게 한다. 그러나 그들의 세부적인 분석이나 전체적인 논지를 전적으로 받아들이기란 불가능하다. 어떤 경우들에서는 본문에 대한 그들의 주석이 무리하고 부자연스럽다. 그리고 그러한 주석이 어떤 경우에도 그들의 광범위한 추론들을 거의 정당화하지 못한다. 그들의 논증 전체가 전제로 삼는 가정-침례가 1:21 직후에 일어난다는 것-은 1:3이하에서 언급되는 사람들이 이미 세례를 받았다는 명백한 사실을 무시할 뿐만 아니라, 1:22에서의 시제들의 변화(1:3에서의 부정 과거를 참조하라)를 부당하게 강조하는 데서 기인한다. 그들의 그러한 논지에 관해서 말하자면, 프리스커(Preisker)의 재구성도 오로지 놀라운 재능을 발휘해서 즉흥적으로 만들어 낸 주관적인 작품에 지나지 않는다고 말할 수 있다. 우리는 1세기의 세례식 절차에 대해 충분히 알고 있지는 않지만, 우리가 알고 있는 약간의 지식이 그의 억측에 의한 묘사를 지지하지는 않는다. 크로스의 보다 단순한 논지가 겉보기에는 더욱 그럴 듯하지만 면밀히 조사해 보면 '매우 주의 깊게 준비된 기도식문'(liturgy)의 형식 중 어느 것도 반영하지 않는다. 크로스는 자신이 제시한 논지의 한 중요한 단계에서는 주로 억측에 의존해야 한다. 다른 단계들에 대해서 언급될 수 있는 최선의 것은, 주제가 되는 사안이 주어진 명칭에 대충 일치되기는 하지만 대부분 비성례전적인 다른 배경에서 더 많이 발견된다는 점이다. 그가 주장하는 소위 *πάσχ-πάσχειν*(부활절-고난)이라는 특이한 표현은 좀처럼 납득이 가지 않는다. *πάσχ*라는 말은 어디에서도 사용되지 않기 때문에 누구에 대해서든 그러한 익살스런 표현을 인정하기를 기대하기란 어려울 뿐만 아니라 고난에 대한 언급은 수신자들의 상황에 의해 자연스럽고도 적절하게 설명된다. 혹은 *πάθημα*(고난)과 *πάσχειν*(고난받는 것)이란 말의 18개의 실례 중 여섯 개가 가정된 기도식문과는 관계없는 4:12-5:11에서 발견된다. 우리로 더욱 멈칫하게 하는 의문은 마지막으로 다시 쓴 그 편지의 수신자들이 어떠한 설명도 수반되지 않는 기도식문을 어떻게 이해하였을 것인지의 문제이다.

보다 전반적인 고려 사항 두 가지가 여기서 제시될 수 있다. 첫째, 베드로전서가 기록되었음이 틀림없는 시기에 세례식 기도문이 퇴고되었다는 것은 본질적으로 불가능하며, 하물며 기도식문의 가정(假定)이 전제로 하는 그 여러 부분의 관련 표현이 고정화되었다는 것은 더욱 불가능하다. 요컨대 기도식문의 가정이 어떠한 그럴 듯한 의미를 갖고 있든지 그것은 '기도식문'이라는 말을 붙임으로써 모든 실제적인 관련성을 박탈하는 유동적이며 미확정적인 의미를 부여하게 된다. 그렇게 함에 있어서 그 기도식문의 가정은 문제에 대해 위험할 정도로 단순화된 해결법을 제시하는 잘못을 범한다. 원리적으로 본 서신을 작성하면서 전통적인 자료를 이용하였다는 제안에 대해서는 많은 논의가 있어야 한다. 또한 만일 우리가 본 서신에 대한 저자의 문장 구성이 종종 부담스러운 것이라고 인정한다면 우리는 그러한 합성적인 임시방편의 결과에 대해 간단하면서도 온당한 설명을 취할 것이다. 그러나 그가 임의적으로 다룬 전통적인 자료는 오로지 기도식문적인 것일 수가 없다. 그러한 자료는 이상의 가정(假定)들이 인정하는 것보다 더욱 잡다했을 것이며, 그러한 자료를 확인하는 데 있어서 우리는 탐색의 폭을 보다 넓혀야 한다.

둘째, 퍼델위츠와 크로스의(또한 다른 각도에서의 프리스커의) 주장은 4:12 이하 절들이 각각 분리된 부분이며, 그러한 서한체는 후에 부과되었다고 가정한다. 4:11에서의 단절을 인정하는 자들은 더욱 온건한 진로를 택한다. 곧 12절 이하의 절들은 극심한 박해의 발생에 대한 소식이 본 서신의 저자에게 갑자기 이르렀기 때문에 덧붙여졌거나, 실제적인 박해가 가장 치열한 중에 있는 어떤 공동체들에 대한 양자택일적인 견해로서 덧붙여진 것이라는 것이다. 이러한 억측의 배후에는, 대부분의 편집자들이 공유하는 것처럼 본 서신에는 "명확한 계획이나 일련의 사상의 논리적인 진전이 없다"(C. Bigg)는 확신이 있다. 우리는 본 서신이 하나의 일관된 메시지를 담은 진정한 단일체이며 또한 언제나 단일체였다는 것, 그리고 이것은 인사말에서 명명된 교회들에게 보낸 실제적인 편지로 기록되었다고 주장할 수 있어야 한다. 본 서신은 가정상의 박해와는 반대로 현재 박해에 직면하고 있다는 이유에서, 우리는 4:12 이하의 절들을 1:1-4:11과 분리시킬 수 없다는 것을 보여 주려고 앞의 항에서 시도하였다. 본문에 대한 주석은 4:11의 축원문에 의거하는 논증이 또한 납득할 수 없는 것이라는 점을 지적할 것이다. 본 서신의 단일성에 대한 단서는 수신자들의 곤경에 대한 묘사인데, 이 곤경은 일찍이 1:5에서 암시되고 있으며("하나님의 능력으로 보호하심을 받았느니라"), 4:12-19, 5:6-10에서 뿐 아니라 1:6, 2:12, 2:20이하, 3:14-17, 4:4 같은 구절들에서도 명백히 언급되고 있으며, 저자의 모든 권고들과 모범적 행동의 촉구 및 악의 세력에 대한 그리스도의 승리와 세례받은 그리스도인들의 동참을 요청하는 동기가 된다. 더욱이 여러 부분의 주제들이 정확하게 동일하다는 것이다("선을 행함으로 고난받는 것이…악을 행함으로 고난받는 것보다 낫다"-3:17, 4:15; "영광이 수반될 잠시 동안의 고난"-1:6, 5:10; "고난 중에 기뻐함"-1:6, 8; 4:13). 그리고 한결같이 강한 종말론적인 어조와(1:20, 4:5, 7, 17 등) '복음을 불순종하는' 자들에 대한 동일한 경고의 말이 도처에 나온다는 것이다. 본 서신의 저자가 어떤 자료를 물려받았든지 그는 고통스러운 시험을 당하고 있는 수신자들을 위로하고 격려하는 가장 중요한 목적에 적합하게 그 자료를 구성했음에 틀림없다.

## 6. 구성과 목적

베드로전서가 단지 편지로 작성된 설교나 기도식문이라는 주장의 부당함을 확신한다면, 우리는 이제 본 서신의 구성 요소들에 선행하는 것처럼 보이는 계획을 고찰하기 위해 그러한 요소들을 가려내어 밝힐 새로운 시도를 해도 좋을 것이다. 가장 실제적인 방법은 영감에 대한 본 서신의 자료들을 확인하고, 베드로가 그러한 자료들을 그의 논증에 어떻게 통합시켰는지 알기 위해 연속적인 수집물을 조사하는 것으로 생각된다. 이렇게 할 때 우리는 셀윈(E. G. Selwyn)의 선례를 따르게 되는데, 그는 1세기 중엽의 교회에서 유통되던 여러 유형의 자료에 대한 철저한 분석을 통하여, 첫째, 찬가와 미발달의 교리적 형식, 둘째, 전도자들이나 교사들을 돕기 위해 편집된 설교적인 혹은 교훈적인 문서, 셋째, 교리 문답식 문구 및 넷째, 그리스도의 말씀으로 각각 분류하였다. 베드로의 이러한 접근법이 원칙적으로 정당하다는 것은 전혀 의심의 여지가 없는데, 이는 스피크(C. Spicq)가 적절히 언급했듯이, 베드로전서는 현저하게 '전통적인 서신'이기 때문이다. 그의 주된 잘못은 기록된 문서의 입장에서만 주로 생각할 뿐만 아니라 고대 교리 문답에 대해 인위적인 도식화를 제기하는 것이었다. 형식을 갖춘 이러한 비평법은 또한 로즈(E. Lohse)와 (기도식문의 영향을 주의깊게 재강조한) 보이즈머드(M. E. Boismard)에 의해 훌륭하게 적용되었으며, 달톤(W. J. Dalton)은 본 서신의 단일성을 훌륭하게 주장하였다. 그러나 이에 대해 독자들은 명쾌하고 확신에 찬 결론을 기대해서는 안 된다. 만일 본 서신의 저자가 교리 문답식, 기도문식 등 관례적인 개요에 의존하였다는 것이 확실하다면, 그러한 개요는 구두로 결정되지 않았다는 것과, 저자는 그것을 자기의 목적에 적절하게 부여하거나 수정하는 것을 완전히 자유롭게 느꼈다는 것 또한 확실하다.

첫째, 바울 서신에서 필사된 것으로 자주 주장되는 규칙적인 형식(1:1)은 사실상 독자적인 것이다. (특히 바울의 특징적인 "하나님 우리 아버지로부터 은혜와 평강이…"라는 어법이 없음을 주목하라.) 비록 여기에는 바울이 생략하는 "더욱 많을지어다"라는 유대인의 관례적인 어법이 있긴 하지만, 이것은 바울 자신이 사용한 유대인의 공식적인 편지의 관례적 인사말을 반영한다. 저자는 이러한 인사말을 길게 늘리기 위해 새 이스라엘로서의 그리스도인들이라는 개념과 초기의 삼위일체 신앙 고백문과 같은 전통적인 요소들을 채용한다. 이중 전자의 것과, '거룩하게 하심'과 '순종함'에 대한 언급은 후에 채택될 개념들을 나타낸다.

둘째, 1:3-12의 대목은 우리로 거듭나게 하시고, 우리로 마지막 날에 결국 우리의 것이 될 불멸의 기업의 적격자들이 되게 하심에 대해 하나님께 영광을 돌리는 감동적인 송축으로 시작한다. 그리고 곧 6절 이하에서 그것은 수신자들이 잠깐의 시련에도 불구하고(5:10을 참조하라) 이러한 확신에서 느끼는 기쁨을 격찬하는 긴 삽입구로 넘어간다. 1:3-5의 세례 의식은 "거듭나게 하사"라는 말에 의해 명백해지며, 저자는 그의 삽입절(6-12) 이후의 1:13-2:10에서 다시 세례식에 관련하여 언급한다(예를 들면 1:23, 2:1). 많은 사람들이 주목하여 왔듯이 1:3-5과 **중생**, **기업**, **소망**, **영생**, 그리고 하나님께서 자기의 **자비하심**에 따라 우리를 **구원하심**에 대한 언급으로 두드러지게 되는, 유사한 세례 의식에 관한 딛 3:5-7 사이에는 주목할 만한 일치점이 있다. 이와 유사한 개념들이 다음과 같은 절들에서도 나타난다. 롬 8:14-24; 골 3:1-4; 요일 2:29-3:2. 구성 또한 운율에 맞춘 것 같다. 그리고 이러한 본문의 기초를 이루는 것은 여러 저자들이 자신들의 당면한 필요에 따라 다소 자유롭게 바꿔 쓴 보통 세례에 관한 감사의 기도 혹은 그에 관한 찬가라는 결론이 불가피하다. 예를 들면 3절 하반절의 '우리'라는 1인칭 복수에서 4절의 '너희'라는 2인칭 복수로의 갑작스러운 전환과 5절의 "너희가…보호하심을 받았느니라"라는 재확언적인 말은 본 서신의 저자가 자기 앞에 있는 원문을 자기의 수신자들의 상황에 비추어 수정하고 있음을 확증하여 준다. 저자는 개인적인 언급(6,

8, 12절 하반절)을, 고난 중에 기뻐함에 대한 그리스도인의 일상사와 현재의 고난과 종말론적인 영광 간의 대립에 관련시킴으로써, 1:6-12에서 바로 이러한 일에 집중한다. 본 서신과 신약의 다른 곳들에서 반복될 뿐만 아니라, 주로 자신의 말로 집성된 것 같이 보이는 이러한 주제들에는 세례에 관련될 만한 것이 전혀 아무것도 없다. 그의 자료들 중 하나는 초대교회가 후기 유대교로부터 이어받아, 구원의 날이 밝아왔다는 자체의 확신에 따라 변형시킨 권고 형태(a type of exhortation)임이 명백한 것 같다.

셋째, 1:13-2:10의 긴 대목은, 독자들이 세례받은 그리스도인들로서 이제 거룩함으로 부르심을 받은 하나님의 택하심을 입은 사람들이지만, 또한 그들은 시작된 새시대에서 그의 자비의 은혜를 입은 자들이라는 사상으로 지배된 전체적으로 보다 동질적인 내용을 이룬다. 집성된 원본 그대로의 자료들은 극히 다양한 특성을 갖고 있다. 예를 들면 그것은 상투적인 문구들로 가득하다. 특히 우리는 그리스도인이 되기 이전의 개심자들의 부도덕과 새로운 삶에 대한 요구 사항(엡 4:22-24; 딛 3:3-7을 참조하라) 사이에서 그러한 삶에 대한 증거로서 정직, 순결, 형제애와 '버리라' 라는 말로 지적되는 악덕들에 대한 기본적인 열거(2:1) 사이의 상습적인 대조를 본다. 1:20-21에서 우리는 어쩌면 찬가와 신조로부터의 인용구들로 이루어졌을 통합절을 발견한다. 그리고 특히 후반부에서의 전체적인 절은 실로 모자이크와도 같은 구약의 보통 증언들로 되어 있다. 후반부의 분위기는 가장 명백하게 성례전적인 것으로, 이러한 분위기는 세례(1:23, 2:1)와 성찬식(2:3, 5)에 대한 회상록처럼 보이는 것들로 가득 차 있다. 그러한 혼합적 구성으로 된 발췌문(pericope)이 세례에 관한 설교, 혹은 세례에 관한 설교의 절들을 재현한다고 믿기는 어렵다. 이보다 본 서신의 저자는 자기의 메시지를 위하여 교리 문답적 예배의식과 그외의 다른 격식의 어구들을 사적으로 자유롭게 사용했을 것이다. 1:14, 18; 2:10에서 그의 독자들이 전에는 이교도들이었다는 언급은 그들이 그의 마음 중심에 있다는 것을 분명히 밝혀 준다. (일반적으로 간과되어 온 것이긴 하지만) 시 34:8의 반복과(벧전 2:3에 대한 주석을 보라) '말씀을 불순종하는 자들' 의 멸망에 대한 예언(2:7)이 확증해 주듯이, 그들이 참아야만 하는 박해가 또한 그의 마음속에 있음을 명백히 밝혀 준다. 실로 출처가 각각 다르고 근본적으로 다른 이 모든 단편들을 결합시키는 것은, 자신들이 당하는 경험이 아무리 괴로운 것이라 하더라도 그리스도에게 소망을 두는 그리스도인들은 결코 부끄러움을 당하지 않으리라는 저자의 확신이다. 왜냐하면 하나님께서는 그리스도를 죽은 자 가운데서 살리시고 그에게 영광을 주셨기 때문이다(예. 1:13, 21, 2:6).

넷째, 2:11의 돌연한 "사랑하는 자들아"는 3:12까지 계속되며 비교적 치밀한 일관성을 이루는 새로운 초본의 시각을 명시한다. 신약 서신들에서 이외의 숱한 유사절들뿐만 아니라 문체와 내용과 배열로 볼 때, 본 서신의 저자가 초대교회에 명백하게 유통되고 있었을 뿐만 아니라 초대교회가 유대적 및 유대-헬라적 선전과 통속적인 이교도 철학에 의해 생긴 표본들로부터 적절히 기독교적으로 수정하여 이어받은 윤리 법전의 형식에 의존하고 있음을 알 수 있다. 국가의 권위자들에 대한 올바른 태도와 온갖 부류의 사람들에게 합당한 행위를 명령할 때 본 서신은 반드시 세례식에만 국한하지 않는다. 바울과 야고보처럼 베드로전서의 저자는 자신의 자료를 독자들의 특수한 상황에 비추어 적용함으로써 매우 자유롭게 다룬다. 바로 그러한 상황에 대한 염려 때문에 그는 고난 중에서의 그리스도의 인내를 상기시킴으로써 2:21-25의 교의와 기독론적인 찬가 단편들처럼 보이는 것을 인용하고, 의로운 심판자로서의 하나님(2:23)과 확실한 보호자로서의 그리스도(2:25)에 대해 묘사하며, 주(主)의 말씀에 바탕을 두었을 뿐 아니라 시 34편으로부터의 인용절(벧전 3:10-12)로 이어지는 보복에 대한 경고(3:9)로 단락을 끝내기에 이른다. 여기서 양자(주의 말씀과 시 34:12-16)는 모두 공동체의 구전에 속한다.

다섯째, 저자는 시편의 말을 인용한 후, 본 서신의 나머지 부분에서는 아시아 그리스도인들의 고통스러운 곤경을 취급한다. 따라서 우리는 다음과 같은 것들을 생생하게 느낄 수 있다. (1) 그들이 받기 쉬운 질문과 학대(3:15), (2) 방탕한 행위에 대한 그들의 자제에 의해 야기되는 불신자들의 분개(4:4), (3) 그러한 반그리스도인적인 행위가 범세계적이라는 진술

(5:9) 및 그들로 법정 소송에 빠져들게 할 수도 있는 '호된 시련' (4:12:16). 시종 저자의 동기는 그리스도의 고난의 선례와 그러한 선례를 함께 나누는 특권을 가리킴으로써, 그러나 무엇보다도 특히 그들을 위해 장래에 있을 영광을 지적함으로써, 또한 악의 세력에 대한 그리스도의 승리를 확신할 수 있는 확고한 이유가 그들에게 있음을 상기시킴으로써(3:18-22), 그리고 임박해 오는 심판에 의한 대적자들의 확실한 멸망을 예고함으로써(4:5, 17), 그들의 영혼을 붙들어 주는 것이다. 전체 대목은 거의 그 자신에 의한 구성이긴 하지만, 전통적인 형식의 영향력이 도처에서 드러나고 있다. 예를 들면, 비록 그 자신의 말로 표현되긴 하였지만, 고난 중에, 그리고 복된 시험으로서 학대를 받는 중에 기뻐함에 대한 저자의 강조는 우리가 1:6 이하에서 주목하듯이, 초기 기독교에서 일상적인 것이었던 주제를 반영한다. 다시 저자는 고난을 통한 그리스도의 승리에 대한 확언을 기독론적인 찬가 혹은 교의로부터의 발췌문으로 강화한다. 저자는 그러한 발췌문을, 세례받은 자들이 그러한 승리를 함께 나누고 그러한 승리가 악인에게 임할 멸망을 피하게 해준다는 것을 암시하는 방법으로 당시의 세례에 관한 교훈과 결합시킨다. 저자는 2:11-3:12의 윤리적인 규범에 속하는 장로들과 청년들에 대한 몇 마디 조언을 5:1-5에 삽입하는데, 그가 이것을 여기에 삽입한 것은 실수로 인한 것이 아니라, 이 대목이 지도자들의 책임과 공동체에 필요한 단결력을 강조하기에 적절한 곳이기 때문이다. 4:1의 영적 갑옷, 4:3의 과거와 현재의 대조, 4:5의 '산 자와 죽은 자를 심판할' 이라는 교의적인 상투적 어구, 4:8-11의 간결한 권고를 위한 단락, 그리고 5:5-9의 겸손과 하나님의 뜻에 대한 순종 및 마귀에 대한 저항을 위한 부르심(약 4:6-10에서 이와 밀접하게 유사한 절을 참조하라)과 같은, 계속하여 다시 나타나는 전통적인 구절들과 변형된 구(句) 및 개념들이 명백히 그 자신의 문체와 함께 다른 곳에서도 군데군데 배치되어 있다.

비록 자체의 세목들 중 많은 것이 억측인 것임에 틀림없긴 하지만, 이러한 빠른 개관(槪觀)은 적어도 저자가 광범위하게 종교 의식에 개입시킨 다양한 전통적인 요소를 예증하는 데 분명 도움이 될 것이다. 그러한 요소들 중 어떤 것들은 명백히 교리 문답적인 것이거나 설교적인 범주에 속하는 것처럼 보인다. 찬가나 교리집에서 인용된 단편들이 이곳저곳에서 두드러지게 나타난다. 저자는 성경을 인용할 때 널리 인정을 받고 집대성된 구약의 본문을 해석상의 확실한 원리에 비추어 다룬다. 그리고 저자는 고난을 다룰 때 유대교에 뿌리를 두고 있는 전통을 가지고 말한다. 하지만 그의 서신은 독창성이 없는 모방품과는 거리가 멀다. 비록 저자의 자료가 복잡하긴 하지만, 그는 아시아 그리스도인들을 양육하고 격려할 자신의 목적에 도움이 되도록, 그리고 그리스도의 승리에 대한 그 자신의 독특하고 탁월한 확신과 그리스도의 신실한 신자들에 대한 옹호의 전달 수단이 되도록 그것을 재구성하는 데 성공한다. 본 서신 수신자들의 고난은 모든 단락들의 배경이 되는데, 때로는 공공연하게 나타나지만 언제나 교리 문답식이며, 기도문적이고 권고적인 내용을 발췌하고 다루는 그의 방식을 결정한다. 그리고 기뻐함에 대한 그의 역설적인 설교를 고무하고 그것에 유리한 조건을 주는 것은 그리스도 자신의 수난에 의해 해명되는 그들의 고난이다.

이렇듯 본 서신의 어조가 주로 실제적인 삶에 의한 것이기 때문에 우리는 이에 대해 엄격한 의미의 신학을 기대해서는 안 된다. 물론 본 서신은 신학으로 엮여져 있다. 그러나 그 신학은 의식적으로 설명되지 않고 오히려 대부분이 의심의 여지가 없는 것으로 받아들여지고 있다. 본 서신의 가장 흥미로운 기사(예를 들면 세례, 혹은 영들에 대한 그리스도의 선언에 관련된 기사들)는 주석에서 더욱 유익하게 취급될 것이며, 여기서 우리는 다만 대체로 순수하고 전통적인 전체의 특징에만 주목할 필요가 있다. 앞서 언급하였듯이 하나님에 대한 본 서신 저자의 개념은 구약의 개념에 매우 가까울 뿐만 아니라 그는 예수를, 이사야의 고난의 종으로 예시된 분으로 봄으로써 선지자들이 언급했던 메시아로 생각한다. 저자는 '그리스도의 영'을 선지자들 안에 있던 영과 동일시한다. 1:2에서 고체(古體)의 삼위일체 신앙 고백문을 사용하면서도 저자는 성령에 대하여는 거의 언급하지 않는다. 그리스도는 무죄하시며 그의 죽으심은 대리적인 것일 뿐만 아니라 속죄의 효력을 갖고 있다. 부활에 의해 영광스럽게 되었기 때문에 그것은 악에 대한 하나님의 결정적인 승리를 나타낸다. 이러한 가르침들 중 많은 것들에 대해 저자는 판에 박힌 문구에 의존한다. '교회'라는 관점에서 생각할 때, 그리스도인들은 과거에는 하늘의 유업을 이 세상에서 기다리는 나그네였고 하나님의 백성도 아니었으나, 이제는 하나님의 백성이 된 새 이스라엘이다.

베드로의 신학의 두 가지 면은 특히 그의 권고의 말을 이해하는 데 중요하다. 첫째는 그가 수신자들이 겪을 것을 미리 바라보는 강한 종말론적 관점이다. 메시아는 나타났으며, 마지막 날은 이미 시작되었으며(1:20), 속죄받고 거듭난 그리스도인들은 이미 약속된 구원을 받았다. 비록 완전한 영광에는 아직 이르지 못하였지만(1:4, 4:13), 그들의 잠시적인 고난 자체는 그러한 영광이 가까이 왔다는 증거이다(4:7, 17, 5:10). 하나님과 그의 성도들이 마귀와의 결정적인 싸움에서 이미 승리를 거두었기 때문에 성도들은 온갖 종류의 학대를 확신을 갖고–심지어는 기쁘게–대할 수 있다. 모범적인 행위를 강조하는 본 서신의 두드러진 특징은 이런 것과 연결된다. 그리스도인들은 서로에 대한 사랑이 넘쳐나야만 할 뿐 아니라, 불신 이웃 및 국가 권위자들과의 관계에 있어서 가장 수준 높은 태도를 유지해야 한다. 본 서신의 저자의 마음속에는 선행이 그리스도인들을 구원해 준다는 사상이 없는데, 이는 그가 그들이 이미 그리스도를 통하여 구원을 얻었다고 믿기 때문이다. 그러한 행위를 권고함에 대한 한 가지 이유는 그러한 행위가, 비방하는 자들을 침묵시키고(2:15), 믿음에 대한 회의론자들을 이기리라는 것이지만(3:1), 진정한 동기는 보다 깊은 곳에 있다. 일반적으로 인정되는 그리스도인들의 행위의 규범은 과거의 것들인데(4:1 이하), 이는 그들이 이 세상에 들어온 천상의 질서를 준수하는 거민들이기 때문이다. 하나님의 사람들에 대한 부르심은 거룩함이며(1:15), 이 심판의 때에 하나님의 은혜는 의인들에게 임한다(3:12).

## 7. 연대 · 저자 · 장소

베드로전서 자체가 사도 베드로의 메시지로 나타내고 있는데, 자신을 그리스도의 고난의 증인으로(5:1, 본문에 대한 해설을 참조하라), 마가를 자기의 영적 아들로(5:13) 표현하는 것이 이러한 주장을 뒷받침해 준다. 이러한 주장을 받아들이는 학자들은 베드로가 네로의 학살에 의해 64년에 혹은(비록 유세비우스가 그의 죽음을 68년에 있었던 것으로 추정하긴 하지만) 이보다 다소 늦은 시기에 죽었다는 가정에 따라 본 서신은 1세기 60년대 초에 로마에서 기록되었다고 결론을 내린다. 한편 많은 학자들은 본 서신이 베드로에 의해 기록되었다는 이론과, 그 이론에 따를 경우 기록 시기를 앞당겨 잡아야 한다는 점이 모두 받아들일 수 없는 것이라고 생각한다. 그들의 회의(懷疑)는 부분적으로는 (1) 본 서신의 세련된 헬라어 문체와 문어적인 어휘, (2) 오직 70인역으로 된 구약을 인용한 습관, (3) 예수에 대한 개인적인 언급이 거의 나타나지 않는 점(그들이 생각하듯이 만일 본 서신이 늘 그리스도와 함께 생활했던 갈릴리 어부의 글이라면 이것은 참으로 놀라운 사실이다)에 근거하고 있다. 그러나 그들의 회의는 또한 부분적으로는 (1) 바울 서신에의 명백한 의존, (2) 이제는 기독교가 당시 세속법의 눈에는 불법적이라는 사실이 암시하는 것, (3) 어떤 이들이 발견해 낸, 비의종교(秘儀宗敎)의 교의와 관례의 무수한 흔적들, (4) 자체의 증언이 비교적 늦게 나와 있다는 것에 근거하고 있다. 비록 그러한 인사말이 바울이 복음화한 공동체들을 내포하고 있다 하더라도 바울에 대한 언급이 없다는 사실, 그리고 (양자택일적인 가정에 의하면) 베드로가 북 아나톨리아(northern Anatolia)에서 사역하였다는 증거의 결여로 난관에 봉착한다. 이와 같은 고찰에 영향을 받은 비평가들은 모두 베드로전서가 익명으로 되어 있음에 틀림없다고 인정하면서도 자체의 개연적인 연대에 대해서는 견해가 다르다. 어떤 비평가들은 본 서신의 연대를 전통적으로 기독교의 박해자로 간주되는 도미티아누스 황제(Domitian, 81-96)의 통치 시기로 본다. 다른 비평가들은 본 서신이 비두니아-본도의 총독인 소(少) 플리니우스(Pliny the Younger)가 트라야누스 황제(Trajan)

에게 그리스도인들을 어떻게 취급할 것인가에 대한 조언을 위해서 110년에 편지했을 때 플리니우스에 의해 개괄적으로 묘사된 상황을 반영하고 있다고 확신함으로써 본 서신의 연대를 2세기 초반으로 잡는다.

**1. 연대** 보다 늦은 연대를 지지하는 논증들에 대한 평가는 매우 다양하다. 예를 들면 비의종교의 영향에 대해 퍼델위츠(R. Perdelwitz)가 1911년에 부여했던 것만큼 큰 중요성을 부여하는 사람은 거의 없다. 그와 그의 추종자들이 집착하는 특징들(곧 1:3, 23에서 중생으로서의 세례와 2:2에서 순전하고 신령한 젖의 개념, 그리고 2:9에서 언급되는 어둠으로부터 하나님의 빛으로 불러냄을 받는다는 개념)의 배경은-본 주석이 앞으로 설명하겠지만- 십중팔구 헬라 종교와는 전적으로 다르다. 본 서신의 정신은 실로 헬라보다는 팔레스틴적인 요소에 의해 더욱 영향을 받았다. 무라토리 정전(Muratorian Canon)이 베드로전서를 언급하지 않는다는 사실은 아주 놀라운 일인데, 본문의 일부가 떨어져나갔다고 가정함으로써 이 사실을 설명하려는 시도들은 만족할 만한 것이 못 된다. 그러나 이러한 문제들에는 가능성의 요소가 있다. 아무튼 어떻게 평가할지라도, 벧후 3:1에 나오는 베드로전서에 대한 언급과 베드로전서에 대한 폴리캅의 반복적인 인용, 그리고 파피아스(Papias)가 이를 사용하였다는 보고(본서 p.17을 보라)는 이를 1세기 이후의 것으로 볼 수 없게 하는 증거가 된다. 만일 그렇다면, 사도 바울이 몸소 사역하고 설교했던 곳들(예를 들면, 로마)에서 그의 영향이 강력하고 직접적인 것이었다는 사실을 고려해 볼 때, 그것이 바울 서신들에 대해서 표명하는 주장은 유력하지 않을 수 없다. 그럼에도 불구하고 만일 우리가 신약의 모든 서신은 아니라 하더라도 거의 모든 서신들이 두 저자가 공통된 전통을 독자적으로 사용한 데서 유래하였다는 견해를 받아들인다면, 한때 압도적인 것으로 생각되었던 벧전의 영향력도 점점 감소될 것이다.

한편 박해가 명확한 실마리를 제공해 주는 것으로 기대할 수도 있다. 만일 기독교 박해가 정부 개입에 의해 야기되었다는 것과 바로 기독교에 대한 신앙 고백이 기소거리가 되는 죄였다는 것을 본 서신이 나타낸다면,

우리는 본 서신이 64년의 로마의 대화재 이후에 기록되었다고 결론지어야 된다. 왜냐하면 64년 전에 로마 제국이 그와 같은 신앙 고백에 대하여 박해를 가했다는 증거는 없기 때문이다. 플리니우스가 비두니아-본도에서 제국의 총독으로 있던 109-111년 훨씬 이전인 64년 이후 어느 시기에 기독교는 가장 가혹한 형벌을 받을 만한 혐오거리로 간주되기에 이르렀던 것이 분명하다. 네로 혹은 도미티아누스에 의해 법령화된, 기독교로부터 법의 보호를 빼앗는 전반적인 칙령이 있었다는 설은 널리 거부되어 왔다. 지방 총독들이 기독교를 억압함에 있어서 코에르키티오(Coercitio)-특별한 법령에 관계 없이 자신들의 판단에 따라 공공 질서를 유지해야 하는 일상적인 책임-를 이행하고 있었다는 것이 훨씬 더 그럴 듯한 것으로 보인다. 박해를 위해 기독교를 택하였다는 실제적인 근거들은 여전히 모호할 뿐만 아니라 로마 가톨릭교의 사학자들 사이에서도 여전히 거론되고 있다. 로마 정부는 기독교가 배타성을 지니고 로마의 종교를 전적으로 거부한 데서 비롯된 당시의 통속적인 견해-이 견해에 따르면 기독교는 온갖 종류의 혐오스런 관행을 비호하는 동시에 국가에 지극히 위험스런 반사회적인 현상이었다는 것이다-를 액면 그대로 받아들였다는 것이 가장 그럴 듯한 설명이다. 확실히 이것은 '내게 그리스도인들로 고발되었던' 몇몇 비두니아인들을 처형하였다고 보고하면서 플리니우스(*Ep.* x. 96)가 죄가 없을 경우에도 그리스도인이라는 이름을 지닌 것 자체만으로도 하나의 범죄 행위가 되는지, 아니면 그러한 이름과 결부된 범죄행위가 범법이 되는지의 여부에 대하여 트라야누스(Trajan)에게 물었던 때인 110년의 상황이었다. 황제 트라야누스는 그의 포고령에서 그리스도인들을 색출하여 내서는 안 되며 익명의 고발을 받아들여서도 안 된다고 규정하면서도, 플리니우스가 의심할 여지가 없는 그리스도인들을 단지 그리스도인이라는 이유로 처벌하는 데 올바르게 행하였다고 확언하였다. 강제적인 소송은 심문의 대상이 아니라 비난의 대상이었다. 다시 말해서 유죄자들은 행정 장관에게 고발되어야 했으며, 그는 소송을 제기해야 하는지의 여부를 결정해야 했다. 바로 이런 이유 때문에 초기에는 비교적 박해가 거의 없었을 뿐만 아니라, 있었다 해도 산발적이며 일시적이었던 것이다.

일견, 4:14-16에서 암시되는 상황('그리스도의 이름'과 '그리스도인으로 고난을'에 대한 강조를 참조하라)과, 플리니우스가 상세히 묘사하는 상황 사이에는-더욱이 비두니아가 두 경우 모두에 관계가 있기 때문에-주목할 만한 유사점이 있는 것처럼 보일지도 모른다. 그리고 앞서 언급하였듯이 여러 학자들은 이 두 경우가 사실은 동일하다고 결론 내렸다. 비록 그러한 늦은 연대가 그럴 듯하지 않은 다른 근거들에 의거되어 있다 하더라도, 또한 우리가 기독교에 대한 단순한 신앙 고백이 죄가 되었다고 생각할 수 있음에도 불구하고, 그러한 박해들이 아무튼 1세기 후반기인 70년대에 속한다는 증거를 얻기 위하여 플리니우스가 트라야누스에게 전했던 보고서에 호소하는 것은 실로 온당하다. 그럼에도 불구하고 여기서 조심할 필요가 있다. 만일 4:14-16을 시련과 고난에 대해 언급하는 다른 문맥에서 연구해 본다면, 이것이 가능한 유일한 해석이 아니며 가장 그럴 듯한 해석도 아니라는 것이 명백히 드러난다. 우리가 제3항에서 보았듯이, 본 서신 전체는 기독교 박해가 제국 정부에 의한 법적인 탄압에서 비롯되지 않고(이러한 점은 베드로전서의 구절들과 기독교의 학대가 전세계적이라는 것과 황제에 대한 존경심 등을 고려할 때 분명해진다), 오히려 그리스도인들로 하여금 치안 유지자들과 충돌하게 만든 지역 주민들의 혐의와 적의와 잔인함에서 비롯되었다는 인상을 준다. 4:14에서 언급되는 협박(threat)은 바로 이러한 분위기를 자아내는 '그리스도의 이름으로 치욕을 당함'이라는 것에 주목하자. 4:15은 우리가 생각하는 지방 총독들 앞에서 받는 심문에 관한 것일 수도 있지만, 또한 본절의 말은 적어도 문관들에게 하는 사소한 기소에 적합한 말이기도 하다. 사도행전과 바울 서신, 그리고 신약의 나머지 서신들은 그러한 학대가 사도 이후 그리스도인들의 일상적인 경험이었다는 많은 증거를 제공해 준다. 그리고 많은 본문(예를 들면 마 5:11; 막 13:13; 눅 21:12; 행 5:41)은 이러한 학대가 '예수 그리스도의 이름으로' 고난받는 것으로 지칭되었음을 확증하여 준다.

만일 우리가 당시의 박해들이 이러한 종류에 속하는 것으로만 단정해 버린다면 우리는 여전히 우리의 문제를 해결하지 못하고 있는 것이다. 우리가 판단할 수 있는 한, 첫 2세기 동안 그리스도인들은 거의 언제나 지역적인 학대의 대상이 되기 쉬웠다. 그러나 1세기 말경보다 조금 이른 연대, 즉 생각건대 심지어는 A.D. 64년에 본 서신이 기록되었다고 주장하고 싶은 생각이 들도록 만드는 일련의 사건들이 있다. 첫째, 본 서신의 수신인들–또는 그들 중 대다수–이 최근에 개종한 자들인 것 같다. 곧 제2세대(second–generation)의 기독교 신앙에 대한 암시는 전혀 없다. 아나톨리아의 숱한 공동체들에 공존하던 이러한 상황은 십중팔구 1세기 말경보다는 이른 시기에 전개되었던 것 같다. 둘째, 그들이 준수한 교회–당시의 교회에서는 연령에 있어서도 연장자들인 '장로들' 이 감독권을 쥐고 있었다–질서의 유형은 특히 우리가 성직자의 정확한 계급 제도가 소아시아에서 얼마나 급속히 발전되었던가를 기억할 때(이그나티우스의 서신을 참조하라), 비교적 미발달 상태에 있었던 것 같다. 이런 맥락에서 볼 때, 본 서신의 기록 시기를 늦게 잡으면 잡을수록, "함께 장로 된 자"(5:1)라는 베드로의 겸손한 자아 묘사는 더욱 주목할 만한 것이 된다. 셋째, 본 서신의 신학은 명백히 원시적인 색채를 띠고 있다. 5페이지 이하에 열거된 사항들 중에서 우리는 1:2에 나타난 삼위일체에 대한 고풍스런 신앙 고백과 2:21 이하에 나타나는 예수와 여호와의 종(이사야가 말하는)과의 동일시를 강조할 수 있다. 이미 바울에게서 자취를 감추었고 그 이후 1세기에서도 찾아보기 힘든 '종의 기독론' (the Servant-Christology)은–비록 지극히 고풍스러운 것이지만– 교회에서 곧 사라졌다. 마지막으로, '미래의 소망과 현재의 실현을 긴밀히 투시하는 사상의 종말론적인 구조' (F.L. Cross), 윤리의 종말론적인 규정, 그리고 곧 나타날 영광에 대한 환희적 기대는 모두 초기의 표징들이다.

**2. 저자** 저자 문제는 연대 문제보다도 더욱 해결하기 어렵다. (비평적 연구도 설득력 있는 해결을 제시할 만큼 준비가 되어 있지 못하다.) 본 서신이 베드로에 의한 것이라는 전통적인 견해에 대해서는 물론 조리있는 주장을 할 수 있다. 베드로의 이름은 서두에 나와 있다. 베드로후서와는 달리 베드로전서는 가명(假名) 사용에 대한 암시가 전혀 나타나지 않는

다. 즉 베드로전서에는 익명의 저자가 자신이 베드로인 것처럼 꾸미려고 애쓰는 흔적이나, 또는 자신이 사도 시대 이후에 살고 있는 것처럼 위장하는 태도는 나타나지 않는다. 로마가 본 서신이 기록된 장소라는 유력한 주장이 있는데, 오늘날 사도 베드로가 순교당하기 전 한동안 그곳에서 보냈다는 것을 의문시할 사람은 거의 없다. 베드로와 마가 사이의 밀접한 관계는 잘 입증되고 있으며(5:13) 마가가 로마에 머물렀다는 것이 증명되고 있다(몬 24절; 딤후 4:11; Papias in Eusebius, *Hist. eccl.* iii. 39. 15). 만일 전술한 대목들에 대한 논법이 받아들여진다면 내용과 어조 또한 사도 시대의 것과 충분히 일치할 것이다. 본 서신에 예수에 대한 직접적인 회상이 나타나지 않는다는 이유에서 본 서신에 대한 베드로의 친저성(親著性)을 부인하는 주장은 쉽사리 반박될 수 있다. 이러한 주장은 본 서신에서 상기되는 예수의 말씀을 간과할 뿐만 아니라, 현대의 전기적인 선입관을 반영하는 시대 착오적인 것이다. 본 서신에서 바울에 대한 언급의 부재로 말하자면, 그러한 언급은–본 서신에서 언급되는 교회들 중 몇몇은 그에 의해 세워진 것으로 볼 수 없기 때문에– 본 서신에 나오기에 부적절하다. 그리고 사도행전과 갈라디아서에서 묘사되는 베드로 자신의 행적 이후 그의 활동은 너무나 불명료하기 때문에 억측의 근거가 되지 못한다. 어떤 학자들은 본 서신 전체를 통하여 산재하여 있는 사도행전에서 우리에게 전하여진 사도 베드로의 가르침(예. '종의 기독론')의 영향과 베드로에 대한 주님의 명령(예. 5:2; 요 21:17)의 영향을 발견할 수 있다고 주장한다.

물론 비록 베드로가 실제 저자라 하더라도 그 자신이 베드로전서 전체를 다 구성할 수는 없었다. 본 서신의 헬라어의 특징은 매우 무게가 있다. 이러한 사실에 대한 논법이 종종 오해를 받고는 있지만, 우리는 실제적인 문제에 대해서 명백해야 할 필요가 있다. 보통 가정되고 있듯이 베드로와 같은 '학문 없는'(행 4:13) 어부는 자신의 의사를 헬라어로 표현할 수 없었으리라, 혹은 70인역을 사용하지는 않았으리라는 것은 사실과 다르다. 2개 국어를 병용하는 갈릴리에서 생업에 종사하는 그의 가족은 틀림없이 헬라어에 정통하였을 것이며 또한 그의 형제인 안드레는 실제로 헬라어 이름을 갖고 있었다. 아무튼 아람어보다는 헬라어가, 예루살렘과 안디옥에서 헬라어를 사용하던 유대인들과 함께 지낸 30년 동안 그에게 친숙했던 언어였음이 틀림없다. 또한 그에게는 70인역이 그의 광범위한 전도 사역을 위한 성경이었음이 틀림없다. 결정적인 것은 오히려 본 서신의 문학적인 특성인데, 이 서신에서의 헬라어는 확실히 전문적인 정확성을 갖고 있다. 본 서신의 문체는 상상력이 없고 단조로우며 때로는 서툴기도 하기 때문에(참고. L. Radermacher: ZNTW xxv. 1926, 287ff) 본 서신이 받아 온 지나친 칭송을 확실히 받을 만한 것은 아니지만, 서신의 저자는 제한된 범위에서 수사학적인 관계를 전개할 뿐만 아니라 명백히 우리가 실로 베드로에게 돌릴 수 없는 전문적인 훈련을 받았다. 따라서 베드로가 이 서신에 대해 책임이 있다고 믿는 사람들은 거의 모두가, 그는 초고를 자신이 신용하는 동료–그러나 반드시 실루아노(5:12에 관한 주해를 보라)라고 볼 수는 없다–에게 맡겼다고 확신한다. 그러나 대필자에게 의뢰하였다는 것과 같은 가정을 풍자적으로 묘사하는 것은 너무 단순한 것이다. 오늘날과 같이 고대 세계에서는 트라야누스 같은 정치가들뿐 아니라 평범한 사람들도 때로는 편지를 이러한 식으로(즉 대필자를 통하여) 썼다. 회화체 헬라어에서는 유창하지만 정식교육을 받지 못한 베드로와 같은 사람이 헬라어를 말하는 집단들에게 공식적인 편지를 쓸 때에는 대서해야만 하였다는 것은 아주 자연스러운 것이었다.

하여간 이러한 의미에서 베드로가 본 서신의 저자라는 주장이 유력한 것이긴 하지만, 그렇다 하더라도 이에 대해 의심을 하지 않을 수 없는 것은 아니다. 본 서신의 저자가 베드로라는 것을 가장 열렬히 지지하는 자들이 독단적인 주장을 삼가야 하는 이유들이 적어도 세 가지 제시될 수 있다. 첫째, 베드로전서가 비교적 초기의 것이라는 우리의 확신이 아무리 확고한 것이라 하더라도 그러한 확신이 근거가 되는 대부분의 사실들처럼 이러한 진술은 64년 바로 이전 시기와 부합되는 것처럼 64년 바로 이후의 시기(또는 70년대)와도 부합된다는 것을 우리는 인정해야 한다. 둘째, 그러한 논법이 주로 가능성을 고려하는 것으로 이루어져 있다면, 그리고 만일 어려운 문제에 대한 우리의 평가가 다소 다른 것이라면 미결 상태는 다른 쪽으로 기울여졌을 것이다. 예를 들어 우리는 베드로 서신과 바울 서신 중 전자가 후자를 표절하였다기 보다는 그 두 서신은 공통된 자료에 독립적으로 의존하였다는 것이 훨씬 더 그럴 듯한 것이라고 주장해 왔다. 그러나 '훨씬 더 그럴 듯한' 이라는 말은 '틀림없는' 이라는 말과 같은 의미는 아니다. 왜냐하면 또 다른 가능성이 남아 있기 때문이다. 그리고 만일 우리가 이러한 견해가 어느 정도 정확하다는 것을 결정할 뿐만 아니라, 에베소서는 바울 이후의 것이라는 사실을 많은 학자들과 함께 인정한다면 베드로의 경우는 그에 따라 약화될 것이다. 셋째, 논쟁의 전체에 영향을 미치는 알려지지 않은 중대한 사실이 있는데 그것은 바로 베드로의 성품이다. 목회서신들에 대한 유사한 논증들이 각각 매우 다른데, 이는 우리가 바울, 그의 신학, 그의 문체, 그의 동료들과의 관계 등에 대해서 많은 것을 알고 있기 때문이다. 그러나 우리는 베드로의 정신과 방법에 대해서는 바울에 대해서와 같은 명백하며 신뢰할 만한 통찰력을 갖고 있지 못한데, 이는 본 서신에서 그의 특징과 강조점들을 발견하려는 시도들이 주로 가상적인 억측들일 뿐이며, 사도행전에 기록된 말들은 기껏해야 실제 사건들이 있은 지 오랜 후에 재구성된 간접적이고 요약된 이야기이기 때문이다.

상황이 이러하므로 베드로전서가 결국 가명이라는 가능성이 제외될 수 없는 탓에, 필자는 주석에서 '베드로' 라는 이름 대신 '저자' (the writer) 라고 말하는 편을 택하였다. 로마 가톨릭이 주장하는 온건한 가명설(假名說)에 따르면, 사도 베드로가 죽은 후에 아마도 실루아노가-자신이 베드로의 뜻을 따른다고 굳게 믿고는- 본 서신을 썼다는 것이다. 만일 "왜 실루아노는 자주 방문했으나 베드로 자신에게는 낯선 교회들에게 서신을 보내는 것으로 묘사되고 있는가?" 라는 것이 문제가 된다면, 이 가설이 바로 이 문제를 해결해 줄 수 있을 것이다. 실루아노는 바울의 동반자였으며 데살로니가전서를 기록하는 데 참여하였으므로, 그것은 또한 구성, 방법과 신학에 있어 바울의 어떤 특징들이 나타나는 이유를 설명하여 줄 것이다. 물론 이러한 설에 대한 한 가지 난제는 그가 5:12에서 표현한 자찬(self-eulogy)에 의해 제시된다. 더욱 근본적인 견해는 저자 미상으로 봐야 한다는 것으로, 직접적인 모든 언급을, 납득이 가도록 생생한 배경을 암시하기 위해 의도된 것으로 취급할 것이다. 독자들은 스스로 결정해야 하지만, 전체적으로 볼 때 증거는 초기 연대설로 기울어진다고 재언급하는 것이 타당한 것으로 보인다. 그리고 우리가 본 서신의 연대를 보다 초기의 것으로 잡을수록, 베드로와의-직접적인 것은 아니라 하더라도 적어도 간접적인-관련을 부인하기란 더욱 어렵게 된다.

**3. 장소** 2세기 이후(Eusebius, *Hist. eccl.* ii. 15.2) 5:13의 '바벨론'(Babylon)이 일반적으로 로마에 대한 비유적인 묘사로 인정되어 왔다. 그런데 비록 이것이 잘못된 주석임이 입증된다 하더라도(주해를 보라) 본 서신이 로마에서 기록되었을 것임을 보여 주는 다른 암시들이 있다. 특별히 어떤 학자는 로마에서 머물렀던 것으로 입증될 뿐 아니라(골 4:10; 몬 24절; 참조. 딤후 4:11) 자신의 복음서를 그곳에서 기록했다고 여겨지는 마가에 대한 언급이 5:13에 나타난다는 점과, 베드로전서가 클레멘트 1서와 동일한 환경에서 기록되었을 가능성이 있다는 점을 고려한다. 역시 로마 문서인 무라토리 정전의 침묵은 분명 우리를 당황하게 만들지만, 우리를 난처하게 하는 이 문제에 대해서는 어떤 설명이 있을 수도 있다. 사도 베드로 자신 혹은 그와 가까운 사람들 중 한 사람이 본 서신의 저자라는 가정을 따를 경우, 본 서신이 로마에서 보내졌다는 주장이 전적으로 받아들여질 수 있다. 왜냐하면 그것은 베드로의 생애 마지막 시기에 관한 믿을 만한 전승과 일치하기 때문이다. 엄밀한 의미의 가명설에 바탕을 두고 생각한다 할지라도, 본 서신이 로마에서 보내졌다는 것에 대해서 본질적으로 반대할 만한 것은 아무 것도 없다. 네로의 박해 때에 또는 어쩌면 그 후에, 로마에 있는 교회는 특별히 격심한 고난을 받았는데 그 교회는 그 교회의 순교한 영웅의 이름으로 격려의 메시지를 공동체들-이들도 역시 유사한 시험을 당하고 있었다-에 보내고 싶은 생각이 들었을 것이다. 그러나 가명설은 그러한 문제를 명백히 미해결 상태로 남겨 둔다. 가명설의 지지자들 중 어떤 이들은 본 서신이 실제로 어디서 쓰였든지 이 서신의 주소에 대해서는, 베드로의 활동에 대해 인정된 사실들에 비추어 로마로

보는 것이 자연스럽다고 주장한다. 다른 이들(예를 들면 M. E. Boismard)은 '바벨론'이 반드시 로마를 나타내지는 않는다고 지적함으로써 본 서신은 그것의 결정적인 형식에 있어 안디옥에서 편집되었을지도 모른다는 견해를 강조한다. 이러한 견해를 지지하는 것들로는, 본 서신이 소아시아에 있는 그리스도인 공동체들에 대해서 보여 주는 상세한 지식과 히에라폴리스의 파피아스(Papias of Hierapolis)와 서머나의 폴리캅(Polycarp of Smyrna)이 본 서신을 일찍이 인용했다는 사실, 그리고 '그리스도인'이라는 명칭이 신약의 다른 곳에서 나올 때에 그 환경이 바로 수리아라는 사실을 들 수 있다. 그러나 본 서신이 기록된 장소를 확정짓기 위해서는 서로 다른 요소들을 많이 생각해 보아야 하기 때문에 확고한 견해를 찾기가 쉽지 않다. 그러나 본 서신이 로마에서 기록되었다고 보는 전승은 그 외의 다른 어떤 가설보다도 여전히 훨씬 더 확고한 근거가 있는 것으로 보인다.

## 베드로전서 참고문헌

### 1. 주석


F.W. Beare, *The First Epistle of Peter* (Oxford, 3rd ed. 1970).

E. Best, *1 Peter (New Century Bible.* London, 1971).

C. Bigg, *The Epistles of St. Peter and St. Jude* (International Critical Commentary. Edinburgh, 1901).

A. Charue, *Les Épîtres catholiques* (Paris, 3rd ed. 1951).

C.E.B. Cranfield, *1 and 2 Peter and Jude* (Torch Commentary. London, 1960).

J. Felten, *Die zwei Briefe des hl. Petrus und der Judasbrief* (Regensburg, 1929).

R. Franco, *Cartas de san Pedro* (Madrid, 1962).

Fr. Hauck, *Die Briefe des Jakobus, Petrus, Judas und Johannes* (Göttingen, 8th ed. 1957).

F.J.A. Hort, *The First Epistle of St. Peter i. 1–ii. 17* (London, 1898).

R. Knopf. *Die Briefe Petri und Judä* (Göttingen, 7th ed. 1911).

A.R.C. Leaney, *The Letters of Peter and Jude* (Cambridge Bible Commentary. Cambridge, 1967).

R. Leconte, *Les Épîtres catholiques* (La sainte bible de Jérusalem. Paris, 1953).

J. Moffatt, *The General Epistles* (Moffatt NT Commentary. London, 1928).

B. Reicke, *The Epistles of James, Peter and Jude* (The Anchor Bible. New York, 1964).

K.H. Schelkle, *Die Petrusbriefe, Der Judasbrief* (Herders Theologischer Kommentarzum NT. Freiburg im Breisgau, 2nd ed. 1964).

J. Schneider, *Der Kirchenbriefe* (Das NT Deutsch. Göttingen, 1961).

E. Schweizer, *Der erste Petrusbrief* (Zürich, 2nd ed. 1949).

E.G. Selwyn, *The First Epistle of St. Peter* (London, 2nd ed. 1955).

C. Spicq. *Les Épîtres de saint Pierre* (Sources Bibliques. Paris, 1966).

A.M. Stibbs, *The First Epistle General of Peter* (Tyndale NT Commentaries. London, 1959).

J.W.C. Wand, *The General Epistle of St. Peter and St. Jude* (Westminster Commentaries. London, 1934).

H. Windisch(rev. by H. Preisker), *Die Katholischen Briefe* (Handbuch zum NT. Tübingen, 3rd ed. 1951).

G. Wohlenberg, *Der erste und zweite Petrusbrief und der Judasbrief* (Kommentar zum NT. Leipzig-Erlangen, 3rd ed. 1923).

## 2. 논문

F.W. Beare, 'The Teaching of First Peter' (*Anglican Theological Review* xxvi, 1944-45).

E. Best, 'Spiritual Sacrifice-General Priesthood in the NT' (*Interpretation* xiv, 1960).

M.E. Boismard, 'Une Liturgie baptismale dans la Prima Petri' (*Revue Biblique* lxiii, 1956).

'La Typologie baptismale dans la première épître de s. Pierre' (*La Vie spirituelle xciv*, 1956).

*Quatres Hymnes baptismales dans la primière épître de Pierre* (Paris, 1961).

'Pierre(Première épître de)' (*Dictionnaire de la Bible*, Supplément vii. Paris, 1966).

W. Bornemann, 'Der erste Petrusbrief, eine Taufrede des Silvanus?' (ZNTW xix, 1919–20).

R.E. Brown and others, *Peter in the New Testament* (Lutheran World Federation, U.S.A. Minneapolis etc., 1973).

R. Bultmann, 'Bekenntnis-und Liedfragmente im ersten Petrusbrief' (*Coniectanea Neotestamentica* xi. Lund, 1947).

C.E.B. Cranfield, 'The Interpretation of 1 Peter iii. 19 and iv. 6' (*Expository Times* lxii, 1958).

F.L. Cross, *1 Peter, A Paschal Liturgy* (London, 1954).

W.J. Dalton, *Christ's Proclamation to the Spirits* (Rome, 1965).

J. Daniélou, *Sacramentum Futuri* (Paris, 1950).

J.H. Elliott, 'The Elect and the Holy' (*Novum Testamentum*, Supp. xii. Leiden, 1966).

F.V. Filson, 'Patakers with Christ: Suffering in First Peter' (*Interpretation* ix, 1959).

K. Gschwind, 'Die Niederfahrt Christi in die Unterwelt' (*Neutestamentliche Abhandlungen* ii, 1911).

R.H. Gundry, '*Verba Christi* in 1 Peter' (*New Testament Studies* xiii, 1967 ; also E. Best, '1 Peter and the Gospel Tradition' (*New Testament Studies* xvi, 1970).

R.H. Gundry, 'Further Verba on Verba Christi in First Peter' (*Biblica* lv, 1974).

J. Jeremias, 'Zwischen Karfreitag und Ostern' (ZNTW xlii, 1949).

E. Kamlah, *Die Form der katalogischen Paränese im NT* (Tübingen, 1964).

J. Knox, 'Pliny and 1 Potor: a Notc on 1 Pct. iv. 14–16 and iii. 15' (*Journal of Biblical Literature* lxxii, 1953).

A.R.C. Leaney, '1 Peter and the Passover: an Interpretation' (*New Testament Studies* x, 1964).

E. Lohse, 'Paränese und Kerygma im 1. Petrusbrief' (ZNTW xlv, 1954).

*Märtyrer und Gottesknecht* (Göttingen, 1955).

P. Lundberg, *La Typologie baptismale dans l'ancienne Église* (Uppsala, 1942).

E. Massaux, 'Le Texte de la 1a Petri du Papyrus Bodmer Ⅷ' (*Mélanges G. Ryckmans*. Louvain, 1963).

C.L. Mitton, 'The Relationship between 1 Peter and Ephesians' (*Journal of Theological Studies*, NS i, 1950).

C.F.D. Moule, 'Sanctuary and Sacrifice in the Church of the NT' (*Journal of Theologiclal Studies*, NS i, 1950).

'The Nature and Purpose of 1 Peter' (*New Testament Sutdies* iii, 1956).

W. Nauck, 'Freude im Leiden' (ZNTW xlvi, 1955).

'Probleme des frühchristlichen Amstverständnisses' (ZNTW xlviii, 1957).

R. Perdelwitz, *Die Mysterienreligion und das Problem des 1. Petrusbriefes* (Giessen, 1911).

C.A. Pierce, *Conscience in the New Testament* (London, 1955).

L. Radermacher, 'Der erste Pertusbrief und Silvanus' (ZNTW xxv, 1926).

B. Reicke, *The Disobedient Spirits and Christian Baptism: A Study of 1 Pet. iii. 19 and its Context* (Copenhagen, 1946).

'Die Gnosis der Männer nach 1 Petr. iii. 7' (ZNTW, Beiheft xxi. 1954)

E.G. Selwyn, 'Eschatology in 1 Peter' *(The Background of the NT and its Eschatology*, ed. W.D. Davies and D. Daube: Cambridge, 1956).

G.E.M. de Sainte-Croix, 'Why were the Early Christians

Persecuted?" (*Past and Present* xxvi, 1963; xxvii, 1964).

A.N. Sherwin-White, 'The Early Persecutions and Roman Law Again' (*Journal of Theological Studies*, NS iii, 1952).

T.C.G. Thornton, '1 Peter, A Paschal Liturgy?' (*Journal of Theological Studies*, NS xii, 1961).

W.C. van Unnik, 'The Teaching of Good Works in 1 Peter' (*New Testament Studies* i, 1954). '

'Christianity according to 1 Peter' (*Expository Times* lxviii, 1956).

'The Critique of Paganism in 1 Peter 1, 18' (*Neotestamentica et Semetica*: Festschrift for M. Black. Edinburgh, 1969).

J.W.C. Wand, 'The Lessons of First Peter: A Survey of Recent Interpretation' (*Interpretation* ix, 1959).

S. Wibbing, 'Die Tugend- und Lasterkataloge im NT' (ZNTW, Beiheft xxv, 1959).

# 제 1 장

## 1. 인사말
## 1:1-2

1:1-2

1 예수 그리스도의 사도 베드로는 본도, 갈라디아, 갑바도기아, 아시아와 비두니아에 흩어진 나그네 2 곧 하나님 아버지의 미리 아심을 따라 성령이 거룩하게 하심으로 순종함과 예수 그리스도의 피 뿌림을 얻기 위하여 택하심을 받은 자들에게 편지하노니 은혜와 평강이 너희에게 더욱 많을지어다

1 예수 그리스도의 사도 베드로는, 고향을 떠나 본도, 갈라디아, 갑바도기아, 아시아, 비두니아에 흩어져 살고 있는 하나님의 선택된 백성에게 이 편지를 씁니다. 2 하나님께서는 오래 전에 여러분을 선택하셨고, 그분의 거룩한 백성으로 삼기로 계획해 놓으셨습니다. 또한 성령을 통해 여러분을 거룩하게 하셨습니다. 하나님께서는 여러분이 그분께 순종하고 예수 그리스도의 피로 깨끗해지기를 원하십니다. 은혜와 평안이 여러분 가운데 넘치기를 기도합니다. _아가페 쉬운성경

1세기와 2세기 초의 헬라 서신들의 관례적인 서두는 'A가 B에게 문안하노라' 라는 형식을 따랐다. 신약성경에서 이와 같은 형식을 취한 예로는 예루살렘 공의회의 결의문(決議文)과 글라우디오 루시아가 벨릭스에게 보낸 공한(公翰)이 있다(행 15:23; 23:26). 이와는 대조적으로 유대인 서신의 인사말은 두 문장으로 나누어지는데 첫 문장은 발신인과 수신인의 이름을 내포하고, 둘째 문장은 보통 2인칭으로 되어있는 상대방의 화평과 축복을 비는 기도를 담고 있다(예. 단 4:1; 6:25; 외경 바룩서 68:2;

필자는 여기에 필자의 사역을 게재하였지만, 독자의 편의를 위해 이를 이하 주석에만 옮겼음.

Bab. Talmud, San. 11절 하반절). 덧붙여 말하자면, 헬라인의 문체는 꾸밈없고 격식을 차려 구성된 반면, 유대인들의 편지에서는 흔히 이름을 정교하게 묘사한 한정사들로 꾸미는 경향이 있었다.

신약에서 볼 수 있듯이 원시 기독교 저자들이 채택하여 기독교적 양식으로 변화한 편지의 인사말 형식은 헬라 양식이라기 보다는 유대 양식에 가깝다(E. Lohmeyer, ZNTW xxvi 158-164). 여기 베드로전서의 인사말과 바울 서신서들의 인사말을 비교해 본다면 서로간의 차이점들이 나타날 것인데, 이러한 차이점들이 이 사실을 보여준다. 베드로전서의 인사말에 바울의 서신서들이 영향을 주었다고 추론할 수 있는 확실한 근거는 전혀 없다(참조, 본서 p.40). 본서의 기자가 의도한 것은 편지를 받는 자들이 초월적 소명(supernatural vocation)을 받았다는 사실을 매우 근엄한 태도로 강조하려는 데 있다. 그들의 부르심이 초월적이라는 이 사실이야말로 그들이 시련 중에 있을 때에 의지할 수 있는 최후의 보루이기 때문이다. 그러나 무엇보다도 첫째로 베드로 스스로가 자신의 권위를 그들에게 차분히 상기시키고 있다.

**[1] 예수 그리스도의 사도 베드로는 본도, 갈라디아, 갑바도기아, 아시아와 비두니아에 흩어진 나그네**

그는 **예수 그리스도의 사도 베드로**이다. 본 서신의 저작자 문제에 대해서는 본서 pp.50-54를 참조하라. 전혀 수식 없이 **베드로**(이것은 반석을 의미하는 아람어 **게바**에 해당하는 헬라어로서 예수께서 요한의 아들 시몬에게 붙인 이름이다-마 16:17; 요 1:42)라는 이름만으로도 충분한데, 이는 베드로의 지도적인 위치가 원시 기독 교회 내에서 널리 알려졌기 때문이다. **예수 그리스도의 사도**, 즉 대표자(representative) 혹은 대행자(delegate)라는 말에는 보통 이와 병행되는 바울의 주장 속에 담겨있는 자기 변호적인 요소가 전혀 없다. 아마, 그러한 칭호(**사도**)에 대한 베드로의 권리를 문제시할 사람은 아무도 없을 것이다. 그는 서두에서부터 자신이 전하는 메시지는 자신의 것이라기 보다는 주의 것이라는 사실과, 자신은 단지 주께로부터 권한을 부여 받은 그분의 대행자라는 사실을 명백히 하고 있다. 그런 후에 곧 사도는 그의 수신인들을 택하심을 받고 소아시아의 여러 곳에 잠시 정착한 **하나님의 흩어진 나그네**로 묘사한다. 본절을 성급하게 파악한다면 그들이 유대 그리스도인들이라고 선뜻 단정하는 경우가 생긴다. 헬라 교부들 중 대다수가 그러하였지만 제롬이나 어거스틴은 그러한 실수를 범하지 않았다. **흩어진 나그네**로 번역된 헬라어는 *διασπορά*(곧 '분산')로서 헬라어를 사용하는 유대인들 사이에서 팔레스타인 이외의 이방에 거하는 유대 민족 구성원들을 가리키는 기술적인 용어로 쓰였다. (히브리어 성경에는 이에 해당하는 정확한 말이 전혀 없다.) 마찬가지로 **택하심**이라는 말은 유대인들이 하나님께서 자신들을 그의 특별한 백성이 되도록 하기 위해 모든 민족 중에서 선발하셨다는 확신을 나타내기 위해 정식으로 사용했던 말이다(예. 신 4:37; 7:6; 14:2; 시 105:6; 사 45:4). 마카비 시대와 그 후 시대에는 적들로 둘러싸여 있던 주변 환경에 대한 의식이 점차로 증가하면서 이 확신이 보다 강화되었다(예. Jub. ii. 20). 쿰란 종파도 자신들을 하나님의 피택자들로 간주하였다(예. 1QS viii. 6; xi. 16; 1QpHab. x. 13). 그러나 우리는 실로 수신인들이 혹은 그들 중 대다수가 이방인 그리스도인들이라고 믿을 만한 충분한 이유들을 갖고 있다. (서론 p.18-20를 보라.) 따라서 저자는 하나님 자신의 백성에게 붙일 수 있는 신성한 말(역주: '택하심을 받은')을 그들 수신자에게 적용시킴으로써 기독 교회가 그러한 특권 있는 역할을 계승하였다는 사실을 암암리에 함축하고 있다.

교회가 새 이스라엘, 곧 옛 이스라엘에게 주어졌던 계시와 약속을 계승한 정해진 상속자라는 가정은 신약 전체가 보여 주는 사실로서(예. 갈 6:16; 빌 3:3; 약 1:1), 이는 자신의 인격과 사명을 구약의 중심 사상에 비추어 해석하시던 우리 주님의 해석에까지 거슬러 올라간다. 저자는 2:9-10에서 이 주제를 천명하고 있다. 본절에서 저자가 독자들의 어려운 상황을 고려하여 강조하려는 점은 그리스도인들로서 그들에게는 이 땅에 영원히 거할 처소가 없다는 사실이다. 초기에 유대인들은 자신들의 계속되는 추방을 하나님의 형벌로 이해하였다(예. 신 29:25-28; 렘 34:7; 외경 유딧서 5:18). 그러나 외국에서의 정착 생활이 번영하고 인구가 증가하자 그들은 그러한 정착을 덜 비관적으로 보기 시작하였다(예. Orac. Sib. iii. 271; 외경 마카비 1서 15:16-24; 참조 TWNT Ⅱ, 98-101). 그렇다 하더라도 앞서 사용된 가혹한 표현들(역주 : 이상의 성경 구절들에서 그들이 형벌로써 흩어짐을 당하였다는 표현들)에 대한 완곡한 표현으로 채택된 *διασπορά*라는 용어는 고국에 돌아가고 싶어하는 자기들의 소망을 나타내고 있다(예. 느 1:9; 시 147:2; 마카비 2서 1:27). 이러한 소망이 잠시 정착한(settled temporarily, *παρεπίδημοι*, 1:17; 2:11을 참조하라)이라는 말로 더욱 명백하게 표현된다. 이 말은 계속 머무르려는 의도가 전혀 없이 한 지역을 단지 통과하는 사람을 지칭하는 말이다. 그러므로 여기서 저자가 제시하고 있는 바는 비록 디아스포라(흩어진 유대인들)가 자기 땅에서 쫓겨났지만 언젠가는 돌아가리라는 기대를 가지고 있는 흩어진 백성들이었듯이, 그들이 현재 머물고 있는 장소가 어디든간에 본향을 사모하면서 잠시 임시적으로 지내는 나그네라는 사실이다. 차이점은 그리스도인들에게 '본향'(home)은 지상에 있는 어떠한 장소가 아니며 오직 하나님께서 엮어 내시는 새로운 질서라고 볼 수 있다는 점이다. 이와 밀접하게 관련된 개념들에 대해서는 다음 절들을 참조하라. 엡 2:19; 빌 3:20; 히 11:13-16; *Ep. ad Diognetum*. (특히 9절의 '그들–곧 그리스도인들–이 지상에서 그들의 시간을 보내지만, 그들은 하늘에 속한 시민들이다'를 참조하라.)

저자는 다음으로 그의 편지의 대상 지역을 **본도, 갈라디아, 갑바도기아, 아시아와 비두니아**로 한정하고 있다. 이러한 지명들(본서 p.18을 보라)은 타우루스(Taurus) 산맥의 북쪽에 위치한 소아시아 전체를 포함하고 있는 로마의 네 속주(屬州)를 나타내지만, 저자가 이러한 광대한 지역 전체를 의중에 두고 있는지 아니면 그 지역들만을 의중에 두고 있는지는 분명하지 않다. 사도 바울은 소아시아의 몇몇 지역(아시아에 있는 갈라디아, 에베소와 그 인접 지역)에 기독교를 전파하였지만, 우리는 아나톨리아(Anatolia) 지방에서의 베드로의 전도 활동에 대해서는 정보를 전혀 가지고 있지 않다. 본 서신의 저자는 아나톨리아 지방의 교회 공동체들에 대해 어느 정도 지식을 갖고 있는 것으로 보인다. 그렇기 때문에 이러한 사실은 베드로가 본 서신의 저작자라는 사실을 반대하는 논증으로 사용되어 왔다. 그러나 그러한 지식이 상세한 것은 아니며 또 베드로의 활동에 대한 지식이 거의 전무(全無)하므로 그 지식에 근거하여 많은 논리를 펼 수는 없다. 그리고 특히 비두니아와 본도는 폼페이 시대(B.C. 64) 이후 한 속주에 속해 있는 행정구역이 되었으며 흑해 연안에 서로 인접해 있었으므로 이러한 지명들이 열거된 순서는 주석가들을 당황하게 했다. 여기서 가장 자연스러운 설명은 본 서신이 회람 서신(回覽書信)이기 때문에 여기에 열거되어 있는 지명의 순서는 서신 전달자의 예정된 여정을 반영한다는 호트(F.J.A. Hort)의 설명이다. 본도에 속해 있는 흑해 항구인 아마스트리스(Amastris)와 시노페(Sinope)에서 남쪽으로 갈라디아를 거쳐 갑바도기아로 이르는, 또 거기에서 서쪽으로 갑바도기아의 수도인 가이샤라에서 아시아 지방의 에베소로 이르는 훌륭한 도로가 있었으며, 다시 에베소에서 몇 개의 길이 북서쪽에 위치한 비두니아와 그 항구 도시로 나 있었다. 실로 헤롯 대왕이 주전 14년 봄에 아우구스투스의 양자 마르쿠스 아그립바와 함께, 시노페를 출발하여 파플라고니아(Paphlagonia)와 갑바도기아를 거쳐 에베소까지 바로 그러한 경로를 거쳐 여행을 하였다 (Josephus, *Ant*, xvi. 21-23).

저자는 이와 같이 수신자들을 지리적으로 호명한 다음 그들이 '하나님의 소유가 된 백성' 이 되었다는(2:9) 사실에 의해 특별한 부르심의 본질과 목적을 설명한다. 정성들여 말을 하고 있는 저자의 진술은 옛 형태로 볼 수 있는 삼위일체의 형식을 취하고 있다. ('아버지-성령-예수 그리스도'의 순서에 주목하라.) 이러한 해석이 올바르긴 하지만, 해석은 원어상 **택하심을 받은**이라는 말이(역자 주 : 한글 성경에는 한글 어순상 2절 속에 삽입되어 있음) 거의 1절 초두에 등장하여 여덟 단어(*παρεπιδήμοις διασπορᾶς Πόντου, Γαλατίας, Καππαδοκίας, Ἀσίας καὶ Βιθυνίας*)에 의해 분리되어 있다는 이유로 의문시되어 왔다. 그러므로 고대 주석가들 중 대다수(예. Cyril Alex., ps. Oecumenius, Theophylact)는 2절에 있는 세 전치사구를 **사도**를 수식하는 것으로 이해하고자 하였으며, 몇몇 현대 주석가들은 그 절들을 **사도**와 **택하심을 받은**

이라는 두 단어에 관련시킨다. 그러나 후자(현대의 주석가들)는 불필요하게 복잡한 구문을 만들고 있으며, 덧붙여 이 두 주해는 다음과 같은 세 가지 반론에 직면하게 된다. 첫째, **사도**라는 말은 **택하심을 받은**이라는 말보다 2절로부터 더 멀리 떨어져 있다. 둘째, 이 두 견해는 사도로서 베드로의 권위가 (그와 같은 사실들에 의해) 뒷받침될 필요가 있었다고 주장하고 있다. 이는 베드로전서의 저자가 사도 자신이라고 간주하든 익명의 제자였다고 간주하든 간에 성립될 수 없는 가정이다. 두 견해는 기자가 신중하게 서신의 대상자들에게 **그들의** 부르심의 존엄성을 강조하고 있다는 사실에 주의하지 못하고 있다.

**[2] 곧 하나님 아버지의 미리 아심을 따라 성령이 거룩하게 하심으로 순종함과 예수 그리스도의 피 뿌림을 얻기 위하여 택하심을 받은 자들에게 편지하노니 은혜와 평강이 너희에게 더욱 많을지어다**

필자의 사역(私譯)과 같이 만일에 이 전치사구들이 **택하심을 받은**이라는 말과 연결된 것이라면, 저자는 먼저 아시아의 그리스도인들의 택하심이 그 결과로 일어났다는 사실, 곧 **하나님 아버지의 미리 아심**에 근거한다는 사실을 단언하고 있다고 볼 수 있다. 사도에게 있어 하나님의 **미리 아심**(*πρόγνωσιν* ; 1:20을 참조하라)은 장래에 일어날 일을 아는 선지(先知)를 훨씬 넘어서는 것이다. 이 말은, 70인역에서 쓰인 용례(예. 민 16:5; 외경 유딧서 9:6; 암 3:2)와 쿰란 종파의 사상과 동일한, 하나님의 효과적인(역자 주 : effective; 결과가 분명한) 선택을 내포한다. 사도 베드로는 "하나님이 미리 아신 자들을 또한… 미리 정하셨으니… 또 미리 정하신 그들을 또한 부르시고"(참조. 롬 8:29 이하; 9:11; 엡 1:11)라는 바울의 믿음을 공유하고 있다. (멸망을 위한 하나님의 미리 정하심에 대해서는 2:8에 관한 주해를 보라.) 그렇게 행하심으로써 하나님께서는 자신을 계시하시되 **아버지**(聖父)로서 자신의 진정한 성격을 계시하신다. 아버지(성부)라는 이 칭호는 여기에서 창조주로서의 하나님의 역할뿐만 아니라 사랑, 즉 자기 백성들을 부르심으로써 나타내신 그 사랑을 강조하고 있다. 이와 같이 본 서신의 수신인들인 그리스도인들과 모든 시대의 그리스도인들은 스스로 선택한 어떤 행위를 해서가 아니라 전적으로 하나님의 자비로우신 섭리 덕택에 구속받은 공동체의 일원이 되었다.

저자는 계속하여 이러한 예정의 선택이 **성령이 거룩하게 하심으로 말미암아** 작용하게 되었다고 진술한다. 바울은 살후 2:13에서 거의 동일한 말(이러한 표현법은 상용되는 문구였음이 분명하다)로 이와 동일한 사상을 표명하고 있다. 문맥상으로 이러한 구는 몇몇 학자들이 제언 하듯이, '인격의 영적 성화'를 의미할 수 없다. 이 구가 함축하고 있는 바는 하나님의 백성은 '거룩하여', 곧 죄로부터 정결케 되어 하나님께서 쓰시도록 거룩히 구별되었다는 사실과 이러한 사역의 대행자가 **성령**이라는 사실이다. 성령의 **거룩하게 하시는 행위**는 아시아의 그리스도인들을 그리스도께 인도했던 믿음의 역사 가운데서 또한 그들이 받는 세례에서 실제로 최고조가(고전 6:11의 "성령 안에서 씻음과 거룩함과 의롭다 하심을 받았느니라"를 참조하라) 되었다고 우리는 결론을 내린다. 다시 말해서 저자는 여기서 이러한 사건들을 염두에 두고 있었을 것이다. 그렇지만 성령은 신자들의 일상 생활에 계속해서 임재하셔서 그들의 믿음을 향상시키고 그들의 성화를 심화시키신다(참조. 1:15 이하; 3:15). 실로, 만일 신자들을 택하심이 하나님의 영원한 뜻(작정; 作定)에서 비롯되고 성령의 임재에 의해 효과적으로 된다면 그 선택의 목적과 목표는 **순종함과 예수 그리스도의 피뿌림을 얻도록 하는** 것이다.

**순종**(*ὑπακοή*; 이 명사는 베드로전서에 쓰인 중요한 단어 중 하나이다(참조. 1:14; 1:22). 바울도 역시 이 단어를 즐겨 사용하였다(11회). 이러한 단어 사용은 바울의 영향에 대한 증거로 이해되거나 단지 기독교인의 일상 어휘를 두 저자가 채택하여 사용했던 증거라고 이해되어 왔다. 많은 해석자들이 이 말에 **예수 그리스도**를 덧붙여 '예수 그리스도에 대한 순종과 그의 피 뿌림'이라 이해한다. 그러나 첫째, 이러한 이해는 소유격 *Ἰησοῦ Χριστοῦ*를 **순종**과 연결지어서는 목적격으로, **피**와 연결지어서 동시에 주격으로 취급하는 난점이 있다. 둘째, 우리는 *ὑπακοή*가 그 자체 단독으로 쓰인 실례들을 볼 수 있다(1:14; 롬 16:19; 고후 7:15). 이 말을 수식어 없이 독립적으로 이해할 때, 이것은 그리스도인으로 부르심은 사람의 편에서 볼 때 순종으로 나타난다는 것을 암시한다. 이것은 의심할 바 없이 부분적으로는 기독교의 윤리적 이상에 부합됨을 의미한다. 그러나 1:22(또한 2:8; 4:17을 참조하라)과 바울의 용례(특히 롬 1:5의 "믿어 순종하게 하나니"를 참조하라)에 비추어 볼 때, 이 말의 주된 강조는 그리스도의 구원 행위에 대한 복음의 선포와 더불어 그 복음에 대하여 신자가 복종적으로 받아들인다는 사실에 있다.

그리스도인의 부르심에 인간적인 측면이 많이 있다 할지라도 그 모든 것은 하나님의 역사의 이면일 뿐이다. 곧 그것은 **예수 그리스도의 피 뿌림**으로 말미암는다. 기자는 **예수 그리스도의 피**라는 말에 의하여 주님의 희생적인 죽음과 그 죽음의 결과로써 하나님과 그 백성 간에 새 언약이 확증되었음을 나타내고 있다. 은유가 아니라 실제로, 그리스도의 피 뿌림을 받는다는 것은 믿음으로 그의 구원하시는 죽음을 받아들이고, 그러한 죽으심으로 시작된 새로운 공동체에 가입하는 것을 의미한다. 이를 퍼델위츠(R. Perdelwitz)는 미드라스(Mithras, 옛 페르시아의 빛의 신-역자) 제의(祭儀)와 대조하고 있다고 보았다. 미드라스 제의에서는 숭배자들이 황소의 피가 쇠창살에서 자신들의 머리 위로 방울 방울 떨어져 내리도록 만든 구덩이 속으로 내려가는 의식을 치렀다. 그러나 이러한 주장은 전혀 가당치 않은 것이다. 이러한 이미지(imagery)는 여호와(Yahweh)와 그의 백성 간의 언약에 대한 봉인(封印)을 묘사하고 있는 출 24:3-8의 생생한 기사(참조. 히 9:19-21에서도 사용되고 있음)에서 끌어낸 것이 분명하다. 거기(출 24장)에서도 우리는 순종을 똑같이 강조하고 있음과(7절, "그들이 이르되 여호와의 모든 말씀을 우리가 준행하리이다") 피 뿌림이 수반되어 있음을 볼 수 있다. 그리고 바로 거기서 이스라엘인들이 피로 옛 언약을 맺게 되었던 것처럼 여기서 택함을 받은 자들은 피로 새 언약을 맺게 된다. 출애굽 때에 모세는 여호와께 그 백성을 바친다는 의미로 먼저 제단에 피를 뿌렸고, 그런 후에 곧 이스라엘인들이 이제 여호와의 축복과 보호하는 권능에 동참했다는 사실을 보여 주기 위하여 이스라엘 백성 위에 피를 뿌렸다. 새 언약은 그리스도의 희생의 죽음에 의해 성취된 죄 사함에 의해 가능하게 되었다. 그리스도께서는 자신의 희생의 죽음을 렘

31:31 이하와 사 53장과 연관하여 출 24:8에 비추어 해석하셨던 것 같다(참조. 막 14:24, "나의 피 곧 언약의 피").

매우 간결하게 표현된 이 진술에서 우리는 그들이 하나님의 부르심에 대하여 확신을 가짐으로써 소망과 담대함을 가졌음을 감지할 수 있다. 이러한 소망과 담대함은 그들이 분명 연약하고 매우 뼈아픈 시련 속에 있었을지라도 제1세기의 작은 기독교 공동체들을 고무하고 격려했음에 틀림없다. 다음으로 따라오는 인사말은 바울이 그의 모든 서신에서 사용하고 있는 **은혜**와 **평강**이라는 형태를 취하고 있다. 이에 대해 보통, 이교도의 서한의 인사말 형식을 기독교에서 채택했다고 주장되고 있으나(*χαίρειν* 대신 *χάρις*를 사용했다는 주장임) 사실상 이러한 표현은 유대인들의 서신에서 관례적으로 표현했던 경건한 소원을 그대로 사용한 것이다. **은혜**라는 말이 의미하는 바는 하나님께서 죄인들에게 보여 주시는 사랑의 호의로서 이는 하나님께서 그리스도 안에서 최고조로 증거하여 보이신 사랑의 호의이다. 한편 **평강**이라는 말은 서신들(각 서신들의 1:1을 참조하라)에서뿐 아니라 만나고 헤어질 때에 하는 히브리인의 일상적인 인사말이었다. 구약에서 '평강'(**샬롬**)이라는 말은 이에 해당하는 헬라 상당어 *εἰρήνη*나 라틴어 pax보다 훨씬 풍성한 내용을 담고 있다. 샬롬은 하나님께서 인간에게 베푸시는 물질적이며 영적인 모든 복을 포함하며 특히 선지자들의 종말론(예. 사 9:6; 52:7; 슥 9:10)에서는 하나님께서 메시아 시대에 성취하실 구원을 포함하고 있다. 그러므로 신약에서, 특히 이와 같은 인사말(참조. 유 2절, 벧후 1:2)에서 이것은 단지 내적인 평온이나 심리학적인 의미에서의 안정을 뜻하지 않는다. 오히려 그것은 하나님과 더불어 올바르게 된 객관적인 상태이며 그러한 상태로부터 오는 모든 복된 상태를 더불어 말한다. 그러므로 평안은 하나님께서 그리스도 안에서 베푸시는 선물(은사; gift)이다. 왜냐하면 하나님은 '(그리스도의) 십자가의 피로 화평을 이루신'(골 1:20) '평강의 하나님'(예. 롬 15:33; 16:20; 고전 14:33; 살전 5:23; 히 13:20)이시기 때문이다. 더 이상의 설명은 TWNT Ⅱ, 398-416를 보라.

바울은 습관적으로 동사를 생략하고 있는 데 비하여, 본 서신의 저자는 이러한 복들이 더욱 풍성해지도록 독특하게 유대인적인 기도를 덧붙이고 있다. 이에 대한 구약의 실례들로는 단 4:1; 6:25이 있으며, 신약과 이외 초기 기독교적인 구절의 실례로서는 벧후 1:2(이것은 본절에 영향을 받은 것이다); 유 2절; *1 Clem.* praescr.; *Ep. Polyc.* praescr를 보라.

## 2. 구원에 대한 확신과 감사
## 1:3-12

**1:3-12**

3 우리 주 예수 그리스도의 아버지 하나님을 찬송하리로다 그의 많으신 긍휼대로 예수
그리스도를 죽은 자 가운데서 부활하게 하심으로 말미암아 우리를 거듭나게 하사 산
소망이 있게 하시며 4 썩지 않고 더럽지 않고 쇠하지 아니하는 유업을 잇게 하시나니
곧 너희를 위하여 하늘에 간직하신 것이라 5 너희는 말세에 나타내기로 예비하신 구원
을 얻기 위하여 믿음으로 말미암아 하나님의 능력으로 보호하심을 받았느니라 6 그러
므로 너희가 이제 여러 가지 시험으로 말미암아 잠깐 근심하게 되지 않을 수 없으나 오
히려 크게 기뻐하는도다 7 너희 믿음의 확실함은 불로 연단하여도 없어질 금보다 더 귀
하여 예수 그리스도께서 나타나실 때에 칭찬과 영광과 존귀를 얻게 할 것이니라 8 예수
를 너희가 보지 못하였으나 사랑하는도다 이제도 보지 못하나 믿고 말할 수 없는 영광
스러운 즐거움으로 기뻐하니 9 믿음의 결국 곧 영혼의 구원을 받음이라 10 이 구원에
대하여는 너희에게 임할 은혜를 예언하던 선지자들이 연구하고 부지런히 살펴서 11 자
기 속에 계신 그리스도의 영이 그 받으실 고난과 후에 받으실 영광을 미리 증언하여 누
구를 또는 어떠한 때를 지시하시는지 상고하니라 12 이 섬긴 바가 자기를 위한 것이 아
니요 너희를 위한 것임이 계시로 알게 되었으니 이것은 하늘로부터 보내신 성령을 힘
입어 복음을 전하는 자들로 이제 너희에게 알린 것이요 천사들도 살펴 보기를 원하는
것이니라

3 우리 주 예수 그리스도의 아버지 하나님께 찬양을 드립니다. 하나님은 자비로우셔서,
우리에게 산 소망을 주셨습니다. 죽은 자 가운데서 예수 그리스도께서 부활하심으로,
우리는 새 생명을 받은 것입니다. 4 이제 우리는 하나님께서 그분의 자녀들에게 주려고
준비해 두신 복을 소망합니다. 이 복은 여러분을 위해서 하늘에 간직되어 있으며, 결코
썩거나, 그 아름다움이 변하지 않습니다. 5 하나님께서는 크신 능력으로 여러분의 믿음
을 든든히 지켜 주셔서, 구원의 날이 이를 때까지 여러분을 안전하게 보호해 주십니다.
마지막 때가 되면, 하나님께서는 여러분에게 구원을 베풀어 주실 것입니다. 6 그러므로

기뻐하십시오. 눈앞에 있는 여러 가지 어려움으로 인하여 지금 당장은 힘들고 괴롭겠
지만, 7 이 시험들은 여러분의 믿음이 얼마나 강하고 순수한지 알아보기 위한 것일 뿐
입니다. 순수한 믿음은 금보다도 훨씬 귀합니다. 금은 불에 의해 단련되기는 하지만 시
간이 흐르면 닳아 없어지고 마는 것입니다. 하지만 여러분의 순수한 믿음은 예수 그리
스도께서 다시 오실 그 날에 칭찬과 영광과 존귀를 가져다 줄 것입니다. 8 여러분이 예
수 그리스도를 본 일은 없지만 예수 그리스도께 사랑을 고백합니다. 지금 이 순간, 그
분의 모습을 보지 못하면서도 그분을 믿고 있고, 여러분의 마음은 설명할 수 없는 기쁨
으로 가득 차 있습니다. 9 그것은 여러분의 믿음에 목적이 있기 때문입니다. 그 목적,
바로 여러분의 영혼이 구원을 받는다는 기쁨이 이미 여러분에게는 주어졌습니다. 10
예언자들은 이 구원에 관해 열심히 연구하고 찾았습니다. 여러분이 받고 있는 은혜에
관해서도 예언하였습니다. 11 그리스도의 영이 그 예언자들과 함께하셨던 것입니다.
성령께서는 그리스도에게 있을 고난과 그 뒤에 올 영광에 대해서 말씀해 주셨습니다.
예언자들은 성령께서 가르쳐 주시는 것을 이해하기 위해 노력하였습니다. 도대체 그
일이 언제 있게 될지, 그리고 그때에 이 세상은 어떻게 될지 그들은 깊이 연구하였습니
다. 12 하나님께서는 그들의 연구와 노력이 그들 자신을 위한 것이 아니라, 후대의 여러
분을 위한 것임을 그들에게 알려 주셨습니다. 이제 여러분은 그들의 수고로 진리의 말
씀을 듣고 있습니다. 하늘로부터 보내심을 받은 성령의 도우심으로, 복된 소식을 전하
는 사람들이 이 기쁜 소식을 여러분에게 전해 준 것입니다. 이 놀라운 진리의 말씀은
천사들까지도 알기 원하는 것이었습니다. _아가페 쉬운성경

---

인사말 후 서신은 수신인들이 세례를 통하여 참여하게 된 놀라운 기업에 대해 하나님께 찬양과 감사를 드림으로써 예의 바르게 시작한다. 약속된 구원이 이미 수중에 있다는 의식은 고난 중에서도 기뻐할 수 있는 토대를 그들에게 제공하여 준다. 바울처럼 본 서신의 기자는 보통, 수신인들의 복지에 대한 감사와 그것의 지속을 위한 기도로 시작되는, 고대 유대인들과 이교도들의 서한 형식을 따르고 있다. 본 대목의 길이와 수식(修飾)은 고후 1:3-11; 엡 1:3-14; 살후 1:3-12을 연상시키지만, 1:3-5은 세례에 관한 언급임에 틀림없다. (거듭남에 대한 언급을 참조하라.) 이와 동일한 사상의 흔적이 딛 3:5-7(또한 롬 8:14-24; 골 3:1-4; 요일 2:29-3:2)의 세례전적인 배경에서 또한 발견되는데, 이 두 기자는 상당한 정도로 수정을 가하여 평상시의 예배 의식에 사용되었던 본문이나 찬가의 골자를 재현하고 있는 것일 수도 있다(본서 p.42을 보라).

**[3] 우리 주 예수 그리스도의 아버지 하나님을 찬송하리로다 그의 많으신 긍휼대로 예수 그리스도를 죽은 자 가운데서 부활하게 하심으로 말미암아 우리를 거듭나게 하사 산 소망이 있게 하시며**

하나님의 이름이 뒤따르는 찬송하리로다(*Εὐλογητός*)라는 말로 서두를 장식하는 형식은 유대인의 전통적인 전개 형식이다. 이러한 형식은 성경에 수차례 거듭 나타나는데 가끔씩은 감사를 불러일으키는 구체적인 자비의 행동을 나열하고 있는 절(節)을 수반하기도 한다. 그 예로서는 창 9:26; 시 66:20("하나님을 찬송하리로다 그가 내 기도를 물리치지… 아니하셨도다"); 시 72:18("홀로 기이한 일들을 행하시는 여호와 하나님 곧 이스라엘의 하나님을 찬송하며"); 시 106:48; 외경 마카비 1서 15:34; 눅 1:68 이하 등이 있다. 이것은 유대인 기도 속에 항상 들어가는 요소였으며, 가장 두드러진 예는 쉐모네 에스레(Shemoneh ' Esreh) 즉 유대인들의 18개의 축도문 속에 들어 있다. 이 축도는 회랑에서 매일 세 차례씩 암송된 것으로, 축도문마다 "여호와여 찬송을 받으소서"라는 후렴으로 끝을 맺고 있었다.

원시 기독교가 이러한 관용구를 적절히 수정하여 받아들인 것은 자연스런 일이 아닐 수 없다. 이리하여 기자는 영광을 단지 하나님 혹은 주께 돌리는 것이 아니라 우리 주 예수 그리스도의 아버지 하나님께 돌린다(이러한 표현이 '하나님…의 아버지' 보다 낫다). 이것은 일찍부터 상용어로 굳어졌으므로 이것이 엡 1:3에 의존한 것이 아닐까 의심할 필요는 없다. 그리고 이것은 실로 복음의 정수를 압축하여 선명히 드러내 보여주고 있다. 기독교의 예배는 신위(神位; Deity), 그 자체를 향하여 드려지는 것이 아니라, 그리스도께서 계시하신 하나님과 그 아들 되시는 분께-곧 독특한 의미에서 하나님이신 그 아들 되시는 분께 드려진다. 우리 주라는 표현에 대해서는 고전 16:22의 기원, *Μαράνα θά*(주여 오시옵소서)를 참조하라. 고전 16:22의 기원은 그 말이 아람어를 여전히 사용하고 있었던 집단들 사이에서 굳어졌음을 암시해 주고 있다. '예수는 주이시다' 라는 말은 극히 초기의 기독교의 고백이었던 것 같다(참조. 행 8:16; 19:5; 롬 10:9; 고전 12:3; 고후 4:5; 빌 2:11). 이러한 칭호가 예수님 당시에 사용되었던 것 같지는 않다. 이 칭호는 부활하시고 승천하신 후–아마도 시 110:1(막 12:36 이하)에 대한 예수님 자신의 언급에서 암시를 받아 그에게 돌려지게 된 듯하다. *κύριος*(주)는 그 신성한 이름에 대하여 70인역이 통상적으로 번역했던 말이었다. 신약의 기자들이 이러한 칭호를 내포하고 있는 구약의 본문들을 승귀(昇貴)하신 예수께 자연스럽게 적용하고 있다는 사실은 그들이 예수 그리스도의 신분을 인식하고 있었음에 대한 증거이다. **우리**라는 수식어는 그리스도인들과 그들의 주님의 특별하고도 개인적인 유대를 강조한다.

이렇게 찬가를 부르듯이 표현하는 이유는, 하나님은 **그의 많으신 긍휼대로 … 우리를 거듭나게 하셨기** 때문이다. 이러한 진술은 비록 다른 이미지를 사용하고 있긴 하지만, "긍휼에 풍성하신 하나님이 … 우리를 그리스도와 함께 살리셨다"(엡 2:4–5)는 바울의 천명을 상기시킨다. 긍휼이 풍성하신 하나님께서 베푸시는 구원은 인간적인 노력으로 인간이 얻을 수 있는 무엇이 아니다. 이러한 사실은 어린아이들이 자기들의 자연적인 출생에 대하여 어떤 책임을 지고 있는지를 생각해 보면 금방 알 수 있다. 구원은 주도적인 하나님의 은혜와 긍휼에서 나오는 것이다(롬 3:24; 딛 3:5). 하나님이 행하신 것(분사 *ἀναγεννήσας*가 부정 과거임에 주목하라. 곧 수신인들은 이미 **거듭난** 상태이다)이 여기서 중생이라는 비유적 표현으로 묘사된다. 이 표현은 분명히 세례에 대한 언급이다. 여기에서 **너희**(참조. 4절) 대신에 **우리**를 사용하고 있는 것으로 미루어 기자가 당시 유행하던 세례 시의 감사 기도를 자유롭게 인용하고 있음이 분명하다. 그런 후에 그리스도인들이 받은 성례적 중생(sacramental rebirth)에 의하여 그들이 얻게 된 새 생명은 **산 소망**이라 정의되고 있다. 그리스도인들의 참된 본향은 천국이라는 1절의 몇 가지 암시처럼 이 말은 수신인들을 격려하기 위한 의도로 쓰인 말이지만, 이것은 또한 기독교 신앙 자체의 중요한 국면을 나타내고 있다. 비록 세례받은 신자들이 자신들에게 약속된 것들을 앞서 맛보고 있기는 하지만 아직은 완전히 누리지는 못하고 있다. 세례받은 신자는 하나님의 영광과 영생의 축복에 참여하여 함께 누릴 것에 대한 **소망**으로 산다. 그러나 신자들의 소망은 '죽은 소망' 곧 실현성이 전혀 없으며 결실이 하나도 없는 소망이 아니라 **산**, 곧 확실하며 그럼으로써 현재에도 효과가 있는 소망이다(참조. 롬 5:5의 "소망이 우리를 부끄럽게 하지 아니함은").

세례를 통하여 진정한 모습으로 변화되는 우리 실존의 이러한 탈바꿈(transformation)은 **예수 그리스도께서 죽은 자 가운데서 부활하심으로 말미암아** 일어난다. 이 말들은 언뜻 보기에는 문법적으로 **산 소망**에 붙어서 그리스도의 부활이 우리의 부활 소망의 근거와 보증임을 암시하고 있다(1:21; 롬 8:10; 고전 15:12-22; 살전 4:14). 그러나 "우리를 … 하게 하사…, 하시며"(has caused us)라는 동사가 지배하는 부분은 소절 전체이므로(역주 : 헬라어와 영어의 어순은 우리말과 다르므로 원문을 대조해 볼 것) 구원의 모든 신비, 거듭난다는 이 신비는-세례는 중생의 효과적인 표징이다-죽음을 이기신 그리스도의 승리에 기인한다고 우리는 추론해야 할 것이다. 바로 그 사건에 의해 인류의 전체 상황은 획기적으로 변화되었다(계 21:5, "보라 내가 만물을 새롭게 하노라"). 부활하신 주를 믿음으로 영접하는 사람은 누구든지 전적으로 새로운 질서 안으로 편입되며 그 새로운 질서 안에서 그들은 '새 생명 가운데서 행할' (롬 6:3-14) 수 있게 되었다. 세례와 그리스도의 부활 간의 관계에 대해서는 3:21을 주해와 함께 참소하라.

저자는 초자연적인 거듭남에 대해 1:23에서도 동일한 은유를 사용하고 있다. 또 2:2에서는 그의 독자들을 "새로 난 자녀들"('Newly born children' -갓난 아기들-한글 성경)이라 부르고 있다. 신약의 다른 곳에서는 이러한 비유적인 표현이 비교적 드물게 나타나고 있다. 요 3:3-8에 따르면 하나님의 나라를 볼 자는 '거듭나야' (혹은 '위로부터 나야' ) 한다. 한편 요일 2:29; 3:9; 4:7; 5:1, 4, 18에서는 그리스도인을 "하나님께로부터 난 자"로 표현한다. 약 1:18은 하나님께서 "진리의 말씀으로 우리를 낳으셨다"고 진술하며, 딛 3:5은 특히 '중생의 씻음' 에 대해 말한다. 이 모든 절의 배후에는 다소 명백하게 중대한 성례(the great sacrament)가 있으니, 궁극적인 의미에서 이 성례에 의해서 믿는 자는 새 사람으로 만들어진다. 그리고 명심하고 주목해야 할 것은, 바울은 다른 비유들을 선호하고 있다는 사실이다. 바울은 그 변화를 죽고 다시 살아남에 비하거나(롬 6:4-9) 그렇지 않으면 새로 지음을 받는 것에 비유한다(고후 5:17; 갈 6:15). 물론 "새 생명 가운데 행한다"는 표현과 같이 그가 여기에서 사용된 말들과 매우 유사한 말로 그 결과를 표현하고 있기는 하지만 말이다. 그러나 2세기 중엽 이후(Justin, *1 Apol.* lxi. 3; lxvi. 1; *Dial.* cxxxviii. 2) 세례는 교부들에 의해 통상적으로 '중생' 으로 묘사되었다.

초대교회가 이러한 비유적 표현을 어디서 도입하였는가 하는 문제는 실로 빈번히 거론되어 왔다. 어떤 해석자들은 개종의 세례를 받고 유대교로 개종한 자는 '새로 난 아이와 같다' (이에 대한 증거를 위해서는 SB Ⅱ, 422f를 보라)는 (아마도 신약 시대에 적용되었을) 랍비의 격언을 지적하면서 이러한 비유적 표현의 배경이 유대적이라고 주장한다. 그러나 이러한 주장은 거의 신빙성이 없다. 그 격언은 유대교로 개종한 자가 실제로 거듭났다고 말하고 있지 않으며(히브리어나 아람어에는 그러한 말이 없었다) 다만 말하자면 개종자가 새로운 법적 신분 하에서 새로이 삶을 시작한다는 의미에서만 그를 갓난아이로 비유하고 있다. 이교의 신비 제의(祭儀)들은 훨씬 그럴 듯한 자료를 제공하여 준다. 다른 신들을 언급할 필요 없이 이시스(Isis, [역주 : 이집트 신화의 농사와 수태를 관장하는 여신] Apuleius, *Met.* xi. 21), 미드라(Mithra, [역주 : 페르시아의 빛의 신], A. Dietrich, *Mithrasliturgie*, 1923, 12를 참조하라)와 쿠벨레(Cybele, [역주 : 프리지아 신화의 신들의 어머니], CIL Ⅵ, 510: date 376)의 숭배자들은 그들로서는 성례에 해당하는 일종의 입교식(역주: 비의 전수식[秘儀傳授式])의 결과 '거듭났다' (라틴어. *renati*)고 주장되었던 것이다. 히폴리투스(*Ref.* v. 8. 10; 23)와 터툴리안(*De bapt.* v. 1)과 같은 초대 교부들이 이러한 증언을 확증해 주고 있다. 이러한 전거(典據)들이 훨씬 후 시대에 속한다는 사실은 인정하지만, 그러한 신비 종교들은 신약 시대와 비교하여 수세기 전의 것이었으므로 그 종교들의 특징적인 개념들이 당시에 적용되었다고는 생각할 수 없다. '성령으로 출생한다' 는 개념이나 '거듭 태어난다' 는 개념은 상당히 초기의 헤르메스 사본(Hermetic texts, *Corp. Herm.* xiii. 1; 3; 7)과 영지주의 문서(Gnostic writings, 참조.

Hippolytus, *Ref.* v. 8. 21; 23; Clement Alex., *Exc. ex Theod.* lxxvi. 4; lxxx. 1)에서도 발견된다.

헬라적인 영향들을 부정할 수는 없지만 우리로서는 그 영향들이 작용한 방식을 분명히 해야 하며 다른 가능성들을 모두 배제하고 헬라의 영향력에만 집중하는 경향에 대해서는 경계해야 할 것이다. 첫째, 헬라의 영향은 본질(substance)보다는 전문 용어에 관련되었다. 다시 말해서 초대 기독교인들은 자신들의 환경에서 유통되었던 언어 형식을 불가피하게 따르게 되었다. 둘째, 헬라의 영향이 1세기까지는 아마 간접적으로 작용하였을 것이다. 헬라의 유대교는 이교의 철학 용어와 종교적인 관용어를 받아들이게 되었다. 예를 들어 요세푸스(Josephus)는 하나님께서 율법을 '낳으시는' (begetting) 분이라고 언급하고 있는데(*Anti.* iv. 319), 신이 파종하고 낳는다는 사상은 필로(Philo)의 사상과 밀접하다. 필로는 '낳는다' 는 용어를 사용하여 하나님의 창조를 설명하고 있다(*Leg. Alleg.* iii. 219: 참조. *De Ebr.*). 사람들을 하나님의 자녀들로 설명한 것에 대해서는 *Spec.* Leg. i. 317 f; *De Confus.* 63; 145-148를 참조하라. 언어의 이러한 환치 현상이 일종의 교량 역할을 담당했을 수도 있다. 그러나 셋째로 그러한 표현의 궁극적인 출처는 원시 전승(primitive tradition) 자체였음이 틀림없다. 먼저 들 수 있는 사실은 주님의 교훈 가운데에 누구든지 어린 아이와 같이 되지 않고서는 아무도 천국에 들어가지 못한다는 교훈이다(마 18:3; 막 10:15; 눅 18:17). 그 말씀은 주님께서 니고데모에게 하셨던 말씀(요 3:3 이하)의 기록의 주조(主調)를 이루고 있다. 다른 한편으로는 그리스도의 인격과 사역으로 말미암아 메시아 시대가 이미 시작되었다는 확신을 들 수 있다. 이 메시아 시대는 유대 사상의 측면에서 볼 때, 새 창조를 포함하고 있는 것으로 기대되고 있었다(예. 사 65:17; 66:22; 신 32:12-Targum of Onkelos; 외경 바룩서 32:6; 44:12; 참조. 마 19:28). 실제로 후기 유대교는 메시아 시대에 속한 하나님이 선택된 자들을 하나님 자녀로 묘사하고 있다(말 3:17 이하; 지혜서 2:18; 5:5; 솔로몬의 시편 17:30; Jub. 1:24 이하; 1 En. 62:11; Ass. Mos. 10:3; 마 5:9). 이러한 사상적 틀 안에서 기독교가 중생(regeneration)과 같은 헬라 용어를 채택하여 그 용어를 기독교적 의미로 재해석한 것은 매우 자연스러우며 또한 용이한 일이었다. 이 말이 헬라어 의미와 근본적으로 다르다는 사실은 이 용어의 전망(perspective)이 종말론적이었다는 사실에서 확연히 드러난다. 더 나아가 세례와 더불어 기독교의 거듭남은 여타 신비적 제의와는 달리 엑스타시(무아경; ecstasy)의 요소를 전혀 내포하지 않았으며, 또한 영지주의와도 달리 소수층의 특권도 아니었다. 세례(씻음)에 의한 거듭남(rebirth in baptism)은 하나님의 말씀에 의해 효력이 발생되는 것이요(1:22) 세례 지원자의 서약에 대한 하나님의 은혜의 응답이었다(3:21).

**[4] 썩지 않고 더럽지 않고 쇠하지 아니하는 유업을 잇게 하시나니 곧 너희를 위하여 하늘에 간직하신 것이라**

이제 이 소망을 유업으로 묘사하면서 감사가 세례적 소망(the baptismal hope)의 내용으로까지 확대된다. 바로 이 비유는 중생이라는 이전 비유의 뒷받침을 받는데, 어린 자녀들이 상속자의 자격을 갖고 있기 때문이다. 여기서 사용된 *κληρονομία*(기업)라는 용어는 구약을 즐겨 읽었던 독자들에게는 풍부한 연상을 하게 해주었다. 구약에 따르면 아브라함의 육적 자손으로서 유대인들은 아브라함에게 주신 약속들을 상속받았다. 구약 전기(前期)에 속하는 사람들에게 기업은 바로 가나안과 동일시되었지만(예. 신 15:4-5; 19:10: "네 하나님 여호와께서 네게 기업으로 주신 땅"), 바벨론 포로기 이후에는 점차적으로 물질적인 재산으로는 이해되지 않게 되었다. 때로는 그 기업이 하나님 자신과 동일시되었으며(시 16:5; 73:25 이하), 때로는 영원한 생명과 동일시되었다(단 12:13, 참조. 솔로몬의 시편 14:10; 15:15; 1QS 11:7). 신약에서 바울은 하나님의 양자로서 그리스도인들은 '하나님의 상속자' 라고 말하고 있으며(롬 8:17; 갈 4:7), 그들의 기업은 영생(막 10:17; 딛 3:7), 그리스도와 함께하는 영광(롬 8:17), 썩지 아니할 것(고전 15:50), 그리스도의 나라(엡 5:5), 구원(히 1:14), 하늘의 도성(계 21:2-7) 등으로 다양하게 해석되고 있다. 베드로전서의 다른 곳에서는 이 유업이 '생명의 은혜' (3:7)와 '복' (3:9)으로 정의되고 있다.

유업은 상속자 자신의 노력의 결과로서가 아니라 값없이 주어진다. 그리고 여기에서도 이러한 의미가 나타나 있다. 더욱이 하나님께서 그의 자녀들을 위해 예비해 두신 유업은 **썩지 않고 더럽지 않고 쇠하지 아니하는** 것이다. 이 구절은 각각 부정을 나타내는 접두사 알파(*α*)로 시작하는 장엄하며 화려한 느낌을 주는 세 개의 형용사(*ἄφθαρτον, ἀμίαντον, ἀμάραντον*)가 들어가 있다. 이 세 형용사는 본문의 예배 의식적인 어투의 특징을 보여 주고 있으며, 지혜서 안에서는 천상의 실재들을 묘사하는 데 사용되고 있다(12:1; 18:4; 4:2; 6:12). 어떤 이들이 생각하는 것처럼 이 단어들을 사용한 의도가 그리스도인에게 약속된 땅과 지상의 영토, 즉 이스라엘에 의해 점유되어 수세기 동안 황폐되고 도덕적으로나 종교적으로 불순하고 부패된 영토와 대조시키려는 것은 아니다. 오히려 그 목적은 세례받은 자들이 상속하는 복은 보통 인간적인 소유물과는 전적으로 다르다는 사실을 강조하려는 것이다. 모든 자연 질서를 무너뜨리는 큰 천재지변이나 인간의 죄나 덧없음(*ἀμαράτινος*는 특히 결코 시들지 않는 꽃에 적용된다. 5:4을 참조하라)도 이 유업에 영향을 미칠 수 없다.

이러한 '유업'은 또한 (3절에서의 그리스도인의 소망처럼) 절대적으로 확실하다. 어떠한 해악이 이 서신들을 읽는 대상자들을 엄습한다 하더라도 그들이 이 유업을 기대할 수 있는 것은 하나님의 관리하에 안전하게 보존되어 있기 때문이다. **너희를 위하여 하늘에 간직하신 것**이 전달해 주는 보장이 바로 이것이다. 성경에서 '하늘'은 하나님의 거처이자 구원과 축복의 영역이며, 그곳에 간직되어 있는 것은 재해로부터 면제됨은 기정사실이 아닐 수 없다. 그래서 바울은 "너희를 위하여 하늘에 쌓아둔 소망"(골 1:5)에 대해 말한다. 그리스도의 시민권도 '하늘에' 있으며(빌 3:20), 참된 예루살렘 역시 그렇다(갈 4:26; 히 12:22; 계 3:12). 결정적인 순간에 임하게 될, 하늘에 예비된 축복(마 25:34)에 대한 개념은 철저히 유대적인 것으로서 묵시 문학(1 En. 48:7; 58:5; Asc. Is. 8:25)과 랍비 문학(SB Ⅲ, 762; Ⅳ, 1146f; 1156f)에 자주 등장한다.

**[5] 너희는 말세에 나타내기로 예비하신 구원을 얻기 위하여 믿음으로**

**말미암아 하나님의 능력으로 보호하심을 받았느니라**

이 마지막 요지가 5절에서 전개되는데 여기에서 저자는 아시아 그리스도인들의 참혹한 곤경을 기술하기 위해 그의 예배 의식적 기술에서 갑자기 이탈하여(**너희를 위하여**라는 말이 보여 주고 있듯이) **말세에 나타내기로 예비하신 구원을 얻기 위하여 믿음으로 말미암아 하나님의 능력으로 보호하심을 받았다**고 그들에게 다짐한다. 만일 그 유업이 소홀함 없이 잘 보호되고 있다면 그것을 받도록 예정된 자들도 잘 보호받고 있는 것이다. 헬라어의 두 분사(*τετηρημένην*; '간직하신 것', *φρου ρουμένους*; '보호하심을 받았느니라') 사이에는 의식적인 일치가 있는데, 후자의 단어는 수비대에 의해 방어되는 요새를 연상시키는 군사 용어이다. 저자가 확신하는 마지막 때(참조. 1:6; 1:20; 4:5; 4:7; 5:10)는 매우 가까이 왔다. 그리고 그에 앞서 격심한 시련과 고통이 닥친다는 것은 잘 알려져 있던 사실이었다(참조. 5:8; 막 13:2; 살후 2:3-12; 딤후 3:1). 하나님께서 택하신 자들은 보호받을 필요가 있다. 그들은 **하나님의 능력을 통하여**('통하여' [한글 성경은, '…으로']에 해당하는 헬라어는 *ἐν*[in]이지만, 이 전치사는 자체가 지니고 있는 장소적인 의미를 상실하였다) 이를 보장받는다. 그리고 이 하나님의 능력이 그들의 **믿음으로 말미암아** 승리를 확실하게 하는 것이다. 7:9, 21; 5:9(참조. 히 11장)에서와 같이 여기서 **믿음**은 담대한 신앙에 근거되어 있는 확고부동한 신뢰를 의미한다(TWNT Ⅵ, 208).

비록 **구원**이라는 말이 문법적으로는 **보호하심을 받았다**는 말에 의존하고 있긴 하지만 그것은 **산 소망**의 대상과 **유업**의 내용을 의미한다. 그리고 베드로전서에서(또한 1:9을 보라) 이 단어는 영원한 영광을 충분하게 누림과 같은 뜻이다(4:13 이하; 5:1, 4). 이 말(*σωτηρία*; 문자적으로는 '안전', '보전', '건져냄')은 기독교가 이교(異教)에서 차용한 용어가 아니다. 이교는 여러 잡신들과 통치자들조차도 '구원자들'로 추앙하였으며 죄와 사망과 마귀의 권세(세력)로부터의 구원에 상당히 친숙하였다. *σωτηρία*의 동족어인 '구원하다'(*σῴζειν*)와 '구원자'(*σωτήρ*)의 출처와 마찬가지로 이 말의 직접적인 출처는 70인역과 후기 유대주의인데, 양쪽 모두 종교적인 의미에서 하나님께서 베푸시는 구원(deliverance) 혹은 보전, 더욱 특별하게는 최후 심판 때 하나님의 진노로부터의 구원을 의미하였다. 이 말이 다양한 뉘앙스를 지니고 있지만 신약에서는 그리스도의 인격 및 사역과 관련되어 있으며, 이것의 종말론적인 어조가 특별히 두드러져 있다(예. 롬 1:16; 5:9; 13:11). 그러므로 저자가 열성을 다해 보장하고 있는 것은 이 구원이 **말세에 나타내기로 예비되었다**는 것이다. 이러한 표현(참조. 1:20)은 역사의 마지막 장이 시작되었다는 것과, 그 자신과 독자들의 열망이 곧 성취된다는 저자의 확신을 새롭게 해주고 있다.

**[6] 그러므로 너희가 이제 여러 가지 시험으로 말미암아 잠깐 근심하게 되지 않을 수 없으나 오히려 크게 기뻐하는도다**

저자는 계속하여 말한다. **이 안에서**(*in this*, '그러므로' -한글 성경) 곧 중생의 경험과 구원에 대한 기대 안에서 **너희는** 잠시 견디어야 하는 고난에도 불구하고 **크게 기뻐하는도다**. 이것이 구문상으로나 본문상의 난제들을 내포하고 있는 절에 대한 가장 적절한 해석이다. 6절 첫 단어 $\dot{\epsilon}\nu$ $\hat{\omega}$(in which 또는 in whom)는 (1) 3절의 "… 아버지 하나님"에 관계될 수 있으며, 혹은 (2) 더욱 직접적으로는 5절의 **말세**에와 관련될 수 있다. 그러나 첫째 견해에 대한 반론들은 이것($\dot{\epsilon}\nu$ $\hat{\omega}$)은 관계절을 자체의 선행사로부터 너무 멀리 분리시키는 흠이 있다는 것과, 아시아 그리스도인들의 기쁨의 근거는 하나님 자신이 아니라, 방금 기술된 놀라운 경험과 약속으로 보는 것이 자연스럽다는 것이다. 둘째 견해의 결정적인 흠은 **말세**(the last time)가 비록 임박해 있긴 하지만 여전히 미래적이라는 것이다. 만일 우리가 '너희가 크게 기뻐하리라'(현재시제인 $\dot{a}\gamma a\lambda\lambda\iota\hat{a}\sigma\theta\epsilon$ 대신에 미래시제 $\dot{a}\gamma a\lambda\lambda\iota\acute{a}\sigma\epsilon\sigma\theta\epsilon$ : Origen. *Exhort. ad mart.* xxxix와 고대 여러 역본들에서도 미래시제로 되어있다)라는 의미의 미래시제로 읽는다면 후자의 것이 그럴 법한 해석이 될 것이다. 그러나 이러한 독법을 지지해 주는 헬라어 사본이 전혀 없다. 이것은 $\dot{\epsilon}\nu$ $\hat{\omega}$(in which)를 5절의 말세와 관련된 것으로 보아야 한다고 느꼈던 독자들에 의해 수정된 것임에 틀림없다.

동사 **크게 기뻐하다**($\dot{a}\gamma a\lambda\lambda\iota\hat{a}\sigma\theta\epsilon$)는 70인역과 신약의 어휘에 속하는

데 양쪽 다 이 말이 자주 강하게 종말론적인 색채를 띠고 있다. 이것은 창조된 질서의 기쁨, 특히 하나님께서 심판자와 구주로 나타나실 때의 택함을 받은 사람들의 기쁨을 가리킨다(예. 시 95:11; 96:1; 사 12:6; 마 5:12; 벧전 4:13; 유 24절; 계 19:7). 이 동사의 형태상 여기서는 명령법일 수도 있지만 전반적인 분위기를 볼 때 명령보다는 사실에 대한 확신에 찬 진술이라고 보는 것이 타당하다. 그리고 저자는 서신의 수신자들이 (**있어야 할) 여러 가지 시험으로 말미암아 잠깐 근심하게 되지 않을 수 없으나** 그로 인해 기쁨이 감소되지 않고 실제로는 증가된다고 쓰고 있는 것이다. '있어야 할' 이라는 표현을 삽입한 것은 *εἰ δέον*(문자적으로 '필요하다면')의 강도를 나타내기 위함이다. 형태상으로는 가정법이지만 저자가 실제 그러한 경우로 간주하고 있는 것이다. (이 말의 용법에 대해서는 Blass-Debrunner, *A Greek Grammar of the N. T.* § 372를 보라.) 이 절이 가설적이라는 일반적인 주장은 부정 과거분사인 *λυπηθέντες*(*have been distressed*) 때문에 배제될 수밖에 없다. 이 분사는 가장 명백한 가능성을 나타내는 방식으로 **시련들**의 실재적 현실성을 가리킨다.

이것이 아시아 그리스도인들의 고난에 대한 최초의 명시적 언급이다. (5절의 **보호하심을 받았느니라**라는 말에도 은연중의 암시가 숨어 있다.) 그 고난의 성격에 대해서는 본서 p.21-27을 보라. 저자의 말이 암시하고 있듯이, 그는 미래의 가능성이 아니라 그의 독자들이 받아왔을 뿐더러 지금도 받고 있는 구체적인 박해에 대하여 생각하고 있으며, 그것을 기독교 신앙이 지니고 있는 국면(perspective)으로 보여주려 한다. 첫째, 그 시련들은 오직 **잠깐** (*ὀλίγον*; a short while, 이 말은 **이제**라는 말과의 관계가 보여 주듯이 정도보다는 기간의 지속에 대한 것이다) 지속될 뿐인데, 이는 주의 재림이 가까웠기 때문이다. 여기서 종말론적인 긴박성의 어조는 요 16:16-19의 '조금 있으면' (a little while)이라는 표현을 상기시킨다. 둘째, 그것은 하나님의 섭리에 의해 정해진 것이므로 **있어야만 한다**(*δέον ἐστὶν*; it has to be). 성경에서 하나님은 역사의 주(Lord)로 나타나고 있다. 그리고 반드시 일어나야 하는(must, 이러한 의미심장한 뜻의 *δεῖ*에 대해서는 단 2:28; 마 16:21; 막 9:11; 눅 4:43; 계 1:1을 참조하라) 일의 기원은 하나님의 주권적인 뜻으로까지 소급된다.

**[7] 너희 믿음의 확실함은 불로 연단하여도 없어질 금보다 더 귀하여 예수 그리스도께서 나타나실 때에 칭찬과 영광과 존귀를 얻게 할 것이니라**

셋째, 의심할 바 없이 사탄의 획책의 결과인 이러한 **시련**(trials, 'test' –흠정역 5:8)은 독자들의 **믿음의 진가**(the sterling quality, 여기서 이 말은 확고부동한 충절의 의미를 갖고 있다–역주 : 금보다 더 귀한 믿음의 진가라는 의미로 필자가 사역한 부분임)를 테스트하고 또 내재된 순도(純度)와 능력을 밖으로 드러내 보이는 효과를 갖고 있다. 헬라어 본문에서 진가(眞價, *δοκίμιον* 즉 '검증됨', '품질 검사됨')라는 말은 관사와 함께 쓰인 중성 형용사로서 명사화하였다. 고후 8:8에서 "너희의 사랑의 진실함"(the genuineness of your love)은 이 말과 잘 부합되는 병행 단어이다.

**금보다 더 귀한 것으로 나타나서 너희가 칭찬과 영광을 받는 데 기여하게 할 것이다**(may be found to be more precious than … and so redound to your praise and glory)라는 번역이 가장 적절한 구분과 의미를 나타낸다. 대부분의 번역들(AV; RV; RSV 등)은 **금보다 더 귀한**을 진가(sterling quality)와 대체로 동격을 이루고 있는 것으로 취급함으로써, "(너희의 칭찬과 영광을) 얻는 것임을 드러내게 하려 함이라"(may be found to result in)는 식으로 번역한다. 그러나 저자의 요점은 첫째, 그의 수신인들의 믿음의 질(quality)은 그들이 받는 시험에 의해 실제로 드러난다는 것이다. 둘째, **더 귀한**이라는 형용사를 어떠한 목적어와도 관련시키지 않은 채 놔두는 것은 어색하다. '드러내게 하려 함이라'고 해석할 경우, 그 뒤에 '칭찬과 영광과 존귀'가 오는 것(영어 어순상)도 그에 못지않게 어색하다. **불로 연단하여도 없어질**이라는 말이 중간에 끼어 있기는 하지만, **더 귀한**은 동사의 서술부로 이해하고, **칭찬과 영광과 존귀**는 앞으로의 결과를 설정하는 추가 서술부로 이해하는 것이 훨씬 자연스럽다.

불이 소멸시키는 일을 하는 것과는 달리 어떤 것을 순화시켜 최량의 것이 되게 한다는 개념에 대해서는 고전 3:13을 참조하라. 하나님께서 사람들을 단련시키시는 방법을 값진 금속을 정련하는 것에 비유한 내용은 구약에도 자주 나온다(예. 시 66:10; 잠 17:3; 27:21; 슥 13:9; 말 3:3; 지혜서 3:6). 그 이상은 TWNT Ⅵ, 929-48을 보라. 저자는 가장 값진 금속으로 널리 알려진 금을 선택하고 있다(예. Philo, *De Ebr.* 86: '세상의 모든 금보다 더 귀한 이유'). 그러나 저자는 아시아 그리스도인들의 **믿음**이 금보다 **더 귀하다**고 지적하는데 이는 아무리 금이라 할지라도 불로 여러 번 시험하면 마침내는 차차 소멸하게 되기 때문이다. 비록 그들이 지금은 낙담하고 있을지라도 이러한 질적으로 탁월한 믿음은 **예수 그리스도의 나타나실 때에**(1:13; 4:13; 참조. 고전 1:7; 살후 1:7), 곧 예수 그리스도께서 산 자와 죽은 자의 심판자로서 권능과 영광으로 나타나실 주의 날에 인정받게 될 것이다. 그때에 그것은 그들의 **칭찬과 영광과 존귀에 기여할** 것이다. (*redound to*; 필자가 사역한 부분, 이러한 것들은 물론 인간적인 칭찬이나 보상과는 아무런 관계가 없다.) 첫째는 의로우신 재판장께서 베푸실 것이며(마 25:31-46의 종말의 광경을 참조하라) 마지막 날에야 나타나는(롬 2:29; 고전 4:3-5) 칭찬이다. **영광과 존귀**는 본질적으로 하나님의 속성으로서 하나님의 존재에 속하는 광휘(radiance)와 위엄을 의미하는데 이를 하나님께서는 그리스도께 부여하셨다(1:21). 신실한 그리스도인들의 지고의 복이 종말의 날이 이를 때에 그들의 몫으로 주어질 것이다. (**영광**에 대해서는 5:4; 롬 8:17; 골 3:4을, **존귀**에 대해서는 2:6; 롬 2:7을 참조하라.)

7절과 약 1:3 사이에 용어상의 주목할 만한 유사점이 있으므로 두 서신서의 저자가 서로의 말을 빌려 사용한 것이 아닐까 하는 의심이 널리 퍼져 내려왔다. 여기에는 부정할 수 없는 어떤 관련이 있는 것처럼 보이지만 다음 사실을 주목해 볼 필요가 있다. 첫째, 베드로전서가 **너희 믿음의 진가**(the sterling quality of your faith, '믿음의 확실함' -한글 성경)에 대해 말하고 있는 데 비하여, 야고보서는 이 말을 '너희 믿음의 시련' (the testing of your faith)을 의미하는 데 사용한다. 둘째, 둘 다 '시련' (trials)의 뜻과 관계가 있긴 하지만, 베드로전서는 이를 믿는 자의 믿음을 순화시키는 것으로 보는 데 비하여, 야고보서는 '믿는 자를 온전하고 부족함이 없게' 하는 것으로 본다. 여기서 우리가 주목해야 할 또 하나의 사실은 6절의 주제, 즉 박해 가운데에서 오히려 기뻐한다는 역설-이는 본서신 전체(특히 4:13)를 꿰뚫고 있다-은 약 1:2뿐 아니라, 신약의 많은 절들(예. 마 5:11; 눅 6:22; 행 5:41; 롬 5:3; 8:18; 고후 4:17; 6:10; 7:4; 8:2; 살전 1:6; 히 10:32-36)에서 현재의 고난이 잠시 지속된다는 사실과 장차 임할 영원한 영광을 대조하고 있는 종말론적 배경을 담고 있는 구절에서 흔히 반복해서 나타난다는 점이다. 그러므로 그러한 역설은 기독교 일반이 다 아는 사실이었으며 초기부터 내려온 생각이었다. 그래서 그러한 사상은, 예를 들어 바울의 주장 속에도 매우 자연스럽게 들어가게 되었다. 또 그것이 문답식 교육의 일상적인 주제-이 주제를 많은 기자들이 독자적으로 재현하였을 것이다-였음에 틀림없다. 그러한 교훈이 직접적으로는 주의 말씀에 근거할 수도 있지만(E.G. Selwyn), 알려진 대로 주의 말씀 자체가 그러한 역설의 영향력을 반영하고 있다는 가능성을 고려해야만 한다. 사실상, 하나님의 대의명분을 내세워 고난받는 것을 기뻐하는 영웅적 태도는 후기 유대교에 잘 나타나고 있는데, 이 후기 유대교는 마카비 시대의 잔혹하지만 영광스러운 경험들에 의해 많은 자극을 받았던 것이다. 이에 대한 실례를 위해서는 다음을 참조하라. 마카비 2서 6:28-30; 마카비 4서 7:22; 9:29; 11:12; 유딧서 8:25-27; 지혜서 3:4-6(여기에 언급되어 있는 것은 마카비 시대의 투쟁에 대한 언급이다. 6절 이하의 병행구는 특히 밀접하다). 교회는 그러한 역설을 수용하여 종말의 임박성과 그리스도 재림의 임박성에 대한 확신에 따라 이를 재해석하였다. 그리스도는 교회의 환희(jubilation)의 기초로서, 몸소 고난을 당하셨던 것이다.

**[8] 예수를 너희가 보지 못하였으나 사랑하는도다 이제도 보지 못하나 믿고 말할 수 없는 영광스러운 즐거움으로 기뻐하니**

저자는 이제, 그의 수신인들과 영화롭게 되신 주님과의 개인적인 관계에 중점을 두면서 역설의 이러한 측면을 발전시킨다. **예수를 너희가 보지 못하였으나**(ἰδόντες) **사랑하는도다 이제도 보지 못하나 믿고.** 상반절에 대해 여러 사본들과 교부들은 "너희가 그를 알지 못하였으나"(εἰδότες) 라고 읽는다. 그러나 이것은 첫째, 후기 헬라어에 있어, '에이'(ει)와 '이'(ι) 발음의 동일성으로 인한 일상적인 혼돈에서, 둘째, 동사 '보다'의 각기 다른 두 분사(ἰδόντες와 ὁρῶντες)를 매우 밀접하게 병치시킨 서투름을 의식한 데서 야기된 오류였을 것이다. 문장이 그대로 나타내고 있듯이 본절은 목격자로서의 저자의 입장과(참조. 5:1; 눅 1:2; 요 1:14; 고전 9:1; 15:5; 요일 1:1-3), 다른 사람들의 보고에 의해 예수님을 알게 된 아시아 그리스도인들의 입장 간의 대조를 암시하는 것으로 읽혀져 왔다. 만일 이것이 정확한 견해라면 이것은 베드로가 저작자임을 지적해 주는 것일 수도 있다. 그러나 이와 동시에 (만일 미묘한 뉘앙스를 중시한다면) 사도 베드로의 이름으로 쓰기를 주장하는 어떤 사람에 의해 삽입된 생생한 가필(lifelike touch)일 수도 있다.

최초의 그리스도인 공동체에서는 많은 이들이 주를 직접적으로 알고 있었지만 제1세대의 대다수와 그 후의 모든 세대는 사정이 달랐다. 그렇긴 해도 우리는 신약에서 그들이 불리한 입장에 있지 않음을 보여주려 했던 시도들을 본다. 그러므로 바울은 "우리가 믿음으로 행하고 보는 것으로 행하지 아니함이로라"(고후 5:7)고 주장하며, 사복음서는 '보지 못하고 믿는 자들'(요 20:29)의 복됨을 격찬한다(참조. 롬 8:24; 10:14; 히 11:27). 자연히 그러한 시도들이 속사도 시대에 구체적으로 드러나게 되었다(벧후 1:1에 관한 주해를 보라). 본절은 또한 사도(혹은 속사도) 시대의 교회에서 예수에 대한 개인적인 사랑을 점증적으로 역설하였음을 입증하고 있다. 구약에서처럼 공관복음서에서 제1계명은 하나님을 사랑하라는 것이다(막 12:30). 우리가 예수를 사랑해야만 한다는 사상이 공관복음서에는 전적으로 결여되어 있지만 요한복음에는 현저하게 등장하고 있다(8:42; 14:15, 21, 24; 21:15-17). 바울은 우리가 하나님을 사랑하기를 기대하고 있다(롬 8:28). 그는 누구든지 '주를 사랑하지 않는'(고전 16:22) 자들에 대해서는 저주를 선언하고 있으며, 또한 "우리 주 예수 그리스도를 변함없이 사랑하는 모든 자"(엡 6:24)에게는 은혜를 기원하고 있다.

믿음은 사랑과 결부되어 있다. 수신자들은 주님을 믿고 있다. 여기서 믿음은 확고한 신뢰, 곧 비록 **이제도 보지 못하지만** 장차 보리라는 확신을 나타내는데, 왜냐하면 주님께서는 곧 오실 그리스도이시기 때문이다. 비록 명백히 그리스도 중심적인 것이긴 하지만 여기에서와 같은 믿음의 개념은 히 11:1의 것과 유사하다. 그 결과 그들은 **말할 수 없는 영광스러운 즐거움으로 기뻐한다**. 옛 라틴 역본과 벌게이트 역본, 그리고 이레니우스와 어거스틴, 그 밖의 몇몇 사본들은 현재시제인 **기뻐한다**(*ἀγαλλιᾶσθε*) 대신에 미래시제인 '기뻐하리라' (*ἀγαλλιασεσθε*; 라틴어 exultabitis)로 대치시키고 있다. 그러나 이것은 명백히, 역설적인 교훈을 이해하지 못한 데서 비롯된 단조로운 수정이다. 일반적인 생각대로 하자면 그들의 기쁨은 주께서 그의 성도들에게 상급을 베풀기 위해 나타나실 미래에 속한 것이어야 한다. 그러나 저자에게는 마지막 때의 기쁨이 현재에까지 흘러 넘쳐 들어와 그의 편지를 받고 읽는 자들의 비참한 곤경까지도 밝혀주고 있는 것이다(참조. 고후 4:8-10; 6:8-10). 이것은 일상적인 경험과 모순되는 믿음의 신비이며, 그러므로 그 **기쁨**은 **말할 수 없는 기쁨**이다. 그것은 또한 **영광으로 충만**하다. 곧 하나님의 참된 본질(1:7에 대한 주해를 보라)에 속하며 하나님께서 택하신 자들에게 나누어 주신 광채로 가득하다. 롬 8:30에 나타나는 바울의 말, 즉 하나님 자신이 예정하시고, 부르시고, 의롭다 하신 자들을 '영화롭게 하셨다' (시제가 부정 과거이다)는 천명을 참조하라.

**[9] 믿음의 결국 곧 영혼의 구원을 받음이라**

이어지는 구절 **믿음의 결국 곧 영혼의 구원을 받음이라**는 독자들의 역설적인 기쁨의 기초가 되는 근거를 나타낸다. 여기에 사용된 동사 *κομιζόμενοι*('받음이라')는 문자적으로는 '스스로 차지하다, 획득하다' (carry off for oneself)는 뜻으로 종종 어떤 행위에 따른 상이나 벌에 대한 언급과 관련하여 나타난다(참조. 5:4; 고후 5:10; 엡 6:8; 골 3:25; 히 11:13). 이 현재분사는 현재와 미래의 긴장 상태를 두드러지게 하는 것으로 의미심장하다. 바로 이 **구원**에 대한 소망은 이미 실현되어 가는 과정에 있는 것이다. **구원**에 대해서는 1:5에 관한 주해를 보라. 구원은 그들의 헌신적인 신뢰와 충성(참조. 1:5)의 완성(τέλος. 이 말의 의미에 대해서는 딤전 1:5을 참조하라)이다. 믿음의 결과로서의 구원에 대해서는 행 15:11; 16:31; 엡 2:8; 딤후 3:15을 참조하고, 또한 '믿음은 그대에게 무엇을 주는가?-영생' 이라는 로마 가톨릭의 세례 문답식을 참조하라. **영혼의 구원**이라는 표현은 주목할 만한 가치가 있다. 그러나 그 이유가 저자의 인간론과 바울의 인간론 사이의 근본적인 차이를 지적하고 있기 때문은 아니다. 이 말을 얼핏 이해하면, 구원을 영혼에만 제한시켜 인간의 구성 요소에 대한 헬라 철학의 이분설을 암암리에 받아들임으로써 마치 기자가 영혼과 육신을 구별하고 있는 것처럼 들린다. 실제로는 '영혼' (ψυχή)이라는 말은 기자가 즐겨 사용하는 말로 1:22; 2:11, 25; 3:20; 4:19에서 사용하고 있으며 이 모든 구절들 안에서 아주 자연스럽게, 살아 있는 존재로서의 인간, 곧 자아나 인격체로서의 인간(참조. 마 16:25; 히 10:39)이라는 명백한 셈어적인 의미(예. 창 2:7)를 견지하고 있다. 여기서 **너희**(헬라어 본문에는 너희라는 말이 없지만 함축되어 있다) **영혼의 구원**은, 4:19에서 '너희 영혼' 이 단순히 '너희 자신' 을 의미하듯이 '너희 구원' 이라는 말과 같은 뜻이다. 이와는 대조적으로 바울의 어법에서 ψυχή와 이와 관련된 형용사 ψυχικός(정욕적인)는 약간 경멸적인 요소를 지니면서 인간의 연약하고 죄로 기울어지기 쉬운 약점을 나타내는 경향이 있다.

**[10] 이 구원에 대하여는 너희에게 임할 은혜를 예언하던 선지자들이 연구하고 부지런히 살펴서**

구약의 영감 받은 저자들도 단지 멀리서 바라보았을 뿐이며 천사들까지도 (보지 못하고) 보기를 심히 갈망했던 이 구원을 벌써 미리 맛보고 누리고 있다는 사실은 아시아 그리스도인들이 어느 정도의 특혜를 누리고 있는가를 말해 준다. 그것은 바로 **선지자들이 연구하고 부지런히 살폈던 구원이었다**. 이 문맥에 나타나는 선지자들은 기독교 시대의 선지자라는 주장이 있어 왔다(E. G. Selwyn; 기독교인 선지자의 존재와 활동에 대해서는 특히 행 11:27; 13:1; 21:10; 고전 14:3-5, 24-32; 딤전 1:18; 4:14을 참조하라). 그 이유는 다음과 같다. (1) 여기서 '연구하고' 와 '부지런히 살핌' 이란 성경을 조사하는 것을 뜻하는 것으로 여겨지는데 이는 구약 선지자들의 특징이 아니었다. (2) 그들 속에 역사하시는 **그리스도의 영**(11절)에 대한 언급은 더욱 쉽사리 그리스도인 선지자들에 대한 것으로 이해된다. (3) 원문에 **선지자들** 앞의 정관사가 결여되어 있다는 사실은 그들이 고전적인 선지자들이었다기 보다는 그 공동체들에 친밀했던 개인들이었음을 지적하고 있다.

이러한 주석이 직면하는 결정적인 난점들 중 한 가지는 여기서 **선지자들**은 명백히 독자들 및 이들을 복음화한 자들과 대조될뿐더러 이들보다는 좀더 전시기(前時期)에 속하는 것으로 보인다는 사실이다. 이상의 이유 중 (3)에 대해서는 하등의 고려할 가치가 없다. 왜냐하면 정관사가 없는 것은 본 서신서 기자의 문체와 일치하기 때문이다. 한편 (1)의 이유는 수사적으로 모호한 **연구하고 부지런히 살펴서**라는 말을 너무 엄밀하게 세분하여 억지로 뜻을 이끌어내려고 하고 있다. (아마도 마카비 1서 9:26을 생각했는지도 모른다. 그러나 거기에는 본문을 정사[精査]한다는 뜻은 전혀 없다.) (2)의 이유에 대해서는 11절의 주해에서 답변하겠다. 그러므로 우리가 **선지자들**이라는 말을 구약의 선지자들, 대체로 구약에 관련된 것으로 이해한 것은 명백하고 자연스러운 의미에서 정당하다. 왜냐하면 초대 기독교인들은 율법과 성문서들(특히 시편을 참조하라)을 예언적인 글들로 간주하였기 때문이다. 복음서 저자들(예. 눅 4:17-21; 24:25-27)과 신약 전체가 묘사한 그리스도 자신이 직접 그랬듯이 본 서신의 저자는, 구약 시대의 사람들이 메시아, 곧 예수 그리스도와 그의 도래에 시선을 집중했다는 사실을 당연시하고 있다. 물론 이러한 견지가 히브리 예언에 대한 완전한 이해를 묘사하는 것은 아니다. 그들이 살았던 역사적인 무대를 되돌아볼 때 선지자들은 미래에 대한 투시보다는 그 당대의 세상에 대한 하나님의 신판(vordict)에 훨씬 많은 관심을 기울였다. 그러나 그들은 역사에 대한 종말론적인 접근과 더불어 불가피하게 악인들의 정죄와 하나님의 택하신 자들의 구원이 마침내 성취될 주의 날에 주의를 집중하지 않을 수 없었으며, 그날의 도래의 징조를 살피기 위하여 역사의 지평을 훑어보지 않을 수 없었던 것이다.

그러나 그들의 진지한 조사에도 불구하고 사건들이 진행되어감에 따라 구약의 성도들은 실망하지 않을 수 없게 되었다. 그들의 부단한 주제였던 은혜(*χάρις*: '은총', '무상의 선물', 하나님의 은혜로우신 전체 행위, 구원은 이 행위의 완성 또는 결과)는 그들을 위한 것이 아니었기 때문이다. **너희에게 임할**(*was to be yours*, 원문은 '너희에게 은혜'라 되어 있다. 이 간결한 구문에 대해서는 이하에 나오는 *εἰς Χριστὸν παθήματα*, 문자적으로는 '그리스도에게 고난'과 고전 15:10의 '내게 주신 그의 은혜'를 참조하라. 또한 "… 에게"[to]라는 전치사에 대한 이러한 용법에 대해서는 폴리비우스[Polybius, *Hist.* i. 7. 12 ; 69. 7]를 참조하라) 이 은혜는 본 서신의 저자와 그의 수신인들과 같이, 당시에 살던 신자들이 마지막 때에 누리게 되어 있었다. 그리하여 그들은 예수께서 말씀하셨듯이(눅 10:24; 마 13:17), "많은 선지자와 임금이 … 보고자 하였으되 보지 못한" 것을 보는 복을 누렸다. 저자는 선지자들이 흑암 속에서 더듬고 있었으며 장차 도래할 구원에 대하여 신성한 영감에 의해 확신하고 있었으나 도래할 구원의 세부적인 면과 정확한 시기에 대해서는 단지 희미한 비전만을 갖고 있었다고 제시한다.

**[11] 자기 속에 계신 그리스도의 영이 그 받으실 고난과 후에 받으실 영광을 미리 증언하여 누구를 또는 어떠한 때를 지시하시는지 상고하니라**

그러므로 저자는 그들이 **자기 속에 계신 그리스도의 영이 그 받으실 고난과 후에 받으실 영광을 미리 증언하여 누구를 또는 어떠한 때를 지시하시는지 상고**(그는 앞서 사용했던 동사들 중 둘째 동사를 반복하여 사용한다)하라고 표현한다. (주의. 헬라어를 문자적으로 옮기면 "… 어느 또는 어느 시기에[what or what manner of time]"로 된다. 따라서 앞의 '어느[what]'는 독립된 목적어일 수 있다. 그러므로 RSV의 번역과 같이 '어떤 인물 또는 어느 때에…'라고 옮길 수도 있다.) 이 중요한 절에서 다음 네 가지 사실이 주목할 만한 가치가 있다. 첫째, 메시아 시대가 밝아올 시기에 관하여 괴로울 정도까지는 아니지만 아주 간절히 염원한다는 기자의 묘사는 후기 유대주의의 분위기에 상당히 정확하게 부합되고 있다. 이와 같은 실례들은 다니엘서 9장에서 마지막 장까지(여기에서 선지자는 70년의 의미에 대하여 이해하려고 애를 쓰고 있는데, 예레미야에 따르면 이 70년은 예루살렘의 황폐가 끝나기까지의 기간이다), 그리고 에스드라 2서 4:33–5:13과 마찬가지로 '마지막의 징조들'을 담고 있는 묵시 문학적인 선견(先見) (the preoccupation of apocalyptic)에도 나타나고 있다(참조. 공관복음서와 살전 · 살후 등등의 자료). 쿰란 종파에서도 이와 유사한 염원을 엿볼 수가 있다. 부언하자면 그들은 하박국이 자신의 예언들이 담고 있는 내용들을 전혀 알아차리지도 못하였지만 하나님은 의(義)의 교사에게, 그 예언들이 이제 곧 종말론적인 구원의 때에 성취되리라는 사실을 알려주셨다고 주장하였다(1QpHab vii. 1–8).

둘째, 저자는 **그리스도의 영**(*πνεῦμα Χριστοῦ*; 바티칸 사본은 영감의 교리가 함축되어 있는 사실을 식별하지 못하고 *Χριστοῦ*를 생략하고 있다)이라는 표현을 통해 명백하게, 신약성경이 묘사하듯이 예수 위에 임하거나 예수께 속해 있거나 예수께서 보내시는 성령(the Spirit)이 아니라, 신적인 영(divine spirit)으로 이해되는 그리스도 자신(고후 3:17)을 의미하고 있다. 저자에게 있어서 그리스도는 선재하신 분이다(참조. 1:20). 그리고 저자는 신약의 다른 곳에서도 그 자취를 찾을 수가 있는(예. 롬 1:4; 딤전 3:16; 히 9:14) 영으로서의 그리스도론(a Spirit-Christology)을 전제로 하고 있다.

셋째, 이러한 견해와 일치하여 구약의 선지자들에게 영감을 주셨던, 아니 오히려 그들을 통하여 말씀하셨던 분은 선재하는 영적 존재로서의 그리스도(**그들 안에 계신 그리스도의 영**; *ἐν αὐτοῖς πνεῦμα Χριστοῦ*)셨다. 그리스도가 선지자들에게 나타나 영감을 주셨다는 사상은 초대 교부들 간에 널리 보급되어 있었다. 그 예로서는 이그나티우스(Ignatius)의 *Magn.* viii. 2; *Barn.* v. 6; 헤르마스(Hermas)의 *Sim.* ix. 12. 1f.; 저스틴(Justin)의 *1 Apol.* xxxi–xxxiii; lxii. 3f.; *Dial.* lvi f.; 이레니우스(Irenaeus)의 *Haer.* iv. 20. 4. 등이 있다. 성령이 영감을 주시는 대리인

(agent)이셨다(예. 행 1:16; 벧후 1:21)는 보편적인 설이 신약에서는 대체로 입증되지 않지만 교회의 정통파의 가르침에서 확증되었다. (참조. '선지자들에 의해 언급된 성령' 은 여러 신조들에 자주 등장한다.) 그러나 우리는 1세기의 성령에 대한 신학이 정확할 것이라는 기대를 해서는 안 된다. 한편 그리스도의 선재설(先在說)은 매우 일찍부터 받아들여졌는데, 우리는 바울이, 창조시에서(골 1:15-17), 그리고 광야에서(고전 10:4)의 그리스도의 활동을 상세히 진술함으로써 그리스도의 선재론을 받아들였음을 발견한다.

마지막으로, 저자는 구약 선지자들의 증언이 **그리스도의 영이 받으실 고난**(문자적으로는 '그리스도에게 고난' )과 **후에 받으실 영광**에 대한 것이었다고 가르친다. 히브리인들에게 우선적으로 주의 죽으심으로 이해되었던 그리스도의 수난은 저자의 사상에서 중심을 이루고 있으며(참조. 2:21; 3:18; 4:1, 13; 5:1), 저자는 그 수난을 개선적인 영광스러운 결과가 뒤따르는 모범과 영감(inspiration)으로 명시한다. 상기 10절의 "너희에게 임할 은혜"라는 말과 병행구를 이루도록 의도한 사도의 이러한 말은 양자(고난과 영광)가 공히 하나님에 의해 정해졌다는 것을 암시한다. 원시교회가 성경으로부터, '하나님의 정하신 계획과 예지' 의 결과로서 '그리스도(곧 메시아)께서 고난을 받으시고 그의 영광으로 들어가는 것' 이 필연적이었다는 사실을 설명하기 위해 모든 노력을 기울였다는 사실은, 눅 24:25-27; 행 2:23; 17:3; 고전 15:3과 같은 절들에서 알 수 있을 뿐만 아니라 공관복음서의 수난 기사를 비평적으로 분석해 보면 명백히 알 수 있다. 그러므로 저자는 (받으실) **영광**이라는 말에 의해 그리스도의 부활, 승천, 하나님 우편에 앉으심(3:21 이하에 나열된 사항과 1:21의 '영광' 을 참조하라), 그리고 '산 자와 죽은 자' 의 심판자로서(4:5) 마지막 날에 '나타나심' (1:7, 13; 4:13)을 의미하고 있다. 그리스도는 요 12:41의 기록과 일치하는데, 이에 따르면 이사야는 환상 중에(사 6:1 이하) 그리스도의 영화(Christ' s glorification)을 미리 보았다. '그리스도의 받으실 고난' 을 '그리스도가 지향한 길에 있는 고난' , 즉 '그리스도인이 그리스도를 따름으로 받아야만 할 고난' 으로 이해하고, '… 할 영광' 들을 '그들에게 확실시된 변호'로 이해하는 셀린(E. G. Selwyn)의 해석은, 비록 그가 10절에서의 '선지자들'을 그리스도인 선지자들과 동일시함으로써 빚어진 결과이긴 하지만, 불가능하다고까지는 할 수 없지만 언어학적인 난점을 지니고 있다. 그러한 해석은 또한, 사도 시대의 그리스도인들이 십자가에 못박힌 메시아라는 최초로 충격적인 불가사의를 받아들인 것은, 그리스도의 부활과 승천 등에 의해 확증된 그들의 신앙(persuasion)이었다는 사실을 간과하고 있다. 그러한 신앙은 예언으로 드러낸 하나님의 구원 계획의 본질적인 요소였다.

**[12] 이 섬긴 바가 자기를 위한 것이 아니요 너희를 위한 것임이 계시로 알게 되었으니 이것은 하늘로부터 보내신 성령을 힘입어 복음을 전하는 자들로 이제 너희에게 알린 것이요 천사들도 살펴 보기를 원하는 것이니라**

선지자들은 그들이 어렴풋이 식별했던 구원의 실현을 직접 목격하기를 열망했음이 분명했다(눅 10:24). 그럼에도 불구하고 **그들이 이러한 것들**(곧 그들의 비전의 내용, 요컨대 그리스도의 수난과 영화)**을 섬긴 바가 자기를 위한 것이 아니요 너희를 위한 것임이 계시되었다.** 구약성경이 앞일을 예견하는 책(forward-looking book)이라는 견해는 상당히 적절한 표현이다. 구약의 저자들은 그토록 대망하였던 신적 (역사) 개입은 자신이 속해 있던 시대를 위해 계획된 것이 아님을 예감하고 있었다. (예. 민 24:17; 신 18:15; 합 2:1-3; 에스드라 2서 4:51; 참조. 1 En. i. 2: '나는 내가 본 것을 이해하였다. 그러나 그것은 이 세대를 위한 것이 아니라 먼 미래의 세대를 위한 것이다.') 이러한 예감은 그들이 믿고 있었던 것처럼 하나님의 권위에 근거하고 있었다. 따라서 선지자들은 장래에 특권을 누리게 될 시대, 곧 아시아의 그리스도인들을 비롯한 사람들을 위한 소망의 흐름을 담당하고(섬기고) 있었다. **섬기고 있었다**는 불완전 시제는 그들의 증언의 길이와 계속성을 나타낸다. 여기서 '섬기다'(minister)라는 동사를 사용한 것은 의미 심장하다. 왜냐하면 원시 교회에서 이 동사와 더불어 이와 같은 어원을 가진 말들은 공동체에서의 여러 유형의 봉사를 나타내는 데 사용되었기 때문이다(예. 행 6:1; 롬 15:25; 고전 16:15; 딤후 3:10; 히 6:10). 그러므로 여기서 암시하는 바는 예언, 곧 전(全) 구약 계시는 기독교의 계시에 관련하여 섬기는 기능을 갖고 있다는 것이다. 따라서 우리는 구약과 신약은 하나의 통일성, 곧 복음서에서 단번에 성취되는 이스라엘의 소망을 형성한다는 확신을 갖게 된다.

저자는 이제 독자들의 확신을 강화시키기 위한 계산에 따라 자신이 의도하는 요지를 명료하게 진술한다. 선지자들이 희미하지만 정확하게 예감했던 영광스러운 대단원(glorious denouement)이 **(너희에게) 복음을 전하는 자들로 이제 너희에게 알려졌다.** 바꿔 말하면 독자들은 그리스도의 수난과 후에 일어나는 영화에서 선지자들의 꿈의 성취, 곧 현재 당하는 고난의 의미를 이해시키는 하나님의 구원의 역사 개입을 인식해야 한다. 그리고 저자는 그들에게 복음을 전한 전도자들이 **하늘로부터 보내신 성령**의 감화력에 따라 행하였다는 것이 이 사실을 그들에게 보증한다고 덧붙인다. 여기에서는 아마도 그들이 최근에 회심했다는 의미가 있는 듯하다. 그리고 한편으로는 저자 자신이 이들 전도자들 중의 한 사람이 아니었다는 암시도 나타난다. 성령께서 복음의 설파를 도우시고 확증하셨다는 사실은 사도 시대의 교회에서 충분히 받아들여지고 있었다(예. 행 1:8; 5:32; 고전 2:4; 살전 1:5; 히 2:4). **하늘로부터라는** 말이 오순절의 성령 강림을 뜻한다는 암시는 없다. 이 말은 단순히 성령의 신적(神的) 기원을 강조하기 위한 것이다.

마지막으로, 저자는 수신인들이 누리는 특혜를 강조하기 위해서 그들이 전한 구원의 역사, 곧 수신인들이 경험하기 시작한 복된 결과들은 선지자들도 염원했지만 누리지 못했던 것일뿐더러 **천사들도 살펴보기를 원하는** 것이라고 역설한다. 여기서 수신인들의 위치가 천사들의 위치와 동등하다는 것인지 아니면 그보다 우월하다는 것인지는 분명하지 않다. 여기에 사용된 동사(*παρακύπτω*; '살펴보다')가 눅 24:12, 요 20:5에서는 빈 무덤을 '몸을 굽히고 보는 것'을 뜻하지만, 꼭 그러한 응시가 순간적임을 암시하지는 않는다. 이 단어가 70인역에서는 종종 창 밖을 보거나 창 안을 들여다본다는 의미로 쓰이는 데 비하여, 에녹1서 9:1에서는 네 천사장(archangels)이 땅에서 일어나는 사건들을 내려다보는 것으로 사용되고 있다. 약 1:25에서는 계속해서 관심을 갖는 것을 의미하는 듯하다. 여러 해석자들에 의하면 여기서 동사 **원하다**(*ἐπιθυμοῦσιν*)는 성취하지 못한 열망을 암시하기보다는 구속 사역에 대한 천사들의 깊은 관심을 암시한다. 그리고 천사들이 구속 사역에 대한 은밀한 지식을 갖고 있었다는 사상은 유대인과 그리스도인들의 사고에 그리 생소한 것은 아니었다(예. 단 7:16; 슥 1:9, Philo, *De Fug. et Inv.* 203; 눅 15:7; 엡 3:10; 히 1:14). 한편 *παρακύπτω*의 근본적인 의미는 '굽히고 보다' 이지만 이것이 이상에서 인용된 절들 중 어떤 절에서는 일별(엿보다, 힐끗 보다)을 암시하며, **원하다**는 아직 실현되지 않은 열망과 일치하는 매우 강한 어감의 동사이다. 그러므로 저자의 주장은, 천사들이 그토록 열망했음에도 불구하고 하나님의 구속 사역의 마지막 대단원을 볼 수 없도록 거절당하고 있다는 뜻일 수도 있다. 그리고 이러한 해석을 따르면 저자의 논법상의 절정은 더욱 효과적이 된다. 천상의 권세에 대한 지식이 제한되어 있다는 사상은 다른 곳에서도 나타난다(예. 막 13:32; 롬 16:25; 고전 2:8; 에녹 1서 16:3; 에녹 2서 24:3; Ignatius, *Eph.* xix. 1).

본문 벧전 1:10-12과 엡 3:2-6 사이에는 문서상의 의존 관계를 추론하지 않을 수 없게 하는 사상과 어법상의 일치점들이 있다는 주장이 제기되어 왔다. 그러나 본문을 면밀히 살펴보면 그러한 주장은 근거 없는 것임이 밝혀진다. 두 서신은 모두 하나님의 계획이 이전 세대들에게는 감추어져 왔다가 이제 나타내신 바 되었다는 사상을 내포하고 있으나, 10-12절에서는 감추어졌던 그 계획이라는 것이 '마지막 때와 그 상황' (어느 시 어느 때)에 대한 것인 데 반하여, 엡 3:2-6에서는 이방인들의 가입에 대한 것이다. 그러한 사상은 어느 경우에서든, 계시에 대한 그리스도인의 이해에 절대 필요한 것이며, 구약 성도들의 실현되지 않은 열망에 대한 강조와 더불어 베드로전서의 이 진술(벧전 1:10-12)은 '다른 세대들에서의 사람의 아들들' 에 대해 언급하고 있는 엡 3:2-6보다는 다음과 같은 절들과 훨씬 더 가깝다. 마 13:17; 눅 10:24; 요 8:56; 12:41; 히 11:13-16. 용어상의 일치가 있다고 주장되는 것들 중 몇 가지 역시 고려에 넣어서는 안 되는데 왜냐하면 '선지자들', '은혜'와 '성령'이라는 말이 모두, 두 서신의 각 절들에서 각각 다른 의미로 사용되고 있기 때문이다.

## 3. 거룩함과 형제 사랑으로의 부르심
1:13-25

**1:13-25**

13 그러므로 너희 마음의 허리를 동이고 근신하여 예수 그리스도께서 나타나실 때에
너희에게 가져다 주실 은혜를 온전히 바랄지어다 14 너희가 순종하는 자식처럼 전에
알지 못할 때에 따르던 너희 사욕을 본받지 말고 15 오직 너희를 부르신 거룩한 이처럼
너희도 모든 행실에 거룩한 자가 되라 16 기록되었으되 내가 거룩하니 너희도 거룩할
지어다 하셨느니라 17 외모로 보시지 않고 각 사람의 행위대로 심판하시는 이를 너희
가 아버지라 부른즉 너희가 나그네로 있을 때를 두려움으로 지내라 18 너희가 알거니
와 너희 조상이 물려 준 헛된 행실에서 대속함을 받은 것은 은이나 금같이 없어질 것으
로 된 것이 아니요 19 오직 흠 없고 점 없는 어린양 같은 그리스도의 보배로운 피로 된
것이니라 20 그는 창세 전부터 미리 알린 바 되신 이나 이 말세에 너희를 위하여 나타내
신 바 되었으니 21 너희는 그를 죽은 자 가운데서 살리시고 영광을 주신 하나님을 그리
스도로 말미암아 믿는 자니 너희 믿음과 소망이 하나님께 있게 하셨느니라 22 너희가
진리를 순종함으로 너희 영혼을 깨끗하게 하여 거짓이 없이 형제를 사랑하기에 이르렀
으니 마음으로 뜨겁게 서로 사랑하라 23 너희가 거듭난 것은 썩어질 씨로 된 것이 아니
요 썩지 아니할 씨로 된 것이니 살아 있고 항상 있는 하나님의 말씀으로 되었느니라 24
그러므로 모든 육체는 풀과 같고 그 모든 영광은 풀의 꽃과 같으니 풀은 마르고 꽃은
떨어지되 25 오직 주의 말씀은 세세토록 있도다 하였으니 너희에게 전한 복음이 곧 이
말씀이니라

13 그러므로 여러분은 마음을 가다듬고 자신을 잘 지키십시오. 예수 그리스도께서 다
시 오실 그 날에 여러분이 받게 될 은혜의 선물에 모든 소망을 두시기 바랍니다. 14 전
에는 몰라서 하고 싶은 대로 악한 일을 저질렀지만, 이제는 하나님께 순종하는 자녀로
서 예전처럼 살아서는 안 되는 것입니다. 15 여러분을 불러 주신 하나님께서 거룩하신
것처럼 여러분도 모든 행동에 거룩한 사람이 되십시오. 16 성경에도 "내가 거룩하니 너
희도 거룩하도록 하여라" 하고 말씀하셨습니다. 17 여러분은 하나님을 '아버지'라고
부르면서 기도합니다. 우리 아버지는 각 사람의 행동을 공평하게 판단하십니다. 그러

므로 여러분은 이 세상에 사는 동안, 하나님을 경외하며 살아야 할 것입니다. 18 여러분
도 알다시피 이전에는 아무 가치도 없는 방식에 매여 살았습니다. 그것은 여러분의 조상이 물려 준 헛되고 쓸모없는 것입니다. 하지만 이제 여러분은 그러한 무가치한 삶에서 구원 받았습니다. 금이나 은같이 없어지고 말 어떠한 것으로 대가를 지불한 것이 아
니라, 19 한 점의 죄도 흠도 없으신 어린양 예수 그리스도의 보배로운 피로 여러분은 구
원 받은 것입니다. 20 이것을 위해 하나님께서는 세상이 시작되기 전부터 그리스도를
택하시고, 이 마지막 때에 여러분을 구원하시고자 보내 주셨습니다. 21 그리스도를 죽
은 자 가운데서 일으키시고 영광을 주신 하나님을 우리가 그리스도를 통해 믿게 되었
으니, 여러분의 믿음과 소망은 이제 하나님께만 있는 것입니다. 22 여러분은 진리에 순
종하여 자신을 깨끗하게 하였고, 진심으로 형제를 사랑할 수 있는 마음을 갖게 되었으
니, 이제는 온 맘으로 서로 깊이 사랑하십시오. 23 여러분은 다시 태어났습니다. 이 새
생명은 죽어 없어질 것으로부터 난 것이 아니라 결코 죽지 않는 것으로부터 생긴 것입
니다. 여러분이 다시 태어난 것은 영원한 하나님의 살아 있는 말씀에 의한 것입니다. 24
이는 성경에 기록된 말씀입니다. "모든 인간은 풀과 같고, 그들의 권력도 들에 핀 꽃과
같으니, 풀은 시들고 꽃은 떨어지나, 25 주님의 말씀은 영원히 살아 있다." 이것이 여러
분에게 전해진 말씀입니다. _아가페 쉬운성경

---

저자는 서론에서 세례받은 그리스도인들로서 그의 수신자들에게 허용된 찬란한 기업을 선명한 색채로 화려하게 묘사하였다. 그들의 구원은 매우 가까웠으며 그들이 고난 중에서도 기뻐할 수 있을 정도로 확실하였다. 1:13로부터 3:12에 이르기까지 저자는 그들이 그러한 확신을 갖고 기다리는 소망은 세상 사람들과는 구별되는 행동 양식을 요구한다는 사실을 구체적으로 강조하면서, 중생한 지위에 따른 실제적인 결과들을 다양한 측면에서 진술한다. 그러한 행위의 기초를 이루는 원리들 중 몇 가지 실례들이 1:13-2:10에서 상술되고 있으며, 이것은 촘촘하게 짜여져 전통적인 권고의 주제들(아마도 세례에 관한)이라는 구조로 편성되어 있다(본서 p.41 참조). 본 대목의 전반부는 독자들에게 그들의 구속이 엄청난 값에 의한 것임을 상기시키면서 거룩함과 (하나님에 대한) 두려움과 형제애를 역설하고 있다.

**[13] 그러므로 너희 마음의 허리를 동이고 근신하여 예수 그리스도께서 나타나실 때에 너희에게 가져다 주실 은혜를 온전히 바랄지어다**

본 대목은 언제든지 깨어 대망하고 있으라는 다음과 같은 권고로 시작한다. **그러므로 너희 마음의 허리를 동이고**(곧, 너희가 거듭났다는 사실에 비추어 : 여기서 접속사[불변화사] '그러므로'의 위치는 헬라어에서 강조를 위한 것이다) **근신하여**…. 첫째 묘사는 활동하기에 불편이 없도록 긴 외투를 들어 올려 허리띠로 묶는 사람에 대한 것이다. 이러한 행동에 관해서는 왕상 18:46(달릴 준비를 함); 렘 1:7(예언하려고 일어섬); 눅 17:8(식탁을 준비함)을 참조하라. 여기서 마음의 허리를 동임은 은유로서 주의 재림에 대한 아시아 그리스도인들의 준비를 의미한다. 그렇지만 본 대목은 세례식 설교들을 반영하고 있는 것으로 보이며 출애굽을 초대 교회가 세례의 표상으로 보았으므로 허리를 동인다는 비유적 표현은 아마도 이스라엘인들이 허리를 동이고 유월절 어린양의 고기를 먹었다는 이야기(출 12:11)에서 영향을 받았을 것이다. 저자가 **마음**(*διανοία*)이라는 말을 통하여 우선적으로 의미하고 있는 바는 지성(知性)이 아니다. 이 명사는 보다 폭넓은 의미를 갖고 있으며 저자는 그의 독자들이 영적이며 정신적인 전체 태도에서 준비되고 경성된 상태로 있기를 원한다. 정신적인 경성에 적용된 '허리를 묶음'에 대해서는 욥 38:3; 40:7; 엡 6:14을 참조하라. 헬라인들은 '영혼의 원기'(the sinews of the soul)라는 말을 사용한다(Plato, *Resp.* 411b; Philodemus, *De ira*, col. xxxi. 35).

저자는 **근신하라**는 말로 두 번째 묘사를 전개한다. 근신은 첫째, 금주(禁酒)를 의미하지만(딛 2:2), 이 말이 신약에서는 대체로 절제와 이에 따르는 정신의 맑음을 의미한다(4:7; 5:8; 살전 5:6, 8; 딤후 4:5). 여기에서 이 말이 지니고 있는 뜻도 바로 이것이다. 그리스도인들은 소망의 성취에 들어가고자 할 때 이러한 자질들을 필요로 한다. 이 말이 등장하는 신약의 문맥은 보통 종말론적인 색채를 띠고 있다. 신비문학(1-3세기의 영지주의 문서)에서 죽음의 길은 술취함, 정도를 벗어남과 무지이고, 또한 생명의 길은 절제, 명석한 이해와 통찰이다(예. *Corp. Herm.* i. 27f.).

그 다음 우리는 이러한 준비 태세의 요점에 이르게 된다. **예수 그리스도께서 나타나실 때에 너희에게 가져다 주실 은혜를 온전히 바랄지어다.** 여기서 명령법은 현재시제보다는 더욱 절박하고 강한 어조를 띠고 있는 시제인 부정과거(ἐλπίσατε)이다. 곧 단지 '바라라' 가 아니라 '너희 소망을 목적의식이 분명하게 확고히 하라' 이다. 부사 **온전히**(τελείως : 문자적으로는 '절대적으로' )는 이를 강화한다. 그들의 소망은 열의가 없거나 결단성이 없는 것이어서는 안 된다. 헬라어 분문에서 τελείως가 **근신하라**와 관련되는지 아니면 **바랄지어다**와 관련되는지 명백하지가 않은데 여러 편집자들은 전자를 택한다. 그러나 결정하기가 어려운 것은 기자는 보통 관례와는 반대로 부사를 수식하는 말 뒤에 자주 위치시키기 때문이다. 그러나 문맥상으로 소망의 정도를 나타낸다고 보는 것이 정신적인 맑음의 정도를 나타낸다고 보는 것보다는 훨씬 자연스러울 것이다. 더욱이 독자들에게 호소하는 말의 주요한 강조점은 **바랄지어다**에 있다(헬라어 본문에서 두 단어– '동이고' , '가져다 줄' –는 분사이다). 여기서 의미하는 것은 주저함이나 머뭇거림은 해롭다는 것이다.

그들의 소망에 찬 시선이 집중되어야 할 대상은 앞서의 대목에서 웅변적으로 진술되었듯이, 세례받은 그리스도인들을 위해 이미 보증되어 있을뿐더러 그리스도께서 영광 중에 다시 오실 마지막 날에 결정적으로 성취하실 구원이다. (**예수 그리스도께서 나타나실 때에**의 의미에 대해서는 1:7을 보라.) 기자는 이를 간단히 **은혜**(χάρις)라 정의 내리는데, 이 말은 그리스도의 인격과 분리하여 생각할 수 있는 하나님의 영향력, 능력이나 호의가 아니라 (1:10과 동일하게) 실질적으로는 '말세에 나타내기로 예비하신 구원' (1:5)이라는 말과 같은 뜻이다. '은혜' 를 파루시아(그리스도의 재림) 때 있을 하나님의 구속 행위와 동일시하고 있는 많은 경우를 디다케(Didache, x. 6)의 잘 알려진 기도문에서 찾을 수가 있다: '은혜가 오고 현세는 지나가길.' 우리는 **가져다 주실**(φερομένην)이라 번역된 분사가 현재형이라는 사실에 주목해야만 한다. 비록 현재분사가 미래적인 의미를 가질 수 있긴 하지만(눅 2:34; 요 17:20 등) 여기서 이러한 분사 사용은 독자들의 소망은 이미 실제로 그들의 손이 미치는 곳에 있다는 저자의 확신과 일치한다.

**[14] 너희가 순종하는 자식처럼 전에 알지 못할 때에 따르던 너희 사**

## 욕을 본받지 말고

저자는 세례받은 신분으로 당연히 감당해야 할 실천적인 요구들 중 몇 가지-하나님에 대한 순종(14절), 거룩(15절), 경외(17절), 상호 간의 사랑(22절)-를 즉시 간략히 진술한다. 그리고 그와 동시에 그리스도인들을 격려하는 몇몇 동기들을 강조하고 있다. 이와 같이 저자는 그들이 **순종의 자녀들**(순종하는 자식-한글 성경)이라는 것을 상기시켜 준다. 어떤 해석자들은 여기서 엡 2:1을 반영하고 있다고 추론한다. 엡 2장 초두는 세례받은 자들의 변화된 생활과 이전의 정욕적인 생활 사이의 대조가 비슷하게 제시되어 있을 뿐만 아니라 바울이 불순종의 아들들과 '진노의 자녀들'에 대해 말하고 있는 대목이다. 그러나 이러한 유사점은 세례식 때에 쓰였던 관례적인 용어에서 나온 것이며, 이상하게 들리는 그러한 표현은 셈어 특유의 완곡어법이다(신 13:13, '불량배' - 'sons of worthlessness'; 삼하 7:10, '악한 종류'; 마 8:12, '나라의 본 자손들'; 막 2:19, '혼인집 손님들'). 여기서 소유격('순종하는 자녀들'이라는 번역은 부적절한 표현이 될 것이다)은 단순히 어떤 자질을 지니고 있는 사람을 나타낼 뿐만 아니라 기술되고 있는 사람들이 본질적으로 지니고 있는 속성(property) 혹은 역할을 나타낸다. 본 서신에서 **순종**이 두드러지게 언급되고 있다는 것은 앞서 언급한 바 있다(1:2에 관한 주해를 보라). 여기서 이 말은 특별한 뉘앙스를 담고 있다. 곧 그리스도인들은 자신의 삶을 세례시에 행한 약속에 따라 살아가야만 한다는 것이다.

**순종하는 자식**이라는 말은 부정적이면서 동시에 긍정적인 의미를 갖고 있다. 첫째, 이 말은 과거의 삶과의 완전한 절연을 뜻함이 분명하다. **전에 알지 못할 때에 따르던 너희 사욕을 본받지 말고** 헬라어 원문에서 동사 *συσχηματιζόμενοι*는 현재분사인데 어떤 해석자들은 이를 그렇게 번역한다(RV: 'not fashioning yourselves'). 그러나 이 분사는 본 서신이나 신약의 다른 서신들에서 흔히 그렇듯이(2:18; 3:1; 7-9; 4:8-10; 롬 12:9-19; 엡 4:2; 5:19-21; 골 3:16; 히 13:5) 결과적으로는 명령법의 구실을 하고 있음이 명백하다. 이것은 한때 주장되었듯이 헬라어적인 문법적 발전이 아니라, 현재 인정되고 있듯이 직접적인 명령이 아닌 행동 법칙과 종교적인 규례들을 표현하기 위해 분사를 사용하는 히브리 랍비들의 관례를 재현하고 있는 것이다. 이 분사에 관련된 신약의 모든 구절들이 공동체를 위한 권고의 법전이나 단편들을 구성하고 있는 것으로 보아 그 구절들은 아마 히브리어나 아람어 원문–극단적으로 말해서는 원자료(原資料; primitive material) 곧 저자들이 이어받아 자신들의 목적에 적합하도록 재구성한 원자료에 대한 번역을 나타내는 것일 것이다. 여기에 사용된 동사(σχῆμα는 모형을 베낀다는 개념을 나타내는 '모양' 혹은 '형태' 라는 말에서 파생한 동사임)는 성경의 다른 곳에서는 오직 롬 12:2('이 세대를 본받지 말고')에서만 발견된다. 그러므로 많은 해석자들은 로마서의 이 구절이 본 서신의 기자에 영향을 주었을지도 모른다고 생각한다. 그러나 바울은 헬라어적으로 더욱 정확한 명령법을 사용하고 있으므로 이러한 견해는 배제되어야 할 것이다. 두 경우 모두 유대 경구(Jewish apophthegm)를 기독교화시켜 번안한 것을 상호 관련없이 독자적으로 전용하고 있다.

저자는 그의 독자들에게 세례받은 그리스도인으로서 그들의 새로운 삶은 이전의 정욕적 실존과는 정반대의 것이 되어야만 한다는 점을 상기시켜 준다. 4:3에서 저자는 그러한 삶에 대해 간략하게 진술하고 있다. **정욕**(passions, 한글 성경은 **'사욕'**)이라 번역된 헬라어 명사(ἐπιθυμία : 문자적으로는 '욕구')는 도덕적으로 중립일 수 있다. 그러나 베드로전서(2:11; 4:2)와 신약의 대부분의 구절들에서는 이 단어가 상당히 좋지 않은 어감을 갖고 있다. 이것은 엄하게 통제하지 않는다면 사람을 하나님으로부터 분리시켜 죄로 몰아 붙이는 천한 욕망을 의미한다(예. 막 4:19; 갈 5:16; 요일 2:16). 저자는 그들이 이전에 그러한 정욕에 빠졌던 사실을 그들의 **무지**의 탓으로 돌린다(한글 성경 참조. 알지 못할 때). 본 서신 저자의 단어 선택은 의미심장하다. 왜냐하면 유대인이나 혹은 유대교육을 받고 성장한 그리스도인들에게 **무지**(ignorance)라는 말은 윤리적인 율법에 대한 부주의 이상의 훨씬 많은 것들을 의미하기 때문이다. 구약(시 79:6; 렘 10:25; 지혜서 14:22)과 신약(행 17:30; 갈 4:8; 엡 4:18; 살전 4:5) 양쪽 모두 이 말은 통상적으로 이방인의 특성을 '하나님을 모르는 자' 로 묘사할 때 사용되었다. 여기서 이 말의 사용은, 다른 본문들이 시사하고 있듯이(1:18; 2:9, 25; 3:6; 4:3), 오직 수신인들의 대다수가 이교에서 개종한 자들일 경우에만 의미를 지닌다. 이 권고에서 출애굽-세례 예표론에 대한 또 하나의 암시를 느낄 수 있다는 것은 결코 무리한 일이 아니다. 유대인들에게 애굽은 이방 세계의 상징이었다. 그리고 출애굽 후 바로 히브리인들이 이전의 애굽에서의 생활 습성을 버리도록 명령을 받았듯이(레 19장에서 거룩함으로 부름을 받기 직전의 18:2-4) 세례받은 그리스도인은 자신의 이교도적인 과거 습성을 절연하고 그것으로부터 해방되어야만 한다.

**[15] 오직 너희를 부르신 거룩한 이처럼 너희도 모든 행실에 거룩한 자가 되라**

세례를 중심으로 한 권면의 부정적인 면에 대해서는 이것으로 충분하다. 이제 세례의 긍정적인 측면은 **오직 너희를 부르신 거룩한 이처럼 너희도 … 거룩한 자가 되라**는 권고로 나타난다. 어떤 추상적인 이상의 체계나 법칙이 아니라 하나님 자신이 그들의 표준이 되어야만 하는데, 이는 하나님의 부르심(인간을 구원하심에 있어 하나님의 주도적인 역할에 대한 신약의 상징적인 표현 : 2:9, 21; 3:9; 5:10)의 결과, 하나님이 그들을 자신의 백성으로 삼으셨기 때문이다. 그러므로 바울은 그의 수신인들이 "너희를 부르사 자기 나라와 영광에 이르게 하시는 하나님께 합당히 행하게"(살전 2:12) 되기를 기대한다. 한편 요한은 "주를 향하여 이 소망을 가진 자마다 그의 깨끗하심과 같이 자기를 깨끗하게"(요일 3:3) 한다고 주장한다. 시편 저자(15편; 24:3-6)와 환상 중의 이사야처럼, 본 서신의 저자는 거룩한 하나님께서 신앙인들의 거룩함을 기대하신다는 것을 알고 있다. (이와 동일한 요구에 대해서는 롬 6:19; 엡 1:4을 참조하라.) 이러한 식으로 이해되는 거룩은 구약의 어떤 특정 계층의 사람들(출 28:2; 40:9; 레 22:3 이하; 스 9:2)이 나타내는 것으로 보이는 단순한 의례적 순결을 의미하지 않는다. 그것은 오히려 하나님과의 친교에서 필연적으로 요구되는 죄로부터의 해방과 도덕적인 절대적 고결을 의미한다.

거룩함은 수신자들의 **모든 행실**에 미쳐야만 한다. 그러므로 로마의 클레멘트는 "우리는 거룩한 백성이므로 우리의 모든 행위를 거룩과 일치되게 하자"(이 문장은 동일한 교리 문답의 출처에서 나왔을 것이다)라고 진술한 후(xxx. 1), 현실적이며 실제적인 실례들—중상, 불순한 교제, 술취함, 폭력, 혐오를 일으키는 오만 등등을 피하라는 것—을 포함하여 그리스도인의 거룩함에 관련된 모든 것을 상술한다. 그리고 본 서신의 저자는 후반부에서 자신이 의중에 두고 있는 바를 이야기한다. 저자는 또한 적대적인 환경을 특별히 고려하여, 그리스도인의 행동 양식(*ἀναστροφῇ*; '행실' ; 특히 저자가 이와 동일한 명사를 사용하는 2:12; 3:1, 16을 참조하라)은 믿지 않는 이웃들에게 증언하는 효과적인 형식이 된다는 사실을 목회적인 관점에서 주장하고 있다.

**[16] 기록되었으되 내가 거룩하니 너희도 거룩할지어다 하셨느니라**

한편 저자는 특별히 성경의 권위를 배경으로 성결에 대한 자기의 주장을 역설한다 : **기록되었으되 내가 거룩하니 너희도 거룩할지어다**. 이 말은 레위기 전체를 꿰뚫으며 후렴처럼 반복되고 있다(11:44; 19:2; 20:7, 26). 사실, 율법에 관한 대목인 레위기 17-26장은 거룩함에 대해 집중적으로 다루고 있기 때문에 성결법(Holiness Code)으로 명명되어 왔다. 거룩함에 대한 개념은 성경 전체에서 결정적으로 중요하며 특별히 본 서신에서 많은 부분에 걸쳐 나타나고 있다. '거룩한'(히. קָדֹשׁ)은 속되거나 불경스러운 것과는 반대로, 그 근본적인 뜻은 '분리된'(separate), '구별된'(marked off; 표시해서 따로 구별해 놓은)을 의미한다. 거룩에 대한 사상은 외경(畏敬)에 대한 인식(the awareness of the numinous)에서 비롯된다. 이러한 외경에 대한 인식은 종교 경험의 기초이다. 근동 지방의 여러 종교에서는 일반적으로 거룩이, 제의 대상이나 장소, 행위 혹은 인물에 내재한 자연현상과 유사한 위험한 능력이나 파괴적인 세력으로 이해되었다. 그러나 구약에서 거룩은 진정한 의미에서 거룩하며 두려운 위엄과 완전 속에 계시는 하나님 자신이다. 거룩에 대한 강조점의 차이는 물론 살아 계시고 인격적인 하나님과 히브리인들의 독특한 만남에서 기인한다. 그러나 그 결과 구약의 사고에서 거룩은 보통 자체 내에 존재하는 윤리적인 요소를 갖게 되었다. 거룩은 자신을 의롭고 자비로우며 인자하신 분으로 계시하시는 분의 본성과 의지를 나타낸다. 성결법은 자체가 하나의 실례를 제공하고 있다. 왜냐하면 의식에 관한 명령들과 함께 그것은 심원한 윤리적 주장을 담고 있는 일련의 계명들을 포함하고 있기 때문이다. 그리고 뛰어난 통찰력으로 하나님의 뜻을 살피는 일과 더불어 순종(렘 11:6 이하), 공의(사 1:10-17), 인애(호 6:6)에 대한 하나님의 요구를 강조하면서 이러한 윤리적인 요소를 풍성하게 하고 심화시키는 것이 선지자들의 일이었다. 한편 시편 저자(예. 15편; 51편)는 윤리적인 순결과 회개 없는 예배의 공허함을 폭로한다.

'거룩' 이라는 말이 원래 가지고 있는 의미와 조화를 이루는 것이긴 하지만, 이와는 전적으로 다른 견지에서 구약은 하나님께서 취하시는 어떠한 물건이나 사람들에게 거룩을 부여하신다는 사실을 당연시한다. 따라서 예루살렘도 거룩하며(사 48:2) 시온산과 그 위에 있는 성전도 그러하다(사 64:10). 특히 이스라엘이 거룩한데 이는 하나님께서 그들을 자기 백성으로 택하시고 그들 중에 거하시기 때문이다(예. 민 15:40; 신 7:6; 26:19; 레 17-26장). 이 말은 쿰란(Qumran) 종파에 의해 차용되어 쿰란 종도(宗徒)들은 스스로 거룩한 자들이라 불렀으며(1QM iii. 5; xvi. 1) 전체적으로 그 공동체는 '성도들의 회중' (1QM xii. 7; 1QSb i. 5)이라고 했다. 우리가 이미 보아 왔으며 베드로전서가 현저하게 보여 주고 있듯이(특히 2:4-10) 신약의 저자들은 이러한 개념들을 이어받아 발전시켰다. 그들에게 교회는 하나님의 거룩한 백성이며, 그 구성원들은 하나님의 부르심을 받은 거룩한 '성도들' 이다. 그리고 앞서간 다른 수많은 유대인들처럼 기자들은 이러한 거룩함이 제시하는 윤리적인 호소를 의식한다. 신구약의 주된 차이점은 하나님의 택하심을 받은 자들은 더 이상 특정한 민족에 제한되지 않으며 그리스도를 믿음으로 영접하는 모든 자들로 구성된다는 것과, 예수를 메시아로 인정함으로써 그들을 향한 하나님의 뜻이 어떠한지에 대해 새로운 차원에서의 이해가 가능해졌다는 것이다.

**[17] 외모로 보시지 않고 각 사람의 행위대로 심판하시는 이를 너희가 아버지라 부른즉 너희가 나그네로 있을 때를 두려움으로 지내라**

저자는 즉시, 숭고한 행위의 표준에 대한 또 하나의 동기(이것이 그리고-한글 성경에는 접속사 καὶ가 번역되어 있지 않음-가 지니고 있는 강세이다)를 개진한다. 즉 심판자로서 하나님의 역할에 대한 고려이다. 저자는 이를 다음과 같이 표현한다. **각 사람의 행위대로 공평하게 심판하시는 이를 너희가 아버지라 부른즉**(εἰ : 문자적으로는 '부른다면') **너희가 나그네로 있을 때를 두려움으로 지내라.** 여기서 사도의 생각의 흐름을 정확하게 제시하기란 실로 어렵다. 어떤 해석자들은 "너희가 공평한 심판자를 **아버지라** 부른다면", 곧 "너희가 그러한 특별히 친밀한 관계 안에서 그에게 가까이 나아갈 특권을 갖고 있다면"이라 번역하여 아버지에다 강조점을 둔다. 그리고 이러한 해석에 맞추어 **두려움**이라는 말을 자녀들이 자기 부모에게 표해야 하는 **존경**으로 이해한다. 그러나 신적 심판이 언급되고 나서 즉시 뒤따라 쓰인 **두려움**이라는 말은 이 심판이 불러일으키는 '경외'라는 말로 이해되는 것이 훨씬 더 자연스럽다. 강조는 오히려 '**각 사람의 행위대로 심판하시는**'에 있다. 곧 저자의 요점은 독자들이 아버지라고 부르는 하나님이 심판자가 되실 것이므로 그들은 지혜롭게 하나님의 심판에 대한 합당한 두려움을 갖고 그러한 두려움에 따라 처신해야 한다는 것이다. 특히 하나님의 자녀라는 자신들의 특권적인 신분에 의존해서는 안 된다. (마 3:9에서 "아브라함이 우리 조상이라"는 유대인들의 주장에 대한 세례 요한의  유사한 반박을 참조하라.) 왜냐하면 하나님이 내리시는 결정은 전적으로 각 사람의 행위의 질(quality)에 의해서 결정될 것이기 때문이다.

앞의 16절과 같이 저자는 기본적으로 유대적인 개념을 가지고 글을 써 나가고 있다. 물론 자신과 수신자들이 그 유대적 개념을 기독교적인 안목에서 바라보고 있지만 말이다. 하나님을 **아버지라 부른다**는 것은 시 89:26, 렘 3:19, 말 1:6과 같은 구절들을 상기시킨다. 그러나 그리스도께서는 자기를 따르는 자들에게 하나님의 아버지 되심을 더 친밀하게 인격적으로 이해하도록 가르치셨다. (이 대목에서 주님께서 가르쳐 주신 기도를 기억했을 것이다. 자신이 하나님의 자녀라는 우월 의식으로 인해 그들이 하나님의 호의적인 대우를 기대하게 되었을지도 모른다.) 하나님은 심판자로서 공평하시다는 말은 유대교의 상투적인 표현이었다(신 10:17; 대하 19:7; 지혜서 35:12; Jub. v. 16; 솔로몬의 시편 2:18). 신약의 저자들도 이 말을 당연시했으며 이를 하나의 모델로 지지하고 있다(롬 2:11; 엡 6:9; 골 3:25; 약 2:1). '하나님에 대한 두려움' 또한 하나님의 거룩하심에 대한 인간의 합당한 반응을 암시하는 친근한 구약의 사상이기도 하다. 아마도 15-17절은 진정으로 시 34:9("너희 성도들아 여호와를 경외하라")에 의해 영감을 받았을 것이다. 이 구절은 결코 본 서신 저자의 사상과 거리가 멀지 않다. (2:3에 대한 주해를 보라.) '주를 경외한다'는 사상은 베드로전서의 중심을 이루고 있는데(2:17, 18; 3:2, 15), 신약의 다른 곳에서처럼(마 10:28; 딤전 5:20; 히 4:1; 10:31) 여기에서 '주님께 대한 경외'는 주님의 심판(재판)에 직면할 때 하나님의 사랑을 확신하는 사람이라면 반드시 느껴야만 하는 두려움 내지 무서움을 포함한다. 명령법 **처신하라**(한글 성경은 **지내라**, conduct yourself)는 긴박감을 나타내는(…하기 시작하다) 부정 과거이다. **너희가 앞으로 잠시 체류하는 동안**(한글 성경은 '너희가 나그네로 있을 때'; for the rest of your temporary stay)이라는 말에서 저자는, 땅 위에 잠시 거주하는 자들로서 그리스도인들에 대한 앞서의 묘사(1:1에 관한 주해를 보라)를 채택한다. **나그네**라 번역된 말(*παροικία*; 2:11의 *παροίκους*를 참조하라)은 시민권을 얻지 못하거나 인정받지 못한 채 어떤 장소에 거주하는 것을 의미한다. 이 말은 그 동족어(同族語)와 더불어 70인역(레 25:23; 대상 29:15; 시 33:5; 38:13; 118:19)에서 문자적인 의미로, 그리고 여기에서와 유사한 은유적인 뉘앙스로 자주 사용된다. 행 13:17에서 이 말은 애굽에서의 이스라엘의 거주에 적용되고 있다. 또한 TWNT V, 840-52를 보라.

**[18] 너희가 알거니와 너희 조상이 물려 준 헛된 행실에서 대속함을 받은 것은 은이나 금같이 없어질 것으로 된 것이 아니요**

저자는 이제 거룩하신 하나님, 그리고 재판장(심판자)으로서의 하나님께 대한 생각에서 더 나아가, 도덕적 성실성, 즉 독자들이 이전의 방황했던 실존으로부터 구원받을 때 어떤 대가가 치러졌는지 회상하면서 반드시 느껴야만 할 경외심을 품은 감사라는 더욱 강력한 세 번째 동기를 제시한다. 저자는 이제 **너희가 알거니와**라는 말로 기독교 신앙의 기본 조목들에 호소한다. (헬라어 본문에서 이 동사 *εἰδότες*는 분사이다. 이를 우리는 knowing as you do로 의역할 수도 있다.) 정확하게 이와 동일한 분사적 표현(*εἰδότες ὅτι*)이 바울 서신(롬 5:3; 6:9; 고전 15:58; 고후 1:7; 4:14; 5:6)에서 자주 나오며, 대다수의 경우 이러한 분사구문이 이끄는 문장이 지니는 간결하고 심지어 경구와도 같은 특성으로 볼 때 표준화된 가르침을 인용했음을 암시하고 있다. 그러므로 여기서 1:18-21이 교리문답이나 신앙고백서 혹은 예배 의식 자료로 채워진 것이 아닐까 의심하기에 이른다. 이러한 의심은 (1) 이 단락이 전통적인 주제들과 세례 의식적인 모방을 포함하고 있다는 사실, (2) 20절이 균형잡힌 구조를 지니고 있으며 20절과 21절 사이가 어색하게 연결되고 있다는 사실, 그리고 (3) 세부적인 많은 내용이 논지-단순히 그리스도의 구원하시는 죽음에 대한 언급이 필요한 논지-와는 관계가 멀다는 사실에 의해 뒷받침되고 있다.

저자는 계속하여 말한다. **너희가 알거니와 너희가 대속함을 받은 것은 은이나 금같이 없어질 것으로 된 것이 아니요.** 이 말은 사 52:3("너희가 값없이 팔렸으니 돈 없이 속량되리라")을 연상시킨다. 여기에서와 동일한 동사 *λυτρώσηται*(대속함을 받았다)가 딛 2:14에서 쓰이고 있는데, 이 경우는 그리스도의 수난의 효과를 묘사하고 있다. 또한 이와 동일한 은유를 담고 있는 관련 단어들이 신약의 다른 곳에서도 나타나고 있다. 즉 *ἀντίλυτρον*(대속물, 딤전 2:6), *λύτρωσιν*(속죄, 히 9:12), 그리고 이에 관한 모든 말 중 가장 빈번히 사용되는 *ἀπολύτρωσις*(속량, 롬 3:24; 고전 1:30; 엡 1:7; 골 1:14; 히 9:15) 등이다. 공관복음의 전통(막 10:45; 마 20:28)에 따르면 이러한 비유적 표현은 예수 자신에게서 연유하고 있다. 예수께서는 자신이 보냄받은 목적이 "자기 목숨을 많은 사람의 대속물(*λύτρον*)로 주려는" 것이라고 선언하셨던 것이다. 저자는 여기서 오래전부터 확립된 기독교 사상들을 사용하여 글을 써나가고 있다. 그러나 이 구절은 딛 2:12-14과 병행을 이루고 있으며 디도서의 이 구절들과 매우 유사하다. 벧전 1:13-15, 18, 22; 2:9와 동일하게 거기서도 그리스도의 대속물은 그리스도인의 종말론적인 소망과 관련되어 있으며, 도덕적인 순결과 하나님의 새로운 백성 형성의 동기가 되고 있다. 사상의 패턴은 동일하다. 그리고 딛 3:5에서의 세례에 대한 예리한 언급은 물론 딛 2:14에서의 세례에 관한 암시(깨끗하게 하다)는 두 저자 모두 세례 의식 자료나 예배 의식 자료 혹은 설교 자료를 이용하고 있다는 사실을 확인시켜 주고 있다.

다음에 오는 말은, 우리가 보게 되겠지만 이와 조화를 이룬다. 1세기의 헬라 세계에서 *λύτρον* 혹은 '속전' 이라는 말은 전쟁 포로나 노예에게 자유를 사주기 위해 지불되었던 돈에 대한 전문 용어였다. 노예의 경우에 속전은 신전에 잠시 맡겨져, 이에 따라 법적 허구[의제]로 그 노예는 신의 소유로 간주되었다. 어쩌면 이방인 독자들은 본 구절을 이러한 의미로 이해했을 가능성이 있다(F. W. Beare). 그러나 우리는 저자 자신이 품고 있는 사상과 자료의 출처가 구약적 배경이라는 사실을 상정해야 한다. 70인역에서는 명사와 이와 관련된 동사가 저당 잡힌 토지의 상환(레 25:25-28)과 첫 소생을 위한 대속물(민 18:15)이나 혹은 (생명을 해친 대가로) 자기 목숨을 내놓아야 할 사람이 내는 속전(출 21:30; 30:12)으로 하나님께 드리는 지불금 총액 등의 뜻을 포함하는 원래의 의미로 광범위하게 사용되었다. 그 후 이 동사는 비유적으로 원수들로부터의 구원(시 106:2), 죄로부터의 구원(시 129:8), 사망으로부터의 구원(시 33:23; 호 13:14), 혹은 유배로부터의 구원(시 41:14; 43:1, 14)에 대해 사용되기에 이르렀지만, 특별하게는 하나님이 이스라엘을 애굽에서 끌어내신 큰 구원-이 사건은 그리스도인들에게 세례를 예시하는 사건으로 간주되었으며 아마도 그래서 이 단어를 선택했을 것이다-에 대해 사용되었다(출 6:6; 15:13; 신 7:8). 이러한 국면에서 볼 때, 값(삯)이라는 이미지는 완전히 약화되었지만, 막 10:45과 딛 2:14와 동일하게 여기서 (참조. 은이나 금) 이 말은 자체의 본래 의미를 보유하고 있다. 이로 말미암아 그 후의 신학에서 "왜 속전(몸값)이 필수적인가?"와 같은 질문들이 광범위하게 제기되었다. 그러나 이러한 질문은 마가의 의향과도 거리가 멀며 본 서신의 저자의 의향과도 거리가 멀다. 그리스도의 사역에 대한 마가의 교훈은 본 서신의 저자의 교훈과 상당히 유사하다. 하지만 저자는 이런 말을 실제로 언급하고 있지는 않지만 자기 생명을 제물로 내놓으신 그리스도의 순종을 받아들임으로써 하나님이 바로 그 속전의 수령자라는 사실을 분명하게 암시하고 있다. 그리고 이 제물은 죄를 범한 인류의 불순종을 단번에 없애 버리는 제물이다.

저자는 독자들이 애굽과도 같은 압제에서 구속함을 얻은 사실을 명백하게 언급한다. 애굽과도 같은 압제는 사탄의 권세가 아니라, (사탄에게 속전이 지불되었다는 설이 후기 신학자들을 매혹시켰지만 신약에서 찾아볼 수 없는 이론이다) 오히려 **너희가 조상들로부터 물려받은 헛된 행동 양식**이다(다시 *ἀναστροφή*이다. 이는 의식적으로 15절의 같은 단어와 17절의 그 파생동사와 어우러지도록 쓰였다). 형용사 **헛된**(*ματαίας* '망령된', '무력한', 거의 '실재하지 않는')은 그들이 이교도들이었다는 또 하나의 뚜렷한 암시를 제공하여 준다. 이 단어는 70인역에서 살아 계시고 참되신 유일하신 하나님과 대조되는 이교도들의 우상들 혹은 하나님을 결코 알지 못하거나 하나님을 떠나 변절한 자들(지혜서 13:1; 렘 2:5)에 대해 경멸적으로 적용되고 있다(레 17:7; 대하 11:15; 렘 8:19; 10:15). 신약에서의 용법도 이와 일치한다. 행 14:15; 롬 1:21; 8:20; 고전 3:20; 엡 4:17("이방인이 그 마음의 허망한 것[*ματαιότης*]으로 행함같이")을 참조하라. 초대교회 그리스도인이라면 결코, 유대교로부터 개종한 자들이 받았던 조상 대대로의 교육을 그러한 말로는 묘사하지 않았을 것이다. (더 이상의 설명은 TWNT Ⅳ, 525-530 SB Ⅲ, 763 참조.)

저자가 설명하는 속전, 혹은 구출의 대가는 그러한 종류의 계약에서 통상적으로 사용되었던 **은이나 금**으로 치러지지 않는다. 이러한 것들은 **없어질 것들**이다. 이는 물질일 뿐이며 덧없는 일시적인 것이요, 영속적인 영적 구원을 가능케 할 수 없는 것들이다. 저자가 썩지 않는 것, 부패하지 않는 것에 대하여 인정해 주는 높은 평가와 그에 반대되는 것에 대하여 경멸적으로 평가하는 것에 대해서는 1:4, 7, 23; 3:4을 참조하라.

**[19] 오직 흠 없고 점 없는 어린양 같은 그리스도의 보배로운 피로 된 것이니라**

실로 그 속전은 **그리스도의 보배로운**(여기서 이 형용사는 돈의 '소멸성'과의 대조를 선명하게 강조한다) **피**이다. 여기에서 저자가 사용하거나 직접 찾아낸 이미지가 바뀌어서, 직설적으로 희생제물에 관련된 표현을 쓰고 있다. 곧 그리스도를 **흠 없고 점 없는 어린양**, 즉 희생 제물에 비유한 것이다. 앞의 형용사(*ἀμώμου*, 흠 없는: 출 29:1; 레 22:17-25; 겔 43:22을 참조하라)는 그러한 제물은 흠이 없어야 한다는 유대인 특유의 요구를 상기시킨다. 두 번째 형용사(*ἀσπίλου*, 점 없는)는 70인역에 나오지 않으나, 그리스도의 경우에 흠이 없다는 사실이 그 희생을 가납(可納)할 만하도록 만들어 주는데, 이 '흠이 없다'는 사실은 그의 죄 없으심과 거룩히 구별하여 드려짐의 견지에서 이해되어야만 한다(히 9:14)는 것을 강조하기 위해 덧붙여졌다. 엡 5:27은 *ἄμώμος*(흠 없는)와 *σπίλος*(이것은 *ἀσπιλου*의 어근 명사이다)를 한 문장 내에 갖고 있다. 그러나 어법과 주제는 판이하게 다르므로 이 구절을 회상하면서 본절을 썼다고 생각하는 것은 잘못이다. 희생적인 죽음으로 '흘리신 피' 혹은 '바쳐진 생명'을 의미하는 피에 대해서는 1:2에 관한 주해를 참조하라.

**어린양**이라는 핵심 단어에는 다른 개념들이 들어가 있다. 사 53:7에서 고난 받으시는 종(the Suffering Servant)은 도살장으로 끌려가는 어린양으로 묘사되고 있다. 베드로전서의 이 문맥은 그리스도의 수난(2:22-24)에 대한 단서 역할을 하고 있는데, 이 문맥 안에 나타나는 저자의 관심사로 미루어 볼 때, 그는 여기서 이사야서에 나타나는 그 어린양을 의중에 두고 있었음에 틀림없다. 그러나 저자가 여기에서 그리스도를 유월절 희생 제물(출 12장; 등등)로 생각하고 있을 가능성이 있다. 유월절 희생 제물이 반드시 어린양이어야 할 필요는 없었지만 보통은 어린양이었던 것이다. 유월절 희생물의 본래의 목적은, 물론 죄를 제거하는 것이 아니라 파괴를 담당한 천사들에게 일종의 표식이 되어 위해(危害)를 예방하기 위한 것이었다(출 12:13). 그러나 후기 유대인의 사상과 의식 속에서 이러한 목적은 애굽으로부터의 구원에서 일반적인 역할로 흡수되었다. 그리고 여기에서의 일차적인 주제는 죄의 제거가 아니라 포로됨(매임)으로부터의 구출이다. 본 서신의 저자만이 이러한 비유적 표현을 사용하고 있는 것이 아니다. 왜냐하면 고전 5:7에서 바울은 그리스도가 참된 유월절 제물이셨다는 사실을 당연한 것으로 취급하고 있기 때문이다. (출 12:46에 대한 인용과 함께 요 19:36을 참조하라.) 요 1:29, 36; 고전 5:7; 계시록의 여러 절들과는 대조적으로 본 서신의 저자가 그리스도를 실제의 어린양으로 언급하고 있는 것이 아니라 어린양에 비유하고 있을 뿐이라는 사실은 그의 자료가 초기에 속한다는 암시가 될 수도 있다. 어쨌든지 출애굽에 대한 함축된 언급은 본 서신의 전반적인 세례적 특성을 입증하는 부차적인 증거임이 확실하다.

**[20] 그는 창세 전부터 미리 알린 바 되신 이나 이 말세에 너희를 위하여 나타내신 바 되었으니**

20절은 신앙 고백 문서나 더욱 개연성 있게는 기독론적인 찬송으로부터의 인용절이라는 충분한 증거들(균형 잡힌 대조법, 장중한 어조 등)을 갖고 있다. 여기에서와 유사한 형식과 사상을 담고 있는 예배 의식적인 단편에 대해서는 딤후 1:9 이하를 참조하라. 문장 구조와 주제가 유사하기 때문에 단편들이 3:18-22에서 재현되는 것으로 보이는 찬가(hymn)와 이 절을 연결시키려는 유혹이 생긴다. 이를 인용하면서 저자는 그의 독자들에게, 그들이 이제 세례를 통하여 함께 누리는 구속은 하나님께서 의중에 두고 계셨던 그들에 대하여 영원 전부터 준비해 오신 계획의 일부라는 인상을 심어주려고 한다. *προεγνωσμένου*의 좀 더 문자적인 번역이 '미리 알린 바 되신' 이지만, 우리는 그리스도에 대한 하나님의 예지(foreknowledge)는 하나님의 창조 의지와 결정을 포함한다는 것을 이미 살펴본 바 있다. (1:2에 관한 주해를 보라.) 이미 오래전부터 세워진 하나님의 뜻(purpose)의 연출로서의 역사, 특별히 구원사라는 포괄적인 개념은 후기 유대주의와는 친숙한 사상이었으며(사 37:26; 에스드라 2서 6:1-6; 에녹서 48:6; 62:7), 사도들의 교회는 이를 받아들였다(롬 16:25; 고전 2:6-10; 엡 3:3-6; 9-11; 골 1:26; 딛 1:2). 그리스도인들은 하나님의 사랑의 예정에 비추어, 다른 방법으로는 불가해하게 보이는 사건들의 의미를 이해할 수 있게 되었다. 그리고 공관복음의 전승(막 8:31)과 그 병행구는 그리스도의 수난을 이러한 식으로 해석하는 것에 관해 그러한 권위의 출처가 바로 우리 주님 자신임을 암시하고 있다.

여기서 두 가지를 주목할 필요가 있다. 첫째, 이러한 역사관의 당연한 결론은 결정적인 중요성이 **시대의 끝**(말세) 곧 역사의 절정에 있다는 것이다. 왜냐하면 지금까지 숨겨져 온 하나님의 계획이 그때 충분하고도 결정적으로 계시되기 때문이다. 행 2:16 이하; 고전 10:11; 히 1:2; 9:26 등과 동일하게, 본절은 그리스도의 성육신, 수난과 부활과 더불어 마지막 때가 가까이 왔다는 원시 기독교의 확신을 입증해 준다. 둘째, 하여간 어떤 의미에서든지 그리스도의 선재(pre-existence)가 가정되어 있다는 결론은 거의 피할 수가 없다. 이러한 사실은 하나님의 예지는 어느 때든지 생겨나기로 정하여진 모든 존재에까지 미치기 때문에 **미리 알린 바 되신** 이라는 말에 의해서가 아니라 **나타내신 바 되었으니**(이 동사에 대해서는 딤전 3:16; 히 9:26을 참조하라)라는 말에 함축되어 있다. 이 말은 그리스도가 성육신에 앞서 역사의 과정 밖에서 하나님과 함께 계셨음을 암시하여 준다. 이러한 기독론에 대해서는 1:11과 그 주해를 참조하라.

또한 그리스도는 **너희를 위하여** 나타나신 바 되었다. 저자는 그의 독자들에게 필요한 확신을 주기 위해 이를 덧붙인다. 복음의 목표는 전적으로 개인적이다. 하나님의 계획은 교회에, 아니 오히려 교회를 이루는 각 지체에게 집중되어 있다. 이는 바울의 말대로(고전 10:11) 이스라엘이 겪은 모든 일이 '말세를 만난 우리'를 위한 교훈으로 정해졌다는 말과 같다. 하나님의 계획은 사람들이 그분이 영원 전부터 예비해 오신 복을 믿음으로 받아들일 때 실현된다.

**[21] 너희는 그를 죽은 자 가운데서 살리시고 영광을 주신 하나님을 그리스도로 말미암아 믿는 자니 너희 믿음과 소망이 하나님께 있게 하셨느니라**

이러한 사실은 다음의 말씀에서 밝혀진다. **너희는 … 하나님을 그리스**

**도로 말미암아 믿는 자니.** 그들의 믿음은 그리스도로 말미암았다. 그 이유는 그가 아버지를 계시하셨기 때문이며(마 11:27; 요 1:18; 17:6), (2) 더욱 중요하게는 세상을 하나님과 화해시키는 중보자로서(고후 5:19) 그리스도께서 구속 사역에 의해 사람이 하나님께 가까이 나아갈 수 있는 길을 단번에 여셨기 때문이다(3:18; 롬 5:1). 행 3:16의 베드로의 말("예수로 말미암아 난 믿음")은 이 구절과 너무도 흡사한 병행구이다.

**믿는**이라 번역된 헬라어는 사본들에 따라 형용사 *πίστοὺς* 혹은 현재분사 *πιστεύοντας*로 기록되어 있다. 전자가 다소 우수한 사본들에 의해 지지를 얻고 있긴 하지만 후자보다 읽기에 더 난해한 것으로 인정해야만 한다. 곧 형용사에 두 전치사 구(*εἰς Θεὸν*, '하나님을' 과 *ἐκ νεκρῶν*, '죽은 자 가운데서' –역자 주)가 따른다는 것은 확실히 어색하기에, 필사자들이 자연스럽게 분사로 고쳤을 법하다. 여기에는 의미상 약간의 차이가 있다. 형용사는 '믿는' (believing)–여기에서는 이 뜻이 현저한 개념임–뿐만 아니라 '충실한', '신실한' 의 개념을 뜻할 수 있으나, 반면에 분사는 단지 '믿는 자' (who believe)를 의미한다.

저자는 그의 독자들이 믿는 하나님을 **그**(곧, 그리스도)**를 죽은 자 가운데서 살리시고 영광을 주신** 분으로 묘사한다. 다시금 본절은 일련의 정형화된 어투로 되어 있다. 우리는 전자('죽은 자 가운데서 살리시고')가 일찍이 일상적인 관용적 표현이 되었다는 증거를 갖고 있다(롬 8:11; 고후 4:14; 갈 1:1; 엡 1:20; 골 2:12; 살전 1:10). 그렇다고 해서 여기서 이것이 단지 수사학적인 장식으로 덧붙여진 것은 아니다. 하나님께서 그리스도를 죽은 자 가운데서 일으키시고, 실로 그를 높이시고 영화롭게 하셨다는 사실은(참조. 특히 빌 2:9–11; 여기에서 바울은 모든 이름 위에 뛰어난 이름, 곧 하나님께서 그리스도에게 주신 '주' 라는 칭호를 강조하고 있다) 그리스도가 상처를 입고 죽은 것처럼 보이는 자에게 생명을 부여할 수 있는 살아 계신 하나님이시라는 것을 웅변적으로 확증하고 있다. 그러한 사실은 내적인 확신과 신뢰라는 의미에서 **믿음**과 **소망**을 불러일으킨다. 왜냐하면 믿는 독자들은 하나님께서 그리스도에게 베푸신 부활 생명과 영광이 자신들에게도 속한다는 것을 확신할 수 있기 때문이다. 그래서 저자는 단지 믿음에 관한 부분만 언급을 추가하여 그 결과 너희 믿음과 소망이 하나님께 있게 하셨다고 부언할 수 있다.

이러한 역은 ὥστε가 보통 그러하듯이 결과를 나타낸다는 것을 가정하고 있다. 그러나 이것은 또한 의도를 나타낼 수도 있다(마 27:1; 눅 2:20). 그래서 '믿음과 소망이 하나님께 있도록 하기 위해 그를 죽은 자 가운데서 살리시고 영광을 주신'(AV, RV를 참조하라)이라는 번역도 가능하다. 이러한 번역들 중 어느 것이 옳은지를 결정하기는 어려운데, 이를 더욱 어렵게 만드는 것은 셈어를 사용한 저자가 목적과 결과를 분명하게 구별하지 않았기 때문이다. 그러나 무엇이 실제로 그러한 경우인지 확증하는 것은 앞의 믿는이라는 말과 저자의 어조의 확신에 어느 쪽이 더 일치하느냐에 따라 결정된다. 어떤 이들은(예. J. Moffatt; R. Bultmann in TWNT Ⅵ. 208, 211) "너희 믿음은 하나님에 대한 소망이기도 하다"(혹은, "소망이 되도록")로 번역함으로써 소망이라는 말을 술어적으로 해석한다. 이것은 구문론적으로 가능하고, 소망이라는 말 앞에 정관사가 없다는 데서 표면적인 지지를 얻고 있으며, 21절 전반부에 대한 반복도 피할 수 있다. 그러나 이러한 해석은 다음과 같은 이유로 지지할 수 없다. 첫째, "하나님에 대한 믿음과 소망"이라는 번역은 21절 전반부인, "…살리시고 영광을 주신 하나님을 믿는"이라는 번역과는 다른 뉘앙스를 갖고 있기 때문에 여기에는 실제적으로 중복되지 않는다는 사실이다. 둘째, 베드로전서에서 믿음과 소망이라는 말은 모두 확신을 의미하며 사실상 한가지이나 서로 다른 양면이다(3:5의 "하나님께 소망을 두었던"을 참조하라). 셋째, 21절 전반부의 하나님에 대한 믿음(faith in God)이라는 구(다음 21절 후반부)에서도 믿음이라는 말과 함께 하나님에 대한(in God)이라는 말을 사용하는 것이 자연스럽다. 넷째, 본절의 강조점은 하나님에 대한에 있다. 이리하여 이 말은 사실상 술어적인 효과를 지니고 있다. 파피루스 사본 P72에서 3세기의 어떤 독자들이 믿음과 소망이라는 말을 동격으로 취급하였음을 보여 주면서 소망이라는 말 앞에 관사를 써넣고 있음을 우리는 주목해야만 한다.

**[22] 너희가 진리를 순종함으로 너희 영혼을 깨끗하게 하여 거짓이 없이 형제를 사랑하기에 이르렀으니 마음으로 뜨겁게 서로 사랑하라**

이상의 네 절은 예배시에 낭독되었던 본문과 더불어 기록되어 있으므로 여기서 저자는 이교적인 생활 양식과 반대되는 그리스도인의 삶의 양식(1:15, 17, 18)을 상술하는 일에서 방향을 바꾼 것처럼 보일지도 모른다. 그러나 이제 저자는, 세례 받은 그리스도인의 표지로서 거룩함과 하나님을 경외함에 형제애를 부가시킴으로써 그리스도인의 삶의 양식을 제시하는 일로 되돌아온다. 저자는 이러한 사랑이 아시아 그리스도인들에게 명하여진 것은 그들이 **진리를 순종함으로 영혼을 깨끗하게 하였**기 때문이라고 설명하는데, 그러한 것은 결국 그들이 **거짓 없이 형제를 사랑하기에 이르렀기 때문에** 또는 **이를 것이기 때문에** 생기는 경험이다. 여기서 **순종과 깨끗하게 하여**(ἡγνικότες; '성결하게 하다' '거룩하게 하다'의 완료분사)는 바로 23절의 **거듭난 것**이라는 말이 1:3을 상기시키듯이, 1:2과 1:14, 그리고 1:2과 1:15을 각각 상기시킨다. 이것은 1:22-25이 1:1과 1:3-21과의 단일 문체를 형성한다는 것과, 본절들이 예배시 사용되는 본문이라는 가정이 나타낸 바와 같이 그 자체로 독립된 말이 아니라는 사실을 강하게 시사하고 있다. 그 분사구(사실상 '너희 자신'이라는 말과 같은 뜻인 **너희 영혼**에 대해서는 1:9에 관한 주해를 보라)는 '세례에 대한 고풍적인 묘사'(C. Spicq)로서, 죄를 씻음과 그것으로 가능한 하나님과의 관계의 바른 회복을 강조한다. (특히 고전 6:11; 엡 5:26; 딛 3:3-7; 히 10:22을 참조하라.) 70인역에서 ἁγνίζειν은 물이나 희생 제물에 의한 의식적인(ceremonial) 씻음을 의미하며, 성례적인 언급이 보여 주듯이 여기에서 예식적(禮式的; cultic)인 요소가 결여되어 있는 것은 아니다. 그러나 신약에서는 ἁγνίζειν이 윤리적이며 영적인 변화로서 강조되고 있다(약 4:8; 요일 3:3). **진리를 순종함**이라는 말 역시 세례를 가리킨다. 신약에서 종종 그렇듯이(갈 5:7; 엡 1:13; 살후 2:12; 딤전 4:3) **진리**는 일반적인 진리를 의미하지 않으며 복음 안에 나타난 하나님의 자기 계시를 의미한다. 그러므로 '진리'란 신자들이 그에 대하여 순종으로 반응할 때 성례에서 효과적인 매체가 되는 하나님의 말씀임을 저자는 암시하고 있다. 쿰란 종파가 하나님의 진리의 정결케 하는 능력에 대해 이와 유사한 교의를 주장한 것은 매우 흥미있는 사실이다(1QS iii. 4–8; iv. 20f).

**거짓이 없이 형제를 사랑하기에 이르렀으니**라는 말은 앞 구절과 밀접하게 연결되어 있다. 곧 이 말은 세례시 맺은 서약에 무엇이 내포되어 있는가를 명시하여 준다. 저자의 요점은, 그의 수신인들이 복음에 순종하여 세례를 받음으로써 **사랑**이 행동의 법칙으로 작용하는 공동체에 가입하였다는 사실이다. ('새 계명' 에 대해서는 요 13:34; 15:12; 15:17; 요일 3:11–18을 참조하라.) 저자가 사용하는 명사(*φιλαδελφία*. 롬 12:10; 살전 4:9; 히 13:1; 벧후 1:7)는 문자적으로 '형제애' 를 의미한다. 이것은 인류 전체에 대한 보편적인 사랑을 의미하지 않으며, 그리스도인의 형제 관계에서 행해지는 사랑을 의미한다(집합명사 *ἀδελφότητα* ; '형제애' 에 대해서는 2:17을 참조하라). 이러한 관계에서 만일 어떤 위선적인 요소가 존재한다면 사랑은 서툰 모방에 불과하게 된다. 그러므로 그것은 **거짓 없는** (*ἀνυπόκριτος* ; 이 말이 신약에서는 언제나 사랑에 대해서 혹은 사랑과 관련하여 사용된다–롬 12:9; 고후 6:6; 딤전 1:5; 약 3:17) 것이어야만 한다. 이러한 표현은 형제가 되는 것에 대한 따스한 느낌을 준다. 형제가 된다는 것은 신약이 보여 주고 있듯이(행 14:2) 사도 시대의 그리스도인들을 서로 결속시키고 이교도들의 칭찬이나 회의심을 불러일으켰다(*De Mort. Pereg.* xiii에서 Lucian의 다음과 같은 조롱을 참조하라. "그들의 최초의 입법자는 그들이 모두 서로 형제라고 설득하였다."). 제자들에 대한 우리 주님의 묘사에 그 연원을 두고 있는 이러한 태도는 유대인의 관행이 발전된 것이었다. 왜냐하면 구약과 후기 유대교에서 유대 민족과 유대교에 속한 자들은 모두 형제들이라고 언급했기 때문이다. 이와 동일한 언어가 쿰란 종파에서도 유행하였다(1QM xiii. 1; xv. 4; 7 등). 그리스도의 새로운 가족의 특징이 되는 독특한 사실은 그 가족의 일원이 되는 것이 곧 육신적이거나 민족적인 친족 관계에 달려있지 않고, 하나님의 뜻을 받아들임과 그리스도에 대한 전폭적인 헌신에 달려 있다는 점이다(막 3:31–35; 10:30).

그러므로 저자는 교리문답적인 상용어였던 문구를 사용하여 그의 수신인들에게 **마음으로 뜨겁게 서로 사랑하라**고 명한다(여기에서의 명령법은 1:13; 1:17와 동일하게 시발성 부정 과거다. "… 하기 시작하라"). 이 구절을 통해서 감지되는 저자의 우려는(2:17; 3:8; 4:8), 위험에 직면한 수신인들의 하나됨의 필요성과 작은 공동체들 내에서 일기 시작한 불화에 대한 인식에서 비롯된 것이 아닐까(K.H. Schelkle)? 여러 사본들을 지지하는 많은 절들을 갖고 있는 비잔틴 사본에는 '순결한(καθαρᾶς) 마음으로' 라 되어 있다. (한글 성경에는 그냥 '마음으로' 로 되어 있다. 흠정역과 비교하라.) 그러나 이 형용사는 전반절의 말을 반복한 것이며, 딤전 1:5이 암시하는 바와 같이 삽입된 것임에 틀림없다. 부사 ἐκτενῶς('뜨겁게', 유딧서 4:12; 욜 1:14; 요 3:8; 눅 22:44; 행 12:5)는 열렬함(fervour-AV, RV)보다는 정력적인(energetic) 활동을 의미한다. 그러나 이러한 열렬한 형제애가 남남이 살아가는 이 세상에서 어떻게 가능한가? 저자는 그들의 존재는 이제 새로운 차원을 갖는다는 것을 상기시킴으로써 이러한 무언의 반론에 다음과 같이 맞선다.

**[23] 너희가 거듭난 것은 썩어질 씨로 된 것이 아니요 썩지 아니할 씨로 된 것이니 살아 있고 항상 있는 하나님의 말씀으로 되었느니라**

이 구절은 1:3(이에 관한 주해를 보라)에서 이미 사용된 세례적인 거듭남의 이미지를 채택하고 있다. 그리하여 인간의 **썩어질 씨**로 인한 자연적인 출생과 대조하여 사람들이 세례를 통해 경험하는 거룩하고 **썩지 않는 씨**, 즉 **살아 있고 항상 있는 하나님의 말씀**으로 이루어지는 그리스도 안에서의 새로운 삶을 제시한다. 하나님의 말씀은 생명을 제공하거나 창조적이라는 의미에서 항상 **살아 있다**(창 1:3이하; 시 33:9; 빌 2:16; 히 4:12). 또한 그 말씀은 '영원히 존재하기' 때문에(사 40:6-8) **항상 있는**(abiding) 말씀이다. 여기서 벌게이트 역본과 더불어 많은 편집자들은 이것과 정확하게 동일한 형용사구로 하나님을 묘사하는 단 6:26을 인용함으로써 "살아 계시고 영원하신 하나님의 말씀으로"라고 해석한다. 그러나 첫째, 단 6:26의 **살아 계시는**이라는 말 뒤에 그리고 **영원히 변하지 않으실**이라는 말 앞에 나오는 **하나님**이라는 말의 위치가 이러한 해석을 부정한다. 둘째,

말씀의 창조적이며 영속적인 속성에 대한 강조가 본절의 논지에 적절하다. 셋째, 다음 절에서 사 40:6-8에 대한 호소가 일반적인 해석을 확증한다.

인간적인 생산과 신적 생산 간의 대조와 그러한 생산에서 비롯되는 존재의 각기 다른 질서의 대조는 요 1:12 이하에서도 동일하게 묘사되고 있다. 약 1:18 역시 하나님을 '진리의 말씀으로 우리를 낳으시는' 분으로 언급하고 있다. 이러한 구절들에서의 '말씀'은 본절에서와 마찬가지로 요 1:1에서 나타난 신적인 로고스(Logos)가 아니라 복음 메시지이다(참조. 고전 14:36; 고후 2:17; 골 1:25; 살전 1:6; 살후 3:1). 요일 3:9 이하에서 하나님에 의해 거듭난 사람을 "하나님의 씨가 그의 속에 거하기 때문에" 죄를 지을 수 없는 자로 묘사할 때, '씨'가 하나님의 말씀 곧 복음을 뜻한다는 것은 가능한 추론이다. 베드로전서와 야고보서와 요한일서 간의 다른 접촉점들(2:1과 약 1:21; 1:3-5과 요일 2:29-3:2; 1:13-16과 요일 3:3; 1:18-20과 요일 3:5)이 주목되어 왔다(M.E. Boismard). 또한 매우 상이한 배경을 갖고 있음에도 불구하고 세 본문들은 모두 다소 희미하나마 세례적인 윤곽의 흔적을 갖고 있음을 유추하게 한다. (1:3에 관한 주해를 보라.) 여기서 저자의 생각은, 아시아 그리스도인들이 복음을 받아들이고 세례를 받은 결과 신적인 사랑(divine charity)이 특징적인 지표가 되는 새로운 존재로 거듭났다는 것이다.

**[24]-[25] 그러므로 모든 육체는 풀과 같고 그 모든 영광은 풀의 꽃과 같으니 풀은 마르고 꽃은 떨어지되 오직 주의 말씀은 세세토록 있도다 하였으니 너희에게 전한 복음이 곧 이 말씀이니라**

저자는 이미 언급한 하나님의 말씀에 대해서, **모든 육체**, 곧 모든 인간 실존을 **마르는 풀**과 **떨어지는 꽃**(70인역에서는 부정 과거시제들로 풀과 꽃의 빠른 피어남과 시듦을 나타낸다)에 비교하는 사 40:6-8을 대비시켜서 **세세토록 있는 주의 말씀**(헬라어 본문에서는 23절과 같이 *λόγος*가 아니라 *ῥῆμα*로 되어 있다)으로 묘사한다. 약 1:10도 직접 이 본문(사 40:6-8)에 호소하지만, 거기에서는 부(富)의 덧없음을 예증하기 위한 것이다.

선지자 이사야의 목적은 바벨론으로 추방되어 낙심하고 있는 유대인들을 위로하려는 것이었다. 이사야는 억압자들의 세력이 이미 쇠하기 시작하였으며 그들을 고향 땅으로 돌아가게 하겠다는 하나님의 약속은 절대적으로 신뢰할 수 있다는 확신을 가지고 있었다. 여기서 저자의 관심은, 물론 그 구절이 상기시켜 주는 역사적인 상황에 있는 것이 아니라 그 구절이 밝히 보여 주고 있는 **주의 말씀**의 신실하심에 집중되어 있다. 저자는 70인역에서의 '하나님의 말씀'이라는 말을 **주의 말씀**이라고 바꿈으로써 특별히 기독교적인 경향을 부여하여 이 말씀을 **너희에게 전한 좋은 소식**, 곧 **복음**과 동일시할 수 있게 되었다.

# 제 2 장

## 4. 하나님의 택하심을 받은 자들
2:1-10

**2:1-10**

1 그러므로 모든 악독과 모든 기만과 외식과 시기와 모든 비방하는 말을 버리고 2 갓난
아기들 같이 순전하고 신령한 젖을 사모하라 이는 그로 말미암아 너희로 구원에 이르
도록 자라게 하려 함이라 3 너희가 주의 인자하심을 맛보았으면 그리하라 4 사람에게
는 버린 바가 되었으나 하나님께는 택하심을 입은 보배로운 산 돌이신 예수께 나아가 5
너희도 산 돌같이 신령한 집으로 세워지고 예수 그리스도로 말미암아 하나님이 기쁘게
받으실 신령한 제사를 드릴 거룩한 제사장이 될지니라 6 성경에 기록되었으되 보라 내
가 택한 보배로운 모퉁잇돌을 시온에 두노니 그를 믿는 자는 부끄러움을 당하지 아니
하리라 하였으니 7 그러므로 믿는 너희에게는 보배이나 믿지 아니하는 자에게는 건축
자들이 버린 그 돌이 모퉁이의 머릿돌이 되고 8 또한 부딪치는 돌과 걸려 넘어지게 하
는 바위가 되었다 하였느니라 그들이 말씀을 순종하지 아니하므로 넘어지나니 이는 그
들을 이렇게 정하신 것이라 9 그러나 너희는 택하신 족속이요 왕 같은 제사장들이요 거
룩한 나라요 그의 소유가 된 백성이니 이는 너희를 어두운 데서 불러 내어 그의 기이한
빛에 들어가게 하신 이의 아름다운 덕을 선포하게 하려 하심이라 10 너희가 전에는 백
성이 아니더니 이제는 하나님의 백성이요 전에는 긍휼을 얻지 못하였더니 이제는 긍휼
을 얻은 자니라

1 그러므로 여러분은 모든 악과 거짓을 버리십시오. 위선자가 되지 말고, 시기하며 험
담하는 자가 되지 마십시오. 여러분의 삶 가운데서 이 모든 것을 없애십시오. 2 갓난아
기가 젖을 찾듯이 순결한 말씀을 사모하십시오. 그러면 여러분의 믿음이 자라나고 구
원을 받게 될 것입니다. 3 여러분은 이미 주님의 선하심을 맛보아 알고 있지 않습니까?
4 우리 주 예수님은 '산 돌'이십니다. 세상 사람들은 이 돌을 버렸지만, 그분은 하나님
께서 선택하신 머릿돌이십니다. 하나님께서는 그 누구보다도 귀한 존재로 그분을 택하
셨습니다. 그러므로 그분께로 오십시오. 5 여러분도 산 돌처럼 거룩한 성전을 짓는 데
사용되시기 바랍니다. 그리고 하나님께 영적인 희생 제사를 올려 드리는 거룩한 제사
장이 되시기 바랍니다. 하나님께서는 예수 그리스도를 통하여 그 희생 제사를 받으실
것입니다. 6 성경에 이와 같은 말씀이 있습니다. "내가 시온에 주춧돌을 놓고, 이 보배
로운 돌 위에 모든 것을 세울 것이다. 누구든지 주님을 의지하는 자는 결코 실망하지

않을 것이다." 7 믿는 자들에게 이 돌은 너무나 귀중한 것이지만, 믿지 않는 자들에게는 쓸모없는 돌에 불과합니다. 이것은 "건축자들이 쓸모없어 버린 돌이 그 집 모퉁이의 머릿돌이 되었다네"*라는 말씀과, 8 "걸려 넘어지게 하는 돌과 바위가 되었다"*라는 말씀과 같습니다. 그들은 하나님의 말씀에 순종하지 않기 때문에 넘어집니다. 바로 이것이 그들을 향한 하나님의 계획이기도 합니다. 9 그러나 여러분은 하나님께서 선택하신 민족이며 왕의 제사장입니다. 또 거룩한 나라이며, 하나님께서 홀로 다스리는 나라의 백성입니다. 하나님께서는 그분의 행하신 놀라운 일들을 알게 하시려고, 여러분을 어두움 가운데서 불러 내어, 그의 놀라운 빛 가운데로 인도하셨습니다. 10 여러분이 전에는 하나님의 백성이 아니었지만, 지금은 하나님의 백성입니다. 이전에는 은혜를 몰랐지만, 지금은 은혜를 받고 누리고 있습니다. _아가페 쉬운성경

---

이 복잡한 대목은 1:13-25에서 논리적으로 자연스럽게 흘러나온다. 그리고 1:13-25에 설명된 권고를 종합하여 세례 받은 그리스도인이 된다는 것이 담고 있는 의미들 가운데 몇 가지를 감동적으로 전개해 나간다. 그리고 비유되는 심상도 갑자기 변하여 먼저 그리스도인들을 어린아이로, 다시 성전의 돌들로, 다시 제사장으로, 마지막으로 특별히 선택받은 나라로 묘사한다. 그러나 연결되는 주제는 일관해서 그들 그리스도인들의 선택이다. 본 대목은 시 34:8과 머릿돌 되는 그리스도와 새 이스라엘에 대한 사상을 주제로 한 구약성경 본문의 두 구절을 주석하는 데 대부분의 지면을 할애했다. 또한 방법론에 있어서는 전형적인 랍비적 방법으로, 그 적용에 있어서는 기독교적으로 주석(미드라쉬)하였다. 저자는 이미 1:24 이하에서 그와 같은 주해 능력을 보여 주었으며, 바울 서신과 히브리서에도 이러한 식의 주석이 풍부하다. 비록 그의 논법은 세부적인 면에서 모호하게 보이긴 하지만 그가 전달하고자 하는 메시지의 대체적인 의미는 명백하다. 그의 편지를 받아 읽는 독자들은 그리스도인들로서 믿지 않는 핍박자들과는 비교할 수 없는 영광스러운 소명을 받았으므로(이것이 근본적인 동기이다), 현재 당하는 고난으로 인해 좌절해서는 안 된다는 것이다. 본 대목을 1장과 연결시켜 보고, 또 본장 10절에서의 아시아 그리스도인들에 대한 직접적인 암시와 연관시켜 생각할 때 전혀 칭송으로 볼 수 없으며, 세례식 때 옆에서 노래를 불러 주는 사람을 위해 만든 노래로 볼

수도 없다. 본 대목의 문체는 자체의 고조된 억양에도 불구하고 시적이라기보다는 오히려 학문적인 주석에 가까운 면이 있다. 그리고 주제 면에서는 1:13 이하에서 말해 왔던 거룩한 생활에 대한 설교가 그 절정에 이른다. 1장과 같이 우리는 여기에서 성례전을 연상케 하는 몇 가지 사실을 발견할 수 있지만, 본 대목을 전반적으로 기도서에서 발췌했다고 볼 근거는 없다.

**[1] 그러므로 모든 악독과 모든 기만과 외식과 시기와 모든 비방하는 말을 버리고**

접속사 **그러므로**(*οὖν*)는 앞의 내용을 다시 요약하는 '그러므로'이다. 이는 1:22 이하로 되돌아가 독자들이 거듭나고 세례받음으로써 서로 사랑하라는 계명의 성취를 향해서 이미 소극적이나마 첫발을 내디딘 상태임을 연상시키는 역할을 하고 있다. 그들은 **모든 악독과 모든 기만과 외식과 시기와 모든 비방하는 말**을 외형적으로 **버렸다**(혹은 포기하였다). 여기서 우리는 신약에서 자주 등장하며(롬 1:29이하; 고후 12:20; 엡 4:31; 골 3:8; 딤전 1:9이하) 그리스 대중들의 비난으로 사용되고 후기 유대교(쿰란 종파도 마찬가지다 : 1QS iv. 9-11; x. 21-24)에서 자기들의 윤리를 선전하기 위해 사용되었던, 좋지 못한 행동에 대한 간략한 목록들 가운데 하나를 접하게 된다. 교회는 처음부터 그러한 규례를 이어받아 자체의 교리문답식 교육에 적용했던 것 같다. 여기에 열거된 항목들은 대체로 형제애(1:22)와 상반되는 행동 유형을 대표하지만, 그러한 내용은 어느 시대에나 공통적인 것이기 때문에 우리는 이를 근거로 하여 당시의 아시아 그리스도인들의 상황을 정확하게 그려낼 수는 없다. 구태여 구별해 본다면 **악독**(*κακία*; 이것은 모든 부도덕을 총괄하는 말이다)과 **기만**은 공동체의 생명을 파괴하는 전반적인 태도를 대표하는 데 비하여 나머지 세 단어, 외식과 시기와 비방하는 말은 실질적인 표출을 뜻하는 복수 명사들이다.

동사 **버리다**(*ἀποτιθέσθαι*)는 특별히 주목할 만하다. 이 단어는 롬 13:12; 엡 4:22, 25; 골 3:8; 약 1:21(이 모든 절은 그리스도인이 되기 전의 독자들의 과거에서 두드러진 유형의 행동들을 요약한다)에서 여기에서와 동일한 방식으로 사용되고 있다. 그러므로 이것은 전문 용어처럼 쓰여 왔던 것 같다. 바울 서신의 본문들은 다른 옷을 입기 위해 어떤 옷을 벗어 버리는 이미지를 사용하고 있다는 사실이 분명하다. 초대 기독교의 침례에 의한 세례 관행은 완전히 옷을 벗는 일이 따르게 마련이었다. 그리고 알다시피 후기 예배 의식에서는 세례받는 사람이 자기 옷을 벗고 물이 있는 곳으로 내려갔다가 올라온 후 다시 새 옷으로 갈아입었으며 이는 매우 인상적인 의식을 형성하고 있었다. 그리고 그러한 의식들은 무가치한 과거의 삶을 포기하고 새로운 순결한 삶을 살겠다는 결단을 상징하는 것으로 이해되었다(Hippolytus, *Trad. Apost.* xxi; Cyril of Jerusalem, *Cat. Myst.* ii. 2; Procat. 4). 신약성경의 모든 본문들이 그리스도인들의 그와 같은 과거 삶과의 결별에 대해 말하고 있으며, 이것은 세례를 통해 성례전적으로 수행되었다. 그러므로 우리는 옷을 벗는 상징적 행위가 사도 시대에 확립이 되었으며, '벗다' 라는 말이 세례와 분명히 연관된다는 사실을 추정할 수 있다. 이러한 해석에 의해 부정 과거분사(벗고; 한글성경은 '버리고' )의 올바른 의미를 되찾을 수 있다. 대부분의 번역들이 마치 본 서신의 저자가 그의 독자들에게 무정(無情)한 행위를 이제부터 청산하라고 요구하고 있기라도 한 것처럼 이 말을 현재분사(laying aside: AV, RV)로 해석하거나 명령법(So put away: RSV, NEB)으로 해석함으로써 이 단어의 의미를 은폐시킨다. 그러나 저자가 호소하는 바는 그들은 이미 그것(벗어 버림-역자 주)을 세례받을 때에 공식적으로 하였으며, 그러므로 이제 적극적인 그리스도인의 생활속에서 성장할 준비를 해야 한다는 것이다.

**[2] 갓난아기들같이 순전하고 신령한 젖을 사모하라 이는 그로 말미암아 너희로 구원에 이르도록 자라게 하려 함이라**

그러므로 저자는 그들에게 갓난아기들같이 속임이 없는 말씀의 젖을 갈망하라(crave for the milk of the word that is free from deceit; Kelly가 사역한 부분임-역자 주) **이는 그로 말미암아 구원에 이르도록 자라게 하려 함이라**고 격려한다. 저자가 그들을 갓난아기들로 생생하게 묘사한 것은 앞서 1:3, 23에서 사용했던 중생에 대한 묘사에서 한 단계 더 나아간 것이다. 예전적 가설을 지지하는 사람들(서문 pp.15-18을 보라)은 **갓난**(ἀρτιγέννητα, 문자적으로 '최근에 난')이라는 말은 그들이 불과 얼마 전에 세례를 받았음을 암시하고 있다고 주장한다. 그러나 이것은 접두사가 내포하고 있는 의미 이상이며 어떠한 경우에도 전혀 불필요한 것이다. 이러한 형용사는, 아시아의 그리스도인 공동체가 바로 최근에 개종한 상당수를 포함하고 있었음을 의미하는 것에 지나지 않는다.

저자는 심상을 실감나게 표현한다. **젖**은 유아들이 당연히 섭취해야 할 양분이다. 그래서 갓난아기들은 단순히 젖을 원할 뿐만 아니라 강력한 본능적인 충동에 이끌리어 젖을 찾는다. 강한 어감의 동사 **갈망하다**(ἐπιποθέιν ; 사모하다-한글 성경)가 이를 잘 나타낸다. 이 말의 용례에 관해서는 시 42:1(목마른 사슴에 관한)과 119:174(구원을 열망하는 영혼에 관한)을 참조하라. 저자가 이 말을 의도적으로 채택한 이유는 자기가 **속임 없는 말씀의 젖**(순전하고 신령한 젖-한글 성경)이라 부르는 것을 독자들이 열망하기를 원해서이다. 헬라어 본문에서 **젖**이라는 말은 두 형용사에 의해 수식된다. 두 번째 형용사(ἄδολον, 문자적으로는 '악의 없는', '속임 없는' ; 순전하고-한글 성경)는 명백히 2:1의 '속임'(δόλος, 기만-한글 성경)을 반영한다. 속임을 버렸으면 그들이 마시는 음료도 속임이 없어야 하는 법이다. 후기 헬라어 파피루스들과 비문들(Pap. Hib. 85, 16f.; 98, 19f; Pap. Oxy. 729, 19; Dittenberger, *Syll. Inscr, Graec.* 736, 100)은 곡물, 포도주와 이외의 식료품에 적용되는 ἄδολος가 다른 것을 섞지 않은, '순전한'이라는 특수한 의미를 갖고 있었음을 입증하고 있다. 처음에 사용된 형용사(λογικὸν, 신령한-한글 성경)는 롬 12:1(신약에서 이 어휘가 나타나는 유일한 절임)에서와 같이 일반적으로 '신령한, 영적인'(Spiritual; RV; RSV; NEB)으로 번역된다. 이러한 번역은 저자가 단순히 글자 그대로 젖과 하늘의 젖을 대조시키고 있다는 가정에 따른 것이다. 그러나 저자가 여기서, 자신이 1:22-25에서 상당히 관심을 집중하고 있었던 하나님의 '말씀'(λόγος)에 대해 의식적으로 재언급하고 있지는 않다는 주장은 거의 아무 근거 없는 것이다. '신령한'이라는 말을 지지하기 위해 인용된 대부분의 절들에서(Epictetus, i. 16, 20; iii. 1. 26;

Philo, *Migr. Abr.* 185; *Corp. Herm.* i. 31; xiii.18; 20), '영적' 또는 '지적' 이라는 말이 올바른 느낌을 줄 때에는 '말씀' (로고스)의 개념이 아주 가까이 있다는 사실을 주시해야 한다. 그러므로 흠정역의 **말씀의 젖**(milk of the word; '신령한 젖' –한글 성경)이 본문의 취지를 더욱 정확하게 표현한 것으로 보인다.

이러한 이미지를 제시했던 배경에 대해서 여러 가지 추측들이 있어 왔다. 먼저 젖은 이교의 신화와 신비 의식에서 현저하게 나타났다. 예를 들어, 이시스(Isis, 이집트 신화에 나오는 농사와 수태를 관장하는 여신–역자 주)를 섬겼던 애굽의 광신자들은 젖이 불멸을 부여하는 것이라 간주하였으며, 키벨레(Cybele, 프리지아 신화에 나오는 신들의 어머니–역자 주) 입교 의식에서 '거듭난' 입교자들은 우유를 먹고 살았다. (Sallust, *De Deis iv*: 이외의 자료들에 대해서는 TWNT I, 645를 보라). 그러나 저자의 사고 세계는 이러한 사상들과 시간적으로나 역사적으로나 상당한 거리가 있기 때문에 어떤 직접적인 영향을 받았다고는 볼 수 없다. 한편 우리는 2세기 말과 3세기 초에 갓 세례 받은 사람들에게 지금 그들이 막 들어간 약속의 땅에 대한 상징으로 꿀 섞인 우유가 주어졌음을 알고 있다(Hippolytus, *Trad. Apost.* xxiii. 2; Tertullian, *Adv. Marc.* i. 14; *De Cor.* iii. 3). 저자가 세례에 관한 많은 자료를 본 대목에 반영시킨 것으로 볼 때, 비록 (출 3:8과 같이, 성경의 주요한 절들에서 언제나 젖과 연결되어 나오는) 꿀에 대한 언급이 전혀 없기는 해도 여기서도 젖이라는 말이 세례를 가리키고 있다고도 볼 수 있다. 실제적으로 신앙적인 가르침을 젖에 비유하는 경우가 고전 3:2; 히 5:12에서 발견되며 또 필로(Philo)가 사용한 경우도 있고(*Agric.* 9; *Migr. Abr.* 29), 주목할 만한 유사절이 쿰란 종파 성가집(vii. 21, 여기서 '은혜의 자녀들' 은 유아들이 젖을 빨 듯이 참된 교의를 받아들이는 자들로 묘사된다)에도 나온다. 그러므로 기독교적이긴 하지만 현저하게 유대적인 솔로몬의 시편(Odes of Solomon viii. 16; cf. xix. 1–5)에서는 주께서 베푸시는 가르침이 그의 가슴에서 나오는 젖에 비유된다. 이 모든 증거는, 본 서신의 저자가 심상을 활용할 때 유대적인 주변 환경을 넘어설 필요가 없었다는 것을 암시하는 것으로 보인다.

아이들이 좋은 젖을 먹을 때 육체적으로 성숙하게 되듯이, 복음 안에서 먹고 마시는 그리스도인들은 복음에 의해 **구원**, 곧 하나님께서 택한 자들을 위해 말세에 나타내기로 예비하신(1:5에 관한 주해를 보라) 영광과 축복에 이르도록 자란다. **그로 말미암아**(ἐν αὐτῷ)에 해당하는 원어는 문자적으로는 '그 안에서' (in it) 혹은 '그분 안에서' (in him)를 의미한다. '그것을 통하여' (δι' αὐτοῦ)라고 기록하는 것이 더욱 자연스러웠을 것이지만, 저자가 불명료한 ἐν αὐτῷ를 채택한 것은 그가 그리스도인의 **젖**인 말씀과 그리스도를 구별하지 않고 있기 때문이다. 저자의 생각은 이미 그리스도에게로 옮겨져 있다. 이를 계기로 하여 저자는 독자들의 경험을 다음과 같이 상기시킨다.

**[3] 너희가 주의 인자하심을 맛보았으면 그리하라**

주가 인자하시다는 것을 너희가 맛보았으므로(*seeing 'you have tasted that the Lord is good'*). **맛보았으면**(*seeing*)이라는 말이 헬라어로는 εἰ(문자적으로는 '만일 … 라면' )인데 여기서 이 불변화사는 조건을 나타내는 것이 아니라, 신약에서 자주 그러하듯이(참조. 1:17; 마 6:30; 눅 12:28; 롬 6:8 등), 실제로 그러한 경우를 하나의 가정으로써 진술한다. 본절은 시 34:8을 다소 자유롭게 인용한 것인데, 그 절이 70인역에는 "주께서 인자하시다는 것을 너희는 맛보아 알지어다"라고 되어 있다. 시편에서 '주' 라는 말은 물론 여호와를 가리키지만 시편에 대한 기독교적인 이해가 그러한 칭호를 자연스럽게 그리스도에게 적용시켰다. 본절은 그리스도인들을 유지하고 양육하는 영적 자양분의 중요성을 나타내고 있다. 말 뜻 그대로 보자면 그것은 하나님의 말씀일 수 있지만 보다 깊은 의미에서는 말씀과 성례를 통하여 나타나는 그리스도 자신이다. 적절한 병행구로는 솔로몬의 시편 19:1이 있다. "한 잔의 우유가 나에게 주어졌음이여, 나는 그것을 주의 감미로운 은혜로우심으로 마셨도다"(A cup of milk was presented to me, and I drank it in the sweet graciousness of the Lord). 형용사 χρηστὸς를 '친절한'(kind) 혹은 '은혜로운'(gracious)으로 옮겨서는 안 된다. 다른 문맥에서는 적절한 의미이나 이 말이 음식

물에 적용될 때는 여기서 요구되는 의미인 '맛좋은'(렘 24:2-5; 눅 5:39)이라는 특별한 의미를 갖는다.

본 서신의 저자가 시 34:8을 인용한 것은 우연한 것이 아니다. 본 서신을 기록할 때 저자는 시편 전체를 마음에 두고 있었으며, 이것이 그의 독자들에게도 친근한 것이었음에 틀림없다. 그는 다음 절에서도 이 시편을 다시 활용한다. 3:10-12에서는 이 시편의 12-16절을 인용한다. 벧전 1:15-18과 70인역의 시 34:4, 8, 22 사이에 어휘상의 밀접한 일치점들이 있다. 이 시편의 절들에서의 주제는 본 서신의 것과 대체로 동일하다. 만일 고난 중에서 여호와께 간구하면 "여호와께서 들으시고 그의 모든 환난에서 구원하실"(시 34:6) 것이니, 이는 "의인은 고난이 많으나 여호와께서 그의 모든 고난에서 건지시기"(시 34:19) 때문이다. 그러나 저자가 시 34:8에 호소할 때는 일반적인 의미에서 그의 독자들이 복음에서 얻는 만족에 대해 생각하는 것일까, 아니면 좀더 특별한 무엇에 대해 생각하는 것일까? 시 34편은 성찬에 적절한 내용이어서 성도의 교제 중에 낭송되었다(*Apost. Const.* viii. 13, 16; Cyril of Jerusalem, *Cat. Myst.* v. 20; Jerome, *Ep.* lxxi. 6; Liturgy of St. James; Mozarabic Liturgy). 특히 시 34:8은 교부들에 의해 성찬식에서 자주 사용되었다. 다음 절들(4절 이하)에서 서사는 기독교 공동체의 제사장적인 측면과 공동체의 '영적인 제사'에 대해 강조한다. 본 문맥에서는 (또한 70인역에서의 **알지어다**-and see-가 삭제되어 있음에 주목하라) 이 시편이 이미 성찬의 의미로 이해되고 있었다는 것과, 본 서신의 저자가 아시아 그리스도인들에게 성례에 의한 친교를 통하여 받은 축복들을 상기시키고 있다는 것은 당연한 귀결이다. 만일 이러한 해석을 받아들인다면 베드로전서 전체가 세례예전(洗禮禮典; baptismal liturgy)이라는 설에서는 벗어난다. 만일 베드로전서가 세례예전적이라면 시 34:8에서의 명령형 "맛보아 알지어다"가 세례에 뒤따르는 교제에 대한 적절한 추청으로서 확고한 위치를 차지했을 것이다. 그렇지만 **너희가 맛보았으면**이라고 한 점을 보아 독자들이 벌써 교제에 참여했던 자임을 암시하고 있다.

**[4] 사람에게는 버린 바가 되었으나 하나님께는 택하심을 입은 보배로운 산 돌이신 예수께 나아가**

저자는 이제 독자들이 그리스도인들로서 하나님의 보호를 확증받은 선택된 자들의 공동체를 이루고 있다는 그의 중심 사상에 도달한다. **예수께 나아가**라는 말은 시편 34:5을 반영하고 있는 또 하나의 예이다. 이 구절을 70인역은 "그에게 나아와(προσέλ θατε πρός : 똑같은 동사와 전치사임) 빛을 입으라"로 쓰고 있다. 저자가 점차 전개시키고 있는 사상은 고난 중에서도 개가를 부른다는 것이다. 그러므로 그는 그리스도를 그리스도인의 영적 자양물로 묘사하던 것으로부터 급전환하여, 그를 **사람에게는 버린 바가 되었으나 하나님께는 택하심을 입은 보배로운 산 돌**로 표현한다. 이 묘사는 원시 교회에서 많이 숙고되고 저자 자신과 독자들에게 기독론적인 중요성을 지니고 있었던 구약의 두 본문을 결합시키고 있다. 여기서 인용되고 있는 첫 번째 구약 본문은 시 118:22("건축자가 버린 돌이 집 모퉁이의 머릿돌이 되었나니")인데, 거기서 돌은 원래 하나님에 의해 주어진 놀라운 모든 영광에도 불구하고 세상 권세에 의해 괴롭힘을 받고 쓸모없는 것으로 버림받은 이스라엘을 나타낸다. 후기 유대교에서 이러한 본문을 메시아와 관련시켜 해석한 다소 경미한 증거가 있다(SB I. 876). 그리고 그리스도인들은 초기부터 시 118:22을 그리스도의 수난과 인간들에 의한 죽음 및 그의 부활과 영광에서 나타난 하나님의 변호에 대한 예언으로 이해하기 시작하였는데(행 4:11) 그들은 실로 이러한 적용의 출처를 예수 자신에게서 찾았다(마 12:10). 그러므로 다음의 7절과 동일하게 여기서 돌이 경멸적으로 배척당하는 것은 직접적으로 주님의 배척당하심과 십자가 처형을 암시하며 함축적 의미로는 아시아 독자들의 고난을 암시한다. **산**(living)이라는 말을 설명하기 위해서 많은 해석자들이 고전 10:4에서 그리스도와 동일시되고 있는 '신령한 반석'이라는 말에 의지하지만, 사상의 맥락은 전혀 다르다. 이 형용사는 그리스도가 죽었다가 다시 살아나심으로, 그를 위해 고난받는 자들에게 생명을 부여할 수 있는 **부활하신 자**(the Risen One)라는 것을 강조하기 위해 덧붙여진 것이다.

저자는 머릿돌에 대해 좀더 자세히 설명할 생각으로(잠시 후 보게 될 것이다) 시 118편을 잠시 동안 접어 두고, 하나님께서 인을 치심으로 그를 인정하셨다는 사실을 말함으로써 그리스도의 배척당하심과 조화를 이루기 위하여(또한 의미심장하게 동료 시민들에게 배척당한 독자들에 대한 격려라 볼 수 있다) 사 28:16에서 한 구절을 인용한다. 이 구절은 6절에서 다시 충분히 인용되고 있으며 이것이 70인역에는 다음과 같이 기록되어 있다. "보라, 내가 시온의 기초를 위해 귀하고 선발된 돌, 곧 그 시온 기초를 위해 영광스러운 모퉁잇돌을 두리니 그것(그)을 믿는 자는 부끄러움을 당하지 아니하리라." 히브리어 본문에는 '그것을' 혹은 '그를' 에 해당하는 말이 없지만, 이러한 추가적 삽입은 신약보다 더 오래된 것일 것이다. "부끄러움을 당하지 아니하리라"에 대한 히브리 원어는 '당황하지 않으리라' 곧 '달아날 필요가 없으리라' 이다. 선지자 이사야는 앗수르의 침략의 위협을 받으면서도 그의 조언을 거부하고 애굽과 동맹했던 예루살렘의 통치자들에게 말하고 있다. 이사야는 예루살렘의 견고한 성전의 구조에서 이끌어 낸 비유를 사용하여 이스라엘의 진정한 피난처는 정치적인 조약이나 군사력에 있는 것이 아니라 하나님께 있으며 하나님의 절대적 주권이야말로 그들의 확실한 터임을 주장한다. 랍비들의 해석(TWNT Ⅳ, 276)에서는 돌이 '위대한 영웅이며 두려워할 만한 왕' 곧 여호와께서 시온에 세우실 것이며 의인들이 확신을 갖고 신뢰할 메시아로 풀이되었다. 쿰란 종파에서는 돌에 대한 이미지가 마지막 날의 종말론적인 공동체에 적용되었다(1QS v. 5; vii. 17f.; viii. 7f; etc.). 그러므로 그리스도인들이 본절을 그리스도에 대한 예언으로 이해하였으며 그에 대한 믿음은 반드시 이루어지리라는 70인역의 명백한 약속에서 특별히 고무적인 사실을 발견하였다는 것은 당연한 일이다.

**택하심을 입은**과 **영광을 받으신**(보배로운-한글 성경)이라는 말은 우선 그리스도에 대한 하나님의 변호를 강조한다. 이 두 수식어는 그의 독자들이 지금은 비록 굴욕과 고난을 받지만 끝내 놀라운 승리를 얻게 되리라는 것을 강조하기 위해 의도된 것이다. 또한 저자가 하나님의 백성의 영광과 특혜들에 대해 2:6-10에서 더 충분한 설명을 하기 위한 방향을 설정한다. 한편 저자는 힘찬 어투로 그들을 부활하신 주에 비유한다.

**[5] 너희도 산 돌같이 신령한 집으로 세워지고 예수 그리스도로 말미암아 하나님이 기쁘게 받으실 신령한 제사를 드릴 거룩한 제사장이 될지니라**

그들은 세례를 통하여 재난과 죽음에 대해 승리하는 실존을 공유함으로써 그리스도와 같은 **산 돌**들이 되었다. 그와 같이 그들은 **신령한 집으로 세워지고** 있다. 동사 *οἰκοδομεῖσθε*는 어형에 관한한 명령법일 수도 있으며, 그러므로 많은 해석자들은 이에 대해 RSV와 같이 "너희도 스스로 세우라"라는 번역을 채택한다. 그러나 건축자는 확실히 하나님이시다. 따라서 여기서 이 명령법은 "너희 자신이 … 세워지게 될지어다"라는 의미가 되어야 하는데, 이러한 역을 헬라어 본문으로부터 이끌어 내기는 쉽지 않다. 더욱이 앞서의 관계절 **예수께 나아가**는 저자가 이제 그의 권고를 교리적인 결론으로 묘사하고 있음을 가리켜 주고 있다. 즉 그의 독자들은 실로 그리스도에 대한 믿음의 결과 **신령한 집**(4:17에서 '하나님의 집'을 참조하라)으로 묘사될 수 있는 긴밀하게 짜여진 단일체를 형성하고 있다. 여기서 사용된 명사 *οἶκος*는 '가족'이라는 의미를 나타낼 수 있지만(참조. 행 10:2; 11:14; 고전 1:16 등) 돌과 건축에 대한 저자의 언급은 이것이 그의 유일하거나 주된 사상이 아님을 말해 준다. 그리스도인의 삶에 대한 저자의 개념은 개인적이 아니라 철두철미하게 협동적이다. 그러나 흔히 70인역과 동일하게(시 69:9; 사 56:7), 여기서 **집**은 '성전'을 의미한다. 저자는 두 가지 면을 지적하고 있다. 첫째, 세례를 받고 그리스도와 연합된 그의 독자들은 하나님의 참된 성전-그리스도 자신이 하나님의 참된 성전이다-을 형성한다. 둘째, 이 새로운 성전은 구약의 한 지방에 국한된 물질적인 성전과 대조적인 것으로(암암리에 현세의 흥망성쇠에 영향을 받지 않음을 의미하는) **신령한** 성전이다.

이 두 개념은 원시 기독교의 주장과 변증에 깊이 침투해 있다. 전자의 사상에 대해서는 다음의 절들을 참조하라. 고전 3:9-17(그리스도인들은 머릿돌로서 그리스도와 자신들에게 내주하시는 성령과 함께 하나님의 성전이다); 고후 6:16(우리는 살아 계신 하나님의 성전이다); 엡 2:20-22(여기서 건물이라는 은유가 세밀하게 기술되고 있다); 딤전 3:15; 히 3:2-

6(우리가 … 면 그의 집이라); 10:21. 하나님이 물리적인 성전에 거하지 않으신다는 확신에 대해서는 특히 행 7:48; 17:24을 참조하라. 그리스도 자신이 시온에 있는 성전을 대신하여 손으로 짓지 아니한 성전을 일으킬 것에 대해 말씀하셨다는 공관복음서의 증거가 있다(막 14:58; 15:29; 참조. 요 2:19). 그리고 마 16:18은 그의 새로운 공동체에 대해 하나의 건물로서 언급하시는 것으로 표현한다. 이러한 심상은 여러 곳에서 널리 사용되었으며 이러한 심상을 담고 있는 형식 또한 매우 다양하므로 우리는 이것이 전통적인 것이었다고 결론지을 수 있다. 따라서 본절과 엡 2:20-22(여기서 '성전' 이라는 말은 *ναὸς*이다) 간에 직접적인 관계를 가정할 필요는 없다. 사실 교회를 신령한 성전이라 생각한 것은 전혀 새로운 것이 아니었다. 쿰란 종파에서 의의 교사(the Teacher of Righteousness)는 '회중을 … 짓는' (4QpPs 37 ii. 16) 분으로, 그 공동체 자체는 반석 위에 세워진 하나님의 집으로(1QH vi. 25-28), 그리고 그 공동체의 회의는 '영원히 심어진 것' , 곧 '이스라엘을 위한 거룩한 집 … 이스라엘의 완전과 진리의 집' (1QS viii. 5-10)으로 생각하였다.

이와 같이 교회는 **신령한 집**이다. 여기서 형용사는 우선적으로 성령께서 교회를 존재하게 하시고 거기에 생명을 불어넣으셨다는 것을 의미하며, 또한 은연중에 사람이 지은 물질적인 성전과의 대조를 보여준다. 그러나 여기에서 저자의 다채로운 이미지는 바뀌어, 저자는 편지를 받는 사람들을 성전으로서가 아니라 성전에 거하며 그리스도에 의해 세워진 새로운 성전에 합당한 순전한 예배를 드리는 **거룩한 제사장**으로 묘사한다. 이는 직역하면 '거룩한 제사장으로서' 인데 어떤 해석자들은 '거룩한 제사장의 기능들을 발휘할' 이라는 번역을 채택한다. 그러나 본절에서의 *ἱεράτευμα*는 9절에서의 동일한 명사(*ἱεράτευμα*; 제사장)와 함께 '일단의 제사장들' 이란 집합명사적인 의미를 갖고 있다고 생각할 수 있다. 여타 종교 공동체에서는 제사장들이 일반인들과 구분된 특권 계급이다. 특히 유대교에서는 원칙적으로 아론의 후손이어야 하지만, 그리스도인 공동체는 이와 대조적으로 전체가 하나의 제사장 집단이다. (참조. 암브로스의 *Expos. in Luc.* v. 33 : "교회의 모든 아들들은 제사장들이다. 우리 모두는 신령한 제물로서 우리 자신을 하나님께 드림으로써 … 기름 부음을 받기 때문이다.") 더욱이 **거룩하다**는 형용사는 그들의 제사장직을 이교도들의 것과 대조시키기 위한 것이 아니라 하나님께 성별된 거룩한 백성(출 19:6)으로서 교회의 신분을 다시 한 번 강조하기 위해 쓰여진 것이다.

더 나아가 희생 제사를 드리는 것이 제사장들의 직무이며, 사실상 그들이 구성하는 새 언약의 성전이 **영적인** 것이므로, 그리스도인 공동체는 제사장적인 측면에서 **신령한 제사를 드리도록** 부름을 받았다. 다시금 새로운 질서에 합당한 예배와, 유대교나 아시아 그리스도인들이 경험해 온 이교의 물질적 제사 간에 구별이 생긴다. 이미 구약의 많은 저자들은 하나님을 기쁘시게 하는 것은 본질적으로 외적인 제사가 아니라 기도, 찬양과 감사, 상하고 통회하는 마음, 공의와 긍휼을 베푸는 삶이라는 사실을 어렴풋이 알고 있었다(시 50:14; 51:16-19; 69:30; 141:2; 호 6:6; 미 6:6-9). 쿰란 종도들은 예루살렘 성전에서 떠나, "올바르게 드려진 기도는 열납될 수 있는 의의 향기와 같이 될 것이며 정도(正道)를 따라 거하는 것은 즐거이 자발적으로 드리는 예물같이 되리라"고 주장함으로써(1QS ix. 3-5) 비슷한 입장에서 희생 제사에 대해 영적인 재해석을 첨가하였다. 사도 시대의 교회는 모든 물질 제사, 심지어 율법상 하나님에 의해 제정된 제사까지도 그리스도의 최고의 제사로 말미암아 결국 폐지되었다는 것을 즉시 이해하였다. 바울에 의하면(롬 12:1; 엡 5:2; 빌 4:18) 그리스도인의 참된 제사는 각 개인이 협동하여 서로에 대한 사랑의 섬김과 믿음을 통하여 자신들을 하나님께 드리는 것이다. 한편 히 13:15에 의하면 그리스도인들이 부단히 드리는 제사는 찬양과 감사, 사랑과 서로 베풂으로 이루어진다. 이러한 제사는 위에서 지적한 대로 비물질적인 의미에서뿐 아니라 적극적인 면에서 성령에 의해 촉발된 것으로서 **신령**하다. 따라서 본 서신의 저자의 교훈은 롬 12:1의 가르침보다 더욱 의미심장하다. 로마서 12장의 말씀에서 보통 '영적 예배' 라고 번역되는 바울의 *λογικὴν λατρείαν* 이라는 말은, 여기서 **신령한**(*πνευματικὰς*)이라는 말에 내포되어 있는 성령의 활동에 대한 적극적인 언급이 결여되어 있다.

여기서 저자의 사상이 성찬식을 포함하고 있는지의 여부에 대해 많은 논란이 있어 왔다. 많은 주석가들은 주로, "기독교 의식을 희생 제사로 보는 사상은 신약에서 이질적인 것이다"(F.W. Beare)는 등의 이유를 근거로 하여 이에 대해 상반된 입장을 취하였다. 그러나 이러한 견해는 다음 사실을 간과한 것이다. 즉, 2세기의 저자들은 여느 신약 저자와 같이 희생 제사를 관습으로 보는 것을 단호히 반대했으며, 성찬식이 말 1:11에 예언된 '깨끗한 제물'이라고 믿고 비유적 의미에서 그들 나름대로의 제사로 망설임 없이 묘사했다는 것이다(*Did.* xiv; Justin, *Dial*, cxvii. 1). 롬 12:1, 히 13:15 이하 등에서 언급된 모든 요소가 성찬에 집약되었으며, 성찬은 구속의 결실인 상호간의 사랑의 표현으로서 구속된 공동체가 하나님께 빵과 포도주 이상의 찬양과 감사를 드림으로써 그 절정을 이루었다(Justin, *1 Apol.* lxv; Hippolytus, *Trad. Apost.*, iv. 2-12). 이 같은 사실과 본절의 예전적인 뉘앙스, 그리고 **드리다**(정확히 제의적인 용어임. 이로부터 '아나포라'-성찬식-라는 말이 유래하였다)라는 단어가 지닌 전문적인 의미와 9절(이에 관한 주해를 보라)에서 '하나님의 아름다운 덕을 선포한다'는 언급에 비추어 볼 때 우리는 결코 이(성찬식 거행)에 제한되는 것은 아니지만 여기서 **신령한 제사**는 성찬식 거행을 포함한다고 결론지어야만 할 것이다.

어쨌든 이러한 신령한 제사들은 **예수 그리스도로 말미암아 하나님이 기쁘게 받으실** 만한 것들이다. 하나님께 드리는 물질적인 제물로 생각하든, 아니면 기독교적인 표준에서 감사를 드리고 하나님의 뜻을 성취하려는 겸손한 노력으로 생각하든 간에, 제사의 전체 목적은 하나님을 기쁘시게 하고 그분의 인정을 받으려는 것이다. 그러나 신약은 그리스도가 중보자이시며, 이 중보자를 통해서 우리가 하나님께 가까이 나아갈 수 있다고 가르친다. 여기서 마지막 세 단어(예수 그리스도로 말미암아-역자 주)를 **드리다**라는 동사와 관련시켜 이해해야 하는지, 아니면 **기쁘게 받으실**이라는 형용사와 관련시켜 이해해야 하는지는 분명치 않다. 만일 전자라면 그 사상은 히 13:15의 것과 가깝다. 곧 그리스도는 새 질서에 속한 대제사장으로서 하늘에 들어가 하나님께 우리의 희생 제사를 드리신다는 생각이다. 그러나 만일 후자라면, 우리가 진정한 마음으로 예배와 감사를 통하여 최선의 것을 드린다 해도 그리스도의 제사와 연합되고 그의 이름으로 드려지지 않는 한 하나님께서 요구하시는 바에 미치지 못한다는 무언의 시인이 있게 된다. 헬라어의 적절한 단어 배열을 이해할 때 이 견해는 타당하다. 그러나 후자의 표현은 거의 판에 박히다시피 되어 왔으며 저자가 구조상의 그러한 구별을 의식하고 있었는지는 의문의 여지가 있다.

**[6]-[8] 성경에 기록되었으되 보라 내가 택한 보배로운 모퉁잇돌을 시온에 두노니 그를 믿는 자는 부끄러움을 당하지 아니하리라 하였으니 그러므로 믿는 너희에게는 보배이나 믿지 아니하는 자에게는 건축자들이 버린 그 돌이 모퉁이의 머릿돌이 되고 또한 부딪치는 돌과 걸려 넘어지게 하는 바위가 되었다 하였느니라 그들이 말씀을 순종하지 아니하므로 넘어지나니 이는 그들을 이렇게 정하신 것이라**

이제 저자는 자신이 의중에 두어 온 성경 본문을 충분히 인용하고 자기의 주장을 전개하기 위해 다른 성경 본문들을 덧붙임으로써 자신의 주장을 구체적으로 입증하기 시작한다. 먼저 인용된 두 구절들은(사 28:16; 시 118:22) 앞서 부분적으로 살펴보았던 것이며, 셋째 인용절(사 8:14)이 다음과 같이 뒤따른다. "**부딪치는 돌과 걸려 넘어지게 하는 바위가 되었다 하였느니라**". 이상의 인용절들은 **성경에 기록되었으되**라는 형식으로 소개되는데 여기서 동사 *περιέχει*는 독립부정사, 비인칭이며(문자적으로는 '그것은 … 을 포함한다' : 참조. Josephus, *Ant.* xi. 104; Pap. Oxy. 249, 24; etc.), 신약에서 독립된 본문이 인용될 경우에 통례적인 관사가 **성경**이라는 단어 앞에 없다는 사실이 특이하다. 이 세 인용절에서 저자가 그의 독자들에게 친근하리라고 분명하게 예상하고 있는 해석에 따라, 그리스도는 돌에 비유되고 있다. 이 세 인용절의 공통된 주제는 저자가 설명하고 있듯이, 사람들의 운명, 구체적으로 말해서 그의 독자들과 박해자들의 운명은 그리스도에 대한 태도에 의해 결정된다는 것이다. 하나님께서 존중하시듯이 그리스도를 공경하는 자들, 곧 그리스도를 **하나님께서 택하신 보배로운 모퉁잇돌**로 공경하며, 하나님께서 그를 변호하셨다는 사실을 인정하고 그를 **믿는 자들은 부끄러움을 당하지 아니하리라**는 것이다. 저자는 자기의 메시지를 납득시키기 위해 **보배로운**(역자 주-켈리는 이를 honoured로 사역[私譯]하고 있다)이라는 선지자 이사야의 말을 택하여 이를 직접 아시아 그리스도인들에게 적용시킴으로써 7절 전반부에서 주석적인 해설을 써넣는다. 그들이 **믿는 자들** 곧 믿고 굳게 잡고 있는 자들이기 때문에 영예를 얻는 것이다. 여기에는 지금 이곳에서의 특권적인 신분-이에 대하여는 9절 이하에서 보다 충분히 진술된다-과, 둘째로 그들을 조롱하는 공격자들에 대한 승리와 마지막 날에 있을 구원이 포함된다.

한편 또 다른 운명이 **믿지 아니하는 자들에게** 준비되어 있다. 이 말은 일반적인 의미의 위협이다. 그러나 여기에서는 특별히 아시아 그리스도인들의 박해자들에 대한 경고로 볼 수 있다. 그들은 믿지 못하는 건축자들처럼 자신들이 **버린 그 돌이 모퉁이의 머릿돌이 되는** 것을 보는 굴욕을 당할 것이다. 십자가에 못 박혀 버림받은 것처럼 보였던 그리스도께서 하나님에 의해 영광을 받으셨던 것처럼(이것이 저자의 메시지이다), 그들의 박해자들이 굴욕을 주려고 하는 소아시아에 있는 그리스도의 신실한 종들도 영광을 받게 될 것이다. 따라서 하나님은 그들이 걸려 넘어졌던 이상한 돌에 대해 승거하셨고 결국 그들은 멸망으로 곤두박질치게 될 것이다. 사 8:13-15에서 선지자의 요점은, 합당한 두려움과 존경으로 주를 의지하는 자들에게는 주가 성소(도피처)가 되겠지만, (에브라임이 공격으로 그러했고 유다가 불신앙으로 그러했듯이) 주의 능력과 인자하심을 경홀히 하는 모든 자들에게는 멸망(이것이 '걸려 넘어지게 하는 돌'의 이미지이다)이 초래되리라는 것이었다. 랍비 문학에서는 본문이 때로는 메시아와 관련하여 해석되었다(TWNT Ⅳ, 277). 소아시아의 이교도들과 같은 불신자들의 경우, 그들이 걸려 넘어지는 이유는 바로 **그들이 말씀을 순종하지 않았다**는 데 있다(3:1; 4:17을 참조하라). 이 복음의 메시지는 사람들의 순종을 요구하는 도전으로 이해되는데 이 순종이 억제되는 곳에는 두려운 보응이 따른다.('순종하지 아니하다'의 *ἀπειθέω*은 *πιστεύω*, 곧 '믿다' 혹은 '믿음을 갖다'와 같은 어근을 갖고 있지만 이것은 '믿음을 거부하다', '불순종하다' 라는 더 강한 의미를 갖고 있다.) 그리고 저자는 이러한 보응에 대하여 그들을 이렇게 정하신 것이라고 단호한 어투로 기록한다. 저자가 사용한 동사(τίθημι '정하다', '두다'. 이것이 6절에서도 사용되었다)는 특히 하나님의 예정하심에 적용되는 말이다(사 49:6; 살전 5:9). 바로 1:2에서 그의 독자들을 하나님에 의해 구원 받는 예정된 자들로 표현하고 있듯이, 여기서 저자는 그들의 대적자들을 멸망을 위해 예정된 자들로 그리고 있다. 그러나 순종에 대한 언급이든 불순종에 대한 언급이든 두 경우 모두 각자의 개인적인 결정이 내포되어 있다는 사실을 암시하고 있다. 저자는 여기서 다른 신약의 저자들이 그랬던 것처럼, 이러한 긴장이 일으키는 곤란한 문제들에 대한 해결의 실마리를 제공하고 있지 않다.

여기서 주목해야 할 두 가지 문제점들이 있다. 첫째 '모퉁이의 머릿돌'과 '모퉁잇돌' 이 어떤 특별한 건축상의 특징을 의미하는지 전혀 분명하지가 않다는 것이다. 예레미아스(J. Jeremias)는 70인역의 번역은 두 단어가 초석(foundation-stone)이 아니라 건물의 종석(宗石; keystone)이나 관석(冠石; coping-stone)을 나타낸다고 주장하였다(TWNT I. 792f.; Ⅳ. 275-83). 이러한 주장이 막 12:10; 행 4:11; 70인역의 시 118:22; 사 28:16에 대해서는 정확할 수도 있지만, 이러한 용법이 신약에서 일관성 있게 지지될지는 의문이다. 예를 들어 '모퉁잇돌' (ἀκρογωνιαῖος)이라는 말이 발견되는 엡 2:20에서 이것은 건물 기초의 모퉁이에 세워진 특별하고도 건축상으로 중요한 돌(이것이 사실 히브리어로 된 사 28:16의 '모퉁잇돌' 의 의미이다)을 가리키는 것임에 틀림없다. 본절에서 저자의 사상은 유동적인 것 같다. 버려진 자(그리스도-역자 주)의 승귀(昇貴)가 뚜렷하게 암시되는 4, 7절에서는 종석(宗石)의 모티브가 적절하지만 6절에서는 초석(礎石)의 개념이 적절하다. 한편 8절에서의 '부딪치는 돌' 은 명백히 사람의 발이 걸리는 땅 위에 있는 돌이다. 여기서 저자의 관심은 건물에서의 돌의 기능보다는 주께서 택하신 보배로운 성격에 있는 듯하다.

둘째, 본서의 저자가 이 세 본문들과 더불어 각 본문이 담고 있는 돌의 이미지를 일종의 기독론적 의미로 이해하고 있는 유일한 사람이 아니라는 사실이다. 시 118:22은 그리스도에 대한 배척과 그에 대한 변호를 예시하는 것으로 널리 이해되었다(마 21:42; 막 12:10; 눅 20:17; 행 4:11). 그리고 엡 2:20은 사 28:16을 반영하고 있다. 사 28:16과 사 8:14은 70인역과 다른 번역에서는 거의 베드로전서와 똑같이 롬 9:33에 축약된 형태로 결합되어 있다. 많은 해석자들이 이러한 사실들을 주목하고 이를 본 서신의 저자가 로마서를 베껴 썼다는 적극적인 증거로 주장하여 왔다. 그러나 만일 그렇다면 우리는 바울이 밀접하게 함께 엮어 놓은 본절들을 본 서신의 저자가 풀어놓는 수고를 하였으며, 바울이 70인역과 다소 차이가 나게 번역하면서 생략한 사 28:16의 몇 마디를 본서의 저자가 보충하였다고 가정해야만 한다. 이러한 절차가 가능한 것이긴 하지만 실제로 그렇다는 증거는 없다. 그러나 가장 그럴 법한 설명은 이 세 구절이 원래의 의미하는 뜻은 다르지만 돌이라는 공통적인 이미지에 의해 결합되어 원시 기독 교회에서 활용된 기독교 증거 자료집의 한 그룹 또는 그 그룹의 일부를 형성하였으며 이를 신약의 저자들이 각각 개인적으로 인용했다는 것이다. 우리가 앞서 보았듯이 랍비들과 쿰란 종도들이 그러한 구절들을 메시아적이며 종말론적인 의미로 해석하였다. 그러므로 초대 교회는 그것들을 기독론적으로 해석하면서 단지 이미 만들어진 전통을 채택하였을 뿐이다. '증거 자료집' (testimony-books) 가설에 대해 무엇이라 말하든 간에, 사도 시대의 그리스도인들이 자신들이 중요하게 취급했던 구약 본문들의 카테나(catenae; 성경의 어떤 부분을 해명하기 위해 추출해 낸 일련의 자료 모음)를 인정하였다는 것은 분명한 사실이며, 쿰란 제 4동굴에서 발견된 것들 역시 그러한 수집 자료를 편집하는 습관의 전례가 유대교 분파에 있었음을 보여주고 있다.

**[9] 그러나 너희는 택하신 족속이요 왕 같은 제사장들이요 거룩한 나라요 그의 소유가 된 백성이니 이는 너희를 어두운 데서 불러 내어 그의 기이한 빛에 들어가게 하신 이의 아름다운 덕을 선포하게 하려 하심이라**

아시아 그리스도인들을 핍박하는 불신자들의 운명에 대해서는 이것으로 끝내자. 저자는 이들의 운명과는 대조적으로(그러나 너희는은 명백히 반대의 뜻을 나타내고 있다) 7절 **믿는 너희에게는 보배이나라는** 저자가 앞서 언급한 말에 부연하면서 하나님의 택함받은 백성들의 신분을 고양된 어조로 강조한다. 편지의 첫 머리말에서(1:1에 관한 주해를 보라) 저자는 교회가 참 이스라엘이요, 옛 이스라엘에 속한 모든 특권과 그들에게 했던 모든 약속에 대한 합법적인 상속자라는 것을 암시하였다. 그러므로 여기서 저자는 다른 구약 본문 모음집의 도움을 받아 본래 이스라엘에게 붙여졌던 명예로운 칭호를 기독교 공동체에 붙여 준다. 주목해야 할 사실은 이 칭호가 모두 성격상 단체적인 성격을 띠고 있으며 개인으로서의 각각의 그리스도인보다는 오히려 하나의 몸으로서의 교회를 지칭하고 있다는 점이다. 저자는 먼저 70인역의 출 19:6과 사 43:20–약간 다르게 인용하고 있음–을 결합시켜 전개해 나간다. 출 19:6에서 여호와께서는 이스라엘 자손들에게, "너희가 내게 대하여 제사장 나라가 되며 거룩한 백성이 되리라"고 선언하시는데, 거기서 주된 사상은 레위 제사장직에 대해 논박하기 위한 것이 아니라, 만일 이스라엘 자손들이 언약을 끝까지 충실하게 준수한다면 그들은 거룩한 하나님을 왕으로 모시게 될 것이며, 제사장들처럼 그분과 특별히 친밀한 관계를 갖게 되리라는 것이다. 사 43:21에서 여호와께서는 바벨론 포로 상태에서 이스라엘의 자유를 약속하시면서 "이 백성은 내가 나를 위하여 지었나니 나를 찬송하게 하려 함이니라"라고 이스라엘에 대해 묘사하신다.

이와 같이 핍박 아래서도 굳건히 견디는 믿음의 공동체가 바로 교회이며, 이 교회가 바로 참된 의미에서 하나님의 **택하신 족속**이다. 저자는 출 19:6(*ὑμεῖς δὲ* –'그러나 너희는' –는 비록 *δὲ*가 **그러나**라는 반의적인 의미를 갖고 있으나 정확히 그 절의 서두를 나타내는 것으로 이것이 70인역에는 결여되어 있다. 그러나 현재의 문맥상 요구되는 말이다)로 시작하면서도 즉시 사 43:20에서 **택하신 족속**이라는 말을 취하여 여기에 삽입한다. 저자가 이렇게 하는 이유는 부분적으로는 사 43:20이 6절에서 동일한 말인 **택한**(*ἐκλεκτόν*)을 사용하여서 그리스도와 그를 믿는 자들의 유사성을 강조하기 때문이며, 한편으로는 이 말이 저자의 핵심적인 주제 선택에 대해 언급하기 때문이다. 본래 하나님의 선택의 대상이었던 육적 혈통으로서의 이스라엘은 신앙의 기초를 결여하고 있기 때문에 대치되었다. 그런 후에 저자는 다시 출 19:6으로 되돌아가 그의 수신자들이 대표하고 있는 **왕 같은 제사장들**(직역하자면 '왕궁' 혹은 '왕족이요 제사장들')로서의 교회에 인사한다. 이스라엘 자손들에게 했던 약속에 비추어 볼 때 이러한 술어들은 그러한 교회, 특히 아시아 그리스도인들에게 속한다. 이는 교회가 하나님의 말씀에 순종하였을뿐더러 그분의 새 언약에 대해 신실하기 때문이다. **왕의 집**(*royal house*)이라는 이미지는 5절의 '신령한 집'(spiritual house)이라는 이미지에 신선한 변화를 준다. 그 공동체가 왕의 집인 것은 왕이 그 가운데 거하시기 때문이다. 이와 동일한 방법으로 후자('일단의 제사장들')는 5절에서의 '거룩한 제사장'을 반영한다. 또 이 명사는 개인들보다는 단체적인 자격을 띠고 있는 그리스도인들을 가리키는 집합명사이다.

이와 같이 번역한 두 헬라어(*βασίλειον ἱεράτευμα*)는 전통적으로 한데 묶어서 취급하여 하나는 형용사로, 하나는 명사로 이해되어 왔다. 그래서 보통 '왕 같은 제사장'으로 번역한다(AV; RV; RSV; etc). 언뜻 보기에 이것은 70인역의 출 19:6에 의해 지지받는 자연스러운 번역으로 보인다. 더욱이 본절 내의 다른 세 집합명사는 각각의 형용사나 형용사 상당 어구에 의해 수식되기 때문에 '제사장' 앞에 형용사가 오는 것이 적절한 것으로 보인다. 그러나 이에 반하여 다음과 같은 점들이 지적되어 왔다(J. H. Elliott의 *The Elect and the Holy*를 보라). 첫째, 두 단어 중 첫째 단어 뒤에 위치한 히브리어는 앞서 설명하였듯이, 명사 곧 '나라'(kingdom)이다. 둘째, *βασίλειος*는 '왕 같은'을 의미할 수 있지만 이것이 형용사로 사용되는 경우가 성경 헬라어에서는 극히 드물다. (논의의 대상이 되고 있는 출 19:6; 23:22을 제외하고 70인역에 두 번 나온다.) 셋째, 70인역에서 이 말이 가장 자주 쓰이는 것은 중성명사로서 *βασίλειον*인데 이것은 세속 헬라어에서도 자주 발견된다. 세속 헬라어에서는 이 말이 보통 '왕궁'(royal residence; Xenophon, *Cyrop.* ii. 4. 3; Herodotus, *Hist.* i. 30. 178–복수로)의 의미로 쓰이거나 혹은 '왕의 수도'(royal capital, Polybius, *Hist.* iii. 15. 3), 한편 70인역에서는 '주권',

'왕관', '군주 정치' (삼하 1:10; 대상 28:4; 지혜서 1:14; 마카비 1서 2:17), 혹은 (대개는 복수형으로) '왕궁' (에 1:9; 2:13; 잠 18:19; 나 2:7; 단 6:19)의 의미가 우세하다. 넷째, 헬라 유대교의 주석에서는 70인역의 출 19:6의 *βασίλειον*이 명사로 해석되었다. 마카비 1서 2:17(왕국; Philo, *De Sobr.* 66과 *De Abr.* 56(왕의 집)을 참조하라. 다섯째, 계 1:6; 5:10에서 계시록의 저자는 출 19:6과 관련된 단어들을 두 독립 명사로 읽었던 것 같다('하나님을 위한 … 나라와 제사장', '나라와 제사장들'). 여섯째, 실제로 이에 대한 문체를 고려해 볼 때 *βασίλειον*을 명사로 이해하는 것이 적절하다. 만일 이 단어가 형용사라면 우리는 이것이 본절의 다른 형용사들처럼 자체의 명사 뒤에 위치할 것으로 기대해야 하기 때문이다.

이러한 경우는 인상적인 것이며, 두 명사는 형용사 없이 병행시키는 어색함(영어보다는 헬라어 성경에서 더욱 명백하다)에도 불구하고 부인하기 어려운 것이다. 만일 *βασίλειον*이 명사라면 이것의 개연적인 의미는 '왕궁' 일 것이다. 이 단어가 '왕국' 을 의미하는 경우는 거의 없으며, 5절의 **신령한 집…거룩한 제사장**이라는 표현과 일치되는 느낌을 주려고 한 것 같다. 이러한 번역은 우리가 본 대목을 이해하는 데 중요한 의미를 갖는다. 널리 받아들여지는 해석에 따르면, "왕 같은 제사장"이라는 번역은 새 이스라엘에는 제사장 계급이 없으며 모든 신자는 그리스도의 왕권으로부터 이끌어 낸 왕적인 기능과, 그의 제사장직으로부터 이끌어 낸 제사장적인 기능을 갖고 있다는 사실을 암시한다. 어떠한 해석에서도 이는 본문을 잘못 읽은 결과인 듯하다. 왜냐하면 계속해서 언급되고 있는 것은, 앞서 설명하였듯이 처음부터 끝까지 전체로서의 교회이기 때문이다. 즉, 강조하고자 하는 것은 개인으로서 그리스도인들의 역할이 아니라 연합체로서의 그들의 역할이다. 그러나 그 연합체를 왕이 거주하기 위해 택한 집으로 묘사함으로써 *βασίλειον* 자체가 집합명사라는 인식을 가질 때, '제사장' 을 특별한 호칭 없이 집합적 묘사 중의 하나로 보게 된다. 각기 다른 이미지를 내포하고 있는 이러한 술어들을 하나로 연결시켜 주는 공통 요소는 오직 선택에 대한 사상이다. 세상이 버린 '택한 보배로운 모퉁잇돌' 이신 예수를 믿음으로 말미암아 성령으로 세례받은 그리스도인들은 하나님의 택하시고 보배로운 백성이 될뿐더러 옛 이스라엘의 모든 특권을 갖게 된다.

어떤 해석자들(J. H. Elliott의 경우)은 더 진행하여 **제사장**(body of priests)이라는 말이 아무런 특별한 제사장적 함의를 지니고 있지 않으며, 단지 하나님의 새로운 공동체의 피택과 거룩함을 예시하는 또 다른 이미지일 뿐이라고 주장한다. 더욱 정확하게는 이 말은 특별히 하나님과 친밀한 사람들을 의미하며, 순종과 선행에 의한 거룩한 삶의 실천을 위해 부름받은 사람들을 의미한다. 그러나, 만일 저자가 제사장을 암시하는 특정한 이미지를 제거하려고 했다면 이 이미지에 집착한다는 것이 실로 역설적이 아닐 수 없다. 그리고 5절에서의 저자의 말로 미루어 보아 그렇게 의도했을 리도 없다. 출 19:6은 구약에서나 차후의 주석에서도 제사장적으로 해석되지 않았으며, 레위인 중심의 사제 제도에 반대하여 모든 이스라엘인들이 제사장이라는 점을 주장하는 것으로도 이해되지 않았다. 또한 이러한 말을 하게 된 저자의 지배적인 동기는 하나님의 택하신 사람들로서 그리스도인 공동체의 숭고한 신분을 강조하는 것이었다. 그렇다 하더라도 **제사장**이라는 말은 하나님과의 독특한 친밀함을 누리는 공동체에 대한 사상 이상의 무엇을 나타내는 것 같다. 곧 여기에서는 하나님의 영광을 위한 거룩한 예배(2:5의 '신령한 제사'를 참조하라)를 드린다는 개념을 부차적이긴 하지만 분명히 의식적으로 의도된 동기로 포함시켜야 한다.

더 나아가 교회는 **거룩한 나라**이다. 이것은 본래 이스라엘에게 주어졌던 이름이었으며, 출 19:6에서 언약 형식의 한 요소였다. 교회 자체나 그 구성원들이 실제로 미덕의 모범이라는 의미에서가 아니라, 하나님을 섬기기 위해 구별되어 있으며(1:15의 주해를 보라) 성령에 의해 영감을 받고 유지된다는 의미에서 **거룩한** 것이다. 여기서 하나님을 섬기기 위해 구별되었다는 사상은 **그의 소유가 된 백성** 곧 하나님께서 택하시고 특별히 소유로 삼으신 공동체이며, 이러한 사실에서 자체의 존재 목적을 찾는 공동체-이라는 최종적인 명칭에서 반복되며 뚜렷해진다. 여기에서 우리는 다시 사 43:21로 돌아간다. 여기에 사용된 흥미로운 표현(εἰς *περιποίησιν* 흠정역에서는 'peculiar'; 한글 성경에서는 '소유가 된' 에 해당함-역자 주)은 70인역에 나오는 선지자의 말(*ὅν περιεποιησάμην*)-'내가 내 개인의 소유로 삼은')에 대한 수정을 나타내지만, 여기서는 정확히 말 3:17에서와 동일한 의미로 쓰이고 있다. **백성**에 해당하는 말은 *λαός*인데, 이것이 70인역에는 하나님의 백성을 가리키는 빼어난(par excellence) 명칭으로 쓰이고 있다. 그리고 저자는 이러한 역할을 하도록 아시아 그리스도인들을 선택한 전체 목적은 **너희를 어두운 데서 불러내어 그의 기이한 빛에 들어가게 하신 이의 위대한 일**(mighty deeds. 한글 성경에서는 '아름다운 덕')을 **선포하게** 하는 것이라고 상기시킨다.

여기서 후반구는 사 43:21에서 인용한 것으로 동사는 독자들에게 직접 말을 하는 형태로 써서 부정사에서 2인칭 복수 가정법으로 바뀌었으며, 70인역의 '자세히 이야기하다'(*διηγεῖσθαι*) 대신에 더욱 생생한 표현인 **선포하다**(*ἐξαγγείλω*)가 사용되었다. **불러내어, 어둠, 빛**을 포함하고 있는 전반부는 사 42:6 이하를 반영하는 것 같다. 이전의 역자들은 **위대한 일** 대신에 '찬양'(praise-KJV), '뛰어나심'(excellences-RSV) 내지는 이와 유사한 말로 옮기고 있다. 그러나 헬라어 *ἀρετὰι*가 신(god)에게 적용될 때, 이것은 신의 미덕이나 본질적인 속성이 아니라 신의 능력의 현시를 의미한다(TWNT I, 457-461). 유대 기독교적 배경에서 이 말들은 하나님의 구원 행위, 곧 그의 택한 백성을 향한 하나님의 자비에 대한 확연한 현시임에 틀림없다. 행 2:11에서 '하나님의 큰 일'을 참조하라. 이스라엘에게는 다른 무엇보다도 이스라엘의 선택을 확증하였을 뿐만 아니라 유대인들이 감사하여 정기적으로(곧 유월절에) 기념했던 하나님의 구원 행위가 출애굽이었다. 사 43:1에서 선지자의 의중에 있는 것도 바로 이것이었다. 새 이스라엘에게 이러한 신적 구원 행위는 사람들의 버림과 모욕에도 불구하고 하나님께서 그리스도를 죽은 자 가운데서 일으키심과 그를 영화롭게 하심인데, 그 결과 신자들은 세상의 모든 공격을 극복하고 구원에 이르게 된다.

동사 '부르다'(*καλέω*)는 70인역과 신약에서 하나님께서 구원을 주도하심을 표현할 때 사용하는 전문적인 용어이다. 베드로전서에서 이 말을 사용한 경우에 대해서는 1:15; 2:21; 3:9; 5:10을 참조하라. 빛과 어둠이라는 이원론은 성경에 깊이 뿌리박혀 있다. (또한 쿰란 종파에서 '빛의 아들들'과 '어둠의 아들들' 간의 대조를 참조하라.) 유대교에서 빛은 메시아 및 메시아 시대와 연결되어 있었다(SB I, 161f.: 곧 시 36:9의 '주의 빛 안에서 우리가 빛을 보리이다'에 관한 랍비들의 주석). 그리고 그와 같이 원시 기독교에서 예수가 빛이셨으며(요 1:4, 8; 8:12 등), 예수를 주로 영접하는 자들은 종말론적인 빛에 들어가 그 안에서 거하는 자들로 간주되었다(요 12:35; 행 26:18; 엡 5:8; 골 1:12; 살전 5:5; 요일 1:5–2:11). 그리스도인이 되기 전의 그들의 과거는 '어둠'으로, 세례는 '빛을 주는 것'으로 간주되었다(롬 13:12; 엡 5:14; 히 6:4; 10:32; Justin, *1 Apol.* lxi, 12f.; lxv. 1; *Dial* cxxii. 1). 이러한 이미지가 교리문답 교육에서 상용되는 요소였으므로, 본 서신의 독자들을 하나님께서 어두운 데서 **그의 기이한 빛으**로 부르셨다는 분명한 언급은 그들의 세례를 되새기려는 뜻으로 한 말임에 틀림없다. 여기에는 또한 시 34편(5절의 "주를 앙망하고 광채를 내었으니"를 참조하라)을 반영하고 있을 수도 있다. 이와 같은 배경에서 퍼델위츠(R. Perdelewitz)를 비롯한 몇몇 학자들은, 신입자들로 하여금 어두운 방을 통하여 밝은 곳으로 통과하도록 한 이교도의 신비의식에서 이 말의 출처를 찾으려고 했다. 그러나 그러한 시도는 불필요한 것일뿐더러 실로 부자연스러운 것이다.

그러므로 하나님의 택하신 백성들로서 교회는 하나님의 구원 행위를 선포하는 기능을 지니고 있다. 교회는 기쁨에 넘쳐 감사함으로 일상 생활에서 크게 외침으로써, 그리고 옛 이스라엘에게 기대했던 것처럼(사 43:10, 12; 44:8) 구원 행위를 사람들에게 입증함으로써 그러한 기능을 발휘한다고 우리는 생각할 수 있다. 독자들이 직면했던 것과 같은 시련의 상황에서 이러한 외침은 그리스도인들의 결심을 강화시킬 뿐만 아니라 실로 그들의 반대자들을 당황스럽게 하는 것이었다. 한편 본 구절에서 5절에서와 같은 성찬식에 관한 어조를 어렵지 않게 다시금 들을 수 있다. 2세기 초에는 성찬식이 주로 찬양의 제사로 이해되었고, 우리를 창조하시고 자기 아들을 보내시며 우리를 구속하심 등에서 나타내 보이신 하나님의 인자하심에 대해 영광과 감사를 드리는, 요컨대 하나님의 위대한 일을 선포하는 기도에서 그 절정에 이르렀음을 우리는 알고 있다(Justin, *1 Apol.* lxv. 3; lxvii. 5; *Dial.* xli. 1; Hippolytus, *Trad. Apost.* iv). 1세기에도 그리스도인들이 떡을 떼기 위해 함께 모였을 때에는 하나님의 구원 행위에 관한 낭송이 그리스도에 대한 기념의식에서 현저하게 이루어졌을 가능성이 있다. 그리고 예식적인 선포의 의미에서 70인역에서 **선포하다** (*ἐξαγγέλλω*)라는 말이 규칙적으로 사용되거나, 하나님의 의로우심을 찬양하는 내용을 열거하는 것으로 볼 때에도 이 동사(선포하다)가 어느 정도 해당하는 것임을 알 수 있다.

**[10] 너희가 전에는 백성이 아니더니 이제는 하나님의 백성이요 전에는 긍휼을 얻지 못하였더니 이제는 긍휼을 얻은 자니라**

저자는 그들의 회심과 세례에 관한 분명치 않은 언급을 재고려하여, 그들이 **전에는 백성이 아니더니 이제는 하나님의 백성이요 긍휼을 얻지 못하였던** 반면에 **이제는 긍휼을 얻었**다고 상기시킴으로써 택하심을 입은 그들의 신분이 어떤 것인지에 대한 감동적인 묘사로 끝맺는다. 저자는 여기서 다시금 70인역으로부터 호세아서의 몇 구절을 결합시켜 사용한다. 저자가 인용하고 있는 구절들은 다음과 같은 것들이다. 호 1:9, "여호와께서 이르시되 그의 이름을 로암미—곧, 내 백성이 아니다—라 하라 너희는 내 백성이 아니요 나는 너희 하나님이 되지 아니할 것임이니라." 1:10, "… 전에 그들에게 이르기를 너희는 내 백성이 아니라 한 그곳에서 그들에게 이르기를 너희는 살아 계신 하나님의 아들들이라 할 것이라." 1:6, "… 여호와께서 호세아에게 이르시되 그의 이름을 로루하마—곧, 긍휼히 여김을 받지 못하는 자—라 하라 내가 다시는 이스라엘 족속을 긍휼히 여겨서 용서하지 않을 것임이니라." 2:23, "… 긍휼히 여김을 받지 못하였던 자를 긍휼히 여기며 내 백성 아니었던 자에게 향하여 이르기를 너는 내 백성이라 하리니." 선지자 호세아는 고멜에게서 낳은 자녀들에게 하나님께서 정하여 주신 이상한 이름들을 통해서 이스라엘에 대한 하나님의 거부와 그 후 곧 그 거부를 철회하실 것을 나타내는 비유를 보았다. 그러나 본 서신의 저자는 그 이야기를, 아시아 그리스도인들이 회심의 결과로서 경험한 철저하고도 놀라운 변화를 예시하는 것으로 해석한다. 전에는 그들이 이교도들이었으므로 **백성이 아니었다**. 그런데 백성(λαός: 9절의 주해를 참조하라)이라는 명사는 구약과 후기 유대교에서는 오직 이스라엘에 대해서만 사용되었으며, 헬라인들과 야만인들에 대해서는 다 같이 ἔθνη('민족들')가 사용되었다. 이제 그들은 복음을 받아들이고 중생하여 세례를 받음으로써 완전히 기독교적인 의미에서 **하나님의 백성**이 되었다. 이 결과, 그들은 전에는 하나님의 **긍휼**을 입을 자격이 없었지만, 하나님께서 그들을 원수들의 공격으로부터 구해 내고 메시아 시대에 있을 구원을 보증하심에서 볼 수 있듯이 그들은 **이제** 그 긍휼을 실제로 입은 자들이 되었다.

바울이 롬 9:25 이하에서 호세아의 이름을 언급하면서 호 2:23; 1:10을 인용하고 있음은 매우 흥미로운 사실이다. 바울은 거기서 호세아의 말을 하나님께서 이방인들을 자기 백성으로 삼으시려 한다는 증거로 받아들인다. 이로 인하여 많은 해석자들은 본 서신의 저자가 롬 9:25을 그의 모델로 취하였음이 틀림없다고 추론하게 되었다. 그러나 그러한 관련성은 다음과 같은 사실들에 의해 배제되는 것 같다. 첫째, 본 서신의 저자는 **긍휼을 얻지 못하였다**고 말하는 데 반하여 롬 9:25은 '사랑받지 못하였다' 라 되어 있는데, 이것은 명백히 히브리어 본문을 서로 다른 방식으로 번역했음을 반영한다. 둘째, 그 두 절(롬 9:25; 벧전 2:10)은 각각 호세아서의 서로 다른 구절로부터 발췌한 것이다. 만일 본 서신의 저자가 롬 9:26을 들여다보고 있었다면 왜 그가 "그들이 살아 계신 하나님의 아들이라 일컬음을 받으리라"라는 주목할 만한 구절을 다시 인용하지 않았는지를 이해하기가 어렵다. 셋째, 바울과 본 서신의 저자가 호세아의 글로부터 추론해 내는 교훈들 사이에는 눈에 띌 만한 차이가 있는데, 전자(롬 9:25)는 보편적인 주제를 강조하고, 후자는(물론 그 점을 무시하지는 않지만) 그의 독자들이 복음을 받아들인 결과 현재 누리는 종말론적인 축복을 강조한다. 6-8절에서처럼 두 저자는 호세아서의 위 구절들을, 새 이스라엘을 예시하는 것으로 이미 인정했던 정경 이전의 전승을 독자적으로 사용하고 있다고 보는 것이 본절에 대한 바른 설명이라 하겠다.

## 5. 실제적인 권고 : 이교도와의 관계 2:11-12

**2:11-12**

11 사랑하는 자들아 거류민과 나그네 같은 너희를 권하노니 영혼을 거슬러 싸우는 육체의 정욕을 제어하라 12 너희가 이방인 중에서 행실을 선하게 가져 너희를 악행한다고 비방하는 자들로 하여금 너희 선한 일을 보고 오시는 날에 하나님께 영광을 돌리게 하려 함이라

11 사랑하는 여러분, 여러분은 이 세상에서 나그네와 같은 사람들입니다. 그러므로 육신이 원하는 악한 일들을 멀리하시기 바랍니다. 이런 것은 영혼을 대적해 싸우는 것들입니다. 12 여러분 주위에는 믿지 않는 자들이 많이 있습니다. 그들은 여러분이 잘못 살고 있다고 말할지도 모릅니다. 그러므로 착하게 사십시오. 그들이 여러분의 선한 행동을 보고 그리스도께서 다시 오시는 날에 하나님께 영광을 올려 드릴 것입니다. _아가페 쉬운성경

본절에서 3:12까지 이르는 새로운 단락이 시작된다. 지금까지 저자는 새 이스라엘로서 그리스도인들의 선택과 구별을 상세히 설명해 왔다. 이제 저자는 그의 독자들이 처해 있는 시련의 상황에서 그들을 위해 이 변화된 신분이 지니고 있는 실제적인 의미 몇 가지를 언급한다.

**[11] 사랑하는 자들아 거류민과 나그네 같은 너희를 권하노니 영혼을 거슬러 싸우는 육체의 정욕을 제어하라**

저자는 사랑하는 자들아(*Ἀγαπητοί*)라는 호칭과 함께 권고의 말로(권고하다를 뜻하는 *παρακαλῶ*은 이런 권면에 자주 사용되는 단어이다 :

롬 12:1; 고전 1:10; 살전 4:1) 새로운 단락을 시작한다. 그런데 이러한 형식의 인사말이 비기독교적인 헬라어에서는 사랑이 넘치는 관계를 명시하는 데에 거의 사용되지 않으나, 바울 서신과 공동서신에서는 자주 쓰인다(롬 12:19; 고전 10:14; 고후 7:1; 살전 2:8; 약 1:16, 19; 2:5; 벧전 4:12; 벧후 3:1; 요일 2:7 등). 기독교의 특징이 되는 명사인 아가페(*ἀγάπη*)에서 파생한 이 말은 1:22의 권고로 되돌아가는 역할을 하고 있다. 그러면서 주로 수신자들에 대한 저자의 사랑을 나타내면서도, 동시에 이것은 하나님께서 그들에게 베푸시는 사랑과 그리스도인 공동체의 특징인 상호 간의 사랑에 대한 생각을 불러일으킨다.

저자는 아시아 그리스도인들의 부름받은 삶의 특수성을 강조하기 위해서 그들이 **거류민과 나그네**임을 상기시킨다. 이러한 표현은 아브라함이 헷 족속에게 "나는 당신들 중에 나그네요 거류하는 자이니"(창 23:4상)라고 한 말과, 시편 기자의 "나는 주와 함께 있는 나그네이며 나의 모든 조상들처럼 떠도나이다"(시 39:12하)라는 부르짖음을 연상시킨다. 이것은 또한 1:1과 1:17(주해를 보라)을 돌이켜 보게 하는데, 거기서도 여기와 동일한 이미지들을 사용하여 그리스도인들이 이 세상에 영원히 전념할 수 없음을 상기시켰다. 엄밀하게 말해서 이 두 단어들은 상호 배타적이다. 이는 타국인(*πάροικος*, 한글 성경은 '거류민')이 이방 땅에 주소를 정하고 사는 사람을 의미하는 데 반하여, 나그네(*παρεπίδημος*)는 외국에서 잠시 머무는 방문객을 나타내기 때문이다. 그러나 저자는 교훈에만 관심을 기울일 뿐, 이러한 세세한 점들에 대해서는 별 관심이 없다. 그 교훈이란 "우리가 여기에는 영구한 도성이 없다"(히 13:14)는 것과, 이는 "우리의 시민권은 하늘에 있기"(빌 3:20) 때문이라는, 이스라엘의 성도들 곧 바울과 그 외의 사도들이 공유했던 교훈을 말한다. 그러나 본 서신의 저자나 신약의 그 어떤 저자도 이 말을 대체로 현실 도피주의적인 의미로 해석하지 않는다. 그와는 반대로 신약의 저자들이나 본 서신의 저자가 말하고자 하는 결론은, 하늘에 있는 도성이라는 이상과 주제가 그리스도인의 일상 생활을 고무시켜 주어야 한다는 것이다.

따라서 저자는, 그의 독자들의 참된 본향은 다른 곳에 있으므로, 그들로 **영혼을 거슬러 싸우는 육체의 정욕을 제어하라**(*ἀπέχεσθαι* : 이 부정사가 어떤 사본들에서는 명령법인 *ἀπέχεσθε*로 되어 있다)고 권고한다. 신약성경에서는 한 인간의 내면에 존재하는 도덕적 갈등을 묘사하기 위해 싸움(*στρατεύονται*)이라는 이미지를 여러 번 사용한다(롬 7:23; 고후 10:3; 약 4:1. 그런데 이때 모두 동일한 동사나 합성어가 사용됨). 한편, 인간의 영적, 혹은 이성적 본성과 그의 욕망 사이의 긴장은 그리스, 헬라, 그리고 유대 문학에서 흔하게 등장하는 주제이다.(유대 문학에 관하여는 Philo, *Leg. Alleg.* ii. 106; 4 Macc. i. 20ff.; iii. 1ff.; vii. 16–18). 윤리에 관한 교회 교리문답서는 본절을 표본으로 하여 작성되었는데, 그 표제어로서 이 '제어하라' (혹은 '절제하라' –역자 주)는 말을 채택하였다. 1:14(이에 관한 주해를 보라)에서처럼 **사욕**(문자적으로는 '욕망')은 '부정한 욕구' 라는 경멸적인 의미를 갖고 있다. 그리고 대부분의 주석자들은 '육체의' 라는 말도 경멸적인 의미로 받아들이면서, 그 근거로 바울의 '육체의 정욕' (갈 5:16 이하; 24; 엡 2:3)이라는 말을 인용한다. 그들은 이 '육체의 정욕' 이라는 말에서 바울의 '육체' (*σάρξ*) 교리를 발견한다. '육체' 는 구속받지 못한 상태에 있는 인간의 전체적인 본성, 죄의 근원과 매개체(특히 롬 8:4–13 참조)를 가리킨다. 그들의 해석이 정확할지도 모르지만, 만일 이를 지지할 만한 적극적인 증거가 없는 한 우리는 선뜻 그처럼 뚜렷하게 바울적인 해석을 인정할 수가 없다. 이에 반하여 우리는 다음과 같은 사실에 주목해야 한다. 첫째, 1:24; 3:18; 4:1; 6에서 '육체' (*σάρξ*)는 단지 인간의 육체적인 본성이나 그러한 본성이 존재하는 영역을 의미하는 것으로서 도덕적으로 중립적인 개념이라는 것. 둘째, 본절의 이러한 표현은 4:2의 '사람의 정욕' 에 필적한다는 것. 셋째, 헬레니즘적인 유대인들은 육신적인 욕망과 영혼으로부터 나오는 욕망을 따로 분리시키는 것을 비난하였다는 것(예. 4 Macc. i–iii). 그러므로 우리는 육체의 정욕이라는 말을, 육체적인 욕구가 본질적으로 악하다는 뜻만으로 읽어서는 안 되며, 다만 '육체와 관련된 난잡한 욕구' 로 해석하는 것이 더 현명할 것 같다.

따라서 저자는 여기서 그의 독자들에게, 바울이 갈 5:19 이하에서 열거하는 '육체의 일들'과 같은 온갖 종류의 죄에 대해 경고하고 있는 것이 아니다. 저자가 여기서 특별히 염두에 두고 있는 것은 비그리스도인들과의 관계에서 그들의 평판을 저하시킬 그런 종류의 부도덕이다(다음절을 보라). 한편 저자는 그와 같은 무절제를 피해야 할 보다 근본적인 이유를 들고 있는데, 그것은 곧 그것들(육체의 정욕)은 **영혼을 거슬러 싸우기** 때문이라는 것이다(헬라 원문의 의미는 **영혼을 거슬러 싸우는**이라는 의미 이상으로 영혼을 거슬러 **싸우기 때문에**를 의미한다. 관계대명사 *αἵτινες*는 이유의 뜻도 있기 때문이다). 저자가 **영혼**에 대해 사용하는 명사는 *ψυχή*인데, 여기에서 우리는 전통적인 구분을 따라 영혼과 육체를 인간 본성의 '부분'으로 분리시키려는 유혹을 받는다. 그러나 저자는 다른 곳에서(1:9의 주해를 보라) 이 말을 사용하면서 우리가 이러한 결론을 내리지 않도록 경계한다. 저자가 **영혼**이라는 말을 사용하는 다른 절들에서처럼 여기서 이 말은 살아 있는 존재 혹은 인격으로 간주되는 사람 그 자체를 의미하며, 억제되지 않은 욕망은 사람이 그리스도에 의해 부여받은 참되고도 거룩한 생명을 파괴시키는 것으로서 정죄된다.

**[12] 너희가 이방인 중에서 행실을 선하게 가져 너희를 악행한다고 비방하는 자들로 하여금 너희 선한 일을 보고 오시는 날에 하나님께 영광을 돌리게 하려 함이라**

저자는 이러한 부정적인 경고의 말을 다음과 같은 적극적인 권고의 말로 맺는다. **너희가 이방인 중에서 행실을 선하게 가져**(헬라어 본문은 '가져'가 현재분사로 되어 있다). **행실**에 대해서는 1:15의 주해를 보라. 동일한 어구(*καλῆς ἀναστροφης* '선행')가 약 3:13에도 나오는데, 이것은 교리문답서에 상투적으로 등장하는 어구인 것 같다. 비그리스도인들이 교회의 아름다운 이름에 대해 갖는 이 같은 관심이 신약에서 빈번하게 언급된다(고전 10:32; 골 4:5; 살전 4:12; 딤전 3:7; 5:14; 6:1; 딛 2:5-10; 2:15; 3:1; 16). 그러나 여기에 덧붙여 복음주의적인 동기가 제시된다. **너희를 악행한다고 비방하는 자들로 하여금 너희 선한 일을 보고 오시는 날에 하나님께 영광을 돌리게 하려 함이라.** 이러한 권고는 우리 주님의 다음과 같은 명령(마 5:16)에 영향을 받은 것 같다 : "너희 빛이 사람 앞에 비치게 하여 그들로 너희 착한 행실을 보고 하늘에 계신 너희 아버지께 영광을 돌리게 하라." 본절의 말(특히, **너희를 악행한다고 비방하는**)은 1세기의 그리스도인들이 직면하기 쉬웠던 위험한 상황을 매우 뚜렷하게 보여 주는 강한 표현이다. 그들의 믿음 자체는 법적으로는 범죄 행위가 아니었을지 모르지만(본서 p.26-27을 참조하라) 그들은 맹목적인 의혹과 혐오의 대상이 되었다. 따라서 그들은 온갖 종류의 박해를 당하고 심지어는 공공 질서를 어지럽게 했다는 이유로 치안 책임까지 져야 했다. 로마의 역사가 타키투스의 언급은 당시의 배경을 잘 설명해 준다. 그는 "그리스도인들이 그들의 추행 때문에 미움을 받았다"고 말한다(*Ann.* xv. 44). 수에토니우스(Suetonius)도 네로 황제가 "진기하고 유해한 미신에 홀린 사람들의 집단에게 무자비한 조처를 취했음"을 노골적으로 시인했다(*Nero* xvi. 2).

나는 이해하기 까다로운 헬라어구 *ἐν ᾧ*(이는 본 서신의 저자가 즐겨 쓰는 표현이다 ; 참조. 1:6; 3:16; 4:4)를 … **하는 경우**에라고 번역하는 것이 옳다고 본다(역자 주-한글 성경에는 **너희를 악행한다고 비방하는 자들로 하여금**으로 되어 있으나, 헬라 원문을 직역하면 **너희를 … 비방하는 경우에**가 된다). 어떤 이들은 이 어구(*ἐν ᾧ*)를 '(비방할) 때마다' (whenever)로 번역한다. 그러나 이러한 주장은 **영광을 돌리게**(*δοξάσωσιν*)가 분명히 미래를 가리키기 때문에 타당하지 않다고 본다. 그러므로 이 구절의 의미는 "너희를 악행한다고 비방하는 바로 그 문제에 있어서"에 가깝다고 할 수 있겠다. (너희 선한 일을) **보고**라는 말의 헬라어도 매우 까다로운 표현이다. 이것을 문자적으로 번역하면 "너희 선한 일의 결과, 그들이 그것을 봄으로써"가 된다. 여기에 사용된 동사(*ἐποπτεύοντες* '보고')는 현재분사로서, 일정 기간 동안 계속적으로 바라보는 것이나 또는 자신들이 본 것을 곰곰이 생각하는 것을 암시한다. 이 말이 비의종교(秘義宗敎)에서는 전문적인 의미로 전용되어, 그들의 예배 대상을 한번 흘끗 보는 것을 뜻하였다. 그런데 이것은 그들 종교의 상급 입회자들에게만 허락된 특권이었다. (그래서 그들을 *ἐπόπται*, 즉 '목격자' 로 불렀다.) 그래서 어떤 해석자들은 본문의 이 말이 비법에 의해 영적으로 보는 것을 암시한다고 주장하지만, 그러한 견해는 본 문맥과는 전혀 어울리지 않는 것이다. 똑같은 동사가 유사하게 사용된 3:2에서처럼 본문의 경우에도 이 말은 직접적이고 자연스런 의미로 이해하는 것이 절대적으로 타당하다.

성경에서 권고(ἐπισκοπή)는 대체로 인간의 행위를 심리(審理)하시는 하나님의 대권(大權)을 가리키는데, 이것이 때로는 형벌로 끝날 수 있는 반면에(사 10:3; 렘 6:15; 10:15; 11:23), 또한 사죄와 축복을 가져올 수도 있다(창 50:24; 욥 10:12; 사 23:17; 지혜서 3:7; 4:15). 눅 19:44(1:68을 참조하라)에서 '보살핌 받는 날' 은 메시아께서 구원을 베푸는 날에 관련된다. 여러 주석가들이 여기서 **오시는 날**을 심판의 날, 또는 복음의 진리를 불신자들에게 충분히 납득시키는 어떤 중재와 같은 뜻으로 생각하는 경향이 있지만, 그러한 대조법은 본 서신에서 예상되는 종말론적인 긴장을 고려하지 않은 것이다. 저자가 보기에는 하나님의 최후 **권고**가 임박하였다. 곧 그것은 이미 이곳에 침입해 들어와 그 효력을 발휘하고 있는 것이다. 그러므로 지금까지 아시아 그리스도인들을 중상해 오던 비방자들이 그들의 은혜로운 삶에 설득되어 교회에 대해 호의적인 견해를 취할 뿐만 아니라(그러한 사상이 표현되어 있지는 않지만 함축되어 있다) 동일한 믿음으로 선향하는 것이 저자의 바람이다. 따라서 하나님의 **권고**가 자비로우리라고 확신하는 것은, 비방자들의 마음을 변화시킨 그 **선행** 가운데서 나타난 은혜에 대해, 그들이 하나님께 '영광을 돌리게' 될 것을 주께서 아실 것이기 때문이다.

그것이 어떠한 주제에 관한 것이든, 본 서신의 전면에 부각되고 저자가 끊임없이 언급하는 '행실' (1:15; 18; 2:12; 3:1; 16)과 '선한 일' (참조. 2:14; 15; 20; 3:6; 17; 4:19; 3:13)이라는 말로써 예시되는 기독교의 실제적인 측면을 올바로 이해하기 위해서는, 이 마지막 말(선한 일)에 역점을 두어야 한다. 저자가 이해하고 있듯이 선한 일은 유대교적인 유형의 '선행' , 곧 과부와 가난한 자와 죽은 자 등을 위하여 행하는 일이 아니다. 각 구절마다 보여 주고 있듯이 모든 종류의 의로운 행위를 망라하며, 자기 이웃의 신분, 지위, 종교나 혈통 등에 관계 없이 이웃 그 자체에게 실행되어야만 한다. 선행의 주요 동기는 인간적인 선함이 아니라 하나님의 부르심이다(1:5을 참조하라). 그리고 선행의 목적은 자신의 영광을 위한 것이 아니라, 그리스도인으로서 자신의 소명을 성취하고 불신자들에게 복음을 전하기 위한 것이다. 따라서 저자의 관심은 세속화한 2세대의 기독교를 예시하는 것이 아니라(이렇게 주장하는 견해도 있다), 우리 주님의 가르침에 선행의 근거를 두고 있는 것이다. 본절은 "선을 행하되 낙심하지 말라"는 바울의 권고(갈 6:9. 참조. 롬 2:7; 고후 9:8; 살후 2:17)와 적절하게 맥을 같이한다.

## 6. 실제적인 권고 : 시민으로서의 그리스도인의 자세 2:13-17

**2:13-17**

13 인간의 모든 제도를 주를 위하여 순종하되 혹은 위에 있는 왕이나 14 혹은 그가 악
행하는 자를 징벌하고 선행하는 자를 포상하기 위하여 보낸 총독에게 하라 15 곧 선행
으로 어리석은 사람들의 무식한 말을 막으시는 것이라 16 너희는 자유가 있으나 그 자
유로 악을 가리는 데 쓰지 말고 오직 하나님의 종과 같이 하라 17 뭇사람을 공경하며
형제를 사랑하며 하나님을 두려워하며 왕을 존대하라

13 이 세상의 권위를 가진 사람들에게 복종하십시오. 그렇게 하는 것이 주님을 위한 것
입니다. 최고의 권위를 가진 왕께 복종하십시오. 14 또한 왕이 보낸 관리에게도 복종하
십시오. 그들은 잘못된 사람을 벌하고 옳은 일을 하는 사람에게 상을 주라고 보냄을 받
은 자들입니다. 15 여러분이 선하게 행동할 때, 어리석은 사람들은 여러분에 관해 더 이
상 험담을 하지 못할 것입니다. 이렇게 하는 것이 하나님의 뜻입니다. 16 자유인으로 사
십시오. 그러나 자유를 잘못 사용하여 악을 행하는 구실로 삼지는 말기 바랍니다. 하나
님을 섬기는 자로 생활하십시오. 17 모든 사람을 존중하고, 하나님 안에서 형제 자매를
사랑하며, 하나님을 두려워하고, 왕을 존경하십시오. _아가페 쉬운성경

저자는 복음이 요구하는 '선행'(1:12)에 대한 실례를 들기 위해, 각각 특

별한 계층이나 집단의 사람들(일반인, 아내, 노예 등)에 적용되는 주로 의무에 관한 일련의 간결한 규범들을 길게(2:13-3:12) 설명한다. 이러한 규범의 많은 예들이 신약의 다른 곳들(엡 5:21-6:9; 골 3:18-4:1; 딤전 2:8-15; 딛 2:1-10)과 이외의 초기 기독교 문헌들(예. *Did.* iv. 9-11; *1 Clem.* i. 3; xxi. 6-9; *Barn*, xix. 5-7; Polycarp, *Phil.* iv. 2-vi. 2)에서도 발견된다. 이와 같이 윤리적인 교훈(예: 자기의 신들, 나라, 부모, 형제, 아내, 자녀 등에 대한 의무)을 목록으로 분류하여 정리하는 것은 스토아 철학의 통속적인 윤리에서 관례가 되었다(특히 Epictetus, *Diss.* ii. 14. 8; 17. 31; Seneca. *Ep.* xciv. 1; Hierocles, in Stobaeus, *Anth.* i. 3. 53을 참조하라). 그리고 여러 의무에 관한 이와 매우 유사한 형식을 헬라 문화에 영향을 받은 유대교가 이어 받았다(예: Tob. iv. 3-21; Ecclus. vii. 18-35; Ps. Phocylides, *Gnom.* 175-227; Josephus, C. *Ap.* ii. 198-210; Philo, *Decal.* 165-167). 윤리에 관한 기독교의 가르침은 구성과 내용이 거의 유사하며, 사도들의 교회가 자체의 윤리에 관한 실제적인 교의를 구체적으로 집성하려 했을 때, 현존하는 사례들을 자유로이 취하고 자체의 신학에 비추어 세부적으로 수정하면서 기독교적인 적절한 동기를 부여했던 것 같다.

**[13] 인간의 모든 제도를 주를 위하여 순종하되 혹은 위에 있는 왕이나**

상반절은 한 국가 내에서 시민으로서 그리스도인이 어떻게 행할 것인가에 관한 언급이다. 그것은 다음과 같은 일반적인 의무로 시작한다. **인간의 모든 제도를 주를 위하여 순종하라.** 세 단어(*πάσῃ ἀνθρωπίνῃ κτίσει*)로 표현되는 헬라어는, 보통 '모든 인간적인 제도'(RSV; NEB)나 '인간을 위해 세운 모든 제도'(RSV 각주와 Hort의 번역을 따름)라 번역되지만 이 두 번역 다 적절한 것이 못 된다. '제도'나 '법령'(AV), '권세'라는 의미는 *κτίσις*라는 명사가 성경에서 쓰일 때 지니는 의미와는 거리가 있다. *κτίσις*라는 명사는 창조 또는 구체적인 '창조물'(creature)을 의미한다. 그리고 그 단어에는 항상 창조주로서의 하나님에 대한 사상이 배경을 이루고 있다. 더욱이 저자가 국가나 국가적 권세들을 '사람들의 법령' 들로 생각하였으리라고 믿기는 힘들다. 이러한 고찰은 통례적인 이상의 두 해석 중 전자의 것('모든 인간적인 제도' –역자 주)을 배제시킨다. 후자의 해석도 *κτίσις*가 의도하는 참된 의미를 놓치고 '인간적'(human)이라는 형용사에 지나친 역점을 두는 결과가 된다. 이 난해 구절의 열쇠는 2:13–3:12에서 계속적으로 나타나는 **순종하라**(2:18; 3:1; 그리고 3:7–9에는 그러한 내용이 풍부하게 포함되어 있다)는 단어에서 보여주는 순종의 상태와 상호 봉사적인 내용을 파악하는 데 있다. 뒤에 계속되는 각 구절들의 서두를 장식하고 있는 이 어구가 각 단락의 내용을 규제하고 있기 때문이다. *κτίσις*는 당연히 이러한 배경 위에서 '창조물' 이라는 유일의 의미를 우리에게 전달하고 있다. 저자는 구원받은 그리스도인의 삶의 원리가 자기주장이나 상호착취가 아니라 자발적으로 자신을 다른 사람들에게 복종시키는 데 있다고 주장한다(롬 7:10; 엡 5:21; 빌 2:3 이하). 이와 유사한 의무가 쿰란 사본에 나타난다(1QS v. 23–25). 이러한 주석에 따르면 **주를 위하여**가 중요한 핵심이다. 여기서 '주' 를 여러 주석 학자들은 그리스도를 가리킨다고 보지만, 이것은 이 세상과 사람들을 창조하신 하나님으로서의 주를 가리키는 말이다. 우리가 창조주로서 그분을 존경한다면 당연히 그분의 창조물, 즉 같은 인간들에 대해서 겸손하게 행동해야 한다.

**[14] 혹은 그가 악행하는 자를 징벌하고 선행하는 자를 포상하기 위하여 보낸 총독에게 하라**

저자는 총론에서부터 각론에 이르기까지 이러한 자발적인 복종의 원리로 점철한다. 특히 국가 권세자들, 주권자로서의 왕이나 혹은 왕이 파견한 총독에 대한 그리스도인의 태도에 대해 그러하다. 여기서 **왕**은 헬라어로 *βασιλεὺς* (문자적으로 king)인데, 이 직분은 로마가 동방의 식민 지역을 다스리도록 허락한 통치자들에게 붙여졌다(이집트, 팔레스틴, 시리아, 페르가몬 등). 그러나 황제(주권자) 아래 종속된 통치자이다(예. 요 19:15; 행 17:7; 계 17:9, 12; Bell. Iud. 5:563). 그러므로 여기서 '주권자로서의 왕' 은 곧 황제를 의미하는데, 모든 권력을 손아귀에 쥐고 있는 자이다. 반면에 총독들($\dot{\eta}\gamma\epsilon\mu\acute{o}\sigma\iota$)는 '레가테'(legate)와 '프로콘술'(proconsul)이라는 지방 총독들을 가리키는데(그다지 중요치 않은 지역인 유대나 트라키아 같은 곳에는 'procurator'가 있었다), 이들은 제국과 원로원에서 각각 파송되었다. 그리고 그들은 어떤 특정한 목적으로 황제에 의해 임명되었다. (문자적으로는 '그를 통해 보낸다' : 엄밀하게는 제국의 직접적인 통치 아래에 있는 지역에만 가능하다.) 즉 **악행하는 자를 징벌하고 선행하는 자를 포상하기 위하여** 황제가 보내는 자들이다. 국가는 항상 범죄와 무질서, 불의 등을 다스리는 기능이 있다. 그러나 모범적인 행위가 어떻게 보상되는지에 대한 암시는 주어져 있지 않다. 저자가 고대 사회에서 비교적 자유롭게 수여되는 경향이 있던 공적인 명예(직책들 혹은 송덕비, 특별한 신분 등)를 염두에 두었다고는 생각할 수 없다. 왜냐하면 수신자들의 사회 활동 양태는 매우 조심스러운 것이기 때문이다. 이러한 원리를 재현하면서(롬 13:3) 저자는 단순하고도 아주 일반적인 방식, 즉 국가들은 잘 순종하는 국민들을 만족스럽게 바라보는 경향이 있다는 것을 언급함으로써 그러한 원리를 상기시킨다.

본서의 2:13 하반절과 롬 13:1–7 사이에 있는 유사점은 둘 다 모두 행실이 올바르면 권세자들로부터 칭찬을 받는다는 것인데, 이 부분이 뚜렷하긴 하지만 그동안 지나치게 강조되어 온 경향이 있다. 베드로전서에서는, 바울이 로마서에서 말한 것처럼 "권세는 하나님께로부터 나왔다"고 노골적으로 말하지 않는다. 바울은 더 나아가 권세들을 거스르는 것은 하나님을 거스르는 것이라고 말하고 있다. 그 언급은 매우 단호하며 다른 동기를 유발시킨다. 그리고 왕과 총독을 뚜렷하게 구별한다. 그러므로 많은 주석가들에 의해서 주장되고 있는 직접적이고도 문자적인 적용은 매우 위험한 것이다. 나라의 권세자들에 관한 각 개인의 적절한 태도는 우리가 보아왔듯이 행위들의 인습적인 분류 가운데서 늘 있어온 항목이다. 그리고 그것은 명백히 그에 대한 그리스도인들의 순응으로 끝마친다(예. 딤전 2:2; 딛 3:1). 이러한 것은 서신의 주변 상황과 그 시대에 잘 부합되는 것이다. 저자가 어떤 자료들을 참고하고 있다고 하더라도 그 시대(트라야누스의 통치)가 선호하는 형식으로 저자가 말했다고 보기는 힘들다. 왜냐하면 사도 시대의 그리스도인들은 항상 사회 질서를 교란, 선동했다는 혐의로 지방 행정 장관 앞에 끌려 나왔기 때문이다. 그때 제국의 통치자들은 적극적으로 반기독교적 정책을 실시했다. 본서 pp. 24-27을 참조하라.

**[15] 곧 선행으로 어리석은 사람들의 무식한 말을 막으시는 것이라**

"이는 하나님의 뜻이 그러하기 때문인데, 곧 너희들은 선행으로 어리석은 사람들의 무식한 말을 잠잠케 해야 한다"(For such is God's will, that by doing right you should put the ignorance of foolish men to silence.-필자의 사역[私譯]).

저자는 그가 방금 말했던 것, 즉 이는 "하나님의 뜻이 그러하기 때문이다"는 말로 상술되었던 것의 이유를 설명으로 부연한다. "For such is God's will"의 헬라어 구문은 모호하다. 왜냐하면 부사인 *οὕτως* (such, 문자적으로는 so)가 앞이나 뒷 문장 중 어느 것에나 연결될 수 있기 때문이다. 그러나 회고적인 의미로 보는 것이 신약의 다른 용례와 더 잘 일치한다(비교. 3:5의 *οὕτως*). 따라서 이 절의 취지는 그와 같은 하나의 단락, "즉 하나님의 뜻이 너희들의 권세자들에 대한 성실한 순종으로 실현된다", (더 범위를 좁히면) "**선행하는 자들**과 같이 행함으로써 하나님의 뜻이 실현된다"로 표현된 것 같다. 이러한 해석을 바탕으로 할 때 엄밀한 의미에서는 뒤따르는 구절-**선행을 함으로써 너희들은 어리석은 사람들의 무식한 말을 잠잠케 해야 한다.**- 이, **이는 하나님의 뜻이 그러하기 때문인데**라는 구절의 술부라고는 할 수 없다. 대신 설명조로 느슨하게 부가되어 논의를 더 진전시키는 역할을 한다고 볼 수 있다. 더 진전된 논의라는 것은 결백한 그리스도인들의 행위가 애국적 행동으로 보임으로써 공직자들의 존중을 얻는 데 있다기보다는 오히려 그들의 중상자들에 대한 방어가 되기 때문이라는 것이다. 이는 동사 *φιμοῦν*(문자적으로는 '재갈을 먹이다' 라는 뜻: 딤전 5:18)이 은유적으로 사용되었기 때문이다(비교. 막 1:25; 4:39; 마 22:34). 우리는 이미 1:6에서 여러 고통스러운 시련에 시달리고 있는 아나톨리아(오늘날의 터키 지방-역자 주)의 그리스도인들에 대하여 들었다. 그 구체적인 내용들의 베일이 2:12에서처럼 여기서 약간

벗겨진다. 우리는 부분적으로나마 그러한 시련이 계속되는 중상모략으로부터 왔다는 것을 발견한다. 저자는 무식이라는 단어로 관대하게 말하고 있지만, 위기감을 느끼며 당혹감 속에서 그들을 전체적으로 또한 개별적으로 비난하고 있다는 것은 분명하다. '어리석은' (ἀφρόνων)이라는 형용사는 70인역에서, 의와 진리에 대항하여 자신을 내세우는 교만한 불신자들을 묘사할 때 일반적으로 쓰였다(참조. 시편, 지혜 문학-특히 잠언).

**[16] 너희는 자유가 있으나 그 자유로 악을 가리는 데 쓰지 말고 오직 하나님의 종과 같이 하라**

"너희는 자유인답게 살아라. 그러나 너의 자유를 악행의 구실로 사용하지 말고, 도리어 하나님의 종답게 (써라)."(Live as free men, but without using your freedom as a covering for wickedness—in fact, as servants of God. -필자의 사역[私譯]).

원시 기독교의 그리스도인들은 그리스도 안에 있는 그들의 자유에 대한 확신을 피력하곤 했다(갈 2:4). 그렇기 때문에, 저자는 여기서 국가 권력에 대한 복종을 강조함으로 말미암아 그리스도인들 사이에 실망과 분노가 야기될 것을 명백하게 감지한다. 그래서 저자는 그와 같은 인상을 바로잡기 위해 서두른다. 여기 "자유인답게 살아라"(Live as free men)라는 말이 불쑥 끼어든다. (헬라어에는 동사가 없다. free가 주격 형용사로서, 분사인 using이 그러하듯이, 그 자체로 모든 것을 포함하고 있다. 앞의 구절이 갖는 금지 명령을 잘 보완함으로써 아주 훌륭하게 설명했다.) 그러나 자유는 방종으로 쉽게 타락한다. 그래서 그리스도인의 자유에 대해서는 확실한 정의(定意)가 필요하다. 절대로 악을 가리는 데, 즉 악행의 구실로 사용해서는 안 된다. 하나님과 그리스도인과의 관계에 비추어 볼 때 항상 어떤 구속에 복종해야 하지만, 그것은 당연히 인간의 자유로운 존재의 본성으로서 하나님의 뜻에 단순히 복종하는 것으로 이해됐다. 여기에 기독교의 역설이 있다. 그리스도인들은 자유인들이다. 이 세상에서 그들을 둘러싸고 있는 이웃들이 알지 못하는 그러한 자유를 누린다. 그러나 이 자유를 안전하게 지켜 주는 것은 그들이 하나님의 종이라는 사실이다.

여기서 저자는 교회 안에서는 일반화되어 있는 소재를 다시 취급하고 있다. 그리스도께서 사람들에게 자유를 가져다 주셨다는 가르침은 이미 상식적인 것이었다(예. 마 17:26; 눅 4:18-21; 요 8:32; 롬 8:2; 고전 7:22; 고후 3:17; 갈 5:1). 그리스도의 구원 역사(役事)로 말미암아 그리스도인들은 율법의 세력과 죄, 세상의 악한 세력으로부터 자유롭다. 그러한 가르침은 하나의 자랑스러운 슬로건이 되어 갔다. 자유는 현명한 사람에게는 정신적인 독립을 의미하는 것이 되었다. 물론 그 당시의 스토아 학파에게도 흥미 있는 주제가 되었다. 그리고 그러한 스토아적인 이상은 헬라적인 유대인 필로와 같은 저술가들에 의해서 재현되었다(참조. *Philo, Quod Omnis Probus Liber Sit*). 그러나 기독교인의 자유의 개념은 두 개의 구별되는 양면을 갖고 있다. 첫째, 그리스도인들의 자유는 자신의 노력의 산물이 아니라 하나님의 은혜의 결과로 말미암아 주어진 은사이다. 둘째, 그 자유의 완성은 하나님과(예. 롬 6:22; 고전 7:21-23) 그들의 형제에게(예. 갈 5:13) 봉사하는 데서 이루어진다. 바울같이(롬 6:15), 또한 다른 사람들(예. 벧후 2:19)처럼 이 저자는, 반율법주의자들이 그 점을 오용하거나 잘못 전파하는 것을 분명히 의식하고 재빨리 그것에 대항하여 방비를 하고 있다.

**[17] 뭇사람을 공경하며 형제를 사랑하며 하나님을 두려워하며 왕을 존대하라**

그런 후에, 저자는 네 부문의 그리스도인의 사회적 의무를 하나로 묶고 있다. 첫 번째 명령문은 부정과거인 반면, 다른 세 명령은 현재형인데, 바로 이 점이 주석가들을 당황하게 만드는 것이다. 제시된 한 가지 설명은 (NEB에서 같이) 다른 세 명령이 그 내용을 똑똑히 설명하는 반면, 첫 번째 명령은 일반적인 제목에 해당된다는 것이다. 그러나 (a) 헬라어 독자가 본문의 부정과거에 이러한 일반적인 의미가 있다고 생각했을 가능성이 별로 없고, (b) 저자에게 하나님을 공경하라는 것을 "모든 사람을 공경하라"는 하나의 특별한 예로 취할 의도가 있었다는 것도 믿기 어려우며, (c) 뭇사람이란 형제와는 대조적인 것으로서 그리스도인들뿐 아니라 모든 인류, 이방인들과 유대인들을 의미하는 것이 분명하기 때문에 그러한 설명은 배제되어야만 한다. 아마도 상당한 시제의 변화가 있었을 것이다. 비록 저자가 사용한 부정과거 명령형이 대체로 정확했다 할지라도 말이다(1:13을 보라). 고전 헬라어의 미묘한 차이가 1세기에서는 사라지고 있었으며, 신약성경의 명령형에는 설명하기 힘든 시제 변화의 또 다른 예들이 있다(예. 롬 6:13; 딤후 4:5). 사실 네 가지의 명령은 뭇사람과 형제, 하나님과 왕이라는 두 개의 대조군으로 나뉜다. 그들은 또한 교차적으로 배열되어 있으며, 두 번째 동사는 첫 번째 동사보다 그 내용이 더욱 풍부하고, 세 번째 동사는 네 번째 동사보다 그 내용이 더욱 풍부하다. 모든 종족, 종교, 성, 계층을 망라하여 **뭇사람**을 공경하라는 첫 번째 명령에 나타난 놀라울 정도로 뛰어난 인식은 주목할 만한 가치가 있다. 그것은 Pirke Aboth iv. 1(A.D. 70-170에 편집된 것)을 상기시켜 준다. 즉 "존경을 받는 사람은 누구인가? 그는 인류를 존경하는 사람이다." 본문의 주된 사상(13절을 보라)도 이와 유사한데, 다시 말해 인간은 하나님의 창조물이라는 것이다. 한편 일반적으로 인간에게 존경을 표하는 반면, 독자들은 형제 즉 그들의 동료 그리스도인('교회' 라는 단어는 서신 어디에도 나타나 있지 않다)을 사랑하라는 명령을 받고 있다. 70인역에는 형제(ἀδελφότης)라는 명사가 '형제 관계' 라는 의미로 나타나 있는데 문자적(마카비 4서 9:23, 10:3, 1:5)으로 이해되거나 아니면 은유적(마카비 1서 12:10, 17)으로 이해되고 있다. 사회의 어떤 그룹을 암시하는 집단적인 용어로서 형제라는 말은 신약(본문에만, 그리고 9절에서)에 처음으로 나타났으며, 그 말은 명백히 기독교 신조어(新造語)이다. 형제라는 말을 채택한 것은 아마도 *phratria*, 즉 '교제' 라는 뜻의 미트라(Mithraic) 용어에서 영향을 받았을 것이라는 퍼델위츠(Perdelwitz)의 제안은 무리한 해석이며 전혀 불필요하다. 그리스도인들 간의 상호적인 사랑(동사는 ἀγαπάω)에 대한 특별한 의무는 그들이 그리스도 안에서 형제라는 사실에 근거를 두고 있다.

명령의 두 번째 짝은 잠 24:21을 모델로 하고 있으나, 거기에서는 "여호와와 왕을 경외하라"라고 하나의 권면으로 나와 있고, 이곳에는 각각의 공통적인 태도 사이에 명확한 구별이 놓여 있다. 하나님은 두려워해야 할

분이다(여기서 두려움이란 모든 종교적 반응의 근간이 되는 것이다). 하나님은 홀로 거룩하신 분으로서 우리의 창조주와 심판주가 되시기 때문이다. 국가의 권력은 두려움이라는 면에서 차이가 있다. 저자는 왕을 공경하도록 요청하지만, 여기서 공경은 비종교적인 용어로서 훨씬 더 일반적인 경외를 의미한다. 주께서도 친히 하나님께 대한 우리의 의무와 가이사에게 대한 의무에 차이를 두셨다(마 22:21 이하). 예수님은 제자들에게 오직 하나님 한 분만 두려워하라고 권고한다(마 10:28). 이 권면에서 롬 13:7과 약간의 다른 의미를 발견할 수 있다. 왜냐하면 바울은 거기서 분명히 두려움(물론 비종교적인 의미로 사용되었다)과 존경, 둘 다를 국가의 권세자들에게 마땅히 바쳐야 할 것으로 말한다. 그 차이는 헬라적 사고와 동방적인 사고방식의 차이에서 빚어진 것이다. 플루타크 영웅전(*Themist.* xxvii. 4)에는 페르시아인들이 가장 아름답게 여기는 그들의 풍습이 "모든 것을 유지시키시는 하나님의 형상으로서 군주에게 경배하고 존경을 보내는 것"이라 전한다.

롬 8:1-7 또한, 마 22:21; 딤전 2:1-3; 딛 3:1에서처럼 이 구절(소 아시아 지방의 개종자들이 적대적인 이웃들에 대하여 긍정적이고도 융화적인 태도를 취함으로써 안전한 가운데서 신앙생활을 해 나가도록 첫 번째 실례 안에 분명히 삽입된 구절)이 그들의 국가에 대한 그리스도인의 의무에 관한 교회의 가르침에 분명한 영향을 미쳤다. 이것은 또한 그러한 문제에 대해 원시 기독교 공동체가 어떠한 태도를 보였는지 조명해 준다. 만일 본절이, 여기서 말하는 왕이 실제로 네로였을 때 기록되었다면 더욱더 그러하다. 그런데 네로의 총독들의 정책이 어떤 지방에서는 그에게 인기를 가져다 주었을지도 모르지만, 그는 자신이 비위를 맞추었던 대중들 외에는 로마에서 미움을 받았다. 기본적으로 이것은 초기 예언에서 비롯되어, 비록 범세계적으로는 아니었다 하더라도, 1세기 초와 그 후에까지 유대인들에 의해 널리 받아들여진 구약의 태도였다. 이러한 태도는 세계의 창조자이신 하나님은 또한 역사의 주시라는 것과, 그러므로 하나님은 앗수르와 같은 이교도의 세력(사 5:25-29; 10:5-11) 및 고레스(사 45:1)와 느부갓네살(렘 25:9; 27:6; 43:10)과 같은 이방의 통치자들을 도구로 사용하실 수 있다는 관념을 전제한 것이다. 따라서 우리는 필로(*Leg. ad Gai.* 157; 355f.)와 요세푸스(*Bell. Iud.* ii. 197; C. Ap. ii. 77)로부터 성전에서 황제와 그 제국을 위해 제물이 규칙적으로 드려졌다는 것을 배운다. (기독교에서 이와 유사한 중재를 한 것에 대해서는 딤전 2:1; *1 Clem.* lx. 4-lxi. 2를 참조하라.) 기독교의 윤리 강령이 권세에 대한 이러한 존경의 전통을 반영했다는 것은 자연스러운 일이었으며, 그리스도인들이 사도 시대에 갖고 살았던 종말론적인 기대가 그들로 하여금 왕을 하나님의 섭리적인 목적에 이바지하는 도구로 간주하는 데 특별한 근거를 제공해 주었다. (여러 주석가들에 의하면 살후 2:6 이하도 그렇다.)

## 7. 사환들에 대한 실제적인 권고<br>2:18-25

**2:18-25**

18 사환들아 범사에 두려워함으로 주인들에게 순종하되 선하고 관용하는 자들에게만
아니라 또한 까다로운 자들에게도 그리하라 19 부당하게 고난을 받아도 하나님을 생각
함으로 슬픔을 참으면 이는 아름다우나 20 죄가 있어 매를 맞고 참으면 무슨 칭찬이 있
으리요 그러나 선을 행함으로 고난을 받고 참으면 이는 하나님 앞에 아름다우니라 21
이를 위하여 너희가 부르심을 받았으니 그리스도도 너희를 위하여 고난을 받으사 너희
에게 본을 끼쳐 그 자취를 따라오게 하려 하셨느니라 22 그는 죄를 범하지 아니하시고
그 입에 거짓도 없으시며 23 욕을 당하시되 맞대어 욕하지 아니하시고 고난을 당하시
되 위협하지 아니하시고 오직 공의로 심판하시는 이에게 부탁하시며 24 친히 나무에
달려 그 몸으로 우리 죄를 담당하셨으니 이는 우리로 죄에 대하여 죽고 의에 대하여 살
게 하려 하심이라 그가 채찍에 맞음으로 너희는 나음을 얻었나니 25 너희가 전에는 양
과 같이 길을 잃었더니 이제는 너희 영혼의 목자와 감독 되신 이에게 돌아왔느니라

18 하인들이여, 주인을 존경하고 그 권위에 복종하십시오. 선하고 친절한 주인에게만
아니라 악하고 나쁜 주인에게도 복종하십시오. 19 아무런 잘못이 없는데도 억울하게
벌을 받을 수 있습니다. 그때, 하나님을 생각하고 말없이 참는다면, 하나님은 그런 그를
기뻐하실 것입니다. 20 만약 잘못한 일로 벌을 받는다면, 그것을 참는다고 칭찬받을 이
유가 없는 것입니다. 여러분이 선한 일을 하고 고난을 받을 때 인내할 수 있다면, 그것

은 하나님 보시기에 참으로 아름다운 일이 됩니다. 21 이것을 위해 여러분은 부르심을
받았습니다. 그리스도께서 여러분을 위해 고난을 받으심으로 우리가 따라야 할 모범을
보여 주셨습니다. 그러므로 그리스도의 발자취를 따르십시오. 22 그분은 죄가 없으시
며, 거짓을 말한 적도 없으십니다. 23 예수님은 모욕을 당해도 욕하지 않으시고, 고난을
받을 때도 위협하지 않으셨습니다. 그는 모든 것을 공정하게 심판하시는 하나님의 손
에 자신을 맡기셨습니다. 24 그리고 몸소 우리 죄를 짊어지고 십자가에 달려 돌아가심
으로써, 우리가 더 이상 죄를 위해 살지 않고 의를 위해 살 수 있게 하셨습니다. 그리스
도께서 상처를 입으심으로써, 우리가 낫게 된 것입니다. 25 여러분은 길 잃은 양처럼 잘
못된 길로 갔지만, 이제는 영혼을 살피시는 목자와 보호자의 품으로 되돌아왔습니다.
_아가페 쉬운성경

---

저자는 노예들(slaves, 한글 성경은 '사환들'–역자 주. 이들이 기독교 이전의 법전에서는 전혀 언급되지 않았다는 것은 의미심장한 사실이다)에게 우선권을 부여하여 매우 많은 지면을 할애하는데, 이는 그의 수신자들 중 많은, 어쩌면 대다수가 그러한 부류에 속하였기 때문일 것이다. 이러한 사실은 또한 신약에서 그들이 권고의 대상자들로 매우 자주 택하여지는 이유를 설명하여 준다(고전 7:21; 엡 6:5,8; 골 3:22–25; 딤전 6:1; 딛 2:9; 참조. *Did.* iv. 11; *Barn*, xix. 7). 1세기의 사회는 경제적으로나 정치적으로 노예제도에 기초하고 있었는데, 직공, 노동자, 하인들과 사무원들뿐 아니라 심지어는 대다수의 선생, 의사 등 대체로 전문적인 직업인들까지도 노예 신분이었다. 법적으로, 그리고 실제로 노예는 주인의 가재(家財)였으며, 그에 대한 주인의 세력은 법률과 관례상 어느 정도 제한되어 있긴 하였지만, 원칙적으로 거의 절대적인 것이었다. 현대의 그리스도인들에게는 이러한 모든 제도가 불쾌하게 보이며, 사도인 성경 저자들이 노예제도 자체를 결코 문제시하거나 비판하지도 않고 노예들을 혹사하고 벌할 주인의 권리에 대해 개탄하지도 않는 것을 발견하고 처음부터 놀라며 충격을 받는다. 예를 들어, 바울은 노예들에게 자신들의 운명을 기꺼이 받아들이도록 습관적으로 권고할 뿐더러(엡 6:5–8; 골 3:22–25), 비록 자유의 기회가 주어진다 하더라도 그들은 여전히 노예로 남아 있기를 택해야만 한다고까지 권고한다(고전 7:21. 역자 주–한글 성경은 "자유롭게 될 수 있거든 그것을 이용하라"[자유하라]로 되어 정반대의 의미이다.

이것은 헬라 원문의 '자유롭게 될 수 있거든' 이 '자유롭게 될 수 있더라도' 라고도 해석될 수 있는 구문이기 때문이다. 이 점에 대해서 학계의 의견이 팽팽하게 맞서고 있는데, 본 주석의 저자는 '자유롭게 될 수 있더라도' 의 뜻으로 해석하고 있다). 저자는 그리스도인 주인들이 노예들에게 공정과 온정과 참된 형제애를 베풀 것을 기대한다(엡 6:9; 골 4:1; 몬 16절). 그러나 저자의 서신들에는 우리가 당시의 스토아 철학에서 되풀이하여 가르쳤던 것으로 알고 있는 인간의 본래적인 평등함에 대해서는 아무런 암시도 없다. 이러한 보수적 경향(노예제도를 옹호하는 경향-역자 주)에 대한 이유는 자주 주장되고 있듯이, 초대교회가 임박해 오는 종말에 몰두해 있었기 때문이거나, 혹은 만일 교회가 사회적인 혁명을 조장한다면 권세자들과의 불화를 초래할 뿐만 아니라 교회 내의 가난한 사람들이 실직을 당하게 되리라는 우려 때문이 아니었다. 그 이유는 차라리, 초기 그리스도인들이 자신들은 그리스도와의 친교를 통하여 다른 사람들과 형제 관계에 들어갔으며, 그 관계 안에서는 이 세상의 일상적인 삶에 실재하는 보통의 사회적 차별은 그 모든 의미를 상실했다고 확신했기 때문이다. 노예제도는 본래 악해질 수 있으며 사실 악한 것이었지만 신약의 저자들은 이 점을 이해하지 못했던 것 같다. 그들은 구속받은 공동체의 윤리에 대해서 기울였던 정도만큼 자연적인 윤리에 대해서 관심을 갖지 않았다.

**[18] 사환들아 범사에 두려워함으로 주인들에게 순종하되 선하고 관용하는 자들에게만 아니라 또한 까다로운 자들에게도 그리하라**

그러므로 저자는 노예들에게, 자신들의 주인들에게 모든 두려움으로(한글 성경은 '범사에 두려워함으로' 이나, 원문을 직역하면 '모든 두려움으로' 이다-역자 주) 순종하라고 명한다. 비록 저자가 그들에게 말을 걸기 위해 사용하는 명사(*οἰκέται* '사환들')가 엄밀하게는 집안일을 맡은 '하인들' 을 의미하지만 여기서 언급되는 사람들은 실제로 노예들이다. 본문에서 동사 *ὑποτασσόμενοι*('순종하되')는 우리가 표준적인 헬라어에서 기대해야 하듯이, 명령법이 아니라 주격 현재분사이다. 이러한 랍비적인 히브리어에 대해서는 1:14의 주해를 보라. 저자는 노예들이 주인들에게 해야 하는 유순한 충성을 완화시키려 하지 않고 있음에 우리는 주목해야 한다. 결과가 가리키듯이 이러한 충성은 잔인한 취급을 유순하게 받아들임을 포함할 뿐만 아니라, 그것은 **선하고 관용하는 주인들에게만 아니라 또한 까다로운**(σκολιοῖς : 문자적으로는 '구부러진', '비뚤어진'. 그러므로 이 말은 비유적으로 '외고집의' 다루기 곤란한 사람들에 대해 쓰인다) **자들에게도** 해당된다. 그러나 저자가 암시하고 있는 동기는 심원하게 신앙적인 것이다. 곧 노예들의 순종은 **모든 두려움으로** 실행되어야 한다. 이것은 주인에 대한 두려움을 의미하지 않으며(사람들에 대한 두려움은 3:14에서 거부되고 있다), 오히려(1:17; 2:17; 3:2에서 '두려워하다' 라는 말을, 그리고 엡 6:5에서의 유사한 명령을 참조하라) 하나님 앞에서 일상적인 일을 수행하면서, 하나님께 바치는 경외와 경의를 의미한다.

**[19] 부당하게 고난을 받아도 하나님을 생각함으로 슬픔을 참으면 이는 아름다우나**

이러한 사상은 다음과 같이 주장되는 본절에서 정교하게 마무리된다. **부당하게 고난을 받아도 하나님을 생각함으로 슬픔을 참으면 이는 아름다운 것이라. 이는 아름답다**는 문자적으로 '이는 은혜이다' 곧 '진정으로 아름다우며, 따라서 하나님의 인정을 받는 행위이다' (다음 20절에서 부연되는 동일한 구를 참조하라)라는 뜻이다. '은혜' (*χάρις*)에 대한, 명백히 바울적인 것과는 매우 다른 이러한 의미에 대해서는(여러 면을 고려해 볼 때, 본절이 반영하는 그리스도의 말씀인) 눅 6:32-34을 참조하라. 성경에서 '은혜' 라는 말은 은혜로운 행위와, 이것(은혜로운 행위)으로 비롯된 찬양이나 감사를 포함할 수 있다.

본절은 고대 세계에서 노예들이 당하였을 무자비한 혹사에 대해 실제적인 시각을 보여 준다. 저자는 그러한 혹사가 노예들에게 '부당할' 수 있다고 인정한다. 이 점에서 저자는, 노예는 주인의 재산이기 때문에 사람이 자기 노예를 아무리 혹사하더라도 부당하다 말할 수 없다고 주장하는 아리스토텔레스(*Eth. Nic.* v. 6. 8f.)와 다르다. 노예들에 대해 좀더 인정스러운 태도가 실제로 널리 퍼져 있었으며, 1세기에는 스토아 철학에 의해 그러한 태도가 장려되었다는 사실도 언급할 수 있다. 그렇다 하더라도 본 서신의 저자는, **하나님을 생각함으로**(헬라 원문의 이 구절을 직역하면 '하나님의 양심 때문에' 가 되며, 그 뜻은 '하나님을 향한 양심 때문에' 이다–역자 주) 자신의 고통스러운 매맞음을 참는 그리스도인 노예를 칭찬한다. 이러한 칭찬할 만한 동기를 강조하는 헬라어 구(*διὰ συνείδησιν Θεοῦ*)는 극히 모호하며, 많은 주석가들을 매우 곤혹스럽게 해 왔다. 중심어(*συνείδησις*, 이 단어는 사도행전, 목회서신과 히브리서에도 나온다)가 신약에서는 보통 영어 'conscience' (양심)에 가까우며, 3:16, 21(해당 절의 주해를 보라)에서도 그러한 의미로 쓰이고 있다. 그러므로 많은 주석가들은 이것이 여기서 이 말의 의미여야 한다고 주장한다. 전통적인 번역인 "하나님을 향한 양심 때문에"(for conscience towards God; AV; RV)와 셀린(E.G. Selwyn)의 더욱 난해한 번역인 "하나님 앞에서의 양심을 위해"(for conscience' sake before God)를 참조하라. 그들의 난제는 **하나님의**(*Θεοῦ*)라고 하는 소유격인데, 이것은 명백히 소유격('하나님의 양심')을 나타낼 수는 없다. 어떤 해석자들은 이를 출처(양심은 하나님에 의해 불어 넣어지는 것으로, 만일 노예가 참을성 있게 견디지 못한다면 그는 불안한 양심을 갖게 될 것이다)를 뜻하는 소유격으로 설명하려 하고, 다른 해석자들은 '내적인 관계에 대한 소유격' 으로 설명하려 한다. (Bengel의 다음과 같은 해석을 참조하라. "비록 사람들을 기쁘게 하지는 못한다 하더라도 그 자체로서 선하며 하나님을 기쁘시게 하는 일들을 행하려는 마음의 의식.") 그러나 이러한 것들은 만족스럽지 못한 해석을 낳는 왜곡된 임기응변적인 조처일 뿐이다.

비록 *συνείδησις*가 '양심' 을 의미한다고 받아들이더라도, 여전히 소유격의 사용이 어색하다는 사실이 일찍이 인정되었으며, 이에 따라 어떤 사본들에서는 *Θεοῦ*('하나님의')와 나란히, 그리고 다른 사본들에서는 *Θεοῦ* 위치에 *καθάρα*('순결한')라는 말을 삽입하게 되었다. 그러나 정확한 해결법은 첫째, 헬라어 용법의 모든 법칙에 따라 여기서 소유격은 목적격일 수도 있다는 것과, 둘째, *συνείδησις*(문자적으로는 '… 와 함께 앎')가 보통은 스스로 공유한 지식(곧 도덕적인 자기 인식, 양심)을 의미하긴 하지만 이것은 또한 다른 사람과 공유하는 지식을 의미할 수도 있다(롬 13:5에서도 거의 틀림없이 그렇다. 참조. TWNT Ⅵ, 914f.)는 것을 인정하는 데 있다. 따라서 이 난해한 구는 여기서 다음과 같이 해석될 수 있다. "자기와 자기 동료 그리스도인들이 하나님의 거룩한 백성으로서 함께 나누는 하나님에 대한 지식 때문에." 그리스도인 노예가 기꺼이 고통을 견디도록 힘을 주는 이러한 지식은 단지 하나님의 존재에 대한 지식이 아니다. 그것은 자기와 하나님과의 모든 관계에 대한 자각과 21절에서 더욱 상세히 설명되듯이, 자기 백성에 대한 하나님의 목적에 대한 통찰을 의미한다.

**[20] 죄가 있어 매를 맞고 참으면 무슨 칭찬이 있으리요 그러나 선을 행함으로 고난을 받고 참으면 이는 하나님 앞에 아름다우니라**

무죄한 고난에 대한 뛰어난 본보기로서 저자는 그리스도를 생각하고 있다. 그러므로 저자는 수사학적인 물음으로, **죄가 있어 매를 맞고 참으면 칭찬이** 전혀 없다는 것을 지적한다. 어떤 뻔뻔스러운 사람들은 매질을 당하고도 동료 노예들에게 자신들의 강인함을 자랑하고 싶어할지도 모르지만, 벌을 받아야만 할 때의 그러한 자랑은 격에 맞지 않는 것이다. '매를 맞다' 라고 번역된 동사(*κολαφίζω*, '주먹으로 치다')는 막 14:65에서 예수님이 재판받으시면서 당했던 구타를 나타낼 때도 사용되었다. 그러나 비록 여기서 저자가 그리스도의 수난을 생각하고 있긴 하지만, 저자가 보통 하는 말에서 이러한 단도직입적인 단어를 택한 것은 그것을 암시하기 위해 의도했던 것은 아닐 것이다. 반면 **올바르게 행하고**(*ἀγαθοποιέω*은 저자가 즐겨 사용하는 동사이다. 2:12의 주해를 보라) **참으면**(3:17에서처럼 여기서와 19절에서 이 말에 '그것을' 〈for it〉이라는 목적어구를 습관적으로 첨가하는 것-흠정역을 참조하라 : 역자 주-은 지나친 것이며, 헬라어가 본래 의미하는 바를 넘어서는 것이다) 가혹한 대우를 받더라도 입장이 전혀 달라진다. 그와 같은 잔혹한 곤경에서의 온유와 인내는 **하나님 보시기에 아름다운** 것이다. 상반절에서처럼 **칭찬**(*κλέος*; '영예', '위신')

이라는 말 대신에 저자는 하반절에서 **아름다운 것**(*χάρις*; 19절에 관한 주해를 보라)이라는 말로 되돌아간다. 사람들은 본래 다른 사람들로부터 명예와 신망을 기대하지만 하나님께 대해서는 그러한 것들이 마치 하나님께로부터 당연히 요구할 수 있는 권리인 양 기대할 수는 없다(롬 4:2). 왜냐하면 선한 것들은 사실 하나님의 은혜의 결과이기 때문이다.

저자는 이제 지금까지 해온 겉보기에 이상한 권고에 대해 보다 깊은 동기를 표명한다. 명백히 부당한 취급을 유순하게 받아들임은 아름답고도 그리스도인다운 것이다. 왜냐하면 바로, 주께서 친히 그러한 방법으로 행하셨을 뿐만 아니라 그리스도인의 소명은 주를 본받는 것이기 때문이다. 그리스도의 가르침에 근거를 두고서(마 8:34) 겸손하시고 고난당하시며 인내하셨던 그리스도에 대한 생각은 주를 따르는 사람들에 대한 모범으로서 초기 기독교 문헌에 깊은 영향을 끼쳤다(예 : 빌 2:5-8; 살전 1:6; 살후 3:5; 히 13:21; *1 Clem.* xvi. 17; Ignatius, Eph. x. 3).

**[21] 이를 위하여 너희가 부르심을 받았으니 그리스도도 너희를 위하여 고난을 받으사 너희에게 본을 끼쳐 그 자취를 따라오게 하려 하셨느니라**

그러므로 저자는 **이를 위하여** 곧 너희가 전혀 혹사를 당할 이유가 없을 때에라도 인내하고 기쁘게 견디기 위해 **너희가 부르심을 받았으니**라고 말할 수 있었던 것이다. 대체로 신약에서 그러하듯이, 여기서 저자가 말하는 부르심이란 그리스도 안에서 하나님의 구원에의 부르심이지만, 2:9; 5:10에서 이 부르심의 목적이 상술되고 있는 것처럼, 여기서도 저자는 부르심의 윤리적인 내용과 목적(다음 절들을 참조하라. 살전 4:7, '부정하게 하심이 아니요 거룩하게 하심' ; 갈 5:13 '자유' ; 고전 7:15; 골 3:15, '평강' )을 상술한다. 그러나 본 문맥은 그의 수신자들의 세례에 대해서 잠깐 동안 암시하고 있다고도 볼 수 있는데, 세례를 통해서 그들의 부르심이 나타났던 것이다.

본 대목(21절 하반절에서 25절까지)에서 저자는 계속하여 자신의 요점을 상세히 진술하는데, 고조된 어조와 운율적인 대구법들을 사용한 것으로 보아, 주로 예배에 사용되는 인용어나 인용문들(유사한 인용구들에 대해서는 1:18–21; 3:18–22을 참조하라)로 이루어졌다는 틀림없는 인상을 지니고 있다. 서언적인 불변화사 **왜냐하면**(ὅτι) 같은 네 번 반복되는 관계대명사, 24절에서 설교적 2인칭 복수 '너희' 로부터 1인칭 복수 '우리' 로의 갑작스러운 변화, 그리고 그 내용들(특히, 엄밀하게 말해서 노예들의 행위와는 관계 없는 주제인, 그리스도의 고난의 대리적인 성격에 대한 강조를 참조하라)이 모두 같은 방향을 가리키고 있다. 어떤 주석가들에 의하면 본 대목 전체는 어떤 찬송가에서 모두 발췌한 것이라고 한다. 그러나 **그리스도께서 친히**(문자적으로는 '그리스도도' : 본절에는 인용 부분이 전혀 없다) **너희를 위하여 고난을 받으셨다**라는 말은 신조(信條, creed)에 등장하는 문구의 색채를 띠고 있으며(예: 3:18; 고전 15:3을 참조하라), 따라서 22–25절에서 전개되는 본문과는 거의 확실히 다르다. 우리는 여기서 어떤 사본들에는 '죽으셨다' (ἀπέθανεν)라 되어 있지만, **고난 받으셨다**(ἔπαθεν)가 더 옳다는 사실에 주목해야 한다. 왜냐하면 비록 이 말이 얼핏 보기엔 덜 정확한 것 같지만, 이것은 (Pap. 72를 포함해서) 더 우수한 사본의 지지를 얻고 있다. 그뿐만 아니라 이 말을 '죽으셨다' 로 바꾼 필사자들이 통례적인 용법(롬 5:6; 8:34; 14:9; 15; 고전 15:3 등)과 일치시키기 위해 첫째, **고난 받으셨다**라는 말이 고난에 관한 논의에 더 적절하다는 것과, 둘째, 사도 시대의 관용어(예: 막 8:31; 눅 22:15; 행 18:3; 히 13:12)에서 주의 '고난' 이 그의 죽으심을 포함하는 것으로 이해될 수 있다는 것을 간파하지 못했기 때문이다. 이와 비슷하게 많은 사본들과 역본들은 전통적인 공식에 영향받아 '우리를 위하여' 라 되어 있다. 본래의 신앙 고백에는 '우리의' (our)라는 말로 되어 있었을 것이다. 그러나 여전히 권고의 의도를 지니고 있는 저자가 본 인용문을 직접 수신자들에게 적용시키기 위해서 이를 정정하였을 것으로 보인다. 저자가 그리스도의 수난이 **너희를 위한** 것임을 상기시킨 것은 의심할 바 없이 그리스도를 본받아야 함에 대한 새롭고도 더 근원적인 동기를 제시하기 위함이지만, 이를 과도하게 강조하는 것은 잘못이다. 본 구절은 어떤 특별한 방법으로 그리스도의 고난의 대리적인 측면을 강조하기 위해 채택된 것이 아니라, 본래 그 구절을 인용한 총체적인 신조문(信條文)의 한 부분이었기 때문에 그것만 따로 생략할 수 없었기 때문이다.

다음 구인 **너희에게 본을 끼쳐 그 자취를 따라오게 하려 하셨느니라**는 명백히 신조문의 단편에 속하지 않으며, 뒤따라오는 찬송가로부터 발췌한 것도 아니다. 이것은 저자가, 본 내용과 꼭 들어맞지는 않지만 생생한 한 쌍의 은유를 사용하여 자신의 말을 납득시키기 위해 끼워 넣은 주석이다. '본' (example)이라고 흔히 번역되는 단어는 용례가 드문 헬라어 단어 *ὑπογραμμός*(2 Macc. ii:28에서 처음 발견되며, 그리스도에 대해서 사용된 예로는 *1 Clem.* xvi. 17절을 참조하라)와 처음 비교했을 때는 특색이 없어 보이지만, 그 '본' 에 집착하고 있는 생도들의 모습을 연상시킨다. 플라톤(*Prot.* 326d, 같은 어원의 동사)과 알렉산드리아의 클레멘트(*Strom.* v. 8. 49)에 따라 판단할 때, 이 명사는 본래 알파벳을 배우는 아이들이 그 글자들의 테두리를 따라 베끼는 것을 의미하였다. 이 같은 사실로부터 이 단어는 그것을 따르는 생도 이미지와 함께 대체로 모형(pattern)이나 모범(model)을 의미하게 되었다. 그러므로 **그의 자취를 따르라**라는 말이 가져다 주는 이미지(롬 4:12; 고후 12:18을 참조하라)도 활기 없는 영어 표현인 '그의 발걸음을 따르라' ('follow in his steps.' 예: RSV; NEB)보다는 훨씬 더 활기 있는 것이다. 헬라어 *ἴχνος*는 실제적인 발자국(footprint, 예컨대 사냥꾼이 쫓는 짐승의 발자국)을 의미하며, 복수로는 그러한 발자국에 의한 진로(line)를 의미한다. 곧 어떤 사람의 발자국을 따라간다는 것은 그가 가고 있는 방향으로 전진하는 것이다. 따라서 여기서 저자는 사환들이 그가 지금 요약하고 있는 그리스도의 수난의 모든 세부적인 경험들을 재현해야 한다고 호소하는 것이 아니다. 그리스도께서 **너희를 위하여 고난을 받으셨기** 때문에, 곧 우리의 죄를 담당하셨기 때문에 그러한 것은 어떠한 경우에도 배제된다. 오히려 저자는, 노예들이 고난받을 것과 아무 이유 없이 고난받을 것까지 예상해야 하며, 그럴지라도 아무런 불평 없이 고난을 받아들일 준비가 되어 있어야 한다고 말하는 것이다.

이 간결한 삽입구 후에 저자는 인용문(22-25절)으로 되돌아간다. 본절들은 예배문(liturgical text)으로서, 아마도 거의 모두가 이사야의 종의 노래(사 52:13–53:12) 중 네 번째 것으로부터 발췌했거나 그것에 대한 회고문으로 이루어진 찬가일 것인데, 저자는 이를 그의 독자들의 상황에 적용시킨다. 따라서 저자는 다음과 같이 시작한다.

**[22] 그는 죄를 범하지 아니하시고 그 입에 거짓도 없으시며**

본문은 사 53:9을 거의 문자적으로 인용하고 있으며 다음 절들에서처럼 여기에서는 그리스도의 수난이 여호와의 종(the Servant of the Lord–이는 곧 그리스도와 동일시되고 있다)에 대한 위대한 묘사에 비추어 해석된다. 여기서 (교부들에게서 종종 발견되는 : 예. Eusebius, *Dem. Ev.* i. 10. 16), 70인역과의 주된(어쩌면 유일한) 차이는 '불법' (ἀνομίαν)을 죄(ἁμαρτίαν)로 대치한 것이다. 만일 이것이 의도적인 것이라면 이것은 실로, 하나님께 대하여 그리스도께서 무죄하심을 명백하게 나타낸다. 원문에서는 여호와의 종이 다른 인간들에 대하여 무죄한 것으로 묘사된다. 저자는 앞서 그리스도의 결백을 암시하였는데(1:19), 바울 또한 이를 의심할 여지가 없는 것으로 생각하였다(고후 5:21, 이것은 그 두 구절이 동일한 찬송가에서 유래된 것임을 반영한다). 또한 요 8:46; 히 7:26; 요일 3:5도 그렇다. 하여튼 이 말은 혹사를 당하는 노예들이 무죄를 주장하고 싶어질 때, 그들에게 선지자 이시야가 그 고난을 예견했던, 그들의 주시며 여호와 하나님의 종이신 그리스도께서는 더욱 죄가 없으셨다는 것을 인상적으로 상기시켜준다.

저자는 화제를 그리스도의 성품으로부터 그의 태도로 전향하여, 다시 박해자들에 대한 그의 수신자들의 반응을 염두에 두고 다음과 같이 상기시킨다.

**[23] [그는] 욕을 당하시되 맞대어 욕하지 아니하시고 고난을 당하시되 위협하지 아니하시고 오직 공의로 심판하시는 이에게 [소송(his cause)을] 부탁하시며**(Kelly의 사역[私譯])

어떤 해석자들(예. R. Bultmann)에 의하면 본절은 그리스도의 수난에서 너무나 정확히 실제적인 사건들을 재현하고 있기 때문에 인용된 본문(사 53:7)의 일부가 될 수 없으며, 이것은 본 서신의 저자가 자신의 설교를 삽입한 것임에 틀림없다고 한다. 그러나 도입의 역할을 해주는 어구인 **그는**뿐만 아니라 본절의 신중한 대조 구문은 본절이 예배식과 관련이 있으며, 이사야서의 본문을 적합하게 통합한 것임을 보여 준다. 여기서 첫 두 구절은 어떠한 의미에서도 인용절이 아니다. 이것은 사 53:7("그가 곤욕을 당하여 괴로울 때에도 입을 열지 아니하였음이여 … 털 깎는 자 앞에서 잠잠한 양같이 그의 입을 열지 아니하였도다")에서의 종에 대한 감동적인 묘사에 영감을 받은 것 같으며, 그 세부적인 것은 예수께서 받으신 대우(그에 대한 모욕에 대해서는 막 14:65; 15:17-20; 29-32: 그의 잠잠함에 대해서는 막 14:61; 15:5; 눅 23:9을 참조하라)를 회고한 것에 기초해서 수정한 것 같다. 셋째 구절의 **부탁하셨다**(*παρεδίδου*)는 사 53:6, 12에 의해 암시된다. 어떤 해석자들은 여기서 십자가 위에서의 부르짖음(눅 23:46)에 대한 반향을 발견하지만, 헬라어 본문에는 없으나 동사('부탁하셨다')에 함축된 목적어를 '자신'('him- self'; AV; RV)보다는 **그의 소송**(his cause)으로 보는 것이 바람직하다. 이와 유사한 관용 표현에 대해서는 렘 11:20; Josephus, *Ant*, iv. 33; vii. 199를 참조하라. 여기에서의 요점은 주님은 자신의 운명을 염려하고 계셨다는 것이 아니다. 주께서 비록 자신의 의를 확신하고 계셨지만, 원수들에 대해 친히 행동을 취하기보다는 자기 의에 대한 변호를 하나님께 맡기기로 하셨다는 것이다. 오해와 잔혹함에 의해 절망에 이른 노예들 또한, 하나님은 공의로 심판하신다는 믿음으로 자신들의 행위에 대한 변호를 하나님께 맡겨야만 한다. 그리스도인은 보복해서는 안 되며, 심판은 하나님께 속해 있으므로 문제들을 하나님의 손에 부탁해야만 한다는 사상은 원시 교리문답서(예. 3:9; 롬 12:17-20; 살전 5:15; 베드로전서에 근거를 둔 Polycarp의 *Phil*. ii)에서 흔히 발견되는 요소이다.

**공의로**(justly, *δικαίως*) 대신에 '부당하게'(*ἄδικος*, 라틴어-injuste)라는 표현을 사용한 것은 주목할 만하다. 이것은 벌게이트 역본에는 나오지만 헬라어 사본에는 아무 곳에도 나오지 않는다. 그러나 알렉산드리아의 클레멘트(Clement of Alexandria)와 키프리안(Cyprian)에 의해 입증되었음을 보아 이것은 매우 고대의 것임을 알 수 있다. 그리스도 자신을 내어준 불의한 심판자는 빌라도인데, 그러한 독법은 본절을 더욱 밀접하게 그리스도의 수난에 대한 기록에 비유하려는 시도를 나타낸다.

**[24] 친히 나무에 달려 그 몸으로 우리 죄를 담당하셨으니 이는 우리로 죄에 대하여 죽고 의에 대하여 살게 하려 하심이라 그가 채찍에 맞음으로 너희는 나음을 얻었나니**

본 인용절은 21절 이하에서의 그리스도의 희생적인 죽으심에 대한 언급을 들어 부연하고, 부수적으로는 노예뿐 아니라 모든 인류에게로 확장시킴으로써 '종의 노래'(the Servant Song)와 직접적인 접촉을 다시 계속한다. (결국 본절은 본래 고려 중인 노예들의 특별한 필요에 맞게 구성되지는 않았다.) 따라서 **친히 나무에 달려 그 몸으로 우리 죄를 담당하셨으니**는 적절한 변화로, 그 종이 "많은 사람의 죄를 담당하셨다"고 진술하는 사 53:12을 재현한다. 이 주제는 사실 후렴처럼(특히 사 53:4, "그는 우리의 죄(질고)를 지고 우리를 위해 고난을 당하신다"를 참조하라) 종에 대한 노래 전체에 미친다. **나무**라 번역된 말(*ξύλον*)은 사도행전(5:30; 10:39; 13:29)과 신 21:23(여기에서는 '교수대'를 의미한다)을 인용하는 갈 3:13에서 언급되는 십자가(정확하게는 베드로전서에서는 발견되지 않는 말인 *σταυρός*)에 대한 고풍스러운 표현이다. 고전 헬라어와 신 21:22에서 이것은 범인들에 대한 형벌과 관계되었으며, 이것이 십자가 처형에 적용될 때에는 이미 속죄에 대한 신학을 내포하였다.

이 구절의 해석에 대해서는 주석가들의 견해가 나뉘어 있다. 많은 주석가들은 동사 *ἀναφέρω*(2:5을 참조하라)이 70인역(예 : 레 14:20)에서 보통 제물을 제단으로 가져오는 것에 대해 사용된다는 것과, **나무**(목적격) 앞에 오는 전치사는 *ἐπί*인데 이것은 목적격과 함께 쓰일 때 진행 중인 동작을 의미한다는 점을 지적하면서 "우리 죄를 자기 몸에 지고 나무로 운반해 왔다"(carried up our sins in his body to the tree: RV, RSV, NEB)와 같은 역을 지지한다. 그러나 제단으로서의 십자가에 대한 관념이 신약에서는 (심지어 히 13:10까지도) 부재하며, 한편 제단 위에 놓여져 거기서 죽게 된다는 죄에 대한 관념이 구약의 죄 개념과 일치하기란 불가능하다.

다른 주석가들은 여기서 저자가 대제사장이 대속죄일(the Day of Atonement)에 백성의 죄를 그 머리 위에 놓는 속죄 염소(레 14장)의 이미지를 마음에 품고 있으며, 그리스도께서도 이와 유사한 방법으로 우리의 죄를 자신의 머리 위에 짊어지신 것으로 이해하고 있다고 해석한다. 속죄 염소의 이미지가 본절에도 어느 정도 적용될지도 모르는데, 이는 비록 그 속죄 염소를 죽이지 않고 들로 내몰기는 했지만 본문의 주된 사상도 죄의 제거이기 때문이다. 위에서 언급한 번역은 의심할 여지 없이 구약의 제사 제도로부터 여러 가지 요소를 가미시킨 것이긴 하지만, 전체적으로 볼 때 그것은 참된 해석을 시사한다. 그리고 ἐπί가 지니고 있는 난점도 사실은 다음과 같은 이유에서 과장되어 온 것이다.

첫째, 이것의 엄밀한 고전적인 용법이 후기 헬라어(예 : 우리가 속격들을 기대해야 하는 곳에서 목적격을 갖고 있는 마 14:25; 계 13:1)에서 와해되고 있었기 때문이다. 둘째, 여기서 (나무에) **달려**의 개념, 곧 진행 중인 동작의 개념은 하여튼 **나무에**(on the tree)라는 말에 잠재해 있기 때문에 사 53:12에서처럼 여기서 "죄를 담당하셨으니"는 (우리의) 죄에 대해 책임을 지고 그것으로 인하여 벌을 받으심으로써 죄의 제거를 확실하게 하셨음을 의미한다. 이것은 70인역에서 이 말과 유사한 표현들이 갖고 있는 의미(예 : 출 28:43; 레 24:15; 민 14:33)와 일치한다. 앞서 언급하였듯이 **우리**(our)라는 단어로 볼 때, 본절은 당시의 그리스도인 공동체에서 일반적으로 사용되던 예배식에 관한 문구임이 확실하다. **그 몸으로**라는 말은 그리스도께서 자신의 행위를 우리와 인성을 공유한 한 인간으로서 행하셨다는 것을 의미한다. 여기서 함축적인 가르침은 그리스도의 고난과 죽으심은 대속적인 것이었다는 것이다. 곧 그리스도는 우리의 대표자로서, **우리가 죄**로 인해 받아야만 했던 벌을 받으셨다.

그리스도의 죽으심의 또 다른 목적은 죄의 용서와 면제에 의해서가 아니라 죄의 포기(abandonment)라는 말로 규정된다. 곧 그리스도의 구원 행위는 윤리적인 갱신에 대한 도전이다. 그리스도가 고난당하셨으니 **이는 우리로 죄와 관계를 끊고**(having broken with our sins) **의에 대하여 살게 하려 하심이라.** 많은 번역들은(예 : RV; RSV) 바울 신학의 영향(예 : 롬 6:10)을 받아 "죄에 대하여 죽고"(having died to sins)라고 번역한다. 그러나 여기에 사용된 동사(ἀπογίνομαι)가 적절한 문맥에서는 '죽다'를 의미할 수 있지만 이것의 본래적이며 자연스러운 의미는 '…에서 떠나다'(be away from), '…와 아무런 관계가 없다'(have no part in), '…을 그만두다'(cease from)이다. 다음에 오는 **살다**(live)라는 동사로 미루어 볼 때 여기서 죽는다는 의미는 내재적인 것이며, 본문은 이를 바울이 하는 것과 같이 강경한 방법으로 제시하지는 않는다. 본절에 담겨 있는 사상은 바울이 롬 4장에서 펼친 중요한 개념들과 명백한 유사성을 갖고 있지만, 바울의 개념과는 다르게 독자적으로 표명되고 있으며, 그 깊이에 있어서도 덜 심오하다. 본 서신에서는 특히 세례를 통한 그리스도와의 신비스런 연합과 그리스도와 함께하는 죽음에 대한 뚜렷하게 바울적인 신학만을 어렴풋이 식별할 수 있다(4:1의 주해를 보라). 여기서 의는 3:14에서처럼 그리스도인들에게 기대되는 높은 수준의 윤리 행위를 의미한다. 여기서 가르치는 교훈은 그리스도께서 우리의 죄에 대한 벌을 대신 받으셨으므로 우리의 과거의 행실을 포기하고 남은 삶을 새로운 방향으로 전환하는 것이 우리의 의무라는 것이다.

**[25] 너희가 전에는 양과 같이 길을 잃었더니 이제는 너희 영혼의 목자와 감독 되신 이에게 돌아왔느니라**

찬미 혹은 예배를 위한 발췌문은 다시금 다음과 같은 사 53장의 인용문으로 끝맺는다. **그가 채찍에 맞음으로 너희는 나음을 얻었도다. 너희가 전에는 양과 같이 길을 잃었더니.** 선지자 이사야는 여호와의 종에 대해서 다음과 같이 기록하였다. "그가 채찍에 맞으므로 우리는 나음을 받았도다 우리는 다 양 같아서 그릇 행하여"(사 53:5하–6상). 원문에서는 사 53:5 이하에서처럼 1인칭 복수 '우리'가 사용된 것으로 보인다. 그런데 여기서 저자는 메시지를 자기가 특별히 말을 걸고 있는 노예들에게 적용시키기 위해 2인칭을 대용하였다. 이사야가 구사한 이미지는 그들(본 서신의 수신자 중 노예들–역자 주)의 이러한 상황과 적절하게 관련되는데, 이는 노예들이 상처를 자주 경험했을 것이기 때문이다. 여기서 상처($\mu\acute{\omega}\lambda\omega\psi$)는 주먹이나 채찍에 의한 강타로 남겨진 자국이나 변색된 돌출부를 의미하였다. 하나님의 아들 자신이 그러한 잔인한 가해를 참을성 있게 견디셨다는 것을 상기시켜 줌으로써 노예들을 위로하고 격려한다. 그러나 더욱 심원한 주장은 찬미 자체의 주요한 주제인 그리스도의 수난은 대리적으로 유익하다는 것이다. 그리스도의 고난의 결과로 죄인들이 **나음을 얻었다**. 곧 그들의 죄가 가한 상처로부터 회복하였다.

위에서처럼 다음 절들에서도 인용된 본문은 1인칭으로 되어 있어야 했지만, 저자는 그 말을 직접 그의 수신자들에게 적용시키기 위해서 1인칭을 2인칭으로 바꾸었다. 그리스도를 그리스도인들의 구주와 변호인으로서 생생하게 개괄적으로 묘사하는 것에 덧붙여, 여기에서와 같이 수정된 본절은 소아시아 그리스도인들의 이교도적인 과거에 대해 계시적인 암시를 내포하고 있다. 그들이 **양과 같이 길을 잃었다**는 것은 그들이 전에는 이교도들이었다는 것을 의미하는 데 반하여, 그들이 **이제는 영혼의 목자와 보호자에게 돌아왔다**는 사실은 그들의 개종을 가리킨다. 그러나 이 말의 수된 요점은 그늘이 어떠한 시련과 곤경에 직면한다 하더라도 그리스도 안에서 신뢰할 수 있는 보호자를 갖게 되었음을 그들에게 확신시켜 주는 것이다.

뿔뿔이 흩어졌거나 목자가 없는 양의 은유는 미혹되고 좌절하거나 지도자가 없게 되었을 때의(예 : 민 27:17; 왕상 22:17; 시 119:76; 렘 1:6) 이스라엘에 늘상 적용되었고, 이렇게 목자와 같이 자기 백성을 돌보시는 하나님께 대한 묘사가 구약의 모든 부분에 나온다(예 : 창 48:15; 시 23편; 사 4:11). 그러나 이러한 비유적 표현은 예레미야로부터 시작하여 메시아적인 색채를 띠게 된다. 렘 23:3–6; 31:10; 겔 34:23(내가 한 목자, 내 종 다윗을 그들의 위에 세우리니 그가 그들을 먹이리라. "내가 한 목자를 그들 위에 세워 먹이게 하리니 그는 내 종 다윗이라. 그가 그들을 먹이고"–한글 성경) ; 37:24을 참조하라. 본절에서 **목자**가 그리스도를 의미한다는 것은 의심의 여지가 없다(5:4에서의 '목자장'을 참조하라). 그리스도인의 기도와 기독교 미술(로마의 카타콤 내의 그림들 및 선한 목자를 나타내는 초기 모자이크와 조각들을 참조하라)에서 매우 독창적으로 활용된 이 명칭이 공관복음서에서는 그리스도에게 직접 적용되지 않으며, 베드로전서를 제외하면 오직 요 10:11 이하; 히 13:20; 계 7:7에서만 발견된다. 그러나 요한의 이러한 명칭 사용뿐 아니라 마 10:6; 15:24(겔 34장을 참조하라); 25:32; 막 14:27(슥 13:7을 참조하라)에 내포되어 있는 암시들은 예수께서 자신에 대해 구약에서의 메시아적인 의미로 말씀하셨다는 것을 시사한다. 그 이상의 설명에 대해서는 TWNT Ⅵ. 486-698을 보라.

자기 백성을 통치하는 것(예 : 마 2:6에 인용된 미 5:2)을 포함하는 **목자**로서의 그리스도의 역할은 이('목자')에 수반하는 **너희 영혼의 보호자**라는 말에 의해 그 독자들의 상황에 더욱 밀접하게 관련되어 있다. '너희 자신'과 같은 뜻인 **영혼들**에 대해서는 1:9에 관한 주해를 보라. 보호자(Guardian)라 번역된 명사(*ἐπισκόποις*)는 교회의 주요 성직자들('감독들')을 가리키는 전문적인 용어가 되었으며, 바울의 공동체들 중 일부에서도 이미 그와 같은 의미로 사용되었다(빌 1:1). 이 명사가 밀레도의 장로들에 대한 바울의 인사말에서 (양들을) '치다'(shepherd)라는 동사와 함께 사용되고 있음(행 20:28)은 흥미로운 일이다. 여기서 이 명사는 교회적인 색채를 띠고 있지 않고, 본래의 뜻, 곧 '감시하고 지키고 보호하는 자'(같은 어원의 동사 *ἐπισκέπτεσθαι*를 참조하라)라는 의미를 보유하고 있다. 70인역(욥 20:29; 잠 1:6)에서 하나님은 *ἐπίσκοπος*로 묘사되는데 비하여, 필로(Philo)는 하나님을 '감독'(*ἔφορος*)과 *ἐπίσκοπος* (*De Mut, Nom.* 216), 그리고 '우주의 *ἐπίσκοπος*' (*De Somn.* i. 91)라 부른다.

설교적인 어조, 그리고 독자들의 개종과 그들의 고난에 대해 변호해 줄 분을 긴급히 필요로 함을 명백하게 암시해 주는 25절 하반절이 인용 찬가에 속한다는 것은 별로 타당성이 없다. 이 하반절에서 가장 흥미로운 면은, 아마 이것이 구체적으로 표현하고 있으며 본 서신의 저자가 자신의 것으로 구성하는 '종 기독론' (the Servant Christology)일 것이다. 공관복음서 기자들에 의하면(특히, 막 10:45; 14:24; 눅 22:37; 막 1:11을 참조하라), 예수께서는 종에 대한 비유를 자기의 임무에 대한 해석에 관련시키셨다. 신약 학자들은 이러한 전통에 대해 매우 다른 평가를 해 왔으며, 더욱 회의적인 것은 그들이 본 구절을 그리스도의 수난의 성경적인 이유를 밝히려는 최초의 시도로 간주한다는 것이다. 그리고 다른 학자들은 본 구절을 확실한 근거가 있을뿐더러 전적으로 믿을 만한 회상이라고 주장한다.

이 같은 견해에 대한 우리의 판단이 어떠한 것이든, 우리는 여기서 잠시 널리 보급되었지만 곧 중단되었던 매우 고전적인 형식의 기독론을 접하게 된다. 예수는 행 3:13; 26; 4:27; 30에서 실제로 '하나님의 종' (*παῖς* : 70인역에서의 단어)이라 불린다. 한편 행 8:32에서는 사 53:7이 그리스도의 인격과 죽으심에 대한 해결의 열쇠로 인용된다. 바울 자신은 그러한 개념을 사용하고 있지 않지만 그가 사용하는 신조문(信條文) 형식들이나 찬가들(롬 4:25; 고전 15:3; 빌 2:5-11)에는 그러한 개념이 반영되어 있다.

이러한 개념의 영향을 신약의 다른 데, 곧 마 8:16; 히 9:28에서도 발견할 수 있으며 이것은 일찍이 예배의식에 사용되었다(Did. ix. 2f.; x. 2f.; *1 Clem.* xvi. 3-14). 종 기독론은 팔레스타인의 기원에서 유래했을 가능성이 높은데, 이는 기독교 이전 시대에 팔레스타인의 유대인 집단들이 사 42:1 이하의 절들과 52:13 이하의 절들을 메시아적으로 해석하고 있었다는 증거에 의해 확인된다(TWNT V. 685-698을 보라). 비록 의인들이 받은 고난의 속죄적인 효력이 후기 유대교에서 인정되긴 하였지만, 이러한 해석이 사 53장에서 묘사되는 종의 고난에까지 확대되지는 않았다. 사 53장은 기독교 신앙으로 하여금, 그 선지자의 예언이 메시아에게서 성취되었다는 것을 지각할 수 있게 하였다.

# 제 3 장

## 8. 결혼한 사람들에 대한 권고 3:1-7

3:1-7

1 아내들아 이와 같이 자기 남편에게 순종하라 이는 혹 말씀을 순종하지 않는 자라도
말로 말미암지 않고 그 아내의 행실로 말미암아 구원을 받게 하려 함이니 2 너희의 두
려워하며 정결한 행실을 봄이라 3 너희의 단장은 머리를 꾸미고 금을 차고 아름다운 옷
을 입는 외모로 하지 말고 4 오직 마음에 숨은 사람을 온유하고 안정한 심령의 썩지 아
니할 것으로 하라 이는 하나님 앞에 값진 것이니라 5 전에 하나님께 소망을 두었던 거
룩한 부녀들도 이와 같이 자기 남편에게 순종함으로 자기를 단장하였나니 6 사라가 아
브라함을 주라 칭하여 순종한 것 같이 너희는 선을 행하고 아무 두려운 일에도 놀라지
아니하면 그의 딸이 된 것이니라 7 남편들아 이와 같이 지식을 따라 너희 아내와 동거
하고 그를 더 연약한 그릇이요 또 생명의 은혜를 함께 이어받을 자로 알아 귀히 여기라
이는 너희 기도가 막히지 아니하게 하려 함이라

1 이와 같이 아내들은 남편에게 순종하십시오. 그러면 하나님을 멀리하고 그 말씀에 귀
를 기울이지 않던 남편들도 아내의 순종하는 모습에 의해 하나님을 믿게 될 것입니다.
억지로 설득하려는 백 마디 말보다 온전한 행동이 남편을 감동시킬 것입니다. 2 남편들
은 여러분이 하나님을 경외하며 깨끗하게 살아가는 것을 지켜 보고 있습니다. 3 화려한
옷이나 보석을 걸치거나, 머리 치장을 한다고 여러분이 아름답게 보이는 것은 아닙니
다. 4 진정한 아름다움은 내면의 아름다움에서 나오는 것입니다. 온유하고 정숙한 마음
을 가진 사람이 정말 아름다운 사람입니다. 이러한 아름다움은 없어지지도 않으며, 하
나님께서도 귀하게 보시는 것입니다. 5 전에 하나님을 경외하며 순종했던 믿음의 여인
들이 이러했습니다. 그들은 외모보다 내면을 아름답게 꾸몄고, 남편의 권위에 순종하
였습니다. 6 아브라함의 아내 사라는 남편을 주인이라 부르며 복종했습니다. 여러분도
바르게 행동하고 두려워할 것이 없으면, 사라처럼 아름다운 그녀의 후손이 될 것입니
다. 7 마찬가지로 남편들도 아내를 잘 이해하고 돌보아 주며 살아가십시오. 아내를 존
중해 주시기 바랍니다. 아내는 남편인 여러분보다 더 연약합니다. 그러나 하나님께서
는 여러분에게 주시는 것과 똑같은 은혜인 참생명을 아내들에게도 주셨습니다. 아내를
소중히 대함으로써 여러분의 기도가 막히지 않도록 하십시오. _아가페 쉬운성경

가정 생활을 위한 교훈은 가정의 규율에서 일반적이었다(엡 5:22-6:4; 골 3:18-21; 딤전 2:8-15). 앞에서 논의된 노예들에 대한 권고와 같이 본문에 채택된 전통적인 자료도 소아시아의 실정에 맞도록 수정되었다. 권고의 대상으로 먼저 아내들을 택한 까닭은 권고의 순서가 상승적(노예들, 아내들, 남편들, 공동체)이기 때문이다. 본문에서 훨씬 많은 부분을 아내들에 대한 권고로 할당한 것은 아시아 교회 구성원들의 큰 부분을 여인들이 차지하고 있었기 때문이며, 또한 그들 중 많은 이들이 이교도인 남편과 살고 있음으로써 야기되는 특별한 문제들 때문이었다.

아내들에 대한 저자의 태도는 노예들(한글 성경-'사환들')에 대한 태도와 마찬가지로 보수적이며, 남편과 아내의 상대적인 지위가 기독교 신앙에 의해 근본적으로 변한 것으로 간주하는 어떠한 암시도 주고 있지 않다.

**[1] 아내들아 이와 같이 자기 남편에게 순종하라 이는 혹 말씀을 순종하지 않는 자라도 말로 말미암지 않고 그 아내의 행실로 말미암아 구원을 받게 하려 함이니**

이 도입구는 아내들이 마땅히 표해야 할 순종이 노예들의 순종과 같다는 것을 의도하려는 것은 아니다. 부사 *ὁμοίως*(이와 같이)는 7절에서 사용된 것처럼 2:13로 논제를 환원하는 역할을 하고 있다. 따라서 아내가 남편에게 복종해야 한다는 가부장적 원리는 인간의 관습상의 문제가 아니라 창조주 하나님이 설정하신 질서라는 것을 뜻한다. 전반적으로 신약 저자들도 동일하게 기록하고 있다(예. 고전 11:3). 이 원리는 남편이 이교도인 경우에도 똑같이 적용된다는 것을 저자는 인정한다. 이 말을 보충하여 저자는 남성과 여성 모두가 하나님께서 부여하시는 새 생명의 복을 차별없이 공유한다는 것을 명백히 하는데(7절), 이것은 그리스도로 옷 입은 자들에게 있어서는 영적 차원에서 성의 구별이 철폐되었다고 바울이 확언한 것과 같다(갈 3:28). 2:18(주해를 보라)과 3:7에서처럼, 동사 *ὑποτασσόμεναι*(순종하라)는 명령형으로 사용된 현재분사이다. 헬라어 본문에는 형용사 *ἰδίοις*(자신의)가 남편 앞에 나오는데(5절에서도 그렇다), 이 위치에서는 본래의 의미를 상실하였으므로 이 형용사에 어떤 특별한 의미를 부여하지 않는 것이 좋다.

배우자에 대한 순종의 특별한 동기로서, 저자는 이교도 남편에게 신앙을 권하는 데 순종이 도움을 줄 수 있다는 점을 지적한다. 소아시아 교회들에는 **말씀을 순종하지 않는** 사람들, 즉 신앙을 지닌 가족이나 자기 집을 방문하는 공식적인 교사들이나 자기 아내와 함께 참석했던 집회의 설교 등을 통해 선포되는 복음 메시지에 순종하지 않는 사람들이 많았다(2:8의 주해를 보라). 그러한 사람들은 **말로 말미암지 않고**, 곧 어떤 말에 의한 주장 없이 **그들의 아내의 행실에 의해 설득될지도 모른다**고 저자는 주장한다. "말로 하지 않고"(without the word)라는 번역(AV와 RV. 그러나 RSV와 NEB는 이렇게 번역하지 않는다)은 명백히 잘못된 것이다. 저자는 그들이 회심하는 데 있어서 복음의 역할을 문제시하고 있는 것이 아니다. 물론 복음이 회심의 수단이 되어야만 하지만, 어떤 경우에는 그리스도인의 설득력 있는 무언의 행위가 회심의 가장 효력 있는 매체가 된다. 헬라어 분문에서 앞에 나오는 **말씀**에는 정관사가 있고(곧, 말씀-역자) 후에 나오는 말 앞에는 정관사가 없는 것(곧, '말' -역자)은 표현상의 다양성을 의도한 것임을 확증해 준다. '설득하다' (win over-한글 성경에는 '구원을 받게 하다'로 번역되어 있음-역자 주)로 번역된 동사(κερδαίνω)는 문자적으로는 '획득하다', '이익을 보다' (약 4:13)를 의미한다. 이것이 실제로는 '구원하다' 와 같은 뜻인 '그리스도인이 되게 하다' 를 의미하는 전도 용어로서, 고전 9:19-22에서 다섯 번 나온다.

크리소스톰은 "교육을 위해서는 행동이 말보다 더욱 힘이 있다"(Action carries more weight than speech. *Hom. in Heb.* xix. 1)고 말한다. (또한 Philo, *De Ios.* 86을 참조하라.) 그러나 이에 반해 모니카가 어거스틴의 아버지 파트리시우스(Patricius)에게 끼친 영향에 대한 어거스틴의 기사(*Conf.* ix. 19-22. "그녀는 자기 남편을 주인(master)으로 섬겼사오며, 그를 구원하기 위해서라면 자신이 할 수 있는 모든 일을 하였고, 주께서 그녀를 아름답게 만드신 바로 그 행실로써 그에게 주님께 관해 말하였나이다. … 마침내 남편이 인생의 마지막에 이르렀을 때, 그녀는 당신을 위해 그를 얻었나이다")는 아내가 호소해야 할 필요성에 관한 가장 적절한 실례를 제공하여 준다. 다음 절에서, 저자는 본절에 관한 오해의 여지가 없도록 분명한 말로 설명한다.

**[2] 너희의 두려워하며 정결한 행실을 봄이라**

행실(ἀναστροφη에 대해서는 1:15에 관한 주해를 보라)을 **주목할 때**(한글 성경-행실을 봄이라)라는 구절에서 …을 **주목하다**(take note of)에 대해서는 2:12의 주해를 보라. 이 동사(ἐποπτεύω '주목하다')가 신비종교에서 얻어 온 어떤 전문적인 의미를 갖고 있다는 암시는, 2:12에서 그러하였듯이 본절에도 없다. 원문에서 **두려워하며**는 **정결한(경건한) 행실**을 수식하는 전치사구(ἐνφόβῳ '두려움으로')로 되어 있다(역자 주-영어 성경에는 your reverent, pure behaviour로 되어 있다). 이 말이 그리스도인 아내들에게 남편을 무서워해야 한다고 가르치는 것은 분명히 아니며, '경건한 두려움' (godly fear 1:17을 참조하라)이 그들의 삶의 주요 동기가 되어야 한다는 것을 의미한다. 남편들이 아내에게서 흠잡을 데 없는(물론 ἁγνός, 곧 **정결한**은 '순결한' 을 의미할 수 있지만, 성적인 순결에 한정되지 않으며, 빌 4:8; 딤전 5:22; 딛 2:5; 약 3:17; 요일 3:13 등의 구절에서 볼 수 있듯이 보다 넓은 뜻을 갖고 있다) 행실을 볼 때, 남편들은 그러한 행위를 유발시키시는 하나님의 은혜를 인정하게 될 것이다.

다음으로 저자는, 그리스도인 여인들은 외양보다는 인격의 아름다움에 대해서 더 관심을 가져야 한다고 주장한다.

**[3] 너희의 단장은 머리를 꾸미고 금을 차고 아름다운 옷을 입는 외모로 하지 말고**

거의 모든 세대의 윤리 학자들은 천박한 여인들이 화려한 옷, 머리 장식, 장신구 등에 몰두하는 것을 신랄히 비난해 왔다. 다음을 참조하라. 사 3:18-24(통렬하고도 상세히 열거된 고발) ; Test. Reub. v. 5("외적인 장식은 사기이다") ; Philo, *De Virt.* 39f.; Plutarch, *Mor.* 141e("여인을 장식하여 그녀를 더욱 단정하게 하는 것은 금이나 에메랄드나 화려한 옷이 아니라, 존엄과 선행과 겸양으로 옷 입는 것이다"); Epictetus, *Ench.* 40;

Seneca, *De Ben*. vii. 9. 머리 모양, 화장, 화려한 옷과 장신구 등에 공을 들였다는 것은, 1-2세기의 문학과 미술에 의해 생생하게 입증된다. 본절과 가장 유사한 딤전 2:9의 권고는, 두 절(딤전 2:9과 벧전 3:3)이 교리문답의 자료에 의존하였다는 사실과, 이 권고를 듣는 회중 가운데 유복한 여인들이 많았다는 사실을 암시하고 있다. 후기의 저작자들(예. Clement Alex., *Paed*. iii. 11. 66; Tertullian, *De Orat*. xx.; *De Cultu Fem*. i. 6; ii. 7-13; Cyprian, *De Hab. Virg*. viii)은 이 구절들을 문자적으로 이해하여 여성의 장신구에 대한 전반적인 금령으로 간주하지만, 두 사도가 진정으로 의도하는 것은 건설적으로 올바른 가치관을 가르치려는 것이었다. 복음서들(마 6:17; 막 14:6; 눅 15:22)을 보면, 단장하는 문제에 대해 우리 주님이 취하신 태도는 엄격하거나 부정적인 것이 아니었다는 암시들이 있다.

**[4] 오직 마음에 숨은 사람을 온유하고 안정한 심령의 썩지 아니할 것으로 하라 이는 하나님 앞에 값진 것이니라**

그러므로 그리스도인 된 아내들에게 적절한 단장은 **온화하고 평온한 영의 불멸의 속성을 지닌**(with) **마음의 숨은 인격**이라고 본 서신의 저자는 주장한다. 문장의 전체적인 구성은 분명 어설프게 이루어져 있지만, 내적인 속성을 외양과 대조시키려는 저자의 노력은 명백하다. **마음의 숨은 인격**(한글 성경-'사람')이라는 말은 보이지 않는 인격(병행절로 롬 7:22; 고후 4:16의 '속사람'을 참조하라)을 의미하는데, 여기서 속격으로 쓰인 '마음의'는 소유를 나타내거나('마음에 거하는 내적 인격') 혹은 동격을 가리킨다('보이지 않는 인격, 곧 마음'). 어떤 여인들이 자기 몸을 썩어질 장신구들로 단장하는 것과는 달리, 그리스도인 된 아내들의 내밀한 인격은 썩지 아니할 **온화하고 평온한 영**으로 옷 입혀져야(이것이 with의 취지인 것 같다. 동일한 전치사 ἐν이 입은 옷에 대해 사용되는 약 2:2을 참조하라) 한다. 혹자는 이 '영'을 세례받은 자들 속에서 역사하는 하나님의 영(4:14을 참조하라)으로 해석하면서 이 영이 신약에서 사용된 πνεύμα(영)의 일반적 의미라고 주장하고 그 예로서 '온유한 심령'(고전

4:21; 갈 6:1)이라는 바울의 표현을 지적한다. 그러나 첫째, 이 '온유한 심령' 이 하나님을 기쁘시게 하는 것으로 언급되어 있기 때문에 이것이 성령을 가리킨다고 볼 수는 없으며, 둘째로 그 다음절에 세례를 통해 성령을 받은 사람들이 아닌 구약의 여인들이 온유의 '모범들' 로 명시되어 있다. 그러므로 이 영을 '성향' (disposition), '심상' (frame of mind)을 의미하는 것으로 이해하는 것이 바람직하며, 고전 4:21: 갈 6:1에서 뜻하는 바도 이와 같을 것이다.

'온화' 혹은 '온유' 는 그리스도 자신의 전형적인 성품이며(마 11:29; 21:5), '조용함' (ἡσυχία : 살후 3:12; 딤전 2:11; 12; 살전 4:11)이라는 성품과 마찬가지로 신약 윤리에서 두드러진 위치를 차지한다(벧전 3:16; 마 5:5; 갈 5:23; 엡 4:2; 골 3:12; 딛 3:27). 여기에서 독자들은 행위에 대한 최종적인 판단 기준은 그것이 하나님의 인정을 받느냐 아니냐의 여부임을 상기하게 된다. **이는**(which) **하나님 앞에 값진 것이니라**. 여기서 중성 관계사(ὅ)는 문법적으로 **썩지 아니할 속성**이나 **온화하고 평온한 영**을 모두 수식할 수 있지만, **영**이 하반절에 매우 가까우므로 후자가 더욱 자연스럽다. 본절의 배후 사상은 삼상 16:7을 상기시킨다. "그의 외모(한글 성경-'용모' )와 키를 보지 말라 … 내가 보는 것은 사람과 같지 아니하니 사람은 외모를 보거니와 나 여호와는 마음(한글 성경-'중심' )을 보느니라."

저자는 자기의 논의를 결론짓기 위해서 구약 시대의 본보기들을 예로 든다.

**[5] 전에 하나님께 소망을 두었던 거룩한 부녀들도 이와 같이 자기 남편에게 순종함으로 자기를 단장하였나니**

여기에서 다시금 가정되는 것은, 교회는 구약 계시와 일치할 뿐 아니라 그것(구약 계시)의 약속된 계층이라는 것이다(1:1, 10; 2:9, 11 등의 주해를 참조하라). 그러므로 구약 계시의 인물들은 신약 계시에 속한 자들의 전형이다. 이스라엘의 부녀들은 윤리적으로 선하거나 덕망이 높다는 의미에서가 아니라 하나님의 부르심을 받고 성령의 영감을 받았다는 의미에서 거룩하였다(2:9에 관한 주해를 보라). **그들은 하나님께 소망을 두었다**.

곧 소아시아의 부녀들이 시련의 때에 그러해야만 하듯이, 하나님의 약속에 대한 믿음과 기대로 살았다(히 11장, 특히 11:13에서 이스라엘 영웅들의 특성들을 참조하라). 더욱이 부녀들은 모두 외적인 단장보다는 내적인 단장을 더 좋아하였으며, 본 서신의 저자가 찬양하고 있는 바, 가정 안에서의 유순함을 지니고 있었다. (저자는 매우 성결했던 그들에 대해 상술할 필요가 없었다.)

**[6] 사라가 아브라함을 주라 칭하여 순종한 것 같이 너희는 선을 행하고 아무 두려운 일에도 놀라지 아니하면 그의 딸이 된 것이니라**

저자의 주된 관심은 가정적인 유순함에 있는 것 같다. 왜냐하면 저자는 일반론을 중단하고 지극히 신뢰할 만한 하나의 특수한 경우를 선택하는데, **그것은 아브라함을 자기 주라 부름으로써 그에게 순종했던 사라의** 예이기 때문이다. 사라는 하나님의 선민 중 특별히 탁월한 부인이었으며(사 51:2; 히 11:11을 참조하라), 리브가, 레아, 라헬과 함께 선민의 네 어머니 중 한 명으로 간주되었다(SB I, 29f.). 신약 시대에서 아브라함이 '믿는 모든 자의 조상' (롬 4:11; 참조, 갈 3:6-29; 히 2:16; 6:13-15; 약 2:21; *1 Clem.* xxxi. 2), 곧 모든 그리스도인의 조상으로 간주되듯이, 사라는 그들의 어머니로 간주될 수 있었으며, 특히 그리스도인 여인들은 그녀의 영적인 딸들이었다. 더욱이 성경은 사라가 아브라함을 주라 불렀다고 표현한다. 여기에서 인용하고 있는 구절은, 자신의 불임과 아브라함의 노령에도 불구하고 아브라함에게 아들을 낳아 주게 되리라는 약속을 듣고 웃음으로 나타내었던 사라의 회의심(창 18:12; "내가 노쇠하였고 내 주인도 늙었으니 내게 무슨 즐거움이 있으리요")에 관한 이야기이다. 사실, 자기 남편에 대한 이러한 어법은 동방의 인습적인 관례에 따른 것이지만, 랍비들은 본문을 아브라함에 대한 사라의 순종을 입증하여 주는 것으로 해설하였다(SB Ⅲ, 764).

저자는 자기의 생각을 다음과 같이 정리한다. **너희는 선을 행하고 아무 두려운 일에도 놀라지 아니하면 그의 딸이 된 것이니라.** 모방에 근거를 둔 참된 혈통의 성경적인 원리에 대해서는 마 5:45; 요 8:39; 롬 9:6-9 및

Philo, *De Virt.* 195를 참조하라. 여기서 주요 동사('너희는 … 된 것이니라')가 부정 과거로 되어 있는데, 이는 본 서신의 여인들이 세례받았던 때를 가리킬 것이다. 그들은 세례받은 순간, 완전한 의미에서 새 이스라엘의 구성원이 되었다. 하여튼 '되다'라는 동사를 택한 것은 그들이 전에는 이교도들이었다는 사실을 암시한다. 만일 그들이 유대인들이었다면 사라의 딸들이 '될' 필요가 없었을 것이다. 사라의 딸들이 되는 필수적인 조건(이것이 헬라어 본문에서는 생략적으로 표현되며, 다음에 오는 두 동사는 현재분사이다)은 그들이 선을 행하고(저자가 특별히 강조하는 것은 선행이지만, 이 구절에서는 주로 자신들의 남편에 대한 충실함을 의중에 두고 있다) 어떠한 것에 대해서도 두려워해서는 안 된다는 것이다. 잠 3:25에서 인용한 말로 강조하는 이 후자의 요구는 사라 예표론(the Sarah typology)과는 아무런 관계가 없으며, 아시아 그리스도인들이 처해 있던 시련의 상황에 대한 직접적인 암시로 가장 잘 이해된다(3:14에서 두려워하지 말라는 유사한 설교를 참조하라). 여인들은 십중팔구 이교도 남편이나 이웃들에게 난폭한 취급을 당할 위험을 무릅썼다. 그리스도인 여인들은 그러한 두려운 상황에 침착하고 용감하게 맞설 것이 요청된다.

**[7] 남편들아 이와 같이 지식을 따라 너희 아내와 동거하고 그를 더 연약한 그릇이요 또 생명의 은혜를 함께 이어받을 자로 알아 귀히 여기라 이는 너희 기도가 막히지 아니하게 하려 함이라**

남편들에 대한 권고는 훨씬 간결하다. 그 아내들 중 많은 이들, 거의 틀림없이 대다수가 이교도들과 결혼하였으리라고 가정할 수 있는 반면에 여기서 언급되는 남자들은 모두가 그리스도인들이며, (이하에서 기도에 대한 언급을 참조하라) 고대의 사회 상황에 비추어 보았을 때 보통 그들의 아내와 온 가족들도 신앙을 따랐을 것이 분명하다. 그러므로 종교가 다른 여자와 가정을 이루었을 때 발생하는 곤란한 문제나 전도의 기회에 대해서 다룰 필요는 없다. 그럼에도 남편들(이와 같이 : 3:1의 주해를 보라) 역시 '인간의 모든 제도'(2:13)를 존중할 의무가 있다. 그들이 아내에 대해 본래적인 권위를 갖고 있다고 해서 이 같은 의무를 이차적인 것으로 규정하는 것은 옳지 않다. 이 원리는 그들이 그 권위를 올바른 존중심을 갖고 발휘해야 할 것을 요구한다.

따라서 남편들은 그들의 **부부 관계에서 지식을 나타내야** 한다. 이에 대한 문자적인 번역은 '지식을 따라 (그들과) 동거하라' 가 될 것인데 여기서 동사(*συνοικέω*, '동거하다' : 여기에서도 현재분사가 명령법으로 사용되었다)는 목적어가 분명히 표시되어 있지 않지만, '너희 아내들' 이 이에 대한 목적어로 이해된다(*συνοικέω*이 Herodotus, *Hist.* i. 93: iv. 168에서도 여기에서와 유사하게 사용된다). 여러 편집자들이 본절 뒤에 쉼표를 생략함으로 여성(the female. 역자 주-한글 성경에는 이 단어를 번역하지 않고 있다. 다만 "그를 더 연약한 그릇이요…"의 '그' 가 헬라어 분문에서는 '여성' 이다)을 목적어로 만든다. 그러나 여성(the female)은 대표단수이므로 그 뜻이 이상해진다. 한편 본절의 헬라어 문장 구성상 **여성**에는 강조를 두지 않도록 되어 있다. 집회서(Ecclus.) 25:8에서처럼 동사 …와 동거하다' 는 매일의 전반적인 부부관계를 망라하는 말이지만, 특별히 성교에 관련된 말이다. 이러한 이유 때문에 시내 사본에서는 *συνοικοῦντες*('동거하고')라는 표현을 꺼려하여 *συνομιλούντες*('교제하고')로 바꾸었을 것이며, 이로써 육체적인 측면에 대한 어떤 직접적인 암시를 약화시켰을 것이다. 여기서 **지식**(*γνῶσις*)은 하나님의 뜻에 대한 그리스도인의 통찰력과 감성, 곧 그 뜻에 대한 민감한 의식을 의미한다. 고전 8:1-13을 따르면, 그리스도인의 그노시스(문자적으로는 '지식') 는 지적인 탁월함에 있는 것이 아니라 약한 자들에 대한 이해심 있는 공감과 존중에 달려 있다.

그리스도인의 이러한 통찰력은, 더 연약한 그릇으로서의 여성에게 경의를 표하는 데서 나타난다. 여기서 여성을 강조하기 위해 *τῷ γυναικείῳ* 이라 되어 있는데, 이것은 명사를 형성하기 위해 중성관사와 함께 사용된 형용사로서 사실상 '여성성' (the female sex)과 같은 뜻이다. 신약에서 '연약한' (*ἀσθενής*)은 육체적 연약함이나(마 25:43; 행 5:15) 윤리적이며 영적인 연약함에(롬 5:6; 고전 8:7-11) 관련될 수 있다. 본문에서는 전자의 의미가 의도되어 있으며, 윤리적이거나 지적인 열등함을 경시하는 의미가 내포되어 있지 않다. 비록 부분적으로 인정할 수 있는 말이긴 하지만, 여인은 육체적으로 남자보다 약하다는 속담투의 가정에 대해서는 Plato, *Resp.* 455e; Philo, *De Ebr.* 55; Pap. Oxy. 261, 11-13('여성다운 연약함 때문에 법정 앞에 머물러 있을 수 없는')을 참조하라. **그릇**(*σκεῦος*)이라는 단어의 엄밀한 의미가 논란의 대상이 되고 있다. 여러 해석자들은 본래 '항아리', '접시', 그리고 '도구' 처럼 사람이 사용하는 어떤 것을 의미하는 이 말이, 여기서는 '아내', '배우자' 를 의미한다고 본다. 그들은 살전 4:4로 이러한 용법을 예증하는데, 그 구절에서 이 단어는 교부 시대로 거슬러 올라가는 전통에 따라 '아내를 취하다' (take a wife to himself, RSV; Moffatt)로 해석되어 왔으며, 또한 이에 상당하는 히브리어가 랍비들에 의해 같은 방식으로 사용되었다(SB Ⅲ, 632f.; TWNT Ⅶ, 361f.). 그러나 히브리어는 본질적으로 결코 '아내' 를 의미하지 않으며, 다만 도구로서의 아내를 언급할 뿐이다. 그리고 살전 4:4의 의심스러운 경우를 제외한다면 *σκεῦος*가 '아내' 를 뜻한다는 명백한 실례는 아무 데도 없다. 본 문맥에서는 이러한 해석에 대해 그 이상의 반론이 제기되는데, 여인이 더 연약한 *σκεῦος*라는 진술은 남자가 더 강한 *σκεῦος*라는 것을 의미한다고 볼 수 있기 때문이다. 다른 해석 방법은 *σκεῦος*를 '몸' (이것이 살전 4:4에서 대다수의 주석가들이 채택하는 번역이다. 또한 이 말이 '존재' 를 의미하는 Irenaeus의 *Haer.* i. 21, 5를 참조하라)으로 이해하거나 혹은 '가족의 일원' 으로 이해하는 것이다. (딤후 2:20과 바울이 롬 9:21-23에서 인류를 '진노의 그릇' 과 '긍휼의 그릇' 으로 묘사한 것을 참조하라.) *σκεῦος*와 이에 상당하는 단어들(예 : *ἀγγεῖον*, 곧 '그릇', '용기' )은 보통 '몸' 을 의미하였다. 이 단어들의 기초가 되는 개념은 영혼이 몸에 담겨 있다는 것이다. 그리고 고후 4:7; Philo. *Migr. Abr.* 193; *De Somn.* i. 26; Test. Napht. viii. 6; 2 Esd. vii. 88과 같은 절들은 이 단어가 후기 유대교에서 친숙하게 되었음을 나타낸다.

이러한 해석법에 따르면, **귀히 여기라**(경의를 표하라-역자 주)는 전반적인 예의와 존경을 포함하지만 특별히 부부 관계를 나타낸다(살전 4:4에서 '존귀함' 이라는 말을 선택해서 쓴 사실을 참조하라). 저자의 요지는 그리스도인 남편들은 아내와의 모든 관계, 특히 성적인 관계에서 제멋대로 힘을 과시하거나 이기적인 요구를 하지 말아야 하며, 배우자의 거리낌을 존중해야 한다는 것이다. 저자는 더욱 특별히 신앙적인 두 번째 동기를 덧붙인다. **너희는 생명의 은혜에 대한 공동의 상속자들이므로**(since you are joint-heirs of the grace of life). **공동의 상속자들**이 어떤 사본들에는 주격 *συγκληρονόμοι*로 되어 있어 **남편들**과 동격을 이루거나 혹은 (더욱 그럴듯하게는) 새로운 절('그들도 공동의 상속자들이므로' : 수리아역과 이디오피아 역을 참조하라)의 주어 역할을 하며, 다른 사본들에는 여격인 *συγκληρονόμοις*라 되어 있어 **여성**과 동격을 이루고 있다. 두 사본이 모두 강한 지지를 받고 있지만, 후자가 채택되어야 할 것이다. 이것은 대표단수와 동격인 복수명사의 명백한 변칙 때문에 그렇게 바뀌었을 가능성이 많다. 그러나 이 두 해석이 광의적인 의미에서는 동일하다. **생명의 은혜**에서 속격은 설명적 보어(補語)로서, 이 구는 '생명이 있는 은혜' (the grace which consists in life)를 의미한다. 새로운 세계에서는 남성과 여성 간의 자연적인 구별이 사라질 것이다(갈 3:28).

마지막으로, 남자들이 아내들에 대하여 그리스도인다운 경의로 행동해야 하는 실제적인 이유가 제시된다. **이는 너희 기도가 막히지 아니하게 하려 함이라.** 이 말의 배후에는, 하나님과의 살아 있는 관계는 다른 사람들과의 바른 관계에 달려 있다는 원리가 내재되어 있다(마 5:23; 18:19-35; 고전 11:17-34; 약 4:3). 여기서는 오직 남편의 기도에 대해서만 언급하고 있지만, 고전 7:5은 아내들의 기도도 포함되어 있음을 암시한다. 실로 고전 7:1-7 전체, 특히 만일 하나님과의 신앙심 깊은 친교가 유지되려면 부부 관계에서 자제가 바람직하다는 바울의 주장은 본절을 조명해 주는 주석이다. 이러한 사상에 대해서는 Test. Napht. viii. 8을 참조하라. "자기 아내와 성교할 때가 있고, 사람이 기도하기 위하여 절제할 때가 있다."

# 9. 그리스도의 공동체에 대한 실제적인 권고 3:8-12

**3:8-12**

8 마지막으로 말하노니 너희가 다 마음을 같이하여 동정하며 형제를 사랑하며 불쌍히
여기며 겸손하며 9 악을 악으로, 욕을 욕으로 갚지 말고 도리어 복을 빌라 이를 위하여
너희가 부르심을 받았으니 이는 복을 이어받게 하려 하심이라 10 그러므로 생명을 사
랑하고 좋은 날 보기를 원하는 자는 혀를 금하여 악한 말을 그치며 그 입술로 거짓을
말하지 말고 11 악에서 떠나 선을 행하고 화평을 구하며 그것을 따르라 12 주의 눈은 의
인을 향하시고 그의 귀는 의인의 간구에 기울이시되 주의 얼굴은 악행하는 자들을 대
하시느니라 하였느니라

8 마지막으로 여러분 모두에게 부탁합니다. 서로를 이해하고, 한 형제처럼 사랑하며,
한 마음으로 서로 따뜻이 대하며, 겸손하십시오. 9 해를 입었다고 도로 보복하지 말며,
욕을 먹었다고 그 사람을 욕하지 마십시오. 오히려 그 삶을 축복해 주십시오. 이것은
여러분 자신이 축복받는 인생을 누리도록 부르심을 받았기 때문입니다. 10 성경에도
이렇게 기록되어 있습니다. "행복한 나날을 보내며, 인생을 즐겁게 살기 원하는 사람은
악한 말과 거짓말을 해서는 안 됩니다. 11 악한 행동을 그치고 선한 일을 하며, 평화를
찾고 그것을 위해 힘써 일해야 합니다. 12 주님은 선한 사람을 찾으시고 그들의 기도에
귀를 기울이시지만, 악한 일을 하는 자는 멀리하십니다." _아가페 쉬운성경

지금까지 특정 집단들을 취급하여 왔으므로, 이제 본 단락에서는 전체로서의 그리스도인 공동체에 대해, (1) 공동체의 내적인 삶과, (2) 이웃 이교도들에 대한 그 구성원들의 반응에 관해 전반적으로 권고한다. (이것은 4:7-11; 5:1-5에서 다시 계속될 것이다.) 본문이 그리스도의 기록된 말씀(특히 마 5:5-7; 43-48; 눅 6:27)에 병행하며, 바울 서신의 권고 구절들(롬 12:9-19; 엡 4:1-3; 31; 골 3:12-15; 살전 5:13-22)과 밀접한 일치를 나타낸다는 사실과 초기 기독교 문헌들(예 : *Did.* i. 3; Polycarp, *Phil.* ii. 2)로 미루어 볼 때, 이 본문은 전통적인 교리 문답 자료를 자유롭게 발췌하여 구성되었을 가능성이 매우 높다.

**[8] 마지막으로 말하노니 너희가 다 마음을 같이하여 동정하며 형제를 사랑하며 불쌍히 여기며 겸손하며**

그리스도인 공동체의 내적인 삶에 관한 한, 저자는 그리스도인들 상호 간의 올바른 태도에 대해 형용사 다섯 개를 사용하여 각기 다른 윤리적 전통을 혼합적으로 묘사하고 있다. 첫째, 그들은 **모두 같은 마음**이 되어야 한다. 곧 이질적인 개종자들의 집단에 충분히 있으리라고 예상되는 사고방식과 견해의 분열을 최소한으로 줄여야 한다. 실제적인 형용사 *ὁμόφρων*('같은 마음의')이 비록 신약에서 오직 이 구절에서만 사용되었지만, 바울은 수신자들에게 '같은 마음이 되도록'(be like-minded) 권고할 때(롬 15:5; 빌 2:2 참조) 이와 유사한 말을 사용하고 있으며, 특히 주위 상황이 적대적이었던 초대교회에서 그리스도인들의 화합은 여러 가지 이유에서 큰 찬사를 받았다(행 4:32; 고전 1:10). 그리고 그들은 **동정**(*συμπαθής*: 이것도 신약에서 이 곳에서만 유일하게 사용되는 말이다)해야 한다. 이것은 (네 번째 형용사 '불쌍히 여기는'으로 망라되는) 고난받는 자들에 대한 적극적인 동정을 가리킨다기보다는 다른 사람들의 감정에 기꺼이 공감하는 것을 의미할 것이다(히 4:15; 10:34에서 이와 관련된 동사 *συμπαθέω*을 참조하라).

위의 두 속성은 기독교에 의해 그 내용이 더욱 풍부해지긴 했지만 후기 그리스 윤리에서 중요시된 덕목이었다(*ὁμόφρων*에 대해서는 Plutarch, *Mor.* 432c; Strabo, *Geog.* vi. 3. 3; Dittenberger, *Or. Graec. Inscr. Sel.* 515, 5를 참조하라. *συμπαθής*는 아리스토텔레스 이후 자주 사용되고 있지만, 그러나 이 단어에 대해서는 역시 Plutarch, *Mor.* 536a; Dittenberger, *op. cit.* 456, 466을 참조하라). 다음의 세 단어는 자체의 의미로써 복음 계시로부터 유래된 것임을 나타낸다. 형용사 *φιλάδελφος*(신약의 본문과 2 Macc. xv. 14; 4 Macc. xiii. 21; xv. 10에 이 단어가 사용되었다)에 대해서는 1:22; 2:17의 주해를 보라. 저자는 여기서 일반적인 형제애를 생각하고 있는 것이 아니라, 신자들을 그리스도 안에서 하나로 묶어주는 특별한 사랑을 생각하고 있다. **불쌍히 여기는**(*εὔσπλαγχνος*)에 대해서는 엡 4:32; *1 Clem.* liv. 1; Polycarp, *Phil.* v.

2; vi. 1을 참조하라. 이 형용사는 본래 신체의 내부 기관들(심장, 간, 신장 등)을 의미하는 σπλάγχνα에서 파생되었는데 후기 헬라어에서처럼 고전 헬라어에서 이 단어는 동정과 애정의 밑바탕이 된다. 그러므로 70인역과 신약에서(고후 6:12; 7:15; 몬 1:7) 이 단어는 인간의 가장 깊은 감정, 특히 사랑과 동정을 의미하며, 공관복음에서 동사 σπλαγχνίζομαλ는 자주 마음이 깊이 움직여지거나 감동되는 것에 대해 쓰인다. 마찬가지로, **겸손한**(ταπεινόφρους : 신약에서 이곳에만 사용되었다)은 그리스도께서 직접적인 본이 되는 속성(마 11:29)을 나타내는 것으로, 이것은 곧 인간 관계에 대한 기독교적 이상에서 본질적인 요소가 되었다. (특히 엡 4:2; 빌 2:3을 참조하라.)

공동체에 생명을 불어넣어 주는 정신에 대해서는 이것으로 끝내자. 반드시 그러한 것은 아니지만, 다음 절은 자체의 문맥상(이제 곧 인용될 시 34편과 벧전 3:13 이하를 참조하라) 저자가 독자들에게 적대적인 대우에 어떻게 반응해야 할지를 바라는 규정을 볼 수 있다.

**[9] 악을 악으로, 욕을 욕으로 갚지 말고 도리어 복을 빌라 이를 위하여 너희가 부르심을 받았으니 이는 복을 이어받게 하려 하심이라**

악을 악으로 욕을 욕으로 갚지 말고 도리어 복을 빌라. 이 동사들 또한 명령법으로 사용된 현재분사이다. 그 사상과 어법은 롬 12:14; 17; 고전 4:12; 살전 5:15에 나타난 바울의 표현과 놀라울 정도로 유사하다. 두 저자는 그리스도 자신에게서 영감 받아서(마 5:38-48; 눅 6:27) 표준적인 가르침이 되었던 바, 박해받는 그리스도인들이 취할 이상적 행위를 명백하게 재현하고 있다. 구약은 원수 갚는 일이 하나님께 속한다는 것을 거리낌없이 인정하며(신 32:35), 사람이 스스로 그 일을 수행하는 것을 만류한다(레 19:18; 잠 20:22; 24:29). 또 2 En. 50:4은 다음과 같이 진술한다. "이웃에게나 외국인에게 (악으로) 보복하지 말라. 이는 주께서 심판의 날에 보복자와 보수자가 되실 것이기 때문이다." 우리는 심한 압제 아래 있으면서도 박해하는 자들을 **축복**하라고 실제로 권유받고 있는 그리스도인들을 본문에서 접하게 된다. '축복하다'로 번역된 동사가 일상어로는

'…를 칭찬하다' '찬미하다'를 의미하지만, 70인역이나 신약(마 25:34; 눅 1:42; 6:28)에서는 '축복하다'를 뜻한다. 하반절에 나오는 **축복**이라는 말이 이 의미를 입증하여 준다.

본절 하반절의 구조와 그 정확한 의미는 즉시 분명해지지는 않는다. 만일 **이것**('이를'-한글 성경)이 뒤따라오는 부분을 수식한다면 이 문장은 그리스도인들이 가해자들을 축복해야 하는 이유를 설명하는 것이 된다. 곧 그들 자신은 **축복을 상속하도록 부르심을 입었기 때문이다.** 환언하면 그리스도인들이 원수들에게까지도 선의를 베풀어야 하는 이유는 하나님으로부터 얻는 자비에 근거한다. 그러나 **이것이**(21절에서처럼) 앞에 나온 말을 가리킨다고 보면 이 문장은 앞 문장에 대한 동기를 설명하는 역할을 한다. 따라서 우리는 이를 다음과 같이 의역할 수 있다. "너희도 그 대가로 복을 받을 수 있도록 너희 가해자들을 축복하라(이는 너희가 그들을 축복하도록 부르심을 입었기 때문이니라)." 그러나 다음과 같은 이유로 전자의 의미가 바람직한 것으로 보인다. 첫째, 이 후자가 포함하는 삽입구는 어색하기 때문이다. 둘째, 4:6의 유사한 구문이 전자의 해석을 지지할 수 있음을 입증하기 때문이다. 셋째, 전자의 의미 풀이에 나타나는 사상("너희가 값없이 받았으니 그러므로 값없이 주라")이 후자의 의역에 나타나는 것보다 본질적으로 나을뿐더러 본 대목의 정신과도 더 일치하기 때문이다. **복을 상속**하는 것에 대해서는 히 12:7을 참조하라. 본절의 표현은 거기에 근거를 두고 있으며, 아버지의 축복을 물려받는 상속인에 관한 타당한 의미를 지니고 있다. 여기서 이 말은 비유적인 것이지만(**상속하다**라는 말이 이러한 의미로 사용된 경우에 대해서는 마 25:34; *1 Clem.* xlv. 8을 참조하라), 받을 자격이 없는데도 상속자에게 주어지는 무상의 선물로서의 상속에 대한 개념은 여전히 존속한다.

**[10] [11] 그러므로 생명을 사랑하고 좋은 날 보기를 원하는 자는 혀를 금하여 악한 말을 그치며 그 입술로 거짓을 말하지 말고 악에서 떠나 선을 행하고 화평을 구하며 그것을 따르라**

저자는 보복을 금할 것에 대한 호소를 결말짓기 위해 습관에 따라 구약에서 몇 절을 인용한다. 이 인용절의 출처는 시 34:12-16인데 저자는 이에 앞서 한 번 이상 인용한 바 있으며(2:3에 관한 주석을 보라), 주제(주께서 자기를 신뢰하는 고난받는 자들을 구원하시리라)는 독자들에 대한 격려문으로 되어 있다. 이를 70인역에서는 “누가 생명을 원하며 좋은 날 보기를 열망하는 사람인가? 악에서 돌이키고 … 화평을 구하라”고 되어 있어 몇몇 동사를 달리 표현하고 있다. 더 중요한 것은 저자가 여기서 주요 어휘에 강하게 종말론적인 색채를 부여함으로써 그 의미를 더욱 심화시키고 있다는 점이다. 히브리어 원문에서처럼 70인역에서의 **생명**과 **좋은 날**은 정확히 인간의 현세의 삶, 즉 삶을 신중하게 살아가는 자들에게 약속될 수 있는 현세적인 만족들(번영, 명성, 장수, 재해로부터의 해방 등)을 나타낸다. 그러나 여기에서 그것들(생명과 좋은 날)은 영생(7절에서의 ‘생명’을 참조하라), “말세에 나타내기로 예비하신 구원”(1:5)을 의미하는데, 이 구원은 실로 소아시아 그리스도인들이 상속할 ‘복’의 내용이며, 그러한 구원에 대한 기대로 말미암아 비방자들을 저주하기 보다는 축복하도록 격려할 의무가 주어진다. **택하다**로 번역된 동사는 보통 ‘사랑하다’로 번역되지만, 이것은 또한 ‘열망하다’, ‘택하다’(지혜서 1:1; 눅 11:43; 요 3:19; 12:43; 딤후 4:8; 10)라는 의미를 갖고 있는데 이것이 본절에서는 더 적절하다.

**[12] 주의 눈은 의인을 향하시고 그의 귀는 의인의 간구에 기울이시되 주의 얼굴은 악행하는 자들을 대하시느니라 하였느니라**

본절은 정확히 70인역의 시 34:15; 16을 재현한다. 이것은 11절에서 구분된 선행과 악행의 대조를 확장시키는데, 곧 이러한 대조는 줄곧 제시되는 저자의 주제들(예. 2:14-16; 20; 3:9) 중 하나이며, 또한 이것은 의인들이 고난받을 때 그 기도를 하나님께서 기꺼이 들어 주신다는 것에 관련하여 독자들에게 위로를 준다. 여기서 “그들에 대한 기억을 땅에서 끊으려 하시는도다”라는 70인역의 시 34:16 후반절이 어쩌면 의도적으로 생략되어 있을 가능성이 있다. 히브리어 원문에서 **악행하는 자들**은 특히 사악한 자들을 의미하지만, 저자가 본구를 해석하고 적용할 때는 이에 더 일반적인 의미를 부여한다. 한편 저자가 악행, 즉 박해를 참아 내지 못하고 난폭하게 반응을 보이는 것을 경계하고 있는 대상은 그리스도인 수신자들이다. 그러므로 추가 후반절에서의 단호한 위협은 다소 부적절한 느낌이 있다.

## 10. 학대에 맞서는 법
## 3:13-17

**3:13-17**

13 또 너희가 열심으로 선을 행하면 누가 너희를 해하리요 14 그러나 의를 위하여 고난을 받으면 복 있는 자니 그들이 두려워하는 것을 두려워하지 말며 근심하지 말고 15 너희 마음에 그리스도를 주로 삼아 거룩하게 하고 너희 속에 있는 소망에 관한 이유를 묻는 자에게는 대답할 것을 항상 준비하되 온유와 두려움으로 하고 16 선한 양심을 가지라 이는 그리스도 안에 있는 너희의 선행을 욕하는 자들로 그 비방하는 일에 부끄러움을 당하게 하려 함이라 17 선을 행함으로 고난 받는 것이 하나님의 뜻일진대 악을 행함으로 고난 받는 것보다 나으니라

13 만약 여러분이 늘 선한 일을 하고자 애쓴다면, 아무도 여러분을 해치지 못할 것입니다. 14 때로는 옳은 일을 함으로 고난을 받을 때도 있을 것입니다. 하지만 하나님께서는 그러한 순간에 여러분에게 복을 주실 것입니다. 사람들이 두려워하는 것을 두려워하지 말며, 겁내지 마십시오. 15 마음속에 그리스도만 거룩한 주님으로 모시십시오. 여러분이 가지고 있는 소망에 관해 묻는 사람들에게 대답할 말을 준비해 두십시오. 16 그들에게 공손하고 친절한 태도로 그것을 설명해 주십시오. 늘 바르게 살아가십시오. 그러면 그리스도 안에서 선하게 살아가는 여러분을 헐뜯는 사람들이 도리어 부끄러움을 느낄 것입니다. 17 악한 일보다 선한 일을 하다가 고난을 받는 것이 더 낫지 않겠습니까? 선한 일을 하다 고난을 받더라도 그것이 하나님의 뜻이라면 더 나은 것입니다.

_아가페 쉬운성경

우리는 이제 본 서신의 주요 대목에 이르렀는데 이 단락은 고별 인사의 단락 전까지 계속된다. 지금까지 본 서신의 배경에 있으면서 가끔씩만 표면화되었던(1:6; 2:12, 15, 19; 3:9), 미성숙한 소아시아 교회들의 시련과

위험들이 이제 무대 중앙으로 옮겨 온다. 저자는 그의 독자들이 의연한 태도를 취하도록 격려하기 위해서 다음과 같은 여러 사상을 전개시킨다. 곧 결백한 사람은 확신을 갖고 고난에 맞설 수 있다는 사상, 이러한 확신의 근거는 그리스도께서 승리하셨다는 사실, 그리스도의 고난을 함께 나눈다는 것은 특권이라는 사실, 의로운 고난은 상급을 받을 마지막 날이 임박했음을 의미한다는 사실 등이다.

**[13] 또 너희가 열심으로 선을 행하면 누가 너희를 해하리요**

수사적인 질문으로 시작하는 본절은 내용의 흐름이 급변하는 것처럼 보이지만, 사실 이 질문은 앞에서 그리스도인들에게 가해지는 공격에 대해 말하고(9절), 악을 피하고 선을 행하는(11절. 또한 '열심으로 선을 행하다'를 참조하라) 사람은 해를 입는 것이 아니라 반대로 생명과 좋은 날을 상속하리라고 약속한 구절들에 대한 논리적 결론을 이끌어 낸다. 동사 **해하다**(*κακόω*)는 12절에서의 '악'(*κακά*)이라는 말에서 파생된 단어다. 이렇게 해석할 때 사상의 흐름이 일관성 있다는 것은 이 질문이 도입될 때 불변화사(*καὶ*. 문자적으로는 '그리고')가 사용된 것으로 확증된다. 따라서 '또', '그리고'(RV), '이제'(RSV) 혹은 '그 밖에'(Besides, E.G. Selwyn)보다 '그렇다면'이라는 번역이 훨씬 채택할 만하다. 왜냐하면 조건절이 명백하게 표시되어 있든 없든, '방금 설명된 상황하에서'나 '언급되어 온 것에 비추어'라는 의미로서 귀결절을 이끌어 내는 역할을 하는 불변화사의 (본래 셈어적인) 그러한 용법은 다른 곳에서도 찾아볼 수 있기 때문이다(막 10:26; 요 9:36; 14:22; 고후 2:2을 참조하라).

**열심으로 선을 행하면**(devoted to what is good, 문자적으로는 '선에 대하여 열심인')에 대해서는 딛 2:14(선한 일을 열심히 하는), 행 21:20(율법에 열성을 가진); 22:3; 갈 1:14을 참조하라. 본절의 사상은 주(主) 동사가 정확하게 일치하는 70인역의 사 50:9(보라, 주께서 나를 도우시리니 나를 정죄할 자 누구냐?)과 밀접한 병행을 이루는데, 본 서신의 저자는 이 구절을 마음에 두고 있었을 것이다. 저자는 물론 **해하다**라는 동사를 다소 특별한 의미로 사용하고 있는데, 만일 그들의 행위가 나무랄데 없는 것이라면 악평, 학대와 육신적인 위해를 면하리라는 사상으로 그의 수신자들을 속이고 있는 것이 아니다. 저자는 앞서 2:20에서 그러한 가능성들을 인정하였다. 저자의 요점은 믿음의 사람에게 어떠한 재난이 엄습한다 하더라도 그것이 그의 인격의 고결함을 해치거나 궁극적인 의미에서 그를 손상시킬 수 없다는 것이다. 이러한 확신은 철저히 유대인적인 것으로 구약(예. 시 56:4; 118:6)과 신약(예. 마 10:28; 롬 8:31) 전반에 걸쳐 나타난다. 그러나 이교에도 훌륭한 유사절이 있는데 그것은 재판관들에 대한 소크라테스의 다음과 같은 말이다(Plato, *Apol.* 41d): "선인에게는, 그가 살아 있을 때나 죽어 있을 때나 어떠한 해악도 일어날 수 없으며, 신들은 그의 대의를 무시하지 않는다."

**[14상] 그러나 의를 위하여 고난을 받으면 복 있는 자니**

저자는 여전히 확신을 가지고 계속 나아갈 수 있음을 느낀다. 학대가 그들에게 궁극적인 위해를 가할 수 없을 뿐만 아니라, **실로 그들은 의를 위하여 고난받는 복 있는** 자들이며, 그러므로 그들은 스스로 크나큰 특혜를 입은 자들로 간주해야 한다(눅 1:48을 참조하라). 저자의 말은 다음과 같은 그리스도 자신의 약속을 반영한다. "의를 위하여 박해를 받은 자는 복이 있나니"(마 5:10). 초대교회는 위협적인 세력에 에워싸일 때 이 말씀으로 분명히 위로받았다. 2:24에서처럼 **의로운 행위**(upright behaviour)라는 말은 *δικαιοσύνη*(문자적으로는 '의')인데, 여기에서는 특별히 바울적인 의미로보다는 히브리적인 의미로 사용되었다(12절에서의 '의로운', '의인'-한글 성경을 참조하라). 헬라어 본문에서 동사 **고난받다**는 기원법(祈願法)을 사용하고 있는데 이러한 용법은 신약과 당시의 일반 대중 언어에서 실제로 잘 사용되지 않았지만, 수사학의 교육을 받은 명문가(名文家)들은 가끔 조심스럽게 사용할 수도 있었다. 이것은 저자가 희박한 가능성으로 생각하고 있는 것('만일 너희가 … 고난받는다면 너희는 복을 받으리라')을 가리키는 것일 수도 있다. 바로 이 때문에 여기에서의 분위기는 박해가 가정적인 위협이 아니라 실제로 일어나고 있는 4:12 이하의 분위기와 현저하게 다르다고 주장되어 왔다. 이 두 절 간의 명백한 상이점은 4:12에서 마지막 절까지를 본 서신의 주문(主文)으로부터 분리된 것으로 간주할 경우에 주로 문제시된다.

이러한 분석은 다음과 같은 이유로 거부되어야 한다. 첫째, 박해의 상황이 4:12 이하에 와서야 비로소 악화되었다는 것을 입증할 확고한 근거가 전혀 없다(본서 p.22-25를 보라). 1:6은 물론 그 다음 절들에서 노예들에 대한 권고와 본 서신 전반부에 나타난 불길한 배경으로 볼 때, 소아시아 그리스도인들이 본장들이 기록될 당시에 실제로 그 정도의 박해를 당하고 있었음이 명백하다. 둘째, 어느 대목(3:13-17; 4:12-19)에도 구체적인 학대를 계속하여 받고 있는 그리스도인들에 대한 묘사는 없으나, 두 구절은 모두 이미 노골화되고, 어느 순간 어느 장소에서도 또 다시 노골화될 가능성이 있는 그리스도인들에 대한 혐의와 적대감으로 가득 둘러싸인 분위기에서 나온 것이다. 언제나 눈앞에 다가왔으나 대부분은 현실화되기 보다는 하나의 위협으로만 존재했던 이러한 위험 자체만으로도 그러한 기원법을 사용하기에 충분하다. 그러나 셋째, 박해가 실제로 일어났다고 믿을 수 있는 또 다른 이유는 저자의 일련의 사상적 논리에서 간파될 수도 있다. 본절은 저자가 사실상 "너희가 선한 일에 헌신하면 아무도 너희를 해할 수 없으리라"고 선언했던 전절(13절)과 밀접하게 관련되어 있다. 저자는 이 말(13절)이 비현실적인 것으로 생각될지도 모른다는 것을 의식하기라도 한 것처럼 다음과 같이 덧붙임으로써 자신의 진술을 보증한다. "선행에 대한 헌신으로 인해 고난당한다면 곧 너희는 그것을 특권으로 생각해야 한다." 4:12 이하의 주제가 그리스도인으로서 받는 고난인데 비하여 **의로운 행위로 인한** 고난은 본절과 17절(2:20을 참조하라)에서는 또 다른 가능성으로 언급되고 있음에 우리는 주목해야 한다. 저자가 지방 총독들의 역할은 그러한(의로운-역자) 행위를 칭찬하는 것이라고 서슴없이 인정하는 것(2:14)으로 미루어 볼 때 그가 국가적인 박해를 직시하고 있다는 것은 실로 타당하지 않다.

**[14하] [15상] 그들이 두려워하는 것을 두려워하지 말며 근심하지 말고 너희 마음에 그리스도를 주로 삼아 거룩하게 하고 너희 속에 있는 소**

**망에 관한 이유를 묻는 자에게는 대답할 것을 항상 준비하되**

저자는 그의 독자들의 사기를 더욱 진작시키기 위해 사 8:12로부터 몇 마디를 적절히 개작하여 인용하고 있다. 저자가 의존하고 있는 70인역의 본문은 다음과 같이 되어 있다. "그(him)에 대한 두려움으로 두려워하지 말고 놀라지 말라. 여호와 자신을 거룩하다 하고 그를 너희의 두려워할 자로 삼으라." 히브리어 본문에서 선지자 이사야와 그의 제자들은 대중이 두려워하는 것을 두려워하거나 그들이 거룩하다고 하는 것을 거룩하게 여기지 말고, 만군의 주를 거룩한 분으로 간주하고 그분만을 두려워하라고 경고받는다. 헬라어 역자(70인역의 일원-역자)는 본절 전반부를 잘못 이해한 것 같으며, '그들의 두려움' (their fear) 대신에 '그에 대한 두려움' (fear of him)을 사용함으로써 본절을 앗수르 왕을 두려워하지 말라는, 예루살렘 시민들에 대한 권고로 이해한 것 같다. 본 서신의 저자가 적용한 이러한 말은 소아시아 그리스도인들의 곤경에 더 없이 도움이 된다. 상반절을 문자 그대로 번역하면 다음과 같이 된다. "그들의 두려움(τὸν φόβον αὐτῶν은 동사와 같은 어원의 목적격이다. 복수형 '그들의' 는 원문대로 회복된 것이다)으로 두려워하지 말라." 그러나 '그들의 두려움을 공유하지 말라' (Do not share their fear. : 이것이 히브리어 분문의 의미이다)고 번역함으로써 '그들의' (their, 헬라어식으로는 of them)를 속격 주어로 이해하는 것이 더 자연스러울 수도 있다. 그러나 문맥상 이 속격은 목적격으로 이해되어야 한다. "그들을, 곧 너희 박해자들을 두려워하지 말라."

그의 독자들은 인간을 두려워하는 대신에 그들의 **마음에 주 그리스도** (어떤 사본들의 '하나님' 이라는 독법은 잘못된 정정이다)를 **거룩하게 하도록 권고받는다.** 몇몇 역본들(RV, RSV)은 헬라어 본문에서의 어순은 '주' 라는 말이 술어의 의미를 가질 수도 있음을 지적함으로써 '그리스도를 주로서 거룩하게 하라' (sanctify Christ as Lord)라는 독법을 채택한다. 그 번역이 올바를 수도 있다. 그러나 저자는 "주(곧 여호와) 자신을 거룩하게 하라"라는 70인역을 채택하고 있으므로, **그리스도**(τὸν Χριστὸν)라는 말은 **주**에 대한 언급을 분명히 하기 위해 의도된 동격으로 해석하는 것이 더 자연스럽게 보인다. 저자가 **거룩하게 하고**라고 말한 것은 물론 '거룩하게 하라'(make holy)를 의미하는 것이 아니라 '거룩하신 분으로 인정하라'를 의미한다(사 29:23; 겔 20:41; 집회서 36:4; 또한 마 6:9의 '아버지여 이름이 거룩히 여김을 받으시오며'를 참조하라). 저자는 (70인역에는 없는) **너희 마음에**를 덧붙이는데 이는 마음이 깊은 감정의 근원, 곧 두려움뿐 아니라 믿음과 경외의 근거지이기 때문이다. 본절은 베드로전서의 기독론에 관련되는데, 이는 2:3에서처럼 히브리어로는 하나님을 의미하는 '주'라는 칭호를 서슴없이 그리스도에게 돌리기 때문이다.

그리스도를 깊이 경외함으로 생기는 용기는 사람이 공격을 받게 될 때에도 그를 기꺼이 증거함으로써 표출된다. 그러므로 아시아 그리스도인들은 다음과 같은 명령을 받는다. **너희 속에 있는 소망에 관한 이유를 묻는 자에게는 대답할 것을 항상 준비하라.** 직면한 상황이 즉결심판소에서의 심문인지, 아니면 적대적인 집단이나 개인들에 의한 비공식적인 심문인지는 판단하기가 어렵다. **대답**(defence, ἀπολογία)이라는 말이 전자를 지지하는데, 이 말은 종종 '고발에 대한 합법적인 변호'라는 전문적인 의미를 갖기 때문이다(행 25:16; 26:2; 딤후 4:16). λόγος를 **이유**(account)라 번역한 이유는 '직고하다'(to give an account; 예. 4:5; 롬 14:12)가 재판 용어의 색채를 지니기 때문이다. 그리고 다음 절에서의 결백한 양심에 대한 언급도 그러한 색채를 띤 것으로 보인다. 빌립보, 데살로니가와 에베소에서의 바울의 경험들(행 16:19-40; 17:6-10; 19:24-40)은 사도 시대와 속 사도 시대에 있었을 행동과 고발을 예증하지만, 소아시아의 회중들 중 많은 사람들이 바울이 로마 시민으로서 누렸던 이점을 가졌으리라는 것은 타당하지 않다. 그러나 우리는 첫째, **언제나**와 **묻는 모든 자**라는 말의 극도의 보편성을 이와 비교해야 한다. 어쨌든 후자가 법정의 경우보다 훨씬 더 통상적이며 일상적인 경우를 떠올리게 한다. 둘째, **대답**과 **이유**라는 말이 특별히 법률적인 의미를 가질 수 있지만, 항상 그런 것은 아니다. 비공식적인 설명이나 자기 입장에 대한 변호를 의미하는 ἀπολογία에 대해서는 고전 9:3; 고후 7:11을 참조하라. '이유를 묻다'(λόγον αἰτέω)라는 표현은 '설명할 것을 요구하다'라는 의미로

Plato, *Polit.* 285e에서도 발견된다. 셋째, **소망에 관한 이유를 묻는**이라는 말은, 우리가 치안 판사의 관심이나 소송 절차에 관련된 것으로 간주할 수 있는 것과는 거리가 멀며, 이것은 악의를 품은 이웃들의 회의적이고 사납고 조소적인 질문들을 적절하게 묘사한다.

그러므로 본 구절에 대해서는, 비록 법정에서 하는 심문을 전적으로 배제하지는 않지만 일반적이며 포괄적인 것으로 이해해야 할 것이다. 여기서 전문가의 견해로는 엘리자르(R. Eleazar)의 다음과 같은 말 (*Pirke Aboth*, ii. 18)을 참조하라. "쾌락주의자에 답변할 수 있도록 정신을 차려 토라를 배우라." 우리는 1:3, 21에서처럼, 소망은 복음의 기본적인 면을 표현하는 것으로 저자에게 가장 중요한 개념이라는 사실에 주목해야 한다. **너희 속에 있는**은 문법적으로 '그리스도인 공동체에 가득 차 있을 뿐만 아니라 그것을 유지하는'을 의미하거나 '너희 각자의 마음속에 있는'을 의미할 수 있지만, 후자가 문맥상으로 더욱 적절하다.

**[15하] [16] 온유와 두려움으로 하고 선한 양심을 가지라 이는 그리스도 안에 있는 너희의 선행을 욕하는 자들로 그 비방하는 일에 부끄러움을 당하게 하려 함이라**

독자들은 자신의 믿음을 **온유와 두려움으로**(with gentleness and reverence) 설명하고 변호해야만 한다. **온유**는 비판자들에 대해서 취해야 하는 태도를 나타낸다(3:4에 관한 주해를 보라). 그러한 태도는 냉혹하거나 오만해서는 안 되며, 의심하는 자들에게 복음을 전하기에 더 적절한 그리스도인다운 온유함(우리는 이것이 저자가 의미하는 것이라고 가정할 수가 있다)의 특징이 있어야 한다. **두려움**은 그들에게 하나님에 대한 의무를 상기시킨다. 헬라어 *φόβος*는 '두려움'을 의미하며, 1:7; 2:17; 3:2에서처럼 사람들에 대한 두려움이 아니라 하나님에 대한 **경외**(awe)와 **경의**(reverence)를 의미한다. 만일 그들의 증언이 효과적인 것이 되려면 그들은 **선한 양심**을 유지해야만 한다는 것 또한 중요하다. 여기서 **양심**(*συνείδησις*)은 2:19(한글 성경에서의 '생각'-역자)과는 대조적으로, 일반적인 신약적 의미로 쓰이고 있다. 이 단어는 원시 기독교회가 통속 헬라 사상으로부터 차용하여 그 뜻을 풍부히 한 것으로서, 때때로 다른 사람의 행위에 대해 판단을 내리기도 하지만(예. 고후 5:11), 근본적으로는 자기 행위의 윤리적인 속성에 대한 사람의 내적 의식을 나타낸다(예. 롬 2:15; 9:1; 고후 1:12). '선한(혹은 깨끗하고 순전한) 양심' 이라는 표현은 3:21; 행 23:1; 24:16; 딤전 1:5, 19; 3:9; 딤후 1:3; 히 13:18에도 나오는데, 이것은 거의 상투적인 것 같다. 주로 이 말은 죄로부터 해방되어 아무것도 숨길 것이 없다는 의식을 의미하지만, 종종 훨씬 깊은 의미들을 전달해 주며, 심리적인 측면은 영어 단어보다는 덜 두드러진다. 세례를 받았을 때 그리스도인은 하나님의 뜻을 실행할 수 있을 뿐만 아니라 그것이 무엇인가를 이해할 수 있도록 성령의 유입(流入)에 의해 자기의 마음을 새롭게 함으로 변화를 받는다(롬 12:2). 따라서 성령이 그의 양심을 깨우치는 원리이며, '선한 양심' 은 성령 안에서 사는 세례받은 자의 특징이 된다.

만일 그들의 행실이 그러하다면 결과는 실로, **그리스도 안에 있는 너희의 선행을 욕하는 자들이 그 비방하는 일에 부끄러움을 당하게 될 것이다.** 다시금 여기서 받는 인상은, 통치자의 법정 안에서의 공식적인 소송 절차에 대한 것이 아니라, 개인들이나 폭도들에 의한 조롱이나 지방 총독의 법정 앞에서의 조작된 고발에 대한 묘사라는 것이다. 여기서 본문에 관한 것과 신학적인 것의 두 가지 관점에서 주의를 요한다. 첫째, 여러 주요한 사본들에는 수동태인 **너희가 욕을 받는**(*καταλαλεῖσθε*) 대신에 능동태(직설법 혹은 가정법)인 '그들이(너희를)욕하는' 이라 되어 있고, 이에 '행악자들로' (*ὅς κακοποιῶ* : 속격)라는 말이 덧붙여진다. 이것이 문장을 더욱 부드럽게 만들지만 아마도 구문을 개선할 목적으로 2:12을 본뜬 것 같다. (*καταλαλέω*, '욕하다' 에는 보통 속격의 목적어가 따르며 수동태로는 성경에 나오지 않는다.) 둘째, **행위**(**선행** *ἀναστροφή* 1:15, 18; 2:12; 3:1, 2)라는 말과, 설득력 있는 형식의 증거로서 행실을 강조하는 것은 본 서신의 저자의 특징을 이루는데 반하여, **그리스도 안에**라는 관용 표현(5:10, 14에서도 그렇다)은 의심할 바 없이 바울적인 특징이다. 이러한 구가 바울 서신에서 약 164회 나오며 바울 서신 이전에는 어디에서도 발견되지 않으므로, 아마도 바울의 조어(造語)일 것이다. 이것은, 그리스도인은 자기의 믿음에 의해 그리스도와 신비스럽게 연합된다는 것과, 모든 그리스도인은 그리스도 안에서 하나라는 바울의 확신을 반영한다(예. 롬 6:11; 12:5). 여기서 저자가, 그의 독자들의 탁월한 생활 양식은 그리스도와 그들의 관계에 근거한다는 것을 암시하기 위해 이 말에 독특한 뉘앙스를 부여하고 있긴 하지만, 그의 용법은 바울 신학의 영향을 무심코 드러낸다.

**[17] 선을 행함으로 고난 받는 것이 하나님의 뜻일진대 악을 행함으로 고난 받는 것보다 나으니라**

저자는 이와 같은 일반적인 진술로 권고를 끝맺는다. 본절은 저자가 노예들을 위한 좀더 특정한 문맥에서 이미 세웠던(2:20) 원리를 반복하는데, 이는 이교도의 한층 세련된 윤리학에서도 나오는 것들이다. "불의하게 행하는 것은 불의하게 취급받는 것보다 더 불명예스럽다"라는 소크라테스의 훌륭한 역설(Plato, *Gorg.* 508b)을 참조하라. 그러나 여기서 본절은 하나님의 섭리라는 기독교 사상에 의해 강화된다. 행악자들이 고난을 받는다고 해도 불평할 수 없는 것은 하나님의 공의로 다스려지는 세계에서 그들의 죄는 벌을 받아 마땅하기 때문이다. 선행자들이 고난을 받을 때는 비록 그 선행이 원수들의 적대감을 야기한다 할지라도 자신들이 받는 고난은 선행으로 비롯된 도덕적인 결과가 아니라는 것을 앎으로써 만족을 얻는다. 실로 그리스도인들은 고난에서 하나님의 손길을 감지할 수 있는 한 기뻐할 이유가 있다(2:14; 4:13). **만일 하나님의 뜻이 그러하다면** (if such be God's will)에서 동사는 기원법으로 쓰였는데, 14절에서처럼 여러 비평가들은 본 서신의 독자들의 고난이 가능성을 의미할 뿐이라고 주장해 왔다. 그러나 이러한 주장이 여기에서는 그곳(14절)보다 더 설득력이 없다. 그 이유는 첫째, '만일 하나님이 원하신다면' (헬라어 본문에는 더 엄숙하게 '만일 하나님의 뜻이 원한다면' 이라는 표현을 썼다)이라는 말은 영어에 비해 헬라어에서는 조건적인 의미가 거의 없는 경건한 상투어였기 때문이다. 둘째, 위에서 말했듯이 본문은 어쨌든 기원법 사용이 전적으로 적절한 총괄적인 진술이기 때문이다. 셋째, 2:12; 2:18-20로부터 이미 독자들 일부가 오해와 모욕과 괴롭힘을 당하는 희생자들이라는 사실을 추론하기 위해 굳이 행간의 의미를 읽을 필요가 거의 또는 전혀 없기 때문이다.

## II. 악에 대한 그리스도의 승리에 기초한 확신 3:18-22

**3:18-22**

18 그리스도께서도 단번에 죄를 위하여 죽으사 의인으로서 불의한 자를 대신하셨으니
이는 우리를 하나님 앞으로 인도하려 하심이라 육체로는 죽임을 당하시고 영으로는 살
리심을 받으셨으니 19 그가 또한 영으로 가서 옥에 있는 영들에게 선포하시니라 20 그
들은 전에 노아의 날 방주를 준비할 동안 하나님이 오래 참고 기다리실 때에 복종하지
아니하던 자들이라 방주에서 물로 말미암아 구원을 얻은 자가 몇 명뿐이니 겨우 여덟
명이라 21 물은 예수 그리스도께서 부활하심으로 말미암아 이제 너희를 구원하는 표니
곧 세례라 이는 육체의 더러운 것을 제하여 버림이 아니요 하나님을 향한 선한 양심의
간구니라 22 그는 하늘에 오르사 하나님 우편에 계시니 천사들과 권세들과 능력들이
그에게 복종하느니라

18 그리스도께서는 여러분을 위해 죽으셨습니다. 그리고 그 한 번의 죽으심으로 여러
분의 모든 죄를 담당하셨습니다. 죄가 없는 분이시지만 죄인을 대신하여 돌아가셨던
것입니다. 그것은 여러분 모두를 하나님께로 인도하기 위함이었습니다. 육체는 죽었
지만 성령 안에서 다시 살아나셔서, 19 갇혀 있는 영혼을 찾아가 말씀을 전하셨습니다.
20 그들은 오래 전, 노아 시대에 하나님께 불순종했던 사람들입니다. 하나님께서는 노
아가 방주를 다 짓기까지 오랫동안 그들의 악한 행동을 참으셨습니다. 그 홍수에서는
오직 여덟 명만이 구원함을 받았습니다. 21 그 홍수는 이제 여러분을 구원하는 세례와
같은 것입니다. 몸을 깨끗하게 씻는 것이 아니라 선한 마음으로 하나님께 내 삶을 드리
며 정결하게 살기를 약속하는 것입니다. 바로 이것을 위해 예수 그리스도께서 죽음에
서 부활하셨습니다. 22 지금 그리스도께서는 하늘에 올라가셔서 하나님의 오른편에
앉아 계시며, 모든 천사와 권세와 능력을 다스리고 계십니다. _아가페 쉬운성경

저자는 3:13-17에서 독자들에 대한 박해의 가혹한 실상에 대해 더욱더 공공연하게 말하는 한편, 아시아 그리스도인들에게 담대하게 힘찬 확신

을 갖고 격심한 시련에 맞서도록 권고하여 왔다. 이제 저자는 그 확신의 분명한 기초를 개략적으로 진술한다. 그 기초란 바로 악의 세력에 대해 그리스도께서 죽으심과 부활과 승천으로 얻으신 승리를 말하며, 그리스도인들은 그들이 세례받은 결과로써 그 승리의 열매를 나누어 가진다는 것이다.

1:18-21; 2:21-24처럼, 본 구절은 부분적으로는 예배식이나 찬가 또는 교리문답에 관한 자료로부터 집성된 것이라고 널리 인정되고 있다. 이 사실은 다음과 같은 점들에 의해 지지된다. 첫째, 인용문의 서두처럼 시작되는 불변화사 *ὅτι*.(1:18; 2:21 하반절을 참조하라). 둘째, 간결한 문체, 강한 논조와 대구를 이루는 문장 구조. 셋째, 본문의 논의의 전개를 위해 확실하게 필요한 것 이상의 개념들(예. 그리스도의 죽음이 갖는 속죄적인 효력)이 포함되어 있다는 점. 넷째, 원시 기독교회의 기본적인 교의들로 이루어진 본 대목의 내용의 성격. 그러나 본 대목이 어느 정도로 찬가 혹은 교의(敎義)로부터 인용하였으며, 예배 자료로부터 발췌한 본 서신의 다른 부분들과 어떤 관계에 있는지에 관해서는 학자들의 견해가 나누어져 있다. 어떤 학자들(예. Bultmann)은 이에 19절을 포함시키고, 어떤 학자들(예. Boismard)은 이와는 다른 방법으로 본절을 1:20의 대구(對句)와 연결시킨다. 이러한 재구성이 순전히 추측으로 이루어진다는 점에서 그들을 신뢰하기는 어려우며, 우리는 18, 22절에 단편적으로 인용되었다고 한정하는데 그쳐야 할 것 같다. 어쨌든 산문체이긴 하지만 공들인 문체로 된 19-21절은, 물론 21절에서 세례에 관한 교리문답의 발췌문을 포함시키고 있기는 하지만 저자 자신이 구성했으리라는 인상을 준다. 저자의 서툰 문체는 이러한 서로 다른 요소들을 결합시키는 어려움 때문일 것이다.

**[18] 그리스도께서도 단번에 죄를 위하여 죽으사 의인으로서 불의한 자를 대신하셨으니 이는 우리를 하나님 앞으로 인도하려 하심이라 육체로는 죽임을 당하시고 영으로는 살리심을 받으셨으니**

여기서 사상의 동향을 명백하게 간파하는 것이 중요하다. 이 첫 절은 마치 저자가 (2:21의 유사한 문장에서 그러했듯이) 무죄한 고난의 본보기로서 그리스도께 독자들의 주의를 돌리고 있기라도 한 것처럼, (많은 해석가들이 가정하듯이) 다음 절들을 오로지 앞절에만 부속시키지 않는다. 그리스도의 행하심은 독특하고도 구속사적인 것이었으므로 여기서 그리스도를 모범으로 보는 것에 대해서는 의문의 여지가 있을 수 없다. 오히려 본절과 이하의 대목은 회고적인 것으로서 3:13-17의 전반적인 단락에 내포되어 있는 다음과 같은 가르침을 정당화하려고 한다. 곧 그의 독자들은 부당하게 박해를 받을 때 스스로를 복되다고 여길 수 있는데(3:14), 이는 그들이 세례를 통하여 그리스도께서 악의 세력(그리스도인들의 대적자들은 그 대행자이다)에 대해 얻으신 승리에 동참하기 때문이다.

본절은 역본마다 조금씩 다르게 표현되기도 했지만, 대부분은 (일부 라틴어 역본과 수리아어 역본, 그리고 몇몇 라틴 교부들의 역본들에서는 **죄**라는 말 앞에 '우리의' 라는 말이 부가되어 있다. 또 어떤 사본들에는 '우리를 대신하여' 혹은 '너희를 대신하여' 가 삽입되어 있다) 다소 모호한 원문을 정확히 하기 위한 시도일 뿐이다. 더욱 의미심장한 것은 사본들 중 대다수 및 Pap. 72와 여러 역본들이 지지하는 **죽으사**(*ἀπέθανεν*) 대신에 B, K, P 등 많은 사본들에는 '고난받으사' (*ἔπαθεν*)로 되어 있다는 사실이다. 본문에 근거하여 죽으심(RSV, NEB)에 대한 주장들이 압도적인 것이라는 것은 의심의 여지가 없다. 다른 한편, 많은 해석자들은 그 의미가 '고난받으심' 을 요구한다고 주장한다. 그 이유는 이 '고난받다' 가 부분적으로는 롬 6:10에서 바울이 사용한 유사절의 강한 영향을 받아서, 또한 부분적으로 후기의 필사자들이 '고난받다' 가 그리스도의 죽으심을 가리키는 것임에 틀림없다고 정확하게 느끼긴 하였지만, 초기 기독교의 어휘에 있어서 '고난받다' 는 말은 '죽음' 을 내포하였다(2:21에 관한 주해를 보라)는 것을 알아차리지 못하였기 때문에 **죽으사**로 바뀌었을지도 모른다는 것이다. 그들은 죽음이 아니라 고난이 주제인 3:13-17 및 4:1과 본절의 관계로 인해서 '고난받으사' 라는 표현을 기대하게 된다는 것과, 더 나아가 **그리스도께서도 죽으셨다**고 말하는 것은 아시아 그리스도인들이 죽임을 당하고 있었다는 것-본 서신에는 이에 대한 증거가 전혀 없다-을 의미하는 것으로 보인다는 점을 지적한다.

이에 반하여 우리는, 필사자들이 '죽으셨다' 라는 동사를 3:13-17; 4:1에서 사용된 동사들과 조화시키려는 의도로 이 **죽으셨다** 대신에 '고난받으셨다' 를 사용했을 것이라고 주장할 수 있다. 사실은 저자가 '고난받다' 라는 표현을 굳이 사용하고 싶어한다는 점을 고려해 볼 때는 지지하기가 더 어려운 해석이며 사본의 결정적인 증거가 없는데도 강하게 주장하는 셈이 된다. 우리는 저자가 자기 혼자 있었더라면 '고난받으셨다' 라는 표현을 선택했을 것이지만 **죽으셨다**라는 말이 그가 인용한 예배자료에 있었기 때문에 그 말을 사용했을 것이라고 추측해 볼 수가 있다. (그리스도께서)**도**(also, *καί*)에 관련된 또 다른 난점들은 저자의 논리 전개를 바로 파악한다면 해결된다. 앞서 언급했듯이 저자는 사실상 다음과 같이 말하고 있는 것이 아니다. "너희가 죄 없이 고난을 받고 있지만 용기를 내어라. 그리스도께서도 죄 없이 고난을 받으셨다." 이보다는 "너희가 고난 중에 실로 복을 받고 기뻐하나니 이는 그리스도도 심한 고난 중에 패배하신 것처럼 보이면서도 기뻐하시고 영광에 이르셨기 때문이다"가 차라리 낫다.

만일 **죽으셨다**가 정확한 해석이라면 본절에서의 찬미나 신조는 고전 15:3에서의 신조문의 발췌문과 매우 동일한 공식을 구체화하는 것이다(갈 1:4; 히 10:12을 참조하라). 그러나 여기서 사용된 전치사(*περὶ*)는 문자적으로 '(죄에) 관하여' 를 의미한다. 이 전치사가 다음과 같은 유사한 문맥에서도 나온다. 롬 8:3; 살전 5:10; 요일 2:2; 4:10. 70인역에서 '죄에 관하여' (*περὶ ἁμαρτιῶν*)라는 구는 흔히 속죄제에 대한 묘사이다(예. 레 5:6,7; 6:23; 겔 43:21). 강조적인 **단번에**(*ἅπαξ*)는 롬 6:10의 유사구를 상기시킨다. 히브리서에서 반복하여 사용되는 것을 참조하라(히 7:27; 9:12, 26, 28; 10:10). 후자의 절들에서처럼 이 말은 그리스도의 희생의 전적인 충족성과 유일무이한 가치를 강조한다. 그러므로 **의인으로서 불의한 자를 대신하**(셨으니)라는 말은 2:21-24의 인용문에서 상세히 설명되었던 두 가지 점, 즉 구속자(the Redeemer) 예수 그리스도의 대리적인 특성과 무죄하심 모두를 함축적인 문구로 구체화한다. **의인**(행 3:14; 7:52; 22:14에서 이것이 그리스도에 대해 사용되고 있음을 참조하라)이라는 칭호는 어쩌면 사 53:11의 종에 대한 유사한 묘사를 반영할지도 모른다. 무죄자가 죄인들을 위해 죽으신다는 역설에 대한 훌륭한 주석이 바로 롬 5:6-10이다.

그리스도께서 단번에 죽으신 목적은 **우리를**(ἡμᾶς) **하나님 앞으로 인도하려 하심**이다. 여러 사본들(B, C, Pap. 72 등)에는 '너희를' (ὑμᾶς)이라 되어 있지만, **우리를**이 더 나은 사본의 권위를 갖고 있을 뿐만 아니라, 대체로 회중이 암송하는 기도문에 자연스럽게 조화된다. 2:21에서처럼 저자는 문맥에 맞도록 본래 **너희를**을 채택했을 수도 있었다고 주장할 수도 있다. 그러나 거기(2:21)에서는 훈계적인 어조를 사용했지만, 본문에서는 적합하지가 않다. 이러한 비유적인 표현을 설명하기 위해 어떤 편집자들은 신적인 구원자(saviour-god)가 죽음을 통과하여 입회자들의 손을 잡고 지고의 신의 존전으로 인도하는 모습을 묘사하는 신비종교에 기대려고 한다. 그러나 그러한 이해는 본 서신의 저자의 사고 세계와는 거리가 멀 뿐만 아니라, 그러한 종교에 호소하는 것은 불필요한 것이다. **우리를 하나님 앞으로 인도**한다는 말은 본질적으로 죄로 말미암아 단절되었던 '하나님과 우리의 올바른 관계를 설정하다' (더 정확하게는 '회복하다' )를 의미한다. 그러므로 바울은 이와 유사한 명사 *προσαγωγή*(접근, 나아감)를 사용하여 우리가 그리스도로 말미암아 하나님과 화평을 누리며, 그로 말미암아 "우리가 이 은혜에 들어감을 얻는다"(롬 5:1, 2; 또한 엡 2:18; 3:12을 참조하라)고 선언한다. 구약성경의 토양 위에서 헬라어를 사용하는 유대인들에게는 동사 '인도하다' (*προσάγω*)라는 말에 풍부한 의미가 함축되어 있다(TWNT I. 131-134를 참조하라). 그것은 사람을 법관석 앞으로 데려오거나 궁전으로 배알하러 오게 함을 의미할 수 있었으며, 혹은 (고전 헬라어나 70인역에서는) 하나님을 섬기기 위한 사람들의 헌신(예, 출 29:4; 8; 40:12; 레 8:24; 민 8:9)을 의미할 수 있었다. 전자의 경우(법관석 앞으로 데려옴)는 본절의 문맥상 부적절하게 보이지만 저자는 봉헌과 희생의 이미지를 의중에 두었을지도 모른다.

그리스도의 죽음이 어떠한 방법으로 구속적인 효력을 가지는지에 대한 저자의 이론을 재구성하기란 물론 불가능하다. 2:21-24에서처럼 저자는 하나의 신학을 새로 정립하려고 하지 않았기 때문에 전통적인 기존의 관용어를 반복하여 사용한다. 그러나 이 두 구절들에서 죄인을 위한 무죄한 분의 죽음에 대한 강조는 초기 기독교 사상의 특징을 이루는 것으로, 후기 마카비 시대에 하나님의 의로운 종들의 고난과 죽음이 속죄의 가치를 갖는다는 교리를 발전시킨 후기 유대교와 놀라울 정도로 유사하다. 우리는 이러한 강조가 마카비 2서 7:37에서 구체화되고 있음을 본다. 반면에 마카비 4서 6:28; 9:24; 12:17; 17:22에서는 하나님께서 그의 성도들이 흘린 피를 감안하여 자기 백성에게 자비를 베푸실 것이라는 사상이 종종 신약의 사상과 매우 유사한 말로 명백하게 진술된다. 마찬가지로 쿰란 종파는 자신들의 공동체가 고행과 청렴결백의 준수에 의해 다른 사람들의 죄를 속할 수 있다고 확신하였다(예. 1QS v. 6f.; viii. 2f.; 6; ix. 4; 1QSa i. 3). 랍비들의 후기 가르침은 의인들의 고난과 죽음이 이스라엘을 속죄할 수 있다는 것을 인정하였다.

우리는 **육신으로는 죽임을 당하시고 영으로는 살리심을 받으셨으니라**는 말에서 명료하게 공식적인 어조를 들을 수 있다. 역시 즉각 떠오르는 두 유사절은 롬 1:3–4("육신으로는 다윗의 혈통에서 나셨고 성결의 영으로는 … 능력으로 하나님의 아들로 선포되셨으니")과 딤전 3:16("그는 육신으로 나타난 바 되시고 영으로 의롭다 하심을 받으시고")인데, 이 두 절은 각각 신조문과 찬가로부터 재구성한 것이라고 인정된다. 여기서는 그리스도의 죽으심과 부활하심이 대조되고 있으며–헬라어 원문에서는 *μὲν–δὲ* 구문의 형식을 취하여 이 대조가 더욱 뚜렷하다– 그리스도께서 죽으시고 다시 살아나셨다(예. 롬 8:34; 고전 15:3)는 원시 기독교회의 교의적 확신이 찬가로 되풀이되고 있다. 동사 '살리다'(*ζῳοποιέω*)는 롬 4;17; 8:11; 고전 15:22; 36; 요 5:21에서처럼 사실상, '죽은 자로부터 일으키다'(*ἐγείρω*)와 동의어이다.

저자의 사고 양식을 이해하려면 **육신**과 **영** 사이의 대조를 주의 깊게 다루어야 한다. 이러한 대조가 교부시대에는 불가피하게 다시 널리 받아들여졌던 헬라적 구분법, 즉 인간의 본성을 물질적인 부분과 영적인 부분으로 나누는 구분법에 의해 해석되었다. 따라서 **육신**은 그리스도의 몸을 의미하였고, 영은 그리스도의 영(예. Origen. C. *Cels.* ii. 43; Hilary. *Tract. in cxviii ps.* xi. 3; Cyril Alex., *Frag. in 1 Pet.*) 혹은 더욱 정확하게는 인성적 영혼과 연합된 그리스도의 신성을 의미하였다(예. Epiphanius, *Haer.* lxix. 52; Augustine, *Ep.* clxiv. 17-21). 만약 이러한 방법을 따른다면 **영으로 살리심을 받으셨으니**를 '그의 불멸의 영(혹은 신성)으로는 계속 살아 계셨고' 와 같은 의미로 받아들이거나 혹은 '그의 불멸의 영혼(혹은 신성)은 죽으셨으나 다시 살아나셨다' 는 뜻으로 해석해야 하지만, 위와 같은 혹은 그와 약간 변형된 형태의 주석이 종교개혁 시대와 현대에 널리 지지되어 왔다. 사실상 우리가 신약과 특히 바울 서신들(그의 개념과 어법은 명백히 여기에 인용된 교리적인 본문에 영향을 미쳤다)에서 정하는 영과 육의 구별은 그 착상이 전적으로 구약적이며 영과 육에 대한 헬라적인, 궁극적으로는 플라톤적인 이분법과는 아무런 관계가 없다(TWNT Ⅵ, 387-453; Ⅶ. 98-151; 또한 W.J. Dalton의 논문 124-134를 보라). 롬 1:3; 딤전 3:16에서처럼 여기서 **육신**과 **영**은 그리스도의 서로 보완되는 부분들이 아니라, 그리스도 전체를 다른 견지에서 말한 것이다. **육신**은 한 사람으로서, 그의 인간적인 존재 영역에서의 그리스도를 의미한다. **영**은 신적인 영(divine spirit)으로서 그의 천상적이며 영적인 존재 영역에서의 그리스도를 의미한다(1:11에 관한 주해를 보라). 그리고 영은 그리스도의 육체적인 속성을 배제하지 않는데 이는 그리스도가 죽은 자 가운데서 살아나 영화롭게 되었기 때문이다. 여기서 여격들(σαρκὶ, πνεύματι)은 관계 여격들('육신으로는', '영으로는' -역자 주)로, 이 교의적인 인용구는 인간으로 간주되신 그리스도는 죽임을 당하셨지만, 영원한 영으로 간주되신-물론 그의 육신을 포함하여 완전한 존재로서- 동일한 그리스도가 하나님의 능력으로 살리심을 받으셨다는 역설을 확언하고 있다. 실로 그리스도가 '우리를 하나님께로 인도하신다' 는 것은 이와 같이 살리심을 받고 영광을 받으셨기 때문이다.

이러한 사실을 확립하고 나서 저자는 불안해 하고 있는 그의 수신자들을 안심시키는 데 도움이 될 두 가지의 새로운 고려 사항을 소개하기 위해 그의 예전적(禮典的)인 본문으로부터 잠시 떠난다. (저자는 22절에서 다시 되돌아올 것이다.) 첫째 사항은 22절에서 더 상세히 설명될 부활하신 그리스도의 승리적인 활동에 대한 간략한 요지이다. 이에 비하여 둘째 사항은 세례에 대한 요약적 설명인데, 이 세례의 결과 아시아 그리스도인들은 악한 세력과 그 세력의 현세적인 대행자들에 대한 그리스도의 승리를 함께 나눈다. 문학적인 구조로 미루어 볼 때 이 세 절(19–21)이 삽입절이라는 것은 다음과 같은 사실에 의해 드러난다. 첫째, 관계사 **그것으로**(in which, – '영으로' –한글 성경) 뒤에 **또한**(also)이라고 함으로써, 저자가 예전적 자료에 관련된 것으로 여겨지는 추가적 사상을 보충하였으리라고 가정할 수 있다는 점. 둘째, 엄숙한 예전적인 어법과 균형잡힌 대조법으로부터 산만하고 지루하며 부담스럽기까지 한 문체로 급전환한 점. 셋째, 우리가 알고 있는 한, 보통 원시 교의의 자료에서 기대될 수 있는 종류에 속하지 않는 화제들이 취급되고 있는 점. 그러나 비록 이 세 절이 이러한 의미에서 삽입절이라 하더라도 그 내용에 관한 한 저자의 주요 목적과는 밀접하게 일치한다.

**[19] 그가 또한 영으로 가서 옥에 있는 영들에게 선포하시니라**

본절과 다음 절들은 본 서신에서 가장 난해하고 논란의 여지가 많은 문제들을 제시하지만, 우리는 초반부에 대해서는 꽤 확신 있게 말할 수 있을 것 같다. 첫째, 또한 **그것으로**(ἐν ᾧ καὶ, '또한 영으로' –한글 성경) 뒤에 에녹(Enoch)이라는 고유명사가 중자탈락(haplography: 중복 단어를 빠뜨리고 잘못 쓰는 것–역자 주)으로 인하여 탈락되었다는 가정에 따라 이('에녹')를 삽입해야 한다는 주장은 지지할 수 없는 억측이라고 생각된다. 해리스(J. Rendel Harris)에 의해 널리 보급된 이 주장은 저명한 여러 학자들이 확신을 가졌지만, 어떤 사본도 이를 지지하지 않을 뿐만 아니라 본문을 좀더 충분히 이해한다면 전혀 불필요한 주장으로 보인다. 둘째, **그것으로**(ἐν ᾧ, '영으로'–한글 성경)에 대해서는 많은 논란이 있어 왔지만 이것이 18절 마지막에 위치한 **영으로**를 선행사로 취하는 관계대명사라는 것은 실로 의심할 여지가 없다. 한편 신약성경에는 부사적인 여격(adverbial dative. 여기서는 **영으로**)이 관계대명사의 선행사 역할을 하는 예가 없기 때문에, 이것은 애매한 요약적 문구임에 틀림없다고 하는 주장이 있다(E.G. Selwyn). 그러나 이러한 주장을 하는 사람은 헬라어를 모국어로 썼던 고대 주석가들이 이와 같은 방법으로 그것을 서슴없이 사용했다는 점을 주목해야 할 것이다. 이를 '그렇게 하는 동안에'(in which process, in the course of which)라고 해석하는 또 다른 대안은 앞서 나온 두 개의 분사(θανατωθεὶς와 ζωοποιηθεὶς –역자 주)와의 정확한 관계를 설명하지 못한다. 또한 1:6; 2:12; 3:16; 4:4의 ἐν ᾧ('in which')의 용법도 본절과 유사하다고 볼 수 없는데, 왜냐하면 위의 절들에는 본절에서 **영**처럼 명백한 선행사 역할을 하는 명사가 하나도 없기 때문이다. 그러므로 여기서 ἐν ᾧ의 의미는 '그것으로, 곧 영으로서, 그의 영적 존재양식으로'(in His spiritual mode of existence)이어야만 한다. 셋째, **또한**은 헬라어 분문에서 바로 뒤에 나오는 **옥에 있는 영들**에 덧붙여져서는 안 된다. 만약 그렇게 본다면 그리스도께서 옥에 있는 영들에게 두 번째로 선포하셨다는 뜻이 되는데, 본문에서는 그들에 앞서 그리스도의 선포를 들은 사람들이 있었다는 암시가 전혀 없으며, 또한 그리스도의 **선포**에 대해서도 언급이 없기 때문이다. 여기서 부사('옥에')는 저자가 적절하다고 생각하는, 그리스도께서 **영으로** 하신 사역의 또 다른 측면을 이제 막 언급하려 한다는 것을 나타내기 위해 의도된 것임에 틀림없다. 그 다른 측면이란 첫째, 그리스도의 죽음으로부터의 부활인데 그 결과 우리는 하나님께로 인도되었다는 것이며, 둘째는 옥에 있는 영들에게 선포하셨다는 사실인데, 이제 우리는 이 점을 살펴보아야 할 것이다.

여기서 우리는, 첫째 옥에 갇힌 **영들**의 정체, 둘째 그들의 **옥**의 위치, 셋째 그리스도께서 **가신** 여정의 방향, 넷째 그리스도의 **선포**의 성격과 내용에 관한 네 가지 연관된 문제들에 직면한다. 알렉산드리아의 클레멘트(Clement)로부터 시작하여(*Adumb. in 1 Pet.* iii. 19f.; *Strom.* vi. 6. 44–46) 중세 이후에 새롭게 유행했던 초기 교부들의 해명은 이 사건을 그리스도께서 지옥에 내려가심과 관련시킨다. 이 같은 해석은 유대-기독교적 교리의 발전으로써 즉시 일반적인 전통으로 확립되었다(예. Ignatius, *Magn.* ix. 2; Justin, *Dial.* lxxii. 4; Irenaeus, *Haer.* iii. 20.

4; iv. 22. 1; 27. 2; 예루살렘의 Cyril, *Cat.* iv. 11; xiv. 17-19). 이러한 견해에 따르면 여기서 **영들**은 노아와 동시대의 죄인들이거나, 아니면 그리스도께서 육신을 입으시기 전에 살았던 유대인과 헬라인들을 가리키며, 그리스도께서 저승에서 그들에게 복음을 전하셨다는 결론이 나온다. 그러나 이러한 견해는 얼마 지나지 않아 초기 교부들의 지지를 상실하게 되었는데, 그 이유는 이러한 견해를 받아들일 경우에는 죄인들이 저승에서도 회심할 수 있다고 하는 가능성을 인정하는 결과가 되기(바로 이러한 이유 때문에 자유주의적인 교파에서는 이러한 견해를 받아들인다) 때문이었다. 그리고 어거스틴(*Ep.* clxiv. 14-17) 이후 라틴 신학계(한층 엄격한 개혁주의자들 역시)에서는, 성육신 이전에도 신적인 본질로서 선재(先在)하셨던 그리스도께서 죄와 무지라는 옥 속에 갇혀 있던 노아의 당대인들에게 노아의 인격 속에서 복음을 전하셨다고 하는 것이 지배적인 해석 방법이었다. 그러나 이러한 설명 중 어느 것도 전적으로 만족할 만한 것으로 생각되지 않았을 뿐만 아니라(예. 왜 노아와 동시대의 사람들만이 복음을 들을 수 있도록 선별되었어야 하는가? 또 **옥**에란 말이 '죄에 갇힌' 이란 고도로 비유적인 의미로 해석되어야만 하는가?) 위의 두 해석에 대해서는 다음과 같은 반론이 제기된다. 첫째, 그러한 해석들은 19절과 22절간의 연관성을 주목하지 못하였다. 둘째, 그러한 해석들은 기자의 소망과 격려의 메시지와는 아무런 명백한 관계도 갖지 않고 본제를 벗어나 지엽으로 흐르게 만들고 있다. 셋째, 그러한 해석은 저자를 그가 지금까지 받아들이지 않았던 것으로 보이는 헬라적 영육의 이분법 옹호자로 만든다. 만일 본문의 모호성이 해결되고 적절한 뜻이 밝혀지려면, 그 열쇠는 창 6:1-4에 나오는 반역한 천사들의 죄와 정죄에 관한 신화적 이야기에서 찾아야 한다는 확신이 학자들 사이에 점점 더 강해지고 있다. 창세기의 이 이야기는 후기 유대교의 외경 저자들의 상상을 사로잡았으며, 유다서와 베드로후서(참조. 유 6절; 벧후 2:4)의 저자와 독자들에게만큼 본서신의 저자와 독자들에게도 친숙했음에 틀림없다고 보여진다. 그 중 본절에 가장 밝은 빛을 던져 주는 본문은 에녹 1서이다. 이는 신약성경에 커다란 영향을 끼쳤으며, 어떤 기독교 집단에서는 하나님께로부터 영감을

받은 것이라고까지 여기는 편집물로서, 에녹(1세기 그리스도인들의 눈에 비친 그의 위엄과 권위에 대해서는 히 11:5을 참조하라)이 어떻게 하나님에 의해 보냄을 받아 타락한 천사들에게 그들의 운명을 선포했는가를 그림처럼 선명하고도 자세히 묘사하고 있다.

따라서 **영들**이 죽은 인간들의 영들을 가리킨다는 것은 실로 그럴 듯하지가 않다. 만일 그렇게 본다면 적어도 '복종하지 아니하던 영들' 이란 표현보다는 '복종하지 아니하던 자들의 영들' 이라고 표현했어야 했기 때문이다. 어쨌든 신약의 어디에도 *πνεῦμα*(영)란 명사가 아무런 수식어도 없이 단독적으로 쓰였을 때 이러한 의미를 가지는 경우를 찾아볼 수 없다. (히 12:23에서 이 명사는 한정 소유격- '의인의' -을 갖고 있다.) 이것이 신약에서는 보통 선악 간 초자연적인 존재들을 나타내며(예. 마 12:45; 눅 10:20; 히 1:14), 소유격에 의해 의미가 제한되지 않을 경우에는 성경 외적인 유대 문헌, 특히 에녹 1서(예. 10:15; 13:6; 15:4-12; 19:1)에서의 의미로 쓰인다. 만일 이 명사를 여기에서도 이러한 의미로 적용한다면 '옥에 있는 복종하지 아니하던 영들' 을 창 6:1-4에서 사람의 딸들을 탐하여 거인 자녀들을 낳았던 '하나님의 아들들' 혹은 '악한 천사들' 과 동일시할 논거가 강화된다. 후기 유대인 문헌에서는 악한 천사들의 비행과 두려운 정죄에 대한 풍부한 이야기들이 상술되고 있다(예. 1 En. x-xvi; xxi; Apoc. Bar. lvi. 12f.; Jub. v. 6; 6QD ii. 18-21; 1QGnApoc. ii. 1; 16). 우리는 특히 다음과 같은 점들에 주목해야 할 것이다. 첫째, 그들의 비행이 특별히 불순종으로 규정되는데 이는 그들이 '주의 계명을 범하였' (1 En. xxi. 6; cf. cvi. 13f.)기 때문이라는 것. 둘째, 그들이 벌받는 곳이 '옥' 이라 불린다는 것(1 En. xviii. 14; xxi. 10). 셋째, 인류의 타락과 그 결과 인간의 모든 죄는 그 원인이 그들과 지도자인 아자젤(Azazel)에게 돌아간다는 것(1 En. x. 8). 넷째, 그들이 바로, 형을 선고받은 후에도 그들의 '영들' 로 사람들을 더럽히고 사람들로 하여금 우상을 숭배하게 함으로써 악행을 계속한다는 것(1 En. xix. 1; cf. xv. 9-12). 그런데 한편 극복할 수 없는 것으로 보이는 난점이 제기될 수도 있다. 즉 '하나님의 아들들' 의 범죄는 추측컨대 홍수 수세대 이전에 일어났는데, 본절에서는 **그 영들이 노**

아의 날에 불순종했던 것으로 언급된다는 점이다. 그러나 이러한 난점은 전자의 이야기가 창세기 6장에서의 이야기와 긴밀하게 들어맞는다는 면 때문에, 두 사건은 외경서 저자들이 이 두 사건을 무비판적으로 받아들여 뒤얽히게 되었다(예. 1 En. cvi. 13-18)는 것에 주목할 때 사라진다. 사실 외경의 저자들 중 한 사람(Test. Napht. iii. 5)은 그들을 실제로 동시대의 사람들로 묘사한다.

이러한 사실은 우리로 두 번째와 세 번째 문제점에 이르게 한다. 여기서 **영들**이 죽은 사람들의 영혼을 가리킨다고 본다면, 성경이나 비정경 문헌의 그 어느 곳에서도 죽은 사람들의 거처가 감옥으로 묘사되고 있지 않지만, 여기서 옥(*φυλακῆ*)은 하계(nether world), 혹은 유대인적인 어법으로는 스올(sheol)을 의미한다고 가정하는 것이 자연스러울 것이다. 전통적인 해석을 거부하면서 여기의 **영들**이 반역적인 천사들을 가리킨다고 보는 어떤 학자들마저도 이렇게 주장한다. 외경서에는 죽은 사람들이 갇혀 있는 장소에 관하여 명백히 다르고 어느 때에는 서로 상반되는 언급들이 발견된다. 예를 들면 Jub 5:6에는 죽은 자들이 분명히 '무저갱에' 속박되어 있다고 말하는데, 이 구절은 계 20:1-3; 1QH iii. 17에서 재현되었다. 1 En. xiii. 9; xiv. 5(Eth.)에서는 그들이 형벌받는 곳이 지하가 아니라 '지상' 이라고 하며, 1 En. xxii. 1-3; lxvii. 4에서는 그 위치가 '서쪽에' (in the west) 있다고 한다. 한편 1 En. xviii 12-14에서는 그 옥이 '위에는 창공이 없고 밑에는 확고하게 기초를 둘 땅이 없는' 하늘 끝에 위치한 무저갱으로 묘사된다. 이와 같은 묘사가 1세기 초의 에녹 2서(알렉산드리아 유대인의 작품)에 자세히 나온다. 이 외경서는 하늘의 수가 여럿이라는(에녹서의 경우에는 7개) 관념을 전제로 하고 있는데, 이 같은 사상은 후기 유대교와 초기 기독교를 매혹시켰으며 신약성경에서도 이의 영향을 엿볼 수 있다. 이 외경에 따르면 사자(死者)의 세계와 선악 간 영들의 세계는 현재 지상에 있는데, 에녹은 자기가 어떻게 둘째 하늘에서 고통받으며 울고 있는 변절한 천사들을 만나게 되었는지를 진술한다(2 En. vii. 1-3). 이와 유사한 기사가 Test. Lev. iii. 2에서 발견된다. 비록 본 서신의 저자는 영들의 거처가 어디인지를 판단하기 어려워 보이지만, 본문의 맥락은 그곳이 상층부임을 명백히 가리킨다. 첫째, 그리스도의 여정은 그가 **영으로는 살리심을 받으신** 후에 있었던 것으로 간주하는 것이 자연스럽다. 그리고 만일 이 말이 그의 부활을 의미한다면, 그 여행은 승천임에 틀림없다. 둘째, **가셔서**라 번역된 동사(*πορεύομαι*, '갔다')가 하계로 내려가는 것에 대해 사용된다고 생각할 수도 있지만, 이 말이 신약 어디에서도 이러한 의미로 사용되지 않을뿐더러 이러한 의미로는 *καταβαίνω*('내려가다')과 같은 동사가 더욱 적절할 것이다. 셋째, 본절은 *πορεύεσθαι*와 어근이 같은 동사(*πορευθεὶς*)가 명백히 그의 승천을 의미하는 22절(행 1:10을 참조하라)과 거의 분리될 수 없다.

마지막으로, 이제 우리는 네 번째 문제점, 즉 그리스도께서 무엇을 선포하셨는지에 관해 살펴보아야 할 것이다. 이에 대한 헬라어 동사는 *κηρύσσω*(*κῆρυξ*를 참조하라)으로서, 이것은 근본적으로 '외치다', '선언하다', '선포하다'를 의미한다. 이와 관련된 70인역의 두 절은 사 61:1("포로들에게 자유를 눈 먼 자에게 다시 보게 함을 선포하며", 필자의 사역임-역자 주)과 욘 3:2,4(요나가 니느웨 성에 대해 임박한 멸망을 선포하는 것에 관한)이다. 신약에서는 이것이 (지정된 목적어와 함께 혹은 목적어 없이) '복음을 전하다'라는 전문적인 기독교적 의미를 지니게 되었다. 한편, 이 같은 의미가 뚜렷한 경우에도 불구하고 이 단어의 근본적인 의미는 여전히 '선포하다', '포고하다'이며(TWNT Ⅲ, 702), 어떤 경우에서는 이 동사가 복음과는 전혀 관계 없이 사용된다(예. 눅 12:3; 롬 2:21; 계 5:2). 그러므로 저자가, 그리스도께서 사악한 천사들의 회심을 예상하고 그들에게 복음을 선포하셨다고 진술하는 것으로 이해해서는 안 된다. 그러한 해석은 여러 가지 이유에서 매력을 지니긴 하지만, 이것은 다음과 같은 사실들과 거의 일치될 수 없다. 첫째, 22절에서 그들의 복종에 대한 저자의 언급. 둘째 독자들의 사기를 진작시키려는 저자의 목적. 셋째, 기자가 명백히, 그리스도의 부활 후의 활동과 에녹의 전설적인 사명에서 이끌어 내는 유사성. '하나님과 동행하였'고 '하나님께서 데려가셨'던 이 신비로운 인물이 저자에게는 그리스도를 상징했다. 에녹에게 부여된 임무는 그 변절자들에게 용서가 아니라 멸망을 선포하는 것이었다는 사실이 명백해질 것이다. 여기서 그리스도를 새로운 에녹으로 보고 있는 저자는, 영들에 대한 그의 선포를 변절자들의 세력이 마침내 무너졌다는 그의 승리감에 찬 선언으로 이해하였음에 틀림없다.

아시아 그리스도인들이 비방과 공격에 직면할 때 그들의 확신을 강화시킬 메시지로서, 문맥상의 이러한 귀결은 명백한 것이다. 그 메시지는 저자가 그 사악한 영들이 복종을 거부하였다는 사실을 상기시킴으로써 더욱 강조된다. 여기서 복종하지 않다로 번역된 동사(ἀπειθέω)는 의미심장하게도, 바로 복음을 거부하는 이교도들의 불순종에 대해 저자가 앞서 한 번 이상 사용했던 것과 같은 동사이다(2:8; 3:1; 또한 2:7과 1:2; 14; 22에서 저자가 믿음을 '복종'과 동일시하고 있음을 참조하라). 환언하면, 여기서 그의 독자들은 자신들을 괴롭히고 위협하는 이웃들은 단지 그 대행자들인 마귀적 세력의 반역적인 특성을 재현하고 있을 뿐이라는 것과 그들(이웃들)은 틀림없이 마귀적 세력과 함께 멸망하리라는 사실을 생각할 수 있다. 저자의 전반적인 세계관과 그리스도의 역사하심을 인식하는 그의 방법은 신약의 저자들도 널리 공유했으며(예. 특히 막 3:23-26을 참조하라) 사도 바울도 적지 않은 면에서 그러하였다. 저자는 그리스도께서 오시기 전의 세상과 인간의 삶은 '하늘에 있는 악의 영들'에 의해 지배되었다는 것과, 그러나 그리스도께서 그의 십자가와 부활로(엡 1:20-22; 골 2:15을 참조하라) 그들을 이기고 영광스럽게 승리하셨다는 사실에 관해 바울과 일치한다고 볼 수 있다.

**[20] 그들은 전에 노아의 날 방주를 준비할 동안 하나님이 오래 참고 기다리실 때에 복종하지 아니하던 자들이라 방주에서 물로 말미암아 구원을 얻은 자가 몇 명뿐이니 겨우 여덟 명이라**

이 삽입절을 통해 저자가 목적하는 바는 그의 독자들에게 그리스도의 승리에 함께 참여하고 있음을 이해시키는 것이며, 의심할 바 없이 이러한 목적으로 소개되는 노아의 날에 대한 저자의 언급은 그에게 그렇게 할 기회를 제공한다. 1세기 그리스도인들은 유대 묵시문학에서 상상력을 유발하기 위해 자주 이용되었던 주제인 노아의 홍수를 때로는 종말론적인 심판을 예시하는 것으로(예. 마 24:37-39; 벧후 3:3-10과 이에 관한 주석을 참조하라), 때로는 홍해를 건넌 사건에 대해서도 그러하듯이(예. 고전 10:1), 그들 자신과 그리스도 간의 연합을 확립시켜 준 성례로서의 세례를 예시하는 것으로 확신하였다. 교부들에 의해, 그리고 예배식(특히 성토요일-부활절 전주의 토요일 : 역자-을 위한 로마 가톨릭교의 의식을 참조하라)에서 충분하게 다듬어진 이 후자의 예표론은 본절의 기초를 이루는 개념들에 근거하고 있다. 또한 이 예표론은 하나님께 즐겨 순종했던 택함받은 남은 자들을, 하나님으로부터 떠난 세상의 멸망의 한가운데서 물로써 놀랍고도 호의적인 방법으로 보존하신 사건에 의해 불가피하게 암시되었다. 노아 자신은 유대교에 의해, 하나님께서 더불어 영원한 언약들을 하셨던(Ecclus. 44:17 이하) 의의 본보기(겔 14:14, 20, Wis. 10:4)와 새로운 인류의 시조(Philo, *De Abr.* 46)로 기꺼이 인정되었다. 마찬가지로 초기 기독교에서도 노아는 하나님께서 사악한 세상을 멸망시키셨을 때 보존하신(예. 벧후 2:5) 의의 선지자였고, 하나님의 경고에 주의하고 자기 가족을 구원했던 사람이었다. 따라서 노아는 "믿음으로 말미암는 의"(히 11:7)의 전형이었다.

**하나님이 오래 참고 기다리셨다**는 것을 상기시킴으로써 노아의 홍수 시대와 현세대가 서로 유사함을 반영한다. 이것은 다음과 같은 창 6:3에서의 하나님의 말씀을 어렴풋이 반영한다. "나의 영이 영원히 사람과 함께 하지 아니하리니 이는 그들이 육신이 됨이라 그러나 그들의 날은 백이십 년이 되리라." 원문에서 이 말은 인간의 수명을 정한 말이었지만, 랍비들은 이를 하나님께서 그의 자비로운 참으심에 따라 노예 시대의 죄인들이 혹여 회개하지 않을까 하는 기대감으로 허락하신 유예 기간에 대한 것으로 이해하였다(*Targ. Onk.*; *Pirke Aboth* v. 2). 하나님의 오래 참으심에 대해서는 롬 2:4, 벧후 3:9을 참조하라. 여기서 강조하려는 것은 어떤 해석자들이 생각하는 것처럼 홍수로 인해 죽었던 죄인들에게는 회개와 회복에 대한 소망이 없다는 유대교의 견해(Mishnah, *San.* x. 3)를 뒤엎으려는 것이 아니라, 하나님께서 아시아 그리스도인들의 대적자들에 대해서도 그처럼 참으셨음에도 불구하고 그들은 노아 시대의 사람들처럼 하나님께 부정적인 반응을 보였다는 사실을 암시하려는 것이다. **방주를 준비할 동안**이란 부언은 하나님의 참으심을 강조하기 위한 것이다. 곧, 하나님의 참으심은 그 수고로운 전체 작업이 진행되는 동안 계속되었다. 후대의 해석자들은 이 방주를 십자가(노아를 안전하게 보존해 준 방주의 재료였던 나무 : Justin, *Dial.* cxxxviii. 2)나 또는 교회(Tertullian, *De bapt.* viii. 4; Cyprian, *De cath. eccl. unit.* vi)에 대한 상징으로 해석하게 되었으나, 후자의 개념은 아직 여기서는 미발달 상태에 있음이 확실하다.

세례식에 관한 예표론이 이제 명백해진다. **방주에서 물로 말미암아 구원을 얻은 자가 몇 명뿐이니** 헬라어로 …에서(*in*)는 ϵἰς(문자적으로는 '속으로' 이지만, 실로 이것이 후기 헬라어에서 전치사들의 정확한 용법이 파괴된 유일한 예는 아니다. ϵἰς(*into*)는 오히려 방주 안으로 들어가 그 안에서 구원을 얻는다는 이중적인 의미를 나타낸다. **여덟 명**(*persons*, ψυχαί. 문자적으로는 '영혼들' – ψυχή. 이러한 의미에 대해서는 1:9에 관한 주해를 보고, 창 46:15; 출 1:5; 레 7:27; 23:29; 행 2:41; 7:14; 27:37을 참조하라)은 노아와 그의 아내와 세 아들(셈, 함, 야벳) 내외이다. 대체로 초대교회가 그러했듯이 본 서신의 저자는 이들이 하나님의 말씀에 대해 순종하였다는 것과 멸망으로부터 구원을 얻었다는 점에서 그리스도인들을 예시하는 것으로 보았으며, 이러한 이유에서 저자는 그들이 극소수임을 의식적으로 강조한다. 이 같은 사상은 고난당하는 극소수의 무리인 독자들에게 용기를 주었음에 틀림없다. 그러나 **여덟**이란 수에 대해서 저자가 언급한 데는 깊은 의미가 내포되어 있을지도 모른다. 그리스도인들에게 이 숫자는 여덟째 날, 곧 그리스도께서 죽은 자 가운데서 살아나셨고, 신자가 보통 부활절 아침 일찍이 집행되는 세례식에 의해 입교하는 날인 아주 특별한 여덟째 날을 가리켰다. 이러한 의미는 널리 받아들여졌고 고대 세례용 물통을 팔각형으로 만들게 된 배경이 되었으며 이 상징은 2세기 중엽까지 성행하였다(Justin, *Dial.* cxxxviii. 1).

노아와 그의 가족은 하나님의 심판으로부터 **구원을 얻었으며** 이는 세례받은 그리스도인들의 복된 특권을 예표하는 것이다. 그러나 여기서 물로 말미암아란 표현에 대해 많은 논란이 있어 왔는데 이는 주로, 말미암아(*through*)에 도구적인 의미가 주어진다면, 그들이 어떻게 홍수에 의해서 보전될 수 있었는지 즉시 납득이 되지 않기 때문이다. 왜냐하면 그들은 오히려 방주 때문에 생명을 보전할 수가 있었기 때문이다. 그러므로 어떤 해석자들은 말미암아를 공간적인 의미로 취하여(전치사 *διά*는 이런 뜻도 가진다) 본절을 '물을 지나서 구원에 이르렀다' 고 의역을 하거나, 혹은 노아는 물이 무릎에 차오르기까지 주저하였으며 그러므로 그는 물을 건너(wade *through*) 방주에 갔다는 랍비들의 창 7:7의 주석을 도입하기도 한다. 동사 *διασώζω*(구원하다)는 명백히 후자의 해석법을 지지하기가 쉬운데, 왜냐하면 이 동사가 '안전하게 데려가다' (bring through safely'. 예. Plato, *Resp.* 540a, Thucydides, *Hist.* iv. 113; Wis. xiv, 5)를 의미할 수 있기 때문이다. 그러나 여기서 저자는 말미암아를 동시에 두 가지 의미로 의식적으로 사용하고 있는 것 같다. 저자는 어느 정도 도구적인 의미를 생각하고 사용했음에 틀림없는데, 그 이유는 저자가 다음절에서 물 역시 우리의 구원의 도구임을 선언하기 때문이다(참조. Hermas, *Vis.* iii. 3. 5: "너의 생명은 물로 말미암아 구원받았으며, 또한 구원받을 것이다."-your life was saved through water, and will be saved). 노아가 물로 말미암아 구원을 얻었다는 것의 의미를 풀기가 어렵다는 사실은 수없이 과장되어 왔다. 노아의 동시대 사람들을 익사시켰던 물이 노아를 보전하였다는 사실은 분명히 역설적이지만(요세푸스는 이와 유사하게 모세가 '바다로 말미암아' 구원받은 역설에 대해 언급한다 : *Ant.* ii. 347), 그것은 적어도 방주를 뜨게 하여 방주를 안전한 곳에 이르게 하였다는 의미에서 노아를 보전하였다는 뜻이 될 수 있다. 그리스도인들은 이제 막 홍수의 물과 세례의 물의 차이를 해결하기 시작했으며(참조. Tertullian. *De bapt.* viii. 4), 세부적인 사항의 엄밀함에 관해서는 고민하지 않고 다만 그러한 역설을 기꺼이 받아들이고 기뻐했다.

**[21] 물은 예수 그리스도께서 부활하심으로 말미암아 이제 너희를 구원하는 표니 곧 세례라 이는 육체의 더러운 것을 제하여 버림이 아니요**

### 하나님을 향한 선한 양심의 간구니라

저자는 자기가 암시하고 있는 바를 계속하여 상술한다. **물은…이제 너희를 구원하는 표니 곧 세례라** 그리스도인들이 이제 노아를 구원했던 그 '모형'이었던 물(세례; 역자 주)에 의해 구원받았다는 본 문장의 취지는 매우 명백하다. 그러나 문장의 구조가 난해하기 때문에 비교적 결함이 없는 본문의 상태마저도 의구심을 불러일으킨다. 이 점에 대해 실질적으로 주목할 가치가 있는 변형은 단 두 가지가 있을 뿐이다. 첫째, 보다 열등한 많은 초서체 사본에는 which(ὅ : 중성 주격) 대신에 to which(οἷς : 중성 여격)가 사용되고 있다. 둘째, 시내 사본과 Pap. 72 등을 포함한 몇몇 사본은 관계대명사를 아예 생략하였다. 이 두 가지는 모두 "이것을 성취하면서 이제 세례는…"(In fulfilment of this, baptism now…)이라는 의미를 지닌다. 그러나 각각의 경우에(극히 빈약한 사본의 지지는 제외하더라도) 관계대명사 다음에 나오는 헬라어는 매우 쉬운 문장이기 때문에, 만약 which(ὅ)가 원래의 단어였다면 그것이 어떻게 하여 바뀌게 되었는지 도저히 상상할 수가 없다. 본문이 보여 주는 바와 같이 which는 전절(3:20)에 나오는 '물'을 자체의 선행사로 한다. 이 which에는 세례식의 물이 노아를 구원했던 물이 아니라 그(노아를 구원했던) 물이 예표했던 신성한 물이라는 것을 가리키는 형용사 구로 **이와 같이 예표된**(ἀντίτυπον)이라는 말이 따른다. 저자는 여기에 **세례**란 말을 덧붙이는데, 비록 문장 구성력이 서툴기는 해도 명백히 이것(세례)이 (which와—역자 주) 동격이라는 것을 의미한다. 저자의 목적은 한편으로는 자신이 의미하려는 것을 명약관화하게 하려는 것(이 점에서 그는 명백히 성공적이지 못했다)이며, 또 한편으로는 이제부터 언급하려는 성례의 의미를 간략하게 설명하려는 것이다.

여기서 중심어인 *ἀντίτυπον*은 초기와 후기 기독교 사상에서 매우 중요하다. 예표(豫表, antitype)는 '유형'(類型, type)의 대응물을 말한다. 출 25:40에 대해 언급하는 행 7:44; 히 8:5에서 표상은 그 불완전한 복사물인 현세의 표상들에 대한 완전한 원형(archetype)이나 전형을 말한다. 그러므로 히 9:24에서 '손으로 만든 성소'는 참된 성소에 대한 단순한 모형(ἀντίτυπα)이다. 그러나 이것과 다른 신약의 용법이 더욱 직접적인 관계가 있다. 그러한 신약의 용법에 따르면 예표는 나타날, 더욱 완전하고 보다 풍부한 실재(원형)를 불완전하게 예시하는 과거의 사람이나 물체, 의식, 사건을 의미한다. 그러므로 바울에게는 아담이 그리스도에 대한 '표상' 이며(롬 5:14), 광야에서의 이스라엘의 경험은 기독교의 성례와 변절한 그리스도인들에게 닥칠 운명에서 그 참된 성취를 발견한다(고전 10:1-11). 노아 홍수의 물이 세례의 물을 예시한다는 저자의 말은 바로 이러한 의미에서이다. 신약이 전제하고 있으며 교부들이 훌륭하게 발전시킨 구약에 대한 이러한 독법은 구약 자체와 후기 유대교(예로서 하박국서에 대한 당시의 쿰란 종파의 주석을 참조하라)에 많은 선례를 갖고 있었다. 이러한 독법은 동일하신 한 분 하나님께서 동일한 목적을 연속적인 인물과 사건들에 의해 더욱 완전하게 실현시키심으로써 역사를 통하여 일하고 계시다는 확신에 근거하고 있다.

엄밀하게 말해서 저자는 이러한 점에서 다음과 같이 덧붙였음에 틀림없다. **예수 그리스도께서 부활하심으로 말미암아.** 저자의 의중에는 이 말이 **구원하다**('구원하는' -한글 성경)와 직접적으로 관련되어 있다. 그런데 이 말은 비록 다른 말로 표현되어 있긴 하지만 바울의 것과 일치하는 것으로(롬 6:4-11; 골 2:12), 세례의 효력은 그리스도의 부활에 달려 있다는 것이 저자의 교리이기 때문이다(1:3을 참조하라). 그러나 저자는 그러한 성례의 윤리적인 의미를 강조하기 원하며, 따라서 그는 성례의 소극적 특징과 적극적인 특징을 간략하게 언급한다. 첫째, 세례의 핵심은 **육체의 더러운 것을 제하여 버림**에 있지 않다. 언뜻 보기에 이것은 세례의 기능이 문자적으로든 의식적(義式的)으로든 물로 몸을 씻는 것을 부인하는 것처럼 보이지만, 이러한 설명에는 몇 가지 난점이 있다. 첫째, 세례에 대한 이러한 시각이 반박될 필요가 있었다고 믿기는 어렵다. (그러나 이러한 견해를 부인하는 것으로는 다음과 같은 Tertullian, *De res. mort.* xlviii. 11를 보라. "영혼은 씻음에 의해서가 아니라 응답에 의해 성화된다." -The soul is not sanctified by the washing, but by the answer.) 둘째, 만일 그러한 것이 저자의 의도였다면 (제하여 버릴) '뿐만 아니라' 라고 말했을 것이다. 이는 세례가 (히 10:22에서 진술되고 있듯이) 명백히 어떤 의미에서 씻는 것이기 때문이다. 셋째, **제거**(ἀπόθεσις)라 번역된 헬라어 명사를 더러움을 **씻음**으로 없애 버린다는 뜻으로 사용하는 것은 예외적인 용법이다. 이 명사와 같은 어원의 동사 ἀπότιθεσθαι(2:13에 관한 주해를 보라)는 근본적인 의미에서, 옷이나 (동물의 경우-역자) 외피를 벗어버림과 같은 물질적인 제거를 암시한다(신약에서 이러한 용법의 실례로는 벧후 1:14을 참조하라). 따라서 본구는 사실상 할례와 관련이 있다는(W. Estius와 E.G. Selwyn의 암시를 채택함으로써 : W.J. Dalton, 215-224에 의해) 견해가 있어 왔다. ἀπόθεσις라는 단어를 선택한 것을 포함하여 실제 어법은 할례를 묘사한다고 이해하기가 쉽다. 왜냐하면 구약에서 포피(包皮)는 부정함(uncleanness)의 상징이며(렘 4:4) '무할례'는 불결을 의미하는 모욕적인 말이었기 때문이다(삼상 17:26, 36; 렘 9:26). 유대인의 전통에서 포피는 몸의 부정한 부분이다(SB Ⅳ. 31-37; Philo, *De spec. leg.* i. 2-7). 사도 시대의 그리스도인들은 할례와 세례의 예표론적인 관계를 의식하였는데, 즉 그들에게 세례는 "손으로 하지 아니한 할례"(골 2:11)였다. 이러한 해석이 정확한 것이라면, 내적으로 깊은 윤리적 헌신과 함께 이루어지는 기독교 성례(세례-역자)가 외적인 육체적 더러움을 제거하는 의식이며 세례의 표상인 구약 시대의 할례와 대비를 이룬다는, 세례에 관한 원시 기독교의 교리문답을 저자가 인용하고 있다고 결론지을 수 있다. 전문어인 ἀπόθεσις(2:1에 관한 주해를 보라)는, 세례의 의한 '제하여 버림'이 육신의 경멸받는 부분을 제거하는 이상으로 근본적이며 영적인 것에 관계된다는 사실을 강조하기 위해 의도적으로 채택되었을지도 모른다.

한편 세례는 다음과 같은 적극적인 면을 갖고 있다. 세례는 **하나님을 향한 선한 양심의 서약**(the Pledge to God of a good consciene : 하나님을 향한 선한 양심의 간구-한글 성경)이다. 여기서 **서약** 혹은 '약속'(engagement)이라 번역된 중심어는 ἐπερώτημα인데, **선한 양심**은 물론 **선한 양심**과 서약의 정확한 관계 또한 논란의 대상이 되어 왔다. ἐπερώτημα는 이와 유사한 동사 ἐπερωτάω처럼 근본적으로 '질문'

(question), '심문' (inquiry)을 의미한다. 그러므로 RV에는 '선한 양심의 심문' (interrogation of a good conscience)이라 되어 있다. 그러나 이러한 해석으로부터는 어떠한 타당한 의미도 이끌어낼 수 없다. 그리고 이 *ἐπερωτάω*이 '… 을 간청하다' (make a reguest for)를 의미하는 경우가 몇몇 있기 때문에(시 137:3; 마 16:1) 많은 해석자들은 여기서도 그러한 의미로 해석한다(cf. TWNT Ⅱ, 685f.). 따라서 오늘날 이 말에 대한 가장 일반적인 번역은 '기도' (prayer) 혹은 '깨끗한 양심을 위한 하나님께 드리는 호소' (RSV: 목적격적인 속격)이든 '선한 양심으로 하나님께 드리는 호소' (NEB: 주격적인 속격)이든 '호소' (appeal)이다. 그러나 이러한 종류의 해석은 다음과 같은 이유들로 인해 의심을 받는다. 첫째, 1세기나 그후에도 세례가 기도나 호소로 간주되었다는 신학적인 혹은 예전적인 증거는 없다. 둘째, 이러한 해석은 *ἐπερώτημα*가 '요청' 을 의미하는 두세 경우에 전적으로 의존함으로 가능한 것이다. 그러나 *ἐπερώτημα* 자체는 그런 의미를 갖고 있지 않으며 다른 의미로 더 적절하게 사용된다는 사실을 간과해서는 안된다. 또한 셋째로, 이러한 주석은 본문에 대한 귀중한 교부들의 주석들을 무시하고 있다.

다음은 서약(약속)이란 번역을 지지하는 주된 이유들이다. 첫째, *ἐπερώτημα*가 계약 체결의 전문어(라틴어로는 stipulatio)였다는 사실과, 특히 당사자 중 한 사람이 자기에게 제기된 공식적인 질문에 대한 답변으로 하는 약속(undertaking)을 의미할 수 있다는 사실에 대한 증거가 있다. 이것은 파피루스 사본을 근거로 하며 라이케(B. Reicke, *The Disobedient Spirits*, pp.182–185)에 의해 수집된 증거들이다. 둘째, 초대교회에서 세례는 계약으로 생각되었으며, 이 계약의 가장 중요한 특성은 (신앙에 대한) 확신과 약속이었다는 사실이다(참조. J.N.D. Kelly, *Early Christian Creeds*, ch. 2). 자연히 이 점에 대한 세부적인 증거는 2세기 말이 되어야 생겨나지만 세례의 계약적인 개념은 처음부터 그러한 의식(세례식)에 내재해 있었다. 또한 신약 자체가 질문과 답변에 의해 행하여지는 그러한 역할에 대한 암시들을 내포하고 있다(예. 행 8:37; 롬 10:9; 딤전 6:12; 히 4:14–쿰란 종파에서 그 공동체를 유사한 절차에 예속

시키는 것들 : 예. 1QS v. 8-10). 셋째, 세례상의 서약들 중에는 이교의 부도덕에 대한 거부와 기독교적 생활 방식에 대한 수락이 포함되어 있었는데, 이것은 후에 사탄에 대한 거부로 공식화되었다는 사실이 명백하다. 150년경 저스틴(Justin)의 저서는 그러한 서약들에 대해 언급하고 있으며(*1 Apol.* lxi. 2: cf. Tertullian, *De spect.* v), 또한 신약에 반영되어 있는 세례 전의 교리문답에 함축되어 있다(2:1에 관한 주해를 보라). 넷째, 본절에 대한 알렉산드리아의 시릴(Cyril, *Hom. pasch.* xxx. 3)과 Ps. Oecumenius(PG cxix. 560: 이것은 10세기의 것이긴 하지만 헬라적인 해석의 전통을 구체화한다)의 설명도 이와 일치한다.

여기에 여전히, 우리가 속격('선한 양심' -역자)을 주격(선한 양심에서 나온 서약')으로 취급해야 하는지 아니면 목적격('올바른 도의적 태도를 유지하겠다는 서약')으로 취급해야 하는지의 문제가 남아 있다. 후자가 세례에 대한 고대의 개념에 훨씬 더 일치하는데, 교부들과 마찬가지로 신약성경은 이 서약이 과거와의 완전한 단절을 결단하는 것이라고 증거한다. (세례받지 않은 이교도가 '선한 양심'을 갖고 있다고 말할 수 있을까?) 그것은 긍정적인 그리스도인의 삶에서 열매를 맺는 실제적인 성화(purification)에 강조를 두는 히 10:22-24의 가르침과도 밀접하게 일치한다. 또한 그리스도인들이 그러한 성례에서 행하는 서약의 본질을 순결에 대한 주관적인 감정에 대한 것보다도 훨씬 더 강력하게 나타낸다. **선한 양심**이란 말은 심리적인 정직 의식(awareness of rectitude)이 아니라(참조. 3:16; 히 13:18) 하나님에 대한 의무를 의식하는 사람이 소유하는 건전한 윤리적인 성향이나 태도를 의미한다.

**[22] 그는 하늘에 오르사 하나님 우편에 계시니 천사들과 권세들과 능력들이 그에게 복종하느니라**

여기에서 21절의 **예수 그리스도의 부활하심**이란 말이 다시 언급되면서 신조문적이거나 찬가적인 구절이 다시 시작되고 그리스도가 **하늘에 오르사 하나님 우편에 계시니**라는 전형적인 확언을 보게 된다. 행 7:56; 롬 8:34; 엡 1:20; 골 3:1과 같은 본문들은 그리스도의 승귀가 초기 시대부터 신앙의 조항이 되었다는 것을 입증한다. 그러나 그리스도가 하나님의 존전에 이르기 위해서는 낮은 땅과 가장 높은 하늘 사이에 놓인 공간을 거쳐야 했다(가셨다 : πορευθεὶς-19절 후반부와 똑같은 분사임). 그런데 후기 유대교와 바울에 의해 받아들여진 우주에 대한 묘사에 따르면, 이 공간 안에는 초자연적 권세들(골 1:16에는 "왕권들이나 주권들이나 통치자들이나 권세들이나…"라고 나열되어 있다)의 위계 질서가 있다. 이것들은(골 1:16에서 언급되는 것들-역자 주) 반역적인 천사들 및 "공중의 권세 잡은 자"(엡 2:2)와 연합된 하나님의 원수들이라는 것이 명백할뿐더러, 찬가는 그것들이 그리스도의 주권에 복종하지 않을 수 없게 되었다고 넘치는 확신으로 부언한다. **천사들과 권세들과 능력들이 그에게 복종하느니라.** 이러한 유해한 존재들에 대한 전문적인 명칭들은 후기 유대교의 추론에서 유래하며, 이러한 그리스도의 승리에 대해 동일한 승리감에 넘치는 주제가 흥미롭게 변형되어 (그리스도의 결정적인 승리가 마지막 날에 있을 것으로 언급되는) 고전 15:24; (본절에서와 같은) 엡 1:21; 빌 2:10; (그리스도의 승리가 십자가 위에서 획득되는 것으로 언급되는) 골 2:15에서 같은 주제로 나타난다. 본절의 심상은 랍비들의 집단에서 메시아적인 해석으로 주어졌던 시 110:1("여호와께서 내 주에게 말씀하시기를 내가 네 원수들로 네 발판이 되게 하기까지 너는 내 오른쪽에 앉아 있으라 하셨도다")에서 영감을 얻은 것이다(SB Ⅳ, 1. 452-465). 따라서 아시아 그리스도인들에게는, 그들의 중상자들과 학대자들이 대행하는 악한 권세들은 이미 자체의 능력이 파괴되었다는 새로운 확신이 주어진다.

# 제 4 장

## 12. 세례받은 자의 생활
## 4:1-6

**4:1-6**

1 그리스도께서 이미 육체의 고난을 받으셨으니 너희도 같은 마음으로 갑옷을 삼으라
이는 육체의 고난을 받은 자는 죄를 그쳤음이니 2 그 후로는 다시 사람의 정욕을 따르
지 않고 하나님의 뜻을 따라 육체의 남은 때를 살게 하려 함이라 3 너희가 음란과 정욕
과 술취함과 방탕과 향락과 무법한 우상 숭배를 하여 이방인의 뜻을 따라 행한 것은 지
나간 때로 족하도다 4 이러므로 너희가 그들과 함께 그런 극한 방탕에 달음질하지 아니
하는 것을 그들이 이상히 여겨 비방하나 5 그들이 산 자와 죽은 자를 심판하기로 예비
하신 이에게 사실대로 고하리라 6 이를 위하여 죽은 자들에게도 복음이 전파되었으니
이는 육체로는 사람으로 심판을 받으나 영으로는 하나님을 따라 살게 하려 함이라

1 그리스도께서도 고난을 받으셨습니다. 그러므로 여러분 자신도 그리스도와 같은 마
음으로 무장하십시오. 고난을 겪은 사람은 죄와 관계를 끊은 사람입니다. 2 여러분의
남은 생애를 사람들이 좋아하는 악한 일을 하면서 보내지 말고, 하나님이 원하시는 일
들을 하며 살아가십시오. 3 이전에는 믿지 않는 사람들이 좋아하는 일들에 너무나 많은
시간을 낭비하였습니다. 방탕하고, 악한 욕망에 사로잡혀 술 취하고, 흥청망청 떠들며,
우상에게 절하고 경배하였습니다. 4 믿지 않는 이들은 자신들이 하는 방탕한 생활에 끼
어들지 않는 여러분을 이상히 여길 것입니다. 또 경멸하고 비웃기도 할 것입니다. 5 그
러나 그들은 자신들이 저지른 잘못들을 산 자와 죽은 자를 심판하시는 하나님 앞에서
낱낱이 말하게 될 것입니다. 6 그래서 지금 죽어 있는 자들에게도 복음이 전해졌습니
다. 모든 사람과 똑같이 그들 역시 죽음의 심판을 받을 것이나, 영으로는 하나님과 함
께 살게 하기 위해서 그들에게도 복음이 전파된 것입니다. _아가페 쉬운성경

교리문답적인 삽입절과 함께 예전적인 인용문을 끝마치고 나서, 저자는 그의 독자들에게 그들이 받은 세례에 비추어, 그리스도의 수난과 그에 따른 악에 대한 승리 안에서 작용하는 원리들을 적용하도록 권유함으로

써 논의를 계속한다. 비록 세례라는 말이 명백하게 언급되고 있지는 않지만(그러나 이하를 보라) 그들이 초대받은 새로운 삶과 부끄러운 과거의 삶과의 강렬한 대조 속에 세례의 의미가 함축되어 있다. 이 대조 안에서 우리는 '올바른 태도를 유지하겠다는 서약'을 받아들였을 때 이미 과거의 삶을 거부했다는 사실을 엿볼 수 있다. '육신으로'(in the flesh)란 말이 네 번 반복하여 나오는 본 대목의 전체적인 목적은, 세례를 통한 신비로운 연합의 결과로 그리스도께서 그들을 지배하는 사악한 세력들에 대해 승리하신 것과 같이 그들도 박해자들에 대해 승리할 수 있다는 사실을 아시아 그리스도인들에게 보여 줌으로써 강력한 확신에 거하도록 하는 것이다.

**[1] 그리스도께서 이미 육체의 고난을 받으셨으니 너희도 같은 마음으로 갑옷을 삼으라 이는 육체의 고난을 받은 자는 죄를 그쳤음이니**

**그리스도께서 이미 육체의 고난을 받으셨으니.** 우선 저자는 '육체로는 죽임을 당하신' 그리스도에 대해 언급하는 3:18을 돌아보고 있지만, 결과가 보여 주듯이, 저자의 사고는 3:21에서의 세례에 관한 가르침은 물론 앞서 기술되었던 그리스도의 모든 사역-십자가에 못 박히심은 그 전주곡이다-을 포함하고 있다. **육체의**(in the flesh)라는 말 뒤에 '우리(혹은 너희)를 위하여'라는 말이 덧붙은 몇몇 사본이 있지만, 이것은 삽입된 어구임이 명백하다. 이 삽입어는 상투적인 공식어로 이해할 수 있는 것이긴 하지만, 본 논의에서는 논리적인 위치에 있지 않다. 동사 '고난받다'는 우리가 2:21에서 보았듯이 신약의 어떤 부분들과 초기의 어떤 기독교 문헌들(예. Ignatius, *Smyrn.* ii.; *Barn.* vii. 11; 구 로마 가톨릭 신경)에서는 특히 그리스도의 희생적인 죽으심에 대해 사용되었다.

그러므로 저자는 그리스도의 수난에 비추어 그의 독자들에게 **같은 마음으로 갑옷을 삼으라**(too should arm themselves with the same thought)고 역설한다. 악과 투쟁하기 위해 갑옷을 입고 있거나 무장하고 있는 모습으로 그리스도인들을 묘사하는 것은 바울의 상투어이지만(롬 6:13; 13:12; 고후 6:7; 10:4; 특히 엡 6:11-17), 이것은 세례식에 관한 교리문답서의 분위기를 반영하는 것으로 보인다. **같은 마음**(ἔννοιαν)이란 말은 그리스도께서 가지셨던 것과 같은 마음가짐, 혹은 지배적인 확신(참조. 빌 2:5), 다시 말해서 '육신의' 죽음은 '영적인' 생명을 가져오며 죄의 권세에 대한 전복으로 귀결된다는 확신을 의미한다. 이러한 사상으로 무장된 아시아의 그리스도인들은 그들을 비난하고 대적하는 사람들에 대해 확신을 갖고 맞설 수 있다. **(그와) 같은**이란 말이 보여주듯이, 저자는 세례받은 그리스도인들의 경험을 그리스도의 죽으심, 부활 및 승리와 동화(同化)시키고 있다.

본절 후반부는 두 가지 난점을 포함한다. 첫째, 비교적 덜 중요한 문제는 **육체의 고난을 받은 자는**(that he who has suffered in the flesh.)이란 구절과 앞 구절과의 관계, 그리고 특히 도입의 불변화사(ὅτι)의 의미에 관한 것이다. 여기에 채택된 독법에 따르면, ὅτι는 설명적인 것으로서 본절은 **같은 마음**의 내용을 더 자세히 설명하는 역할을 한다. 그러나 대부분의 편집자들은 ὅτι를 '왜냐하면'(for, because)으로 번역하여 하반절을 방금 제시된 권고에 대한 이유로서, 혹은 단순한 삽입절로 간주하기를 좋아한다. 이 두 가지 해석이 모두 납득할 만하지만, 헬라어 본문상 전자처럼 읽는 것이 자연스럽다. (이와 유사한 구문 해석을 위해서는 Philo, *De Praem. et Poen*, 42를 참조하라.) 또 이렇게 해석해야 **육체의 고난을 받으셨으니**의 반복 어구와 하반절과 상반절 및 2절(no longer, 한글 성경은 "그 후로는 다시"-역자 주)의 밀접한 연결 어구인 (죄를) **그쳤음이니**(has finished)를 올바르게 다룰 수 있다. 그러나 여러 주석가들은 이와 같은 해석 방법이 그리스도가 **죄를 그치셨으며** 따라서 그 결과 암암리에 그를 죄인으로 나타내는 것처럼 보이기 때문에 이를 받아들이지 못한다. 이러한 추론이 필연적으로 따르는 것은 아니다. 기자는 신약 다른 곳에서 진술되고 있는 사실, 곧 그리스도는 죄가 없으셨지만(2:22; 참조. 고후 5:21 등) "죄 있는 육신의 모양으로"(롬 8:3) 오사, 자신이 죄인들과 동일하게 되셨고 그들의 형벌을 담당하셨으며(2:24) 실로 잠시 악의 세력에 친히 복종하셨다(고전2:8)는 사실을 암시하고 있을 뿐이다. 동사 πέπαυται(그치셨다)는 중간 때의 뜻보다는 사실상 '죄의 권세로부터 해방되다' 를 뜻하는 수동적인 의미를 갖고 있다. 그러나 본절에 대한 최종적인 결론은 두 번째 문제에 대한 우리의 해결에, 더 크게 보면 두 가지 난점, 곧 본절 자체에 대한 우리의 이해에 달려 있다.

널리 공인된 한 가지 주석은 이 구절을 육체적인 고난을 정결케 하는 능력을 확언하는 것으로 해석한다. 이 같은 해석은 죄가 **육체에** 자리잡고 있으며, 육체가 고난을 받을 때 죄는 점진적으로 정복되며 그 결과 육체적으로 고난을 당하는 사람은 죄를 그치게 된다고 가정한다. 그러므로 이 구절을 **같은 마음**에 대한 설명적인 보어(補語)로 해석하든 삽입절로 해석하든, 그 의미는 비록 부당하게 잔혹한 육체적 학대를 받더라도 그것을 기꺼이 참으라는 권고이다. 또한 박해자들의 죄악된 경향을 일소하리라는 확신을 갖고 선을 행함으로써 그리스도를 본받도록 하라는 권고의 말이다. 고난은 영혼의 호소를 정화시키는 효력을 갖는다는 신앙은 에녹 1서 67:9; 마카비 2서 6:12-16; 바룩 2서 13:10; 78:6; 혹은 신약의 고전 5:5과 같은 본문들이 보여 주고 있다고 한다. 그러나 이러한 설명은 다음과 같은 심각한 의문점을 불러일으킨다. (1) 헬라어 본문에서, **고난받았다**는 상반절에서와 같이 부정 과거분사로 쓰였으며 **그쳤다**는 완료시제이다. 그러므로 이 두 단어는 과거의 명백한 경험과 그로부터 비롯된 상태를 가리키며, 일반적인 격언(aphorism)을 나타내는 데는 적절하지 못하다. (2) 이 견해에 따른 고난에 대한 과장된 주장들은 실로 지나친 것인데, 이는 고난이 사람을 연단시키고 인격을 향상시킬 수는 있지만(그것은 물론 사람의 인격을 망쳐 놓을 수도 있다) 죄를 제거하지는 못하기 때문이다. 예증을 위해 인용된 본문들 중 어느 것도 이러한 해석에 근접한 아무 사실도 말하지 않으며, 실로 우리를 죄로부터 해방시키는 것은 믿음과 세례를 통하여 효력을 발휘하는 그리스도의 구속이라는 것이 신약의 가르침이다. (3) 만일 상반절의 **고난받았다**가 그리스도의 죽으심을 의미한다면, 하반절의 **고난받았다**도 어떤 의미에서는 죽음을 의미하는 것으로 예상해야 할 것이다. 그러나 본 서신 어디에서도 아시아 그리스도인들이 실제로 순교에 직면하고 있음을 나타내지는 않는다. 본절에 나타난 그들의 유일한 고난은 비방이다. 넷째, 하반절에서 언급되는 그리스도인의 경험과 그리스도의 경험 간에 유사점이 있음이 틀림없지만, 여기서 저자가 그리스도께서도 수난에 의해 인격이 순화되셨다고 말하려는 의도일 리는 없다.

여기서 고려해 볼 만한 또 다른 해결법(A. Strobel: *Theol. Zeitschrift* xix, 1963, 412-425)은, *ὅτι*를 '왜냐하면'(because)으로 번역하여 하반절이 상반절의 권고에 대한 이유를 제시한다고 봄으로써 **육체의 고난을 받은 자**를 그리스도 자신과 동일시하는 것이다. 이것이 단수형 **고난을 받은 자**를 만족할 만하게 설명해 주는 유일한 주석이다. 만일 이 말('…을 받은 자')이 수신자들에 관련되는 것이라면, 더욱 자연스럽게 '…을 받은 자들'이란 복수 또는 '…을 받은 자는 누구든지'와 같은 구로 쓰였을 것이다. 물론 명백하게 드러나는 문제점은 그리스도께서는 **죄를 그치셨다**는 진술을 우리가 어떻게 이해할 것인지이다. 그러나 다음과 같은 개괄적인 설명이 한 가지 해결책이 될 것이다. '…을 그치다'(*παύω*)란 말이, 어떤 사람이 자신이 **끝내 버린** 것에 반드시 적극적으로 참여했다는 의미를 포함하지는 않는다는 것에 주목해야 한다(Diodorus Sic., xvii. 56. 4; Plutarch, *Mor.* 593e; Diogenes Laert., vi. 2. 69). 따라서 이 모호한 표현의 의미는 그리스도께서 죽으심에 의해 자신을 죄 있는 인류와 동일시함으로써, 자신을 죄의 세력 아래에 두셨다가 이로부터 해방되셨다는 것일 수도 있다.

한편, 본절의 세례에 관한 함축 및 3:18-22과의 밀접한 논리적인 관련(초두에서 강조를 위해 쓰인 **이미**를 참조하라)은 저자의 수신자들이 세례받은 자들임을 의중에 두고 있음을 강하게 암시해 준다. 만일 그렇다면, '고난받다'는 비유적으로 그리스도인의 세례를 통한 죽음에 관련된다고 이해해야 한다. 비록 본 서신의 저자가 바울적인 신비주의를 전적으로 공유하고 있지는 않지만, 그의 사상은 신자가 세례에 의한 죽음을 통하여 죄의 노예 상태로부터 구원된다는(롬 6:7) 주장 및 롬 6:1-12(본 주석 2:24의 주해를 보라)에 나타난 바울의 사상에 매우 가깝다. 이러한 개념이 전적으로 바울의 것만은 아니다. 왜냐하면, 요일 5:18의 "하나님께로부터 난 자는 다 범죄하지 아니하는 줄을"이라는 구절에서도 그리스도인들과 세상을 대조하여 전자는 하나님께 속하며 후자는 악한 자의 세력 안에 있다는 바울의 사상과 동일한 확언을 발견할 수 있기 때문이다. 이러한 사상은 세례를 받으려는 자가 죄를 포기하는(3:21의 주해를 보라) 것은 세례식에 불가결한 요소라는 기독교 초기의 개념에 함축되어 있다. 본 서신의 저자가 바울의 신학 사상을 알고는 있으나 그것이 직접적으로 로마서는 아니라는 점을 드러내주는 이 같은 해석에서는 본 구절을 같은 마음의 내용을 설명하는 것으로 이해한다. 다시 말해, 그리스도인은 세례식에서의 죽음에 의해, 바로 그리스도께서 육체의 죽으심에 의해 그러하셨던 것처럼 악의 세력으로부터 해방된다는 것이다. 그러나 이러한 주석이 대체로 훌륭한 의미를 전달하긴 하지만, 정관사가 있는 단수 분사(ὁ παθὼν)가 쓰인 점이나, 더욱 난처하게는 세례에 의한 신비스러운 죽음에 대해 육체의 고난을 받았다는 과감한 표현을 쓰고 있다는 점에서 한두 가지 어색한 부분이 있다. 후자(육체의 고난을 받았다)에 대한 만족할 만한 설명은 다음과 같은 것일 수 있다. (1) 어쨌든 그리스도에 대해 사용될 경우 '죽으셨다'에 상응하는 고난받았다라는 말은, 상반절에서 사용된 것과 병행을 이루기 위해 채택된 것이다. (2) 육체의라는 부언은 두 경우 모두가 3:18-4:6 전반에 걸친 '육신'과 '영' 사이의 긴장에 의한 영향력의 부산물로서, 전자(육체)는 인간의 필연적인 죽음과 죄악의 영역이며, 후자(영)는 그리스도와 믿음으로 연합된 그리스도인들이 부활의 결과로 시작되는 새로운 생명을 나타낸다.

**[2] 그 후로는 다시 사람의 정욕을 따르지 않고 하나님의 뜻을 따라 육체의 남은 때를 살게 하려 함이라**

본절에서 저자는 수신자들에게 그리스도의 승리와 성례에 의해 죄로부터 분리된 사실에 내포되어 있는 것들을 현실화시켜야 할 실제적인 목적들을 계속하여 설명한다. **그 후로는 다시 사람의 정욕을 따르지 않고 하나님의 뜻을 따라 육체의 남은 때를 살게 하려 함이라.** 다시 한 번(1:14; 18, 2:1, 9, 24. 참조. 엡 4:22-24; 딛 3:3이하; 히 10:32), 저자는 세례로 양분되는 인간 삶의 두 기간에 대한 익숙한 대조를 강조한다. 중생하기 전의 인간은 정욕과 세속에 의해 지배받는다. **정욕**에 관한 1:14; 2:11의 주해를 보라. (여기서 **사람**이란 말은 요한복음에서 '세상' 이란 말이 자주 그렇게 사용되듯이 경멸적인 느낌을 갖고 있는 것 같다.) 일단 그리스도인이 된 사람은 **하나님의 뜻**에 의해 인도함을 받는다. **육체의 남은 때**란 이상한 표현은 '너희 세속적인 삶의 남은 기간' 에 대한 단순한 부연 이상의 것이다. 이것은 마지막이 임박하였다는 사실에 대한 주의와 경고뿐만 아니라 격려를 내포하고 있다. 쿰란 종파에서도, "마지막 세대가 자신들을 위해 지체될 때 진리를 섬기는 데 있어 손이 게으르지 않은" 자들은 특별한 상을 받게 되리라는 가르침이 있었다(QpHab vii. 7-12). 그리고 **육체**의란 말의 요점은, 비록 그의 독자들이 세례로 말미암아 '육체의 고난을 받았고', 이후 '영의' 삶을 살기 시작하였다 하더라도, 그들에게는 여전히 마지막이 온전히 도래하기 전에는 **육체**의 삶을 살아야 할 남은 기간이 있다는 것이다.

**[3] 너희가 음란과 정욕과 술취함과 방탕과 향락과 무법한 우상 숭배를 하여 이방인의 뜻을 따라 행한 것은 지나간 때로 족하도다**

저자는 **이방인의 뜻을 따라 행한 것은 지나간 때로 족하도다**라고 강조함으로써, 그리스도인이 되기 전 그들이 어떤 존재였는가를 자세하게 설명한다. 저자의 말은, 그들 자신이 전에는 유대인들이 아니라 이방인들이었다는 것과, 그들은 성년이 되어 기독교로 개종하였다는 것을 의미하는 것임에 틀림없다. 영어에서처럼 헬라어에서 **족한** 혹은 충분한(ἀρκετὸς)이란 말은 '충분할 정도 이상으로' 란 말처럼 풍자적으로 사용될 수 있다(*Anth. Pal.* ix. 749 : 참조. Isocrates, *Paneg.* 167; 겔 44:6; 45:9). 헬라어 본문에서 **이방인의 뜻**이란 말은 문자적으로는 '이방인의 소원' 을 뜻하는데, 2절에서 **하나님의 뜻**과 대조시키기 위해 의식적으로 사용한 표현이다. 다음에 열거한 비행에 대한 목록-**음란**, **정욕**, **술취함**, **방탕**, **향락과 무법한 우상 숭배**-은 후기 유대교 문헌들(예 : Ass. Mos. vii. 3-10)과 사해 사본(예 : 1QS iv. 9-11)들과 접촉점을 가지고 있다. 그뿐만 아니라, 롬 13:13; 갈 5:19-21(이 세 절에는 호색과 술 취함이 두드러져 있음에 비해 본절과 갈 5:20에서는 우상숭배에 대해 강조하고 있음을 주목하라)에 나타난 목록과도 아주 유사하다. 그러므로 여기에 열거된 내용들은 진부하다고 할 수 있다. 이러한 사실은 2절에서부터 **정욕**이란 말이 세련되지 못한 방법으로 반복되고 있음을 보아서도 알 수 있다. 그것들은 (특히 롬 13:13) 오늘날 자유분방한 서구에서와 같이, 1세기의 소아시아 도시들에서 많은 사회 집단들의 특징이었던 호색, 술취함과 무질서에 대해 생생한 인상을 전달해 줄 수 있는 방법으로 작성된 것이다.

**[4] 이러므로 너희가 그들과 함께 그런 극한 방탕에 달음질하지 아니하는 것을 그들이 이상히 여겨 비방하나**

서두(*ἐν ᾧ*: 문자적으로는 'in which')에서 우리는 1:6; 2:12(이에 관한 주해를 보라)에서도 보았던 즐겨 사용되는 어투의 다른 실례를 본다. 이 관계사는 중성으로, 앞 문장의 전체적인 사상에 대해 느슨하게 덧붙여진 것이다. 이 문장은 "이에 대해, 즉 너희가 이방의 사회 관습을 버린 것에 대해 그들은 이상히 여긴다"라고 의역할 수도 있다. **그들과 함께 달음질하다**라는 동사는 쾌락주의자들의 행복감에 넘친 축제를 선명하게 연상시킨다. **극한 방탕**(*τῆς ἀσωτίας ἀνάχυσιν*: 문자적으로는 '방종의 범람 혹은 홍수')이란 말 역시 그렇다. 명사 **방탕**이 엡 5:18에서는 술취함과 관련되고, 이와 어원이 같은 부사 *ἀσώτως*는 눅 15:13에서 탕자의 '방탕한 생활'을 묘사하기 위해 사용되었다. 이전의 친구들이 '극한 방탕'에 뛰어들기를 거부하는 것에 대해 이방인들의 놀람과 당황이 즉시 분개로 변한다는 것은 이상한 일이 아니며(Wis. 2:12-16에서 매우 웅변적으로 기술되는, 의인에 대한 악인들의 매우 유사한 반응을 참조하라), **이러므로 그들이 너희를 비방한다**.

가장 강하게 지지되는 자료에서는 이 동사('비방하다')가 직설법 현재가 아니라 현재분사(*βλασφημοῦντες*)로 되어 있다. 그러나 이 분사는 다소 어색할 뿐 아니라, 정형 동사(*καὶ βλασφημοῦσιν*: '그러므로 그들이 비방한다')를 훨씬 부적절하게 대치한 것으로, 문체상의 부드러움을 꾀하기 위한 잘못된 의도에서 비롯된 것이다. 이 동사(*βλασφημέω*) 자체는 (특히 하나님이나 신성한 것들을) '모독하다', '모욕하다'(예. 마 9:3; 롬 2:24), 또는 일반적으로 '어떤 사람을 중상하다', '비방하다', '훼손하다'(예. 롬 3:8; 고전 10:30; 딛 3:2)를 의미할 수 있다. 어떤 해석자들은 이 분사를 거의 '모독자들이여!'라는 간투사로 번역함으로써 전자의 의미를 채택한다. 그러나 문맥상, 그리고 그리스도인들에 대해 가하여진 악평에 대한 저자의 언급(2:12; 3:16)에 비추어 볼 때, 이 말은 이교도들이 놀라움을 '노골적으로 표출시키는 수단으로서의 모욕을 의미한다고 보는 것이 훨씬 자연스럽다. 기독교적인 입장에 비추어 볼 때, 하나님의 사람들에 대한 모욕은 하나님에 대한 모욕이기 때문에(예. 마 5:11; 행 9:4) 전자의 의미가 제외되는 것은 아니다. 기독교의 자료뿐 아니라 이교도 자료들을 살펴보면, 그리스도인들이 판에 박힌 당시의 생활 습관, 특히 인습적으로 받아들여지는 유흥, 시민 행사의식 그리고 우상 숭배나 자신들이 부도덕한 것으로 생각했던 것에 참여하기를 거부했음을 알 수 있다. 그리스도인들의 이 같은 태도는 비그리스도인들로부터 미움과 경멸을 받았으며, 더 나아가 그리스도인들끼리 불법한 의식을 행한다는 혐의를 받았음을 입증하는 많은 증거가 있다.

**[5] 그들이 산 자와 죽은 자를 심판하기로 예비하신 이에게 사실대로 고하리라**

그러나 아시아 그리스도인들은 거짓 소문과 비방에 대해 확고한 낙관으로 맞설 수 있다. **그들이 산 자와 죽은 자를 심판하기로 예비하신 이에게 사실대로 고할 것이며,** 자신들이 받아 마땅한 선고를 받을 것이다. (하반절은 가정적 결론이다.) 저자가 이제 강조하려고 하듯이(4:7) 마지막이 임박했으며, 그것은 현재 살아 있는 모든 자와 이미 죽은 모든 자—이 후자는 무덤으로부터 일어나게 될 것이다(고전 15:51)—를 포함함으로써 범세계적인 것이 될 최후 심판(이 심판은 바로 지금 **예비되어** 있다)을 예고할 것이다. 명사 '심판'이나 동사 '심판하다'와 함께 '산 자와 죽은 자'란 표현은 최초의 상투어들 중 하나로서 이것은 즉시 초기의 교리적인 자료에 자리를 굳혔다(행 10:42; 롬 14:9; 딤후 4:1. 참조. *Barn*. vii. 2:

Polycarp, *Phil.* ii. 1; 2 *Clem.* i. 1). 이 모든 준(準) 교리적인 절들에서, 이 말은 그리스도의 재림과 그 사건(그리스도의 재림)이 있을 때 육신적으로 살아 있거나 죽어 있는 모든 자들을 지칭하는데, 이것은 의심할 여지 없이 이 본문에도 적용된다. 이 표현이 영적으로 살아 있거나 죽은 자들에 대한 심판을 나타낸다는 견해는 무리이며 또한 부자연스럽다. 1:17; 2:23에도 불구하고 심판자는 실로 그리스도와 동일시되어야 한다는 것이 확실하다. 비록 (신약에서 종종) 하나님이 세상을 심판하시는 것으로 언급되긴 하지만(롬 2:6; 3:6; 14:10), 하나님께서 그 직무를 맡기신 그리스도에 의해 시행된다는 것이 신약의 전형적인 가르침이며(마 25:31-46; 눅 21:34-36; 행 10:42; 17:31; 고전 4:4; 딤후 4:1), 이것이 이 전형적인 관용어의 변함없는 의미이다.

**[6] 이를 위하여 죽은 자들에게도 복음이 전파되었으니 이는 육체로는 사람으로 심판을 받으나 영으로는 하나님을 따라 살게 하려 함이라**

심판자, 곧 악인들에 대한 형벌자시며 믿는 자들에 대한 변호자로서 그리스도의 역할을 언급하면서, 저자는 계속하여 고조된 어조로 그의 독자들의 정신을 바짝 차리게 하는 그 이상의 생각을 덧붙인다. 본절은 주석가들을 난처하게 하는 매우 모호한 진술이다. 그러므로 **그가 전파되셨다**(he was preached, εὐηγγελίσθη)라 번역된 동사는, 원문에는 주어가 표시되어 있지 않다는 것을 지적하는 것이 타당하다. 그러므로 이것은 '복음이 전파되었다' (AV, RV, RSV, NEB)란 의미를 갖고 있는 비인칭 동사로서 여기에는 그리스도 자신이 전파자라는 사실이 함축되어 있다고 할 수 있다. 더욱이 **…의 눈에는**(in the eyes of, κατὰ. 개역개정 성경에는 '…으로' 로 번역됨)이라 번역된 전치사는 의미가 분명치 않다. 여러 해석자들은 이를 '…에 따라서' (according to: AV, RV), 혹은 '…의 방법에 따라서' (after the manner of), 또는 '…와 같이' (like: RSV)라고 번역하는 편을 택한다. 그러나 대다수의 연구자들은 6절 하반절에서 균형을 이루는 두 절(헬라어 본문의 구문은 μὲν—δὲ이다) 중 첫 번째 것은 양보절이며, 결과적으로 그 뜻은 "비록 심판을 받으나, 살게 하려 함이라"가

된다는 견해에 동의한다. 해석하기 어려운 **육체로는 심판을 받다**(be judged in the flesh)는 죽음에 함축되어 있는 정죄를 의미한다는 것 또한 실로 확실하다. 죽음은 단지 생명의 자연적인 종료가 아니라, 성경의 가르침에 따르면(참고. 롬 5:12; 6:23; 창 2:17; 3:19; Wis. 2:24) 죄에 대한 하나님의 심판을 나타낸다.

유력한 한 학파의 견해에 따르면 여기서 주동사(복음이 전파되었다)는 비인칭으로, 이것은 그리스도께서 지옥에 내려가셔서 그곳에서 (1) 모든 죽은 자들에게 (자유주의 신학자들은 본문에 함축된 구원 범위의 확대에 이끌려 이같은 견해를 취하는 이가 매우 많다), (2) 구약 성도들의 영혼에게(이것은 16세기 이후 비롯된 대다수 로마 가톨릭 학자들의 견해로서, 이러한 견해는 보편 구원설에까지 귀결되지 않는다는 교의적인 우월성을 지닌다) 복음을 선포하신 것을 가리키는 것으로 이해한다. 비록 그 영혼들이 죄인들이 받게 되는 몫으로 육신적인 죽음을 당하긴 하였지만, 그들(영혼들)에게 그러한 복음을 전파한 결과 영생의 가능성이 주어진다. 이러한 결론은 (1) 만일 그리스도가 (4:5이 확언하고 있듯이) 산 자는 물론 죽은 자를 심판하신다면 그들 모두는 틀림없이 공정하게 복음을 들을 기회를 가졌을 것이며, (2) 엄밀한 의미에서 구약의 성도들은 개종할 필요가 없긴 하였지만 그들도 복음을 들어야 마땅하다는 생각에 근거하여 주장된다. 이러한 설명에 대한 반대 견해로, 여기서 '죽은 자'란 육신적으로 죽은 자가 아니라 영적으로 죽은 자(νεκροῖς ; 참조. 엡 2:1; 골 2:13)라는 이론(예. 벧전 4:6에 관한 Clement Alex., *Adumb.* in 1 Pet. iv. 6; Cyril Alex., in PG cxxv. 1237-1240; Augustine, *Ep.* clxiv. 21)이 있다. 이러한 이론에 따르면, 하나님의 심판은 모든 자에게 미치며(4:5) 또한 이는 공정하다는 것이다. 왜냐하면 바로 영적으로 죽은 자들, 다시 말해(4:4에서 언급되는 조롱하는 학대자들처럼) 자신들의 죄로 인하여 이미 무덤에 들어간 자들에게도 그들이 사는 동안 복음이 전파된 일이 있었고 바른 결단을 할 기회가 있었기 때문이다.

만일 5절에서의 **죽은**이란 말이 또한 '영적으로 죽은'을 의미하는 것이 아니라면 이 후자의 설명은 거의 지지될 수 없다. 이 단어는 5절에서도 동일한 단어가 사용되었으며 또한 두 절에서 동일한 의미를 갖고 있음이 틀림없다. 하지만 우리는 이 단어가 5절에서는 육체적으로 죽은 자에 분명하게 관련된다는 것을 이미 살펴보았다. 어쨌든 부정 과거동사 **전파되었다**는 일정한 때를 가리킨다. 만일 본절이 죄인들이 복음을 받아들일 수 있다는 일반적인 진술이라면, 우리는 현재시제인 '전파된다' (is preached)가 사용된다고 기대해야 할 것이다. 전자와 같이 해석하게 된 이유는 3:19에서 이미 그리스도께서 지옥에 내려가심이 언급되었다는 것을 당연한 사실로 받아들이기 때문이다. 그러나 우리가 본문에는 그 같은 사실이 전혀 암시되어 있지 않다고 본다면, 위의 견해는 자연히 그 효력이 약화된다. 어느 경우에도 3:19과 4:6이 동일한 사건을 다루고 있다는 가정은 전적으로 독단적이다. 뿐만 아니라, 3:19이 (육신으로부터 떠난 영들이든 혹은 초자연적인 존재들이든) '영들' 에 관해 언급하고 있는 반면, 4:6은 육신으로부터 떠남에 대해서는 아무런 암시도 없는 '죽은 자들' (dead persons)에 관해 언급한다는 사실을 고려하여 볼 때, 이러한 가정은 전혀 가능성이 없다. 그러나 *εὐηγγελίσθη*가 '복음이 그리스도에 의해 전파되었다' 를 의미한다는 견해에 대한 반대 의견은 좀더 구체적이다. 첫째, 5절에서 그리스도가 심판하시는 분으로 묘사되기 때문에, 능동태(3:19, 전파하였다)에서 수동태(4:6, 전파되었다)로 전환하는 것은 명백한 무리이다. 만일 그(He)도 전파자시라면 '이것이 그가 전파하는 이유이다' 가 되어야 할 것이다. 둘째, 이러한 전환이 더욱 더 의심스러운 것은 엄밀한 비인칭 수동태는 신약에서 극히 보기 드문 것으로, 롬 10:10이 유일한 예이기 때문이다. 셋째, 그리스도가 신약에서 '복음을 전하다' (*εὐαγγελίζεσθαι*-중간태)란 동사의 주격으로 나오는 경우는 매우 드물며 복음서들에서는 눅 4:18, 43; 8:1; 20:1에만 나타나 있다. 그것도 오직 그리스도가 지상에 살아 계실 때뿐이다. 넷째, 한편 이 동사는 전파의 목적어로서 종종 그리스도나 이에 상당하는 어떤 다른 말을 가지며(행 5:42; 8:35; 11:20; 17:18; 갈 1:16), 이와 거의 동일한 동사 '전파하다' (*κηρύσσω*)가 주격으로서 그리스도와 함께 수동태로 사용된다(고전 15:12; 고후 1:19; 딤전 3:16). '복음 전파' 는 이 세상에서 기독교 복음 전도자들에 의해 거의 변함없이 수행되는 활동이다. 이 마지막 설명에 의하면 **그가 전파되었다**가 가장 자연스러운 번역이 된다.

이러한 설명의 주된 취약점은 언뜻 보면 불가해 보이는 본절을 중심 주제와 연결시키지 못한다는 점이지만, 사실 이 말('그가 전파되었다')은 상반절(**때문에**; for와 … **도**; also에 주목하라)과 밀접하게 연결되어 있다. 그럼에도 만일 이 말이 위에서 제시된 설명들에 따라 해석되어야 한다면, 이런 표현이 시련의 상황에 처한 그의 독자들에게 어떤 위로를 줄 수 있었을 것으로 이해하기란 어렵다. 이러한 이유에서 자체의 내재적인 가능성에 더하여 가장 설득력 있는 해석(F. Spitta; J. Moffatt; E.G. Selwyn; W.J. Dalton 등도 이러한 해석을 지지한다)은 이 **죽은 자들**(those who are dead)을 일찍이 그리스도가 전파되었던 본 서신의 수신자들인 공동체 구성원들 중, 복음을 듣고 그리스도인들이 되고 난 후 죽은 사람들로 보는 것이다. 그들은 복음이 자신들에게 전파될 때 물론 살아 있었으며, 따라서 그들을 '죽은 자'로 묘사하는 것은 부적절하게 느껴질 수도 있다. 그러나 (1) 헬라어 본문에서의 이 말은 영역본에서 볼 수 있는 어색함이 덜하다. (2) 저자가 어쨌든 여기서 이 **죽은**이란 말을 택한 까닭은 5절에서도 **죽은**이란 말을 사용했기 때문이다. 주의 재림을 열렬히 기대하던 사도 시대의 교회에서는 신자들의 죽음이 심한 우려와 반성을 야기했는데, 이는 그들의 소망이 성취되지 못하고 속은 것처럼 보였기 때문이었다는 것은 잘 알려진 사실이다. 그러므로 바울은 살전 4:13-18에서 그의 독자들에게, 주께서 오실 때 여전히 살아 있는 그리스도인들이 앞서 죽은 자들보다 결코 앞서지 못하리라는 것을 확신시키려고 노력한다. 박해와 사회적인 배척의 환경에서 이러한 문제는 아시아 교회들에 대해 강조되었음이 틀림없다. 교회들은 다분히 이교도 이웃들로부터 조롱 받을 뿐 아니라, 또 다른 부류로부터는 "너희도 똑같이 죽는 처지에 그리스도인이 되는 유익이 무엇이냐?"란 근심 어린 공세를 받고 있었을지도 모른다. 이에 대한 저자의 답변은, 이제까지 죽은 자들(지금은 고인들이지만 한때 복음 전파를 받았던 자들-역자)에 대한 그리스도와 그의 복음 전파가 결코 무익하지 않으며, 비록 인간적인 계산으로 그들이 정죄받는 것처럼 보일지 모르지만, 실제로는 그들이 영생을 누린다는 것이다.

본 서신 전체에 스며 있는 종말론적인 기대와 일치하는 이러한 설명은 논의의 전체적인 흐름에서 벗어난 것이 결코 아니며, 오히려 논의의 주제와 확고하게 관련되어 있는 것이다. 따라서 **이를 위하여**(εἰς τοῦτο)는 3:9과 같이 앞의 문장을 가리키며, 이는 …(in order that they…)의 선행사 역할을 한다. 한편 '왜냐하면'(*for*. 한글 성경에는 번역되어 있지 않음—역자 주)은 바로 전 절을 가리키는데, 거기서 저자의 주된 관심은 그리스도의 심판의 전반적인 측면에 있지 않고(**산 자와 죽은 자**는 표준화된 관용어이다), 악인들에 대한 형벌은 물론 선인들에 대한 변호를 포함하는 심판에 있다. 그러므로 '왜냐하면'(*for*)의 요점은 그리스도께서 산 자와 죽은 자를 심판해야만 하는 이유를 제시하려는 것이 아니라, 아시아 그리스도인들을 위로하고 지지할 그리스도의 심판의 일면을 강조하려는 것이다. 다시 말해서 그리스도는 의로우신 심판자이시기 때문에, 이미 죽은 그들의 개종한 형제들은 그리스도를 헛되이 믿지 않았다는 것이다. 불변화사 …**도**(καὶ)가 이러한 해석과 일치한다. 제자와 그의 독자들에게도 그리스도가 전파되셨음이 틀림없다는 것은 이해할 만하다. 왜냐하면 그들은 그리스도의 재림(Parousia)을 경험할 것이기 때문이다. 문제는 왜 그리스도가 다시 오시기 전에 죽었던 자들에게도 전파되어야만 했느냐이다. 우리는 **이는 그들로 사람의 눈에는 육신으로 심판을 받으나**란 말에서 그리스도인 친구들에게 그들의 죽은 동료들에 대한 불안한 의심을 야기했음이 틀림없는 이교도 회의론자들의 조롱을 엿들을 수 있다. (지혜서 3:2-4에서의 놀랄 만큼 유사한 절을 참조하라. "어리석은 자의 눈에는 그들-의로운 자들-이 죽은 것처럼 보였으며 … 사람들이 보기에 그들은 벌을 받았다.") 전반절과 유사하게 균형을 이루고 있는 절은 그리스도의 심판이 그러한 조롱과 의심이 잘못된 것임을 증명할 것이라고 확언한다. 곧 자신들에게 복음이 전파된 후 죽었음에도 불구하고 그들은 복음을 받아들였기 때문에 **하나님의 눈에는 영으로 살** 것이다. 의인들을 변호하는 유사한 믿음에 대해서는 지혜서 3:1-9; 5:15을 참조하라. 마지막으로 육-영의 대조는 명백히 3:18을 연상시킨다. 즉, 그리스도께서 육으로는 죽임을 당하시고 영으로는 살아나신 경험은 세례를 통하여, 육신적으로 이미 죽은 자들을 포함한 모든 그리스도인의 경험이 된다. 바울이 이러한 문제를 설명하였듯이(롬 14:8) "우리는 사나 죽으나 주의 것이라." 그러나 바울은 다른 곳(고전 15:51–53)에서, 마지막 날이 오면 이미 죽은 그리스도인들(곧 본절의 표현에 따르면 '죽은 자들')과 그때까지 여전히 살아 있는 자들이 모두 어떻게 그리스도의 승리를 함께 누리고, 어떻게 모두가 변화를 입으며, 멸하지 않는 존재 양식을 입을 것인가를 묘사한다. 저자의 관용구로 표현하자면, 그들 모두는 **영으로** 살 것이다.

## 13. 종말의 도상에 사는 그리스도인의 생활 4:7–11

**4:7-11**

7 만물의 마지막이 가까이 왔으니 그러므로 너희는 정신을 차리고 근신하여 기도하라
8 무엇보다도 뜨겁게 서로 사랑할지니 사랑은 허다한 죄를 덮느니라 9 서로 대접하기
를 원망 없이 하고 10 각각 은사를 받은 대로 하나님의 여러 가지 은혜를 맡은 선한 청
지기 같이 서로 봉사하라 11 만일 누가 말하려면 하나님의 말씀을 하는 것 같이 하고 누
가 봉사하려면 하나님이 공급하시는 힘으로 하는 것 같이 하라 이는 범사에 예수 그리
스도로 말미암아 하나님이 영광을 받으시게 하려 함이니 그에게 영광과 권능이 세세에
무궁하도록 있느니라 아멘

7 세상의 종말이 가까워 오고 있습니다. 마음을 깨끗이 하고 침착하십시오. 그리고 정
신을 차려 기도하십시오. 8 무엇보다도 서로를 깊이 사랑하십시오. 사랑은 다른 사람의
허물과 죄를 덮어 줍니다. 9 불평하지 말고 서로 대접하십시오. 10 하나님께서는 여러
분 모두에게 성령의 선물을 허락해 주셨습니다. 또한 각자에게 특별한 다른 선물을 주
심으로, 하나님의 은혜를 알게 하셨습니다. 그러므로 하나님의 선물을 가볍게 여기지
말고, 착한 종처럼 남을 돕는 일에 사용하십시오. 11 말씀을 전하는 사람은 하나님의 말
씀만을 전하는 사람이 되고, 봉사하는 사람은 하나님이 주시는 힘으로 남을 도우십시
오. 무슨 일을 하든지 예수 그리스도를 통해 하나님께서 영광을 받으시도록 하기 바랍
니다. 그분에게 영광과 능력이 영원토록 함께하기를 바랍니다. 아멘. _아가페 쉬운성경

**[7] 만물의 마지막이 가까이 왔으니 그러므로 너희는 정신을 차리고 근신하여 기도하라**

저자가 지금까지 말해 온 심판은 임박해 있다. **그러나 만물의 마지막이 가까이 왔다.** 여기서 **그러나**(한글 성경에는 번역되지 않았음—역자 주)란 부언은 불변화사 *δέ*의 뜻을 나타내기 위해 의도된 것으로, 이것이 대다수의 역본들에서는 간과되어 있지만, 이것은 실로 본 대목을 앞의 대목과 밀접하게 연결시켜 준다. 헬라어 본문에서 **가까이 왔다**(is at hand, *ἤγγικεν*)는 대체로 '도래하였다'(has arrived)를 의미한다. 특히 막 1:15; 롬 13:12을 참조하라. 이러한 확신은 초대교회에서 보편적인 것이었지만(예. 롬 13:12; '밤이 깊고 낮이 가까웠다'; 고전 7:29: '정해진 때가 매우 단축되었다'; 히 10:25: '너희가 그날이 가까움을 볼수록', 요일 2:18; '이것이 마지막 때라') 이것이 베드로전서(1:4; 8-12, 20; 4:17)에서는 특별히 강렬하고도 생생하다. 종말이 **만물의 마지막**으로 묘사되는데, 원시 기독교 사상에 따르면 역사는 그때에 자체의 절정에 이르고 우리가 알고 있듯이 그때가 되면 하늘과 땅은 지나갈 것이다. 이러한 전망은 그 자체로 두렵게 하는 국면을 갖고 있지만, 하나님의 택하신 자들에게는 몹시 마음을 뜨겁게 하는 소망으로 충만하다.

신약에서 마지막의 임박은 일반적으로 근신과 흠잡을 데 없는 행위에 대한 도전으로 해석된다(예. 마 24:45-25:13; 막 13:33-37; 롬 13:11-14; 빌 4:4-6; 히 10:23-31; 약 5:7-11; 요일 2:18; 계 22:12). 그러므로 저자는 여기서 독자들에게 다음과 같이 호소한다. **정신을 차리고 근신하여 기도하라**(*be self-controlled and keep clear-headed for your prayers*). 여기서 저자가 사용한 전자의 동사(*σωφρονήσατε*: '자제심을 가지라', '냉정하라': 한글 성경은 '정신을 차리라'로 번역-역자 주)는 마지막이 임박했다 해서 흥분한다거나 그로 인해 일상적인 삶의 과정을 무너뜨려서는 안 된다는 것을 암시한다. 다음과 같은 절들에서의 바울의 말을 참조하라. 살전 4:11; 살후 2:2. 둘째, 동사(*νήψατε*, 문자적으로는 '근신하라')에 대해서는 1:13에 관한 주해를 보라. 주께서는 위기의 시간에 기도하도록 권고하셨는데(마 26:41), 이를 위해서는 맑은 정신[근신]이 필요하다. 마지막 날들은 경악과 큰 재해와 시험의 날들이 될 것인데, 본절과 다음 절들에서 그리스도인들이 가져야 할 침착한 확신, 상호 간의 격려와 하나님에 대한 신뢰 등에 대한 저자의 묘사는 살전 5:1-10; 고전 7:29-31에서의 바울의 묘사와 놀랍게도 동일하다.

**[8] 무엇보다도 뜨겁게 서로 사랑할지니 사랑은 허다한 죄를 덮느니라**

그러므로 저자는 롬 13:8-10; 살전 5:8; 15에서의 바울처럼, 이처럼 결정적으로 중요한 예정된 기간에 그들은 뜨겁게 서로 사랑해야 한다고 요구한다. 이러한 사랑은 **모든 것보다 우선되어야** 한다(한글 성경의 **무엇보다도**). 그런데 이 **무엇보다도**라는 표현은 윤리에 관한 교리문답서에서 발췌한 것으로서 약 5:12에서도 발견되는데, 야고보서의 이 구절들(5:7-12)은 본 서신 4:7-11과 종말론적인 문제에서 몇 가지 유사점을 지니고 있다. **뜨겁게**(at full strength)라 번역된 부사는 *ἐκτενῆ*(이 부사가 동사 '사랑하다'와 결부되어 있는 1:22에 관한 주해를 보라)인데, 이것은 명백히 서술적인 것이다. 사랑의 우위성에 대한 저자의 가르침은 그 자체가 우리 주의 말씀(막 12:30-33; 요 13:34; 15:12-17)으로 양성된 원시 기독교 사상을 반영한다(예. 고전 13:1-13; 갈 5:13; 약 2:8; 그리고 요한일서 등).

저자는 잠 10:12을 다음과 같이 자유롭게 인용함으로써 자기의 권고를 강화한다. **사랑은 허다한 죄를 덮느니라.** 저자의 번역은 70인역보다는 히브리어 본문에 더 가깝다. 그리고 구약을 인용하면서 70인역에 의존하는 것이 저자의 습관이기 때문에, 저자가 이 말을 접하던 당시에는 거의 속담조가 되었음이 명백하다. 사실상 이 말은 초기 기독교 문서들에 자주, 그리고 다양하게 적용되어 나온다. 예. 약 5:20(부분적으로); *1 Clem.* xlix. 5; 2 *Clem.* xvi. 4; *Didasc.* ii. 3.3.(여기서는 그리스도에 의한 것으로 되어 있다.) 히브리어 본문(잠 10:12)에서 이 말의 의미는 사랑은 다툼을 일으키는 미움과는 달리 다른 사람의 허물을 덮어 주고 말없이 용서한다는 것이다(고전 13:7; Test. Jos. xvii. 2를 참조하라). 그러므로 어떤 해석자들은 여기서 이러한 주석을 채택한다. (아마 1 *Clem.* xlix. 5도 그러할 것이다.) 그러나 이렇게 되면 본절의 절박한 종말론적인 어조를 정당하게 다루지 못하는 셈이 된다. 여기서 저자의 요점은, 만일 그 사이에(종말에 이르는 사이에-역자 주) 상호 간의 사랑이 약화되지 않는다면, 오는 심판 때에 그의 독자들은(그가 그들에게 부단히 상기시켜온 1:14; 2:1,11; 4:1-4) 그들의 죄에 대해 자비를 입게 되리라는 것이다. 용서는 하나님의 무상의 선물이기 때문에 그것을 우리의 공로로 받는다는 점에 대해서는 아무런 암시도 없다. 그러나 복음은 많이 사랑하는 자는 많은 죄를 사함받았다는 것(눅 7:47)과 최후 심판 때에(마 25:31-46) 판결을 결정하는 것은 우리가 행위로 나타낸 사랑 또는 사랑 없음이라고 가르친다. 이것이 2 *Clem.* xvi. 4; Tertullian, *Scorp.* vi. 11; Origen, *Hom. in Lev.* ii. 4(여기서는 눅 7:47과 함께 인용하고 있다)에서 이해하는 방식이다. 잠 10:12은 랍비들에 의해서는 거의 거론되지 않으나, 일단 거론될 경우에는 거듭 우리가 여기서 이 말에 부여하는 것과 같은 의미로 해석된다(SB Ⅲ. 766). 자비로운 행위가 용서를 받는 데 도움이 된다는(잠재적으로) 위험스러운 관념의 발전에 대해서는 *1 Clem.* 1. 5; *Did.* iv. 6; *Barn.* xix. 10; Polycarp, *Phil.* x. 2를 참조하라.

### [9] 서로 대접하기를 원망 없이 하고

특별히 중요하고도 그 진가가 인정된 서로 간의 사랑의 표출 방법은 **대접**(hospitality)이었다. 그러므로 아시아 그리스도인들은 **서로 대접하기를 원망없이** 하라고 명을 받는다. 고대 세계와 오늘날을 구별 짓는 가장 뚜렷한 사회 경제적 상이점들 중의 하나는, 당시에는 서민들을 위한 변변한 숙박시설이 없었다는 점이다. 그 결과 친구들이나 그 밖의 알선을 받은 여행자들을 위해 기꺼이 숙식을 제공해 주는 일은 오늘날보다 훨씬 더 높이 평가되었다. 초대교회에는 실로 많은 왕래가 있었는데(사도들, 복음 전도사들, 교사들, 편지 전달사들 등을 감안해 보라) 그처럼 서로 밀접하게 얽혀진 공동체에서는 방문객들이 동료 그리스도인의 집에서 투숙하는 것은 자연스러운 일이었다. 그러므로 손님을 환대하는 일에 대한 주님의 칭찬이 중시되었을 뿐더러(마 25:35; 눅 7:44-47; 11:5-10; 14:12-14) 손님들을 호의로 맞이하라는 훈계의 말들이 초기 저작들 속에서 눈에 띄게 나타난다(예. 롬 12:13; 히 13:2; 요삼 5-8; *1 Clem.* x.-xii.; Hermas, *Mand.* viii. 10). 회중들 중 다른 사람들보다 더 유복한 자들이 집회를 위해 임의로 숙박의 편의를 제공하였으며(롬 16:5; 고전 16:19; 골 4:15) 방문객들에 대한 환대가 교회 직급자들의 의무 중에서 중요한 위치를 차지하였다는 암시들이 있다(딤전 3:2; 딛 1:8; Hermas, *Sim.* ix. 27. 2). **원망 없이**란 부언은 대접하는 일에 따르는 현실적인 문제를 암시해 준다. 즉, 그 당시에도 오늘날처럼 손님들은 주인 집에 너무 오래 머무르거나 주인의 환대를 남용할 수 있었으며(*Did. xi.*-xiii.에서 이러한 일을 미연에 방지하기 위해 특별히 정해 놓은 규칙들과 다음과 같은 이탈리아 금언을 참조하라. '손님은 생선과도 같은 것, 사흘이 지나면 악취를 풍긴다') 접대가 가치 있는 일이 되려면 기꺼운 마음으로 해야 하는데 자칫 짜증스러운 잡일이 될 수 있다는 것을 상기시키는 것도 적절한 것이다.

**[10] 각각 은사를 받은 대로 하나님의 여러 가지 은혜를 맡은 선한 청지기같이 서로 봉사하라**

더욱 일반적으로 독자들은 마지막이 가까웠으므로는 **각각 은사를 받은 대로 하나님의 여러 가지 은혜를 맡은 선한 청지기같이 서로 봉사하라**는 권고를 받는다. 각자가 어떤 은사를 받았기 때문에(고전 12:7을 참조하라) 저자는 사도 시대에 많은 주의를 끌었던 특별히 '영적' 은사들(방언, 예언 등)이나 성직자들의 독특한 임무들에 대해서만이 아니라, 공동체를 위해 사용될 수 있는 여하한 능력이나 재능에 대해서 생각하고 있다. 저자의 이 말은 롬 12:6-8을 상기시키는데, 거기서 바울은 예언뿐 아니라 가난한 자를 돌봄, 가르침, 설교, 자선, 행정과 긍휼을 베풂을 '은사들'(본절에서와 같은 명사인 **카리스마**, *χάρισμα*)로 열거한다. 사도 바울처럼 저자는, 특별한 영적 재능이든 평범한 소질이든 사람이 갖고 있는 것들은 모두 하나님께서 사람에게 맡기신 것이므로 동료 그리스도인들의 유익을 위해 사용되어야 한다는 견해를 갖고 있다. 그러므로 개인들은 말하자면 **청지기들**인데 이 단어(*οἰκονόμοι*)는 사람의 재산이나 집안을 관리하고 급료,

음식 등을 그 구성원들에게 분배할 책임이 있던 종을 의미하였다(예. 눅 12:42; 16:1-8). 이러한 경우, 나누어 주어야 될 재물은 바로 **하나님의 여러 가지 은혜**, 곧 하나님께서 무상으로 베푸시는 다양한 형태의 선물이다. **여러 가지**란 말에 대해서는 동일한 형용사(*ποικίλης*)가 '여러 가지'로 번역된 1:6을 참조하라. 여기서 지역 교회는 딤전 3:5; 15과 같이 함축적으로 가정으로 묘사된다.

**[11] 만일 누가 말하려면 하나님의 말씀을 하는 것같이 하고 누가 봉사하려면 하나님이 공급하시는 힘으로 하는 것같이 하라 이는 범사에 예수 그리스도로 말미암아 하나님이 영광을 받으시게 하려 함이니 그에게 영광과 권능이 세세에 무궁하도록 있느니라 아멘**

저자는 그러한 공동체 내의 특수한 활동들 중에서 두 가지 실례를 들면서, 그러한 활동을 하는 자들은 자신을 실제로 하나님의 은혜의 대행자로 간주해야 한다고 암시한다. 따라서 **만일 누가 말하려면 하나님의 말씀을 하는 것같이 하고**란 말은 일반적으로 대화나 논의, 혹은 (많은 주석가들이 가정하듯이) 사도 시대의 그리스도인들을 흥분시켰던 무아경의 발설('방언' 등)에 대한 것이 아니라 가르침과 설교 등 일상적인 직무에 관한 것이다. 여기서 동사는 *λαλεῖ*(말하다)인데, 우리는 이것이 다른 곳에서도 정확히 이러한 의미로 사용되는 것을 발견한다(예. 행 10:44; 롬 7:1; 고후 2:17; 4:13; 빌 1:14). 비록 성령에 사로잡힌 표시라는 외적 증거는 없지만 이러한 발언들도 참된 의미에서 은사로 간주되어야 한다(저자가 의미하는 것은 이것이다). 이는 그리스도인 대변인이 (만일 그가 신실하다면) 발표하는 것은 하나님의 말씀이기 때문이다. 단지 하나님의 메시지를 반복하고 있는 것이 아니라, 하나님께서 친히 그를 통하여 말씀하시는 것이다. 바울이 표현한 바와 같이 "하나님이 우리를 통하여 권면"(고후 5:20)하시므로 그가 전하는 말은 "사람의 말로 받지 아니하고 하나님의 말씀" 그 자체로 받아들여야 하는 것이다(살전 2:13). **하나님의 말씀**(*λόγια* : 고전 헬라어와 70인역에서 거룩한 발언에 대해 사용되는 말)에 대해서는 행 7:38; 롬 3:2을 참조하라.

정확히 동일한 방식으로, **누가 봉사하려면 하나님이 공급하시는 힘으로 하는 것같이 하라.** 여기서 동사(*διακονεῖ*, '봉사하다')는 10절에서 사용된 것과 동일하지만(서로 봉사하라), 거기에서는 좀더 일반적인 의미인데 비하여 여기서는 공동체 내에서 목회적인 것이든 혹은 사교적인 것이든 특별한 형식의 봉사를 가리킨다. **봉사**(*διακονία*)란 말은 초대 교회에서 중심어로서, 바울은 '여러 가지 봉사가 있다' 고 말한다(고전 12:5). 이러한 봉사의 범위는 자선의 시행과 물질적인 궁핍의 구제(예. 행 6:1; 11:29; 고후 9:12)로부터 사도들과 선지자들에 의한 것이든(예. 행 1:17; 롬 11:13; 딤전 1:12) 더욱 일상적인 직급자들에 의한 것이든(예. 골 4:17; 딤후 4:5) 공동체의 통솔까지 포함한다. **만일 누가 말하려면**과의 대구는 저자가 여기에서도 첫째로 성직자들의 활동을 의중에 두고 있음을 암시하여 준다. 만일 공동 생활에 대한 성직자나 평신도의 기여가 효과적인 것이 되려면, 그는 그러한 일을 할 때 인간적인 방법이 아니라 하나님의 도우심에 의존해야 한다는 것이 저자의 논리이다. 성직자나 평신도가 갖고 있는 어떤 가치있는 힘은 그 안에서 역사하시며 의지와 행위를 고무시키시는(빌 2:13: NEB) 하나님으로부터 온다. **공급하다**(*χορηγέω* : 벧후 1:5, 11에서의 *ἐπιχορηγειν*을 참조하라)로 번역된 헬라어 동사는 본래 공적인 축제를 위해 자비량으로 합창단을 구성하는 것을 의미하였으며, 따라서 이것은 조금도 아낌없이 공급하는 것을 암시한다.

본 대목은 롬 12:4-8과 종말론적인 견지에서는 다르지만, 어법과 내용면에서 여러 접촉점을 갖고 있다. 하지만 양자의 문학적인 관계에 대한 우리의 가정을 보증할 만큼 충분히 밀접한 접촉점은 아무것도 없다. 바울처럼 본 서신의 저자는 권고에 관한 전통적인 자료를 자유롭게 재구성하고 있다. 그리고 하나님께 영광을 돌리는 것은 '권고의 날' (2:12에 관한 주석을 보라)에 적합한 것이므로, 저자는 그의 독사들에게 그들이 자기가 묘사하여 온 방식으로 행하는 동기는, **범사에 예수 그리스도로 말미암아 하나님이 영광을 받으시게** 하는 것이어야 한다고 상기시킴으로써 말을 맺는다. 그들은 자선 행위, 교육이나 그 외 무엇으로든 공동체에 베푸는 모든 봉사들이 실은 하나님의 풍성한 인자하심이 흘러 넘치는 것임을 마음으로부터 인정할 때 하나님께 영광을 돌리게 된다. 그러나 엄밀하게 말해서, 하나님의 영광을 증진시킬 수 있는 것은 사람이 아니며, 인간적인 노력이 성취하는 그 무엇도 아니다. 그것은 오직 그들이 종으로 섬기는 **예수 그리스도를 통해서**만 일어난다. 이 관용구(1:3 전반부를 참조하라)는 예배의식적이며 판에 박힌 표현이지만(롬 16:27; 유 25절) 그 개념은 곧 그리스도가 여기서 말하고 있는 은사와 은혜들의 중개자이심을 나타낸다. 하나님의 새로운 민족이 세워진 것은 그리스도를 통해서이며, 그들이 하나님께 합당한 영적 제사를 드릴 수 있는 것도 그리스도를 통해서이다(2:5).

이같이 논의를 절정에 끌어올린 후 저자는 다음과 같은 송영을 삽입한다. **그에게 영광과 권능이 세세에 무궁하도록 있느니라 아멘**. 여기서 관계대명사는 거의 틀림없이 예수 그리스도가 아니라 하나님을 지칭한다. 이 관계대명사의 위치는 전자를 암시하지만, 명사 **영광**이 바로 앞 절의 **영광을 받으시게**를 받아 반영시킨다. 만일 영광이, 하나님께서 그리스도로 **말미암아** 영광을 받으신다는 진술 직후에 그리스도**에게** 돌려져야 한다면 실로 파격이 될 것이다. 흥미로운 유사절들이 *1 Clem.* xx. 12; l. 7에 나타나는데 거기에는 각 경우, "우리 주 예수 그리스도로 말미암아"란 구가 송영 앞에 나오긴 하지만 그 송영은 거의 확실하게 하나님께 돌려지고 있다. 헬라어 본문에는 '있느니라' (belong)를 나타내는 동사가 없으므로 어떤 해석자들은 여기서 서술문보다는 기도('있을지어다' : AV)가 더욱 적절하다고 생각한다. 그러나 첫째, 우리는 신약에 나오는 찬가 어디에서도 기원법을 발견하지 못한다. 둘째, 이 동사가 나오는 곳(예. 롬1:25; 고후 11:31)이나 추론될 수 있는 곳(유 25절, 주해를 보라)에서는 이것이 직설법으로 되어 있다. 셋째, 이러한 직설법은 하나님의 영광과 존귀는 정당하게 그분의 것이라는 신약의 확신과 놀랍도록 일치한다. (그러한 것을 위해 새삼 기원법을 사용해야 할 이유가 없음을 말한다-역자 주). 우리는 이러한 송영이 …**과 권능**(*κράτος* : '권세', '주권')이란 부언과 함께 보통, 하나님께 오직 '영광' 만을 돌리는 바울의 송영(예. 롬 11:36; 엡 3:21; 빌 4:20)과는 다르다는 것을 볼 수 있다. 이러한 부언이 딤전 6:16; 유 25

절; 계 1:6; 5:13에 나오는 송영에서 발견되는데, 이것은 아마 모든 악한 세력에 대한 하나님의 승리를 보장하는 저항할 수 없는 권세를 강조하는 것 같다. (이것이 저자의 목적에 비추어 볼 때 매우 적절하다.) **아멘**은 구약(예. 느 8:6; 시 41:13; 70인역의 1 Esd. ix. 47)과 신약(예. 롬 1:25; 갈 1:5; 빌 4:20; 벧전 5:11)에서 송영 후 다 같이 규칙적으로 따른다. 이것은 '그렇게 될지어다' 혹은 '그렇게 되기를' 이란 경건한 동의를 의미하는 예배의식적인 관용구이다.

저자는 왜 이 시점에서 송영을 삽입하고 있을까? 어떤 주석가들에 의하면, 이것은 본래 독립된 문서였던 것의 끝이기 때문이라고 한다. 그러나 이러한 견해는 베드로전서의 대부분이 세례식에 사용되는 의식문이라는 극히 타당하지 못한 이론에 의존한다. 본 주석이 지금까지 보여주려고 시도해 왔듯이, 만일 베드로전서가 진정한 편지라면 여기서 송영은 이에 가장 어울리지 않는 마무리가 된다. 신약에서는 송영으로 끝나는 서신이 오직 세 경우가 있는데(롬 16:27; 벧후 3:18; 유 25절) 이중 첫 경우에서 이것은 거의 틀림없이 예배의식의 삽입구이다. 송영은 자주 신약의 주문(主文)과 어떤 진술이나 발언 후 보통 하나님이나 그리스도의 위엄을 강조하는 저자의 경외와 신앙심에 대한 표현으로 초기 그리스도인 서신들에서 자주 나온다. (*1 Clement*에서는 10회 이상 나온다.) 이것이 본절의 송영에 대한 충분한 설명이 된다. 그리고 본절에서의 송영은 실로, 위에서 **영광을 받으시게**란 말에 의해 예기되고 있기 때문에 대부분의 송영보다 더 부드럽고 자연스럽게 나타난다.

# 14. 박해 중의 기쁨과 확신 4:12-19

**4:12-19**

12 사랑하는 자들아 너희를 연단하려고 오는 불 시험을 이상한 일 당하는 것 같이 이상
히 여기지 말고 13 오히려 너희가 그리스도의 고난에 참여하는 것으로 즐거워하라 이
는 그의 영광을 나타내실 때에 너희로 즐거워하고 기뻐하게 하려 함이라 14 너희가 그
리스도의 이름으로 치욕을 당하면 복 있는 자로다 영광의 영 곧 하나님의 영이 너희 위
에 계심이라 15 너희 중에 누구든지 살인이나 도둑질이나 악행이나 남의 일을 간섭하
는 자로 고난을 받지 말려니와 16 만일 그리스도인으로 고난을 받으면 부끄러워하지
말고 도리어 그 이름으로 하나님께 영광을 돌리라 17 하나님의 집에서 심판을 시작할
때가 되었나니 만일 우리에게 먼저 하면 하나님의 복음을 순종하지 아니하는 자들의
그 마지막은 어떠하며 18 또 의인이 겨우 구원을 받으면 경건하지 아니한 자와 죄인은
어디에 서리요 19 그러므로 하나님의 뜻대로 고난을 받는 자들은 또한 선을 행하는 가
운데에 그 영혼을 미쁘신 창조주께 의탁할지어다

12 사랑하는 여러분, 고난을 받는 중에 당황스러워하거나 놀라지 마십시오. 그것은 여
러분의 믿음을 시험하는 것입니다. 그러므로 여러분에게 이상한 일이 일어나고 있다고
생각하지 말고, 13 그리스도의 고난에 참여하게 됨을 기뻐하시기 바랍니다. 그리스도
께서 영광 중에 다시 오실 그날에 여러분은 기뻐하고 즐거워할 것입니다. 14 그리스도
의 이름 때문에 모욕을 받는다면, 그것은 도리어 복입니다. 이는 영광의 영이신 하나님
의 성령이 여러분과 함께 계시다는 표시이기 때문입니다. 15 누구든지 사람을 죽이거
나 도적질하거나 다른 사람을 괴롭힌 죄로 고난받지 않도록 하십시오. 16 그러나 그리
스도인이라는 이유로 고난을 받았다면 부끄러워할 필요가 없습니다. 오히려 그리스도
인이라는 이름을 얻게 된 것에 대해 하나님께 찬양을 올려 드리십시오. 17 심판의 때가
이제 시작되었습니다. 그 심판은 먼저 하나님의 자녀들로부터 시작합니다. 믿는 우리
들에게도 심판이 있다면, 하나님의 복음에 순종하지 않는 사람들은 어떻게 되겠습니
까? 18 "선한 사람들도 구원 받기 힘든데, 악한 사람들과 죄인들이 어떻게 구원 받겠습
니까?" 19 그러므로 하나님의 뜻에 따라 고난받는 사람들은 하나님께 자기 영혼을 맡
겨 두십시오. 하나님은 우리를 지은 분이시니 우리 영혼을 지켜 주실 것입니다. 흔들리
지 말고, 옳은 일에 계속 힘쓰시기 바랍니다. _아가페 쉬운성경

박해를 하는 자들은 이미 멸망할 운명에 처해 있다는 약속을 반복함으로써, 이 단락은 1:6에서 이미 언급했으며 3:13 이후에서 중심을 이루어

온 고난에 대한 주제를 발전시킨다. 11절과 12절 사이의 명백한 단절(두 절 사이에 연결 불변화사가 전혀 없다), 11절의 송영, 본 단락에 나타나는 더욱 절박한 어조와 더불어, 우리는 그들이 가정이 아니라 실제적인 박해에 직면해 있다는 인상을 본문에서 받게 된다. 이러한 사항들로 미루어 많은 주석가들은 4:12 이하의 나머지 부분 전체가 본 서신과 다른 문서임이 틀림없거나, 혹은 학살 사건이 돌발하리라는 소식을 듣고 나서, 또는 하나의 공동체 안에 포함된 특별한 집단들의 유익을 위해 덧붙여졌을 가능성이 있다고 결론짓는다. 박해에 대한 논의와 베드로전서의 단일성에 대한 변호에 대해서는 서문을 보라. 여기서 주목해야 할 점들은 다음과 같다. (1) 11절의 송영은 결론이라는 느낌을 주지 않는다(해당 절의 주해를 보라). (2) 12절과 같은 권고적 구절에 연결 불변화사가 없다는 점은 조금도 중요하지 않다(2:11, 13 등을 참조하라). (3) 본 단락이 앞 단락과 밀접하게 연결되어 있다는 것은, 동일한 단어 곧 '이상히 여기다' (4:4, 12)란 다소 보기 드문 동사를 사용한 점과 4:11-16에서 하나님께 영광을 돌린다는 개념이 반복된 점 및 박해자들에게 내릴 심판에 관한 동일한 경고(4:5; 4:17을 각각 참조하라)와 함께, 두 단락 전체를 통하여 흐르는 강한 종말론적인 분위기 등에 의해 확증된다.

**[12] 사랑하는 자들아 너희를 연단하려고 오는 불 시험을 이상한 일 당하는 것같이 이상히 여기지 말고**

저자는 2:11(해당 주해를 보라)에서와 같이 그의 독자들을 **사랑하는 자들**이라고 부르면서 새로운 권고를 시작한다. 모든 근심과 고난에도 불구하고 그들이 사랑으로 결합된 친교에 속해 있음을 상기시키기 위해서 저자는 이러한 표현을 의도적으로 사용한다. 저자는 다음과 같이 간청한다. **너희를 연단하려고 오는 불 시험을 이상한 일 당하는 것같이 이상히 여기지 말고.** 여기서 주 동사 *ξενίζεσθε*(이상히 여기다)는 저자가 4:4에서 사용했던 것과 동일한 단어로, 뒤에 오는 형용사 **이상한**(*ξένος*)과 연결된다. 이로 미루어 볼 때, 이 동사가 '사람을 마비시킬 정도의 충격' (F.W. Beare)을 뜻한다고 여기기보다는 '어리둥절케 하는 놀라움' 을 의미한다는 것이 명백하다. 여기서 저자는 요한일서의 저자와 동일한 권고를 하고 있다. "형제들아 세상이 너희를 미워하여도 이상히 여기지 말라"(요일 3:13). 사도 시대의 그리스도인들, 특히 이방 세계에서 온 자들이 스스로 하나님의 뜻을 이행하려 애쓰는데도 오해, 미움, 모욕과 학대를 받아야만 했다는 것은 예사로운 문제가 아니었다. 복음서들은 우리 주님의 명백한 경고에서 발견한 위로와 격려의 증거를 보여준다(예. 마 5:11; 막 13:9-13; 요 15:18-20).

그들의 고통스러운 경험을 묘사하는 생생한 명사 **불시험**(*πύρωσις*)은 본래 '화염'을 의미한다. 그러므로 이차적으로는 (1) 요리(예. Aristotle, *Prob.* xxi. 12) 혹은 수술시(예. Antyllus, in Oribasius Med., xliv, 20. 42), '불길에 노출되다', (2) '금속을 불로 시험하거나 제련하다'(잠 27:21), (3) '불사름'(예. Josephus, *Ant.* i. 203: of Sodom) 등을 의미한다. 70인역에서 이와 어원이 같은 동사 *πυροῦν*은 금속을 불로 제련하거나(시 66:10; 참조. 계 3:18) 사람들을 시험하는 것을 비유하는 데 자주 사용된다(Jdt. viii. 27). 신약에서 명사(*πύρωσις*)로는 본문을 제외하면 계 18:9에서만 나타나는데, 그곳에서는 바벨론의 화재에 관계된다. 이 단어를 선택하면서 저자는 구약에서 금속을 불로 제련하는 것을 묘사하는 두드러진 그림을 의중에 두고 있다. **너희를 연단하려고 오는**이란 구절은 설명절로서, 그들이 받는 고난을 믿음과 연단을 위해 하나님께서 정하신 시험으로 간주해야 한다고 1:6이하에서 설명한 저자의 교의로 되돌아 가고 있음을 확증하는 절이다. 공동체 전체 혹은 그 공동체 중 몇몇 집단을 급습했던 더욱 격심하고 직접적인 공격이 있었음을 이 단어가 암시한다는 주장이 자주 제기되지만 이는 근거가 없다. 고난을 통한 시험에 관한 교의와 같이 불이라는 이미지는 이미 1:7에서 사용된 개념을 재현한 데 지나지 않는다. 한편, **이상히 여기지 말라**란 명령법 현재형과 **오는**과 **당하는**이라 번역된 현재분사는 예기치 못했던 위기보다는 지속적인 상황을 전제하고 있는 것 같다.

**[13] 오히려 너희가 그리스도의 고난에 참여하는 것으로 즐거워하라 이**

**는 그의 영광을 나타내실 때에 너희로 즐거워하고 기뻐하게 하려 함이라**

저자는 아시아 그리스도인들이 결코 어리둥절하거나 당황하지 않고 그리스도의 고난에 참여하는 한 기뻐해야 할 것은, 그들로 그의 영광이 나타날 때에 더없이 기뻐하게 하려 함이라고 계속해서 주장한다. 여기서 우리는 1: 6 이하에서 보았던 바와 같은 주님의 승리적인 재림을 배경으로 하는 고난 속에서 기뻐하는 동일한 역설을 또 다시 접하게 된다. 저자는 앞서 그들에게 고난 받으신 그리스도를 본받는 것이 그리스도인의 소명이라는 것(2:21)과, 그들은 세례를 통하여 그리스도의 죽으심에 참여한다(4:1)고 가르쳤다. 저자는 겉보기엔 비참한 그들의 현재 고난이 그리스도의 고난과 같은 종류의 것이며 실로 그에 해당된다고 선언한다. 그러므로 그들은 고난을 놀람과 낙담의 이유로 삼아서는 안 되며, 도리어 그것을 기쁨, 곧 마침내 마지막 날이 도래하여 그들이 주의 영광에 참여하게 될 때 더욱 완전하게 성취될 기쁨의 이유로 삼아야 한다. 나타내실 때에에 관해서는 1:7, 13을 참조하라. 본절에 두드러진 사상은 다음과 같은 절들에서 주목할 만한 병행을 이룬다. 마 5:11(기뻐하고 즐거워하라); 눅 6:22(기뻐하고 뛰놀라 하늘에서 너희 상이 큼이라); 히 10:32-39; 11:26; 13:13; 약 1:2; 특히 바울 서신에서, 예를 들면 롬 8:17(우리가 그와 함께 영광을 받기 위하여 고난도 함께 받아야 할 것이니라); 고후 1:5-7; 빌 3:10-11(그 고난에 참여함을 … 죽은 자 가운데서 부활); 딤후 2:11(우리가 주와 함께 죽었으면 또한 함께 살 것이요). 그러나 많은 해석자들이 주장하듯이, 여기서 사도 바울 신학의 직접적인 영향을 발견할 수 있는지는 의문스럽다. 신자들의 고난과 궁극적으로는 그리스도께서 그들을 변호해 주시리라는 사상은 초기 기독교에서 흔한 것이었으며, 바울 자신은 고난을 모든 피조물이 겪는 고통의 일부로(롬 8:18-25), 혹은 그리스도의 고난을 채우는 것으로(골 1:24) 봄으로써 이러한 사상을 본 서신에는 표현되어 있지 않은 그 자신의 독특한 방법으로 상술한다.

**[14] 너희가 그리스도의 이름으로 치욕을 당하면 복 있는 자로다 영광의 영 곧 하나님의 영이 너희 위에 계심이라**

고난이 초래하는 영화(glorification)는 먼 미래에 속하지 않는다. **너희가 그리스도의 이름으로 치욕을 당하면** (너희는) **복이 있도다**, 곧 지금 여기에서(here and now) 그러하다. 이것은 더 깊은 확신을 불러일으키는 것으로서, 궁극적으로는 마 5:11; 눅 6:22에 나타난 우리 주님의 약속에서 유래한 것이 틀림없다. 이러한 절들과 마 10:22; 막 13:13; 눅 21:17; 요 15:21; 행 9:16; 15:26; 21:13; 계 2:3; 3:8은 그리스도의 이름 '때문에' 혹은 그리스도의 이름을 '위하여' 혹은 그리스도의 이름 '으로' 고난받거나 박해를 당한다는 것은 사도들의 교회에서는 거의 전문적인 표현이었다는 것을 암시한다. 이러한 관용 표현에서는 '이름' 이 강조되어서는 안 된다. 그것은 하나의 관용어로서, '…의 이름으로' (in the name of)는 사실상 '…때문에' (on account of), '…까닭에' (because of)와 같은 뜻이다. 우리는 이것을 주께서 '내 이름으로' 곧 '나를 위해' (for my sake) 어린아이 하나를 영접함에 대해 말씀하시는 막 9:37과 '…을 위하여' ('for the sake of' )란 의미를 지닌 르쉠('…의 이름을 위하여' )이라는 랍비적인 용법과 비교할 수도 있다. 행 5:41('그 이름을 위하여 능욕을 받다'); 요삼 7('그들이 주의 이름을 위하여 나가' )과 같은 본문들은 그리스도의 이름 그 자체를 강조하는 확장된 용법으로써 본절과는 진정한 병행을 이루지 않는다. 동사 '욕하다' (ὀνειδίζω)는 70인역(특히 시편)에서 악인들이 하나님과 그의 성도들에게 가하는 비난에 대해 즐겨 사용하는 말이었다. 신약에서는 이 단어와 어원이 같은 말들과 함께, 그리스도께서 받으셔야만 했던 모욕과 학대(마 27:44; 롬 15:3; 히 11:26; 13:13)와 관계된다는 것에 주목해야 한다.

그들이 이미 복있는 이유는 **영광의 영 곧 하나님의 영**이 그들 위에 계시기 때문이다. (**영광**이란 말 다음에 '권능' 이라는 말이 덧붙기도 하는데, 이는 예로부터 사본들과 역본들로부터 강한 지지를 얻고 있으며 이것이 정확할지도 모른다.) 환언하면, 그들은 이미(1:8의 '이제도 보지 못하나 … 말할 수 없는 영광스러운 즐거움으로 기뻐하니' 를 참조하라) 성령의 은혜를 통하여, 그리고 그들이 고난의 관(crown)으로서, 신약(1:7; 5:4; 고후 4:17; 골 3:4 등)에 의하면 신실한 자들이 종말시에 누릴 거룩한 영광에 참여하고 있는 것이다. 구약에서 구름 기둥이나 그외 다른 방법으로 나타난 것으로 언급되는(출 33:9; 40:34; 사 60:1-7; 학 2:7) 그 **영광**이 이미 교회로 들어왔으며, 성령의 특별한 기름 부으심을 통해 주를 위해 고난받고 그리스도에 대한 모욕을 대신 받는 그리스도인들에게 나누어지고 있다. 하나님의 영이 박해받는 자들에게 부여된다는 초기 기독교 신앙에 대해서는 마 10:19에서의 그리스도의 말씀과, 그 얼굴이 '천사의 얼굴'과 같았던 스데반이 순교 시에 '성령이 충만' 하였고 '하나님의 영광을 보았다' 는 기록(행 6:15; 7:55)을 참조하라. 순교에 대한 이 후자의 기록들은 이러한 고대의 개념이 초대교회에 얼마나 오랫동안 지속되었는지를 보여준다(예. *Mart. Polyc.* ii. 2; *Pass. Perp. et Fel.* i. 3; Eusebius, *Hist. eccl.* v. 1. 29; 34).

이 하반절의 표현은 부분적으로는 70인역의 사 11:2(…과 여호와의 영이 그 위에 강림하시리니)에 의해 영감을 얻은 것이다. 그러나 본절의 대체적인 의미는 꽤 명백하지만, 헬라어 본문은 이해하기가 매우 어려울뿐더러, 원문이 상실되었을(필사자들이 이를 즉시 고쳐 쓰기 시작하였을) 가능성이 있다. 본문에는 '영광의' 라는 속격과 함께 중성 정관사(*τὸ τῆς δόξης*)가 나오고, 그 다음에는 곧(*καὶ*)이 나오며, 이어서 **하나님의 영**이란 말과 함께 두 번째 중성 정관사(*τὸ τοῦ Θεοῦ Πνεῦμα*)가 나온다. 여기서 정관사는 '하나님의 영' (the Spirit of the glory—yes, the Spirit of God) 같이 강조하기 위해 반복될 수도 있다. 이러한 가정에 따르면 양쪽 모두에서 그 의미는, 하나의 동일한 영이며, 여기서 두 속격(영광의, 하나님의)은 그것(영의 소유자, possessor)의 출처를 의미하는데, 이 출처가 (13절에서 **영광**이란 말이 언급되기 때문에) 먼저 '영광' 으로 묘사되고, 더욱 명료하게 나타내기 위해 '하나님' 으로 묘사된다. 여기서 관사가 중복된 것이 부담스럽기는 하지만, 이것이 본절에 의해서 성립될 수 있는 최선의 의미이다. 또 다른 설명 방식은 다음과 같다. 즉 두 개의 분명한 주어가 있어야 하기 때문에, 우리는 '그 영광의' (the of the glory)를 '영광의 현현' 곧 '여호와의 임재' (Shekinah)에 상당하는 구로 이해해야 한다는 것이다. 그러나 관사만 사용된 경우를 예시하는 선례들(마 21:21;

고전 10:24; 약 4:14; 벧후 2:22)은 잘 알려진 용법임에 비해 본절과 관계가 있는지는 의문이다. 이러한 묘한 완곡법을 사용한 동기는 하나님께 대한 저자의 경외심 때문이라고 주장되지만, 이 같은 주장은 저자가 다른 곳에서는 하나님의 영광을 기꺼이 말하고 있음에 비추어 볼 때 어색하다.

사실 모든 초서체 사본을 포함해서 많은 사본들, 키프리안(Cyprian)역과 사히딕(Sahidic) 역본 등에는 다음과 같은 절을 덧붙인다. "그들 중에서는 모욕을 받지만 너희 중에서는 영광을 받으신다."(Among them it is blasphemed, but among you it is glorified.) 여기서 주어는 영(the Spirit)이거나 더욱 개연적으로는 그리스도의 이름일 것이다. 이러한 삽입절은 불필요하지만 매우 고전적인 주해이다.

지금까지 본 단락에서 저자는 독자들의 용기를 강화시키기 위해 다음과 같은 두 가지 생각을 제시해 왔다. 첫째, 그들은 그러한 시련을 하나님께서 자신들을 시험하는 방법으로 받아들여야 한다. 그러나 이에 더하여 둘째, 그리스도를 위해 고난받는 자들은 이미 종말시의 영광에 참여하는 것이기 때문에, 그러한 시련은 적극적으로 기뻐해야 할 근거가 되어야 한다.

**[15] [16] 너희 중에 누구든지 살인이나 도둑질이나 악행이나 남의 일을 간섭하는 자로 고난을 받지 말려니와 만일 그리스도인으로 고난을 받으면 부끄러워하지 말고 도리어 그 이름으로 하나님께 영광을 돌리라**

이제 저자는 가능한 오해를 방지하기 위해 다음과 같은 조건을 삽입한다. 너희 중에 누구든지 살인이나 도둑질이나 악행이나 남의 일을 간섭하는 자로 고난을 받지 말려니와 만일 그리스도인으로 고난을 받으면 부끄러워하지 말고 도리어 그 이름으로 하나님께 영광을 돌리라. 서두의 불변화사 *γάρ*(한글 성경에는 번역되어 있지 않음-역자 주)는 회고적인 것이며, 14절의 그리스도의 이름으로에 대해 설명하는 것이다. 14절의 복은, 명백히 잘못된 행위로 말미암은 형벌로써 고난을 당하는 자들에게는 해당되지 않는다. 처음 세 부류의 악행자들의 목록은 진부한 느낌을 주는데, 나중에 첨가되었음을 암시해 주는 넷째 목록(남의 일을 간섭하는 자)

앞에 …로(ὡς)가 반복되고 있음을 보아 알 수 있다. 터툴리안(*Scorp*. xii. 3)과 키프리안(*Test*. iii. 37)은 악인(κακοποιός)을 '말레피쿠스'(maleficus)라 번역한다. 이 라틴어 명사는 종종(Lactantius, *Inst*. ii. 16. 4; Jerome *In Dan*. ii. 2; Cod. *Theod*. ix. 16. 4) '마법사', '마술사'를 의미하기 때문에, 어떤 이는(NEB도 그렇다) 본절에서의 의미도 바로 그런 것이라고 주장하며, 특히 살인이나 도둑질은 특정한 범죄를 가리킨다고 주장한다. (γοής가 이러한 것을 의미할 수도 있는 딤후 3:13을 참조하라). 그러나 κακοποιός가 이러한 의미로 쓰였다는 증거가 없으며(maleficus는 κακοποιός에 대한 문자적인 라틴어 역이며, 이것의 보통 의미는 단순히 '행악자'이다), 이 명사(κακοποιός)와 2:12,14; 3:17에서의 이와 관련된 동사에 대한 저자의 용법에 비추어 볼 때 더욱 일반적인 말인 악인(malefactor)이 명백히 채택할 만한 번역이다.

ἀλλοτριεπίσκοπος(이간질하는 자. *mischief-maker*: RSV 역에서도 그렇다)가 매우 문제시되어 왔다. 어떤 해석자들은 이것이 무산 계급의 혁명적인 행동을 언급하기 위해 저자가 만들어낸 말이라고 주장하면서 '선동자'(agitator)란 번역을 제시했다. 이와는 달리 다른 해석자들은 이것이 '정탐꾼'이나 '밀고자'(informer)를 뜻할지도 모른다고 가정해 왔다(TWNT Ⅱ, 617-619). 이 모든 견해는, 이 단어가 앞의 세 명사처럼 기소할 수 있는 범죄를 가리키는 것임이 틀림없다는 가정에 기초한 기발한 추측들이다. 그러나 뜻밖에 반복된 두 번째 전치사 …로(ὡς)는 이들과 구별된 새로운 부류를 소개하는 것으로 보인다. 매우 드문 일이긴 하지만 ἀλλοτριεπίσκοπος는 사실상 '다른 사람의 일에 간섭함'이란 명백한 의미로 4세기의 에피파니우스(Epiphanius, *Ancor*. xii. 5)에 의해 사용되었다. 그는 이를 거의 틀림없이, '다른 사람의 재산으로 행할 권리를 매수한 자'란 유사하고도 더욱 전문적인 의미로 두 번 사용한다(*Haer*. lxvi. 85. 6). 우리는 저자가 어떤 종류의 간섭을 의중에 두고 있는지 다만 추측할 수 있을 뿐이지만(개종자들을 만들기 위한 과도한 열심일까? 가족적이거나 상업적인 생활에 불화를 일으키는 것일까? 이교도적인 습관에 대한 지나치게 열성적인 탄핵일까? 신경질을 부리는 것일까?) 저자는 명백히

이를 평판이 나쁜 것으로 간주하고 있다. 이러한 주석은 데오필락트(Theophylact, 참조. PG cxxv. 1214)의 것과 일치한다.

학자들은 이 목록에 쓸데없이 정력을 소비해 왔다. 그들은 저자가 최근에 개종한 열렬한 아시아 공동체의 일원들이 살인, 절도 등의 죄로 고발되었을 가능성을 고려해야 했다는 가능성을 제기한다. 그러므로 그들은 문제를 사실대로 밝히기 위해서, 우리에게 사도 시대의 그리스도인들이 모두 성도들은 아니었다는 사실을 상기시킨다. 곧 바울은 고린도에서 근친 상간의 경우를 다루어야만 했다(고전 5:1-8). 저자는 그의 독자들에게 부도덕한 행위와의 접촉이나 그러한 행위에 다시 빠져들지 않도록 경고할 필요가 있음을 알았다(예. 고전 5:9-13; 6:9-11; 엡 4:28; 5:3-12). 이 모든 것은 실로 참되고도 사실이지만, 실제로 그들은 저자의 요점을 이해하지 못하고 있다. 저자는 여기서 사람들이 그러한 죄들을 범할 것 같다고 진지하게 생각한 나머지(물론 가능성은 존재하지만, 여기서 다룰 문제가 아니다) 이러한 죄를 탄핵하고 있는 것이 아니다. 첫 두 죄명은 진부한 조목에서 비롯되는데, 이 두 계명을 인용한 저자의 목적은, 수사학적인 유창함으로 그들이 경범죄(넷째 조목에 해당하는-역자)를 범할 때에 벌을 받는 것과, 받아 마땅한 벌(첫 세 조목에 해당하는-역자)을 받는 것의 차이를 강조하려는 것이다. (이 부분은 저자가 이미 2:20에서 더욱 상세하게 언급했다.) 저자가 먼저 가능한 죄목들을 들수록 그의 논법은 그만큼 더욱 효과적으로 된다. 저자가 실로 진지하게 다루려는 유일한 조목은 아마 **이간질하는 자**(여기서 우리는 기존의 관습에 대해 거세게 도전함으로써 혼란을 일으키는 지나치게 열성적인 개종자를 쉽사리 상상할 수 있다)일 것이다. 바로 이것이 저자가 두 번째 전치사 …로(ὡς)를 사용하여 이 단어(mischief-maker)를 강조하는 이유이다.

물론 이러한 비행으로 벌을 받는다는 것은 치욕스러운 일이다. 그리고 만일 그리스도인이 그러한 상황에 빠진다면 그는 부끄러움을 당할 것이며 어떠한 영광도 없다는 것은 의문의 여지가 없다. 그러나 만일 그가 곧 사악한 어떤 특별한 행위 때문이 아니라, 단지 **그리스도인**이 되었다는 이유로 고난을 받아야만 한다면 입장은 전혀 달라진다. *Χριστιανός*는

'그리스도인'을 뜻한다. 시내 사본에서 발견되는 *Χρεστιανός*란 독법은, Suetonius, *Claud.* xxv에서 Christus란 이름이 나오는 것으로 비추어 볼 때 흥미로운데, 아마 이것이 원어일지도 모른다. 이 말은 본절 이외에는 행 11:26; 26:28에 나온다. 행 11:26은 안디옥에서 새 종교의 신자들을 최초로 그리스도인이라 불렀다(A.D. 45년경)고 기록한다. 이 말이 *Did.* xii. 4에 기록되었고, 이그나티우스의 편지(*Ignatius's Letter*)에서 여러 차례 사용된 데 반하여, 타키투스(Tacitus, *Ann.* xv. 44)와 수에토니우스(Suetonius, *Ner.* xvi)는 네로의 박해시(A.D. 64)에 이 말이 로마에서 일반적으로 사용되었던 것처럼 기록한다. 플리니(Pliny, *Ep.* x. 96. 1–3)는 이 말이 A.D. 110년경에 통용되었다고 단언한다. 이 같은 곤경(그리스도인이란 이유로 받는 고난–역자 주)에 처할 때, 그들은 **부끄러워해서는 안 되며,** 오히려 **그 이름으로 하나님께 영광을 돌려야 한다.**

14절의 **그리스도의 이름으로**와 마찬가지로 헬라어 본문에 대한 문자적인 번역인 **그 이름으로**라는 구절은 위의 사실들을 영어권 독자들에게 올바르게 나타내기 위해 의도적으로 채택된 것이다. 본 구절의 정확한 해석에 대해서는 여러 가지로 논의되어 왔는데, 어떤 해석자들은 이것을 **그리스도의 이름으로**(14절)가 반복된 것이며, **그 이름**은 '그리스도'를 뜻한다고 해석한다. 그러나 만일 다음에 열거하는 두 가지 이유들만을 근거로 삼고 있다면, 이 견해는 거부되어야 한다. (1) **그**라는 말은 더욱 밀접한 연관성을 지니는 단어임이 틀림없다. (2) 14절의 **이름**은 엄밀하게 말해서 '그리스도'란 이름이 아니다. 한편, 보다 적절한 견해로 **그 이름**이 사실상 '그리스도인'에 대한 묘사이기 때문에 **그리스도인**을 가리킨다는 견해가 있다. 그러나 이 견해 역시, '**그** 이름**으로**(in) 하나님께 영광을 돌리다'란 말이 의도하는 바가 무엇인지를 설명해야 하는 문제를 남기고 있다. 가장 그럴듯한 견해는, 신자가 그 이름에 어울리게 사는 삶에 의해서, 혹은 그 이름을 담대하게 증거함으로써, 혹은 단순히 '그 이름을 가짐으로써' 하나님께 영광을 돌린다는 견해이다. 나중의 해석을 제시한 셀윈(E.G. Selwyn)은, **으로**(*ἐν*)가 수단을 나타낼 수도 있지만 '…한 영역'(the sphere in which…)을 의미한다고 봄이 더 타당하다고 주장한다. 이러한 견해들 중 어느 것도 본 구문에 대해 전적으로 확실할 만한 설명을 제공하지 못한다고 실토해야 하는데, 하여간 첫 번째 견해는 이 말(그 이름으로)을 우리가 기대할 수 있는 이상의 뜻으로 이해하는 것 같다. 그러나 이러한 난제에 빛을 던져 줄지도 모를 '이름'(ὄνομα)의 관용적 용법이 있다. 마 10:41의 '선지자' 혹은 '제자의 이름으로'는 '선지자' 혹은 '제자의 범주에 있기 때문에' 곧 '그가 선지자 혹은 제자이기 때문에'에 상당한다. 더욱 적절하게 설명하자면, 막 9:41의 "너희가 그리스도께 속한 자라 하여"(in the name that you are Christ's)라는 독특한 표현은 '너희가 그리스도의 것이라는 이유로'(on the ground that you are Christ's)를 의미한다. 통속 헬라어 문헌들, 예를 들면 Pap. Oxy. i. 37, 17(A.D. 49)에서 '자유 태생의 이름으로'(in the name of freeborn)는 '그것(버린 아이)이 자유 태생이라는 이유'(on the grounds that it [a foundling] is freeborn)를 의미한다. Josephus, *Ant.* xii. 154에서 '신부의 혼인 지참금의 이름으로'(in the name of a dowry)는 '신부의 혼인 지참금의 명목하에'(under the heading of a dowry)를 의미한다. 그리고 파피루스 사본들에서 '…이름으로'가 (회계직에서 유래한) '…에 대한 계산에 따라'(to the account of), '…의 명목하에'(under the heading of)란 의미를 갖는 숱한 예들이 있다(참조. Liddell and Scott).

여기서 사용되는 것은 이러한 형식의 구문이라는 것이 거의 틀림없는 것 같다. 만일 그렇다면 여기서 **그 이름으로**에 해당하는 헬라어는 '이러한 자격으로'(in this capacity), 곧 '그리스도인의 자격으로'라 번역되든가, 아니면 '이 때문에'(on this account), 곧 '그가 그리스도인으로 고난을 받도록 요구받기 때문에'라 번역되어야 한다. 전자의 역은 셀윈(Selwyn)의 것과 일치하지만, 그러나 다음과 같은 점들은 후자의 역을 지지한다. (1) 후기의 여러 사본들에는 ἐν τῷ μέρει τούτῳ(곧, '이 때문에': 흠정역의 '이를 위하여'를 참조하라)란 다른 독법으로 되어 있다. 이것은 헬라어를 구사하는 필사자들이 많은 현대 학자들이 발견하는 것과 같은 명백한 의미를 발견하지 못했음을 나타내 주는 것 외에는 의심할 여지가 없는 해석이다. (2) 고난을 더없이 기뻐하고 하나님께 영광을 돌려야 할 이유로 삼는 저자의 태도와 일치한다. 이 중 어느 경우에도 **그 이름**이 엄밀하게 말해서 '그리스도인' 과 동일시되지는 않는다. 후자의 경우에서 이 말이 '그리스도인' 과는 아무런 관계가 없는데 비하여, 전자의 경우 올바른 의역은 '그리스도인으로서의 그의 신분으로' 가 될 것이다.

아시아 그리스도인들의 곤경의 성격과 그 연대에 대한 단서를 위해 본 절들이 주도면밀하게 연구되어 왔다는 것은 부자연스러운 것이 아니다. 그들이 기독교 신앙을 국가적인 안목에서 사형에 처할 만한 죄로 묘사하고, 플리니(Pliny)가 110년경 트라얀(Trajan)에게 보낸 그의 유명한 편지(*Ep.* x. 96)에서 묘사한 것과 대체로 동년이나 혹은 좀더 일찍이 공개적인 박해가 있었을 것이라고 가정하는 주장에 대해서는 서문을 보라. 여기서 우리는 다음과 같은 점들을 주목해 볼 수 있다. (1) 만일 저자가 사형에 처할 만한 죄를 염두에 두었더라면, 우리는 **고난받다**보다는 모호하거나 포괄적이 아닌 말을 기대해야 했을 것이다. 이 동사는 서신 전반을 통해 모든 범위의 학대를 망라하는 말로서, 무정한 주인들과 중상적인 욕설에 의한 위협을 특징으로 하는 실례들이었다. 비록 여기에 어떤 종류의 법정 소송 절차가 포함될 수도 있다는 것은 의심할 필요가 없지만, 그렇다고 해서 살인과 절도에 대한 언급으로 인해 그들(소아시아 그리스도인들 중 어떤 이들–역자 주)이 사형에 처할 만한 성격의 죄를 범하였다고 추론할 필요는 없다. (15절의 주해를 보라.) (2) '그리스도인으로 고난을 받으면' 이란 표현에는 어떠한 재판상의 의미가 함축되어 있지 않으며, '그리스도를 위하여 치욕을 받음' 이란 말에서 발전된 것이므로, 만일 저자가 여기서 시련과 순교를 생각하고 있었다면, 그는 틀림없이 좀더 구체적으로 표현하였을 것이다. (3) 만일 '그리스도인으로서 겪는 고난' 이 실제로 믿음 때문에 비롯된 것이라면, 저자 같이 사고방식이 분명한 사람이 '부끄러워하지 말라' (*μὴ αἰσχυνέσθω*)와 같은 약한 표현을 사용했다는 것은 놀라운 일이다. 만일 그가 조소받고, 조롱을 당하며, 구타를 당하거나 사소한 죄과로 지방 총독들 앞에 끌려가는 것과 같은 굴욕적인 취급에 대해서 생각하고 있다면 물론 그러한 말이 충분히 적절하다. (4) **그리스도인으로 고난받아**란 말을 반드시 기독교 신앙 자체가 사형에 처할 만한 죄가 되었다는 것을 의미하는 것으로 해석하는 것은 부당하다. 아마도 네로 황제가 세워 놓은 선례(先例)가 A.D. 65년 이후 정부 당국에 의해 시행되면서부터 기독교는 국가적인 범죄가 되었던 것 같다. 그러나 '그리스도를 위하여 욕을 당한다' 는 맥락에 비추어 볼 때, 멸시받는 그리스도의 이름을 지닌 자들이 악평, 배척과 부차적인 폭행을 당했음을 의미하는 것에 지나지 않는 것으로 보인다. 법정의 경우들을 고려하는 한, 이 말은 물론 기독교 신앙이 죄과라는 것과 일치한다. 그러나 희생자들이 체포되어 그리스도인들로 고발되던 동안 그들에게 가해졌던 비난, 곧 소동을 일으키고 지방적인 관습에 간섭하고 있었다는 비난은 더욱 가중되었으리라는 추측도 가능하다. (5) 본절에 함축되어 있는 상황이, 빌립보와 데살로니가와 에베소에서 바울이 겪었던 경험(행 16:19-40; 17:5-10; 19:24-40)이나, 혹은 최초로 공관복음(예. 막 13:9-13)에서 사도적 교회의 몫으로 제시된 박해의 교훈과 어떻게 다른 중요한 점이 있는지의 여부가 대체로 문제시될 수도 있다.

**[17] 하나님의 집에서 심판을 시작할 때가 되었나니 만일 우리에게 먼저 하면 하나님의 복음을 순종하지 아니하는 자들의 그 마지막은 어떠하며**

저자는 이제 본 단락(4:5. 7을 참조하라) 전체에 흐르는 종말론적인 주제로 되돌아감으로써, 아시아 그리스도인들이 고난 중에도 역설적으로 하나님께 영광을 돌려야 하는 이유를 상술한다. 이는에 해당하는 불변화사 ὅτι는 설명적인 것이다. (역자 주-한글 성경은 이를 번역하지 않았다.) **하나님의 집에서 심판을 시작할 때가 되었기 때문이라.** 즉, 그러한 시련들이 비록 괴롭고 불가해한 것으로 보일지라도, 그것들은 마지막 날에 대한 하나님의 계획을 미리 공개적으로 밝혀 주는 한 측면인 것이다. 예비적인 심판과 정화는 절대 필요하며, 선지자들은 선택된 자들 곧 성소와 성직자들로부터 심판이 시작되리라고 예언하였다(렘 25:29; 겔 9:6; 말 3:1-6). 사도 시대의 교회는, '시련의 시작' 으로서 그리스도인들이 미움과 야만적 행위와 투옥에 직면해야만 하리라고 믿음으로써(막 13:8-13) 이러한 관념들을 이어받았다. 이에 비하여 바울은 그리스도인들이 연단받는 것은 그들을 '세상과 함께' 정죄받는 것으로부터 면하게 하기 때문에 이 세상에서 현재 유익한 것(고전 11:13)이라고 가르침으로써, 본절과 같은 가르침을 다른 양식으로 발전시킨다. 2:5에서 볼 수 있는 것처럼, 교회는 '가정' (household-RSV; NEB)이 아니라 (저자의 의중에 있는 겔 9:6이 보여 주고 있듯이) 하나님의 성전 혹은 성소로 묘사된다.

이 같은 사실이 격려가 되기는 하지만 이것은 이야기의 단편에 불과하다. 만일 하나님의 심판이 택하신 자들로부터 시작되도록 정해져 있다면 그것은 분명히 그들에게서 끝나지는 않을 것이다. **만일 우리에게 먼저 하면 하나님의 복음을 순종하지 아니하는 자들의 그 마지막은 어떠하겠느냐.** 그들은 물론 수신자들에게 적대적인 이웃들과 박해자들이다. 1:2, 14, 22에서 신앙이 순종과 동일시되고 있듯이, 그들의 불신앙은 2:8; 3:1에 나타난 대로 불순종으로 나타난다. 저자가 암시하고 있는 바, 그들을 위해 준비되어 있는 멸망은 실로 가공할 만한 것이리라. 그것은 고난을 믿음으로 견디는 그리스도인들이 누리게 되는 것 같은 영광스러운 결말이 아니라 철저한 멸망일 뿐이다. 비록 조금 더 상세하지 못하다는 차이는 있지만 저자의 메시지는 바울의 것과 동일하다. 바울은 고난받는 수신자들에게 "하나님께서 너희를 괴롭히는 자들을 고통으로 갚으시는 것을 공의로 여기신다"는 것과, 그리스도께서 하늘로부터 나타나실 때에 그리스도인들에게는 고통으로부터의 안식이 허락될 것이지만, "하나님을 모르는 자들과 우리 주 예수의 복음에 복종하지 않는 자들"에게는 "영원한 멸망과 주의 존전에서 축출"되는 형벌이 있으리라고 확신시킨다(살후 1:5-10). 본 서신과 바울의 가르침에서 공통되는 것은 둘 다 이 양 측면을 모두 강조하고 있다는 점이다.

**[18] 또 의인이 겨우 구원을 받으면 경건하지 아니한 자와 죄인은 어디에 서리요**

대조를 효과적으로 나타내기 위해, 저자는 70인역의 잠 11:31을 인용한다. 본래의 맥락에서 논의되고 있는 주제는 두 유형이 누리는 현세적인 복락이지만, 저자는 이 절에서 종말론적인 차원의 도의적 복락을 다룬다.

저자는 신실한 그리스도인, 즉 의인마저 심판 날에 겨우 구원을 받으리라고 지적한다. 수신자들이 이미 경험하고 있는 바, 심판을 미리 맛보는 것이 그 증거이다. 저자는 현대의 어떤 그리스도인들이 지니고 있는 공상적 낙천주의를 갖고 있지 않으며, 다만 우리 주께서 친히 말씀하신 종말적인 강화(막 13:19)에 대해 확고한 견해를 갖고 있다. 그러나 만일 하나님께서 택하신 자들이 위험과 시련들을 겪어야만 한다면, 그들의 결심을 확고하게 해주고 용기를 강화시켜 주는 것은, 경건하지 않은 자와 죄인 곧 복음을 거부하는 자들과 특별히 아시아 그리스도인들을 대적하는 자들을 기다리고 있는 돌이킬 수 없는 운명을 말로는 다 묘사할 수 없다는 사실이다.

**[19] 그러므로 하나님의 뜻대로 고난을 받는 자들은 또한 선을 행하는 가운데에 그 영혼을 미쁘신 창조주께 의탁할지어다**

저자는 의로운 고난의 복과 고난을 가한 자들의 두려운 운명을 설득력 있게 개괄적으로 묘사한 후, 다음과 같은 결론을 내린다. 그러므로 하나님의 뜻에 따라 고난을 받는 자들도(too) 적극적인 선행 중에 그 영혼을 신실한 창조주께 의탁할지어다. 이 문자적인 번역에서처럼 헬라어 본문에서의 의미는 다소 모호하다. 그 의미를 밝히기 위해서는 하나님의 뜻에 따라 고난을 받는 자들이란 생략적인 말을 "하나님께서 그들의 고난을 뜻하시기 때문에(혹은 만일 하나님께서 그들의 고난을 뜻하신다면) 고난받는 자들"과 같이 의역할 필요가 있다. 여기서 …도(καί: 이 불변화사는 '또한' (also)이란 의미로 쓰였다. 한글 성경은 '또한' 으로 번역했음—역자주)의 취지는 그리 명백하지가 않다. 어떤 학자들은 '또한' (also)으로 옮기는 것을 선호하는데, 그들은 실제로 이 불변화사가 새로운 권고를 도입하는 명령어인 의탁해야 한다는 말에 어울린다고 말한다. 이러한 견해가 매력적인 것이긴 하지만, 이 불변화사의 위치는 강조를 위한 것이며, …하는 자들(those who…)을 수식하고 있다는 것을 암시하는 것 같다. 만일 이것이 정확한 해석이라면, 여기서 의도된 사상은 "고난이 면제된 사람들이 자신들을 자연히 하나님께 맡기는 반면에, 고난받는 자들도 그렇게 해야만 한다. 왜냐하면 그들의 고난은 하나님의 섭리로 정해진 것이기 때문이다"라는 것이다. 그의 수신자들의 고난은 전적으로 하나님의 계획의 일부라는 것이 저자의 꾸준한 주제들 중 하나이다(1:6; 2:15; 3:17; 5:6). **적극적인 선행**(active well-doing) 또한 저자가 강조하는 주제이다. 저자는 본 서신 전체를 통하여 선행을, 마지막 날을 기다리는 그리스도인들을 대적하는 세상에서 세례받은 자의 삶의 결실로 간주한다(1:15; 2:12; 15; 20; 3:6; 13, 17).

저자가 말하고 있는 **영혼들**(ψυχὰς: 1:9의 주해를 보라)은 '자신들'(themselves) 정도를 의미한다. 여기서 영혼–육신의 의도적인 구별을 생각하는 것은 잘못이며, 그들의 **몸**이 죽음에 처하게 되는 경우에도 하나님께서 그 **영혼**을 보존하시리라는 것을 확신할 수 있음을 암시할 뿐이다. 아시아 그리스도인들이 순교에 직면해 있는 것은 아니다. 왜냐하면 저자는 그들이 계속하여 일상적인 삶을 살아갈 것과 자비를 더욱 베풀기를 기대하고 있기 때문이다. 동사 의탁하다(παρατίθημι)는 눅 23:46에 따르면, 십자가 위에서 죽어 가시던 예수께서 그 영혼을 하나님께 맡기시면서 사용하셨던 말이라고 종종 지적되어 왔다. 그러나 저자가 여기서 그리스도의 수난을 상기시킨다기보다는 시 31:5을 독립적으로 반영하고 있다고 볼 수 있다. 이 동사는 가치있는 것을 지키기 위해 어떤 사람에게 그것을 맡기는 것을 생생하게 표현하는 말이다. 이 동사가 다른 곳에서 하나님께 맡김이라는 의미로 사용된 예로는 행 14:23; 20:32을 참조하라. 우리는 이에 비추어 **미쁘신**이란 말 특유의 뉘앙스를 감지한다. 곧 하나님은 신뢰받으실 수 있는 확실한 수탁자(受託者)이시다. 하나님의 신실하심이 신약에서 그리스도인의 소망에 대한 근본적인 동기이다(딤후 1:12; 2:13; 히 10:23). 하나님을 **창조주**(κτίστης)로 묘사하는 것은 주목할 만하다. 이 말이 70인역, 외경들, 필로(Philo)와 그 외(TWNT Ⅲ, 999–1034)의 문헌에는 자주 나오지만, 신약에서는 유일하게 이곳에만 기록되었다. 여기서 이러한 칭호가 채택된 것은 "그 칭호가 자기의 피조물을 보호하실 수 있는 능력과, 기꺼이 그렇게 하시는 사랑을 내포하기 때문"(C. Bigg)일 것이다.

# 제 5 장

## 15. 지도자들과 신실한 자들에 대한 권고
## 5:1-5

**5:1-5**

1 너희 중 장로들에게 권하노니 나는 함께 장로 된 자요 그리스도의 고난의 증인이요 나타날 영광에 참여할 자니라 2 너희 중에 있는 하나님의 양 무리를 치되 억지로 하지 말고 하나님의 뜻을 따라 자원함으로 하며 더러운 이득을 위하여 하지 말고 기꺼이 하며 3 맡은 자들에게 주장하는 자세를 하지 말고 양 무리의 본이 되라 4 그리하면 목자장이 나타나실 때에 시들지 아니하는 영광의 관을 얻으리라 5 젊은 자들아 이와 같이 장로들에게 순종하고 다 서로 겸손으로 허리를 동이라 하나님은 교만한 자를 대적하시되 겸손한 자들에게는 은혜를 주시느니라

1 제가 이제 같은 장로로서 교회의 장로들에게 몇 마디 당부합니다. 그리스도께서 당하신 고난을 직접 보았고, 장차 우리에게 나타날 영광에 동참하게 될 자로서, 여러분에게 부탁을 드립니다. 2 여러분에게 맡겨진 하나님의 양 떼를 잘 돌보십시오. 기쁨으로 그들을 돌보며 억지로 하지 마십시오. 그것이 하나님을 기쁘시게 하는 것입니다. 기쁨으로 섬기며, 돈을 생각하고 그 일을 하지 않도록 하십시오. 3 여러분이 맡은 사람들을 지배하려 들지 말며, 그들에게 좋은 모범이 되십시오. 4 그리하면 우리의 목자장이신 그리스도께서 오실 때에 여러분은 결코 시들지 않는 영광의 면류관을 받게 될 것입니다. 5 젊은이들은 웃어른께 순종하며 겸손하십시오. "하나님은 교만한 사람을 물리치시고, 겸손한 사람에게 은혜를 베푸십니다." _아가페 쉬운성경

4:12-19에서의 강력한 호소와 함께 저자의 격려의 메시지는 거의 끝난 셈이다. 저자는 5:6-9에서 고난에 대해 또 한 번 언급하게 될 것이다. 본 절들은 얼핏 보면 전통적이지만 앞서 보았던 그 어떤 것보다도 더욱 개인적인 권고로 되어 있는 것처럼 보인다. 그래서 비평가들은 본절들은 논리적으로 그 공동체 내의 여러 집단에 대한 권고로 할당된 대목(2:13-3:9)에 자리해야 하지 않느냐는 의문을 품어 왔다.

**[1] 너희 중 장로들에게 권하노니 나는 함께 장로 된 자요 그리스도의 고난의 증인이요 나타날 영광에 참여할 자니라**

그들은 또한 본절이 앞의 대목과 연결되어 있지 않다는 사실을 인식하여, 여기서 불변화사 **그러므로** *οὖν*(많은 사본들에는 **장로들을 너희 중**과 연결시키는 정관사 *τοὺς*로 대치하고 있다. 한글 성경은 이를 번역하지 않았다-역자 주)를 단지 전환의 의미로 취급하는 경향이 있다. 다른 주석가들은 이 불변화사가 4:19에서의 [illegible]에 관해 언급하는 것이라고 볼 수 있으며, 따라서 본절의 목적은 장로들이 실행해야 [illegible]이 같은 선행의 구체적인 형태가 어떤 것인지를 가르쳐 주는 데 있다고 지[illegible]다. 그러나 이 후자의 설명은 그 방향이 옳긴 하지만 너무 제한된 것일뿐더러, '적극적인 선행'이 아시아 그리스도인들 전체에 적용되며 모든 범위의 사랑의 선행을 망라한다는 사실을 간과한 것이다. 본 대목은 실제로, 보통 인정되고 있는 것보다 훨씬 더 앞 대목 및 다음 대목(6절의 '그러므로'를 참조하라)과 밀접하게 통합되어 있다. 저자가 지도자들과 전체 공동체에 대한 특별한 권고를 의도적으로 여기에 놓은 이유는, 앞의 모든 권고들과 관련되었던 시련의 상황에서는 효과적이고 사심없는 목회 지도자들과 공동체 구성원들 간의 상호 존경이 전적으로 필요 불[illegible]문이다. **그러므로**는 뒤따르는 권고가, 저자가 처음부터 끝[illegible] 노력해 온 실제적인 종[illegible]다.

**너희 중 장로들에**[illegible]*σβύτερος*)은, 원래의 의미가 '연[illegible]을 가리키는 5절에서와는 대조적으로, 회중의 목회 지도자들을 의[illegible]다. 신약에서 이러한 지도자들에 대한 가장 상세한 묘사가 목회서신에[illegible]오지만, 사도 시대의 교회는 매우 일찍부터 지방 공동체에서 중요한 [illegible]에 적합한 자들, 곧 부분적으로는 연륜과 경험에 근거하여 뽑힌 자들[illegible]명하였다는 것이 명백하다. 그러므로 바울은 "너희 가운데서 수고하[illegible] 안에서 너희를 다스리며 권하는 자들"(살전 5:12)과, "조력하고 다[illegible]는 자들"(참고. 고전 12:28; 롬 12:8)에 대해 말한다. 빌 1:1에서 바울은 [illegible]들을 '감독들(*ἐπισκόποις*)과 집사들'이라 부른다. 비록 행 14:23이 사도를 '각 교회에서 장로들을 임명하는 자'로 묘사하기는 하지만 '장로들'이란 말이 목회서신 외에서는 바울의 것으로 인정된 서신들에서 그러한 칭호로 언급되지는 않는다. 이 칭호는 사도행전에서도(사도들에 관련하여 15:2-16:4, 야고보에 관련하여 21:18에서) 예루살렘 교회와 에베소 교회(20:17-38)의 지도자들에게 적용된다. 또한 약 5:14(요이 1절에서는 '장로', 요삼 1절은 다른 부류의 인사를 가리키는 것 같으며, 한편 계 4:4 등의 '이십사 장로들'은 특별한 문제들을 야기한다)을 참조하라. 칭호뿐만 아니라 그러한 형식의 조직체가 이미 유대교에 확립되어 있었음을 알 수 있는데, 이는 팔레스타인뿐만 아니라 디아스포라에 있던 모든 유대인 이주자들이 대체로 재정과 공동 생활에 대한 책임을 지고 있던 의장 지도하에 장로들로 구성된 위원회에 의해 감독을 받았기 때문이다. (쿰란 종파에서 '장로들'에 대해서는 1QS vi. 8 이하를 참조하라.) 원시 기독교 공동체는 이방 지역에서도 보통 기존의 유대교의 토대에서 출발하였는데, 장로 조직을 이어받아 그것을 그들의 특별한 필요에 적합하도록 수정하고, 신학적인 개념을 발전시켰다는 사실은 의심할 여지가 없다.

여기서 장로들에 대한 언급은 너무나 뜻밖이며 그것도 잠깐이기 때문에, 우리는 아시아 교회들의 행정 조직에 대해 어떠한 명확한 개념도 포착할 수가 없다. 그러나 2절로 미루어 볼 때 장로의 기능은 지도, 목회적인 감독, 징계와 재정적인 책임을 포함한다는 것이 명백하다. 그러므로 그들은 대체로 앞으로 인용될 절들에서 바울에 의해 모호하게 언급되는 목사들과, 목회서신에서 더욱 상세히 묘사되는 사람들에 해당하는 것 같다. 비록 그러한 단편적인 증거를 기초로 하여 판단하기란 곤란하긴 하지만, 그러한 구절들이 주는 인상은 이 당시가 교회 정치의 발전에서 비교적 초기 단계에 속한다는 것이다. 그 예로(목회서신과 동일하게) 목사들 간에 아무런 구별이 없는 것으로 보이며, 하물며 2세기 초엽에 소아시아에서 발견되는 것과 같은 분명한 성직자 계급제도란 더욱 존재하지 않은 것으로 보일뿐더러(Ignatius), 그들이 건전한 교리적 전통의 관리자라는 암시도 없다.

저자는 자신의 명령에 무게를 더하기 위해 권위를 강조하는 사적인 말을 하지만, 동시에 그는 자기 신원의 문제를 관심을 끄는 방법으로 제기한다. (서문 31-34페이지를 보라.) 저자는 베드로 자신일까, 아니면 베드로의 이름을 빌린 어떤 제자일까? 어쨌든 저자는 먼저 자신을 **동료 장로** (*a fellow-elder*)로 묘사하는데, 이로써 그는 아시아 장로들에게 그 위대한 사도(베드로-역자) 역시 그들이 맡고 있는 것과 동일한 책임들을 떠맡고 있을뿐더러 그들의 고난을 동정할 수 있다는 것을 이해시키려 하고 있는 것이다. 저자는 자기의 우선적인 사도적 신분에 대해서 많은 말을 하기는커녕, 대체로 이그나티우스(Ignatius)가 교회 집사들을 자기의 '동료 종들' 로 말하는 것과 같이(*Eph*. ii. 1; *Magn*, ii. 1; *Philad*. iv 1; *Smyrn*. xii. 2) 우선적 신분을 낮추고 자신을 지방 교회의 장로들과 동수준에 놓는다. 어떤 해석자들에 의하면 이와 같이 자기를 표면에 나타내지 않는 것은 베드로가 저작자라는 무의식적인 표출로 가장 자연스럽게 설명된다.

다음으로 저자는 자기가 **그리스도의 고난에 대한 증인**(*μάρτυς*)임을 상기시킨다. 이 말의 명백하고도 올바른 의미는 그가 주의 수난의 목격자(*μάρτυρες*, eye-witness, 이러한 의미에 대해서는 막 14:63; 행 7:58; 고후 13:11을 참조하라)라는 것과, 그 이유 때문에 그리스도께서 고난을 견디신 것을 하나의 모범으로 제시할 자격이 있다(2:21-23을 참조하라)는 것 같다. 그러나 많은 해석자들이 본절을 이러한 식으로 이해한다 하더라도 우리는 그들의 견해를 따르는 데 주저해야 한다. 이런 해석은 본문맥에 조화되지 않을뿐더러, 엄밀한 의미에서 베드로는 수난의 목격자였다고는 말할 수 없기 때문이다. 정확하게 말해서 *μάρτυς*는 목격자라기 보다는 증언자를 의미하며, 이 단어는 신약에서 예수를 전파함으로써 그를 증언하는 자들에 자주 적용된다(예. 눅 24:48; 행 1:8; 22:15). 위와 같은 의미 이외에도 여러 절들(예. 행 22:20; 계 2:13; 17:6)을 통해서 살펴볼 때 이 말이 그리스도를 증거함으로 인한 고난을 함축하고 있음을 발견한다. 그 후 물론 기독교의 전문적인 어휘가 발전함으로써 이 명사는 그 자체로 '순교자' (martyr)라는 의미와 일치하기에 이르렀다. 하지만 이 말에 대한 이러한 용법이 신약에서는 발견되지 않으며 그리스도를 증거한다는 개념이 언제나 지배적인 것으로 남아 있다(참고. TWNT Ⅳ, 492-500). 그렇다면 저자가 독자들에게 자신의 말을 정중하게 들으라고 주장할 수 있는 근거는 그의 서신 전체를 통하여(1:11, 19; 2:21-24; 3:18-4:1, 13) 주의 고난에 대해 부단히 숙고해 온 저자가 십자가에 못 박히신 그리스도를 전파하는 자라는 사실에 있는 것일까? 이러한 해석이 그 자체로서는 훌륭한 것이긴 하지만, 만일 헬라어 본문의 구문 및 **증인**(witness)과 참여할 자(partaker) 간의 대구가 요구하는 본구와 다음 절 간의 밀접한 관계를 공정히 다루려 한다면 좀더 확장된 의미로 인식되어야 할 것이다. 여기서 매우 그럴 듯한 견해는 저자가 의중에 두고 있는 사상이 4:13과 동일하게 그리스도의 고난에 동참함과 그의 영광에 참여함 사이의 일치라는 것이다. 환언하면, 저자는 (루터와 칼빈이 이해하였듯이) 자기 자신이 그리스도를 위해 증언함으로써 고난받았다는 좀더 깊은 의미에서 **그리스도의 고난의 증인**임을 주장하고 있는 것이다. 더욱이 자신을 표현하는 저자의 방법(헬라어 본문에서 '함께 장로된 자' 앞의 정관사는 **증인**에도 적용되며, **함께**[fellow-]란 말의 효력은 둘째 명사-증인-에까지 미친다)은 그가 믿음의 전도자와 선생으로서 고난받는다는 점에서 현재 고난받고 있는 아시아 장로들과 일치한다는 것을 암시한다.

따라서 저자는 셋째로, **그리스도의 고난의 증인**으로서 **또한**(다시금 아시아 장로들같이) **나타날 영광에 참여할 자**라고 주장할 수 있는 것이다. 어떤 해석자들은 이것을 (변화산상에서의-역자) 변모(Transfiguration) 사건시에 베드로가 함께 있었던 것에 대한 암시로 해석하였으며, 재림(Parousia)의 영광을 미리 예시해 주는 그 신비스러운 사건을 직시했던 베드로후서(1:16-18)의 저자는, 그 변모 사건을 의심할 바 없이 그렇게(미리 예시해주는 것으로) 이해하였다. 그러나 이것이 이 말의 의미였다면 (본절의 어법은 이러한 해석에 맞지 않는다) 상황에 대해 더 상세한 언급과 그러한 경험이 과거에 일어났다는 좀더 명백한 지적이 있었음직하다. 여기에는 비록 아무런 분사도 없지만 의도된 시제는 사실상 현재나 미래라고 이해하는 편이 훨씬 더 자연스럽다. 의심할 바 없이 저자는 본절에서 그리스도의 부활, 승천, 그리고 하나님 우편에 앉으심을 통해, 그리스도에게 주어졌으며(1:11, 21; 3:22) 재림시에 신실한 추종자들을 위해 나타날(4:13을 참조하라), 곧 그 자체로 완전하게 명시될 거룩한 영광에 대해 생각하고 있다. 저자는 자신이 그의 수신자들처럼 현재 그러한 영광에 참여하고 있는 것으로 묘사한다. 왜냐하면 '그 영광'의 완전한 명시는 미래에 속한 것이긴 하지만, 그는 그리스도를 위하여 고난받는 자들은 마지막이 임박해 왔으므로 '그 영광'을 미리 맛본다고 주장하기 때문이다. (특히 4:14을 참조하라.)

**[2] 너희 중에 있는 하나님의 양 무리를 치되 억지로 하지 말고 하나님의 뜻을 따라 자원함으로 하며 더러운 이득을 위하여 하지 말고 기꺼이 하며**

저자는 책임 있는 입장에서 목회자들에 대한 권고를 구체화한다. 권고는 2절 이하의 내용들로 나타나는데, 후기 유대교와 초기 기독교 문헌에서, 더욱이 예외적으로 형식적인 구문에서 밀접한 유사절들이 발견된다. (특히 각 경우에서 동일한 부정적이며 반어적인 불변화사에 의해 도입되는 대조적인 부사들, 혹은 분사절들과 함께 주의 깊게 쓰인 세 가지 대조법을 참조하라.) 그 취지는 다음과 같다. **하나님의 양 무리를 너희 의무로 돌보라**(Tend the flock of God in your charge). 이 명령법은 진입적인(ingressive) 부정 과거로서(*ποιμάνατε* ; 이것이 원문에서는 현재시제인 *ποιμαίνετε*로 되어 있었을 것이다) 그 상황이 정력적인 활동을 요구한다는 것을 암시한다. 하나님이 택하신 자들을 그의 양 무리로 보는 사상은 구약에 뿌리를 깊이 내리고 있다(예. 시 23편; 사 40:11; 렘 23:1-4; 겔 34:1-10). 한편 솔로몬의 시 17:45(기원전 1세기)에서는 메시아가 '주의 양 무리'를 믿음과 의로 기르는 것(*ποιμαίνων*)으로 묘사된다. 신약에서 양을 치는 이미지는 여기에서처럼 가끔씩 공동체 지도자들에게 적용되지만(요 21:15-17; 행 20:28), 실제로 '목자들'로 명명하는 곳은 단 한 곳(엡 4:11)뿐이며, 여기에서도 이 말이 직분에 대한 고정된 칭호는 아니다. 여기에서와 가장 유사하게 쓰이는 경우는 쿰란 문서인데 거기에는 '자기 양 무리에 대한 목자'로서 사람들을 양육하는 '감독'이란 말이 나온다. 이 명사가 2세기 초에는, 비록 자체의 강한 상징적인 의무를 상실하긴 하였지만, 감독(bishop. Ignatius, *Philad.* ii. 1' *Rom.* ix. 1), 혹은 목사들(Hermas, *Sim.* ix. 31. 5f)에 대한 관례적인 묘사가 된다.

장로들이 맡겨진 양 무리를 올바른 정신으로 길러야 하는 것은 특히 그러한 시련의 시기에 바람직하며, 그 방법은 정선된 세 가지 대조법으로 표현되고 있다. 한편 **양 무리를 치되**라고 번역된, 그 세 대조법을 도입하는 분사가 원문에 있던 것인지의 여부를 판단하기가 어렵다. 이것은 구문상으로 불필요할뿐더러 의미상으로 더해 주는 것이 아무것도 없으므로 시내 사본, 바티칸 사본, 중요한 초서체 사본 33과 사히딕(Sahidic) 역본에서는 생략되어 있다. 많은 해석자들이 이를 2:25의 '목자와 감독'(ἐπίσκοπον)이란 말의 영향을 받아서 써넣은 것으로 설명하고 있다. 그러나 이 분사는 Pap. 72, A와 구 라틴어 역본, 수리아어 역본과 보하이릭(Bohairic) 역본들에 나온다. 그리고 초기 문헌(예. Ignatius가 앞에서 언급했던 행 20:28)에는, '양을 침' (shepherding)과 '감독' (overseeing)이란 말을 만들기 위해 명사나 동사들을 서로 결합시킨 숱한 증거가 있다. 저자가 이러한 말들을 이미 2:25에서 병행하여 사용했다는 사실은 이 두 단어가 그의 마음에서는 결합되어 있었다는 증거이다. 만일 ἐπισκοποῦντες가 (역본들이 가정하고 있듯이) 원문에 있던 말이라면, 이 동사는 후에 '감독으로서의 기능' 을 의미하기에 이르렀기 때문에, 또한 이것이 필사자들에게는 '장로들' 에 대한 권고의 말에는 맞지 않는 것으로 보여서 생략되었다는 것이 그럴 듯하다.

양 무리를 치는 것은 첫째, **억지로 하지 말고 하나님의 뜻을 따라 자원함으로** 해야 한다. *κατὰ Θεόν*, **하나님의 뜻을 따라**가 어떤 사본들에는 나오지 않지만 이것을 빼면 다음에 뒤따라 오는 구를 설명하기가 어렵게 되므로 그냥 두는 것이 좋을 것 같다. 이 말은 장로가 된다는 것이 누군가가 그 자리에 임명되는 공인된 직분임을 전제한다. 그것은 또한 그 직분에 적합한 사람들이 그것을 받아들이도록 압력이 가해질 필요가 있었음을 의미한다. 여기에서는 단지 그들이 꺼려함(자체에 포함되어 있는 책임들로부터 자연스러운 움츠림, 곧 교회 직분자들이 직면해 있던 위험들을 회피하려는 욕망)에 대한 이유들을 추측할 수 있을 뿐이다. 거의 동일한 문제가 히 13:17에 다뤄지고 있는데, 지도자들은 자기의 임무를 진정한 기쁨으로 근심하는 일이 없이 수행해야 하리라는 소망을 불러일으킨다. 그러므로 딤전 3:1도, 직분에 대해 마지못해 하는 지원자들의 주저함을 극복하려고 노력한다. **하나님의 뜻을 따라**란 구는 바로 **자원함으로**와 관련하여 이해되어야 한다. 곧 장로들은 그러한 직분을 통해 자기 만족을 위해서가 아니라, 하나님을 섬기는 기꺼운 지원자들로서 봉사해야 한다. 자발적인 헌신에 대한 이러한 사상은 후기 유대교에서(예. 마카비 1서 2:42, '율법을 위해 자신을 기꺼이 바친 모든 자'), 그리고 특히 쿰란에서 종도들이 모두 '지원자들'이었고(1QS i. 7; 11; v. 1; 6; etc), 사제들은 공동체의 목적들을 성취하고자(1QS v. 21f.) '기꺼이 서약했던' 자라는 흥미로운 유사절들을 발견한다.

둘째, 그리스도인 지도자들은 자신들의 양 무리를 부끄러운 이익을 위해서가 아니라 열심히 돌보아야 한다. 장로직은 명백히 이득을 볼 기회들이 있었으며, 어떤 보수 제도(참고. 딤전 5:17)가 이미 실시되었을 것이라고 가정되어 왔다. 우리는 바울이 사도들과 그 외의 사람들이 교회 지원을 받을 권리(비록 그 자신은 그러한 권리를 이용하기를 거부하기는 하였지만 ; 고후 12:13-17)를 지지하였다는 것(고전 9:7-11)을 기억한다. 그러나 공동체들의 재정과 가난한 이들의 구제 업무가 장로들이나 감독들에게 맡겨졌다는 것과, 신임을 오용하여 그로부터 이득을 취할 유혹의 가능성이 매우 실제적이었다는 것이 본절의 보다 적절한 의미인 것 같다. 돈에 대한 관심이나 사적인 이익에 대한 유사한 경고는 성직자들에 대한 원시 규약(딤전 3:8; 딛 1:7, 11; *Did.* xv. 1; Polycarp, *Phil.* v. 2)에서 흔히 발견되며, 이러한 절들은 바로 여기서 부사적으로 쓰인 말(*αἰσχροκερδῶς* ; '이익에 대해 더럽게 탐하는')을 자주 사용한다. 앞에서 **열심히**(eagerly)라 번역된, *προθύμως*(자원하여)와 반대되는 부사는 70인역, 필로(Philo) 등(TWNT Ⅵ, 694-700)에서 이와 일치하는 형용사와 명사 용법에 따라 판단해야 한다. 이 단어는 열성과 헌신적인 열의를 나타낸다.

### [3] 맡은 자들에게 주장하는 자세를 하지 말고 양 무리의 본이 되라

셋째 대조법은 최소한 부정형으로 쓰인 절반의 범위에서는 지극히 모호하다. 저자가 장로들에게 권한을 오용하지 말라고 경고하고 있다는 것은 의심할 여지가 없다. 그들은 이방인 집권자들의 방식처럼 양 무리 위에 '군림하기' (막 10:42에도 본절에서 발견되는 것과 동일한 동사 *κατακυριεύοντες*가 사용된다) 보다 하나님의 명령에 따라 그들을 섬겨야 한다. 여기서 문제가 되는 점은 저자가 정확히 어떤 종류의 독재적인 행위를 의중에 두고 있으며, 특별히 **너희에게 할당된 직무**라 번역된 복수 명사(*κλήροι*)가 무엇을 의미하고 있는가를 판단하는 것이다. 70인역, 필로(Philo) 등과 신약에서 이 명사는 다음과 같은 것들을 의미한다. 첫째 '제비' (lot '제비를 뽑아 결정하는' 에 대해서는 막 15:24; 행 1:26을 참조하라), 둘째 '제비뽑기에 의해 할당된 것', 셋째 '몫', '배당 몫' (예. 행 8:21; 26:28-문자적인 의미에서 '몫' 이란 말의 모든 개념은 사라지긴 하였지만 사람이 일하지 않고 하나님으로부터 받은 어떤 것의 개념은 그대로 남아 있다). 한편 많은 억측(공동체와 장로들을 위해 충당된 기금 또는 장로들에게 할당된 땅의 소구획 등) 중 가장 널리 지지를 얻고 있는 것은, 장로들 각자의 돌봄에 할당된 모든 의무, 혹은 전체 양 무리를 의미한다는 것이다. 여기서 암시하는 것은 장로들 각자가 목회의 책임이 있는 공동체 내에서 자기 무리, 혹은 '신도' 를 맡고 있다는 것이다.

이러한 해석은 이 말 자체와 다음 절에 관련하여 훌륭한 의미를 부여하며, 이러한 이유에서 이 해석이 잠정적으로 채택되어 왔다. 그러나 *κλήροι*가 다른 곳에서 전체 회중 내의 한 집단을 의미하거나 한 집단으로 조직화된 회중을 의미한다는 증거가 없기 때문에 이 해석은 적어도 두 가지 난점을 야기한다. 더욱이 우리는 이 말이 후에 '교회의 직분' 이란 의미를 갖게 되었다는 것과(*Trad. apost.* iii. 5에서 감독의 특권은 '부여하는 것을' 포함한다는 히폴리투스의 진술 9:7도 참조하라) 교회 직분을 정하는 방법은 지도자들을 제비뽑아 결정하는 원시적인 관례에 의해 제시되었다는 것을 알고 있다(행 1:26). 쿰란 종파에서 '감독' (mebaqqer. 6QD xiii. 12), 혹은 초기의 사제들(1QS v. 20-24; vi. 22; ix. 7)은 등급이나 지위가 제비뽑기에 의해 결정되기 때문에 신참자들에게 그러한 방법으로 등급이나 지위를 부여하는 일을 했던 것 같다. 그러므로 본 대목은 전통적인 원리를 구체화하기 때문에, 교회 지도자들이 직분이나 직무(4:10에 열거되어 있는 것들)를 부여할 때 자기 신분을 내세워 고자세의 경향을 취함으로 공동체의 실제적인 유익에는 관계 없이 자신들의 권한에만 기초를 두고 억지로 직분을 부여하는 행위를 금하는 것으로 보는 것이 본절을 가장 잘 설명하는 것이라고 설득력 있게 주장되어 왔다(W. Nauck, ZNTW xlviii, 200 ff.).

이 말에 대한 참된 해석이 무엇이든, 저자는 장로들의 태도에 **주장하는** 것이 전혀 없어야 하며 도리어 **양 무리의 본**이 되어야 한다고 확신한다. 본 문맥(5절 후반부와, 서로에 대한 순종을 강조하는 2:13-3:12을 참조하라)은, 저자가 공동체 안에 충만하게 되는 것을 보기 원하고 장로들이 솔선해서 발휘해야 할 정신은, 상호 간의 겸손이라는 것을 명백히 한다. 그러므로 바울은 사람들을 감화시키기 위해 자기의 권한을 주장하기보다는 스스로 본을 보여 주는 편을 택한다(살후 3:9). 그리고 만일 아시아 교회 지도자들이 맡은 직무를 올바른 열심과 성실, 겸손으로 수행한다면 그들은 임박한 마지막 날이 올 때 상을 얻을 것으로 확신할 수 있다.

**[4] 그리하면 목자장이 나타나실 때에 시들지 아니하는 영광의 관을 얻으리라**

그리스도는 이미 2:25(주해를 보라)에서 '목자'로 묘사되었다. **목자장**(Chief Shepherd, *ἀρχιποίμενος*. 신약에서는 한 번 기록된 어구이지만 기독교 이전의 파피루스 사본들에는 자주 쓰였다 ; Test. Jud. viii. 1). 곧 목자의 우두머리란 칭호는 장로들이 그(목자장)의 대리자들이라는 것을 완곡하게 상기시키고 있으며, 장로들을 문책하고 그들의 의무 이행에 대해 적절한 상을 줄 그리스도의 권리를 암시해 준다. 히 13:20에서 그리스도를 '양들의 큰 목자'로 묘사함은, 유사한 방법으로 이스라엘의 다른 모든 목자, 특히 큰 목자보다 먼저 활동했던 모세(참고. 70인역의 사 63:11)와 비교하여 그리스도의 독특함을 강조한다. 그리스도의 성육신에 대하여 1:20(참고. 딤전 3:16; 히 9:26)에서 사용된 동사 '나타내지다'(φανερωθέντος)는 골 3:4; 요일 2:28; 3:2에서 그의 재림에도 적용된다.

**너희는 … 얻으리라**에 대해서는 이와 동일한 동사가 사용되는 1:9을 참조하라. 이것은 또한 약속된 종말론적인 상(혹은 벌)을 받는 것에 대해 쓰이는 거의 상투적인 말이다(엡 6:8; 골 3:25; 히 10:36; 11:13; 39). 신약에서는 신실한 자들에 대한 보상이 자주 면류관 혹은 **관**으로 묘사된다. 고전 9:25(썩지 아니할 관); 딤후 4:8(의의 면류관); 약 1:12(생명의 면류관); 계 2:10(생명의 관); 3:11; 4:4. 헬라의 도시들에서는 경기에서 승리한 선수나 공적인 수훈을 세운 시민들에게 값진 금속, 더욱 빈번하게는 담쟁이덩굴, 월계수나 야생 올리브로 만든 화관을 수여하는 것이 관례로 되어 있었다. 이것이 고전 9:25의 배경을 이루고 있지만, 본절 혹은 계시록의 절들의 배경이 되었다고 제시하는 것은 적절하지 않다. 우리는 '영광의 관' 이라는 표현이 사 28:5; 렘 13:18; 집회서 47:6; Test. Ben. iv. 1; 1QS iv. 7; 1QH ix. 25에서도 발견된다는 것과, 관에 대한 비유적 표현이 지혜문학(잠 4:9; 12:4; 14:24; 16:31; 17:6; 집회서 1:11; 18; 6:31; 15:6; 25:6; 지혜서 5:16)에서 자주 사용된 사실을 주목해야 한다. 본절 및 딤후 4:8; 약 1:12; 계 2:10이 고난과 인내에 대한 상으로서 관에 대해 언급한 것은 일반적인 권고적 전통을 시사하는 것 같다. **영광의**란 속격은 설명적인 것이다. 사실 그 관은 그리스도께서 오실 때에 신실한 그리스도인들을 둘러싸게 될 거룩한 영광으로 이루어진다. **시들지 아니하는**(ἀμαράντινον; 문자적으로는 '시들지 않는 것' , 1:4의 ἀμάραντον 역시 같은 의미이다. 지혜서 6:12에서는 이 말이 지혜에 대해 사용된다)이란 말에 대해서는 고전 9:25를 참조하라. 그리스도인의 관은 썩기 쉬운 이 세상의 것들과 대조된다(예. 사 28:1; 애 5:16; 지혜서 2:8).

**[5] 젊은 자들아 이와 같이 장로들에게 순종하고 다 서로 겸손으로 허리를 동이라 하나님은 교만한 자를 대적하시되 겸손한 자들에게는 은혜를 주시느니라**

권고는 계속된다. 주석가들은 손아래 일원들에 합당한 복종에 대해, 지도자들에 대해 기대되는 태도를 어떠한 방식으로 닮으라고 하는 것인지 의문을 제기하며 **이와 같이**라는 말에 당혹감을 드러냈다. 어떤 해석자들은 이러한 난제를 해결하고 동시에 *πρεσβυτέροι*를 1절에서는 직분자들을, 그리고 본절에서는 연장자들을 의미한다고 해석함으로써 야기되는 문제를 제거하기 위해 **젊은 자들**(*νεώτεροι*)이라 번역된 단어가 실제로 차위의 성직자들, 곧 집사들을 의미하는 것으로 보았다. 만일 이러한 해석이 채택된다면 우리는 5:1–5 전반부에서 먼저 장로들 혹은 감독들에게 회중에 대한 의무를 명하고, 그 다음으로 집사들에게 장로들에 대한 의무를 명하는 것을 보게 된다. 그러나 불행히도 이러한 주석에 대해서는 *νεώτερος*(보다 젊은)의 이러한 용법에 대한 어떠한 유사한 예도 성경(70인역, 출 24:5의 *νεανίσκοι*, 곧 '청년들'은 거의 고려할 필요가 없다), 혹은 초대교회에 발견되지 않는다. 일단 5절 전반부는 저자가 어떤 이유 때문에 여기에 옮겨 놓은 2:13–3:9에서의 공동체 법전의 독립된 단편이라는 것을 인정한다면 이러한 난제들은 사라진다. **같은 방법으로**(이와 같이)는 우리가 3:1,7에서 보았던 계속되는 조목들간의 상투적인 연결부이다. 여기에서의 주제는, 자연스러운 순서에 따라 윗사람에 대한 올바른 복종을 동일하게 다루고 있다. (여기서 동사 *ὑποτάσσω*–순종하다–는 2:13; 18; 3:1; 5에서 사용된 것이다.) 고대 세계에서 사회 계급을 노년층과 청년층으로 구분하는 것(참고. 딤전 5:1; 딛 2:6; Philo, *Quod omnis prob.* 81–of the Essenes: 에세네파는 노인들 아래 젊은이들이 정해진 자리에 앉았다)은 바로 남성과 여성, 자유인과 노예 등으로 구분하는 것만큼이나 당연하게 여겨졌다. 1절에서의 '장로들'(=직급자들)이란 말에서 본절에서의 '장로들'(=노인들)이란 말로의 변천은, 혹자가 주장하듯이 그렇게 다루기 힘든 문제가 아니다. 왜냐하면 지도자들은 자연히 공동체의 노년층으로부터 선발되었으며, *πρεσβυτέρος*란 말은 아직 정착된 전문적인 의미를 갖고 있지 않았기 때문이다. 우리는 딤전 5:1과 17절에서 정확히 여기에서와 동일한, 한 의미에서 다른 의미로의 전환을 발견한다.

그러나 그리스도인의 순종은 교회의 한 부분에만 제한되어서는 안 된다. **너희 모두는 … 서로 겸손으로 허리를 동이라.** 특정한 집단에서 전체 공동체로 범위를 넓혀가는 것이 눈에 띈다(참고. 3:8). 여기서 채택된 번역은 **장로들** 다음에 마침표를 찍어야 할 것을 가정하지만(한글 어순으로 했을 때는 '순종하고' 다음에 마침표를 찍어 한 문장을 끝마치라는 말이다–역자주), 이러한 번역이 정확한지의 여부가 의문시되어 왔다. 헬라어 본문에서는 그 다음 절이 문자적으로 '그리고(한글 성경은 이 접속사가 없음–역자주) **다 서로**' (*πάντες δὲ ἀλλήλοις*)로 시작되는데, 만일 우리가 본절을 새로운 문장이 시작되는 것으로 이해한다면 **서로**는 독자적으로 남게 된다. 그러므로 어떤 해석자들은 **그리고 다 서로**를 앞 절에 귀속시키는데(헬라어 본문에서는 이것이 전적으로 가능하다), 그 결과는 다음과 같은 혼성의 권고를 이루게 된다. '젊은 자들아 이와 같이 장로들에게, 그리고 너희 모두 서로에게 순종하라.' 이러한 재배열은 어느 정도 매력적일 뿐더러 올바른 것일지도 모른다. 그러나 우리는 다음과 같은 점에 주목해야 한다. 첫째, 이러한 구문 해석은 정말로 불필요하다. 왜냐하면 그러한 배열에서 보통 채택되는 *ἀλλήλοις*는 사실 독자적으로 있는 것이 아니라, **너희 모두**(한글 성경의 '다' –역자) 및 그 다음의 동사구와 관련된 조금도 손색없는 여격이기 때문이다. (우리는 "너희 모두는 서로에 대한 관계에서…"라고 의역할 수도 있다.) 둘째, 이러한 구문 해석은 헬라어 본문에서 다음 절을 어떠한 관계 불변화사도 없이 시작하게 하는 불리함을 갖게 하며, 이것은 각 경우에서 새로운 권고의 대목이 시작되는 2:13; 4:12에서보다는 받아들일 만하지 않다.

이 권고에 관련하여 다음과 같은 1QS v. 23–25에 주목할 만한 설명이 나온다. "그들로 낮은 자나 높은 자나 모두 서로에 대해 복종하도록 … 그들은 서로 진리와 겸손으로, 다른 사람에 대해서는 인자함으로 훈계해야 하리라." 겸손에 대해서는 3:8; 고전 4:6; 빌 2:3–11을 참조하라. 신약에서 우리는 훌륭한 속성으로 '옷 입는' (골 3:12), 혹은 '갑옷을 입는' (롬 13:12; 살전 5:8) 이미지를 접하지만, 본문의 이미지는 자기를 드러내지 않음, 혹은 일꾼으로서의 섬김을 암시하기 위해 의도적으로 계획된 것 같다. **허리**

를 동이다라 번역된 동사는 카리스투스(Carystus)의 희극풍의 극작가 아폴로도루스(Apollodorus, 300 B.C.)에게서 최초로 발견되는, 보기 드문 노동자 계급의 *ἐγκομβώσασθαι*로, 이것은 *ἐγκομβομα*, 곧 노예들이 일할 때 소매 없는 조끼(*ἐχωμις*)를 깨끗이 유지하기 위해 조끼 위에 동여매던 앞치마 혹은 작업 바지에서 유래하였다. 아시아 그리스도인들이 '겸손으로 허리를 동이는' 방법을 묘사하기 위해 이 단어를 사용하면서, 저자는 제자들의 발을 씻기기 위해 허리에 수건을 두르셨던 주를 본받을 것을 암시하는 것 같다. 그러나 마음의 태도인 겸손(*ταπεινοφροσύνην*)은 근본적으로 실제 행동에서 나타나야 한다.

저자는 자기의 가르침을 뒷받침하기 위해 다음과 같이 성경에 호소한다. **하나님은 교만한 자를 대적하시되 겸손한 자들에게는 은혜를 주시느니라.** 저자는 앞서 그러했듯이(2:21; 3:18; 4:8) 자기의 윤리적인 권고에 대한 신학적인 근거를 제시하기 위해 불변화사 **이는 … 때문이라**(*ὅτι*)를 사용한다. 원문에서의 '주' 대신에 '하나님'으로 대치된 본 인용절은 70인역의 잠 3:34이다. 본절은 구약 전체가 공리적인 것으로 받아들이며, (예. 삼상 2:7; 시 18:27; 31:23; 147:6; 겔 17:24; 집회서 x. 14), 마리아의 찬가(눅 1:51-53)에서 훌륭하게 선언되는 사상을 진술한다. 본절이 약 5:6에서 어법은 같지만 다른 배경과 다른 교훈으로 다시 나타난다는 사실은 이것이 거의 틀림없이, 교리문답적이거나 예배식에 관한 전통에 들어 있던 것임을 시사한다. (이하를 보라.)

## 16. 겸손과 경성을 위한 격려
## 5:6-11

**5:6-11**

6 그러므로 하나님의 능하신 손 아래에서 겸손하라 때가 되면 너희를 높이시리라 7 너희 염려를 다 주께 맡기라 이는 그가 너희를 돌보심이라 8 근신하라 깨어라 너희 대적 마귀가 우는 사자 같이 두루 다니며 삼킬 자를 찾나니 9 너희는 믿음을 굳건하게 하여

그를 대적하라 이는 세상에 있는 너희 형제들도 동일한 고난을 당하는 줄을 앎이라 10
모든 은혜의 하나님 곧 그리스도 안에서 너희를 부르사 자기의 영원한 영광에 들어가
게 하신 이가 잠깐 고난을 당한 너희를 친히 온전하게 하시며 굳건하게 하시며 강하게
하시며 터를 견고하게 하시리라 11 권능이 세세무궁하도록 그에게 있을지어다 아멘

---

6 그러므로 하나님의 전능하신 손 아래 자신을 낮추십시오. 그러면 하나님께서는 때가
이를 때에 여러분을 높이실 것입니다. 7 모든 걱정과 근심을 하나님께 맡기십시오. 하
나님께서 여러분을 돌보시고 계십니다. 8 마음을 강하게 하고 늘 주의하십시오. 원수
마귀가 배고파 으르렁거리는 사자처럼 먹이를 찾아 돌아다니고 있습니다. 9 마귀에게
지지 말고 믿음에 굳게 서 있기 바랍니다. 온 세상의 모든 성도들도 여러분과 같은 고
난을 겪고 있습니다. 10 힘든 고난은 잠시 동안입니다. 이후에 하나님께서는 모든 것을
바르게 세우실 것입니다. 여러분의 뒤에서 받쳐 주시고 든든하게 세워 주셔서, 결코 넘
어지지 않게 하실 것입니다. 은혜를 주시는 하나님께서 그리스도 안에서 함께 영광을
누릴 수 있도록 여러분을 친히 부르셨으니, 그 영광이 영원토록 함께하기를 기도드립
니다. 11 모든 능력이 하나님과 영원히 함께하기를 빕니다. 아멘. _아가페 쉬운성경

---

이 마무리 대목은 인사말로서, 느슨하게 연결된 권고로 이루어져 있다. 어조가 직접적이고 개인적이며 전통적인 교리문답, 어쩌면 또한 예배식의 영향을 구체화한 것이거나 아니면 이 두 가지 요소가 시련의 상황에 처한 아시아의 독자들을 격려하기 위해 채택된 것일 것이다. 5절을 포함해서 본 전체 본문과 약 4:6-10(참고. 잠 3:34. 곧, 하나님에 대한 순종을 명함, 마귀를 환기시키고 그에 저항하라는 명령, 만일 사람이 하나님 앞에서 자신을 '낮추면' 하나님이 그를 '높이시리라' 는 확신, 그 열렬한 어조 등)의 일치점들은 주목할 만한 것이다. 그러므로 보이즈머드(M. E. Boismard)는 이 두 대목에서 또 다른 찬가의 개요적인 영향을 간파해야 한다고 제언한다(베드로전서 이외의 그러한 영향에 대해서는 1:3-5, 2:22-25, 그리고 3:18, 22과 관련하여 1:20 등을 각각 참조하라). 그런데 이번에는 그리스도보다는 하나님께 초점을 두고 있다. 그러나 세례 의식(혹은 사탄에 대한 거부)을 본 대목의 배경으로 보는 것이 더 근거가 정확하다고 할 수 있다.

**[6] 그러므로 하나님의 능하신 손 아래에서 겸손하라 때가 되면 너희를 높이시리라**

저자는 자신이 방금 인용한 잠언서의 본문으로부터(**그러므로** : *οὖν*을 참조하라) 실제적인 교훈을 이끌어내는 것으로 시작한다. 하나님은 근본적으로 하나님의 주권을 인정하는 겸허한 마음과 겸손에 은혜를 베푸시기 때문에 저자는 논리적으로 다음과 같이 주장할 수 있다. **하나님의 능하신 손 아래에서 겸손하라 때가 되면**(*at the appointed time*) **너희를 높이시리라**(참고. 약 4:10). 언제나 그러하듯이 저자의 주의는 그의 독자들의 고난에 집중되어 있다. 저자는, 만일 그들이 고난을 하나님의 섭리적인 징계와 시험으로 겸손히 받아들인다면(1:6; 3:17; 4:9에서 저자의 가르침을 참조하라) 마지막 날에 보상받게 될 것을 암시하고 있다. **하나님의 능하신 손**은 특히 하나님이 이스라엘을 애굽으로부터 건져내신 능력에 적용되는 것으로, 구약에서 자주 사용되는 대담한 묘사이다(출 3:19; 6:1; 13:3; 9; 14; 16; 신 9:26, 29; 렘 21:5; 겔 20:33). **겸손**(*ταπεινούν*)과 **높임**(*ὑψούν*) 간의 대조는 신약과 마찬가지로 구약에도 자주 등장한다(예. 삼상 2:7; 겔 17:24). (신약의 실례에 대해서는 마 23:12; 눅 1:52; 14:11; 18:14을 참조하라.) 여기서 '높임'(exaltation)은 그 독자들의 현재 불행이 역전되고, 그들의 비방자들에 대해 승리하며 거룩한 영광에 참여하는 것인데, 이러한 높임은 **정해진 때에** 달성될 것이다. 이러한 표현은 고전 헬라어에서 '적절한 때에'(예. Thucydides, *Hist.* iv. 59; vi. 9), 혹은 '우리의 호기에'(in our good time; 예 : *ib.* i. 121)를 의미할 수 있는 다소 이해하기 어려운 단어 *ἐν καιρῷ*(문자적으로는 '시간에')를 의역한 것이다. 그러나 신약에서 *ὁ καιρός*는 '위기의 때', '마지막 때', '종말의 때'를 가리키는 종말론적인 의미를 지닌다(예. 마 8:29; 막 13:33; 눅 21:8; 고전 4:5). 이것이 명백히 여기에서의 이 말의 의미이다. 곧 이것은 1:5의 '마지막 때에'(*ἐν καιρῷ ἐσχάτῳ*), 곧 '재림의 때에'와 같은 뜻이며 이것이 어떤 사본들에서는 실로 '고난의'(*ἐπισκοπῆς*)란 삽입어로 수식된다(2:12).

**[7] 너희 염려를 다 주께 맡기라 이는 그가 너희를 돌보심이라**

그러나 **겸손하라**는 권고는 아직 완결되지 않았다. 곧 그 다음 절인 본 구절이 절대 필요하다. 대부분의 현대 역본들(RSV, NEB 등)은 동사 *ἐπιρίψαντες*를 명령법(맡기라)으로 번역하는데, 이로써 그 역본들은 이 동사가 추가적이며 독립적인 권고를 암시하는 것으로 간주한 것 같다. 그러나 헬라어 본문에서 이것은 분사로서 밀접하게 **겸손하라**와 함께 번역되어야 한다. 참된 그리스도인의 태도는 부정적인 자포자기나 체념이 아니라, 겸손의 표현으로 자신과 자기의 모든 염려를 하나님께 전적으로 맡기는 것이다. 이 분사구는 곧 바로 시 55:22(70인역 : "네 짐을 주께 맡기라. 그가 너를 지지하시리라. 그는 의인으로 말미암아 결코 넘어지지 않게 하시리라")에서 유래한다. 한편 본절 후반부에는 지혜서 12:13("이는 모든 사람을 돌보시는 이는 오직 하나님 외에 아무도 없기 때문이라"- For neither is there any God but thou, who carest for all)에 대한 반향이 있다. 본절은 하나님께서 우리의 필요를 아시기 때문에 걱정하거나 염려하지 말라는 주님의 권고(마 6:25-34)에 대한 공동체의 기억을 환기시킬뿐더러, 어쩌면 그러한 기억에 의지하는 것 같다. 본절에 대한 적절한 주석은 어거스틴(Augustine)의 다음과 같은 감사에 넘친 외침이다(*Conf.* iii. 11, 19). "오 인자로우시고 전능하신 당신, 우리 한 사람 한 사람을 그리고 동시에 우리 모두를 돌보시는 당신."

그러나 하나님과 그의 자비로우신 보호에 대한 신뢰는 고도의 자기절제와 근심함으로 보완될 필요가 있다.

**[8] 근신하라 깨어라 너희 대적 마귀가 우는 사자같이 두루 다니며 삼킬 자를 찾나니**

저자는 절제의 중요성을 1:13(주해를 보라)과 4:7에서 강조하였다. 경성함과 근신은 살전 5:6에서 여기에서와 유사하게 결부되어 있는데, 이것은 명백히 초기의 가르침에서 자주 반복되는 주제였다(마 24:42; 눅 12:34-36; 롬 13:11; 딤후 4:5). **너희 대적 마귀가 우는 사자같이 두루 다니며 삼킬 자를 찾고 있기** 때문에 그러한 것들은 이때에 더욱더 긴급하게 요구된다. 본 서신 어디에서나 두드러진 종말의 긴박성이 그러한 장면의 배경을 이룬다. 유대교의 계시처럼 기독교의 계시는 이때를 악의 세력이 특별히 활동하고 그 결과 피택자들이 격심한 시련을 당하게 될 시기로 직시하였다(예. 마 24:4-28; 살후 2:3-12; 딤후 3:1-9). 아시아 그리스도인들은 잔혹한 학대 속에서 본절에서와 같은 무서운 추측들이 실현되는 것을 볼 수 있었다. 이러한 학대는 아무렇게나 저질러져서, 추측하건대 많은 이들이 배교하도록 시험을 당했을 것이다.

대적과 마귀는 히브리어의 **사탄**(문자적으로는 하나님과 하나님에 속한 모든 사람의 '적')을 나타낸다. 전자(*ἀντίδικος*)는 엄밀히 말해서 '소송의 상대'(잠 18:17)를 의미하므로 이것은 대체로 '적'(enemy)을 의미하기에 이르렀다(에 8:11). 이것이 70인역에서는 어느 곳에서도 **사탄**이라 번역되어 사용되지는 않는다. 후자(*διάβολος*)는 '비방자'(calumniator), '고발자'(accuser)를 의미하며(시 109:6), **사탄**에 대한 70인역의 일반적인 번역이다(대상 21:1; 욥 1, 2장; 슥 3:1-여기서 사탄은 사람들의 '선동자' 혹은 '고발자'로 나온다). 사탄의 개념이 후에 페르시아의 영향을 많이 받은 유대 사상에서 발전하였지만, 이것은 풍부한 수식과 함께 경외서와 랍비 문헌에서 자주 나타난다. 신약에서 사탄은 유혹자, 반역적인 악의 제 1인자(prince), 적그리스도, 하나님의 계획의 방해자, 하나님께서 세상에 대한 일시적인 권세를 허용하신 사악한 세력(요 14:30; 요일 5:19)으로 묘사된다. 사탄은 아시아 그리스도인들의 고난의 원흉이며, 그러므로 저자는 그들로 하여금 마귀를 경계시키려고 노력한다. 사탄은 **우는 사자같이 두루 다니는**(참고. 욥 1:7, 거기서 그는 '땅을 두루 돌아다니고 있다'고 보고한다) 것으로 묘사된다. 이러한 생생한 이미지가 동양에서 크게 숭배된 대지의 여신 퀴벨레(Cybele)의 현현으로 자주 등장하는 사자들에게서 끌어낸 것일지도 모른다는 억측은 너무나 공상적인 것으로, 진지하게 받아들여질 수 없다. 시편 기자가 자기를 공격하는 적들을 '찢고 부르짖는(70인역에서와 같은 분사인 *ὠρυόμενος*) 사자' 같다고 묘사하는 것(22:13)이 훨씬 더 믿을 만한 자료이다. 하나님의 성도들을 박해하는 자들은 두루마리 사본에서 자주 사자로 비유된다(1QH v. 9; 13f.; 19; 4QpNah i.

5f.; 4QpHos i).

마귀는 **삼킬 자를 찾고 있다.** 여기서 다른 독법이 제기되는데, 이는 어떤 권위 있는 사본들(알렉산드리아 사본, Pap. 72. 수리아어 역본을 포함하여)에는 부정사 *καταπιεῖν* 대신에 3인칭 단수 가정법인 *καταπιει*로 되어 있기 때문이며, 그 결과, 의미는 "그는 누구를 삼킬지도 모른다"가 된다. 그러나 이것은 흔하지 않게 쓰인 구문을 쉽게 하려는 시도일 것이다. 동사(*καταπιείνω*) 자체는 바로 '마시다'를 의미하지만 이것은 동물이 먹이를 삼키는 것에 대해 사용될 수도 있다(요 2:1; Tob. vi. 2; Josephus, *Ant.* ii. 246). 비록 어떤 해석자들이 1QH v. 7의 말("용사의 피를 마시는 사자들")을 지적하긴 하지만, 이것이 여기서의 의미일 것이다. 어쨌든 마귀의 목적은, 아시아 그리스도인들이 마귀의 대행자들로부터 받고 있는 학대로 인해 사기가 꺾이고, 믿음을 거부하지 않을 수 없게 함으로써 그들을 멸망시키는 것이다.

**[9] 너희는 믿음을 굳건하게 하여 그를 대적하라 이는 세상에 있는 너희 형제들도 동일한 고난을 당하는 줄을 앎이라**

이러한 해석은 저자가 다음과 같이 마귀에 맞서도록 권고하는 것으로 확증된다. **너희는 믿음을 굳건하게 하여**(*στερεοί*: '치밀한', '확고하게 세워진', 따라서 '확고부동한') **그를 대적하라.** 저자가 말한 **믿음**(헬라어 본문에는 관사가 없다)은 '그 믿음' 곧 그리스도인들의 신앙(본절에서와 같이 사용된 실례로는 딤전 1:19; 6:21; 딤후 2:18을 참조하라)이나 단지 '신실함'이 아니라, '하나님에 대한 적극적인 믿음과 신뢰'를 의미한다. 바울이 골로새인들에게(참조. 1:23) "너희 믿음에 계속하여 확고부동하게 거하도록" 격려할 때의 생각과 아주 비슷하다. 이러한 권고는 "마귀가 신실한 증언과 죽음에 대해서도 두려워하지 않는 헌신에 의해 정복되는 것으로 언급되는"(A. M. Stibbs) 계 12:9-11에 의해 잘 예증된다. 위에서 언급하였듯이 '마귀를 대적하라'는 명령은 약 4:7에도 나오며, 엡 6:10-13에서도 유사점들('마귀의 간계를 대적하다', '저항하다', '확고히 서다')이 발견된다. 이 같은 공통된 패턴은 이 모든 절들이 우연히 일치된 것들이 아니라는 것을 암시한다. 오히려 '마귀를 대적함과 확고부동하게 서는 것'은 세례의식 전에 받는 교육의 일반적인 주제였던 것 같다. 우리는 사탄에 대한 엄숙한 거부가 충분히 발전한 세례식에서 극적인 사건이 되었으리라는 것(예. Hippolytus, *Trad. apost.* xxi. 9; Cyril of Jerusalem, *Cat. myst.* i. 2-9)과, 이러한 종류의 가르침이 그 기반이 되었을 것으로 추측할 수 있다.

용감한 저항을 위한 강력한 동기는 다른 사람들과의 유대 의식이며, 그러므로 저자는 다음과 같이 명백하게 덧붙인다. **이는 세상에 있는 너희 형제들도 동일한 고난을 당하는 줄을**(곧, 고난이 덮치고 있음을) **앎이라.** 이것은 지극히 어설프고(헬라어권 독자들은 원문에서 **너희의** 이상한 위치를 주목할 것이다) 까다로운 헬라어 구문에 대한 거의 문자적인 번역이다. 자주 채택되는, "너희 형제들(이 받는 것)과 동일한 몫의 고난을 받는(혹은 동일한 고난의 분담액을 지불하는) 법을 깨달음이니라"란 다른 번역은 다음과 같은 이유들에서 받아들일 만한 것이 못 된다. 첫째, 이것은 극히 어색하고도 부자연스러운 의미를 나타낸다. 둘째, 이것은 '깨닫다'(*εἰδότες*: 문자적으로는 '알다')로 번역된 동사는 이 동사가 '…(라는) 것을 알다'를 의미할 때 본절과 동일하게 목적격 부정사 구문이 따를 수 없고 반드시 이에 의존하는 *ὅτι*절을 가져야 한다는 잘못된 관념에 의지한다. (눅 4:41만이 이러한 견해를 반박한다. 그러나 또한 *1 Clem.* lxii. 3을 참조하라.) 셋째, 이러한 견해는, 부정사 *ἐπιτελεῖσθαι*가 언제나 70인역과 신약에서 능동태로 사용될 때는 정확히 '완결하다', '성취하다', '이행하다'를 의미한다는 것과, 희생적인 어조가 있을 때는 그것들이 부수적이며 문맥에 따라 보완된다는 사실을 무시한 것이다(참고. TWNT VIII. 62f.). 여기서는 이 동사를 수동태로 이해하는 것이 자연스러우며, 따라서 본절은 다음과 같이 의역될 수 있다. "이는 너희가 세상에 있는 너희 형제들이 너희 자신들(이 참아야만 하는 것)과 동일한 학대를 참아야만 한다는 것을 깨달음이니라." 빌 1:30처럼 본절을 통해 각각 멀리 떨어져 있는 1세기의 교회들이 서로에 대해 유지했던 밀접한 관계와, 서로의 운명에 대한 우호적인 관심을 생생하게 엿볼 수 있다.

**세상에 있는 너희 형제들도**란 표현 역시 논의를 요한다. 위에서 제시된 주석에 의하면 여기서 여격(세상에)은 '불리함을 나타내는 여격' 이다. **너희 형제**(your brotherhood)에 대해서 말하면, 우리는 저자가 좀더 단순하고 자연스러운 '너희 형제들' (your brothers)이란 표현을 사용하지 않았다는 것에 먼저 놀라게 되지만, 저자는 앞서 자신이 집합명사 *ἀδελφότητι*(2:17; 1:22; 3:8에서 '형제애' 에 대한 그의 강조를 참조하라)를 좋아함을 보여주었다. 이러한 표현(brotherhood)은 여기서 널리 흩어져 있는, 숱한 그리스도인 소공동체들 간의 결속을 강하게 강조하는 이점을 지닌다. **세상에**(있는)란 말의 정확한 뉘앙스는 더욱 문제시된다. 대다수의 성경 절들에 의하면 **세상**(*κόσμος*)이란 말은 마카비 2서 3:12(성전이 '온 세상에서' 존중된다)과 같이 '사람이 거주하는 세상', '지구' 라는 의미를 갖고 있다. 마 4:8; 막 14:9; 롬 1:8; 고전 14:10 등을 참조하라. 이러한 견해에 따라 저자는 다소는 과장스러운 표현법으로, 이와 같은 고난은 세상 도처에 있는 그리스도인들의 몫이라는 것을 지적하고 있다. 그러나 다른 해석자들은 신약에서 자주 그러하듯이(예. 요 8:23; 18:36; 고전 3:19; 갈 6:14; 요일 5:19) *κόσμος*는 하나님을 적대하여 조직화된 상태로서의 세상을 의미한다. 따라서 저자의 요점은, 그리스도인들이 세상에 있는 한 고난은 그들의 경험으로부터 분리될 수 없다는 것인 듯하다(NEB에서도 그렇다. 특히 요 16:33을 참조하라). 이러한 견해가 가능하긴 하지만 그 가능성은 희박하다. 만일 저자가 (본 서신 어디에도 그 증거가 없는) 이러한 견해를 나타내려고 하였다면, 좀더 덜 완곡한 어법으로 그렇게 했을 것이 틀림없다. 저자가 다른 그리스도인들이 당하고 있는 상황에 호소하고, 집합적인 의미를 지닌 형제(brotherhood)란 말을 사용하고 있다는 사실은, 저자가 그의 독자들을 격려하기 위해 현세에서의 고난은 악의 세력에 지배받고 있기 때문에 필연적이라는 점을 강조하지 않고, 소아시아에서 겪는 일들을 범세계적인 교회의 경험에 비교하고 있음을 강하게 암시한다.

**[10] 모든 은혜의 하나님 곧 그리스도 안에서 너희를 부르사 자기의 영원한 영광에 들어가게 하신 이가 잠깐 고난을 당한 너희를 친히 온전**

**하게 하시며 굳건하게 하시며 강하게 하시며 터를 견고하게 하시리라**

이 서신은 그들이 사악한 대적자보다 더 강하신 분을 자기 편으로 모시고 있다는 엄숙한 확신으로 끝난다(참고. 약 4:7). 여기서 대부분의 단어들은 판에 박은 단어들인 것 같다. 그러므로 살전 5:23; 살후 2:16; 히 13:20에서의 유사한 본문들과 비교하는 것이 필요할 것이다. **모든 은혜의 하나님**에 대해서는 바울의, "모든 위로의 하나님"(고후 1:3)과, 4:10의 "여러 가지 은혜"란 표현을 참조하라. 이 말의 의미는, 하나님이 모든 경우와 모든 사건에 충분한 도움을 베푸신다는 것이다. 하나님의 부르심은 앞에서도 특징적인 주제가 되어왔다(예. 1:15; 2:9; 21). 여기서 이 부르심의 목적은 피택자들이 그(하나님) 자신의 **영원한 영광**을 함께 나누는 것으로 묘사된다. (그 영광이 그리스도의 것으로 언급되는 4:13; 5:1을 참조하라.) 이러한 부르심은 **그리스도 안에서**이다. (3:16에 관한 주석을 보라.) 이러한 말(그리스도 안에서)은 **영광**보다는 **부르셨다**('부르신')와 함께 이해하는 것이 더 나을 것으로 보인다. 그리고 그 **영광**은 **영원한**데, 이 형용사는 아시아 그리스도인들이 현재 참아야만 하는 일시적이며 덧없는 시련들과의 대조를 분명하게 지적한다. 이러한 시련들이 단명하리라는 확신은 1:6에서 제시된 것을 정확하게 되풀이한다. (두 절에서의 동일한 말인 *ὀλίγον*, 곧 **잠깐**을 참조하라.)

하나님이 그들에게 보장하실 영원한 옹호와 축복이 미래 직설법으로 되어 있는 강력한 네 동사로 확고부동하게 명시된다. 다른 곳에서의 유사 절들(히 13:21; 살전 5:23)에서 발견되는 기원법에 영향을 받은 어떤 사본들은 이 네 동사를 기원법으로 표현하지만, 그러한 기원법은 원문에 담긴 강렬한 확신을 고려하지 않은 가정에 따른 잘못된 시도이다. **회복하다**(*καταρτίσει* : '정돈하다', '온전하게 하다'; 고전 1:10; 고후 13:11; 갈 6:1; 히 13:21)와 **굳건하게 하다**(*στηρίξει* : 눅 22:32; 롬 16:25; 살전 3:2; 13; 살후 2:17; 3:3; 약 5:8)는 전문적인 권고적 어휘에 속한다. 이 두 가지는 모두 괴롭힘을 받는 소수가 긴급히 필요로 하는 확고부동함과 용기를 약속한다. 비록 *σθενώσει*('강하다', '능하다')이 세속 헬라어 문헌에서 자주 나오며 마카비 3서 3:8에서도 발견되긴 하지만, 본절이 성경적이나 세속적인 헬라어 문헌 중 강하게 하다(*σθενόω*)란 말이 나오는 유일한 곳이다. 많은 사본들(알렉산드리아 사본과 바티칸 사본, 여러 초서체 사본, 라틴어 역본들)이 견고하게 하다(*θεμελιώσει*: 문자적으로는 '…의 기초를 두다', '확고한 기초 위에 세우다' 라는 뜻으로, 시 102:25; 마 7:25을 참조하라)를 생략하지만, Pap. 72를 포함해서 대다수의 사본들이 이를 지지한다. 만일 우리가 이것이 원문에는 없던 것이었다고 가정한다면 이것의 삽입은 설명하기가 어렵다.

**[11] 권능이 세세무궁하도록 그에게 있을지어다 아멘**

송영(doxology)이 하나님의 구원에 대한 그러한 웅변적인 확언 후에 적절하기 때문에 다음과 같이 덧붙여진다. **권능이 세세무궁하도록 그에게 있을지어다 아멘.** 비록 4:11(주해를 보라)의 송영보다는 간결하긴 하지만, 하나님의 강력한 능력을 강조한다. 본절은 하나님으로부터 은혜를 받은 성도들에게 가장 확신을 주는 말이다.

## 17. 개인적인 인사말
## 5:12-14

**5:12-14**

12 내가 신실한 형제로 아는 실루아노로 말미암아 너희에게 간단히 써서 권하고 이것이 하나님의 참된 은혜임을 증언하노니 너희는 이 은혜에 굳게 서라 13 택하심을 함께 받은 바벨론에 있는 교회가 너희에게 문안하고 내 아들 마가도 그리하느니라 14 너희는 사랑의 입맞춤으로 서로 문안하라 그리스도 안에 있는 너희 모든 이에게 평강이 있을지어다

12 나는 이 짧은 편지를 실라의 손을 빌어 여러분께 보냅니다. 그는 진실한 믿음의 형제입니다. 부디 이 편지를 통해 위로와 격려가 되었으면 좋겠습니다. 이 모든 것이 하나님의 은혜임을 기억하고, 그 은혜 안에서 흔들리지 말고 굳게 서십시오. 13 여러분과 함께 택함을 받은 바빌론에 있는 교회가 여러분께 문안합니다. 그리스도 안에서 내 아들

된 마가도 여러분에게 문안합니다. 14 여러분도 만날 때마다 그리스도의 사랑으로 서로 문안하십시오. 그리스도 안에 있는 여러분 모두에게 평안이 함께하기를 빕니다.
_아가페 쉬운성경

---

개인적인 어조를 띠고 있으며 기독교 서신에서 흔히 요청되는 관례적인 인사말과 형제적인 공손함을 모두 지닌 이 마지막 절들은 사람들을 골치 아프게 하는 본 서신의 저작자와 연대 문제를 야기한다. 본절들을 액면 그대로 받아들인다면, 바울이 그의 대부분의 서신에서 그러했듯이(고전 16:21; 갈 6:11; 골 4:18; 살후 3:17), 베드로가 본 서신의 주문(主文) 전부를 쓰거나 혹은 초안을 잡기 위해 서기를 채용했는데, 마지막 순간에 자신이 고별사를 써넣기 위해 친히 펜을 들었다는 것을 의미하는 것으로 해석될 수 있다. 본 서신이 베드로의 사후에 기록되었다는 견해에 따르면, 본절들은 익명의 저자가 사실과 같이 보이게 하기 위해 바울이 사용하던 모델에 따라 아마도 통용되고 있던 회고담을 능숙하게 결합시켜 즉석에서 쓰여진 것이라고 주장되어 왔다. 이러한 문제를 해결하기 위한 좀 더 광범위한 논의에 대해서는 서문을 보라.

**[12] 내가 신실한 형제로 아는 실루아노로 말미암아 너희에게 간단히 써서 권하고 이것이 하나님의 참된 은혜임을 증언하노니 너희는 이 은혜에 굳게 서라**

고유명사(실루아노)는 아람어 쉐일라(she' ilah. '보냈다')—이에 대한 헬라어 역은 실라였다—에 대한 라틴어 표기법인 것 같다. 어떤 가설에 따르면, 이 이름은 예루살렘 교회가 안디옥으로 보냈고(행 15:22-24) 그 후 바울이 2차 전도여행에서 동반자로 택하였던(행 15:40-18:5. 여기서 그 이름이 9회 언급된다), 선지자적인 천부의 재능이 있는 실라(Silas)를 가리키는 데 쓰였다는 것이 꽤 확실한 것 같다. 그렇다면 그는 또한, 사도 바울이 복음의 동료 전파자(고후 1:19)로뿐 아니라 어떤 서신들의 공동 저자로 언급하는 실루아노(살전 1:1; 살후 1:1)와 동일시되어야 한다. 실루아노가 사도의 교회에서 상당한 신분의 사람이었다는 우리의 결론은 타당성이 있으며, 이러한 사실은 **내가 우리의 신실한 형제로 간주하는**이란 단평에서 암시되는 것으로 볼 수 있다. 초기 기독교 신앙의 언어로는 어떤 그리스도인이든 서로 **형제**였지만, 신약의 어떤 문맥에서는 더욱 전문화된 의미인 '직분상의 형제'(brother in office), '동료 사도'(fellow-apostle, 예. 고전 1:1; 고후 1:1; 2:13; 엡 6:21; 골 1:1; 4:7; 몬 1절)란 의미를 갖고 있었던 것 같다.

**실루아노로 말미암아**(소유격이 따르는 *διά*)란 표현은 본 서신의 비밀을 풀어주는 열쇠를 쥐고 있는지도 모른다. 이 말은 다음과 같은 것을 의미하는 것으로 주장되어 왔다. 첫째, 고대에는 보통 그랬듯이 실루아노가 본 서신의 전달자로 활동했다는 것을 의미한다. (참고. 행 15:23, 여기서 "그들의 손으로 써서"–having written by their hand–란 말은 그 사람들에게 편지를 주어 전달하게 했다는 것을 가리킬 뿐 그들이 그것을 썼다는 것을 의미하지 않는다.) 둘째 실루아노가 여기까지 본 서신을 저자의 구술로부터 받아썼던 필사자였다는 것을 의미한다. 혹은 셋째, 실루아노가 저자를 대신하여, 그리고 그의 지시에 따라 본 서신의 초안을 잡는 책임을 담당했다. 첫째 견해에 대해서 말하자면, 이그나티우스(Ignatius), *Rom.* x. 1; *Philad.* xi. 2; *Smyrn.* xii. 1 ; 폴리캅(Polycarp), *Phil.* xiv. 1은 '아무개로 말미암아 쓰다'(write by x)란 관용 표현이 헬라어에서는, 비록 더욱 전형적인 관용구는 '아무개 편으로 보내다'(send by x)였긴 하지만, '편지를 그 전달자로서 아무개와 함께 보내다'(despatch a letter with x as its carrier)를 의미할 수 있다는 것을 확증한다. 그러나 이러한 주석이 본절의 경우에서는 **간결한**(이에 대한 좀 더 문자적인 역은 '내가 간단히 썼노니'가 될 것이다)이라는 말에 의해 배제되는 것 같다. 이 단어는 엄밀한 뜻에서 '(편지를) 쓰다'를 전달이라는 확대된 의미보다는 실제로 쓰거나 초안을 잡는 행위로 받아들일 것을 요구한다. 한편 우리는 바울의 협력자로서 데살로니가 교회에 편지를 썼을 만큼 중요한 인물이었던 실루아노가 너무나 평범한 역할이었던 받아쓰는 서기로 일했으리라고는 상상할 수가 없다는 이유에서 두 번째 주장도 제외시켜야만 한다. 모든 사실은 실로 세 번째 견해가 정확한 설명임을 지적해 주는데, 이 견해는 2세기 말 고린도의 감독 디오니시우스(Dionysius, in Eusebius, *Hits, eccl.* iv. 23. 11)가 95년경 로마에서 고린도로 보낸 클레멘트 1서(*1 Clement*)를 '클레멘트로 말미암아(*διά*) 우리에게 쓴 먼저 번 편지' 라고 부르는 로마 교회로 보낸 편지에 의해 주목할 만하게 지지된다. 분명히 디오니시우스가 한 이 말은 클레멘트는 그 서신을 썼을 때 로마에 있는 교회에 대한 견해를 자신의 말로 표현하고 있었다는 것을 암시한다.

그러므로 우리는 역사적으로 실존했던 인물인 실루아노가 베드로전서의 초안자이거나 혹은 기초자로 표현되고 있다고 결론지을 수 있다. 이 후자의 견해는 왜 실제 저자가 이처럼 정밀하게 위장했는지 의아심을 남긴다. 어떤 2세대 그리스도인이 전통적인 관습에 따라 성실하게 그 대(大)사도를 자기가 쓴 편지의 저자로 내세웠을 것이라고 상상하기란 쉽지만, 왜 그는 실루아노를 끌어들임으로써 자신의 작품을 복잡하게 만드는가? 비록 전자의 견해(역사적 인물 실루아노가 베드로전서의 초안자라는 견해)가 정확하더라도 문제는 남는다. 실루아노가 베드로의 요구에 따라 그리고 자기의 사상을 말하기 위해 본 서신의 초안을 잡았을까, 아니면 그 사도가 죽은 후 자신이 솔선하여 혹은 로마에 있는 교회의 발의에 따라, 그 존경받는 지도자(베드로-역자)가 전하기 원했을 것이라고 생각되는 메시지를 자신이 신실하게 전하고 있다고 확신했을까? 만일 첫 진술이 사실이라면 우리는 **내가 우리의 신실한 형제로 간주하는**(실루아노)이라는 단평의 취지를 쉽사리 알 수 있다. 이 말은 실루아노의 신앙과 헌신에 기초를 둔, 자기의 대변자로 행할 그(실루아노)의 적합성에 대한 사도의 보증이다. **내가 … 간주한다**(*λογίζομαι*)란 말은 '나는 생각한다', '내 생각으로는' 이상의 것을 의미할뿐더러 확고한 확신을 나타낸다(예. 롬 3:28; 8:18; 고후 11:5). 그러나 둘째 진술이 사실이라면 우리는 실루아노가 자신에 대한 그러한 아부적인 추천을 어떻게 책임질 수 있었는지를 설명해야 할 문제에 직면한다. 이 가설에 따른 한 가지 가능한 견해는 베드로의 죽음이 틀림없이 널리 알려졌을 것이기 때문에 허구로 작성된 것은 다 드러나게 되었으며, 로마 교회의 요청에 의해 삽입된 이 어구는 베드로 사도의 마음을 해석하는 자로서 실루아노의 신뢰성을 명시적으로 확인시켜 주는 것으로 읽혔을 것이다.

본 서신의 저자가 누구였든간에 그는 자기 서신을 **간결한** 것으로 묘사하는데, 어떤 해석자들은 본 서신이 (전체) 105절이나 되는 것으로 미루어 이러한 표현이 이상하리만큼 부적절하다는 것을 지적하였다. 그러나 히브리서 저자는 자기의 (본 서신보다) 훨씬 더 긴 저작에 대해 (여기에서와) 거의 동일한 표현을 사용한다(13:22). 이러한 관용적 표현은 실로 인습적인 겸손함에 대한 표현이다(Ignatius, *Rom.* viii. 2; *Polyc.* vii. 3에서도 그렇다). 당시의 서신들은 간결할 것으로 기대되었는데(예. Isocrates, *Ep.* ii. 13; viii. 10; Pliny, *Ep.* iii. 9. 27; Demetrius, *De eloc.* 228; 231; 234; Jerome, *Ep.* lvii. 8; lxviii. 2), 여기서 저자는 매우 광범위한 주제를 그와 같이 비교적 제한된 범위로 다뤄야 했던 것을 못마땅하게 여기고 있다.

실제로 저자는 어떻게든 그의 메시지를 상당히 간결하게 요약한다. 저자는 그의 수신자들을 **권하고 이것이 하나님의 참된 은혜임을 증언해 왔**다. 전자의 분사(*παρακαλῶν*, '권하고')는 본 서신 거의 전체를 채우고 있는 윤리적인 훈계뿐 아니라, 구절구절마다 반영된 박해를 불굴의 정신과 용기를 갖고 참으라는 권고를 적절히 표현한다. **이것이 … 은혜**라는 말은 그의 독자들이 곧 들어가게 될 것이지만(1:13; 참조. 1:10), 그들이 하나님의 피택자로서의 신분과 그리스도의 고난에 참여함을 통하여 미리 맛보는(예. 1:6; 2:5, 10; 4:14) 복된 영화(glorification)를 의미한다. 저자는 자기의 모든 말에 대해서 실로 권위 의식을 갖고 이 은혜가 **참되다**, 곧 확실하고 믿을 만하다고 **증언해** 왔다. (*ἐπιμαρτυρῶν* ; 이것은 그의 증언이 유력하다는 것을 의미하는 강한 동사이다.) 아시아 그리스도인들은 이러한 확신을 필요로 하였는데, 그 이유는 그들이 받고 있는 고난으로 인하여 하나님의 약속이 성취되리라는 것을 의심하게 될지도 모르기 때문이었다.

그러므로 저자는 그들에게 **이 은혜에 굳게 서라**(Stand fast in it. 문자적으로는 '그 안에 서라')고 명한다. 원문에서 **그 안에**는 *εἰς ἥν*(into which)인데 여기서 전치사 *εἰς*는 정확히 진행되고 있는 활동을 의미하며 이것이 ἐν(in)으로 대치되었다. 이것이 베드로전서에서 유일한 예이며(우리가 앞서 보았듯이 3:20의 εἰς는 실제로 중요성을 갖지 않는다) 신약의 서신에서는 통속 헬라어에서 일반화되었던 ἐν과 εἰς의 혼동이 나타나는 거의 유일한 경우이다. 이것을 본 서신의 원 저자가 아닌 다른 사람이 이러한 후기(postscript)를 작성하였다는 것을 보여주는 증거의 한 단편으로 간주하는 것은 위험하다. 이와는 별도로 본절은 문맥상의 난점이 있는데, 이것은 본절의 의미와 중요한 관련성이 있다. Pap. 72를 포함한 대다수의 사본들에는 εἰς ἣν στῆτε라 되어 있는데 여기서 동사는 부정 과거 가정법이거나 명령법으로 이상에서 제시된 해석을 보여준다. 그러나 다른 여러 가지 권위 있는 문헌들(K; L; P; 여러 초서체 사본과 몇몇 역본들)에는 '너희가 서 있는' (하나님의 참된 은혜)을 의미하는 εἰς ἣν ἑστήκατε라 되어 있다. στῆτε가 훨씬 더 잘 입증된 독법이며, ἑστήκατε는 이해하기 어려운 독법일뿐더러 마치 롬 5:2; 고후 1:24의 것에 동화시키려는 결과처럼 미심쩍게 보이기 때문에 대다수의 편집자들은 전자를 채택하여 위에서와 같이(stand fast in it) 해석한다. 그러나 갑자기 명령법을 사용한 것은 명백히 어색하며, 이러한 문장의 구성을 받아들이게 될 경우 결과적으로 이것이란 지시대명사가 허공에 떠 있게 된다. '이 은혜' (this grace)는 관계절에 의해 한정되어야 하며, 따라서 '너희가 서 있는' (in which you stand)이 이러한 공백을 훌륭하게 채워준다. 어떤 해석자는 στῆτε가 틀림없이 정확하다고 인정하면서도, 여기서 본 서신의 저자는 후자의 의미(너희가 서 있는)를 의도함으로써 이(στῆτε)를 ἑστήκατε와 혼동하여 사용했을지도 모른다고 생각한다(M. Zerwick, *Analysis Philologica Novi Testamenti Graeci*: Romae, 1953).

**[13] 택하심을 함께 받은 바벨론에 있는 교회*(She who is in Babylon)*가 너희에게 문안하고 내 아들 마가도 그리하느니라**

본절은 언뜻 보기에 다소 모호하다. 첫째, 여기서 언급되는 여자(개역개정에는 '교회' 로 되어있으나 영어 성경은 'She' 로 표현-역주 주)는 누구인가? 과거 어떤 개신교 주석가들은 그녀를 베드로가 '데리고 다녔고'

(고전 9:5; 참조. 마 8:14) 전통적으로(Clement Alex., *Strom.* vii. 11. 63) 순교자로 간주되었던 부인이라고 생각하기를 좋아했다. 그러나 이러한 견해는 전혀 그럴 법하지가 않다. 만일 그것이 사실이라면, 저자는 좀더 직설적으로 그녀의 이름을 썼거나 그 신원을 나타내었을 것이다. '택하심을 받은 여자' (the elect lady)와 요이 1:13에서의 '택하심을 받은 네 자매' 란 유사구들은, 이것이 본 서신이 쓰여졌던 지방 교회에 대한 생생한 묘사임을 입증한다. 이 공동체는 **너희와 택하심을 함께 받**(elect like you: *συνεκλεκτὴ*, 곧 '너희처럼 택하심을 받은' )았다. 왜냐하면 이 공동체는 편지를 받게 되는 아시아 교회들처럼(1:1; 2:9) 하나님의 부르심을 받고 그에 응답하였기 때문이다. 시내 사본, 몇몇 초서체 사본들, 벌게이트와 페시타(Peshitta)가 여기에 '교회' (*ἐκκλησία*)란 명사를 써넣었다는 사실은 고대에 이 말(너희와 같이 택하심을 받은)의 의미가 교회였다는 것을 보여 준다.

둘째, **바벨론**은 어떤 곳을 가리키는가? 스트라보(Strabo, *Geog.* xvii. 1. 30)와 요세푸스(Josephus, *Ant.* ii. 315)는 이곳이 옛날 카이로 인근 나일강 어귀의 삼각주에 있는 로마 군단의 사령부인 군사 거점이라고 말한다. 그러나 비록 전통이 마가(다음 절을 보라)를 애굽과 관련시키긴 하지만, 우리는 주둔지 외에는 별 다른 의미가 없었던 이곳(애굽)이 초기 기독교의 중심지였다는 증거를 갖고 있지 않을뿐더러, 베드로가 이곳을 방문했다거나, 익명의 기자가 베드로가 이곳에 있었던 것으로 생각하였으리라는 것은 타당하지가 않다. 여기에서 언급하는 바벨론은 실제로 메소포타미아의 유명한 바벨론으로 보는 것이 가장 분명한 것 같다. 그러나 요세푸스(Josephus)에 의하면 글라우디오(Claudius) 통치 시대(A.D. 41-54) 유대인들은 강제로 바벨론을 떠날 수밖에 없었으며 1세기에 빠른 속도로 몰락하여 트라야누스(Trajan)가 115년에 이곳(바벨론)을 방문했을 때는 폐허 외에 거의 아무것도 발견하지 못하였다(Cassius Dio, *Hist.* lxviii. 30). 그러므로 (어떤 놀랄 만한 일치에 의해 마가와 실루아노가 동행했던) 그 유대인의 사도(베드로-역자)가 전도를 위해 그곳(바벨론)에 체류하였다는 것은 거의 믿기 어렵다. 그리고 지역적인 전통들 중 그러한 사실을 증명해 주는 것이 전혀 없다는 점도 이러한 의심을 강화시킨다.

대다수의 비평가들의 견해에 따르면 이 문제에 대한 해결의 열쇠는 '바벨론' 이 1세기의 유대인과 그리스도인 사회에서는 로마에 대한 상징적인 칭호가 되어 있었다는 사실에 있다. 선지자들(예. 사 13장; 43:14; 렘 50:29; 51:1-58)에게 '바벨론' 이란 명칭은 그들(선지자들)의 세상을 지배했던, 오만하고 부도덕하며 불경한 도시를 의미했다. 그러므로 그 후 유대인들이 이를 자신들이 알고 있었고 이러한 특징들을 구체화했던 로마에 대한 상징으로 보았다는 것은 자연스러운 일이었다. 그러므로 우리는 로마가, 랍비 문학(SB Ⅲ. 816)과 베드로전서와 동시대의 것이거나 그보다 약간 후시대의 것인 묵시 문학(Apoc. Bar. xi. 1: lxvii. 7; Orac. Sib. v. 143; 159)에서 '바벨론' 으로 언급되고 있음을 발견한다. 특히 기독교적인 실례들에 대해서는 계 14:8; 17:5;, 18; 18:2 등을 참조하라. 그러므로 여기서 **바벨론에 있는 여자**는 단순히 '로마에 있는 교회' 를 의미한다고 주장된다. 그리고 두 초서체 사본에는 실제로 **바벨론** 대신에 '로마' 라 되어 있다.

따라서 이러한 주석은 매우 고전적인 것이다. 그리고 유세비우스(Eusebius)는 스스로 그러한 해석을 명시적으로 받아들인 것은 아니지만 이런 해석이 자기 시대에 널리 알려졌음을 보고한다(*Hist, eccl.* ii. 15. 2: 참조. '그들은 … 말한다' ). 비록 우리는 여기서 저자가 감찰관들(police censors)을 속이기 위해 **바벨론**을 로마에 대한 암호명으로 택하였다는 제언을 거부해야 하지만, 이러한 견해(바벨론이 로마를 상징한다는 견해-역자)가 유통되고 있는 한 그것은 거의 틀림없이 정확하다. 모범적이며 유순한 행동에 대해 반복하여 호소하는 저자의 서신의 내용들은, 비록 그러한 관공서에서 그의 서신에 조금이라도 관심을 갖고 있었다 하더라도, 그다지 훼방거리가 되었을 것 같지가 않다. 우리는 저자의 그러한 암호 사용이, 그가 로마 제국을 기독교에 대한 박해의 최고봉으로 간주하였다는 것을 암시한다고 결론지어서도 안 된다. 그가 2:13에서 황제와 제국의 관헌에 대해서 보이는, 매우 경의를 표하는 태도가 그러한 생각을 배제하며, 어쨌든 그는 로마 제국이 아니라 로마 시(city)에 대해 생각하고 있다.

로마 시가, 명백히 다른 유대인들의 눈에도 그러했듯이 그의 눈에는 **바벨론**으로 보였는데, 이는 그것이 이방 세계의 수도, 곧 풍요와 음란으로 유명한 중심지였기 때문이다. 그리고 만일 본 서신이 네로의 박해 후 시대에 속한다면, 그 이유는 로마가 하나님의 성도들의 순교의 현장이 되어 왔기 때문이다. 그러나 저자의 마음속에서는 또한 다른 동기들이 이러한 사실들과 엇갈려 있다는 것이 그럴 듯하게 보인다. '바벨론' 이란 명칭은 유대인의 분산(the Dispersion)을 상기시키는데, 그리스도인들을 이 세상에 있는 '나그네와 거류민' 으로 보는 사상은 저자의 생각과 결코 멀리 떨어져 있지 않다(1:1, 17; 2:11). 그러므로 로마에 있는 교회는 곧 **바벨론에** 있는데, 이는 로마가 교회의 유배지이기 때문이다.

어떤 해석자들은 한 단계 더 나아가, 일단 이러한 견해가 인정된다면 우리는 **바벨론**이 과연 어떤 특정한 지명을 가리키는지조차 의문스럽다고 주장한다. 시 137:1을 읽어 보면 흩어진 유대인들은 '바벨론의 강변' 을 이 세상 어디든 자신들의 고향으로 삼아야만 했던 곳과 동일시할 수 있었다. 그러므로 **너희와 같이 택하심을 받은 바벨론에 있는 여자**에 대한 만족할 만한 의역(意譯)은, "너희와 같이 택하심을 받고 너희와 같이 우리의 참된 고향으로부터 추방되어 살고 있는 그리스도인 공동체"라고 할 수도 있다. 따라서 본절은 로마나 어떤 다른 지역과는 전혀 관계가 없을 것이며, 본 서신이 여전히 로마에서 쓰이고 있을 수도 있지만, 이에 대한 경우(바벨론이란 명칭을 사용하게 된 경우-역자)는 다른 근거에서 주장되어야 할 것이다. (서문을 보라.) 결국 본 서신의 발송처에 대해서는 언급할 필요가 없었는데 이는 그것(발송처)이 아시아 그리스도인들에 대해 결코 비밀로 되어 있던 것이 아니기 때문이다. 이 저자의 신약 서신들 중에는, 마지막 인사말을 덧붙이면서 자기가 편지를 쓰고 있는 교회의 이름을 명백히 붙이는 예가 단 한 곳도 없다는 것을 지적해 둘 가치가 있다. 그러한 논법이 그럴 법한 것으로 발전되어 오긴 하였지만(참조, K, Heussi, *Die römische Petrustradition in kritischer Sicht*, 1955, pp.36-41; M. E. Boismard, 'Une liturgie baptismale', 1957, p.181) 설득력이 있는 것은 아니다. 특별한 개인들의 이름이 언급되는 고별사의 어조는 우리로 하여금 특별한 장소에 대한 언급도 기대하게 한다. 그리고 로마가 매우 일찍이 비유적으로, **바벨론**으로 알려지게 되었다는 사실은 중요하게 고려하지 않을 수 없다. 더욱이 **바벨론에 있는 여자**란 말은 본 서신을 발송하는 공동체를 본 서신을 받게 될 자들과 구별하는 것처럼 보이지만, 만일 **바벨론**이라는 말에 어떤 지방적인 것과는 전혀 관계없이 오로지 비유적인 의미가 주어진다면 그들은 모두 똑같이 **바벨론**에 있는 것이다.

따라서 지교회가 **너희에게 문안하고 내 아들 마가가** 문안에 가담한다. 어떤 가정에 의하면 이것은 일찍이 예루살렘에 있는 공동체의 일원이었고 베드로가 그 집에 대해 친근한 방문자가 되었던(행 12:12-17) 요한 마가임에 틀림없다. 마가는 바울과 바나바와 함께 그들의 '첫 전도여행'을 출발하였지만 바울을 만족시키지 못한 이유로 돌아갔다(행 12:25; 13:13; 15:36-39). 수년 후 마가는 바울이 로마의 옥중에 있는 동안 그의 곁에 있었으며(골 4:10; 몬 24절; 딤후 4:11), 그의 옛 가족 친구인 베드로는 거의 틀림없이 이곳 로마에서 활동하다가 여기서 그의 영광스러운 최후를 마쳤다. 믿을 만한 전통(Papias in Eusebius, *Hist. eccl.* iii. 39. 15)에 따르면, 마가는 그 사도를 그리워하여 베드로의 복음에 대한 자료의 많은 것을 이어받아 그의 '해석자'(*ἑρμηνευτής*)가 되었다. **내 아들**이란 묘사는 나이가 많은 그리스도인 지도자와 그의 청년 제자 간의 신뢰와 사랑의 관계를 적절히 반영해 준다.

**[14] 너희는 사랑의 입맞춤으로 서로 문안하라 그리스도 안에 있는 너희 모든 이에게 평강이 있을지어다**

따라서 이러한 사적인 정보의 단편들은 서로 잘 일치한다. 곧 이러한 단편들은 역사적인 진정성이나 지극히 익숙한 구상을 반영해 준다. 이제 저자는 그의 교회의 인사말을 전한 후 수신자들에게 **사랑의 입맞춤으로 서로 문안하라**고 명한다. 바울은 그의 여러 서신들(롬 16:16; 고전 16:20; 고후 13:12; 살전 5:26)을 다소 덜 사적인 것이라 하더라도 어쩌면 더욱 예배식적인, (여러 초서체 사본과, 벌게이트역을 포함해서 여러 역본들에 대용되어 있는) '거룩한 입맞춤'이란 표현으로 끝을 맺는다. 그리스도인들이 사랑에 넘치는 영적 유대에 대한 표현으로 공동체 모임에서 서로를 포옹하는 관습은 매우 일찍이 명백하게 입증되었다. 그러한 포옹은 회당에서는 전례가 없던 것으로 그 기원은 전적으로 기독교적인 것이었다. 우리는 그러한 포옹의 적절한 순간은 예배 행위의 절정이었거나 그 외 어떤 의미심장한 순간, 곧 어떤 사도로부터 온 중요한 편지를 큰 소리로 읽은 후였으리라고 가정할 수 있다. 저스틴(Justin, *1 Apol.* lxv. 2)에 따르면 '화평의 입맞춤' 은 2세기 중엽까지 로마 가톨릭 교회의 주일 성찬식에서의 일반적인 특징이었다. 그리고 그것은 여러 가지 면에서 수정되어 오늘날에 이르기까지 전통적인 중요한 성찬식에 존속되어 왔다.

마지막으로 1:2을 상기시키는 축복의 말이 따른다. **그리스도 안에 있는 너희 모든 이에게 평강이 있을지어다.** 여기서 기독교적인 색채로 내용이 더 풍부해진 히브리인의 일상적인 인사말인 **평강**의 의미에 대해서는 1:2에 관한 주석을 보라. 바울이 서신들을 끝맺는 기도는 보통 '은혜' 를 위한 것이지만(롬 16:20; 고전 16:23; 고후 13:13; 갈 6:18; 엡 6:24; 빌 4:23; 골 4:18; 살전 5:28; 살후 3:18; 딤전 6:21; 딤후 4:22; 딛 3:15; 몬 25절), 그는 종종 그의 기원에 '평강' 이란 말을 덧붙인다(롬 15:33; 고후 13:11; 갈 6:16; 엡 6:23 살후 3:16). 이러한 인사법에 대해서는 요삼 15절을 참조하라. 여기서 인사를 받는 자들은 **그리스도 안**에 있는 것으로 묘사되는데, 이것은 저자가 그들의 것이 되기를 기원하는 복된 **평강**은 그리스도와 그들의 관계에 근거되어 있다는 것을 암시하여 준다. 3:16(이에 관한 주해를 보라)과 동일하게 이런 관용적 표현은, 신자들은 세례식을 통한 중생의 결과로 새로운 존재의 영역으로 들어갔음을 암시해 준다. 곧 신자들은 그리스도와 연합되어 있으며, 그리스도의 부활 생명을 함께 나누는 것이다.

# 2 Peter
# •
# Jude

베드로후서 • 유다서 주석

# 베드로후서 및 유다서 서론

## 1. 정경성(正經性)

베드로후서와 유다서는 서로 밀접하게 관련되어 있기 때문에, 이 두 서신을 함께 다루는 것은 서론의 목적상 필수적이며 또한 아주 유익한 일이다. 이 두 서신에서 가장 먼저 언급되어야 할 문제는 신약 내에서의 두 서신의 위치이다. 오늘날의 독자들은 가끔 이 서신들에 대하여 흡족해 하지 않는 경향들이 있다. 그들은 베드로후서가 한쪽 면만을 강조하고 있으며 전반적으로는 평범하다고 생각한 나머지 실망해 버린다. 유다서에 대해서는 내용은 단조로운데 어조는 고발적이라는 사실 때문에 쉽게 흥미를 잃어버린다. 현대 독자들은 두 서신이 유대 그리스도인의 묵시 문학적이며 선호하기 어려운 심상으로 강경하게 표현된 종말론에 집중되어 있음을 발견한다. 또한 16세기에 한편으로는 새로운 연구의 정신과 다른 한편으로는 복음의 순수성에 대한 개신교의 관심이 고조되어 그리스도인들이 정경(正經)을 새로운 시각으로 보게 되었을 때, 이 두 서신도 비판적인 정사(精査)의 대상이 되었다. 에라스무스(Erasmus)와 칼빈 같은 학자들은, 비록 결정적인 판단은 그 두 서신을 인정하는 방향으로 내리긴 하였지만, 두 서신의 진정성에 대해 야기되는 불확실함을 충분히 의식하고 그에 영향을 받았다. 루터는 유다서를, 목록에 아무런 번호 표기 없이 그의 「9월의 언약」(September Testament, 1522) 부록에 첨가시켰다. 가톨릭의 카제탄(Cajetan)과 개신교의 외콜람파디우스(Oecolampadius)는 이 두 서신을 정경에 준하는 제 2의 권위에 속하는 것으로 인정하였다.

초대교회에서는 이 두 서신에 대해서 결정적으로 내려지는 판정들이 각각 현저하게 달랐다. 베드로후서가 자체의 권위를 확보하지 못했던 것과는 달리, 유다서는 2세기에 로마(Muratorian Canon), 아프리카(Tertullian, *De cult. fem.* i. 3)와 알렉산드리아(Clement: in Eusebius, *Hist. eccl.* vi. 14. 1)에서 성경으로 인정받음으로써(약 A.D. 200) 널리 보급되었던 것 같다. 그러나 그 후 이 서신은 의심을 받게 되었다. 오리겐 자신은 유다서를 "천상의 은혜의 건전한 말씀으로 가득 찬" 성경으로 환영했지만(Origen, *In Matt.* x. 17), 어떤 사람들은 이를 거부하였다고 암시한다(*ib.* xvii. 30). 유세비우스는 유다서를 의심할 만한 책으로 분류함으로써(*Hist. eccl.* vi. 13. 6; 14. 1) 이러한 사실을 입증했는데, 이는 이 서신이 에녹 1서와 같은 외경들을 편파적인 호의로 대한다는 명백한 이유 때문이었다(Didymus, PG xxxix, 1811-1818; Jerome, *De vir.* ill. iv). 그러나 아타나시우스(Athanasius)는 이를 367년의 그의 유명한 정경(*Ep. fest.* xxxix: PG xxvi, 1437) 속에 포함시켰다. 비록 수리아 어를 말하는 교회들은 필록세니안(Philoxenian) 개정판이 출간되던 6세기 초까지는 정경으로 인정하지 않았지만(우리는 그들이 정경 문제에 관해 보수적으로 발전해 왔음을 마땅히 인정해야 한다) 그 후 유다서의 지위를 널리 인정하기에 이르렀다.

신약 성경 중 그 권위를 인정받기 위해 베드로후서처럼 오랫동안 집요한 논쟁을 거친 것은 없다. 서방 세계에서는 이 서신이 가지고 있는 권위 있는 명칭에도 불구하고, 4세기 중엽까지는 알려지지 않았거나 무시되었던 것 같다. 더욱이 제롬(Jerome)은 이 서신과 베드로전서의 문체가 상이하다는 이유로 많은 학자들이 이를 버렸다고 보고한다(*De vir.* ill. i). 이 서신은 동방에서 처음으로 인정받게 되었는데, 초기 콥트 역본(Coptic Version, 200년경)과 헬라어 파피루스 72(3세기 초)에 이 서신이 들어있는 것으로 미루어, 베드로후서가 그 지역의 정경이 형성되는 과정에 편입된 것으로 추측된다. 그러나 만일 우리가 루피누스(Rufinus)의 라틴어역을 신뢰할 수 있다면, 오리겐(Origen)까지도 이 서신을 베드로의 이름으로 자주 인용하면서도 이것이 논란이 있는 저작임을 솔직하게 인정한다(*In Ioann.* v. 3). 유세비우스(Eusebius)는 이러한 불확실성을 의식하고 그 자신은 이 서신을 믿을 수 없고 실로 정경에 속하지 않는 것으로 취급한다(*Hist. eccl.* iii. 3. 1-4; 25, 3). 안디옥의 루시안(Lucian) 개정판은 베드로후서를 포함하지 않으며, 크리소스톰(John Chrysostom)과 몹수에스티아(Mopsuestia)의 데오도르(Theodore) 같은 전형적인 안디옥인들도 이 서신을 사용하지 않았다. 다시 이 서신을 자기의 경축 정전(festal canon, 367)의 목록에 실음으로써 이를 보증한 사람은 알렉산드리아의 아타나시우스(Athanasius)였다. 바질(Basil), 나지안주스(Nazianzus)의 그레고리(Gregory)와 에피파니우스(Epiphanius)가 아타나시우스를 따라 이를 정경으로 인용한다. "신성한 성품에 참여"(1:4)하는 것과, 성경의 적절한 관리자로서 교회에 대한 명백한 가르침(1:20)이 이 서신으로 하여금 인정받게 하는 데 도움을 주었을지도 모른다. 이 서신은 카르타고 회의(the synod of Carthage, 397)의 라틴어 정경에도 나오지만, 수리아 교회들의 주저함은 6세기 초까지 사라지지 않았다.

고대 교회는 어떤 책을 정경에 포함시킬지에 대한 자체의 표준들을 갖고 있었다. 그러한 표준들 중에는 사도의 저작성이 높이 평가되었고(널리 읽혀졌고, 우리가 앞서 보았듯이, 논의의 여지가 없는 정교-orthodoxy-의 가르침을 내포한 저작인) 베드로후서에 관한 자체의 대부분의 단서(但書)가 바로 이러한 근거(사도의 저작성)에 준하였다는 것을 제롬과 그 외의 학자들의 증거가 명백하게 해준다. 종교개혁 시대에도 그러했듯이, 오늘날도 이 서신이 정경에 미치지 못한다는 염려는 여러 가지 근거를 갖고 있다. 곧 신약의 나머지에 비추어 판단하여 볼 때 이 두 서신은 다소 우수성이 결여되어 있다는 것을 인정하지 않을 수 없다. 그러나 이러한 사실을 인정한다 해서 그것들의 신앙적인 가치를 과소평가하는 일이 있어서는 안 된다. 하물며 초기 기독교 신앙에 대한 이해를 위한 그들의 중요성을 과소평가하는 일이 있어서는 더더욱 안 된다. 신약의 어떤 다른 부분들이 그러하듯이, 이 두 서신의 전제와 표현법은 현대인들에게 추천할 만한 것이 못 될지도 모른다. 루터(Luther)가 이 두 서신에서는 복음의 메시지가 매우 밝게 빛나지 않는다고 말한 것은 옳았다. 그렇다 하더라도 주관적인 인상에 따라 좌우되는 사람들이라도 이 두 서신이 주목할 만한 영적인 통찰력과 능력을 나타내는 절들을 내포하고 있다는 것을 인정해야 할 것이다. 이 두 서신이 역점을 두어 다루는 문제들은 실제적이며 엄격한 것들이다. 특히 기독교 윤리에서 법과 자유 간의 긴장은 명백히 1세기와 2세기 초에 그랬던 것처럼 오늘날에도 당면한 문제이다. 그리고 하나님의 심판에 대한 두 서신의 경고, 재림에 관한 베드로후서의 관심과, 두 서신이 결정적인 시금석으로서 주와 그의 사도들의 가르침에 대해 호소한 것은 이 두 서신이 처음 기록될 당시에도 그랬던 것처럼 세속주의의 유행적인 요구들에 의해 최면술이 걸려 있고, 서로 엇갈리는 의견들로 혼란에 빠진 교회에게 도전을 주고 있다.

## 2. 상호 관계

베드로후서와 유다서는 주제나 어휘, 어법, 심지어 사상의 전개에 있어서까지도 놀라운 유사점을 드러냄으로써 그 밀접한 관계성을 보여준다. 그러한 유사성은 각각, 문제를 일으키는 자들을 통렬히 비난하며 그러한 자들을 실로 거의 구별하기 어려울 만큼 똑같이 고발하는 벧후 2:1-18과 유 4-16절과의 비교에 의해 가장 설득력 있게 나타난다. 두 서신이 그러한 사람들을 묘사하기 위해 사용하는 비유적인 표현과 (여러 보기 드문 단어들을 포함해서) 단어들은 매우 유사하다. 두 서신에서 공히 위법자들은 발람을 따르는 자들로 혹평될 뿐 아니라, 그런 자들 앞에 예비된 운명은 반역적인 천사들의 운명 및 소돔과 고모라의 성들의 멸망에 비유된다. 그러나 두 서신의 일치성은 이러한 중심 대목들 이상에까지 미친다. 주의 사도들이 '조롱하는 자들' 의 출현을 예언한 유 18절은 벧후 3:1-3에서의 거의 동일한 '조롱하는 자들' 이라는 표현에 의해 그 유사성을 심화시킨다. 두 서신은 또한 수신자들을 '사랑하는 자들아' 라고 부르는 습관을 갖고 있다. 마지막으로 벧후 1:1, 5, 12; 3:14, 18과 유 1, 3, 5, 24, 25절 사이에 나오는 동사들은 명백한 유사절들이 있다.

우리는 이러한 관계에 대해서 어떻게 설명해야 하는가? 몇몇 학자들의 그럴 듯한 주장이 있는데, 두 서신을 '교회를 유혹하는 자들에 저항하도록 작성된 일종의 설교' (B. Reicke)와 같은 공동 자료에서 이끌어 내었다는 것이다. 이러한 견해를 뒷받침하는 두 서신의 관계에 대한 훌륭한 발견이 있는데, 그 중 한 가지는 두 서신의 밀접한 유사성에도 불구하고 실제로 같은 동사를 사용한 경우는 드물다는 사실이다. 유일하게 일치하는 절은 벧후 2:17(하반절)과 유 13절(하반절)뿐이다. 또 하나는 중심부에 있는 논객의 모호하고 매우 일반적인 성격인데, 이단에 관하여 그 가르침의 내용을 막연하게 다루면서 이단의 존재를 그림자처럼 모호하게 묘사한다. 이러한 고려 사항들은 실로 의미심장하지만, 이러한 절들에 의거한 해결법에 대해서 결정적으로 제기되는 반론은, 유사절들이 비판적인 부분에만 국한되지 않는다는 것이다. 유다서의 대부분이 베드로후서에서 어떤 식으로든 재언급되지 않는 것이 거의 없기 때문에, 공동자료설이 맞다면 모든 면에서 의도나 목적이 일치해야 한다. 이 자료를 받아들이는 것과 별개로, 저자가 한 일이라곤 19-23절의 명령과 짧은 발췌문을 덧붙인 것밖에 없는데, 굳이 저자가 이런 수고를 해야 할 이유가 무엇일까 궁금하다.

그러므로 우리는 유다서가 베드로후서에 의존하는지, 아니면 베드로후서가 유다서에 의존하는지 양자택일해야만 한다. 그러나 이에 대한 반론이 없는 것은 아니다. 공동 자료설에 대한 반론은 두 서신의 유사성에 대한 역설적 반론으로 이어진다. 만일 유다서의 저자가 자기 앞에 베드로후서 전체를 갖고 있었다면 왜 그는 자기의 표절을 그처럼 단호하게 제한시켰는지(베드로후서는 확실히 그가 유익하게 이용할 수 있었던 것 외에도 많은 것을 포함하였다), 그리고 왜 그는 베드로를 이름으로 언급하는 대신에 "우리 주의 사도들"(17절)이라고 모호하게 말하는지 이해하기가 역시 어렵다. 초대교회에는 어쨌든 단축보다는 부연하는 경향이 있었는데 베드로후서는 유다서보다 훨씬 길뿐더러, 두 서신이 분해될 때마다 베드로후서의 설명은 유다서의 설명보다 몇 번이고 더욱 정교하고 다변적(多辯的)인 것으로 드러난다. (벧후 2:1-3과 유 4절; 벧후 2:4과 유 6절; 벧후 2:15과 유 11절 상반절을 참조하라.) 베드로후서가 거짓 선생들을 미래시제로 말하는 경향이 있는데 반하여(2:1-3; 3:3) 유다서는 현재시제를 사용한다는 것과, 유다서 4절에서 '오래전'(옛적부터-한글 성경) 그들(거짓 선생들)의 정죄에 대한 진술은 베드로후서의 예언들에 대한 언급일지도 모른다는 부수적인 항변은 관련된 절들에 대한 오해에 근거하고 있다. 베드로후서가 원본이라는 그럴 법하지 않은 가정에 의해서가 아니라면 베드로후서가 미래시제에 의존하는 것이 매우 뚜렷한 문어적인 책략이며, '오래전'의 선지자는 실제로 에녹이라는 것을 발견하게 될 것이다.

이러한 이유들에서 유다서가 순위상으로 우선한다는 것이 오늘날 거의 만장일치로 받아들여진다. 그리고 본문을 면밀하게 조사하는 것은, 베드로후서의 종속적인 특징을 확인하는 데 도움이 된다. 유다서는 대체로 그 필체가 활달하고도 자연스러우면서 어조가 강경하다. 다시 성경 역사를 볼 때 두 서신에 나타난 실례들의 목록은 대체로 동일하지만, 유다서는 그것들의 정확한 연대순에 개의치 않는데 비하여 베드로후서는 그것을 면밀하게 준수한다. 베드로전서와 유다서는 죄인들을 다루시는 하나님의 엄하심을 강조하기 위해 이런 사건들을 예로 든다. 그러나 베드로후서는 노아와 롯과 같은 의인들에 대한 하나님의 은혜로우심을 상기시키는 것들을 소개함으로써 비난적인 어조를 자제한다. 마지막으로 성경에 대한 두 서신의 태도는 베드로후서가 후기 저작임을 암시한다. 한편, 유다서가 바로 에녹을 인용함으로써(14절) 실례들을 에녹 1서(1 Enoch)와 모세 승천기(the Assumption of Moses)로부터 자유롭게 사용하는데 비하여, 베드로후서는 생생한 세목의 필연적인 상실에 의해, 그리고 필요에 따라서는(2:11의 주해를 보라) 명료함으로 이러한 특징을 단축하거나 제외시킨다. 베드로후서의 저자는 명백히 구약에 대해서 더욱 엄격한 견해를 갖고 있으며, 외경을 인용하는 것을 꺼린다. 다른 한편, 바울 서신에 대해서 말하는 저자의 태도(3:15-16)는 형성되기 시작한 신약 정경이 인정되고 있다는 그의 의식을 무심코 드러낸다. 저자가 일견 이상할 정도로 유다서의 정확한 어법을 재현하지 못하는 것은, 부분적으로는 그가 풍부한 용어에 대한 열정을 갖고 있는 자의식이 강한 문장가라는 사실에 의해 설명되어야 한다. 그러나 저자가 이 서신을 쓰고 있을 때 책상 위에 유다서 초기의 책자를 갖고 있지 않았으므로 차라리 자신의 기억을 신뢰하기로 하였다는 견해 역시 가능하다.

## 3. 특징과 목적

유다서와 베드로후서는 (베드로전서와 함께) 보통 '보편 서신' (catholic epistles) 혹은 '공동 서신' (general epistles)이라 불리는데, 특별한 공동체나 개인에게 보내진 서신과는 달리 기독교계(界) 전체에 보내진 회람형 서신이라는 뜻이다. 6세기에 있었던 본 서신들에 대한 정의(定義)를 참조하라(*De sectis* ii. 4: PG lxxxvi, 1204). 그러나 이러한 정의는 다소 의문의 여지를 남기기 쉬운데, 베드로전서보다는 유다서가 더욱 그러하다. 물론 두 서신의 인사말은 특별한 대상을 지정하지 않고(벧후 3:1은 이러한 주장에 맞지 않는 것처럼 보이나, 해당절의 주해를 참고하라) 전칭(全稱) 명사로 표현되며, 두 서신 중 어느 것도 어떤 개인적인 메시지나 인사말은 내포하고 있지 않다는 것이 사실이다. 이러한 특수성으로 볼 때 그 서신들이 초기의 여러 세기 동안 갖고 있던 명칭이 확실하게 설명된다. 예를 들어, 아타나시우스(Athanasius, *Ep. fest.* xxxix)는 '소위 일곱 개의 보편 서신' 에 대해 말한다. 아무튼 명백한 것은, 두 저자가 그 당시 위험하다고 간주되었던 자들의 비행(非行)과 거짓된 가르침에 대하여 공격의 펜을 들지 않을 수 없게 되었다는 것이다. 그러한 난국은, 우선적으로 각 교회들이나 이를 중심으로 한 지역에 영향을 주었다고 믿을 수밖에 없다. 그러한 증거들은 여러 곳에 있지만, 그 중에서도 유다서 4절은 특히 신앙을 훼손하는 '어떤' 방해자들에 대해서 언급한다. 그리고 12절에는 애찬 시의 잘못된 처신에 대한 생생한 묘사가 나오는데, 실제 사건을 본 그대로 표현한 듯하다. 이 서신은 비교적 앞선 시기의 것인데(본 주석 서론의 4항을 보라), 우리는 "전체적인 기독교 사상이 본 서신이 기록되던 시기에 구체화되었는지에 대한 의문을 가질 수도 있다. 베드로후서에서는 다소 다른 태도를 지닌 저자의 모습이 나타나는데, 이는 그가 자신을 확실한 사도로, 자기의 메시지를 보편적인 의미를 갖고 있는 것으로 묘사하기 때문이다(참고. 1:12-15). 그러나 그도 자기의 수신자들과의 개인적인 친분을 무심코 드러내는 것 같다(2:18에서 최근의 개종자들에 대한 그의 언급을 참조하라). 저자가 더불어 싸우고 있는 오류들 중 어떤 것들, 특히 재림에 대한 회의에 대해서는 암시적이긴 하지만 충분할 만큼 명백히, 구체적인 입장을 표명하고 있다.

두 서신은 많은 중복에도 불구하고 내용과 형식 면에서 현저한 차이를 나타낸다. 유다서는 초두와 종결부에서의 몇몇 간결한 문장들을 제외하고는 전적으로 거짓 그리스도인들의 정체와 그들의 불명예스러운 비행을 폭로하는 것으로만 작성된 간결한 논박문이다. 유다서의 문체는 활기차고 화려하다. 그리고 풍부한 어휘를 전개하는 이 저자는 이따금 셈어적 어투가 있으면서도, 유창하게 흐르는 탁월한 헬라어를 구사한다. 저자는 유대 기독교인으로서, 구약과 하가다(haggadah)로 알려진 구약에 대한 전통적이며 때로는 전설적인 해석뿐 아니라, 자신이 자유롭게 사용하는 계시문학에 정통해 있다. 베드로후서의 어조는 유다서보다 무리한 화법의 전환이 비교적 덜 나타나며, 헬라적 경향이 더 강한 그의 헬라어는 완곡하고 어색하며 때로 '아시아' 풍으로 허세를 부리고 꾸미는 느낌을 준다. 이 저자의 흥미로운 특징은 헬라풍 신앙의 언어와 개념에 대한 친숙함과 그러한 것들을 곧잘 사용하는 것이다(예. 1:3-7, 16). 저자가 공격하려는 과녁은 유다서보다는 복합적이며 더 적극적이다. 부분적으로는 유다서와 유사한 상황에 직면한 저자는 유다서의 통렬한 비난을 자신의 서신과 통합시킨다. 그 위에 저자는 재림과 성경 해석에 대해서 현저하고도 전적으로 새로운 오류들을 다루는 것이 필요함을 발견하게 된다. 저자는 (신약에서 독특한 특징인) 최후의 우주적인 대변화(the final cosmic conflagration)를 배경으로 하여 기독교의 종말론적인 소망을 유다서보다 더 적극적으로 묘사하고 있으며, 그의 독자들이 부르심에 합당한 고도의 윤리적인 수준에 이르기를 원한다. 더 깊은 동기는 저자가 본 서신에서 그리스도의 마지막 지시와 언약의 특성을 표현하는 방법에서 나타난다(1:13-15에 관한 주해를 보라). 저자는 이 글이 교회들에 대한 베드로의 고별 메시지로 읽혀지기를 원한다.

두 저자는 사도적인 신앙이 그릇된 믿음에 대한 절대적으로 확실한 판단 기준이라는 것에 만족한다. 앞으로 살펴보겠지만, 베드로후서의 저자로 하여금 사도의 태도를 취하지 않을 수 없게 하는 것은 바로 이러한 확신이다. 거짓 선생들에 대해서 말하자면, 베드로후서는 앞서 보았듯이 일반 그리스도인들을 동요시키는 회의자(懷疑者)들의 조소에도 불구하고 그리스도의 재림과 세계의 대격변적인 종말의 확실성을 재단언하고, 그러한 사건들의 실현이 지연되는 확실한 이유들을 제시하는 데 큰 관심을 갖고 있다. 이 서신의 또 다른 목표(1:20; 3:15)는 공교회(公敎會)의 가르침을 벗어나는 교의를 지지하여 성경을 이기주의적으로 이용하는 자들에 대한 반격이다. 두 서신에서 공격의 대상이 되고 있는, 전통적인 기독교 신앙에서 벗어난 이러한 독특한 문제들은 강조점의 차이만 있을 뿐, 대체로 동일한 문제들로 보인다. 두 서신에서 문제를 다루는 방법은 대체로 비난적이며 부정적이기 때문에 이 서신들을 우리가 원하는 대로 정확하게 구분짓기란 어렵다. 어떤 해석자들은 우리 앞에 있는 것은 이교도의 몽타주(portrait-robot de l hérétique, C. Spicq)이기 때문에 그러한 시도는 어쨌든 대수롭지 않은 것이라고 주장한다. 그러나 이러한 비난이 보편적인 한편으로, 거기에서 도출되는 양상은 다소 희미하긴 해도 인식할 만한 모양새를 갖추고 있다. 안전하게 제시할 수 있는 두 가지 예비적인 요지는 다음과 같다. 첫째, 베드로후서에서 나타나는 재림에 대한 회의론은 독립된 별개의 이단이 아니라, 전체에 나타나고 있는 다른 탈선 행위들과 연관된 것 같다(3:3을 참조하라). 둘째, 두 서신에서, 문제를 일으키는 자들은 분열을 꾀하는 어떤 집단이라기보다는 공동체 내에서 같이 지내는 자들이다(유 4절; 벧후 2:14). 그렇기에 애찬에서 그들의 수치스러운 행위들(유 12절; 벧후 2:13)이 비난의 대상으로 선택되고 있다.

그들을 반박하는 진술은 교리적이며 윤리적인 것인데, 그 중에서도 윤리적인 것이 훨씬 밀접하게 연관되어 있다. 이는 저자가 그들을 타이를 때에는 윤리적인 것에 호소하고 있기 때문이다. 우리는 두 서신에서 몇 번이고 되풀이하여 비행자들의 방종, 음란, 색욕과 탐욕에 대해 듣는다. 그들의 활동과 실례를 통해서 볼 때, 그들은 확실히 사람을 타락하게 하는 영향력을 갖고 있을 뿐 아니라(벧후 2:18), 동료 그리스도인 사이에 내분을 조성하고 있다(유 19절; 벧후 2:1). 이런 행위들은 대부분 관습적인 비난으로 평가되어야 하겠지만, 명백한 것은 그들의 부끄러운 행위들이 어떤 원리에 기초되어 있다는 것이다. 그들은 자신들이 하나님의 은혜에 참여하고(유 4절) 하나님의 아들들의 자유를 누리기(벧후 2:19) 때문에 율법의 제재를 받지 않고 행할 권리가 있다고 믿는다. 만일 이러한 해석이 정확하다면 그들의 이단적인 주장은 전문적으로 '도덕률 초월론'(antinomianism)으로 알려진 것을 포함한다. 이 도덕률 초월론은 사도시대(유 4절; 벧후 2:9의 주해를 보라) 이후 오늘날에 이르기까지 교회 역사에서 정기적으로 되풀이되는 현상이다. 도덕률 초월론은 여러 이유에서 기인하며 숱한 형식을 취하지만, 그것의 본질은 참으로 영적인 사람은 하나님과 그의 특권적인 관계로 말미암아, 보통 인간들을 속박하는(특히 성 문제에 있어) 윤리적인 제한 및 의무와 규범들로부터 해방된다는 가정이다.

엄격한 교리적 고소 내용은 좀더 까다로운데,(주석에서 밝히겠지만) 중심 본문들은 주석상으로 물의를 일으키는 몇 가지 문제들을 갖고 있다. 첫째, 오류자들이 유 4절(주해를 보라)에서는 하나님과 그리스도를 부인하는 문제로 정죄되고, 벧후 2:1에서는 '자신들을 (값주고) 사신' 주인 그리스도를 부인하는 문제로 정죄된다. 그러나 어느 경우에서도 이러한 부인이, 기독교 윤리에 대한 거부로 말미암아 귀결되는 실제적 무신론을 의미하는지, 단지 비정통적인 신학적 견해를 의미하는 것인지는 명백하게 나타나 있지 않다. 비록 후자라고 해도 (이와 관계되는 절에 관한 주석에서 시험적으로 주장되듯이) 우리는 그들의 기독론이 어떤 결함을 가지고 있었는지에 대해서 여전히 전혀 아는 바가 없다. 둘째, 많은 해석자들에 의하면 유 4, 8, 25절이 암시하는 것은, 그러한 집단이 엄격하게 일신론을 지지했는지는 의심스럽다는 것이다. 이러한 해석(해당 주해를 보라)이 실로 정확할지도 모르지만, 이로써 우리가 일부 학자들이 말하는 것처럼 그들이 영지주의에서 말하는 조물주(Demiurge), 즉 열등한 창조주를 지지했다고 볼 수 있는지는 지극히 의심스럽다. 셋째, 두 서신에서 언급되고 있는 '문제를 일으키는 자들'은 의심할 바 없이 천사의 능력을 모독하는 죄를 범하고 있지만(유 8절; 벧후 2:10), 어떤 방식으로 이러한 범죄를 저지르는지에 대해서는(두 저자의 관점은 각각 다른 것처럼 보인다) 여전히 불가사의로 남아 있다.

마지막으로 영지주의와 그들과의 관계에 대한 의문이 있다. 영지주의는 비정통적인 유대교와 2세기의 교회에 만만찮은 위협으로 다가왔던 사조(思潮)이다. 영지주의는 이미 바울의 생존시에 어떤 공동체들과 지역들(예. 골로새)에 영향을 주고 있던 '지식'(γνῶσις)에 의한 구원이란 사상체계에 영향을 받았을 것으로 추정되며, 이것이 점차적으로 종교적, 점성학적, 신화적이며 철학적인 관념들이 뒤섞여서 발전하게 되었던 것으로 생각된다. 두 서신에 기록된 여러 구절들을 통하여 관찰할 때, 그 서신들에서 비판 받고 있는 운동들이 영지주의 색채를 띠고 있었다는 강한 인상을 남긴다. 우리는 유다서에서, 일단의 종파에 속한 자들이 자신들만이 비밀의 계시를 받은 자들이며(8절) 영적인 존재라고 주장한다는(19절) 암시를 얻게 된다. 그리고 베드로후서에서는 그리스도를 아는 것이 참된 지식(γνῶσις: 1:3, 8절 등)이라는 암시와 '교묘히 만든 이야기'에 대한 언급(1:16)을 보게 된다. 그들의 윤리적인 방종을 사실로 받아들인다면 그들에게 나타나는 그러한 교리적인 결함은 당연한 귀결이다. 왜냐하면 전형적인 영지주의자들은 육신을 경시하며 육신으로 행한 것은 어느 것이든 도의적으로 대수롭지 않은 것으로 간주했기 때문이다. 그러므로 우리가 이 두 서신에서, 2세기에 크게 부각되었던 기독교 교회와 영지주의 간의 숙명적인 전투가 시작되는 총성을 엿듣게 되는 것은 당연한 것이다. 그러나 우리는 그들의 반(反)영지주의적 특성들을 과장하지 않도록 조심해야 한다. 당시 영지주의의 형태는 더 정확히 말하면 '영지'(Gnosis)라는 것이 극히 초기적인 상태로서, 어떠한 성직 계급이나 2세기 즈음의 발달된 체계에서 나타나는 중요한 교의를 갖고 있지 않았기 때문이다.

## 4. 베드로후서의 저자와 저작 연대

오늘날 베드로후서가 익명으로 되어 있다는 것을 의심하는 사람은 거의 없다. 비록 베드로후서의 저자가 보여 주고 있는 학문과 재능의 감명 깊은 결합을 베드로의 것으로 설명하려는 소수의 사람들이 있기는 하지만 말이다. 저자는 '시몬 베드로'란 인사말을 위시하여 자신은 변화산에서의 주님의 모습을 보았던 사람이라는 것(1:16-18)과, 임박한 죽음에 대해 주께로부터 사적인 계시를 받았음(1:14)을 상기시킨다. 또한 베드로전서에 대한 명백한 암시로, 본 서신은 자기가 쓴 두 번째 서신이라는 것을 증언하며(3:1), 동료로서 바울에 대해 말함으로써(3:15) 자신이 참으로 사도인 것을 드러내고 있다. 그러나 오히려 이러한 지나치게 열렬한 주장들이 의심을 불러일으키게 만든다. 첫째, 본 서신의 중심 대목은 유다서의 개작물이며 그 나머지 부분은 유다서가 참고했을 법한 자료로부터 빌려온 내용들이 들어 있다. 그러나 유다서가 기록되었을 수 있는 가장 빠른 연대는 (우리가 앞에서 생각해 보았듯이) 네로 황제의 반기독교적인 학살(A.D. 64년경)로 베드로가 죽은 후인, 70년대 초이다. 둘째, 유대인의 하가다*(haggadah)*에 대한 저자의 해박한 지식으로 미루어 그가 유대파 그리스도인이었다는 것이 거의 확실하지만, 그는 또한 전직 갈릴리 어부가 전혀 소유했을 것 같지 않은 헬라의 종교적이며 철학적인 교양에 매우 친숙하다. 셋째, 저자는 첫 그리스도인 세대가 지나갔고(3:4), 바울의 서신 등이 수집되던(3:15) 때에 살았음을 무심코 드러낸다. 넷째, 성경에 대한 정통적인 해석(1:20; 3:15)과 사도들의 전통(2:21; 3:2)에 대한 저자의 관심은 첫 세대의 기독교 신앙보다는 세상에 나타나기 시작한 가톨릭 교의를 연상시킨다. 다섯째, 만일 이 서신이 실제로 베드로의 저작물이라면 교회, 특히 로마 가톨릭 교회가 이를 베드로의 것으로 인정하기를 주저하고 꺼려함은 깊이 고려할 문제가 아닐 수 없다.

만일 베드로전서가 진정한 베드로의 것으로 인정된다면 이러한 난제들은 엄청나게 고조된다. 컴퓨터에 의한 종합적인 분석을 기초로 하여 두 서신은 실로 언어학적으로 구별할 수 없다고 주장되어 왔다(A. Q. Morton, *The Authorship and Integrity of the New Testament*, 1965). 그러나 대다수의 헬라어 독자들은 이러한 결론은 분석 방법의 한계를 드러낸다고 인정할 것이다. 대체로 베드로후서의 문체는 베드로전서보다 더욱 수상쩍고 과장되며 호화롭다. 이 서신은 장단격의 운율

(iambic rhythms)을 쉽게 구사하며, 단어 선택은 학구적이면서도 조작적이고, 문장 구성은 고심한 흔적을 드러내고 있다. 그리고 연결 불변화사와 히브리어식 표현들과 분사들이 훨씬 드물게 나오는 데 비하여, 관사는 더욱 빈번이 나오며, 단 한 번만 나오는 단어의 비율이 다른 성경보다 눈에 띄게 높다. (신약에서 가장 높다.) 또한 두 서신 간에는 중요한 신학적인 상이점들이 있으며, 두 서신의 주제들이 겹치는 곳에서는 다른 말로 표현하는 경향이 있다. 베드로전서는 재림을 '예수 그리스도의 나타나실 때' 라고 표현하며, 후서는 '강림', 혹은 '주의 날' 이라고 말한다. 벧전 1:9은 구원을 '너희 영혼의 구원' 이라고 표현하며, 벧후 1:11은 '그리스도의 영원한 나라에 들어감' 이라고 말한다. 이러한 사실들은 오래전에 제롬(Jerome)에 의해 주목되었는데, 그는 두 서신이 "문체, 단어들의 특징과 구성 면에서 다르다"고 말한다(*Ep.* cxx. 11). 그러나 이것을 필사자가 다르기 때문이라고 설명하는 제롬의 지론은 두 저작물의 전적으로 다른 분위기를 설명하지는 못한다.

그러므로 우리는 베드로후서가 수석 사도인 베드로에 대한 흠모에서 비롯된 풍부한 수확물이라고 생각되는 위(僞) 베드로 문헌들 중 하나라고 결론을 내려야만 한다. 이와는 별개로 우리는 논란의 대상이 되고 있음을 인정하면서도 무라토리안 정경(Muratorian Canon)이 성경으로 받아들이는, 매우 잘 알려진 '베드로 계시록' (*Apocalypse of Peter*, 135년경), 널리 읽혀지고 있는 '베드로 설교' (*Preaching of Peter*, 2세기 초), '베드로 복음' (*Gospel of Peter*, 190년경) 그리고 전설적인 '베드로 행전' (*Acts of Peter*, 2세기 중엽)에 대해서 알고 있다. 그리고 베드로의 이름이 쓰여 있는 더 많은 저작물들이 내그 햄머디(Nag Hammadi)에서의 발굴물 속에 포함되어 있었다. 베드로후서는 '베드로 계시록' 의 저자에 의해 연구되고 사용되었으며, '베드로 설교' 와 동시대의 것일지도 모르지만(바로 이것이 확실히 질적으로 가장 훌륭한 것이기 때문에), 그러한 종류 중 아마 가장 초기의 저작일 것이다. 본 서신의 저자는 베드로전서에 정통해 있었는데 그는 이 전서를 명백하고 권위가 있는 것으로 받아들이며, 본 서신이 베드로전서의 후편 저작물임을 주장한다. 부비어(G.H. Boobyer)가 증명하였듯이 저자는 먼저 저술된 저작물에서 여러 대목을 가져와서 자신의 저작을 구성한다. 이것의 정확한 연대에 대해서는 판단하기가 쉽지 않다. 그것은 명백히 유다서보다 후기에 속하지만, 아주 후기에 저술되었다고 볼 수는 없다. 본 서신에서 다루는 거짓 가르침과 윤리적인 비행들은 전서에서 다룬 것들과 동일하다. 본 서신의 저자는 유다서를 명백히 진정으로 존중하면서도, '야고보의 형제'에 의한 것이라는 자체 증거에도 불구하고 유다서를 이름으로 언급하지 않고 성경으로 취급하지도 않는다. 앞서 언급하였듯이, 지금 직면해 있는 영지주의 형태는 2세기 중엽에 유행하던 성숙한 형식보다는 훨씬 단순한데, 재림에 대한 매우 유사한 회의가 클레멘트 1서(*1 Clement*, 95년경, 3:4의 주해를 보라)에서 성토되고 있다. 비록 어떤 주석가들은 본 서신의 연대를 A.D. 100-110년보다 약간 앞선 것으로 정하고 다른 해석자들은 그보다 늦은 것으로 보지만, 대체로 대부분의 관련 자료는 A.D. 100-110년에 쓰인 것으로 일치된 증거를 보인다.

본 서신이 이집트에서 가장 먼저 확고한 인정을 받았고 이집트에서 유래했을 '베드로 계시록' (*Apocalypse of Peter*)의 저자에 의해 신속히 소개되었다는 이유들에서, 이집트가 본 서신의 출처로 추정되어 왔다. 아무런 외적 증거가 없긴 하지만 이것이 꽤 그럴 듯한 결론인 것 같다. 이 서신의 수신지가 어디인가라는 문제는 이것이 본래 '공동 서신', 곧 전체 기독교계를 위해 서신 형식으로 작성된 설교였는지, 아니면 진정한 서신의 일부였는지에 대해 선결되어야 할 판단에 달려 있다. 후자(Ⅲ항을 보라)는, 저자가 그의 메시지가 보다 광범위한 독자들에게 읽혀지기를 기대하였을 가능성을 제외시키지 않는다. 어떤 주석가들은 이 후자가 정확하다는 가정에 따라 고난받는 교회들이 위치해 있던 지역으로 팔레스타인을 꼽고 있다. 다른 주석가들은 그 교회들이 베드로전서의 저자가 의도하고 기록했던 교회들과 동일시되어야 한다는 이유에서 소아시아를 채택했다. 또 다른 주석가들(그 중에서도 특히 J. B. Mayor)은 3:15에서의, 바울이 '너희에게' 씀과, 저자의 말은 로마 그리스도인들에 대한 것이라는 그들의 믿음에 관한 저자의 언급에 비추어 로마를 채택한다. 그러나 이 마지막 견해는 제외되어야 하는데, 이는 부분적으로는 이 서신의 목적지로서 로마를 가리키는 증거가 아무 데도 없기 때문이며, 무엇보다도 이러한 견해는 관련절들에 대한 오해에 근거하고 있기 때문이다. 이러한 논의는 별 유익이 없지만, 만일 저자가 어떤 특별한 공동체들을 의중에 두고 있었다는 것을 인정한다면 우리는 3:1에서 보여 준 그의 진술이, 만일 그들이 소아시아 어딘가에 위치해 있다면, 가장 설득력이 있을 법한 것이었다고 결론을 내리지 않을 수 없다. 그들이 이방 그리스도인들로 이루어졌다는 것은 본 서신의 전체 어조와 분위기로 볼 때 명백한 것으로 보인다.

## 5. 유다서의 저자와 저작 연대

유다서 1절에 의하면, 이 서신은 '야고보의 형제인 유다'에 의해 기록되었다. 이 두 이름은 성경 시대에 매우 흔한 이름이었는데, 그 둘은 신약에서 여러 가지로 연관되어 나온다. 막 6:3에서 예수의 형제들 중 하나로 언급되는 자가 유다(그밖에 야고보, 요셉, 시몬이 있다)이다. 그리고 열 두 제자에 대한 누가의 기록(눅 6:16; 행 1:13)에는 가룟 유다 외에 '야고보의 아들 유다'로 묘사되는 사도가 나온다. 또 '바사바라고 하는 유다'는 안디옥으로 가는 바울의 전도여행에 예루살렘 교회가 바울의 동반자들로 지정한 두 '인도자' 중 한 명이었다(행 15:22). 대체로 유다보다는 야고보가 더욱 인기 있는 이름이었다. 공관복음서 저자들에 의하면 열두 제자는 두 야고보, 곧 세베대의 아들이며 요한의 형제인 야고보와 알패오의 아들인 야고보를 포함하였는데, 우리는 요한의 형제 야고보가 44년 헤롯 아그립바 1세에 의해 처형되었음을 안다(행 12:2). 앞서 언급했듯이 주의 형제들 중 한 사람이 야고보라 불렸는데, 그는 후에 예루살렘 교회의 지도자로 유명하게 되었다(행 15:13; 갈 1:19). 우리는 또한 '청년 야고보'(막 15:40; 마 27:56. 문자적으로는 '작은 야고보' -그의 어머니 마리아는 십자가에 못 박히신 예수를 멀리서 바라보았던 여인들 중 한 사람이었다)와 누가가 사도 유다와 관계된 것으로 언급하는 야고보(6:16)에 대해 알고 있다. 마지막으로, 실제로 주의 형제거나 사도가 아니라고 한다면, 야고보서의 저자로서 또 다른 야고보가 있다.

물론, 1절에서 언급된 사람들이 우리는 전혀 모르는 어떤 사람들일 수도 있지만, 그럴 가능성은 매우 낮다. 그러한 묘사법('야고보의 형제인 유다' -역자 주)은 본 서신이 기록될 당시 야고보는 하여간 독자들에게 잘 알려진 실로 중요한 인물로 인정되었다는 것을 암시하는 것 같다. 만일 이러한 견해가 받아들여진다면 야고보, 혹은 유다를 그러한 이름을 갖고 있는 주의 형제와 동일시할 충분한 근거가 있다. 만약 그렇지 않다면 유일하게 가능한 사람이(바사바 유다나, *Const. apost.* vii. 46과 Eusebius, *Hist. eccl.* iv. 5. 3에 예루살렘의 대감독직에서 야고보의 후계자들 중 하나로 거론되는 유다인데, 이런 추측은 거의 지지를 얻지 못하므로 무시해도 좋다) 사도 유다지만 이에 대한 결정적인 반론은, 누가의 생략적인 관용 표현을 정확하게 해석할 때 그는 '야고보의 형제' 가 아니라 '야고보의 아들' 을 의미한다는 것이다. 더욱이 1절이 명백하게 암시하는 것은 유다서 저자는 자신을 사도로 생각하지 않는다는 것이다. 우리는 주의 형제 유다에 대해서는 거의 아무것도 모르지만, 2세기의 연대기 기록자 헤게시푸스(Hegesippus, in Eusebius, *Hist. eccl.* iii. 19. 1-20. 6)의 단편적인 기록은 유다의 두 손자에 대해서 진기한 사건을 기술하고 있다. 병적으로 의심이 많은 황제 도미티안(Domitian, 81-96)은 그들이 다윗 가계에 속한다는 소식을 듣고는 그들이 왕권의 야망을 품을지도 모른다고 우려한 나머지 친히 그들을 심문했다. 왕은 유다의 손자들이 불과 땅 몇 평을 소유하고 있을 뿐인 단순한 농사꾼들이라는 것과 그들이 관심을 갖고 있는 유일한 왕국은 이 세상에 속한 것이 아니라는 것을 알았다. 그래서 왕은 그들을 하잘것없는 자들로 경멸하고는 자유로이 돌아가게 하였다.

이 서신을 유다 자신이 기록하였는지, 아니면 유다의 이름을 빌어서 기록한 익명의 저자가 있는지는 확실하게 판단하기가 힘들다. 많은 학자들은 유다가 이 서신을 기록하였으며, 그러한 가능성이 배제될 수 없다는 것으로 만족해 한다. 기록 연대가 장애물로 생각될지도 모르는데, 이는 17절이 명백하게 사도들을 과거에 속한 것으로 회상하기 때문이다. 그러나 이에 반하여 (우리가 앞서 보았듯이 베드로후서보다 앞선) 이 글의 어떤 특성들은 1세기, 70년대의 문장 구성법과 일치한다. 그렇게 추정하는 이유는 이 서신이 정경에 들지 않는 책들을 자유롭게 사용하고 있으며, 가정이긴 하지만 바로 초기의 영지주의적 성격을 비판적으로 기록하기 때문이다. 유다는 아마 62년 산헤드린에 의해 돌에 맞아 죽은 야고보(Josephus, *Ant.* xx. 200)보다 손아래였을 것이며, 야고보보다 10년 이상 순조롭게 살아 활동하였을지도 모른다. 고전 9:5에서 '주의 형제들'에 대한 바울의 진술은 유다가 전도 사역에 종사하였다는 증거일지도 모른다. 만일 그것이 사실이라면, 유다가 바울처럼 신자들의 신앙을 위협하는 위험에 대해서 알게 되었을 때, 그들에게 편지를 보냈다는 것은 실로 자연스러운 일이었다. 묵시적인 저작(apocalyptic writing)들에 대한 편향성도 그렇고, 이 서신의 유대인적인 기독교 배경과 어조가 이러한 전제들을 지지하고 있다. 이러한 부류의 저술이 호평을 받은 것은 바로 우리 주의 가족이 속하는 겸손하고 하나님을 경외하는 집단들에서였다. 만일 우리가, 유다가 예수님과 자기의 혈연 관계(kinship)에 대해서 전혀 언급하지 않았음에 대해 놀라워한다면, 알렉산드리아의 클레멘트(*Adumb, in ep. Iud.*)가 수세기 전에 감지하였듯이, 유다의 그러한 침묵은 우리가 이해할 수 있는 그의 겸손과 자제 때문인 것으로 쉽사리 설명된다.

이상의 전통적인 견해가 상당한 무게를 지니고 있지만, 여기에 대한 반론 또한 만만치 않다. 곧 유다서의 저자는 유대 그리스도인(a Jewish Christian)일 가능성이 있지만, 어쨌든 그는 세련된 헬라어 문체를 구사하는 헬라화한 유대인이었다. 본문은 번역문이라는 흔적이 전혀 보이지 않는다. 유다와 같은 갈릴리인이라면 헬라어를 유창하게 말할 수 있었겠지만, 이 저자가 헬라어를 다루는 고도의 세련된 방법으로 다룰 수 있다고는 상상하기가 어렵다. 만일 그가 선교사로 일하였다면, 우리는 그의 활동이 아람어를 말하는 팔레스타인 주민들 속에서 이루어졌을 것으로 예상해야 한다. 그러나 이 서신의 수신자들은 헬라 문화의 배경에서 살고 있는 이방 그리스도인들인 것 같다. 어쨌든 그들이 팔레스타인의 유대교로부터 개종한 자들일 가능성은 거의 없는데, 이는 지탄의 대상인 영지주의적 자유주의가 율법을 경외하는 배경에서 자란 사람들에게 그토록 매력적일 리는 없기 때문이다. 또한 "성도에게 단번에 주신 믿음"(3절)과 "우리 주 예수 그리스도의 사도들의 미리 한 말을 기억하라"는 호소(17절)와 같은 구절들은 유다의 입에서 자연스럽게 나올 만한 말이 아니다. 야고보는 보통 '주의 형제'로 알려졌기 때문에 유다가 이러한 묘사('주의 형제인 유다' –역자 주)를 스스로 자제해야만 했던 어떤 그럴 만한 이유가 있던 것으로는(클레멘트에 대해서는 실례가 되는 말이긴 하지만) 보이지 않는다. 그러나 그 후 어떤 그리스도인 저자가 이러한 묘사를 회피한 이유는 주에 대한 존경 때문이었다고 말한 것이 훨씬 더 이해할 만한 것이다. 끝으로, 본 서신이 유다 생존시에 처음 작성되었다는 것이 가능하기 하지만, 이 서신에 대해서는 80-90년 정도로 다소 늦은 연대를 택하거나, 혹은 그보다 더 늦은 1세기 말의 것으로 보는 것이 모든 상황에 훨씬 더 맞을 것이다.

만일 본 서신이 익명으로 되어 있다면 우리는 이를 유다의 이름으로 발표한, 알려지지 않은 저자의 동기에 대해 다만 추측만 할 수 있을 뿐이다. 어떤 해석자들에 의하면 익명으로 기록하는 것이 영지주의적 경향을 반박하기 위한 이 서신에는 특별히 적절한 것이었다고 한다. 도마복음(Gospel of Thomas. 또한 도마행전 39를 참조하라)에서 그 이유를 살펴보면, 유다는 주께서 특별 계시를 부여했던 주님의 쌍둥이 형제로서 어떤 영지주의 집단들에서 존경을 받았다는 것을 알고 있기 때문이다. 그러나 이러한 경향의 사상을 따르는 것은 "예수 그리스도의 종과 야고보의 형제"란 자기 묘사의 문제를 확대시킬뿐더러 2세기의 영지주의를 1세기에 상상하여 이론화한 것으로 해석하는 것을 함축한다. 가장 가능하다고 생각되는 단서는, 저자가 자기의 독자가 될 만한 자들에게 존경받을 것으로 생각되는 야고보에 대하여 강조적으로 언급한 것이다. 모든 사람이 주후 62년에 있었던 야고보의 순교에 대해서 알고 있었기 때문에, 저자는 세상에 더 잘 알려졌으며 여전히 존경받고 있는 그의 형제의 이름으로 쓰는 것이 적절하다고 판단하였을지도 모른다. 곧 신약성경과, 헤게시푸스(Hegesippus)의 이야기와 같은 전승에 의하면 주의 형제들은 존경을 받았다. 저자를 누구로 추론하든 간에 이 글은 팔레스타인에서 기록되었음이 틀림없는데, 이는 유다가 활동하였고, 그의 이름과 야고보의 이름이 매우 존경을 받았던 곳이 바로 그곳이었기 때문이다. 동일한 이유에서 이 서신의 수신처는, 팔레스타인이나 수리아의 교회들에 속한 유대파 그리스도인-여기서는 특별히 이방에서 태어났지만 헬라어를 말하는 유대인 신자-들의 어떤 공동체나 일단의 공동체들이었던 것 같다.

# 베드로후서와 유다서 참고문헌

## 1. 주석


The editions of C. Bigg, A. Charue, C.E.B. Cranfield, J. Felten, R. Franco, Fr. Hauck, R. Knopf, A.R.C. Leaney, R. Leconte, J. Moffatt, B. Reicke, K.H. Schelkle, J. Schneider, C. Spicq, J.W.C. Wand, H. Windisch (rev. by H. Preisker), and G. Wohlenberg listed on p.35. In addition the following:

A.E. Barnett and E.G. Homrighausen, *The Second Epistle of Peter and the Epistle of Jude* (Interpreter' s Bible. London, 1957).

G.H. Boobyer, 'Ⅱ Peter' and 'Jude' (*Peake's Commentary on the Bible*. London, 1962).

J. Chaine, *Les Épîtres catholoques* (Études Biubliques. Paris, 1939).

M. Green, *The Second Epistle General of Peter and the General Epistle of Jude* (Tyndale NT Commentaries. London, 1968).

W. Grundmann, *Der Brief des Judas und der Zweite Brief des Petrus* (Berlin, 1974).

M.R. James, 2 *Peter and Jude* (Cambridge Greek Testament. Cambridge, 1912).

J.B. Mayor, *The Second Epistle of St. Peter and the Epistle of St. Jude* (London, 1907).

A. Plummer, *St. James and St. Jude* (Expositor' s Bible. London. 1891).

E.M. Sidebottom, *James, Jude and 2 Peter* (Century Bible. London, 1967).

## 2. 논문과 기사

L.W. Barnard, 'The Judgement in Ⅱ Peter iii' (*Expository Times* lxviii, 1958).

W. Bieder, *Die Vorstellungen von der Höllenfahrt Jesu Christi* (Zürich, 1949).

M. Black, 'The Marantha Invocation and Jude 14, 15 (1 Enoch 1:9)' (*Christ and the Spirit*: Studies in honour of C.F.D. Moule, Cambridge, 1973).

J. Boehmer, 'Tag und Morgenstern? Zu 2 Petr. i. 19' (ZNTW xxii, 1923).

G.H. Boobyer, The Verbs in Jude Ⅱ' (*New Tetament Studies* v, 1959)

'The Indebtedness of 2 Peter to 1 Peter' (*NT Essays: Studies in Memory of T.W. Manson*: ed. A.J.B. Higgins, Manchester, 1959).

H. Braun, *Spätjüdisch-häretischer und frühchristlicher Radikalismus* (Tübingen, 1957).

J. Chanine, 'Cosmogonie aquatique et conflagration finale d' après la Secunda Petri' (*Revue Biblique* xlvi, 1937).

F.H. Chase, 'Jude, Epistle of', and 'Peter, Second Epistle of' (Hastings' *Dictionary of the Bible*, Vols. Ⅱ and Ⅲ. Edinburgh, 1899 and 1900).

J.T. Curran, 'The Teaching of 2 Peter i. 20' (*Theological Studies* iv, 1943).

W. Foerster, 'Eusebeia in den Pastoralbriefen' (*New Testament Studies* v, 1959).

T.F. Glasson, *Greek Influence on Jewish Eschatology* (London, 1961).

E.M.B. Green, 2 *Peter Reconsidered* (Tyndale Monographs. Londod, 1961).

D. Guthrie, *New Testament Introduction*, Vol. Ⅲ (London, 1962).

E. Käsemann, 'An Apologia for Primitive Christian Eschatology' (*Essays on NT Themes*, ch. viii. Eng. trans., London, 1964).

R. Mayer, *Die biblische Vorstellung vom Weltbenbrand* (Bonn, 1956).

E. Molland, 'La thèse "Laprophétie n'est jamais venue de la volonté de l' homme" (2 Pierre i. 21) et les Pseudo-Clémentines' (*Studia Theologica* ix, 1955).

S. Rappaport, 'Der gerechte Lot' (ZNTW xxix, 1930).

D.J. Rowston, 'The Most Neglected Book in the New Testament' (*New Testament Studies* xxi, 1975).

K.H. Schelkle, 'Spätapostolische Briefe als frühchristliches Zeugnis' (*Festschrift J. Schmid*. Ratisbon, 1963).

J. Schmitt, 'Pierre (Deuxième épître de)' (*Dictionnaire de la Bible*, Supplément vii. Paris, 1966).

P.E. Testa, 'La distruzione del mondo per il fuoco nella seconda epistola di san Pietro' (*Rivista Biblica* x, 1962).

# 2Peter

베드로후서 주석

# 제 1 장

## 1. 인사말과 주의
## 1:1-4

**1:1-4**

1 예수 그리스도의 종이며 사도인 시몬 베드로는 우리 하나님과 구주 예수 그리스도의 의를 힘입어 동일하게 보배로운 믿음을 우리와 함께 받은 자들에게 편지하노니 2 하나님과 우리 주 예수를 앎으로 은혜와 평강이 너희에게 더욱 많을지어다 3 그의 신기한 능력으로 생명과 경건에 속한 모든 것을 우리에게 주셨으니 이는 자기의 영광과 덕으로써 우리를 부르신 이를 앎으로 말미암음이라 4 이로써 그 보배롭고 지극히 큰 약속을 우리에게 주사 이 약속으로 말미암아 너희가 정욕 때문에 세상에서 썩어질 것을 피하여 신성한 성품에 참여하는 자가 되게 하려 하셨느니라

1 예수 그리스도의 종이며 사도인 시몬 베드로는, 우리와 같이 소중한 믿음을 받은 여러분에게 이 편지를 씁니다. 여러분은 우리 하나님과 구주 예수 그리스도의 의로우심을 힘입어 이 믿음을 받았습니다. 2 하나님과 우리 주 예수님을 더 깊이 앎으로써 은혜와 평안이 여러분에게 더욱 넘치기를 기도합니다. 3 그리스도께서는 하나님의 능력으로 우리가 하나님을 섬기며 살아가는 데 필요한 모든 것을 허락해 주셨습니다. 이 모든 것은 우리가 그분을 알 때에 받게 되는 것입니다. 그분은 자신의 영광과 선함으로 우리를 불러 주셨습니다. 4 그 영광과 선함을 통해 약속하신 크고 놀라운 선물을 우리에게 주셨으며, 이 약속을 통해 하나님을 닮은 모습으로 함께 교제하게 하셨습니다. 그러므로 세상의 어떤 정욕도 여러분을 멸망시킬 수 없습니다. _아가페 쉬운성경

이 서두는 신약의 관례적 형식인 인사말(벧전 1:1; 유 1절의 주해를 보라)을 본 서신의 주요 주제들 중 몇 가지가 예시되는 전개부와 결부시킨다. 저자는 수신자들이 수석 사도가 말하고 있다는 인상을 받을 수 있도록 신중하게 인사말을 작성하는데, 수석 사도의 유력한 권위는 다음에 오는 권고와 경고의 말들에 내재해 있다. 전개부에서 즉각적으로 저자는 아주 풍부한 수식적인 어휘와 헬라의 종교적 개념 및 전문 용어를 자랑스럽

게 나열한다.

**[1] 예수 그리스도의 종이며 사도인 시몬 베드로는 우리 하나님과 구주 예수 그리스도의 의를 힘입어 동일하게 보배로운 믿음을 우리와 함께 받은 자들에게 편지하노니**

저자는 자기는 **쉬메온**(*Συμεών*) **베드로**라고 주장하는데(본 서신의 익명 사용에 대해서는 서론을 참조하라), 여기서 *Συμεών*은 히브리어 쉬므온을 옮긴 것이다. 이러한 어형이 70인역에서 자주 나오며 신약에서도 종종 나오지만(눅 2:25, 34; 3:30; 행 8:1; 15:14; 계 7:7), 여기서 이러한 어형을 택한 것은 이상하다. 당시의 유대 그리스도인의 배경상 특별한 경우인 행 15:14의 '쉬메온'(한글 성경은 '시므온'으로 번역됨)의 예외를 제외하고 신약의 다른 곳에서는 항상 베드로를 지칭할 때마다 '쉬메온'과 유사하게 들리면서도 헬라어적인 '시몬'(Simon)을 사용했다. 저자는 아마 그 고풍의 셈어적 어투가 본 서신이 베드로 자신에게서 나왔다는 주장에 신빙성을 더해 주리라 생각하였을 것이다. 이러한 주장은 그가 **예수 그리스도의 종**(유 1절의 주해를 보라)**이며 사도**(벧전 1:1의 주해를 보라)라는 것을 상기시킴으로써 은밀하게 강화된다. 이러한 두 칭호의 병렬에 대해서는 롬 1:1; 딛 1:1을 참조하라. 하나는 자기의 성직자의 역할에 대해 주의를 끌고, 다른 하나는 자신의 권위 있는 임무를 강조한다.

우리는 3:1에 이르기까지는 수신자들의 신원에 대해 전혀 알 수가 없는데, 3:1에서 저자는(가장 그럴듯한 해석에 따르면) 그들이 베드로전서가 보내졌던 소아시아의 이방 그리스도인들임을 암시한다. 이 서신이 진정한 한 편의 서한이라는 가정에 따라, 그들이 실제로 어떠한 자들이었는지는 서론에서 간단히 언급되었다. 저자는 그들을 **우리의 것과 동일한 특권의**(*ἰσότιμον*: 동동하게 귀한) **믿음을 받은** 것으로 묘사한다. 여기서 믿음(faith)은 사람이 하나님의 은혜에 반응하는 신뢰(trust)라는 바울적인 의미로 사용되지 않는다. 왜냐하면 여기서 이 말은 가치의 정도를 인정하는 것이 아니기 때문이다. 곧 이것은 유 3절에서 사용된 의미처럼, 사도들로부터 전하여진 가르침의 집합체로서 그리스도인의 믿음(belief)을 뜻한다(3:2을 참조하라). **받은**(have been granted)이라 번역된 분사는 정확히 '몫으로 얻다' (obtain by lot)를 의미하는 동사 (λαγχάνω)에 속한다. 따라서 이것은 그리스도인들에게 주어진 구원받을 수 있는 믿음이 하나님이 무상으로 주신 은혜의 선물임을 상기시킨다.

베드로는 그의 독자들이 스스로 특권을 누리지 못하는 이류 그리스도인으로 간주하여 느낄지도 모르는 불안을 누그러뜨리려 한 것이 분명하다. 그래서 베드로는 그들의 **믿음**이 **우리의 것과**(문자적으로는 '우리와 함께') **동일한 특권**이 있다고 주장한다. 그러한 믿음은 베드로와 그가 속한 집단이 소유하고 있는 믿음과 정확히 동일한 교의로서, 그 믿음을 소유하고 있는 자들이 받을 복도 동일하게 보배롭다는 것이다. 이 말은 대체로 행 11:17을 상기시키는데, 거기서 베드로는 그리스도인들이 된 유대인들에게 주신 것과 같은 선물(ἴσην δωρεὰν)을 이방인들에게 주시는 하나님에 대해 말한다. 그러므로 이방인 수신자들이 어느 면에서도 유대인 개종자들보다 열등한 위치에 있지 않다는 것을 저자가 그들에게 재보증하고 있는지도 모른다고 추론하는 학자들도 있다. 그러나 본 서신에는, 유대 그리스도인과 이방 그리스도인들 간에 전혀 긴장 상태가 드러나지 않는다. 여기서 저자가 의중에 두고 있는 대조는, 그리스도의 원형 계시(the original revelation: 변화산에서 변화되어 나타나셨을 때의 그리스도-역자 주)를 목격했던(1:16을 참조하라) 사도들과 이 서신을 받을 2~3세대 그리스도인들 간의 대조임이 거의 틀림없다. 그들은 자신들이 실로 불리한 상태에 있다고 느낄지도 모른다. 그러므로 자신을 베드로라고 말하는 저자는, 그들의 **믿음**으로 사도 자신이 누리는 것과 정확히 동일한 특권을 누리게 될 것이라는 확신을 주고 있다. 본절의 동기는, 주를 보지 못하였음에도 불구하고 믿는 자들은 스스로 복된 자들로 여기라는 주님의 말씀(요 20:29; 벧전 1:8과 그 주해를 참조하라)을 복음서 저자가 기록한 동기와 거의 같다.

사도들과 계속되는 세대의 그리스도인들 간의 이러한 완전한 동등성에 대한 이유를, 저자는 **우리 하나님과 구주 예수 그리스도의 공명정대함**, 곧 절대적인 공정함과 편애가 없으심 때문이라고 설명한다. 의(justice)에 대한 헬라어 명사는 칭의에 대한 바울 신학의 중심어('의')인 δικαιοσύνη이다. 어떤 해석자들은 '예수 그리스도의 의 안에 있는 믿음'이라 번역함으로써, 이 단어(δικαιοσύνη)에 애써 바울적인 의미를 부여하려고 한다. 그러나 바울의 가르침에서 믿음은 의에 선행한다. 몇몇 고대 해석자들은 이를 감지함으로써 본절을 변경하여(문자적으로 '…안에'–'in'–를 의미하며 '…통하여'–'through'–라 번역되는 ἐν을 ἐις 곧 '…안으로'–'into'–로 바꿈으로써 δικαιοσύνη를 여격 대신에 목적격으로 취급하여) '결국 … 의가 되는 믿음'이라 표현한다. 그러나 이러한 임기응변적인 조처들은 다른 난제들을 야기할 뿐 필요하지 않다. 벧전 2:24; 3:14에서 그러하듯이, 본 서신(2:5, 21; 3:13)에서도 δικαιοσύνη는 일정하게 공명정대(justice) 혹은 공정한 취급을 의미하며, 본절에서는 이러한 해석이 정확한 의미를 나타낸다.

상기(上記)의 번역이 시사해 줄 뿐만 아니라 대다수의 현대 주석가들이 인정하듯이 다음에 오는 구절에서 **구주**와 **우리 하나님**은 밀접하게 **예수 그리스도**에 부속하는 것 같다(곧 '우리 하나님이시요 구주이신 예수 그리스도'–역자 주). 이러한 해석은 헬라어 본문의 **우리 하나님** 앞에 한 개의 정관사가 있다는 것으로부터 지지를 얻는데, 이 정관사가 두 명사('우리 하나님'과 '구주'–역자)를 지배하는 것 같다. 그러나 이러한 해석에 반하여 **구주** 앞에 관사가 없다는 것이 그 시대의 헬라 어법상 고정 불변의 것은 아니라고 지적된다(예. 딤전 1:1). 곧 하나님과 그리스도는 바로 다음 절에서 구별되기 때문에 여기서 그리스도를 **하나님**이라 부르는 것은 이상하다는 것과, 그리스도를 **우리 하나님**이라 묘사하는 것은 받아들이기 어려울 만큼 대담하다고 지적된다. 또 한편으로는 첫째, 만일 우리가 여기서 두 위격을 구별해야만 한다면 **우리**라는 소유격은 하나님과 관련하여 이해되어야만 하며, **구주 예수 그리스도**가 그 소유격의 지배를 받지 않게 될 때는 어색한 표현이 된다. 둘째, **구주**라는 말이 본 서신 다른 곳에서도 나오는데(1:11; 2:20; 3:2, 18), 그 경우 언제나 여기에서와 매우 유사하게 결합되어 나온다('우리 주 구주 예수 그리스도'). 셋째, 베드로후서가 비교적 나중에 기록된 서신이기는 하지만, 여기서 그리스도가 '하나님' 이라 명명된 것은 조금도 놀라운 일이 아니다. 롬 9:5을 좀 더 먼저 이러한 표현이 사용된 예로 들 수 있을 것이다. 그러나 명확한 실례들은 1세기가 지나서야 나타나며(요 20:28; 딛 2:13; 히 1:8), 2세기 초반에 더욱 두드러지게 나타난다(예. Ignatius, *Eph.* inscr.: '우리 하나님 예수 그리스도' ; i. 1: '하나님의 피').

**구주**(σωτήρ: 유 25절의 주해를 보라)라는 칭호가 처음에는 놀라운 것으로 보일지도 모르기 때문에, 대체로 신약에서도 그리스도에게 이 말을 거의 사용하지 않는다. 실제로 바울 서신(엡 5:23; 빌 3:20)과 요한의 저작들(요 4:42; 요일 4:14)에서 각각 2회씩 불과 4회가 잘 알려져 있을 뿐이다. 구주라는 단어를 2회 이상 기록한 서신들로는 목회 서신과 베드로후서가 주목할 만한 예인데, 목회 서신에는 10회(하나님에 대해 6회, 그리스도에 대해 4회), 베드로후서에는 5회(1:1, 11; 2:20; 3:2, 18-모두 그리스도께 사용됨) 나타난다. 헬라 문화권에서는, 가이사 숭배가 유행하기 시작했을 때의 로마 황제들이 그러했듯이, 통치자들이 '구주' 로서 존경을 받았다. 구주란 칭호를 그리스도께 사용하는 문제에서 이곳뿐 아니라 신약의 나머지 글들 배후에 이러한 경향이 부분적으로 남아 있을 수도 있다. 이 칭호가 목회 서신(딤후 1:10; 딛 1:4; 2:13; 3:6)에서 두드러지게 사용된 것을 황제 숭배에 대한 반작용으로 자주 설명하지만, 본문의 지지를 받지 못하기 때문에 지나친 가설이라고 할 수 있다. 베드로후서에서 이 말은 언제나 엄숙하게 들리는 상투적인 문구로 사용되어 형식화되어 있기 때문에 이것의 신학적인 진의를 정확하게 지적하려는 것은 무용하다. TWNT Ⅶ, 1015-1022를 보라.

**[2] 하나님과 우리 주 예수를 앎으로 은혜와 평강이 너희에게 더욱 많을지어다**

**은혜와 평강이 더욱 많을지어다**라는 문구는 벧전 1:2(주해를 보라)과 유사하며 실제로 그것을 본뜬 것이다. 이러한 축복은 **하나님과 우리 주 예수를 앎으로** 전달된다고 진술되는데, 이러한 표현에서 수신자들의 기독교 신앙의 건전성 여부에 대한 저자의 관심이 드러나 보인다. 저자는 습관적으로 이러한 축복의 전달을 앎(ἐπίγνώσις)으로 예상하는데, 이러한 특징적인 중심어를 저자는 이상의 세 절(1:3, 8; 2:20; 3:18에서 γνῶσις를 참조하라)에서 사용한다. 이 세 절에서 그리스도가 목적어이며, 그러한 합성구(合成句)는 기독교 신앙의 본질에 대한 저자의 이해를 밝혀준다. 그러므로 딤전 2:4; 딤후 2:25; 3:7; 딛 1:1; 히 10:26에서 ἐπίγνωσιν ἀληθείας 곧 '진리의 지식'이라는 말이 관용적인 표현이 되었으며, 베드로후서 전체(1:5, 12, 16, 20; 3:3, 17)를 통하여서는 '앎'에 주목할 만한 강조를 두고 있다. 이는 비밀의 '지식'(γνῶσις) 자체에 접근한다고 주장하는 영지주의가 그 당시의 당면한 위험이었기 때문이다. 따라서 베드로는 세례받은 그리스도인들이 갖고 있는 진정한 지식을 의도적으로 영지주의적인 지식과 대립시킨다. 여기서 진정한 지식이란 성경의 하나님과 그리스도에 집중되어 있을 뿐 아니라, (계속되는 절들이 보여주듯이) 그것은 결국 절제된 도덕적 생활로 귀착되어야 한다. 교육을 받은 그리스도인이 참되고 구원하는 지식의 소유자라는 유사한 주장에 대해서는 유 5절(주해를 보라)과 요일 2:20을 참조하라.

이러한 해석을 보여주는 헬라어 본문은 가장 오래된 사본(몇몇 주요한 증거들은 예수 후에 '그리스도'를 덧붙이는데 비하여 Pap. 72는 καί, 곧 '…과 …의'-and of-를 생략한다)을 포함하여 대다수의 사본들에 나타난다. 이뿐 아니라 '우리 주를 앎으로'(through the knowledge of our Lord)라는 보다 간결한 본문에 대한 증거가 있다. (벌게이트와 수리아 전통, 그리고 다소 후기에 속하는 몇몇 사본을 참조하라.) 여러 편집자들이 이러한 본문을 택하지만, 이러한 일정한 표현에 대해서는 (1) 1절 상반절 및 3절 상반절에서 한 위(a single person)와 (2) 그리스도를 그리스도인의 ἐπίγνωσις(앎, 혹은 지식)의 유일한 대상으로 대하는 저자의 보통 습관(1:8, 20; 3:18)과 일치시키려고 의도적으로 정정한 것이라고 설명할 수도 있을 것이다. 그러나 바로 이러한 점들이, 만일 간결한 본문이 원문이라면 그것이 어떻게 길어지게 되었는가를 이해하기 어렵게 만든다.

다음 두 절은 연관성 문제를 야기하는데, 이는 원문에서 3절의 주동사는 속격 독립형이기 때문이다. 그러므로 다음 두 절은 구문론적으로 2절 하반절과 연관된 것으로, 혹은 새로운 단락을 도입하면서 5-7절의 권고에 대한 근거를 준비하는 것으로 간주될 수 있다. 어느 구문도 무리없는 의미를 나타내지만, 다음과 같은 이유들에서 전자의 구문해석법이 더 낫다. 첫째, 3절은 2절 하반절의 사상을 좀더 자세히 풀어쓴 것으로 보이기 때문이다(앎의 반복을 참조하라). 둘째, 후자의 구문 해석에 의하면 5절 상반절(주해를 보라)에서 새로운 문항을 시작함으로써 3절을 지극히 어색한 파격 구문으로 취급해야 하기 때문이다. 이러한 형식적인 인사말의 확대가 드문 것이긴 하지만 전례가 없는 것은 아니다. (Ignatius, *Philad.* inscr.를 참조하라.)

**[3] 그의 신기한 능력으로 생명과 경건에 속한 모든 것을 우리에게 주셨으니 이는 자기의 영광과 덕으로써 우리를 부르신 이를 앎으로 말미암음이라**

여기서 저자는 그리스도인들(여기서 **우리**는 특별히, 베드로와 그의 동료 사도들에 관계되는 것이 아니라 일반적으로 그리스도인들에 관계된다)이 **생명과 경건**, 곧 타락 및 죽음(4절 하반절을 참조하라)과 대조를 이루는 영생과, 잘못된 종교와 반대되는 **건전한 종교에 속한 모든 것**을 소유함은 그들 자신의 어떤 공로가 아니라 **그의 거룩한 능력**(his divine power)에 빚지고 있다는 것을 상기시킨다. **그의**(his)는 **우리 주 예수**라는 말과 가까이 있음에도 불구하고, '하나님의'를 의미할 것이다. 바울이 롬 8:32에서 언급하듯이 하나님은 우리에게 그의 아들을 주셨을 뿐만 아니라, 그의 아들와 함께 "우리에게 그가 주셔야만 하는 모든 것을 아낌없이 주실"(lavish upon us all He has to give-NEB) 것이다. 그러나 이러한 주해가 확실하다고 간주할 수는 없다. 이 말(**그의 거룩한 능력**)의 위치 때문에 어떤 편집자들은 그리스도의 거룩한 능력에 관해 언급함이 틀림없다고 여기는데, 저자가 이러한 문제를 의중에서 명백히 구별하지 않는 경향이 있다고 생각할 수도 있다.

더욱 정확히 말해서 그리스도인들은 **그 영광과 탁월함으로 우리를 부르신 이를 앎으로 말미암아** 자신들에게 전달된 이 모든 것을 누린다. 저자가 '부르다', '영광', '탁월함'('덕'-한글 성경)이라는 말을 선택할 때는 베드로전서(예. 1:15, 2:9, 5:10)의 용어를 회상한 듯하다. 그러나 베드로후서의 이러한 용어들이 베드로전서의 저자가 부여한 것과 동일한 의미를 지닌다고 가정하는 것이 경솔하다고 느낄 수도 있다. 다시금 우리는 난해한 모호성을 느끼는데, (부르신) **이**(him who…)가 하나님을 의미하는지 아니면 그리스도를 의미하는지에 대해 많은 논란이 계속되어 왔다. 전자를 지지하는 강경한 주장은, 신약의 어법에서 부르시는 이는 거의 언제나 하나님이시며, 이것이 실로 베드로전서가 우리의 부르심(예. 1:15, 2:9)을 이해하는 방법이라는 것이다. 만일 이러한 주석이 맞다면 여기서 **우리를**이란 다시금 일반적으로 그리스도인들을 의미하며 '우리 사도들'을 의미하지 않는다. 다른 한편 첫째, 만일 **그의 거룩한 능력**에 대한 주석이 정확하다면 우리는 **부르신**(has called)에 대해 다른 주격을 기대해야만 한다. 왜냐하면 "하나님에 대한 우리의 지식을 통하여 하나님이 우리에게 모든 것을 주셨기" 때문이다. 둘째, 베드로가 '앎'이라는 말로 그리스도인의 믿음에 대해 말할 때, 그것은 언제나 절 후반부(헬라어 성경 본문 참조-역주)는 예외로 하고 예수 그리스도에 대한 앎이다. 셋째, **영광**에 대한 그의 언급은 우리로 하여금 필연적으로 그리스도께서 아버지로부터 받으셨고, 변화산에서 사도들에게 보이셨던(1:17을 참조하라) 영광을 생각하게 한다. 넷째, 여기서 **탁월함**(excellence, ἀρετή, 한글 성경은 '덕')은 하나님의 위대한 행위들을 의미하는 벧전 2:9(주해를 보라)에 대한 반영일 수도 있지만 이 말이 베드로전서에서는 복수로, 본절과 이하 몇절들(5절)에서는 단수로 사용되었고, 후자의 경우에서는 의심할 바 없이 어떤 윤리적인 미덕을 가리킨다. 이러한 이유들에서, **이**(him who…)를 그리스도에 관계되는 것으로, 그리고 '부르심'을 전체적인 그리스도인들이 아니라 예수님 생존시에 하나님께서 사도들을 부르심(베드로도 포함하여)으로 해석하는 것이 더 나은 것 같다. 본절은 다음과 같이 의역될 수도 있다. "하나님이 이 모든 축복을 우리 그리스도인들에게 주셨으니, 곧 우리가 특권을 입어 목격할 수 있었던 그리스도의 거룩한 영광과 탁월한 덕에 의해, 그의 사도들인 우리를 부르신 그리스도에 대한 우리의 지식을 통하여 그것들을 (하나님께서) 우리에게 전해 주셨느니라." 우리는 '영광'과 '탁월함'이 70인역의 사 42:8에서 짝이 되어 나온다는 것에 주목해야 한다. 그리고 이 두 단어가 헬라어를 사용했던 유대인 저작자들, 특히 플루타르크(Plutarch)도 보통 병행하여 사용했다는 사실은 더욱 의미심장하다. 더욱이 플루타르크의 다음과 같은 단평(*Arist.* vi. 3)은 여기에 관계되는지도 모른다. "사람들이 간절히 적응하고 순응하려 하는 신성은 세 가지 탁월한 요소, 곧 불후(incorruption)와 능력과 덕(ἀρετή)을 갖고 있는 것 같은데, 이중 가장 인상적이며 신성한 것은 덕이다."

**[4] 이로써 그 보배롭고 지극히 큰 약속을 우리에게 주사 이 약속으로 말미암아 너희가 정욕 때문에 세상에서 썩어질 것을 피하여 신성한 성품에 참여하는 자가 되게 하려 하셨느니라**

그리스도는 그의 **영광과 탁월하심**(덕 -한글 성경), 혹은 더 전반적으로는 성육신에 의한 구원의 중재에 의해 **그의 보배롭고 지극히 큰 약속들을 우리에게 주셨다.** 하나님의 **약속들**에 대한 이러한 사상은 구약의 신앙에 깊이 뿌리박혀 있었으며, 초기 기독교 설교의 특징은 하나님이 조상들에게 약속했던 것을 그리스도 안에서 성취하셨다는 선포(예. 행 13:32)였다. 후기의 기록에 걸맞게 여기서 **약속들**은 그리스도의 약속에 어울린다. 여기서 사용된 완료시제는 3절 상반절에서 사용된 완료분사처럼 그러한 선물의 완료성과 영구성을 나타낸다. 특히 저자는 여기서 그리스도의 재림(1:16; 3:4, 9, 12), 새 하늘과 새 땅의 설립(3:13: '그의 약속'을 참조하라)과, 그리스도의 나라에 들어감(1:11)에 대한 약속을 생각하고 있다고 우리는 확신할 수 있을 것이다. 저자는 오류자들의 회의론을 염두에 두면서(1:16; 3:3), 이러한 약속은 확고부동하게 보증된다는 것을 열렬히 강조한다. (이것이 본 서신 전반에 걸쳐 저자의 목적이 될 것이다.) 그리고 그 약속들의 성취(**이 약속으로 말미암아**–through them–가 **영광과 탁월하심**보다는 **약속**들과 문법적으로 훨씬 잘 관련된다)는 신자들이 **신성한 성품에 참여한 자들**(역시 베드로전서의 반영이며, 이번에는 5:1의 '나타날 영광에 참여할 자'에 대한 것이다)이 되는 것이다. 다시 말하면 그들은 하나님의 영광과 불멸과 축복에 참여함으로써 하나님과의 참된 연합 관계에 들어갈 것이다. 이러한 사상은, 요일 1:3에서 현재의 경험으로 표현되어 있다는 차이점은 있으나 '아버지와 그 아들 예수 그리스도와의 우리의 사귐' 이 내포하는 사상과 유사하다. 이것이 그들의 확실한 소망이며, 그리스도인으로서 그들은 **정욕의 결과 세상에 있는 부패로부터 피하였기 때문**에 그 약속을 소유할 수 있다. 여기서 부정 과거분사(*ἀποφυγόντες*)는 완성된 행위를 가리키므로, 여기에는 그들의 세례와 죄에 대한 포기를 암시하는 것 같다(벧전 2:1의 주해를 보라). 그러나 **정욕**(*ἐπιθυμία*)은 벧전 1:14(주해를 보라)에서처럼, 거기에서보다 더욱 강하게 본질적으로 악한 것으로 취급된다. 그리고 **세상**(요일 2:17을 참조하라)은 **부패**(*φθορά*)의 종노릇을 하고 있는데, 곧 바울에 따르면, 현세에는 모든 창조 질서가 악의 파괴력에 눌려서 그 힘의 지배를 받는 것으로 낙인이 찍혔다(롬 8:21). 헬라 철학적인 사고에서도 '참된 존재의 세상' (the world of true being)에 반대되는 현 세상에 속하는 일시적인 모든 것은 *φθορά* 혹은 '부패' 에 이른다는 것이 자명한 것으로 널리 받아들여졌다(예. Plato, *Resp.* viii. 546a; Aristotle, *De cael.* i. 279b; 282b).

비록 해석상 부분적으로 가려지긴 하였지만, 저자의 헬라화한 어휘와 사고 형태가 본절에서 잘 예증된다. 그러한 것들은 미래의 종말론을 상술하기 위해 사용될뿐더러, 그 안에 고풍스럽게 들리는 '약속들' 을 포함하기 때문에 훨씬 더 흥미롭다. 뚜렷한 예로 **신성한**(*θεῖος*)이라는 용어가 반복되는 것을 들 수 있는데, 오직 본절과 행 17:29(아레오바고에서의 바울의 의미심장한 말)에서만 나오는 이 형용사는(아마 비인격적인 신성에 대한 자체의 암시 때문에) 70인역에서는 대체로 회피되었다. 그러나 이 단어가 고전 헬라어, 헬라 시대의 헬라어와, 헬라 문화에 영향을 받은 유대인 저작들(예. 4 Macc.-26회; Philo; Josephus)에서는 곧잘 사용되었다. 특히 **신성한 능력**(*θεία δύναμις* '신기한 능력' -한글 성경)과 **신성한 성품**(*θεία φύσις*)은 주목받을 만하다. 이 두 단어는 플라톤과 아리스토텔레스가 사용했을 만큼 초기 헬라의 종교 철학적인 관용어였다. 곧 초기의 헬라 제국에서 널리 사용되었으며(증거로 예를 들면, Caria에

Stratonicea의 유명한 비문이 있는데 이것은 '신성한 능력의 미덕을 증거하는 심상'에 대해 말한다 : CIG Ⅱ, no. 2715), 주후 1세기의 헬라화한 유대인 사회에서 널리 통용되었다. 다시 '참된 신앙'(NEB)을 의미하는 것으로 신약에서는 사도행전, 목회 서신(특히 딤전 3:16의 '경건의 비밀'을 참조하라)과 베드로후서(1:3, 6; 3:11)에서만 발견되는 **경건**(εὐσέβεια)은 특히 그리스와 헬라적인 표현이다. 이러한 표현은 죽은 자들의 덕을 기리는 송덕비에 풍부히 사용되었으며, 마카비 4서(47회)와 *Ep. Arist.* 및 필로와 요세푸스가 많이 사용하였다. 이 말은 광범위한 뜻을 함축한다. 곧 경건은 특히 격식을 차리는 종교적 의무 이행에서 신들에 대한 경건한 행위를 주로 뜻하지만, 또한 (부모, 고인, 조국 등에 대해) 경건하게 고무된 도의적인 태도를 포함한다. 6절에서 후자의 뜻으로 사용되었다 할지라도, 여기에서의 강조는 전자에 있는 것 같다.

본절에서 가장 인상적인 말은 **신성한 성품의 참여자들**(sharers of the divinc nature)인데, 그 이유는 이것이 타락한 세상으로부터 **피하는 것**(escaping)과 관련되기 때문이다. 이러한 관념은 헬라의 신비 철학 및 그 이원론적 가정과 유사하다는 것을 부인할 수 없다. "우리는 가능한 빨리 이곳으로부터 저곳으로 피하려고 해야만 한다. 그리고 피한다는 것은 가능한 한 하나님과 같이 되는 것이다."(*Theaet.* 176ab)라는 말은 플라톤에 의해 일상적인 말이 되었다. 필로(Philo)와 같은 헬라화된 유대인들도, 사람들로 하여금 몸과 자체의 정욕적인 쾌락이 형성하는 더러운 감옥으로부터 피하여 세속의 모든 환경으로부터 떠나도록 촉구함으로써(*Migr. Abr.* 9) 같은 말을 되풀이한다. 플라톤에게는 하나님과의 동화(assimilation)가 목표였지만, 본절에서는 그 목표가 하나님의 성품에 실제로 참여하는 것이다. 스토아 철학으로부터 자주 인용되는 유사절들(예. 세네카의 '인간은 신의 일부이다' : *Ep.* xcii. 30)이 엄밀한 의미에서 본절에 관련되고, 그러한 철학 체계의 범신론적인 전제들이 본절에 영향을 주었는지는 의문스럽다. 그러나 1세기와 2세기에 신성(神性, the divine)과의 연합은, 신비종교와 평민과 지식 계급의 종교에서 다 같이 보상으로 받게 된다고 가르친 것으로 널리 보편화된 소망이 되었다. 일례로,

Hermetic Tractate XIII에서 인간의 신격화에 대한 생생한 묘사를 참조하라. 알렉산드리아의 유대교는 이러한 신비 경향에 깊이 영향을 받은 것 같으며, 언어에 관한 한 '신성한 성품'을 공유한다는 유사한 표현들이 필로(Philo)와 요세푸스(예. *Dec.* 104; *C. Ap.* i. 232)의 저술에 자주 등장한다. 그러나 선량한 유대인들로서 그들은 하나님의 존재(being)와의 연합이 인간의 자연적인 소유가 아니라 하나님께서 자신에게로 이끄시는 결과라는 것을 주의 깊게 강조하였다(예. Philo, *Leg. alleg.* i. 38)는 것에 주목해야 한다.

그리스도인들이 하나님과의 친교를 누린다는 주제에는 새로운 것이 전혀 없다. 바울이 생각하는 그리스도인들은 하나님께서 성령을 부어 주심에 의해 하나님의 아들이 된(롬 5:5; 8:14-17; 갈 4:6) 자들이다. 그들은 그리스도의 몸 안에서 서로, 그리고 그리스도와 연합된다. 요한일서에서도 그리스도인들은 하나님의 자녀로서(2:29-3:1) 아버지와 그 아들 예수 그리스도와 친교를 맺는다. 한편 히 3:14에 따르면, 그들은 '그리스도에게 참여한 자들'(sharers of Christ)이다. 본절에서 흥미로운 것은 아들됨(sonship)과 친교에 대해 일찍이 사용되던 언어 대신에 형이상학적인 전문 용어를 대용한 것이며, 약속된 은혜의 실현을 종말까지 연기시켜 표현한 것이다. 또한 흥미로운 것은, 은혜가 약속되는 것은 집단으로서의 그리스도인들이 아니라 각 사람이라고 표현한 점이다. 저자가 이러한 언어상의 변화를 도입한 동기에 대해서는 오직 추측이 가능할 뿐이다. 하여간 부분적으로는 그의 독자들이 처해 있는 상황을 고려하여, 그들이 그리스도인의 소망으로 위안을 얻게 되고 정통파의 기독교 신앙이 당시의 종교적인 대망과 완전히 조화되어 그것을 충족시키기에 유일하게 적합한 말로 재진술하는 것이 저자의 의도로 보인다. 요한일서의 저자처럼 베드로후서의 저자도 "기독교 신학 내에 당시에 널리 유포되어 있던 신비적인 전통을 들여오고 있다."(C. H. Dodd, 「요일 3:2에 관해」). 비록 그가 그러한 전통의 경향처럼 인간의 숭고한 부분과 하나님 간에는 자연적인 유사점이 있다거나, 세상의 부패가 사실상 세상의 물질성(저자는 그것의 부패가 죄의 결과라는 것을 명백히 한다)이라는 것을 결코 암시하고 있지는 않지만 말이다. 그러나 저자의 시험적인 의도들은 결과적으로, 알렉산드리아의 클레멘트로부터 시작하여 교부시대와 현재에 이르기까지 교회에 지대한 영향을 미친, 인간 본성의 신성화에 의한 구원이라는 광범위한 구속 신학의 확고한 성경적 근거를 마련해주게 되었다.

## 2. 개인적인 노력의 필요
## 1:5-11

**1:5-11**

5 그러므로 너희가 더욱 힘써 너희 믿음에 덕을, 덕에 지식을, 6 지식에 절제를, 절제에
인내를, 인내에 경건을, 7 경건에 형제 우애를, 형제 우애에 사랑을 더하라 8 이런 것이
너희에게 있어 흡족한즉 너희로 우리 주 예수 그리스도를 알기에 게으르지 않고 열매 없
는 자가 되지 않게 하려니와 9 이런 것이 없는 자는 맹인이라 멀리 보지 못하고 그의 옛
죄가 깨끗하게 된 것을 잊었느니라 10 그러므로 형제들아 더욱 힘써 너희 부르심과 택하
심을 굳게 하라 너희가 이것을 행한즉 언제든지 실족하지 아니하리라 11 이같이 하면 우
리 주 곧 구주 예수 그리스도의 영원한 나라에 들어감을 넉넉히 너희에게 주시리라

5 그러므로 이러한 복을 받은 여러분은 열심히 여러분의 생활 가운데 믿음에 덕을, 덕
에 지식을, 6 지식에 절제를, 절제에 인내를, 인내에 경건을, 7 경건에 형제 우애를, 형
제 우애에 사랑을 더하십시오. 8 이 모든 것이 여러분의 삶 가운데서 자라난다면, 여러
분을 유익하고 쓸모 있는 사람으로 만들어 줄 것입니다. 또한 우리 주 예수 그리스도를
아는 지식이 여러분의 삶을 더욱 풍성하게 해 줄 것입니다. 9 그러나 이런 것을 갖추지
못한 자는 앞 못 보는 사람과 같으며, 과거의 더러운 죄로부터 깨끗함을 받은 사실을
잊은 사람들입니다. 10 형제 여러분, 하나님께서는 여러분을 부르시고 하나님의 백성
으로 선택하셨습니다. 여러분은 자신이 하나님께 선택받은 백성임을 남들이 알 수 있
도록 힘써야 합니다. 이렇게 할 때, 여러분은 결코 넘어지지 않으며, 11 우리 주님이시
며 구원자이신 예수 그리스도의 영원한 나라에서 최고의 환영을 받게 될 것입니다.

_아가페 쉬운성경

베드로는 독자들에게 약속된 영광스러운 운명을 간결히 진술한 후, 그들이 그러한 운명을 확실하게 하기 위해서 반드시 해야 할 역할이 있음을 다음과 같이 도전적으로 상기시킨다.

**[5] 그러므로 너희가 더욱 힘써 너희 믿음에 덕을, 덕에 지식을,**

**그러므로 바로 이러한 이유에서 모든 노력을 다하라**(For this very reason then, apply every effort). 저자는 여기서 정통파 기독교에 대한 그의 독자들의 불만-그 결과 어떤 자들은 그것(정통파 기독교 신앙)에 대한 오류자들의 왜곡된 주장에 마음을 빼앗기고 있다-은 실로 지금까지 그들 자신이 올바른 신앙적 노력을 하지 못한 데서 야기된다고 암시한다. 그들의 믿음이 효력이 없는 것으로 드러난다 해서 전혀 놀랄 것이 없다. 저자는 효력 없는 믿음을 반격하기 위해 **믿음**으로부터 시작하여 **사랑**으로 끝나는 것으로, 그들이 길러야 하는 여덟 가지 미덕의 요목을 정해 놓는다(참조. Ignatius, *Eph.* xiv. 1: '믿음은 시작이고 사랑은 절정이다'). 여덟이라는 숫자는 신비스런 의미를 갖고 있는데, 이는 그리스도인은 물론 이방인과 유대인의 고대 세계에서 완전을 상징하였기 때문이다. 그 미덕들은 수사학적인 숙련으로 둘이 한 짝이 되어 배열되는데, 각 짝의 두 번째 것은 다음 짝에서의 첫 번째 것으로 반복되어 나온다. (이와 동일한 작법에 대해서는 Wis. vi. 17-19; 롬 5:3-5; 8:30; 10:14; 약 1:2과 Hermas, *Mand.* v. 2. 4를 참조하라.) 이와 비슷한 목록이 신약에서는 빈번하다. 고후 6:6; 갈 5:22; 골 3:12-14; 딤전 4:12; 6:11; 딤후 2;22; 3:10. 또한 신약 외에서는 *1 Clem* lxii. 2를 참조하라. 이 모든 목록은 **사랑**을 포함하고 마지막 다섯 목록은 믿음을 포함하지만, 여기에서의 목록의 어휘는 훨씬 더 헬라적인 정취를 갖고 있으며, 다른 목록과는 달리 쿰란 공동체의 규칙에 대해 거의 또는 아무런 유사점도 보이지 않는다. 세련된 헬라풍의 정취가 두 동사에 의해 더욱 고조된다. **모든 노력**은 유 3절에서와 동일한 어법을 상기시키는데 비하여, 첫째 동사 '노력을 발휘하라'(σπουδὴν παρεισφερέω 보통으로는 εἰσφέρω, '더욱 힘써'-한글 성경)는 매우 자주 쓰이는 후기 헬라어 관용구이다(Polybius, *Hist.* xxi. 29. 12; Diodorus Sic., *Bibl.* i. 83. 8; Josephus *Ant.* xx. 204; 이상 p.302에서 인용된 Stratonicea의 명령; 수많은 비문들). 둘째 동사 ἐπιχορηγέω(문자적으로는 '추가로 공급하라')은 본래 축제일을 위해 합창단이 무엇인가를 더하여 준비하는 것을 의미하며, 이것이 헬라 시대 그리스어에서는 '관대하게 아낌없이 주다'를 의미하기에 이른다(예. Dionysius of Halicarnassus, *Ant. Rom.* i. 42. 4; Diogenes Laertius, *Vit.* v. 67; 아내를 위해 준비하는 남편에 대한 Pap. Oxy. 905, 10).

합쳐서 **그러므로 바로 이러한 이유에서**(for this very reason, then)라 번역된 불변화사들(*καὶ … δέ*)과 부사구(*αὐτὸ τοῦτο*: 이 관용구에 대해서는 Xenophon, *An.* i. 9. 21; Plato, *Prot.* 310e를 참조하라)는 사상의 진전을 나타낸다. 따라서 이 두 어구로 인해 앞의 두 절을 본절의 전제로 취급하기 어려워진다. 우리는 그 말을 다음과 같이 의역할 수도 있다. "게다가 너희가 썩어질 것을 피하여 신성한 성품에의 참여를 약속받았으므로." 그의 독자들은 이미 **믿음**을 갖고 있는 것으로 추정되는데, 여기서 믿음이란 1절에서처럼 기독교의 가르침 자체보다는 그러한 가르침을 충성스럽게 지키는 것으로 이해되어야 한다. 바로 이것이 그들의 모든 그리스도인적인 삶과, 그들이 기대하는 소망의 실현의 기초가 되어야 한다. 그러나 그들은 그 믿음에 **덕**(*ἀρετή*)을 **보충해야**만 하는데, 이 말('덕')은 헬라의 윤리학에서 나온 고전어로 본절과, (성육신 그리스도의 도의적인 탁월성에 대해 언급하는) 3절 상반절 그리고 빌 4:8에서만 이와 같이 사용된다. 바울은 당시에 이방인들의 윤리 교과서 안에서 널리 통용되던 말을 채용하고 있는 것 같다. (이 부분은 주목해 봐야 한다.) 여기서 '덕'은 명백히 특별한 우수성, 어쩌면 도의적인 용기와 활기(energy)를 의미한다. 이에 **지식**(*γνῶσις*)이 더해져야 하는데, 여기서 '지식'은 저자가 그리스도인의 신앙으로 이해하고 있는 '그리스도에 대한 지식'(1:2의 주해를 보라)이라기보다는 '하나님의 뜻과 목적에 대한 식별력'을 의미한다(엡 5:17; 빌 1:9; 히 5:14을 참조하라). 이 말은 곧 비난을 받게 될 오류자들의 위험한 지식(*γνῶσις*)에 대한 비판적이고 간접적인 언급을 포함한다.

**[6] 지식에 절제를, 절제에 인내를, 인내에 경건을,**

더 나아가서 **절제**(*ἐγκράτεια*), **인내**(*ὑπομονή*)와 **경건**(*εὐσέβεια*)이 요청된다. 첫째 미덕('절제')이 갈 5:23에서 성령의 열매에 속하는데, 플라톤과 아리스토텔레스 이후 헬라 윤리학의 중심어인 '절제'는 감각에 영향을 주는 모든 문제에서의 자기 훈련을 의미한다. 베드로는 여기서 이 말을 택함으로써 이단자들의 방종(2:2; 3:3)에 대해 무언의 일격을 가하고 있다. 둘째 미덕('인내')은 이교도의 윤리, 특히 스토아 철학자의 윤리에서도 많은 지지를 얻었다. 이것은 신약의 다른 곳들(롬 5:4; 8:25; 딤전 6:11; 히 12:1; 약 1:3 등)에서처럼 그리스도인들이 시련과 방해에 당면하여 보여주어야 하는 인내를 강조하지만, 주의 재림의 지연이 수신자들 중 어떤 이들에게 명백히 야기하고 있는 초조함(3:3)으로 말미암아 더 특별히 역설된다.

**[7] 경건에 형제 우애를, 형제 우애에 사랑을 더하라**

경건에 대해서는 1:4의 주해를 보라. '경건하지 않은' (ἀσεβεῖς) 자들의 특징으로 묘사되는 말썽꾼에 대한 비난이 암암리에 드러나 있다. 마지막으로 형제애(φιλαδελφία)와 사랑 (ἀγάπη)이 언급된다. 전자에 대해서는 벧전 1:22의 주해를 보라. 이는 저자가 베드로전서를 익히 알고 있다는 또 다른 실례이다. 형제애는 그리스도인들 상호관계의 특징이 되는 자비로운 정신(the loving spirit)을 뜻하므로 사랑에 대해 언급하는 것은 형제애가 충분하지 않다는 느낌을 무심코 드러내는 것 같다. 사랑(ἀγάπη)은 보편성을 갖고 있는데(살전 3:12을 참조하라), 이는 복음은 어떤 이웃이라도 사랑할 것을 명하기 때문이다(마 5:43-48; 눅 10:25-37).

다음의 두 절은 이러한 특성들이 없는 그리스도인의 삶이 얼마나 메마르고 무익한지를 설명한다.

**[8] 이런 것이 너희에게 있어 흡족한즉 너희로 우리 주 예수 그리스도를 알기에 게으르지 않고 열매 없는 자가 되지 않게 하려니와**

만일 그리스도인이 그러한 특성들을 갖되 흡족하게 갖는다면, 이로써 우리 주 예수 그리스도를 알이기는 일에 게으르기나 결실히지 못히는 일이 없게 될 것이다. 너희에게 있다라 번역된 헬라어 동사 ὑπάρχω은 사람이 실제로 소유하고 있으며, 그러므로 전적으로 자기 뜻대로 되는 소유물을 의미한다(특히 파피루스 사본들을 참조하라). 한편, 게으른

(ἀργοὺς)은 본래 '일하지 않는', 나태한' 을 의미한다. 그런데 약 2:20(Wis. xiv. 5; xv. 15; Philo, Spec. *leg*. ii. 86; 88 등을 참조하라)에서처럼, 여기서는 활동하지 않는 무력함이나 게으름에서 비롯된 무익함 혹은 쓸모없음을 의미한다. 알기(목적격) 앞에 오는 전치사는 εἰς로, 문자적으로는 '속으로' (into) 혹은 '…쪽으로' (to)인데, 대다수의 주석가들은 이에 '…에 대하여' (for), '…을 예상하여' (with a view to )라는 의미를 부여한다. 그들에 따르면, 저자는 여기서 골 1:10에서의 바울처럼, 그리스도를 알아가는 것은 도덕적인 노력의 결과라는 것을 강조하고 있다. 그러나 실제로 전체 문단을 통한 저자의 목표는 그의 독자들에게 '하나님의 은혜를 헛되이 받음' (고후 6:1)에 대한 또 다른 형식의 경고이다. 저자는 그들이 이미 그리스도에 대한 지식을 누리고 있음을 가정하지만(1:2; 2:20), 각자의 적극적인 협력 없이는 그 지식이 활기를 잃고 무익하게 된다는 것을 지적하고 있다. 그러므로 εἰς를 '그리스도를 아는 지식에 대해서는' 이라 의역하는 것이 더 자연스럽다.

**[9] 이런 것이 없는 자는 맹인이라 멀리 보지 못하고 그의 옛 죄가 깨끗하게 된 것을 잊었느니라**

두려운 사실은 그러한 특성들이 없는 그리스도인은 필연적으로 **맹인이며 근시안적으로** 되어, 본래 자기에게 전하여진 계시 진리들을 이해하고 식별할 능력을 잃는다는 것이다. 영적인 맹인에 대한 비유적 표현이 신약의 권면적인 가르침에서는 상례적인 것이지만(예. 마 15:14; 23;16; 요 9:40; 계 3:17), 반면 형용사(…이 없는)와 분사(문자적으로는 '맹인인' '근시안의')의 병치(竝置)는 이상한데, 이는 특히 전자가 후자보다는 더 강하기 때문이다. 어떤 주석가들은 **맹인**(τυφλός: 이것은 일상어이다)이 생소하고 다른 곳에서 거의 확인되지 않은 '멀리 보지 못하는' (μυωπάζων)에 대한 주해로서 슬쩍 들어왔다고 추정한다. 다른 주석가들은 후자에 다음과 같이 원인적인 의미를 부여한다. "그는 근시안이므로 사실상 맹인이 되었다." 올바른 해결(C. Spicq)은 동사의 어원에 있을지도 모르는데, 그 동사는 형용사 μυῶπς, 곧 근시안인 사람들이 그러한 경향이 있듯이 '감기는' 혹은 '수축성 있는'(contracting) 눈이라는 말에서 온다. 그러므로 그 의미는 결국 '진리에 대해 (자기) 눈을 감는' 것일 수 있는데, 이는 이러한 말을 하는 의도는 신자의 책임을 강조하기 위함이다. 그 불행한 자의 곤경은 더 이상의 비유적인 표현으로, **그의 옛 죄를 씻음**, 곧 개종하기 전에 범한 죄들(벧전 1:14에서 "전에 알지 못할 때에 따르던 너희 사욕"을 참조하라)에 대해 세례를 통하여 받은 용서함(행 22:16; 고전 6:11; 엡 5:26; 딛 3:5; 벧전 1:22)을 잊은 것으로 더욱 정확하게 정의된다. 받은 세례를 망각한다는 말(4절 하반절에도 이에 대한 어렴풋한 암시가 있다)이 '비췸'(enlightenment; 히 6:4; 10:32)을 받아 이미 세례에 대한 가르침을 알고 있는 초기 그리스도인의 관점에서 영적 맹인을 언급한 후에 매우 적절히 나타난다. **잊었다**라 번역되었지만 문자적으로 '잊음을 받아들인'(having received forgetfulness)을 의미하는 헬라어 완곡법인 *λήθην λαβὼν*은 헬라 특유의 또 다른 어법이다(예. Josephus, *Ant.* ii. 163; iv. 304; Aelian, *Var. hist.* iii. 18).

**[10] 그러므로 형제들아 더욱 힘써 너희 부르심과 택하심을 굳게 하라 너희가 이것을 행한즉 언제든지 실족하지 아니하리라**

자칭 베드로는 이제 그의 호소를 반복한다. **이 때문에**, 곧 8절에 제시된 격려와 경고에 비추어서 **더욱 힘써**(동사 *σπουδάσατε*가 5절의 명사 *σπουδή*를 어떻게 반영하고 있는지에 주목하라) **너희 부르심과 택하심을 굳게 하라**(문자적으로는 '확실하게 하라'). 앞의 명사(*κλῆσις*, '부르심')는 3절 하반절에서 '부르신 자'(him who called)를 상기시킨다. **택하심**(*ἐκλογὴν*)에 대해서는 벧전 1:1의 주해를 보라. 이러한 짝의 명사들 혹은 같은 어원의 말들이 신약의 다른 곳에서도 함께 나온다(예. 마 22:14; 롬 8:28-30; 고전 1:26; 벧전 2:9; 계 17:14). 부르시고 택하시는 자는 하나님이시지만, 인간이 자기의 구원을 확실하게 하려면 적절한 도덕적인 반응을 나타내야 한다. 곧 인간은 "그의 부르심에 합당한 태도로 행"(엡 4:1)해야만 한다. 여기서 권고의 분위기와 일반 윤리를 초월한다는 오류자들의 주장(2:19)에 대한 비판을 감안한다고 해도, 딤후 1:9; 빌 2:12 이하가 종종 은혜와 행위의 역설을 유사하게 다룬 것으로 인용될 때가 있는데 비해, 여기서는 저자가 선행에 더 큰 역할을 할당한다고 결론짓는 것은 어렵지 않다. 그러나 하나님은 우리의 뜻과 우리의 행위를 통하여 우리 안에서 역사하신다는 바울의 주장이 여기에서는 아무런 대응절도 갖지 못한다. 그러한 인상은 결과에 의해 확인된다. 곧 **만일 너희가 이러한 것들**(8, 9절과 같이 *ταῦτα*, 곧 '이것들'은 5-7절에 실린 미덕들에 관계된다) **을 행한다면 너희는 결코 실패하지 않으리라. 실패하다(실족하다)**라는 말은 택하심을 받은 것을 굳게 하지 못한 사람들에게 일어나는 비극을 의미한다. 이 동사는 문자적으로 '넘어지다', '실족하다'를 의미하며, 따라서 '죄를 짓다'를 의미하게 되었다(약 2:10; 3:2에서도 그렇다). 많은 주석가들이 본절을 "만일 너희가 이것을 행한다면(곧 '너희 부르심과 택하심으로 확실하게 한다면') 결코 타락하지 않으리라"(RSV), 곧 '죄를 짓지 않으리라'고 번역하며, 집회서 8:36("너희 인생의 종국을 기억하라 그러면 결코 죄를 짓지 않으리라")과 같은 절들을 인용함으로써 여기서 이러한 의미를 택한다. 그러나 첫째, *πταίω*은 '멸망에 이르다', '잃어지다'(예. Philo, *De Jos.* 144; Josephus, *Ant.* vii. 75; xiv. 434)라는 형이상학적인 의미도 가질 수 있다. 둘째, 유 24절(주해를 보라)의 *ἀπταίστους*는 죄로부터의 자유보다는 마지막 날에 죄가 사람에게 초래하는 참사에서 면제되는 것(exemption)을 의미하는 것 같다. 셋째, **이것들**(these things)은 8, 9절에서 이와 동일한 단어가 그러하듯이, **너희 부르심과 택하심을 굳게 하라**보다는 위에서 언급된 미덕들에 훨씬 더 자연스럽게 관련되지만, 그것('너희의 부르심과 택하심을 굳게 하라')이 여기서 제기되는 번역이라면 '너희가 결코 죄를 짓지 않으리라'는 실로 지나치게 진부한 것이다. 물론 여기에서는 두 가지 의미가 겹친다. 왜냐하면 사람은 범죄에 대한 벌로서 멸망에 이르기 때문이다.

**[11] 이같이 하면 우리 주 곧 구주 예수 그리스도의 영원한 나라에 들어감을 넉넉히 너희에게 주시리라**

본 대목은 감동적으로 진술된 확신으로 마무리된다. 따라서 우리 주 곧

**구주 예수 그리스도의 영원한 나라에 들어감을 넉넉히 받으리라.** 다시 한 번 **따라서**(*οὕτως*: 문자적으로는 '이렇게 하여' –in this way)는 구원에 대한 불가결한 선결 조건으로서 서술된 모범적인 도의적 행위를 상기시킨다. 그러나 하나님의 관대하심과 은혜에 대한 사상은 부사 **넉넉히**(*πλουσίως*, 롬 10:12; 11:33; 엡 1:7; 2:4; 딤전 6:17을 참조하라)와 (우리가 5절에서 보았듯이) 은혜를 받는 사람에게 값없이, 아낌없이 준다는 개념을 나타내는 동사 *ἐπιχορηγέω*(하나님께서 성령을 주심에 대한 갈 3:5을 참조하라)에서 강조된다. 그 나라에 들어간다는 것은 공관복음서에 빈번하게 등장하는 표현으로서(예. 마 7:21; 18:3; 막 10:15), 우리 주께서도 공관복음서에서, 천국에 들어가기 위해서는 어떤 조건들을 충족시켜야 된다고 가르치신다(마 7:21; 18:8; 19:17; 막 10:15). 그러나 여기서 베드로가 묘사하는 방법과 강조하는 것은 공관복음서에서의 것과 다르다. 공관복음서는 '하나님의 나라' (혹은 통치), 혹은 '천국' (the kingdom of heaven)에 대해 말하는데 반하여, 여기에서는 **우리 주 곧 구주 예수 그리스도의 영원한 나라**라 언급된다. 신약에서는 종종 그 나라가 그리스도의 나라로 명명되지만(예. 눅 22:30; 요 18:36; 엡 5:5; 골 1:13; 딤후 4:1), 바울이 생각한 '그리스도의 나라' 는 부활과 재림 사이에 존재할 뿐 아니라, 그리스도가 그때에 아버지 하나님께 양도할 메시아 왕국이다(고전 15:24). 누가는 4세기의 교회가 엔키라의 마르셀루스(Marcellus of Ancyra)에 대해 효과적으로 이용했던 본문(1:33)에서 그리스도의 나라가 무궁하리라고 선언하지만, 신약에서는 오직 여기서(단 4:3; 7:27을 참조하라) 그리스도의 나라에 형용사 **영원한**(*αἰώνιον*)이 적용된다. 그 나라에 대한 종말론적인 전망이 이러한 식으로 변히였다. 그 나라는 더 이상 사람들에게 임하는 것으로 생각되지 않고, 이미 도래하여 그들이 그곳에 들어갈 수 있다고는 더욱 생각되지 않으며, 혹은 종말까지 계속될 메시아 왕국으로 생각되지도 않는다. 그것은 미래에 있으며 '자신들의 부르심과 택하심을' 굳게 하는 신자들이 주님이 재림하실(*παρουσία*) 때 들어갈 무궁한 복됨과 동등시된다. 벧전 1:3–9도 본절에서와 유사한 절정에 이르는데, 본 서신의 저자가 매우 다른 형식의 표현과 특유의 강조법으로 본 대목에서 2절(벧전 1:3-9)의 주제들 중 몇 가지를 재진술하고 있다(G.H. Boobyer)는 견해는 고려할 점이 많다. 일정한 어법인 **우리 주 곧 구주 예수 그리스도**도 주목할 만하다. 비록 이러한 표현이 기독교 초기 이후 그리스도인들의 보통 언어에서 매우 익숙한 것이긴 하지만, 신약에서는 오직 베드로후서의 본절과 2:20; 3:2, 18에만 나온다. **구주**에 대해서는 1:1의 주해를 보라.

## 3. 본 서신을 쓰게 된 저자의 동기 1:12-15

**1:12-15**

12 그러므로 너희가 이것을 알고 이미 있는 진리에 서 있으나 내가 항상 너희에게 생각나게 하려 하노라 13 내가 이 장막에 있을 동안에 너희를 일깨워 생각나게 함이 옳은 줄로 여기노니 14 이는 우리 주 예수 그리스도께서 내게 지시하신 것 같이 나도 나의 장막을 벗어날 것이 임박한 줄을 앎이라 15 내가 힘써 너희로 하여금 내가 떠난 후에라도 어느 때나 이런 것을 생각나게 하려 하노라

12 여러분이 이 모든 것을 다 알고 있고 또 진리 안에 굳게 서 있지만, 한 번 더 여러분의 기억을 일깨워 주고 싶습니다. 13 내가 이 세상에 살아 있는 동안 여러분에게 이렇게 하는 것이 옳다고 생각합니다. 14 나는 이제 곧 육신을 떠나야 함을 알고 있습니다. 우리 주 예수 그리스도께서 내게 그것을 알려 주셨습니다. 15 내가 할 수 있는 한 몇 번이고, 여러분이 이것들을 기억할 수 있도록 힘쓸 것입니다. 내가 이 세상을 떠난 후에도 여러분이 이 사실들을 기억하기를 진심으로 원합니다. _아가페 쉬운성경

본 서신의 진정한 목적이 이제 밝혀진다. 베드로의 권위로 편지를 쓰고 있는 저자는 그의 독자들에게 앞서 상술해 왔으며(특히 4, 11절을 참조하라) 후에 더욱 상세히 설명할 그리스도인의 종말론적인 소망에 관련하여 권위 있는 진술을 남기기 원한다. 저자는 그러한 진술을, 고별 메시지나 자신의 임박한 순교를 충분히 의식하고 있는 사도의 마지막 유언장 형식

으로 씀으로써 더욱 인상적이며 엄숙하게 한다. 그리스도 시대를 바로 전후로 하여 수세기 동안 이러한 형식의 진술은 자체의 독특한 주제, 극적인 배경과 어휘를 갖고 있는 공인된 양식의 문장이었다. 신약에서 행 20:17-38(밀레도 장로들에게 한 바울의 고별사)과 딤후 3:1-4:8(그가 죽기 전 디모데에게 보내는 마지막 지시)도 이러한 형식의 진술에 속하는 것으로 간주될 수 있다. 이러한 형식의 문장으로 오늘날까지 남아 있는 가장 유명한 실례인 '열두 족장의 유언장'(*The Testaments of the XII Patriarchs* B.C. 약 2세기)이 베드로후서와 많은 유사성(예. 부도덕한 제사장들에 대한 통렬한 비난, 계시의 출처로서 선견지명을 사용함, 마지막 날들의 부패함에 대한 불길한 예감, 우주적인 대이변에 대한 예언 등)을 갖고 있다.

**[12] 그러므로 너희가 이것을 알고 이미 있는 진리에 서 있으나 내가 항상 너희에게 생각나게 하려 하노라**

그러므로 베드로는 여기서 다음과 같이 시작한다. **이러한 이유로 내가 항상 너희에게 이것들을 생각나게 하려 하노라. 이것들**이라는 말은 영생에 대한 소망과 신성한 성품에의 참여를 의미하지만, (여기에서와 동일한 단어 '이것들'이 사용된 8, 9, 10절에서처럼) 또한 이러한 것들의 달성에 불가결한 것이며, 저자가 앞의 대목에서 역설했던 숭고한 도의적인 특성들과 열렬한 도덕적인 노력을 의미하기도 한다. 저자가 이렇게 말하는 이유는, 비록 전망은 장엄하지만 그 실현은 그의 독자들의 협력 정도에 달려 있기 때문이다. 여기서 **내가** (…하려) **하노라**(I intend)가 대체로 정확한 의미를 나타내긴 하지만 꼭 알맞은 것은 아닐 수도 있다. 이것은 *μέλλω*('…하려 하다', '의도하다')의 1인칭 미래 직설법인 *μελλήσω*를 번역한 것으로, 가장 신빙성 있는 사본들에 의해 지지되긴 하지만 여기서는 시제가 어색하다(마 24:6은 정확한 유사절이 아니다). 그러므로 이 동사가 몇몇 사본들에서는 *οὐκ ἀμελλήσω*, 곧 '나는 소홀히 하지 않으리라'로 정정되어 있지만, 이것은 문맥을 부드럽게 하기 위한 방편일 뿐이다. 이에 대해서는 아직도 만족할 만한 해석이 나오지 않았다. 그의 독자들이 이미 **알고 있다**(are aware)는 정중한 암시에 대해서는 유 5절의 주해를 보라(**알다**는 물론 **생각나게 하다**라는 동사도 여기서 빌려온 것처럼 보인다). 그러나 그 말에는 관습적인 예의 이상의 것이 내포되어 있는지도 모른다. 곧 저자는 그의 독자들이 '이것들을 안다' 고 생각하는데, 저자의 가정에 따르면 독자들은 그러한 것들을 베드로전서에서 이미 살펴보았다. 만일 신실한 자들이 계속하여 확고부동하다면 그들이 신성한 영광에 참여하게 될 것이며(벧전 1:8; 5:1), 주의 재림시에 천상에 예비되어 있는 멸하지 않는 유업(벧전 1:3-9)을 받게 되리라는 것을 그들은 거기에서 알았다.

**확고히 선**(firmly settled, *ἐστηριγμένους*, '서 있으(나)' -한글 성경)에 대해서는 집회서 5:10("너희가 아는 것에 확고히 서 있으라"), 눅 22:32("네 형제를 굳게 하라")를 참조하라. **너희 앞에 있는**(*παρούσῃ*, 문자적으로는 '현존하다' ) **진리**('이미 있는 진리' -한글 성경)라는 표현은 골 1:5 이하에 나오는 '너희에게 온(*παροντος*: 문자적으로는 '현존하는' ) 복음의 진리' 를 상기시킨다. 그러나 여기서 이 말의 취지는 그곳에서보다 더 광범위하다. '생각나게 함' (1:12; 3:1 더불어, 유 5절의 주해를 보라)이라는 말과 2:21; 3:2에 있는 같은 구절과 관련하여 생각해 볼 때, 이러한 표현은 명백히 규정되어 있고 권위 있는 진리의 집성(集成)으로서 기독교의 가르침에 대한 견해가 급속히 구체화되고 있음을 보여준다(유 3절의 주해를 보라). 독자들 **앞에 있으며** 그들이 충성스럽게 고수할 것으로 기대되는 것은 사도들이 증거하는 '계시' 이다. 그들이 진리에 **확고히 서 있다**는 저자의 만족에 대한 표현에는 심리학적인 접근이 내포되어 있다. 왜냐하면 저자는 실로, 그들이 분파주의자들에 의해 흔들리는 위험에 처해 있음을 의식하고 있기 때문이다.

메시지를 **항상** (이것은 본 서신이 그의 첫 서신이 아니라는 또 다른 암시이다) 철저하게 전달하려는 것이 저자의 전반적인 의도이지만, 그는 이제 죽음이 확실히 얼마 남아 있지 않기 때문에 이러한 의무를 특별히 긴급하게 한다고 설명한다.

**[13] 내가 이 장막에 있을 동안에 너희를 일깨워 생각나게 함이 옳은 줄로 여기노니**

내가 …(함이) 옳은 줄로 여기노니(I think it right)라는 시작의 말과 특정한 훈계는 물론 어투와 어법 등은, 요세푸스(*Ant.* iv. 177-193도 '나는 …함이 옳은 줄로 생각하노라' 라는 말로 시작된다)가 모세의 것으로 추정하는 고별사를 뚜렷이 떠올리게 한다. 즉, 이 서신은 베드로의 유언장으로 보아야 한다. 여기서 다시 초기 기독교의 권면적인 문체에 드러나는 일정하고도 근본적인 특징인 기억나게 하는 것(*ὑπόμνησις*)이 강조되는 것을 보게 된다. 몸을 장막(tent, *σκήνωμα*)에 비유하는 것은 Hermetic texts; *Ep. ad. Diogn.* vi. 8; Eusebius, *Hist. eccl.* iii. 31. 1에서 발견된다. 이것은 '우리가 그 안에 사는 현세의 장막' (*σκῆνος*. 한글성경- '땅에 있는 우리의 장막 집', 고후 5:1)이라는 바울의 말과 다수의 이교 문서를 상기시킨다(Wis. ix. 15; Philo, *Quaest. in Gen.* iv. 11). 이러한 비유적인 표현은 새로운 초장으로 이동하기 전에 장막을 급히 걷어서 접는 유목민들의 생활에서 기인된 것인 듯하다. 그러므로 이사야(38:12)는 갑작스러운 죽음을 '목자의 장막같이' 걷어서 옮겨지는 그의 거처에 비유하였다.

**[14] 이는 우리 주 예수 그리스도께서 내게 지시하신 것 같이 나도 나의 장막을 벗어날 것이 임박한 줄을 앎이라**

저자는 이제 이처럼 긴박감을 느끼는 이유를 설명한다. 이는 나도 내 장막이 곧 벗어지리라는 것(즉, 자기가 곧 죽으리라는 것)을 앎이라. 여기서 이미지가 바뀐다. 장막은 걷는 것이지만, 여기에서의 묘사는 옷을 벗는 것으로 바뀌었다. 이와 유사한 혼합 비유에 대해서는 고후 5:1-4을 참조하라. 곧(*ταχινός*)이라고 번역된 부사는 조속함(soonness)이나 신속함(swiftness, Ecclus. xviii. 26; Wis. xiii. 2; 특히 Hermas, *Sim.* viii. 9. 4)은 물론 갑작스러움(suddenness. 이 말이 오류자들에게 오는 멸망에 적용된 2:1을 참조하라)의 개념을 나타낼 수 있기 때문에 폭력에 의한 죽음을 암시할지도 모르지만, 본 문맥에 그다지 잘 어울리는 것으로 보이지는 않는다. 어쨌든 저자는 자기가 곧 죽으리라는 것을 전적으로 확신하는데, 이는 **우리 주 예수 그리스도께서** 그것(자기가 곧 죽으리라는 것)을 자기에게 **계시하셨기** 때문이다. 여기서 동사(*δηλόω*)는 '고하다', '명백히 하다'(예. 고전 1:11; 골 1:8)를 의미할 수 있지만, 특별 계시에 대해서도 사용된다(예. 고전 3:13; 벧전 1:11, 70인역의 여러 구절들과 또한 TWNT Ⅱ, 61을 보라). 주석가들은 여기서 저자가 어떤 소통을 의미하는지에 대해 깊이 생각해 왔다. 많은 해석자들은 그것을 요 21:18 이하에서 예수님이 베드로에게 하신 예언과 동일시하며, 이에 반하여 어떤 해석자들은 (2세기 후반기의) 베드로행전(*Act of Peter* xxxv)에서 우리가 읽게 되는 '쿼바디스'(Quo Vadis) 전설과 동일시한다. 요 21:18 이하에서의 주의 말씀은 그 사도의 죽음의 시기가 아니라 방식을 나타낼 뿐이며, 주의 부활 직후에, 곧 베드로가 실제로 순교당하기 수년 전에 하신 것임을 지적하는 것은 불필요하다. 이러한 논의 자체가 무익한데, 이는 이 서신이 익명이라는 가정 아래 베드로가 이것이 기록되던 때에 영광스러운 순교자로 존경을 받았기 때문이다(*1 Clem.* v. 1-4에서 그에게 보낸 찬사를 참조하라). 신앙의 영웅들은 임박해오는 순교를 예감했다고 믿는 것이 그 당시 그리스도인들에게는 자연스러웠다(예. 행 20:25, 21:11; *Mart. Polyc.* v. 2; *Pass. Perp. et Fel.* iv. 3-10; *Vita Cypr.* xii). 이와 동일한 동기가 여기에서도 작용했을지도 모르지만, 여기서 역사적이거나 전설적인 어떤 특별한 사건을 찾으려고 애쓰는 것은 무익하다. 베드로에 대한 이와 유사한 고지(告知)가 3세기 초의 Ps. Clementine *Ep. ad Iac.* ii. 2에서 서술되며, 교훈적인 Quo Vadis 이야기도 동일한 사건의 구성에 들어맞는다.

**[15] 내가 힘써 너희로 하여금 내가 떠난 후에라도 어느 때나 이런 것을 생각나게 하려 하노라**

베드로의 관심은 아직 자기에게 남아 있는 짧은 생애를 훨씬 넘어서고 있다. 곧 그는, 그가 **떠난 후에라도** 그의 수신자들이(여기서 그는 또한 전체 교회를 생각하고 있는 것 같다) **언제라도 이런 것들을 생각나게 할 수**

**있도록 노력**할 것이다(역시 그가 즐겨 사용하는 동사 *σπουδάζω*은 10절 상반절의 것과 같은 것이다. 또한 5절 상반절을 참조하라). 환언하자면 베드로는 그들이 언급할 수 있는 영속적인 증언을 남기려고 한다. 이것은 사도의 기록들이 중요한 것으로 보관될 뿐 아니라 예배시에 읽히리라는 암시가 될 수도 있다. 죽음에 대한 세련된 완곡어법으로서 **떠남**(*ἔξοδος*)에 대해서는 (예수의 죽음이 변화산상에서 예시된) 눅 9:31, Wis. iii. 2, vii. 6, 그리고 (베드로와 바울의 죽음에 관한) Irenaeus, *Haer*. iii. 1. 1를 참조하라. 미래시제와 함께 본 문장의 어감은 일견 그가 추가로 더 편지를 쓰겠다고 약속하는 것처럼 느껴진다. 베드로가 본 서신의 저작자라는 이론을 따르는 여러 주석가들은 이것을 유실된 어떤 문서나, 고대 교회가 그 사도의 가르침을 담고 있는 것으로 간주했던(예. Irenaeus, *Haer*. iii. 1. 1; Eusebius, *Hist. eccl.* ii. 15; iii. 39. 15) 마가복음일 것으로 본다. 그러나 만일 우리가 베드로후서가 익명이라는 것을 확신한다면 이 중 어떠한 가정도 타당한 것이 못 된다. 어떤 경우에든 베드로후서가 익명의 저자라는 이론은, 첫째, 다른 어떤 제자가 아닌 베드로 자신이 쓴 편지를 기대하도록 이 서신이 이끌어간다는 것과, 둘째, 복음이야기가 아니라 권고와 교리로 이루어져 있다(예. **이런 것을 생각나게 하다**)는 점에서 심각한 반론에 부딪힌다. 반면 베드로가 저자라는 이론은 여기서 가정되는 배경이 베드로의 임박해 오는 죽음이라는 사실을 간과한다. 여기서의 언급은 거의 틀림없이 본 서신 자체에 관련되어 있다. 여기서 미래시제('생각나게 하려 하노라')는 명백히 난해한 것이며, 12-15절 전체는 어설프고 과장되어 구성된 것이다. 저자는 미래시제를 사용함으로써 독자들이 자신의 글을 받아서 연구할 때와 같은 입장이 되려 하거나(그럴 가능성이 많다), 아니면 앞으로 쓰게 될 것의 초안을 잡으려고 한다. 여기서 저자의 말은 새로운 면을 보여 주고 있다. 이는 그의 서신이 후일 사도들의 생생한 증언이 더 이상 존재하지 않게 됨으로써 교회가 사도의 지침으로 인정받는 권위 있는 본문들에 대한 필요를 느끼게 될 때 획기적인 역할을 감당할 것이기 때문이다.

# 4. 사도의 참된 증언
# 1:16-21

**1:16-21**

16 우리 주 예수 그리스도의 능력과 강림하심을 너희에게 알게 한 것이 교묘히 만든 이
야기를 따른 것이 아니요 우리는 그의 크신 위엄을 친히 본 자라 17 지극히 큰 영광 중
에서 이러한 소리가 그에게 나기를 이는 내 사랑하는 아들이요 내 기뻐하는 자라 하실
때에 그가 하나님 아버지께 존귀와 영광을 받으셨느니라 18 이 소리는 우리가 그와 함
께 거룩한 산에 있을 때에 하늘로부터 난 것을 들은 것이라 19 또 우리에게는 더 확실한
예언이 있어 어두운 데를 비추는 등불과 같으니 날이 새어 샛별이 너희 마음에 떠오르
기까지 너희가 이것을 주의하는 것이 옳으니라 20 먼저 알 것은 성경의 모든 예언은 사
사로이 풀 것이 아니니 21 예언은 언제든지 사람의 뜻으로 낸 것이 아니요 오직 성령의
감동하심을 받은 사람들이 하나님께 받아 말한 것임이라

16 우리는 주 예수 그리스도가 영광 가운데 오실 것을 여러분에게 전했습니다. 그것은
누군가가 지어 낸 근사한 이야기가 결코 아닙니다. 우리는 그분의 위엄 있는 모습을 우
리 눈으로 직접 보았습니다. 17 장엄한 영광 가운데 하나님의 음성이 들렸습니다. "이
는 내 사랑하는 아들이며, 내가 그로 인해 무척 기쁘다." 그 순간 예수 그리스도는 영광
과 존귀를 받으셨습니다. 18 우리는 그 음성을 똑똑히 들었습니다. 거룩한 산에서 예수
님과 함께 있었을 때 들은 그 음성은 분명히 하늘로부터 울려 온 것이었습니다. 19 이렇
게 해서 우리는 예언자들이 전한 말씀을 보다 확실히 믿게 되었습니다. 여러분도 그 말
씀을 가까이하고 따르는 것이 유익할 것입니다. 그들이 전해 준 말씀은 어두움을 환히
밝혀 주는 빛과도 같은 것입니다. 그 빛은 여러분의 마음 가운데 동이 트고, 아침 샛별
이 환히 떠오를 때까지 여러분의 마음을 밝혀 줄 것입니다. 20 그러므로 분명히 이 사실
을 기억하십시오. 어떠한 예언의 말씀도 예언자가 마음대로 해석해서 기록한 것이 아
니며, 21 사람의 뜻대로 말하고 싶은 것을 적어 놓은 것도 아닙니다. 그들은 성령의 감
동을 받아 하나님의 말씀을 적어 놓았습니다. _아가페 쉬운성경

저자는 사도들의 가르침이, 이전에 예언했던 것을 확증하는 역사적인 계시에 확고하게 바탕을 두고 있다고 주장함으로써 그의 주요 주제로 바싹 다가간다. 곧 저자는 그것을 다음과 같이 진술한다.

**[16] 우리 주 예수 그리스도의 능력과 강림하심을 너희에게 알게 한 것이 교묘히 만든 이야기를 따른 것이 아니요 우리는 그의 크신 위엄을 친히 본 자라**

우리는 저자가 12-15절의 1인칭 '내가' 에서 2인칭 우리로 조용히 전환한 것을 볼 수 있는데, 그렇게 함으로써 그는 계시를 받는 특권이 주어졌던 사도들에게 합류하면서, 자신이 그들의 권위를 공유하고 있음을 암시하고 있다. 이러한 어법에 대해서는 요 1:14; 19:35; 행 1:21; 10:39-41; 요일 1:1; 4:14을 참조하라. 교묘히 만든 이야기라는 말의 정확한 취지는 다소 불분명하다. 당시에 이야기(*μύθος*)라는 말이 종교적 언어로 사용될 때는 그 속에 비난의 뜻이 담겨져 있다. 그것은 신들(gods)에 대한 신비적인 이야기, 세계 창조와 이적적인 사건 등을 나타내었으며, 저자들은 일정하게(예. Plato, *Tim.* 26e; Philo, *De opif.* 1; Exsecr. 162; Josephus, *Ant.* i. 22; *C. Ap.* ii. 256; Plutarch, *De Is.* et *Os.* 20). '꾸며낸 신화들' 을 근거가 있는 기사들과 비교하여 깎아내렸다. 이 용어는 딤전 1:4; 4:7; 딤후 4:4; 딛 1:14에서는 각 절에서 비판받는 영지주의적인 경향을 띤 선생들의 신지학적(神知學的, theosophical) 억측들에 적용된다. 대다수의 주석가들은 이 명백한 유사절로 인하여, 베드로는 확고한 역사적 토대가 있는 사도적인 기독교와 오류자들의 '영적' 비유론을 비교하면서 그들의 허황한 이론을 책망하고 있다고 결론지었다. 그리고 이러한 해석은 거의 틀림없이 정확한 것이다. 그러나 문장의 균형으로 볼 때 동등한 또 다른 해석이 있을 수 있는데, 저자는 사실상 그 자신과 교회의 가르침에 대해 가하여진 비난에 반박하고 있다는 것이다. 실제로 저자는 다음과 같이 말하고 있는 것인지도 모른다. "너희에게 그리스도의 도래를 설교하였을 때 우리는 반대자들이 주장하듯이 너희에게 그럴듯한 신화를 교묘히 전한 것이 아니라 오로지 우리가 경험적인 증거를 갖고 있는 진리를 전한 것이다." 결국 우리는 분파주의자들이 전한 이야기를 듣는 것이 아니라는 것이다. 여기서 그들의 이야기는 사도들의 종말론을 의문시하면서 종말론을 '신화' 로써 풍자적으로 묘사하는 형식을 취했을 수도 있다. 이상의 두 주석은 물론 상호 배타적일 필요는 없다. 만일 전자의 주석이 하여간 본절의 의미를 부분적으로 나타내는 것으로 받아들여진다면(**교묘히 만든**이라는 분사는 확실히 저자의 냉소처럼 들린다) 그것은 문제를 야기하는 자들이 어떤 영지주의자들이라는 견해를 강하게 지지한다.

동사 '알게 하다'(*γνωριζεω*)는 신약에서 신성한 비밀(a divine mystery)을 전하는 것에 대해 거의 전문용어처럼 쓰인다(예. 눅 2:15; 요 15:15; 17:26; 롬 16:26; 엡 6:19; 골 1:27). **능력**과 **강림**과 **위엄**에 대해서는 영광 중에 그리스도의 재림을 예시하는 것으로 받아들여지는 변모(Transfiguration)의 배경(17절)에서 이해해야 한다. 주님의 **능력**은 주께서 육신을 입고 지상에 계시는 동안 행하신 이적 행위들이 아니라 부활하신 주로서 그가 소유하고 계신 신적(godlike) 권능에 관계된다. 주는 이를 변화산상에서 미리 잠시 나타내 보이셨으며, 또한 마지막 날에 다시 오실 때 이를 모든 사람에게 확실히 보이실 것이다. 신약에서 대체로 그러하듯이(예. 마 24:3; 고전 15:23; 살전 2:19; 살후 2:8; 약 5:7; 요일 2:28), 여기서 그 위대한 사건은 주의 **강림**(*παρουσία*: 문자적으로 '존재'-presence)으로 묘사된다. 주의 강림이란 말은 헬라 종교와 신비 종교에서 신의 현현에 대해 사용하던 성례 용어로, 헬라주의 유대교에서 이를 차용했다. (예. 요세푸스는 이를 하나님의 존재가 나타남에 대해 사용한다. *Ant.* iii. 80; 202; ix. 55-'능력과 존재'란 매우 비슷한 표현; xviii. 284; Test. Jud. xxii. 2를 참조하라.) 원시 기독교는 이 말을 헬라주의 유대교에서 빌어온 것으로 보이는데, 이것이 신약에 나올 때는 이미 전문어가 되었다(TWNT V. 856-869를 보라).

어떤 학자들은 여기서 *παρουσία*는 주로 다음과 같은 이유들에서 주의 초림, 곧 그의 지상에서의 사역인 죽음과 부활을 의미하는 것이 분명하다고 주장함으로써 일반적으로 받아들여지는 이러한 해석에 이의를 제기한다. 그들의 주요 근거는 이러하다. 첫째, 복음서들(마 17:9; 막 9:9. 참조. 눅 9:31)은 변화산의 사건을 재림이 아니라 부활을 시사하는 것으로 다룬다. 둘째, 아직 '성취되지 않은 사건'에 대한 언급은 저자의 전체 논리를 뒤엎는 것으로, 저자의 가르침은 그가 직접 접했던 사건들-성취된 사건들-에 기초를 두고 있다는 것이다. 그러나 이러한 견해에 대해서는 다음과 같이 반론을 제기할 수가 있다. 첫째, *παρουσία*가 몇몇 후기 저작 속에 있는 구절들(예. Ignatius, *Philad.* ix. 2; Justin, *1 Apol.* lii. 3; *Dial.* xiv. 8)에서는 그리스도의 성육신 혹은 현존과 관련되지만, 신약에서는 어디에서도 그와 같이 사용되지 않는다. 둘째, 저자는 이 말을 3:4, 12에서 명백히 미래의 강림에 대해 사용하고 있는데, 그가 이것을 이렇게 짧은 글에서 다른 의미로 사용한다는 것은 의외의 일이다. 셋째, 본 서신의 다른 부분에서 볼 수 있듯이, *παρουσία*는 주의 지상에서의 생애와 관련된 것이 아니라 주의 현재의 권능과 미래의 강림이었다. 그런데 (우리가 이해하는 한에서는) 오류자들은 그러한 주의 생애와 관련된 것들을 의문시하고 있었으므로 베드로는 그 부분에 대해 독자들을 안심시키려고 하였다. 넷째, 그리스도의 영원한 나라에 확실히 들어갈 것에 대해 말하는 바로 앞 문단은 우리로 재림에 대한 주제를 예상하게 한다. 다섯째, 이러한 주제는 빈번히 '마지막 때'(예. 1:5; 4:7; 5:6)와 '우리 주 예수 그리스도의 나타나심'(1:7, 13; 4:13)에 대해 말하는 베드로전서에서 두드러지는데, 이 후자의 표현은 거기서 '파루시아'를 의미한다. 그러므로 우리는 이러한 취지들이 베드로의 마음속에 부단히 존재하였다고 믿을 이유를 갖고 있다. 여섯째, 초대 교회에서 변화산 사건이 어떤 집단들에서는 재림에 대한 예보로 해석되었다는 다소 사소한 증거(베드로의 계시록에 대한 이디오피아어역; 마 12:31에 관한 오리겐의 주석)가 있다. 일곱째, 앞에서 언급된 두번 째 논법은(성취된 사건만을 기록하고 있다는 논리-역자 주) 다음과 같은 사실을 간과하고 있다. 즉, 저자는 자기 메시지가 사도들의 경험에 확실한 기초를 두고 있다고 주장하는 게 분명하지만, 이 말이 결코 그러한 경험이 미래에 완전히 성취될 초자연적인 사건에 대한 계시가 아니라고 말할 근거는 전혀 없다.

저자는 실로 자기와 그의 동료들이 **그의 위엄에 대한 목격자들**이라고 주장한다. 후자의 명사(*ἐπόπτης*, '목격자'. 신약에서는 이곳에만 나온다. 그러나 벧전 2:12을 참조하라)는 신비종교에서, 초자연적인(hiera) 광경, 혹은 신성한 예배의 대상들을 볼 수 있도록 허용된 상급 입교자들을 가리켰다(예. Plutarch, *Alcib.* xxii. 4: Dittenberger, *Sylloge inscr.*

*Graec.* Ⅲ, 1052; 1053-기원전 1세기의 Samothrace의 신비 의식). 이 말은 또한 '관객', '관찰자'(예. Aeschylus, *Prom.* 298f.; Josephus, *C. Ap.* ii. 187)라는 좀더 일반적인 의미를 갖고 있는데 이것이 여기서 나타내는 의미이다. 그럼에도 벧전 2:12; 3:2에서 같은 어원의 동사(ἐποπτεύω: 보다)를 먼저 사용한 데서 이 동사를 또 선택한 것 같은데, 이는 헬라의 종교적 전문용어에 대한 저자의 편애의 또 다른 실례라고 할 수 있다. 저자는 이 말(ἐπόπτης)이 거룩한 계시에 들어가는 특권을 암시하고 있음을 인식한 것 같다. 전자의 명사 *μεγαλειότητος*는 그러한 광경의 내용, 곧 **그의 위엄** 다시 말해서 변모 사건에서 밝혀진 예수의 초자연성을 묘사한다. 그리고 그러한 변모는 권능과 영광 중에 있을 주의 재림에 대한 신뢰할 만한 예표로 보인다. 눅 9:43에서도 이 말은 하나님의 능력이 드러남 혹은 계시를 의미한다. 한편 요세푸스는 이를 하나님의 장엄함(grandeur)과 숭고함(sublimity)에 대해 사용한다(예. *Ant.* i. 24; viii. Ⅲ; *C. Ap.* ii. 168).

**[17] 지극히 큰 영광 중에서 이러한 소리가 그에게 나기를 이는 내 사랑하는 아들이요 내 기뻐하는 자라 하실 때에 그가 하나님 아버지께 존귀와 영광을 받으셨느니라**

베드로는 이제 그와 동료들이 이러한 진기한 경험을 했던 때를 더욱 정확하게 표현한다. 그것은 예수께서 **하나님 아버지로부터 존귀와 영광을 받으셨을**(본문에서 동사는 주격 분사이며, 본절은 파격 구문으로 끝나고 18절에서 새로운 구문이 시작된다) 때였으며 **지극히 큰 영광으로부터 그에게 한 음성이 났다**. 상술한 본절에서, 특히 거룩한 음성과 변화산(holy mount)에 대한 언급이 명백히 나타내고 있듯이, 저자는 변모 사건을 상기하고 있다. **존귀와 영광**이라는 정형화된 어구에 대해서는 (히 2:7, 9에서 인용된) 시 8:5; 롬 2:7, 10; 딤전 1:17; 벧전 1:7; 계 4:9 등을 참조하라. 여기서 **존귀**(honour)는 아들되심에 대한 선언이 함축하는 숭고한 신분을 의미하는데 비하여, **영광**(*δόξα*)은 변모된 예수의 영묘한 광채(마 9:2 이하), 곧 구약의 개념(벧전 1:7; 유 25에 관한 주해를 보라)에 따르면 바로 하나님께 속하는 영광의 빛에 참여하는 것을 가리킨다. 그러므로 다음 절에서 하나님은 히브리인의 특징인 하나님의 이름에 대한 회피로서 **지극히 큰 영광**(the Majestic Glory)으로 묘사된다. 다음의 절들을 참조하라. Test. Lev. iii. 4; 1 En. xiv. 20; Asc. Is. xi. 32. 여기서 하나님은 '지극히 큰 영광' (the Great Glory)이라 불린다. 공관복음서 저자들은 하나님에 대해 언급하지 않고 그 음성이 '구름 속에서' 나오는 것으로 묘사한다.

그 음성에 의한 진술에 대해서는 마 17:5; 막 9:7; 눅 9:35을 참조하라. 여기서 정확한 헬라어 본문(사본들은 유사한 여러 가지 다른 표현을 썼다)은 마태의 설명에 가장 가깝지만 마태의 것과는 다음과 같은 점들에서 다르다. 첫째, **이는 …이다**(this is)를 절의 초두 대신에 첫 절 끝에 두고 있다. 둘째, '사랑하는' (the beloved) 대신에 **내 사랑하는**(my beloved)이라는 표현을 쓰고 있다. 셋째, *ἐν ᾧ*(in whom) 대신에 *ἐις ὅν*(on whom)이라는 독법을 따르고 있다. 이러한 차이는 그다지 중요하지 않은데 이는 그 저자의(정확한 헬라어 본문의 저자-역자) 참고자료가 기록된 복음서들 중 어떤 것이 아니라, 아마 전통적인 자료였을 것이기 때문이다. 이제 저자는 그의 주안점에 이르는데, 자신이 보고 들은 것을 의지한다는 것을 강조하려는 열심에서, 채 끝맺지 못한 문장을 끊고 새로운 문장을 시작한다.

**[18] 이 소리는 우리가 그와 함께 거룩한 산에 있을 때에 하늘로부터 난 것을 들은 것이라**

후자의 우리(*ἡμεῖς*)는 헬라어 본문에 강조적으로 표현되어 있다(거의 '우리 자신들' 이라는 의미로 쓰인다). 저자는 다시 한 번 자신을 다른 사도들, 이 경우에는 야고보와 요한과 합류시키고 있다. 공관복음서 저자들이 막연하게 '높은 산' (a high hill)이라고 표현한 것을 여기서는 **거룩한 산**(the sacred hill), 곧 교회의 경건한 의식(意識)에서 신성시된 특별한 장소로 표현하였다. 베드로는 아마 시온을 여호와께서 그의 기름부으신 아들을 세우시는 '거룩한 산' 으로 표현한 시 2:9로부터 암시를 얻음으로써, 그 산을 시온산과 동일시하는 것 같다. (또한 Philo, *Leg. alleg.* iii.

142를 참조하라.)

저자는 '그리스도의 변모'가 명백히 그리스도의 신성을 보여주며 또한 하늘로부터 난 음성에 의해 이를 확증함과 더불어, 그리스도의 능력과 미래의 강림을 보증하는 것으로 간주한다. 그러나 여러 학자들은 왜 저자가 부활 자체로 이러한 것들을 증명하려 하지 않았는지 의아하게 여겨 왔다. 베드로전서와 다른 신약서들은 부활을 보통 재림에 대한 서곡으로 간주한다. 어떤 학자들(예. E. Käsemann)은 이 흥미로운 절을 이렇게 설명한다. 부활이 그리스도에게만 일어난 것이기 때문에 자기의 취지에 그다지 적절하지 않다고 생각하였을지도 모르며, 반면에 변모는 우리로 그리스도께서 그 신성이 가려지신 채 인간으로서 지상에 거하셨다는 것을 기억하게 해준다. 따라서 그리스도가 다시 오시리라는 것뿐 아니라 인간들이 그리스도의 영광에 참여할 수 있을 것이라는 소망을 제시한다. 신실한 자들이 '신성한 성품'(the divine nature, 1:4)에 참여한다는 것은 저자의 종말론에 빠뜨릴 수 없는 것이다. 좀더 일반적인 설명에 따르면, 여기서 저자의 관심은 하나님의 음성에 집중되어 있다. 그 음성은, 그리스도께서 영광 중에 오실 것에 대한 보증을 더욱 강력하게 해주는 선언으로서 그리스도는 하나님의 아들이요 그의 사랑하는 자라는 선언이다. 지금까지 본 절에 대해 제시되어 온 또 다른 설명(A. Loisy, *La Naissance du christianisme*, p.42; K. G. Goetz, *Petrus als Gründer und Oberhaupt der Kirche*, p.89; etc.)에 따르면, 저자가 그 변모를 부활 후의 모습으로 생각했을 수도 있고, 또한 「베드로 계시록」(*Apocalypse of Peter*, 135년경)에서도 변모 사건을 그렇게 이해하고 있다는 사실은 주목할 만하다. 여기에 여전히 해결되지 않은 흥미로운 난제가 있다는 것을 인정해야 한다.

저자는 이제 구약의 선지자들을 벧전 1:10-12의 기독교 선생들과 관련시키면서 한 걸음 더 나아가고 있다.

**[19] 또 우리에게는 더 확실한 예언이 있어 어두운 데를 비추는 등불과 같으니 날이 새어 샛별이 너희 마음에 떠오르기까지 너희가 이것을**

**주의하는 것이 옳으니라**

변모에 대한 사도들의 경험에서 **우리**(이 대명사는 18절과 마찬가지로 피택된 제자들만 아니라 신자들 전체를 망라하는 말이다)**는 확실한 예언을 갖고 있다.** (we have confirmation of the message of prophecy.) 흠정역의 "우리는 또한 더욱 확실한 예언의 말씀을 갖고 있다"(we have also a more sure word of prophecy)는 번역은 구문론적으로 받아들일 만하며, 신약에서 예언은 보통 복음의 사건들을 반대하는 것이 아니라 그것을 지지하는 것으로 간주된다는 이유에서 선호되기도 한다. 그러나 이러한 번역에 대해서는 다음과 같이 주장할 수도 있다. 첫째, 문제의 사건은 아직 미래에 있다는 것이며, 둘째, 변모 사건에서 하나님 자신이 하신 직접적인 증언보다도 구약의 예언에 더 큰 신뢰와 '더 확실한' 권위를 돌리는 것은 불합리하게 보인다는 것이다. 헬라어 원문이 전적으로 지지하는 참된 의미('더 확실한' 이라는 비교급을 사용한 유사절에 대해서는 Isocrates, *Ad Dem.* 36; Stobaeus, *Anthol.* iv. 25. 31을 참조하라)는 그러한 계시에 비추어 볼 때 하나님께서 친히 **예언의 말씀**(the message of prophecy)을 참된 것으로 증명하셨고 그것이 이미 성취 과정에 있다는 의미에서 '더 확실하게' 되었다는 것이다. **예언의 말씀**(문자적으로는 '예언적인 말' : Philo, *De Plant.* 117; *2 Clem.* xi. 2; Justin, *Dial.* lvi. 6)은 구약 전체를 포함하는 전반적인 표현이었으며, 단지 선지서들만을 가리키지는 않았다. 여기서 저자는 특별한 성경 구절을 의중에 두고 있는 것 같지는 않지만, 사도 시대와 속사도 시대의 다른 그리스도인들처럼(행 3:24의 "모든 선지자도 이때를 가리켜 말하였느니라"라는 베드로의 진술을 참조하라), 구약의 모든 부분이 메시아의 영광스러운 도래와, 그에 따른 메시아 왕국의 건설을 확신 있게 바라보고 있다고 여긴다.

저자는 이제 훈계조로 말한다. 곧 성경이 그러한 식으로 확언하였으므로 독자들은 예언의 말씀에 **주의하는 것이 옳다.** 저자는 명백히, 거짓 선생들에 의해 조장된 예언의 말씀에 대한 경시와 오용에 관심을 갖고 있다. 그러므로 저자는 그것을 **어두운 데**(*αὐχμηρῷ τόπῳ*: 이것은 매우 드물게 나오는 표현이지만, 「베드로계시록」 21장의 표현과 유사하다)를

**비추는 등불**에 비유한다. 하나님의 말씀에 대한 이와 유사한 묘사들에 대해서는 시 119:105("주의 말씀은 내 발에 등이요 내 길에 빛이니이다"), 에스드라서 7:42('어두운 곳에서의 등불')을 참조하라. 이 경우에 **어두운 곳**(darksome place)은 현존하는 세상이며, 이것이 신약(예. 요 1:5; 엡 6:12; 살전 5:4; 요일 2:8)에서는 일정하게 어둠으로 표현된다. 예언 혹은 일반적으로 성경은 사람들에게 빛을 비추어 그 안에서 걸어갈 때 그 길을 인도하는데, 사람들은 성경을 **날이 새어 샛별이** 그들의 **마음에 떠오르기까지** 필요로 할 것이다.

이 아름다운 구절은 주도면밀한 설명을 요하지만, 하여간 전반부는 그 의미가 그런대로 명백하다. 저자는 **날**(the day)이라는 말을 사용하여 주로 그리스도의 파루시아(롬 13:12에서 바울의 '낮이 가까웠으니'를 참조하라)를 나타내는데, 이 재림이 바로 새벽이 밤을 몰아내듯이 현세의 어둠을 사라지게 할 것이다. 그러나 이 비유적 표현은 또한 '주의 날'(3:10; 벧전 2:12; 유 6절)을 암시함으로써 부차적인 의미를 갖고 있다. 따라서 이것은 독자들에게 그리스도의 도래가 구원과 심판의 날로서 이중적인 면을 갖고 있음을 상기시키기 위해 사용되었다. 다음 절은 이보다 훨씬 더 난해하다. 그것은 단지 여명(黎明)의 이미지에 대한 아름다운 윤색에 불과한 것일까? 이것이 일반적으로 받아들여져 온 견해였지만, 여기서 여명의 이미지가 제시되는 한편, 새로운 개념 혹은 국면이 도입되고 있다는 것이 실로 그럴듯하다. 어쨌든 본절의 유일한 취지가 윤색이라면 특히 고대인들이 금성, 혹은 '샛별'(light-bringer, 이것이 *φωσφόρος*의 문자적인 역이다)이 여명 후가 아니라 그 전에 떠오른다는 것을 잘 알고 있었듯이, 우리는 여기서 **샛별**보다는 떠오르는 해가 언급되는 것이 더 마땅한 것으로 봐야 한다('날이 새어'라는 말 다음에 '샛별'을 언급하는 것은 부적절함을 말한다-역자 주). 그러므로 어떤 학자들은 여기서 *φωσφόρος*를 태양을 의미하는 것으로 해석하려고 하였지만, 이 말이 그와 같이 쓰인 전례는 없다. 다른 학자들은 이것을 저자 편에서의 부주의로 말미암은 사소한 부정확성이라고 인식해 왔다. 그러나 올바른 해결법은 다른 방향에 있는 것 같다. 저자는 앞에서 재림을 언급하였으므로 그리스도 자신을 연관시키려는 의도에서 그를 **샛별**로 표현하고 있다. 이러한 이미지는 즉시 사용할 수 있는 것이었는데, 이는 민 24:17의 "한 별이 야곱에게서 나오리라"는 유명한 예언이 유대교에서는 메시아를 가리키는 것으로 이해되었기 때문이다(Test. Lev. xviii. 3; Test. Jud. xxiv 1-5; 1QM xi. 6f.). 그리스도인들이 이것을 받아들였다는 것은 자연스러운 일이며, 눅 1:78에서 초림의 그리스도가 '위로부터의 여명' (the dawn from on high: 흠정역을 참조하라-역자 주)으로 환영받으며, 계 22:16에서는 부활하신 주께서 '광명한 새벽별' 로 언급된다는 사실이, 샛별이 그러한 의미로 사용되었음을 확증하여 준다.

만일 **샛별**이 상징적으로 그리스도를 의미한다면 우리는 **너희 마음에 떠오르다**라는 말을 어떻게 이해해야만 할까? 어떠한 해석으로든 이것은 난해한 구이므로 학자들은 종종, 이 말을 앞서 나오는 **주의하다**나 다음 절(20절)의 **이를 알 것은**과 결부시킴으로써 이를 완화시키려고 하였다. 둘 다 실행 가능한 임시수단이 아니다. 그 이유는 이러하다. 첫째, **너희 마음에**와 **주의하라**라는 말 사이의 간격만으로도 전자의 해석법은 지지할 수 없는 것이 된다. 둘째, 문장 구성상의 조화와 **먼저 이를 알 것은**(*τοῦτο πρῶτον γινώσκοντες*, 3:3을 참조하라)이라는 정형화된 문구가 후자의 해석법을 지지할 수 없게 만든다. 바울이 재림에 대한 비유로서 밤으로부터 낮으로의 변천을 사용할 때(롬 13:12) 그는 개인 밖에서 일어나는 우주적인 사건에 대해 생각하고 있다. 여기서 '우리의 마음에 떠오름' 은 분명, 복되고도 구원하는 방법으로 그리스도인들의 내적 자아에서 일어나는 무엇인가를 가리킨다. 본절은 그리스도께서 재림하실 때 이 세상의 생활로 인해 어두워짐으로 그들 마음속에 생긴 의심과 불신을 일소하고 놀라운 빛으로 채우실 방법에 대한 지극히 아름다운 묘사임에 틀림없다. 이러한 표현은 1세기 헬라주의 유대교에서도 유사하게 쓰였다. 예를 들어, 필로(Philo)는 '신성한 샛별' (the divine morning star), 곧 하나님의 순결한 광휘가 어떻게 '영혼의 눈에 비추는가' 를 매우 유사한 말(Ebr. 44)로 묘사한다. 필로는 (본절과) 거의 같은 식으로 하나님의 계시를 '영혼에 새벽을 알리는 별들' (*φωσφορόυντες*)로 생각한다(Decal. 49). 그러나 본절은 종말에 대한 저자의 설명을 보여준다는 점에서 상당히 교훈적이다. 우리가 앞으로(3:10-13) 보게 되겠지만 저자의 묘사는 대부분 우주적 변화의 초기 특징으로 표현되어 있으나, 여기서는 그의 말에 1:4에서처럼 종말론에 인격적이며 심리학적인 방향성까지 부여하려는 시도가 처음으로 드러난다. 여기서 재림은 신실한 신자들의 **마음**을 변화시키는 효력을 갖고 있는 것으로 생각된다.

**[20] 먼저 알 것은 성경의 모든 예언은 사사로이 풀 것이 아니니**

그러나 그리스도인들이 조심할 것은 이뿐이 아니다. 곧 성경을 주의 깊게 연구할 때 그들은 **성경의 모든 예언은 사적인 해석의 문제가 아니라**는 원리에 따라 받아들이고 행해야만 한다. 신약에서 보통 그러하듯이(그러나 3:16의 주해를 보라) 여기서 성경(*γραφή*)은 구약을 나타낸다. **해석**(interpretation)이라 번역된 *ἐπίλυσις*가 70인역과 신약에서 이곳에만 나오지만, 이 명사나 이와 같은 어원의 동사(*ἐπιλύω*)가 다른 곳에서는 허위의 폭로(Philo, *Agric*. 16; Sextus Empiricus, *Pyrrh*. ii. 246)를 의미하거나, 혹은 (더욱 특징적으로는) 난제나 수수께끼(Athenaeus, *Deipn*. x. 450e; Josephus, *Ant*. viii. 167), 꿈(창 40:8; Aquil.; Heliodorus, *Aethiop*. i. 18), 성경의 난해절(Philo, *Vit. con*. 75)이나 비유(막 4:34; Hermas, *Sim*. v. 5. 1) 등에 대한 설명을 의미한다. 여기서 *ἐπίλυσις*는 소유격(*ἐπιλύσεως*)으로 되어 있으며, **…의 문제이다**(is a matter of)라 번역된 동사는 *γίνεται*인데 이것이 소유격과 쓰일 때는 '…에서 발생하다', '…에 속하다', '…의 범위에 들다'를 의미할 수 있다. 어떤 주석가들은 본절을 "모든 예언은 선지자 자신의 해석에서 나오지 않고 하나님에 의해 주어진다"고 의역함으로써 전자를 택하는데, 그 확증으로 20절 상반절을 지적한다. 그러나 이렇게 되면 20절의 진술에 대한 이유를 제시하는 21절 전반부는 20절을 다른 형태로 되풀이하는 것에 지나지 않게 된다. 역시, **사사로이**(*ἰδίας*)를 '선지자'에 관계되는 것으로 이해해야 한다는 것은 확실히 어색한데, 이는 그러한 사람이 실제로 전혀 언급되어 있지 않기 때문이다. '해석에서 나온다'('성경의 모든 예언은 사적인 해석에서 나오지 않는다' 라는 구절의 일부이다–역자 주)라는 표현 역시 곤란한데, 이는 ἐπίλυσις('해석')에 아무런 목적어도 없기 때문이다. 이러한 주석을 지지하기 위해 자주 인용되는 11세기의 데오필락트(Theophylact)는 이를 이해했던 것 같은데, 이는 선지자들은 자신들이 받았던 메시지에 대한 설명(ἐπίλυσιν)을 하지 않았다는 주석(PG cxxv, 1265)을 달았기 때문이다. 그러나 이러한 것은 문맥과 조화되지 않는 견해이다. 예언이 선지자 자신이 아니라 하나님으로부터 온다고 주장하는 자들이 ἐπίλυσις('해석')가 여기서 사실상 '영감'(M. Green도 이러한 의미로 본다)과 같은 의미임에 틀림없다고 어쩔 수 없이 인정한다는 것은 놀라운 일은 아니지만, 이러한 해석은 불가능하다.

가장 자연스러울 뿐더러 ἐπίλυσις에 대한 어휘상의 증거에 잘 부합됨과 동시에 문맥에 맞는 의미는, 역문(RV, RSV, NEB 등도 그렇다)에 의해 암시되는 것, 곧 어떠한 개인도 예언 혹은 성경 전반의 내용을 자기의 개인적인 변덕스러운 생각에 따라 해석할 자격이 없다는 것이다. 문제를 야기하는 자들의 범죄 내용이 바로 이것이며, 저자의 견해로는 그러한 행위는 결국 재난에 이르게 된다. 그러나 만일 사적인 해석(one's own interpretation)이 제외된다면 베드로가 이를 대조시키는 공인된 해석 방법은 무엇인가? 다음 절이 이를 명백히 보여 준다. 그것은 예언 배후에 있는 성령에 의한 해석이다. 저자의 태도와 연대를 고려해 볼 때, 그는 여기서 공동체 내의 성령을 받은 개인이나 선지자에 대해 생각하고 있는 것이 아니다. 대신 저자는 자신이 이해하고 있듯이, 성령의 직권을 맡은 지교회의 공인된 사역자들과 은사를 받은 선생들에게서 구체화된 사도적인 권위를 염두에 두고 있는 것이 틀림없다. 지정된 성경 관리자로서의 공식적인 교회에 대한 개념이 명백히 구체화되고 있다.

**[21] 예언은 언제든지 사람의 뜻으로 낸 것이 아니요 오직 성령의 감동하심을 받은 사람들이 하나님께 받아 말한 것임이라**

그러나 이 모든 것은 진술된다기보다는 암시된다. 왜 개인들은 성경을 자의적으로 해석할 권리가 없는가에 대한 올바르고도 명백한 이유는, 예

**언은 사람의 의지로 말미암은**(was ever brought, 또는 AV, NEB에는 'was brought of old') **것이 아니라 사람들이 성령의 감동을 받아 하나님으로부터 말하였다**는 데 있다. 따라서 성경에 대한 정확한 이해는 성령의 도우심에 달려 있다는 결론이 여기서 암시적이지만 명백하다. 거짓 선지자들은 제 마음에 내키는 대로 예언한다는 것이 구약의 확고한 가르침이다(예. 렘 23:16; 겔 13:3). 참된 선지자의 발언은 자신의 것이 아니라 '주의 말씀'(특히 렘 1:4-10을 참조하라)이다. 자신의 뜻(*θέλημα*: '의지')에서 유래된 말과는 전혀 다르게, 선지자는 때때로 어떤 압력에 못이겨 예언을 선포한다(예. 렘 20:7-10). 예언의 영감성은 쿰란 종파(예. 1QS viii. 16; 6QD ii. 12f)는 물론 요세푸스(예. *Ant.* iv. 118f.)와 필로(예. *Vit. Mos.* i. 281; *De mut. nom.* 203)에게서도 공통적으로 나타난다. 그리고 구약 전체가 하나님의 영의 저작이라는 것이 랍비들의 전통이었다(참조. SB Ⅳ, i. 435-451). 신약은 그 안에서 들리는 것이 하나님의 음성이라는 사실에 전적으로 의견이 일치한다(예. 막 12:36; 행 3:21; 딤후 3:16; 히 1:1).

**예언은 언제든지 사람의 의지에 따라 나온 것이 아니라는** 합의는 실로 매우 널리 유포되어 있었기 때문에 이에 대한 베드로의 열렬한 주장은 새삼스럽다. 여기서 우리는 당시에 이 합의를 부인한 어떤 집단들이 었었는지의 여부를 묻고 싶어진다. 만일 그러한 집단들이 있었다면 그러한 발견은 본절에 대한 우리의 이해를 고취시키고, 거짓 선생들의 관점에 대해서 빛을 던져 줄 것이다.

몰란드(E. Molland)는 위(僞) 클레멘트 설교집(*Pseudo-Clementine Homilies*, e. g. ii. 6-12; iii. 52-54)에서 모세의 뒤를 계승한 선지자들의 영감을 인정하지 않았던 영지주의적인 경향의 유대 기독교인들에 대하여 읽을 수 있다고 지적하고 있다. 또한 올림푸스의 메토디우스(Methodius of Olympus, 300년경)는 선지자들이 성령에 의해 영감을 받았던 것이 아니라 '스스로 고무되어'(*ἐχ ἰδίας κινήσεως*) 말했던 것이라고 주장하는 에비온 이단들의 '억지 주장'(obstinate assertion)을 기록하고 있다(*Conviv.* viii. 10). 그리고 이와 유사하게 에피파니우스

(Epiphanius, *Pan. haer.* xxx. 18. 5)는 에비온파를 선지자들이 진리에 기초해 있지 않고 자기들의 지성(intelligence)에 의존했다는 교훈을 하는 사람들로 묘사하고 있다. 물론 메토디우스와 에피파니우스는 베드로전후서의 저자보다 상당히 후기 작가들이지만 위 클레멘트 설교집 속에 들어 있는 자료는 베드로후서가 쓰였던 시기와 그다지 멀리 떨어져 있지 않은 시기에 속하는 자료이다. 그러므로 베드로후서의 저자가 책망하고 있는 거짓을 전파하는 자들이 예언에 대하여 멸시하는 태도를 견지했다는 것은 그리 놀랄 만한 일이 아니다.

# 제 2 장

## 5. 거짓 선생들에 대한 경고
## 2:1-3

**2:1-3**

1 그러나 백성 가운데 또한 거짓 선지자들이 일어났었나니 이와 같이 너희 중에도 거짓 선생들이 있으리라 그들은 멸망하게 할 이단을 가만히 끌어들여 자기들을 사신 주를 부인하고 임박한 멸망을 스스로 취하는 자들이라 2 여럿이 그들의 호색하는 것을 따르리니 이로 말미암아 진리의 도가 비방을 받을 것이요 3 그들이 탐심으로써 지어낸 말을 가지고 너희로 이득을 삼으니 그들의 심판은 옛적부터 지체하지 아니하며 그들의 멸망은 잠들지 아니하느니라

1 전에 이스라엘 백성 가운데 거짓 예언자들이 있었던 것처럼, 여러분 가운데도 거짓 선생이 나타날 것입니다. 이들은 살며시 여러분 가운데 들어와 여러분을 잘못된 길로 인도하고 혼란스럽게 만들 것입니다. 또한 그들은 우리를 죄에서 풀어 주시려고 피흘리신 주 예수 그리스도를 부인하여 스스로 멸망의 길로 달려가고 있습니다. 2 많은 사람이 그들의 악한 길을 따르고, 참 진리의 길을 방해할 것입니다. 3 여러분에게 거짓을 말하여 이용하는 그 사람들은 여러분이 가진 돈에만 관심이 있을 뿐입니다. 하나님께서는 이미 그들에게 죄가 있다고 선언하셨으며, 그들은 의로우신 하나님의 심판을 피할 길이 없습니다. _아가페 쉬운성경

이 대목에 이르러 저자는 기독교인의 종말론적 소망에 대하여 변호하고 해설하기를 3장으로 미루고, 기독 교회의 믿음과 행위를 침식하고 있는 거짓 선생들에 대하여 경고하고 단호하게 꾸짖기 시작한다. 이렇게 하는 것이 본론에서 이탈한 것처럼 보일지는 모르겠으나 그렇지만은 않다. 왜냐하면 이미 살펴본 바와 같이 1장에서의 저자의 적극적인 권면은 거짓 교사들에 대한 은근한 비판으로 가득 차 있으며, 실로 저자의 논지의 큰 목적이(이 부분은 특히 바로 앞 절들에 명시되어 있다) 진리의 교훈을 확

정하고 온갖 왜곡에서 그 교훈을 지키려는 것이기 때문이다. 이 장과 유 4-16절 사이에 존재하는 상당수의 일치점들은 두 본문 사이에 밀접한 문헌적 관계가 있음을 증명해 준다. 그리고 베드로후서가 유다서에서 상당 부분을 빌어 왔다는 것은 의심의 여지가 없다(서론 둘째 부분을 보라). 유다서에는 거짓된 사상을 퍼뜨리는 자들이 기독교의 공동체 내부에서 이미 활동하고 있는 상태로 묘사되고 있지만, 베드로후서에서는 앞으로 그런 자들이 일어나게 될 것임을 예고하면서 출발한다. 그러나 이것은 자신이 사도라는 주장을 뒷받침하기 위하여 저자가 채택하고 있는 인위적인 고안임에 분명하다. 2:10 이하에서 저자는 이를 포기하고 그들을 현재의 골칫거리라고 비난한다.

**[1] 그러나 백성 가운데 또한 거짓 선지자들이 일어났었나니 이와 같이 너희 중에도 거짓 선생들이 있으리라 그들은 멸망하게 할 이단을 가만히 끌어들여 자기들을 사신 주를 부인하고 임박한 멸망을 스스로 취하는 자들이라**

1:20 이하에서 예언에 대해 언급한 것이 실마리를 제공한다. 저자는 거짓 선지자들이 하나님의 백성 이스라엘 사람들 사이에 참 선지자들과 더불어 일어났었다는 사실을 상기한다(참조. 벧전 2:10). '거짓 선지자'(*ψευδοπροφήτης*)는 "내가 전하라고 명령하지 아니한 말을 제 마음대로 내 이름으로 전하는"(신 18:20) 자이며, 이에 따라 백성들을 미혹하는 자이다. 그러한 현상은 옛 언약하에서는 익숙한 것이었다(신 13:1-5; 왕상 22:5-28; 렘 5:31; 겔 13장; 미 3:5-12). 그리고 이제 새로운 언약의 유형 아래에서 교회는 유사한 경험에 대비해야 했다. 옛 이스라엘에게 선지자들이 있었듯이 기독교회에는 권위있는 지위를 차지하고 있는 교사(선생)들이 있다(롬 12:6-8; 고전 12:28 이하; 엡 4:11). 그러므로 역시 이스라엘과 같이 기독교회는 거짓 선생들의 출현을 경계해야 한다. 저스틴(Justin) 역시 거의 동일한 말로 유대인 거짓 선지자와 기독교회의 거짓 교사들은 거의 비슷하다는 사실을 지적하고 있다(*Dial.* lxxxii. 1). 원시 기독교회에 널리 수용되었던 묵시적 신념, 곧 종말이 이르기 직전에 왜곡된

교훈과 신성 모독과 부도덕이 범람하여 배교로 이어질 것이라는 확신에 대해서는 막 13:22; 살후 2:3, 11 이하; 딤전 4:1-3; 딤후 3:1-5을 참조하라. 비슷한 전망이 쿰란 종파에 퍼져 있었다(1QpHab ii. 5).

위험스런 이들 기만자들은 **멸망하게 할 이단을 가만히 끌어들일** 것이다(문자적으로는 멸망의 이단, 'heresies of destruction'). 그렇게 함으로써(그러므로 저자가 넌지시 비추는 뜻은 그 결과가 섭리적으로 정해졌다는 것이다) **임박한 멸망을 스스로 취하는** 것이다. **가만히 끌어들인다라고** 번역된 동사(*παρεισάγω* : 참조. *παρείσακτος*, 즉 갈 2:4의 '가만히 들어온')는 내밀하게 끌어들이는 것을 나타낸다. 또한 이 동사는 유다서 4절의 '가만히 들어온'을 생각하도록 만든다. 헬라 유대교에서처럼 고전 헬라어에서 '이단'(*αἵρεσις*)이라는 단어는 '선택'이라는 뜻과 더 나아가 '사상의 유파', '분파' 등을 가리키는 중립적인 뜻을 가진 용어이다(행 5:17; 26:5 등도 그러하다). 그러나 이 단어는 신속하게, 지금 여기에서와 같이 경멸적인 뉘앙스를 지니게 되었다(참조. 고전 11:18 이하; 갈 5:20). 여기서 두 차례 언급하고 있는 멸망은 최후의 파멸이며, 두 번째 언급은 거짓 선생들에 대한 것이고, 첫 번째 언급은 그들 모두와 그들에게 속은 불행한 자들까지 포함하는 것이다. 그리고 이 최후의 파멸은 급작스럽게 닥칠 것이며 심판이 가까웠기 때문에(베드로는 3:8-10에서 자신이 말하고 있는 내용에도 불구하고 이 오랜 확신을 이어받고 있다) '임박했다'(*ταχινός*, 신속한 : 이와 똑같은 단어가 1:14에서는 '곧'으로 사용되고 있다). 이들의 불경스러운 죄악은 압축해서 말하자면 **'자기들을 사신 주를 부인'** 하는 것이 특징이다. 이와 매우 유사한 구절이 유다서 4절의 견책에 나타나고 있다. 그러나 의심할 것도 없이 여기서 '주'(Master)는 그리스도를 가리킨다. 그리고 '주(주인)'라는 말은 애초부터 노예를 소유한다는 뜻을 함축하고 있다는 뜻을 지닌 일종의 은유(metaphor)로서 참신한 느낌을 주는 단어이다. 그리스도께서는 그 구원의 행위로 우리를 사셨으며(이러한 비유에 대해서는 고전 6:20; 7:23; 갈 3:13을 참조하라) 그리하여 그리스도인들은 그에게 속하고 그에게 충성을 다해야 한다. 거짓을 전파하는 자들은 그리스도를 '부인'하지만, 유다서 4절에서와 같이 우리는 그들의 부인이 어떤 형태를 취하였는지는 알 길이 없다. 많은 비평 학자들은 이 문맥에서 그것이 실제 행위로 표출되었으리라고 추측한다(불미스러운 행동으로 그리스도의 주권을 업신여기는 것). 그러나 한편으로는 또한 특정한 교리로부터 이탈도 있었을 것이다. (예를 들면, 재림에 대한 배격이나 그리스도께서 하나님의 아들 되심에 대한 평가절하 등.)

**[2] 여럿이 그들의 호색하는 것을 따르리니 이로 말미암아 진리의 도가 비방을 받을 것이요**

(사도를 대신하고 있는) 저자는 그 거짓 교사들이 주목할 만한 성공을 거두게 될 것임을 예언한다. (사실상 저자는 이미 존재하는 상황을 기술하고 있는 것이다.) **많은 사람들이 그들의 음탕한 것을 추종할 것이며 그들 때문에**(문자적으로는 '그 때문에' : 이 언급은 분명히 걸려 넘어지는 많은 사람들을 가리킨다) **진리의 도가 가리워질 것이다.** 이런 사람들은 분명히 도덕률 초월론(혹은 반율법주의, antinomians, 2:19의 주해를 보라)을 표명하고 있다. 그리고 저자는 계속해서 직간접적으로 그들의 호색에 대해 언급하고 있다(2:7, 10, 12, 14, 18, 19, 22; 3:3). 저자가 여기에 사용한 단어(ἀσέλγεια)는 벧후 2:7, 18에도 나타나는데, 이는 유다서 4절(그 주해를 보라)의 영향이며 벧전 4:3에서도 쓰이고 있다. 이 단어는 보통 일반적인 의미에서의 방탕을 가리키나 벧후 2:7, 18에서는 특히 성적 타락을 나타내고 있다. **진리의 도**에 대해서는 시 119:30('성실한 길')과 필로의 *Quaest. in Gen.* 4:125을 참조하라. 알다시피 기독교를 일컫는 최초의 명칭 가운데 하나는 '그 도'(the Way)였다(행 9:2; 19:9, 23; 22:4; 24:14, 22). 기독교는 또한 '주의 도' 또는 '구원의 도'로도 불렸다(행 18:25; 16:17). 후기 사도 시대에서와 속사도 시대에서 '진리'라는 말은 간략하게 건전한 기독교 교훈을 의미하게 되었다. 딤전 6:5; 딤후 2:18; 딛 1:14; 이그나티우스, *Eph.* vi. 2; 폴리캅, *Phil.* iii. 2을 보라. 또한 2세기경 발렌티누스의 '진리의 복음'을 참조하라. 이 책에서 발렌티누스는 진리라는 말을 그릇된 교훈에 반대되는 기독교의 참된 교훈이라는 말로 쓰고 있다. 여기서 '진리의 도'라는 표현은 기독교의 메시지와 생활

방식을 가리키며, 그 추종자들이 부도덕한 행습을 일삼을 때 불가피하게 불명예를 입게 된다(거짓을 퍼뜨리는 자들과 그 추종자들은 외부인들에게 충격을 주었음에 틀림없다). 이러한 표현과 사상은 사 52:5에 대한 70인역의 영향을 반영하고 있다("너희 까닭에 하나님의 이름이 이방인들 가운데에서 더럽힘을 받는도다"). 바울은 롬 2:24에서 이 본문을 인용한다. 그리고 초기 기독교 저자들은 이방인들이 교회 구성원들의 품행으로 인해 좋은 방향이든 나쁜 방향이든 교회에 대한 인상을 형성한다는 사실을 잘 알고 있었다(살전 4:12; 딤전 6:1; 딛 2:5; 벧전 2:12, 15; 3:16; Ignatius, *Eph.* x. 1).

**[3] 그들이 탐심으로써 지어낸 말을 가지고 너희로 이득을 삼으니 그들의 심판은 옛적부터 지체하지 아니하며 그들의 멸망은 잠들지 아니하느니라**

계속해서 또 하나의 경책(警責)이 하나의 신랄한 문장 속에 차근차근 강조된다. 거짓을 퍼뜨리는 자들을 몰아가는 힘은 순전히 욕심, 즉 이득에 대한 탐욕이라고 단언하고 있다(2:14을 또한 참조하라). **탐심으로써**에 해당하는 어구(in their cupidity)에 사용된 전치사 in(헬라어 ἐν)은 흔히 그렇듯이 '부대적인 상황'을 나타낸다. 유다서에서도 그와 비슷한 자들이 이 곤란한 탐욕이라는 약점 탓에 비난을 당한다. 초대교회는 돈의 유혹(시험)에 대하여 직분자들에게 끊임없이 공식적으로 경고하고 있다(딤전 3:3; 딛 1:7; 벧전 5:2-주해를 보라 ; *Did.* xi:12). 그리고 바울은 이에 대해서는 어떤 의혹도 갖지 말라고 특별한 주의를 내리고 있다(행 20:33-34; 살전 2:5). 결과적으로 '그들은 사람들을 **착취할** 것이다.' 동사 ἐμπορεύομαι는 원래 '여행하다' 또는 '사업차 여행하다'라는 뜻에서 다시 '사업을 수행하다'(예. 약 4:13) 또는 '상거래하다'의 뜻으로, 마지막으로 '악용하다, 기만하다'의 뜻으로 사용되었다. 여기서는 분명히 마지막 뜻인 것이 명백하며 '탐심'이라는 말과 함께 쓰여 백성들을 속이고 기만할 뿐만 아니라 그 과정 중에 자기 사욕을 채울 것이라는 사실을 비춰 보여 준다. (정확히 어떻게 그렇게 하는지는 나와 있지 않다.) 물론 그들의 지어낸 말은 그들이 개종자들을 매수하기 위하여 사용하는 그럴듯한 논리나 꾸며낸 주장이다.

그럼에도 불구하고 베드로는 그의 독자들에게 그들이 반드시 벌을 받으리라고 확언한다. **그들의 심판은 옛적부터 지체하지 아니하며**(유다서 4절 역시 악인들을 '옛적부터 이 판결을 받기로 미리 기록된 자' 라고 언급하고 있다) **그들의 멸망은 잠들지 아니하느니라.** 이 위협적인 경고에는 엄숙한 어조가 담겨져 있다. 그리고 심판(condemnation, 유 4절과 같이 *κρίμα*이다)과 멸망(destruction, *ἀπώλεια,* 2:1에서와 같이 종말론적인 의미를 담고 있다)이라는 추상명사가 거의 의인화되어 있다(이에 대한 병행구로는 *Ep. apost.* 7, 8을 참고하라). 악인이 호황을 누리고 그 악행에 대하여 보응이 없을 때 사람들은 '하나님께서 주무시는가 보다' 라고 생각하는 경향이 있다. 그러나 하나님의 주무심 또는 외면적인 비활동에 대해 오해해서는 안 된다. 판결은 이미 그들의 머리 위에 내려져 있으며 그들을 덮치게 될 멸망은 **예전부터**(옛적부터, *ἔκπαλαι*; 참조. 유다서 4절의 *πάλαι*) 가동되고 있었고 이제 곧 나타날 것이다.

## 6. 이전에 있었던 심판의 예증들<br>2:4-10상

**2:4-10상**

4 하나님이 범죄한 천사들을 용서하지 아니하시고 지옥에 던져 어두운 구덩이에 두어
심판 때까지 지키게 하셨으며 5 옛 세상을 용서하지 아니하시고 오직 의를 전파하는 노
아와 그 일곱 식구를 보존하시고 경건하지 아니한 자들의 세상에 홍수를 내리셨으며 6
소돔과 고모라 성을 멸망하기로 정하여 재가 되게 하사 후세에 경건하지 아니할 자들
에게 본을 삼으셨으며 7 무법한 자들의 음란한 행실로 말미암아 고통 당하는 의로운 롯
을 건지셨으니 8 (이는 이 의인이 그들 중에 거하여 날마다 저 불법한 행실을 보고 들
음으로 그 의로운 심령이 상함이라) 9 주께서 경건한 자는 시험에서 건지실 줄 아시고
불의한 자는 형벌 아래에 두어 심판 날까지 지키시며 10상 특별히 육체를 따라 더러운
정욕 가운데서 행하며 주관하는 이를 멸시하는 자들에게는 형벌할 줄 아시느니라

4 천사들이 죄를 저질렀을 때, 하나님께서는 그들을 용서하지 않으시고 지옥으로 보내
어 심판날까지 어두운 구덩이에 갇혀 있게 하셨습니다. 5 또한 오래 전, 하나님을 거역
하고 악한 행실을 하던 사람들을 홍수로 쓸어 버리셨습니다. 하지만 하나님께서는 하
나님의 의로우심을 외치던 노아와 일곱 식구의 생명을 보호하셨습니다. 6 그리고 죄악
의 도시, 소돔과 고모라에 불을 내려 잿더미로 만드시고, 훗날 하나님을 거역하고 순종
치 아니하는 사람들에 대한 본보기로 삼으셨습니다. 7 그러나 하나님께서는 그 가운데
서 롯을 구원하셨습니다. 의로운 롯은 그 성의 사람들이 방탕하게 살아가는 것을 보며
괴로워하였습니다. 8 롯은 선한 사람이었기에 이웃들이 날마다 행하는 악한 일들을 보
고 들으면서 몹시 괴로워하였습니다. 9 하나님께서는 경건한 사람을 어떻게 구원해야
할지 아시고, 큰 어려움이 닥칠 때 구원해 주십니다. 그러나 악한 사람은 심판날까지
계속 벌하실 것입니다. 10상 특별히 육체의 정욕을 따라 죄악을 저지르며 살아가는 자
와 하나님의 권위를 무시하는 자들에게는 더 큰 벌을 내리실 것입니다. _아가페 쉬운성경

---

유다서의 저자와 마찬가지로(5-7절), 자칭 베드로라 하는 저자는 과거에 있었던 하나님의 확실한 신적 심판의 일관된 행동을 기초로 하여 세 가지의 무서운 심판의 예를 인용한다. 이 세 가지 심판 중 두 가지(타락한 천사에 대한 심판, 소돔과 고모라에 대한 심판)는 유다서의 심판과 일치하지만 유다서에 나타난 첫 번째 경우(광야에서 죽임당한 이스라엘 사람들)를 베드로는 홍수 사건으로 대치하고 있다. 이러한 수정은 벧전 3:20의 영향을 반영하고 있다. 그리고 이 홍수 사건의 자리를 두 번째로 배열하여 바로잡음으로써 유다와는 달리 재난 사건들을 정확한 연대순으로 정리해 놓고 있다. 이러한 조정은 베드로의 본문이 무엇인가를 의존하고 있다는 추론을 가능케 한다. 또한 더 나아가 이러한 점에서 저자는 좀 어색한 면이 있기는 하지만 유다서 5-7절에서는 전혀 찾아볼 수 없는 주제, 즉 악인은 멸망하지만 하나님께서는 의로운 자를 구출하실 수 있다는 주장(5, 7, 9절)을 삽입시키고 있다. 재확언과 약속에 대한 이러한 기록은(참조. 1:4, 11, 19; 3:9, 11-14) 베드로전서에서 그가 다루었던 주제들이 그에게 미친 영향을 또한 보여 주는 것이라 할 수 있을 것이다.

**[4] 하나님이 범죄한 천사들을 용서하지 아니하시고 지옥에 던져 어두**

**운 구덩이에 두어 심판 때까지 지키게 하셨으며**

저자는 **만일 하나님께서 천사들이 범죄하였을 때 그들을 아끼지 아니하셨다면**이라는 말로 논의를 전개해 나가기 시작한다. 이 조건절은 이어지는 절들에서 어색하게 계속되었다가 9절에 이르러서야 귀결절이 된다. 유 6절에서와 같이(이곳의 주와 벧전 3:19 이하에 대한 주를 보라) **천사들**은 창세기 6:1-4에 언급된 천상의 존재들로서 세상의 여자들과 결혼한 자들인데, 이들이 받는 형벌은 후기 유대 사상에서 확대되고 있다. 유다서의 저자와 마찬가지로 베드로는 유대의 하가다(haggadah)와 외경 문서에 친숙하다(2:5-8; 3:5-10에 대한 주해를 보라). 그러나 외경을 성령의 감동이 있는 것으로 취급하지 않으며, 자기가 말하려는 내용을 자세히 설명하는데 더 힘을 쏟고 다른 출처의 직접적인 인용을 피한다. 외경에 따르면 하나님께서는 천사들을 **지옥에 던져 어두운 구덩이에 두어 심판 때까지 지키게 하셨다**. 여기에서 '던져 넣다' 라는 동사 *ταρταρόω*는 다른 곳에 쓰인 예가 거의 없는 동사로서 고유 명사 '타르타루스' (Tartarus)에서 파생된 동사이다. 타르타루스는 고대 신화에서 지하 세계의 깊은 구렁을 가리키는 명칭으로, 반역한 신들이나 잔학무도한 사람들을 처벌하는 곳을 가리킨다. 그러나 이 단어를 사용했다고 해서 헬라 문학의 간접적이고 아주 사소한 영향 이상의 것을 추론할 필요는 없다(유 6절 하반절에 대한 주를 보라). 왜냐하면 이 명사와 그에 관련된 단어들이 헬라 유대교에 이미 자주 등장하던 단어들이기 때문이다. 예를 들어, 70인역 욥 41:24; 에녹 1서 20:2; 필로, *Exsecr*. 152; 요세푸스, *C. Ap.* ii. 240-타르타루스 안에 쇠사슬에 매여있는 타이탄(Titans)에 대한 암시를 참조하라. 또 **구덩이**(*σειραῖς*)라고 읽는 것에 관해서는 약간의 불확실한 점이 있다. 파피루스 72를 비롯하여 몇몇 사본들이 *σειραῖς* 즉 '쇠사슬'로 쓰고 있기 때문이다. 이는 유 6절의 묘사와 일치한다. 그러나 '구덩이'라는 명사가 **어두운**(*ζόφου*)에 훨씬 잘 어울린다. 그리고 이 단어는 매우 드물게 쓰인 단어였다. 유 6절의 단어의 쓰임과 관련하여 이러한 사실이 아마도 수정을 가져왔을 것이다. 그러나 **구덩이**라는 말에도, **지옥에 던졌**다는 동사에서도 그들을 가둘 감옥의 위치가 지하라는 감을 주지 않는다

(유 6절 주해 참조). 아마도 그곳은 둘째 하늘(이층천, the second heaven)로 생각되었을 가능성이 크다.

**[5] 옛 세상을 용서하지 아니하시고 오직 의를 전파하는 노아와 그 일곱 식구를 보존하시고 경건하지 아니한 자들의 세상에 홍수를 내리셨으며**

저자가 제시한 두 번째 예화는 홍수 사건이다. 홍수에 대한 기사는 '하나님의 아들들' 의 비행에 대하여 기록하고 있는 창 6장에 바로 뒤따라 나오는 기사로서 이어져 있다. 베드로는 홍수라는 무시무시한 재난에는 두 가지 측면이 두드러진다고 주장한다. 첫째, 하나님께서 이 세상의 타락을 보시고 **옛 세상을 용서하지 아니하셨다**는 것이다(창 6:12 이하). 오히려 하나님께서는 **경건하지 아니한 자들의 세상에 큰 홍수를** 주저함 없이 내**리셨다**(*ἀσεβεής*: 이 말은 유다서에서처럼 거짓을 전파하는 자들을 지칭할 때 사용하는 베드로의 상투어이다-참조. 2:6; 3:7). 비록 뒷 문장이 저자가 이야기하고자 하는 두 가지 요점 중의 하나를 포함하고 있기는 하지만 이 뒷 문장은 헬라어 본문에서는 후미(後尾)에 붙여진 분사구에 의해 어색하게 표현되어 있다. 매우 흥미로운 사실은 저자가 마음속에 그리고 있는 역사가 세 부분으로 되어 있는 것 같다는 점이다. 즉 **옛 세상**은 대홍수 이전의 시기를, 현재는 노아 후의 질서, 그리고 '하나님의 날' (3:12 이하)은 앞으로 펼쳐질 새로운 세계질서를 표시하는 듯하다. **세상**이라는 말에 그가 사용하고 있는 명사는 두 경우 공히 *κόσμος*이다. 이 단어는 인류를 지칭할 수도 있지만 이 문맥에서는 전체 우주를 지칭하는 듯하며 홍수를 우주적인 대변혁을 초래케 한 것으로 생각하는 듯하다(3:6에 대한 주해를 보라). 그러나 둘째로 이러한 큰 재앙은 하나님께서 행하시는 손길의 다른 측면, 분명히 소망적인 측면을 보여주고 있다. **오직 의를 전파하는 노아**('Noah, a herald of righteousness', 여기서 herald는 *κῆρυξ*로, 이 명사는 '전도자' 라는 뜻도 가지고 있다. 참조. 딤전 2:7)**와 그 일곱 식구를 보존하시고**. 이 고무적인 풍자는 독자들에게 의미심장하게 다가왔을 것이다. **일곱 식구**에 대한 언급은 벧전 3:20(주해를 볼 것)의 '여덟 명' 에서 뽑아낸 숫자이다. 이렇게 바꿔 놓은 것은 간결한 헬라어 관용어인 '여덟 번째'(eighth)를 쉽게 풀이한 것이다. 구약에는 실제로 노아가 자기의 동시대인들에게 의(δικαιοσύνη: 1:1; 3:13; 벧전 2:24; 3:13 그리고 바울 이외의 신약 일반에서와 마찬가지로 여기에서 이 단어는 정의로운 행동, 고결한 도덕적 행위를 가리킨다)를 전파했다는 언급이 전혀 없다. 그러나 후기 유대주의 및 기독교의 상상력은 '의인이요 완전한 자'라는 그에 대한 극히 적은 분량의 기사(창 6:9)를 풍부하게 확대시켰다. 예를 들어 요세푸스는 노아를 가리켜 당시 세인(世人)들의 행태에 심한 반감을 느껴 그들에게 삶의 방향을 바꾸라고 강권했다고 묘사하고 있다(*Ant.* i. 74). 그 외에도 노아가 도덕적 권면을 했다고 묘사한 예로서는 Orac. Sib. i. 128f.; 150-198; Jub. vii. 20-39를 참조하라. 또 노아가 의를 전파하고 회개를 촉구했다는 기독교 전승에 대해서는 *1 Clem.* vii. 6; ix. 4; Theophilus, *Ad Autol.* iii. 19을 참조하라.

**[6] 소돔과 고모라 성을 멸망하기로 정하여 재가 되게 하사 후세에 경건하지 아니할 자들에게 본을 삼으셨으며**

셋째로 우리는 **소돔과 고모라**라는 성읍들의 모습을 보게 된다. 이 성읍들을 하나님께서는 **멸망하기로 정하여 재가 되게 하여 후세에 경건하지 아니할 자들에게 귀감이 되게 하셨다.** 평야에 있는 성읍들에 대한 언급뿐 아니라 그 성읍들이 하나의 본보기(ὑπόδειγμα를 쓰고 있으나 유 7절에서는 δεῖγμα를 쓰고 있다)로서 초토화되었다고 강조하고 있는 것은 모두 유다서 7절의 영향임에 분명하다. 그러나 그 본문을 의지했다기보다는 기억에 의지하고 있음을 나타내고 있다는 차이점이 있다(문장 구조, 멸망의 방식에 대한 언급, 그들의 죄악의 본질에 대한 언급이 없는 점 등을 비교해 보라). 창 19:24-28을 보면 하나님께서 두 성읍들을 **재로 변하게** 하신 것이 아니라 두 성읍 위에 "유황과 불을 비같이 내리셔서" 그 결과 "연기가 옹기 가마의 연기같이 치솟았다"고 기술하고 있다. 베드로후서 저자의 기록의 출처는 후기 유대 민담(民譚)이며 이 민담에 따르면(예를 들어 필로, *Migr. Abr.* 139; *Ebr.* 222f.; *Vit. Mos.* ii. 56) 두 성읍은 재만 남았다. 스트라보(Strabo, *Geog.* xvi. 2. 44)는 사해 일대를 '잿더미 땅'이라고 묘사하고 있다. 많은 사본들과 역본들은 **경건하지 않은 자들을 위해 예비된 운명**(μελλόντων ἀσεβέσιν: 문자적으로는 '경건하지 않은 자들에게 다칠 것들' ; Codex Vat.; Codex P; the Syriac version; Pap. 72 등이 그러하다) 대신에 '장래에 경건하지 않은 것으로 드러나는 사람들에게'(μελλόντων ἀσεβεῖν)를 쓰고 있다. 두 경우 모두 의도하고 있는 뜻은 동일하지만 후자가 정확성을 결여하고 있다. 전자의 경우는 유 7절과 좀더 가까우며 또한 당시의 거짓 선생들에게 더욱 치명적인 공격을 가하고 있다. 아마도 문장 구성상 여의치 않아서 변경했을 수도 있다. 일반적으로는 동사 μέλλω은 부정사 뒤에 쓰이며 여기에서처럼 여격 명사의 뒤에 쓰이지 않기 때문이다.

**[7] 무법한 자들의 음란한 행실로 말미암아 고통 당하는 의로운 롯을 건지셨으니**

소돔과 고모라에 대한 이 실례는 또한 사악한 자들을 다루시는 하나님의 엄하심과 대조되는, 하나님의 법도를 준수하는 사람들에 대한 하나님의 배려를 뚜렷하게 보여준다. 역시 유다서 7절의 영향이 나타나지만, 저자의 목적과 태도에 딱 들어맞는다. 하나님께서는 소돔과 고모라를 무자비하게 파멸시키셨지만 **무법한 자들의 음란한 행실로 말미암아 크게 고통당하는 의로운 롯을 건지셨다.** 창 19:15 이하에서는 롯을 구출한 일과 여호와께서 얼마나 '롯에게 자비로우셨는가'를 기록하고 있다. 이는 유다서에서는 언급되지 아니한 사건이다. 그러나 베드로는 다시 한 번 구약의 간략한 기사를 넘어선다. 이 구절은 롯을 이웃 주민들의 극악한 음란 탓에(창 19:4 이하) 의심할 바 없이 크게 고통을 당하면서도 그 악행에 진지한 저항도 제대로 하지 못했던 것으로 보이는 연약하고 소심한 남자로 표현하고 있다. 사실 롯 개인의 품행에 관해서는 그렇게 교훈적일 만큼 상세히 묘사되어 있지 않으며(창 19:8; 32 이하), 이 점에 있어서 수많은 랍비 문서들은 그를 악명높은 죄인으로 취급하고 있다(SB Ⅲ, 769-771). 그러나 매우 상이한 전승에서 유대교와 초대 기독교는 모두(예. Wis. x. 6; Pirke R. Eliezer, xxv; *1 Clem.* xi. 1) 롯을 하나님께서 악을 징벌하실 때 하나님을 신뢰하는 소수를 언제나 구원하실 것이라는 뚜렷한 증거이자 덕의 모델로 칭찬했다. 이러한 무마는 메시아가 모압 족속인 롯에서 다윗으로 이어지는데, 롯의 자손뻘이 되기 때문에 창 19:30-38에 기술되어 있는 롯과 그의 딸들과의 예기치 못했던 동침과 그리고 그 결과 모압 자손이 유래되었다는 부분이 몇몇 랍비에 의하여 섭리적인 의도에 기여했다고 해석되었다는 사실에 기인한다.

**[8] (이는 이 의인이 그들 중에 거하여 날마다 저 불법한 행실을 보고 들음으로 그 의로운 심령이 상함이라)**

이 구절은 다시 편지를 읽는 정통적인 독자들이 처한 상황을 염두에 두면서 의인이 불법으로 말미암아 고통받고 심령에 상처를 입는다는 사실을 강조한다. 롯이 소돔 사람들 사이에 거했을 때 그가 보고 들은 결과 그들의 불법한 행실로 말미암아 롯의 의로운 심령이 매일 상하였다. (문자적으로는 '그의 의로운 심령이 상하고 있었다.' 동사가 계속적 미완료이다.) 소돔과 고모라에 대한 구약의 공공연한 정죄를 보려면 창 18:20-32를 참조하라. 소돔과 고모라 사람들의 행실은 랍비들의 경각심을 일깨우는 격언이 되었다.(SB Ⅰ 571-574; Ⅲ, 785f.) 그가 **보고 들은** 결과(*as a result of what he saw and heard*)라고 옮긴 헬라어 구절은 문자적으로는 '보고 들음으로'(*βλέμματι γὰρ καὶ ἀκοῇ*)로서 그 의인(*ὁ δίκαιος*) 바로 앞에서 문장의 서두에 온다. 어떤 사본들은 *δίκαιος* 앞에 있는 정관사 *ὁ*를 생략하고 있으므로 "그가 처신과 전함에 있어 의로워"(for righteous as he was in aspect and report, he…)라고 수정하여 번역할 수도 있다. 사실 벌게이트역은 이 뜻을 채택하고 있다. 그러나 '전하는 일에 의롭다'에 관해서는 가능하지만 '보는 일에 의롭다'에서 '외양에서 의롭다'를 추론해 낸다는 것은 큰 무리가 아닐 수 없다. 공히 하나의 동시 '상히다'(tortured)에 연결되어 있는 두 개의 수단의 어격을 나란히 병치해 놓았다는 사실에서(그가 보고 들은 결과-'as a result of what he saw and heard'-와 그들의 불법한 행실로 말미암아-'by their lawless deeds') 문장이 세련되지 못하고 어색하다는 점은 인정할 수 있지만, 이것이 저자의 부주의한 문장 스타일과 어울리지 않는다고 할 수 없다. 그러나 **불법한 행실**이라는 말이 덧붙여져 다소 모호하고 개괄적인 '보고 들음으로' 라는 말에 정확함을 더해 주고 있다고는 주장할 수 있을 것이다.

**[9] 주께서 경건한 자는 시험에서 건지실 줄 아시고 불의한 자는 형벌 아래에 두어 심판 날까지 지키시며**

마침내 이 긴 장광설 뒤에(4–8절) 하나님의 공의가 역사되는 방식을 보여주는 사례들에 내포되어 있는 두 개의 도덕적 교훈이 제시된다. "주께서는 어떻게 경건한 자를 시련으로부터 구출해 내시는지 아시며, 어떻게 불의한 자를 형벌 아래에 두어 심판의 그날까지 지키실지를 아시느니라." 경건한 자들이 구원을 받는다는 시각은 유다서에는 결여되어 있다. 그러나 베드로는 독자들의 결심을 굳게 하기 위하여 이 점을 꼭 부각시키려고 한다. **건지다**(*ῥύεσθαι*)라는 동사는 7절에서 롯을 그 시련에서 구출할 때 사용되었던 동일한 동사 *ἐρρύσατο*에서 왔다. 이러한 사실은 하나님께서 **경건한 자**(*εὐσεβεῖς*, '경건하지 아니한 자' 즉 *ἀσεβεῖς*와 대조적으로 쓰인 말이다)를 거기에서 건져내시는 그 **시험**(*πειρασμός*)이, 많은 사람들이 생각하듯(참조. 계 3:10) 마지막 날에 있을 최후의 시험이 아니라, 하나님을 두려워하는 하나님의 백성들이 음란한 이웃에 둘러싸여 겪어야 하는 심령의 고생, 환멸, 그리고 죄를 저지르고 싶은 유혹(참조. 눅 8:13의 '시험을 받을 때')일 가능성이 높음을 뒷받침해 주고 있다. 비록 여기서 당하고 있는 수난이 다른 기원(起源: origin)을 가지고 있기는 하지만, 시험이라는 단어는 벧전 1:6에서와 동일한 일반적인 뜻을 가지고 있다. 많은 주석가들은 이 구절이 앞서 기술되었던 큰 재난을 정확히 언급하고, 이 서신의 종말론적 긴장에 부합된다는 이유로, 또 다른 해석으로는 이중적 심판이 전제되어야 한다는 점을 들어, 이 문장의 후반부 절반을 '심판 날에 임할 형벌을 위해 예비된 불의한 자들을 지키사' 라고 번역한다. 그러나 '형벌 아래에 두었다' 고 번역한 앞의 번역이 첫째, 헬라어 본문에 보다 근접한 번역이다. 헬라어상 **형벌 아래에**는 현재분사(*κολαζομένους*: '벌 받음')로 표현되어 있다. 이 현재분사에 미래적인 뜻을 부가시킨다는 것은 쉽지 않은 일이다. 둘째, 앞서 인용된 구약의 실례가 주는 교훈을 그대로 반영시키고 있다. 인용된 구약의 예화들은 마지막 날에 있을 또 다른 형벌의 가능성을 배제하지 않으면서 죄인들에 대한 하나님의 즉각적인 보응을 묘사하고 있다(참조. 특히 2:4에는 이 점이 명확하게 서술되어 있다). 셋째, 죽음과 최후의 심판 사이에 있는 악한 자들의 비참한 처지를 그리고 있는 당대의 유대교의 기록들(예를 들어, 에녹 1서 22장; 에스드라 2서 7:75-101; 또한 눅 16:23 이하의 '고통 중에' 있다고 묘사된 부자의 처지를 참조하라)과 일치한다.

**[10상] 특별히 육체를 따라 더러운 정욕 가운데서 행하며 주관하는 이를 멸시하는 자들에게는 형벌할 줄 아시느니라**

저자는 **특히 육체에 탐닉하여**(문자적으로는 '육체를 따라 행하는' *πορευομένους*, 즉 '걷다, 행하다'의 이러한 용법에 대해서는 유 11절을 보라) **더러운 정욕을 행하며 권세를 멸시하는 자**(또는 '주권자를 조롱하는')들이 하나님의 진노의 대상임을 일일이 열거함으로써, 갑자기 일반적인 논지에서 구체적인 내용으로 진행한다. 한층 더 상황에 관련된 이 공격은 직접적으로 말썽을 피우는 사람들을 목표로 하고 있음이 분명하다. 그리고 여기에서와 이 뒤로 계속해서 전개되는 맹공격은 예언처럼 하지 않고(2:1에 대한 주해를 참조할 것-역자 주) 말썽을 피우는 자들을 당시에 공동체 내부에서 극악한 영향을 미치고 있는 자들로 취급하고 있다. 이 절에는 헬라어 본문 비교가 제시하듯이 유다서 7절(*ὀπίσω σαρκὸς*, 즉 양자 공히 '육체를 따라'), 8절(*μιαίνουσιν*, '더럽히다'; 참조. 여기 베드로후서에서는 *μιασμοῦ*, '더러움'; 유다서에서는 '권위를 업신여기다'; 여기에서는 '**주관하는 이를 멸시하다**'), 16절(양자 공히 명사 *ἐπιθυμία*, '정욕'이며 동사는 *πορεύομαι*, '행하다')과 밀접한 언어의 일치점을 지니고 있다. 이 절에서 먼저 책망을 하는 내용은 성적 방탕이다. 이 사실은 글의 면면에서 끊임없이 언급되거나 암시되어 왔던 내용이다. 그리고 우리는 2:19로 미루어 보아 거짓 선생들이 기독교인의 자유를 오해하여 일반 도덕률을 지키지 않아도 되는 것으로 해석했다는 사실을 추론할 수 있다. 그 다음의 헬라어 ἐν ἐπιθυμίᾳ(더러운 정욕 가운데서)는 문자적으로 '더러움의 욕망 안에서' 라는 뜻이다. 만일 소유격 *μιασμοῦ*를 목적격으로 본다면 그 뜻은 '더러움을 따르는 열망 안에서' 가 될 것이다. 그러나 주격으로 본다면(더 신빙성이 높다) '더럽게 하는 정욕 안에서' 가 될 것이다. 두 번째 비난은 유 8절(주해를 보라)의 '권세를 무시하는' 자들에 대한 비난을 본뜬 듯하다. 그러나 이렇게 모호한 표현이 반드시 유다서에서의 뜻과 동일하다고 추론해서는 안 된다. 유 8절에 대한 주해에서 그 이유를 설명했듯이 10절 하반절(벧후)에도 불구하고 거짓 선생들의 멸시하는 태도가 천사들의 권세를 무시하는 것으로 여겨지지도 않으며, 더군다나 교회의 직임자들을 무시하는 것을 가리키는 것 같지도 않다. 어쩌면 거짓 선생들이 '주를 부인' 한다고 비난받고 있는 2:1에 연결시키는 것이 좋은 듯하다. **주권자**에 해당하는 헬라어는 *κυριότης*, 즉 *κύριος*('주')와 관련이 있는 추상명사인 '주권'(lordship)이기 때문이다. 따라서 여기에 나오는 비난은 2:1에서처럼, 우리가 단지 추측밖에 할 수 없는 어떤 식으로 그들 거짓 선생들이 그리스도의 주권이나 그리스도의 신적 신분을 경시하고 비방했다는 것이다.

## 7. 탄핵되는 거짓 선생들의 악함 2:10하-16

**2:10하-16**

10하 이들은 당돌하고 자긍하며 떨지 않고 영광 있는 자들을 비방하거니와 11 더 큰 힘과 능력을 가진 천사들도 주 앞에서 그들을 거슬러 비방하는 고발을 하지 아니하느니라 12 그러나 이 사람들은 본래 잡혀 죽기 위하여 난 이성 없는 짐승 같아서 그 알지 못하는 것을 비방하고 그들의 멸망 가운데서 멸망을 당하며 13 불의의 값으로 불의를 당하며 낮에 즐기고 노는 것을 기쁘게 여기는 자들이니 점과 흠이라 너희와 함께 연회할 때에 그들의 속임수로 즐기고 놀며 14 음심이 가득한 눈을 가지고 범죄하기를 그치지 아니하고 굳세지 못한 영혼들을 유혹하며 탐욕에 연단된 마음을 가진 자들이니 저주의 자식이라 15 그들이 바른 길을 떠나 미혹되어 브올의 아들 발람의 길을 따르는도다 그는 불의의 삯을 사랑하다가 16 자기의 불법으로 말미암아 책망을 받되 말하지 못하는 나귀가 사람의 소리로 말하여 이 선지자의 미친 행동을 저지하였느니라

10하 거짓 선생들은 이처럼 자기 마음대로 행동하고 교만할 뿐 아니라, 영광스런 천사들에 대해서도 욕하며 함부로 떠들어 댑니다. 11 그러나 하늘에 있는 천사들은 그들보다 더 큰 힘과 능력을 가졌지만, 하나님 앞에서 그들을 헐뜯거나 욕하지 않습니다. 12 이 거짓 선생들은 알지도 못하면서 욕하고 떠들어 댑니다. 이들은 잡혀 죽기 위해 태어난 생각 없는 짐승 같아서 결국 멸망하고 말 것입니다. 13 많은 사람들을 괴롭혔으니, 그들 자신이 고통받는 것은 당연합니다. 그들이 한 것에 대한 대가를 치러야 하는 것입니다. 그들은 드러내 놓고 악한 일을 행하며 쾌락을 추구합니다. 그들은 여러분 가운데 끼어 있는 더러운 티와 같아서, 함께 먹는 자리에서 여러분에게 불명예와 부끄러움을 가져다 줄 것입니다. 14 그들은 여자를 볼 때마다 나쁜 마음을 품으며, 그러한 행위를 멈추지 않습니다. 약한 자들을 꾀어 죄의 올가미 가운데 빠뜨리고, 자기 욕심만 채우도록 부추깁니다. 하나님께서는 이들을 분명히 벌하실 것입니다. 15 옳은 길을 버리고 잘못된 길에 빠진 이들은 발람의 길을 그대로 밟고 있습니다. 브올의 아들 발람은 나쁜 방법으로 얻은 재물에 눈이 어두워져 있었습니다. 16 그러나 발람은 자기가 저지른 죄 때문에 꾸지람을 받았습니다. 나귀는 말 못하는 짐승이었지만, 사람의 소리로 말하여 이 예언자의 미친 행동을 막은 것입니다. _아가페 쉬운성경

17-22절에 이어지는 이 비난 내용은 신약에서 가장 격렬하며 다채롭게 표현된 신랄한 연설이다. 앞에서와 같이 저자는 유다서를 이용하여 필요에 따라 추리고 뽑아 쓰면서 또한 자기 나름대로 가지고 있는 비난의 내용을 덧붙인다.

**[10하] 이들은 당돌하고 자긍하며 떨지 않고 영광 있는 자들을 비방하거니와**

거짓 선생들은 부끄러움을 모르고(*τολμηταί*: 참조. 유다서 9절의 *τόλμαν*, 즉 '뻔뻔스러운') 자기 고집대로 하여 영광 있는 자들 욕하기를 두려워하지 않는다. 이 불가사의한 문장에 대하여 아주 만족할 만한 해석이 나온 적이 없다. 이 절은 유 8절 하반절을 거의 그대로 재현하고 있다. 그리고 그 유다서에서도 그랬듯이 우리는 교회의 권위자들을 중상하는 것이, 예외로 취급되고 있는 비행이라는 견해에는 즉시 반대할 수 있다.

바로 다음 절이, 이러한 주해가 여기에서는 어울리지 않음을 구체적으로 보여 주고 있다. 왜냐하면 다음 절은 선한 천사들이 위계 질서상 영광 있는 자들보다 높은 위치에 있다고 말하기는 어려우며, 또 (저자의 견지에서 볼 때) **영광 있는 자들**이 주님 앞에서 책망받아 마땅하다는 것도 말이 되지 않기 때문이다. 유 8절 하반절에서 모욕을 당하는 것으로(주해를 보라) 기록된 **'영광 있는 자들'** (여기서와 마찬가지로 δόξας이다)은 하나님을 받들어 섬기는 천상적 존재들, 십중팔구는 선한 존재들로 나타난다. 이 단어를 여기에서도 그런 뜻으로 이해하기 쉬운데, 실제로 그렇게 주해하고 있는 주석가들도 있다. 그러나 11절에 함축되어 있는 뜻을 살펴보면 이 **영광 있는 자들**이 비록 인간에게는 아닐지라도 정죄받을 만한 일이 있음이 매우 분명하게 드러나고 있다. 그래서 가장 신빙성이 있으며 널리 받아들여지고 있는 이론은 이 '영광 있는 자들' 이 천상의 존재이기는 하지만 이들은 죄 있는 자들, 아마도 2:4에서 언급된 타락한 천사들이라는 것이다. 만약에 어떤 유의 천사들일지라도 인간보다는 상위 질서에 속해 있다는 사실 때문에, '영광 있는 자들' 이 범죄한 천사에 대한 묘사일 수는 없다는 반론은 지지를 받을 수 없다는 견해를 수용한다면, 우리는 거짓을 전파하는 자들이 했던 '비방' , '모욕' 이 어떤 형태인가를 단지 추론할 수 밖에 없다. 거짓 선생들은 자신들이 영적으로 높은 지위에 있어서 자유를 누리고, 사탄이 아무런 능력도 행사할 수 없다고 주장함으로써 사탄과 그 사자들을 노골적으로 멸시했을까(Knopf의 견해)? 영지주의자들처럼, 자신들은 영적 세계를 잘 알고 있어서 그곳에서 수치를 당한 거주자들, 즉 사탄의 무리를 경멸할 만한 자격이 있다고 생각했던 것일까(Schelkle의 견해)?

**[11] 더 큰 힘과 능력을 가진 천사들도 주 앞에서 그들을 거슬러 비방하는 고발을 하지 아니하느니라**

분명한 것은, 저자가 보건대 그들의 태도가 하나님께서 세우신 존재 질서를 거스리는 신성모독의 반역의 조짐을 표시하고 있다는 사실이다. 힘과 능력에 있어서 더 뛰어난(물론 거짓 선생들보다 뛰어나다는 것이 아니라 그릇된 영광 있는 자들보다 뛰어나다는 것이다. 이는 너무도 자명한 사실이다) **천사들이라도 주 앞에서 그들을 거슬러**(즉 타락한 천사들을 거슬러) 모욕적인 **고발을 하지 않는다**는 사실 때문에 이들의 비방은 더욱 주제넘은 것이다. 여기에 제시되어 있는 광경은 하늘의 법정에 대한 묘사이다. 우리는 에녹 1서 9장 이하에서 악한 천사들의 획책 탓에 겪게 되는 악한 것들에 대하여 가련하게 하소연하는 사람들과, 비록 스스로 감히 판결하지는 않지만 이 호소들을 하나님 앞에 아뢰는 천사장들과, 마침내 그 일에 개입하셔서 그 죄를 응징하시는 지극히 높으신 분에 대한 생생한 기록을 접할 수 있다. 여기 베드로후서에 나타나는 선한 천사들의 '그 영광 있는 자들'에 대한 유보적인 태도는, 유 9절에 생생하게 묘사된, 사탄과의 싸움에서 보여 주고 있는 천사장 미가엘의 주목할 만한 온유한 태도와 일치한다. 베드로가 이 구절에 근거해서 이야기를 전개해 나가고 있음이 분명하나(참조. 예를 들어, 여기에서의 *βλάσφημον κρίσιν* 즉 비방하는 고발과 유다서에서의 *κρίσιν … βλασφημίας* 곧 '비방하는 판결') 개괄적인 진술을 하는 것으로 만족함으로써 모세 승천기(the Assumption of Moses)에서 나온 전설과 관련된 모든 내용들은 생략하고 있다. 일반적인 진술이라고 해도 좀더 설명이 필요하지만 저자는 그렇게 하지 않았다. 이는 외경 문서들을 의지하지 않으려는 그의 경향과 일치하며(참조. 2:4과 6절에서 그가 유다서의 상세한 부분들은 생략한 사실과 유 14절 이하에 인용된 에녹 1서의 내용은 아예 전체를 생략해 버린 점) 또한 좀더 후대의 더 '보편적'인 태도가 드러나 있다. 본서 p.309 이하를 보라.

**[12] 그러나 이 사람들은 본래 잡혀 죽기 위하여 난 이성 없는 짐승 같아서 그 알지 못하는 것을 비방하고 그들의 멸망 가운데서 멸망을 당하며**

통렬한 비난은 계속된다. **그러나 이 사람들은**(그토록 자제를 하고 있는 천사들과는 대조적인 반대자들), **이성 없는 짐승 같아서**…. 저자는 유 10절을 거의 그대로 가져와서 소재를 확장하여 약간은 서투르게 재정리하고 있다. 예를 들어, 짐승에 대한 비유는 유 10절에서는 거짓을 전파하는 자들의 육체적인 성향에 보다 논리적으로 연결시키고 있는데 반하여, 여기에서는 그 사람들의 무식한 **비방**과 궁극적인 멸망을 설명하기 위해 사용되고 있다. 희미하게 암시된 방법으로 '영광 있는 자들' 을 헐뜯으면서 그들이 자기들의 지식에 대하여 매우 뽐내고 있음이 명백하지만 우월한 지식을 자랑하는 그들의 허식에 대한 분명한 풍자이다. 사실은 이러한 문제들은 그들이 전혀 **알지 못하는** 것들이며 그들이 아는 것이라고 해봐야 야수들이 가지고 있는 지식 이상이 아니다. 이러한 짐승들이 자기들의 본성을 따라 잡혀 멸망하기 위하여 태어나듯이(*φθοράν*: 일반적인 문맥에서는 *σφαγήν*, 즉 '피살당함', '죽임당함' 같이 좀더 특정한 뜻을 예상할 수 있겠지만 보통명사가 비교에 더 적합하다) 거짓 선생들은 짐승들의 운명을 맞이할 것이며 스스로 **그들의 멸망 가운데서 멸망을 당할** 것이다. 즉, 야수들에게 닥치는 최후와 유사한 멸망을 당할 것이다. 물론 짐승들은 사냥꾼의 칼과 창에 의해 또는 사냥개들의 송곳니에 찢겨 잔혹한 최후를 맞이하게 되지만 짐승들처럼 살아가는 사악한 사람들은 최후의 심판 때 그와 똑같이 끔찍한 보응을 받게 될 것이다.

**[13] 불의의 값으로 불의를 당하며 낮에 즐기고 노는 것을 기쁘게 여기는 자들이니 점과 흠이라 너희와 함께 연회할 때에 그들의 속임수로 즐기고 놀며**

설사 그들이 **불의**(상해, injury)를 **당한다** 할지라도 그것은 그들이 입힌 불의에 대한 정당한 보상(값)일 뿐이다. 헬라어 원문에는 분사 *ἀδικούμενοι*(상해를 당하다)와 *ἀδικίας*(상해) 사이에 의도적인 언어유희가 존재한다. **값으로**(보상으로, *μισθόν*)라는 어구는 동격을 이루는 4격이다. 동사 *ἀδικεῖσθαι*의 기본적인 뜻은 '불의를 당하다' 이다. 그래서 상당수의 사본들과 역본들은 이 분사를 *κομιούμενοι*(*κομιζέθαι* 곧 '당하다' 의 미래분사)로 대치시킨다. 이 미래분사는 "그들의 그릇된 행동에 대한 보응을 받게 될 것이다"라는 번역을 낳게 한다. 이러한 정정(訂正)의 동기가 문장의 구성을 부드럽게 하고, 보다 구체적으로는 거짓 선생들이 불의의 희생자라는 어떠한 암시도 제거해 버리려는 것은 분명하다. 그렇지만 이는 언어 유희를 파괴하는 것이며 또 ἀδικείσθαι가 부당한 대우, 공정치 못한 대접이라는 뜻을 담지 않고서도 '피해를 입다', '해를 당하다' 라는 뜻을 지닐 수 있기 때문에(예를 들어 지혜서 14:29; 마카비 3서 3:8; 계 2:11) 전적으로 불필요한 일이다.

그렇다 해도 이 해석이 가장 타당한 주석인 듯하지만(참조. 롬 6:23, '죄의 삯'; 바나바 서신 4:12에서 '악에 대한 보상' –동일한 명사인 μισθός이다) μισθός ἀδικίας가 여기에서는 '죄에 대한 처벌' 의 의미로 쓰이고 15절에서는 '악행으로 얻은 대가(代價)' 의 의미로 사용되고 있다는 난점이 여전히 남아 있다. 그래서 많은 학자들이 '악행으로 얻은 대가를 빼앗기다' 로 고쳐서 번역하는 것을 좋아한다. 이러한 번역은 훌륭한 의미를 전달해 주기는 하지만 구문상의 문제가 남는다. 그리고 또 이 표현에서 어떤 독자도 이런 의미를 자연스럽게 감지해 낼 수 없으리라는 생각이 든다. 보다 매력적인 견해는 P.W. 스케한(Skehan)의 제안이다(*Biblica* xli. 69–71). 그의 의견에 따르면 ἀδικούμενοι 뒤에 콜론(:)이 와야 하며 '불의로 얻은 삯' 은 다음 절에 붙여('그들이 불의의 값을 쾌락으로 여기다') 해석해야 한다는 것이다. 그렇게 되면 이 구절은 "… 더러움 가운데서 불의를 당하며(ἀδικούμενοι) 더럽게 될 것이다"라는 뜻이 된다. 그러나 이러한 해석에 대한 주요한 반론은 이 해석이 **잡혀 죽기 위하여 난 짐승들**과 **거짓 선생들** 사이에 있는 대구(對句) 형식을 파괴시킨다는 것이다. 문장의 양쪽 절반에서 공통적으로 짐승과 거짓 선생들과 관련하여 φθορά('멸망' 또는 '더러움')와 같은 어근에서 파생된 동사가 쓰여 매우 자연스럽게 두 경우 공히 '멸망', '멸망당하다' 라는 뜻을 취하고 있는 것이다. 또 헬라어 καί에 이어 따라나오는 **그들의 멸망 가운데서는** 짐승들의 멸망을 가리킴이 분명하다. 그래서 이 짐승들의 멸망은 바로 거짓 선생들의 멸망을 비유하는 것이다.

공격의 화살은 다시 거짓 선생들의 부도덕한 삶에 맞춰진다. 헬라어 구문에는 몇 개의 항목들이 **멸망을 당할 것이며**라는 말에 느슨하게 병치된 신랄한 분사구절로(참조. 롬 12:9–13, 여기에서 분사구문은 명령의 강세를 가지고 있다) 서로 연결되어 있다(이 항목들은 멸망의 정당함을 표현하고 있다). 그러나 영어로는 짤막하게 제한되어 있는 문장들로 간명하게 표현되어 있다. 첫 번째 항목은 매우 분명하다. '낮에 즐기고 노는 것을 기쁘게 여기는 자들이니 점과 흠이라.' 퇴폐한 취흥을 봐줄 수 있다면 그것은 밤이 적당한 시간이다(참조. 롬 13:12 이하). 한낮에 그런 유흥이 벌어진다는 것은 그만큼 더 악하다는 것을 표시한다. 어두움은 악의 대표적인 상징이다. 그리고 밤은 '점잖치 못한' 행동을 가려 주는 것으로 합리화될 수도 있다. 이러한 생각에 대해서는 전 10:16("대신들은 아침부터 잔치하는 나라여 네게 화가 있도다"), 사 5:11("아침에 일찍이 일어나 독주를 마시며 밤이 깊도록 … 자들은 화 있을진저"); 모세 승천기 7:4("그들은 대낮에 유흥을 즐기며")를 참조하라.

두 번째 항목은 좀 불분명한데 이는 주로 중요한 사본들의 차이에 기인한다. 좀더 널리 받아들여지고 있는 독법에 따르면 이단자들은 "점과 흠이요, 그들이 너희와 더불어 질탕 마셔대고 너희는 그들의 사기극에 놀아나며"이다. 베드로는 유 12절을 인용하여 매우 드물게 쓰인 동사인 *συνευχέομαι*('폭음하다'. 한글 성경은 '즐기고 놀다' –역자 주)를 취하고 유다서의 까다로운 단어인 '암초'(*σπιλάδες*: 주해를 보라)는 보다 쉬운 단어인 **점**(*σπίλοι*: 참조. 엡 5:27의 *ἄμωμος* '흠 없는'. 베드로는 아마도 이를 보고 *μῶμοι*, 곧 '흠'을 덧붙이게 되었을 것이다)으로 변경시킨다(그가 유다서의 저자보다 후기의 저자라는 명백한 증거이다). 이처럼 비난은 잔치에서의 방종하고 그릇된 행동에 대하여 퍼부어지고 있다. 그리고 이 잔치에 이 편지의 수신인들이 동참한 것으로 미루어 보아 이 잔치는 공동체의 어떤 축하식(community celebration)의 일종이 아니었는가 생각된다.

그러나 **속임수**(*ἀπάταις*: 여격)라는 말로 인해 혼란이 야기된다. 몇몇 훌륭한 사본들과 역본들은 이 말 대신에 유 12절(주해를 보라)에 나타나는 '애찬'(*ἀγάπαις*: 언셜 글자로는 두 단어가 거의 똑같아 보인다)으로 읽고 있기 때문이다. 비록 이 후자의 독법이 AV, RV와 많은 편집자들의 지지를 받고 있음이 사실이지만, 이것이 원본일 가능성은 거의 없다. 만약 원문이 그렇다면 이를 ἀπάταις로 수정한 유일한 이유는 그러한 그릇된 행동이 교회의 거룩한 애찬의 이미지를 손상시키는 것을 싫어했기 때문일 것이라고 가정할 수 있을 것이다. 그러나 비행에 대하여 책임을 져야 할 자들은 거짓 선생들이었기 때문에 그러한 행동은 거짓 선생들의 죄상(罪狀)을 한층 강화시킬 뿐이다. 이 독법에 대한 가장 신빙성이 있는 설명은 애찬으로 읽는 이 독법이 유 12절에 동화된 결과라는 설이다.

베드로 자신은 신중을 기해서 유다서에서 읽은 내용을 수정했겠지만 그 동기를 헤아리기란 용이하지 않다. 아마도 그가 편지를 썼을 그 당시 그 지역에서는 아가페(ἀγάπη) 혹은 애찬(love-feast)이 이미 사라져 버린 행사였을 것이다. 아마도 베드로는 의식적으로 ἀπάτη라는 단어를 선택하여, 이러한 수치스런 연회들이 ἀγάπαι를 흉내낸 것, 곧(실질적으로는 속임수에 해당하는) 거짓 애찬이었음을 폭로하기 위한 풍자로 사용하였던 듯하다. 한편 베드로가 염두에 두고 있는 잔치들이, 어떤 종교적 목적이나 분위기를 띠지 않는 사교적인 종류의 것이라고 한다면, 이 단어에 '방탕' (RSV가 그러하다)이라는 뜻을 부여하는 것이 적절할 수도 있다. 2세기의 사전 편찬자인 모에리스(Moeris)는 ἀπάτη를 "아틱 방언에서는 그릇 인도함을 … 헬라 사람들 사이에서는 즐거움(τέρψις)"을 의미하는 것으로 정의하고 있다(p.65). 그러므로 이 단어의 뜻이 '간사한 꾀', '속임수' 에서 '죄악된 쾌락' 의 뜻으로 변천한 것은 자연스럽고 용이한 일이었다. 그리고 그러한 쾌락의 뜻을 담고 있는 예가 후기 헬라어에 자주 등장한다(예를 들어, 필로, *Dec.* 55; Hermas, *Sim.* vi. 2. 1; 3. 3; 4. 4; 5. 1; Hegemonius, *Arch.* x-in PG x. 1445).

**[14] 음심이 가득한 눈을 가지고 범죄하기를 그치지 아니하고 굳세지 못한 영혼들을 유혹하며 탐욕에 연단된 마음을 가진 자들이니 저주의 자식이라**

죄목은 계속된다. 그들은 헤픈 여자(μοιχαλίς: 글자 그대로는 요부[妖婦] · 간부[姦婦]를 가리킨다. 그러나 아마도 보다 일반적인 뜻일 것이다)로 눈에 음심이 가득 차서 밥 먹듯이 죄를 짓는다. 이 묘사적인 두 어구는 서로 연관을 맺고 있다. 즉 불의한 자들은 여자를 쳐다보면 그 여자와 침대에서 동침하는 것을 상상하거나 원하지 않고는 못배길 만큼 도덕적인 자제력을 상실한 것이다(마 5:28을 참조하라). 구체적이고 아주 생생한 앞부분의 표현을 상당수의 사본과 구 라틴어 역본(Old Latin version) 등은 평범하게 '음심으로 가득한' (μοιχαλίας)으로 고쳐 썼다. 그러나 사실 이 표현은 플루타르크(Plutarch, *Mor.* 528e)와 롱기누스(Longinus, *De sub.* iv. 5)에 의해 인용되고 있는 당시의 상용어구와 유사한 것이다. 이 상용어구는 수치를 모르는 남자를 '소녀' [κόραι, κόρη; 이 단어는 '소녀' 라는 뜻 이외에 '눈동자' 라는 뜻을 지니고 있으므로 일종의 언어 유희이다]가 아니라 '창녀를 그 눈 속에 가지고 있다' 고 표현하고 있다.

그들이 **굳세지 못한 영혼들**, 전적으로 그렇다는 것은 아니지만 아마도 대개는 개종한 지 얼마되지 아니한 자들(참조. 2:18)을 유혹하여 자기들 수하에 끌어들여 그 사람들로 하여금 자기들의 문란한 길로 행하게 한다는 사실은 그리 놀랄 만한 것이 아니다. 필로 역시 어리고 미숙한 사람들을 호리는 사기꾼에 대하여 '유혹하다' (δελεάζω)라는 동사를 사용하고 있다(*De praem.* 25). **영혼들**(ψυχὰς)은 곧 '사람들' 이라는 뜻이다(참조. 행 2:41; 벧전 3:20). 그들 얼간이 같은 사람들은 **'굳세지 못하다'** (ἀστήρικτος: 성경에서는 여기에서와 벧후 3:16에만 쓰였다). 즉, 그 사람들은 신앙과 그에 따른 행동의 견고한 토대가 결여되어 있어서 거짓 가르침이나 나쁜 품행에 쉽게 요동하게 된다. 이러한 상태는 저자가 이상적(理想的)이라고 생각하는 '진리에 굳게 선' (ἐστηριγμένους; 1:12) 상태와는 정반대이다. 이와 대조적으로 그들은 **탐욕에 연단된**(γεγυμνασμένην: 체력 단련에 쓰이는 말로서 '굳세지 못한' 에 대한 반대 개념으로서 의식적으로 채택된 용어이다) **마음**을 가지고 있다. 일반적으로 셈 계통의 사상에서 마음은 감정과 정서 등이 있는 본체로 여겨진다. 우리는 이미 돈 버는 일에 집착하는 불의한 자들의 탐욕과 도를 넘어선 관심, 즉 참된 신자의 특성이라 할 수 있는 관대함과는 거리가 먼 탐심에 대하여 들었던 바이다(2:3). 그리고 여기에서 반복되고 있는 비난은

**저주받은 자식이라!**는 말까지 나오게 하고 있다. 이 전형적인 히브리적 표현(문자적으로는 '저주의 자식' 즉, 하나님의 저주를 받는 사람)에 대해서는 사 57:4("패역의 자식"); 롬 9:8과 갈 4:28("약속의 자녀"); 벧전 1:14("순종하는 자식") 등을 참조하라.

**[15] 그들이 바른 길을 떠나 미혹되어 브올의 아들 발람의 길을 따르는도다 그는 불의의 삯을 사랑하다가**

기록자는 다시 유다서로 되돌아 간다. 그들이 바른 길을 저버리고 보솔(*Bosor*)의 아들 발람의 길을 따라 탈선하였도다. 사본 B, 필록세니안 시리아 역본, 사히딕 역본 등은 '브올'로 수정되어 있지만 보솔이라는 형태가 광범위한 사본상의 지지를 받고 있어 그대로 두는 것이 타당하다. 발람의 아버지는 물론 브올(Beor, 민 22:5; 24:3, 15 등)이었다. 그리고 베드로의 실수에 대해서는 타당한 설명이 제시된 적이 없다. 유 11절에서는 가인과 발람, 고라의 멸망이 함께 묶여서 나타나지만 베드로는 다른 두 사람은 생략하고 **불의의 삯을 사랑한**(문자적으로는 '불의의 대가.' 한편으로 이를 소유격의 속성을 나타내는 셈어적 소유격으로 해석하여 '부당한 대가'로 볼 수도 있다) 발람에 집중하고 있다. 저자가 이와 같이 추려낸 이유는 그의 주요 관심사가 거짓 선생들의 탐욕적인 성향에 있기 때문이다. 후기 유대 문학이 발람의 명예를 깎아내리고 그를 뇌물을 받고 악하게 행동하기를 주저하지 않은 자로 묘사하고 있는 내용을 보려면 유 11절에 대한 주해를 참조하라. 품행을 '길'(참조. 2:2)로 비유하는 예는 성경 도처에서 찾아볼 수 있다. 그리고 고결한 품행은 **바른 길**로 묘사되고 있다(예를 들어, 삼상 12:23; 호 14:9; 시 107:7; 행 13:10). 잠 2:15은 악한 자의 길을 '굽었다'고 표현하며, *Did.* i–v(참조. 바나바 서신 xviii–xxi)는 '생명의 길'과 '사망의 길'을 구분하고 있다. 이와 같이 '탈선으로 이끌다'(*πλανάω*)와 '탈선하다'(*πλανᾶσθαι*)는 70인역과 신약에서 도덕적으로나 영적으로 타락시키는 것과 타락하는 것을 표현하는 상투적인 표현이다(쿰란에서도 이와 똑같은 이미지를 자주 사용했다. 1QS iii. 21; 1QH ii. 14; iv. 12 등등. 더 깊이 공부하려면 TWNT Ⅵ, 230–252를 참조하라).

**[16] 자기의 불법으로 말미암아 책망을 받되 말하지 못하는 나귀가 사람의 소리로 말하여 이 선지자의 미친 행동을 저지하였느니라**

기록자는 발람의 잘못이 피상적으로 언급되어 있는 유 11절과는 달리, 성경의 사건이 전해 주는 망신스러운 결과를 (그가 이해한 대로) 곁들여서 거짓을 퍼뜨리는 자들의 태도를 지적한다. 발람은 그의 악에 대하여 책망을 받았다. 발람은 이스라엘을 저주하라고 주는 뇌물을 얼른 챙겨 넣는 악을 범했던 것이다. 이 책망을 하기 위해 "**말하지 못하는 짐승**(*ὑποζύγιον*: 보통 짐을 나르는 짐승을 가리키며, 특정하게는 나귀를 뜻한다. 예를 들어 슥 9:9을 인용하고 있는 마 21:5을 참조하라)이 사람의 목소리를 내서 그 선지자의 미친 행동을 저지했다. 나귀를 **말하지 못하는**(*ἄφωνον*)이라고 묘사한 것이 우리에게는 매우 우스꽝스럽게 느껴지지만 헬라어나 라틴어에서는 그런 형용사가 동물에 곧잘 붙여졌다. 왜냐하면 그런 동물들은 정확한 발음을 못하는 것으로 여겨졌기 때문이다. 민 22:21-35에 따르면 책망의 주체는 나귀가 아니라 여호와의 사자였다. 천사의 임재를 인식하고 나귀가 움직이지 않으려하자 발람이 나귀를 때려 나귀로 하여금 사람의 말로 정당한 불평을 하도록 만들었다. 베드로는 그 이야기를 대략적으로 발전시킨 유대의 하가다에 근거해서 이 서술을 해 나가고 있다(SB Ⅲ, 771 이하를 보라). **사람의 소리로 말하여**라는 어구는 동일한 사건과 관련하여 언급한 요세푸스의 '사람 소리를 내'와 거의 정확히 일치한다(*Ant.* iv. 109).

# 8. 그들의 확실한 멸망
# 2:17-22

**2:17-22**

17 이 사람들은 물 없는 샘이요 광풍에 밀려 가는 안개니 그들을 위하여 캄캄한 어둠이
예비되어 있나니 18 그들이 허탄한 자랑의 말을 토하며 그릇되게 행하는 사람들에게서
겨우 피한 자들을 음란으로써 육체의 정욕 중에서 유혹하는도다 19 그들에게 자유를
준다 하여도 자신들은 멸망의 종들이니 누구든지 진 자는 이긴 자의 종이 됨이라 20 만
일 그들이 우리 주 되신 구주 예수 그리스도를 앎으로 세상의 더러움을 피한 후에 다시
그 중에 얽매이고 지면 그 나중 형편이 처음보다 더 심하리니 21 의의 도를 안 후에 받
은 거룩한 명령을 저버리는 것보다 알지 못하는 것이 도리어 그들에게 나으니라 22 참
된 속담에 이르기를 개가 그 토하였던 것에 돌아가고 돼지가 씻었다가 더러운 구덩이
에 도로 누웠다 하는 말이 그들에게 응하였도다

17 또한 이들은 물 없는 샘이나 마찬가지이며, 바람이 부는 대로 밀려 다니는 구름과도
같습니다. 그들이 갈 곳은 캄캄하고 어두운 구덩이뿐입니다. 18 그들은 헛된 말로 자랑
하며 잘못된 길에서 겨우 빠져 나온 사람들을 악한 욕망으로 꾀어 다시 죄 가운데로 끌
고 들어가려 합니다. 19 그들은 자유를 주겠다고 약속하지만, 사실 그들 자신들조차 자
유하지 못하고 멸망의 종이 되어 있습니다. 사람은 누구든지 자신이 지배당하는 것의
종이 되기 마련입니다. 20 우리 구주 예수 그리스도를 알고 세상의 죄악에서 해방된 사
람이, 다시 그 악한 생활로 되돌아가 세상 죄에 끌려다닌다면, 그 상태는 이전보다도 훨
씬 나쁠 것입니다. 21 차라리 바른 길을 모르는 게 더 낫지 않겠습니까? 바른 길을 알면
서도 자신들이 받은 거룩한 가르침을 내팽개쳐 버린다면, 오히려 그 길을 알지 못하는
편이 낫습니다. 22 "개는 토한 것을 다시 먹고, 돼지는 씻은 후에 다시 진흙탕에서 뒹군
다"라는 속담이 그들에게 들어맞는 것입니다. _아가페 쉬운성경

**[17] 이 사람들은 물 없는 샘이요 광풍에 밀려가는 안개니 그들을 위하여 캄캄한 어둠이 예비되어 있나니**

이제 베드로는 거짓 선생들의 가르침의 전적인 공허함과 나약함을 비웃으며, 그들이 유혹해낸 자들의 멸망과 함께 그들의 멸망도 틀림없이 함께 따라올 것임을 천명한다. 베드로는 이 사람들(비꼬는 듯한 대명사 '이' [these]에 대해서는 유다서 10절을 참조하라)이 물 없는 샘이며 광풍

(squall, 돌풍)에 밀려가는 안개이며 또 이들은 그들을 위해 예비된 캄캄한 어둠을 가지고 있다고 단언한다. 베드로는 세심하게 외경의 신화를 암시하는 내용들과 2:13에서 이미 사용한 자료들을 생략하고 축약하며, 전적으로 성공하지는 않았지만 자기의 원본을 대부분 개선하려고 노력하면서 유다서 12절 이하에서 이미지를 끌어온다. 아마도 구름은 언제나 물을 지니고 있는 것이기 때문에 저자는 유다의 '물 없는 구름' 이라는 말을 못마땅하게 여겼던 듯하다. 그러나 그가 고쳐쓴 '물 없는 우물들' (참조. 렘 14:3)에 거짓 선생들을 비긴 것은 상당히 잘된 표현이다. 목이 갈한 나그네나 동방의 근심스런 농부에게 이보다 더 쓰라린 환멸의 상징은 있을 수 없을 것이다. 저자가 대체시킨 안개들(ὁμίχλαι) 역시 매우 적절하다. 아리스토텔레스에 따르면(*Meteor.* i. 346b) 이 희귀한 용어는 구름이 응결되어 비로 떨어지고 난 다음에 남는 안개를 가리킨다고 한다. 말하자면 그 안개는 건조한 날씨를 알리는 '수확이 없는 구름' (unproductive cloud)인 셈이다. 아울러 그러한 안개가 갑작스런 돌풍(λαίλαπος, 즉 스콜에 대해서는 눅 8:23을 참조하라)에 의해서 쉽게 흩어진다는 사실은 그 가르침의 공허함과 빈약함을 잘 드러내 준다. 반면 캄캄한 어둠(참조. 2:4)이라는 무시무시한 표현은, ('영원히' 라는 말은 생략한 채) 저자가 그 표현을 빌어왔던 유다서 13절에 비해 여기서는 부자연스럽다. 양쪽 모두 이단자들은 궁극적인 파멸의 위협을 받고 있지만 유다서의 그 절에서는 '방황하는 별들' 의 운명에 관한 후기 유대 사상에서 그림과 같은 이미지를 직접 끌어낸데 반하여, 여기 베드로후서에는 그 이미지가 특별히 어울리는 배경이 전혀 없다.

**[18] 그들이 허탄한 자랑의 말을 토하며 그릇되게 행하는 사람들에게서 겨우 피한 자들을 음란으로써 육체의 정욕 중에서 유혹하는도다**

거짓 선생들의 선전 활동은 허풍스러운 공허한 말들의 열변(축어적으로는 '과장된 허영의 말들' : ὑπέρογκα, 즉 '부풀린, 과장된' 이라는 말은 유다서 16절에서 차용된 단어이다)이라는 평이한 용어들로 구성되어 있다. 이러한 열변을 수단으로 하여 거짓 선생들은 그릇됨 가운데 살고 있는

**사람들에게서 이제 막 피하고 있는**(*ἀποφεύγοντας*: 동작의 시작을 나타내는 기동〈起動〉분사 현재형) **사람들을**, 즉 이교도 친구들에게서 아직까지는 벗어나는 과정에 있는 기독교의 초신자들을 **관능적인 것들로써 육체적인 정욕**(축어적으로는 '육체의 정욕' : 예를 들어 갈 5:16; 엡 2:3에서 볼 수 있듯이 상투적인 표현이다) **속으로 끌어들인다**. 성경에서 흔히 그렇듯이(예를 들어 지혜서 12:24; 롬 1:27; 딛 3:3) **그릇됨**(*πλάνη*, error)은 특히 우상숭배 내지는 이교 숭배를 표현한다(TWNT Ⅵ, 230-254). 아무런 연결사도 없이 두 여격 **정욕**(*ἐπιθυμίαις*)과 **관능적인 것들**(*ἀσελγείαις*)을 나란히 병치해 놓은 것은 어색하다. 이는 저자가 자주 사용하는 접속사 생략(참조. 1:9, 17; 3:2, 14)이거나 뒷말을 앞말과 나란히 두어 앞의 말을 설명하는 경우일 것이다. 어떤 사본들이 두 번째 단어를 소유격(*ἀσελγείας*)으로 변경시켜 '색욕을 위한 정욕적인 욕망 안에서"(참조. RSV)라고 읽는 것은 그리 놀라운 일이 아니다. 그러나 이는 더 좋게 하려는 선의의 의도이기 때문에 명백히 배격해야 한다. 또한 **이제 방금**(*ὀλίγως*, 즉 '아주 최근에' 또는 '미미한 정도로')이라고 번역된 부사 대신에 어떤 사본에서는 *ὄντως*(즉, '실제로', '정말로')를 쓴다. 이 표현은 상당히 유력한 사본의 지지를 받고 있다. 그러나 이는 다음과 같은 약점을 지니고 있다. 첫째, 이 말은 기독교 초신자가 감각적인 유혹에 훨씬 쉽게 굴복한다는 점을 간과하고 있다. 둘째, 이 말을 *ὀλίγως*를 대신하여 쓴 까닭은 필사자들이 이 *ὀλίγως*라는 말에 익숙치 못하므로, (이 단어는 헬라어 성경에서 이곳에서만 나타나며 다른 곳에는 거의 나타나지 않는다) 특히 두 단어가 대문자로 쓰여져 있을 때 혼동하기 쉽다는 데 기인하는 듯하다. 에프라임 사이루스(Ephraem Syrus, 4세기경)가 필사한 사본은 *ὀλίγως* 대신에 *τοὺς λόγους*(즉, '그 말씀들')로 되어 있다. 그리고 '피하는' 다음에 *καί* (즉, '그리고')와 형용사적 상당 어구인 *τοὺς εὐθεῖς*(즉, '곧음' the straight)를 삽입하여, 그 절의 뜻이 "그들이 허풍스런 헛된 말들을 토하여 바른 교훈을 피하는 자들과 오류 속에 있는 자들에게서 이제 막 피하기 시작한 자들을 … 미혹하여"가 되도록 하였다. 이러한 독법은 사본 전승이나 혹은 역본의 아무런 뒷받침도 없으며, 지적인 겉치레의 분위기를 풍길 수 있다. 그러나 공인 본문에서는 전체 문장이 매우 어색하게 구성되어(참조. 예컨대 목적격 '이제 겨우 …한 자들을' 에 종속되어 있는 목적격 '…에 행하고 있는 자들') 이 본문이 이제는 결코 만회할 수 없는 근본적인 와전(訛轉)을 초래하지 않았는가 의구심을 가질 정도이다.

**[19] 그들에게 자유를 준다 하여도 자신들은 멸망의 종들이니 누구든지 진 자는 이긴 자의 종이 됨이라**

이들 거짓 선생들이 경험없는 개종자들에게 내민 미끼는 **자유**에 대한 약속이다. 이는 아마도 신자들이 그리스도 안에서 누리는 그 자유처럼 보이나 거짓 선생들은 그들의 반율법적인 경향에서 이를 도덕법의 요구로부터의 면제로 그릇 해석하였던 듯하다. 잘 알지 못하는 초신자들은 믿음으로 다 되는 것이 아님을, 믿음은 덕(德)에 의해 보충되어야 할 필요가 있음을(1:5) 배워야 했다. 뒤에서 알게 되겠지만(3:16) 초신자들은 습관적으로 바울의 가르침을 오해해 왔다. 그리고 바울의 생전에조차 많은 사람들이 "우리는 법 아래에 있지 아니하고 은혜 아래에 있다"는 사도의 언명을 방종에 대한 정식 허가를 내주는 말로 파악하고 있었다(롬 6:15; 바울의 진정한 입장을 밝히고자 하는 열망을 보려면 롬 3:8; 갈 5:13을 참조하라). 똑같은 오해가 벧전 2:16(주해를 보라)과 유다서 4절 하반절에서(주해를 보라) 비판받고 있다. 그러나 **자유**에 대한 이 언급은 **그들 자체가 타락의 종들인** 자들이 매우 자신있게 주장한 것은 아니었다. 여기서 이 타락(한글 성경은 멸망, *φθορά*)이라는 단어는 보통 생각하듯이 단순한 도덕적 타락을 가리킨다. 이 단어에 그런 의미가 있음이 확실하지만(1:4; 2:12의 용례가 가리키고 있듯이) 이 단어는 죄인들을 위해 예비되어 있는 마지막 멸망으로 이끄는 영적 죽음이라는 사상도 전달한다. 그래서 바울은 "우리가 육신에 있을 때에는 율법으로 말미암는 죄의 정욕이 우리 지체 중에 역사하여 우리로 사망을 위하여 열매를 맺게 하였더니"(롬 7:5)라고 교훈하고 있다. 또 신약 성경은 대체로(참조. 고전 15:42 이하, 50; 엡 6:24; 딤후 1:10) 신실한 자들에게는 '썩지 아니할 것' (즉, 타락하지 아니할 것, incorruption, ἀφθαρσία)을 약속하고 있다.

저자는 자기의 주장을 잠언적인 격언을 사용하여 강조한다. **누구든지 진 자는 이긴 자의 종이 됨이라.** 헬라어 구문상에는 지배하는 행위자의 성이 남성인지 아니면 중성인지 모호하다. 어떤 학자들은 중성을 택하고 있으나(RSV의 경우가 그렇다 : 'whatever overcomes a man, to that…' -"사람을 이기는 것이 무엇이든지 바로 그것에게…") 그 이미지는 전쟁에서 패하여 죄수가 된 적군을 노예로 삼던 고대의 관행에서 직접적으로 파생되고 있으며, 남성이 이 이미지를 훨씬 생생하게 반영하고 있다. 이 경구(警句)에 대해서는 Ps. Clem. *Recog.* v. 12. 3: "모든 사람은 자기가 무릎을 꿇은 자의 종이 된다"를 참조하라. 이 경구는 자기 자신을 감각적인 정욕과 영적인 타락과 그 영적 타락이 가져오는 죽음에 넘겨 준 사람에게 결정적인 타격을 주고 있다.

**[20] 만일 그들이 우리 주 되신 구주 예수 그리스도를 앎으로 세상의 더러움을 피한 후에 다시 그 중에 얽매이고 지면 그 나중 형편이 처음보다 더 심하리니**

19절 다음에는 타락(lapsing)에 대한 날카로운 경고가 나온다. 그러나 이 경고가 대체로 일반적인 의미를 지니고 있다는 것은 알 수 있지만, 그것이 먼저는 거짓 선생들을 대상으로 한 것인지, 아니면 그들이 유혹하려는 이교에서 개종한 자들에 대해서인지(참조. 18절)를 판단하기는 쉬운 일이 아니다. 대부분의 편집자들은 다음 몇 가지 근거에서 전자를 선호한다. 첫째, **그러므로**(For, 한글 성경에는 나타나 있지 않음—역자 주)가 19절 상반절과 매우 효과적인 삽입구인 19절 하반절 사이에 끼여 있는 문장, **타락의 종들**을 부연하는 것 같다. 둘째, 20절에서 **지면**(overpowered, 진압당하면)이, 어째서 거짓을 전파하는 자들이 노예들인가를 설명하고 있는, 19절 하반절의 **이기다**(overpowers, 헬라어로는 똑같은 동사이다)를 그대로 쓰고 있다. 셋째, 20-22절에 나타나는 책망들이 이들 거짓 선생들에게는 적절하지만 아직 완전한 타락의 수렁에 빠지지 않은 이제 막 믿기 시작한 개종자들에게는 너무 가혹하다. 넷째, 베드로후서 2장 전체가 이단자들에 대한 논증으로 일관되어 있으므로 이러한 흐름이 끝까지 지속되는 것이 자연스럽게 여겨진다. 그렇지만 이에 대한 반론도 다음과 같이 개진될 수 있다. 첫째, **그러므로**(For)는 거짓 선생들의 올무에 사로잡히는 일의 두려운 결과들을 전개시키고 있는 18절에 연결시키는 것이 타당하다. 둘째, 이것은 **피한 후에**(*ἀποφυγόντες*)에서 나온 것이 분명한데, 이는 18절의 **겨우 피하기 시작한**(*ἀποφεύγοντας*)으로 회귀하는 것으로, 둘 다 같은 동사를 쓰고 있고, **세상의 더러움**에 다시 빠지는 것이 이를 뒷받침하여 18절의 **육체의 정욕** 등을 반영하는 것으로 보인다. 셋째, '이기다' 라는 동사가 반복되어 있는 점에 있어서는 딱히 결정적인 판단 근거가 없다. 왜냐하면 19절 하반절의 경구의 직접적인 목적은 거짓 선생들의 노예된 상태를 예시하고자 하는 것이지만 모두를 향한 무서운 경고도 포함하고 있기 때문이다. 넷째, 가정법 형태로 쓰인 20절 이하는 심한 유혹에 노출되어 있지만 아직까지는 걸려들지 않은 사람들에게 방지(防止)의 기능을 하고 있다. 반면에 '베드로' 가 이단들을 돌이킬 수 없이 잃어버린 자들로서 이미 포기했다는 것은 익히 알려진 사실이다. 다섯째, 비록 강경한 어투이기는 하지만 베드로가 이들에 관하여 앞 부분에서 했던 확실한 멸망에 대한 무서운 예언들 다음에 수위를 누그러뜨리는 것으로 보이며, 또 이제야 믿기 시작한 개종자들에게 주는 강한 경고로 해석된다고 해서 그 도가 지나칠 정도는 아니다. 그러므로 모든 것을 참작해 봤을 때, 베드로의 주요 관심사는 '불안정한 심령들' 임을 쉽게 결론지을 수 있을 것이다.

저자의 경고는 직접적이며 동시에 '만약 기독교인들이 이교의 도덕 기준으로 돌아간다면 **그들의 최종적인 상태는 처음 상태보다 더 나쁠 것**임을 지적하고 있다(이 점은 다음 절에서 보다 충분하게 설명될 것이다). 더러운 영(the Unclean Spirit)에 대한 비유에서(마 12:43-45; 눅 11:24-26) 그리스도께서는 거의 동일한 표현을 사용하신 것으로 기록되어 있다. 이 '처음보다 나중이 더 심하다' 즉, 나쁘다는 표현은 아마도 기독교인들이 회개하지 않은 자들, 믿지 않은 자들의 상태에 비교하여 배도자, 변절자의 상태를 묘사할 때 사용한(예컨대 Hermas, *Sim.* ix. 17. 5; *Mart.*

*Polyc.* xi. 1) 속담처럼 잘 알려진 격언조의 표현이었던 것 같다(참조. 마 27:64). 믿지 않았던 자들보다 믿었다가 배도한 자들이 훨씬 더 불행한 것으로 간주되고 있는 이유는, 세례 후에는 심각한 죄를 회개할 가능성이 전혀 없기 때문이 아니라(참조. 예를 들어 히 6:4-8) 하나님의 은사(선물)를 고의적으로 거부해 버린 것이 그 사람의 최후의 상태에 대한 특히 무시무시한 증거로 보였기 때문인 듯하다. 저자는 매우 특색있게(참조 1:4) 회심을 세상의 오염으로부터 '피하는 것' 으로, 또 주와 구주이신 예수 그리스도에 대한 지식을 통하여 이루어지는 것으로(참조. 1:2, 3, 9) 정의하고 있다. 저자는 다시 한 번 '주와 구주되는 예수 그리스도에 대한 지식' 이라는 표현에서 참된 구원을 가져오는 그노시스(γνῶσις, 지식)의 본질, 성격을 힘주어 강조한다. 세상의 더러움이라는 앞의 표현에서 저자의 말은 다시금 1:4에서와 같이 분명한 헬라 사상적 느낌을 지니고 있지만 극단적인 이원론에 대한 암시는 전혀 없다. 다만 저자의 눈에 비치기에 세상은 악하고 존재 질서를 더럽힌다는 강력한 인상을 준다. 어쨌든 세상을 망쳐 놓는 더러움에 다시 얽매이고 정복된다는 것은 크나큰 재앙이지만, 더러움이 세상에 본질적인 것이 아니라, 18절에 언급된 그 정욕과 관능적인 것들이 본질적인 것으로 사람들이 고의적으로 세상 안에 끌어들인 것임을 우리는 인정해야 할 것이다.

**[21] 의의 도를 안 후에 받은 거룩한 명령을 저버리는 것보다 알지 못하는 것이 도리어 그들에게 나으니라**

저자는 그 범죄의 중대함을 부언(復言)하면서 그 범죄가 함축하고 있는 바가 무엇인가를 밝힌다. 그들이 기독교의 신앙을 가르침 받고 세례를 받음으로써 의의 도를 알고 난 다음에 그들에게 전해진 거룩한 계명들로부터 돌이키는 것보다는 의의 도리를 알지 못하는 것이, 다른 말로 하자면 이교도로 남아 있었던 것이 그들로서는 더 좋았을 것이다. 타락한 기독교인들은 빛을 배척했기 때문에(참조. 눅 12:47-48) 개종하지 아니한 이교도들보다도 더 비극적인 운명에 있는 것이다. 원시 기독교회는 앞에서 인용된 히브리서의 교훈이 생생하게 예시하고 있듯이(6:4-6; 10:26) 배교에 대한 두려움을 지니고 있었다. 히브리서는 배도의 죄를 범한 세례받은 기독교인은 결코 사하심에 대한 소망을 가질 수 없다고 교훈하고 있다. 요한일서 5:16에서 "사망에 이르는 죄"로 묘사되어 기도해도 아무 소용이 없는 그 죄는, 거의 확실히 의도적인 신앙의 포기 또는 저자 자신의 용어대로 하자면(2:8-11) 빛에서 어둠으로 복귀하는 것임에 틀림없다. 이러한 태도는 2세기경까지 지속되었으며 심지어 3세기경 참회 제도(a penitential system)가 발전된 후에도 배도는 복위가 인정되기 전까지는 일생 동안의 공식적인 고행(public penance)이 요구되는 주요 죄목들 가운데 하나로 여겨졌다.

기독교를 **의의 도**로 묘사하고 있는 저자의 표현은 세심하게 선택된 것이다. 2:15에서처럼(바른 길, the straight path) 저자는 그가 이해하고 있는 대로 새롭게 개종한 자들이 다시금 빠져들도록 유혹받고 있는 방종한 삶에 유의하고 있다. 의의 길이라는 이 표현은 구약 중에서는 후기에 속하는 작품들 가운데 자주 나타나며(예컨대 욥 24:13; 잠 21:16), 마태 21:32에서 예수께서는 세례 요한에 대하여 '의의 도'로 온 자라고 말씀하고 계신다. 저자는 앞서 기독교의 메시지를 '진리의 도'라고 규정한 바 있다(2:2). 의(*δικαιοσύνη*)가 법률적인 함의를 가지고 있다는 암시는 전혀 나타나지 않는다(2:5이나 벧전 2:24 등도 참조하라). 의(義) 또는 의로움이란 이 편지 안에서 그리스도에 대한 지식이 가지고 있는 심원한 의미에서 볼 때, 기독교인이 그리스도에 대하여 가지고 있는 지식에서 비롯되며, 또한 질서가 잘 잡힌 의로운 행동 양식을 가리킨다. 다시 저자는 자기가 비평하고 있는 대적자들이 도덕률 초월론적인 경향을 지니고 있기 때문에 배도를 **거룩한 계명**을 등지는 행위라고 혹평한다. 여기서 거룩한 계명은 *ἐντολῆς*, 3:2과 같다. 마카비 4서 13:15; 16:24; 롬 7:8-12; 히 12:18; 9:19에서와 같이 단수로서 모세 율법을 종종 가리키기도 한다. 또 단수 또는 복수형으로 쓰여 요 13:34; 14:15, 21; 고전 14:37; 클레멘트 1서 13:3; 클레멘트 2서 3:4; 6:7 등과 같이 그리스도의 계명 또는 계명들로 사용되기도 한다. 유사한 반영지주의적 동기에서 '그의 계명들을 지킬 것'을 주장하는 흐름이 요한의 서신에 나타나고 있는데(요일 2:3; 5:3; 요이 6절), 거룩한 계명과 요한일서 2:7–8; 3:23에 언급되어 있는 사랑에 대한 '새로운 계명'을 동일시할 필요는 없다(사실 그렇게 하면 저자의 생각과는 이질적인 사상이 끼어들게 된다). 3:2과 동일하게(여기에 똑같은 표현이 반복되어 나타나고 있다), 저자는 기독교를 그리스도께서 몸소 규정하시고 그리스도에 대한 지식을 통하여 믿는 자들이 그 안으로 들어오는 생명에 대한 온전한 도(a whole way of life)로 생각하고 있다. 그리스도가 그 계명의 근원이자 힘을 주는 동력이시기 때문에 계명은 **거룩하다**. 그리고 저자가 강조하고 있듯이 그 계명은 이단자들의 새로운 계획이나 강령이 아니라 **그들에게 전하여진** 것이다. 저자가 유다서 3절(주해를 보라)에서 차용한 이 핵심적인 표현('전하여졌다'–*παραδοθείσης*)이 함축하고 있는 바(참조. 3:2)는 기독교 교리가 기독교의 모든 윤리적인 내용과 더불어 사도들에 의해 권위적으로 전달되었다는 것이다.

**[22] 참된 속담에 이르기를 개가 그 토하였던 것에 돌아가고 돼지가 씻었다가 더러운 구덩이에 도로 누웠다 하는 말이 그들에게 응하였도다**

배도한 자들에게 **응하였도다**(발생할 것이 확실한 것을 이미 성취된 것으로 취급하는 일종의 극적 완료이다)에서 저자는 **참 속담이 가르치는** 바가 입증되는 것을 발견한다. 저자는 전통적으로 불결과 경멸의 대상으로서 함께 일컬어져 왔던(예. 마 7:6) 동물의 종류인 개와 돼지의 구역질나는 습관에 대한 잘 알려진 속담을 인용한다. 히브리인들 사이에서 회자(膾炙)되었던 잠언은 흔히 두 개의 대등한 구절로 구성되어 있었다(예를 들어 잠 10:1–22:16). 그러므로 여기에 나타나는 두 대응절(헬라어로는 부정 과거분사로 되어 있다)은 아마도 하나의 격언으로 취급되어야 마땅할 것이다. 앞의 구절, **개가 그 토하였던 것에 돌아가고**(헬라어에는 *ἴδιον*, 즉 '자신의'가 포함되어 있으나 번역할 때 그대로 옮긴다면 실수를 범하는 것이다. 이 단어는 그 본래의 표현력을 상실했기 때문이다)는 잠 26:11과 유사하다. 이 잠언에서는 개의 그러한 작태와 '미련한 짓을 거듭 행하는 미련한 자'와 비교되어 있다. 그러나 여기에 인용된 본문은 70인역의 그 잠언 부분과 일치하지는 않는다. 두 번째 구절, **돼지가 씻었다**

가 더러운 구덩이에 도로 누웠다는 성경에는 병행구가 없지만 대중에게 널리 알려져 있었던 아히카르의 이야기(*Story of Ahikar*, 8:18, Syriac에 나옴)에 잘 예시되어 있다. "아들아, 너는 마치 목욕을 하고 나서 진흙 웅덩이를 보더니 도로 가서 그 속에서 뒹굴었던 돼지 새끼 같았다." 또 다른 배경으로는 SB Ⅲ, 773과 TWNT Ⅲ, 1100-1103을 참조하라. 물론 이 속담의 요점은 일단 기독교의 도리를 받아들임으로써 이교의 도덕적 더러움을 벗어버렸다가 자원해서 그것으로 다시 돌아가는 우매와 수치를 충격적인 방법으로 드러내는 데 있다. 몇몇 주석가들은 씻었다가에서 최근에 믿게 된 개종자들의(혹 비난받는 자들이 거짓 선생들이라면 그들의) 세례를 받은 것을 은연중에 암시하고 있다고 추론한다. "이와 같은 자들이…씻음과"(고전 6:11), "물로 씻어 말씀으로 깨끗하게 하사"(엡 5:26), ""몸은 맑은 물로 씻음을 받았으니"(히 10:22) 등등의 바울의 말을 참조하라. 그러나 이러한 추론은 세례가 명시적으로 언급되어 있지 않고, 또한 그 속담의 앞 부분에는 그와 대응되는 암시가 전혀 없기 때문에 지나친 비약으로 받아들여야 할 것이다.

# 제 3 장

## 9. 주의 날의 확실성
## 3:1-13

**3:1-13**

1 사랑하는 자들아 내가 이제 이 둘째 편지를 너희에게 쓰노니 이 두 편지로 너희의 진
실한 마음을 일깨워 생각나게 하여 2 곧 거룩한 선지자들이 예언한 말씀과 주 되신 구
주께서 너희의 사도들로 말미암아 명하신 것을 기억하게 하려 하노라 3 먼저 이것을 알
지니 말세에 조롱하는 자들이 와서 자기의 정욕을 따라 행하며 조롱하여 4 이르되 주께
서 강림하신다는 약속이 어디 있느냐 조상들이 잔 후로부터 만물이 처음 창조될 때와
같이 그냥 있다 하니 5 이는 하늘이 옛적부터 있는 것과 땅이 물에서 나와 물로 성립된
것도 하나님의 말씀으로 된 것을 그들이 일부러 잊으려 함이로다 6 이로 말미암아 그
때에 세상은 물이 넘침으로 멸망하였으되 7 이제 하늘과 땅은 그 동일한 말씀으로 불사
르기 위하여 보호하신 바 되어 경건하지 아니한 사람들의 심판과 멸망의 날까지 보존
하여 두신 것이니라 8 사랑하는 자들아 주께는 하루가 천 년 같고 천 년이 하루 같다는
이 한 가지를 잊지 말라 9 주의 약속은 어떤 이들이 더디다고 생각하는 것 같이 더딘 것
이 아니라 오직 주께서는 너희를 대하여 오래 참으사 아무도 멸망하지 아니하고 다 회
개하기에 이르기를 원하시느니라 10 그러나 주의 날이 도둑 같이 오리니 그 날에는 하
늘이 큰 소리로 떠나가고 물질이 뜨거운 불에 풀어지고 땅과 그 중에 있는 모든 일이
드러나리로다 11 이 모든 것이 이렇게 풀어지리니 너희가 어떠한 사람이 되어야 마땅
하냐 거룩한 행실과 경건함으로 12 하나님의 날이 임하기를 바라보고 간절히 사모하라
그 날에 하늘이 불에 타서 풀어지고 물질이 뜨거운 불에 녹아지려니와 13 우리는 그의
약속대로 의가 있는 곳인 새 하늘과 새 땅을 바라보도다

1 사랑하는 여러분, 지금 나는 여러분에게 두 번째 편지를 쓰고 있습니다. 이 편지들이
여러분의 정직하고 진실한 마음을 일깨우는 데에 도움이 되었으면 좋겠습니다. 2 옛날
거룩한 예언자들이 전한 말씀과 구주 되신 우리 주님께서 사도들을 통해 우리에게 주
신 명령을 기억하기 바랍니다. 3 마지막 때에 어떤 일이 일어날지 분명히 아십시오. 사
람들이 자기들 하고 싶은 대로 악한 일을 하며, 여러분을 비웃을 것입니다. 4 그들은
"다시 온다고 약속한 예수는 도대체 어디 있습니까? 우리 조상들은 죽었고, 이 세상은
창조된 후로 달라진 게 없지 않습니까?"라고 말할 것입니다. 5 그들은 옛적에 하나님께
서 말씀으로 하늘과 땅을 지으시고, 또한 땅이 물에서 나와 물로 이루어진 것을 일부러

잊으려고 합니다. 6 그후, 하나님께서 세상을 홍수로 멸하셨습니다. 7 또한 동일한 하나
님의 말씀이 지금 이 세상의 하늘과 땅을 지키고 있습니다. 우리가 살고 있는 이 세상
은 불로 멸망당할 것인데, 마지막 심판날에 하나님을 믿지 않고 거역한 사람들과 함께
멸망될 것입니다. 8 그러나 사랑하는 여러분, 이 한 가지만은 잊지 마십시오. 주님께는
하루가 천 년 같고, 천 년이 하루와도 같습니다. 9 우리 주님은 하시기로 약속하신 것을
뒤로 미루시는 분이 아닙니다. 어떤 사람들은 더디다고 생각할지도 모릅니다. 그러나
이것은 하나님께서 우리를 위해 오래 참으시기 때문입니다. 하나님께서는 한 사람이라
도 멸망치 않고 모두 회개하고 돌아오기를 바라고 계십니다. 10 하지만 주님의 날은 도
적같이 갑자기 올 것입니다. 하늘이 큰 소리를 내며 사라지고, 하늘에 있는 모든 것들
이 불에 의해 녹을 것입니다. 또한 땅과 땅에 있는 모든 것들도 불타 버릴 것입니다.
11 모든 것이 이렇게 다 타 버릴 텐데, 여러분은 어떤 사람이 되어야 하겠습니까? 거룩
하고 경건하게 살아야 하지 않겠습니까? 12 여러분은 그날이 오기를 손꼽아 기다려야
합니다. 그날에 하늘과 하늘에 있는 모든 것이 불타 없어지겠지만, 13 하나님께서는 우
리에게 약속하셨습니다. 정의가 살아 있는 새 하늘과 새 땅을 우리에게 주시겠다고 말
입니다. _아가페 쉬운성경

---

**[1] [2] 사랑하는 자들아 내가 이제 이 둘째 편지를 너희에게 쓰노니 이 두 편지로 너희의 진실한 마음을 일깨워 생각나게 하여 곧 거룩한 선지자들이 예언한 말씀과 주 되신 구주께서 너희의 사도들로 말미암아 명하신 것을 기억하게 하려 하노라**

거짓 교사들과 그들의 물의를 빚는 행동에 대한 긴 탄핵을 마친 후에 저자는 다시금 자기의 본 주제인 '주의 날'의 도래에 대한 기대로 되돌아온다. 1:16-21에서 저자 베드로는, '주의 날'에 대하여 의문을 제기하거나 경시하려는 태도에 대하여 기독교회의 소망에 대한 예언과 사도들의 특권적인 경험에서 비롯된 몇몇 근거를 제시함으로써 이미 논박한 적이 있다. 이제 저자는 '주의 날'의 명백한 지연으로 인해 그의 독자들이 느낄 수 있는 어떤 회의를 일소(一消)하고자 노력한다. 저자는 앞에서와 마찬가지로 자기의 개인적인 권위를 힘주어 강조하면서 시작한다. **사랑하는 자들아 내가 이제 이 둘째 편지를 너희에게 쓰노니.** 이런 말들을 통해 저자가 베드로전서를 언급하여 자신의 특별한 사도적 지위를 다시 한번 강조하려 했음을 자연스럽게 추론할 수 있다. 그러나 저자는 즉시 자신의 양쪽 서신에서 생각나게 하는 것에 의해서(by way of reminder) 그들의 순

수한 이해를 일깨워 그들로 하여금 거룩한 선지자들이 전에 하신 그 말씀과 사도들에 의하여 전해진 주와 구주되신 이의 계명을 기억나게 하려 한다고 덧붙인다. 이 구절은 다음과 같은 반론을 불러일으켰다. 베드로전서 4:7에 나타나는 임박한 종말에 대한 짧은 언급 외에, 두 서신에 공통되는 것으로 여겨지는 주제의 일치가 전혀 없다. 또 실제로 베드로후서는 베드로전서를 인용한 구절이 거의 없다. 그러므로 어떤 학자들은 언급되고 있는 이전의 서신이 이제는 흔적도 없이 사라져 버렸으나 후서의 저자가 알고 있는, 아마도 본서의 저자가 직접 썼을지도 모르는, 그 사도(베드로를 가리킴-역자)의 이름으로 작성된 또 다른 편지임에 틀림없다고 주장한다. 다른 학자들은 저자가 언급하고 있는 앞서의 서신은 베드로후서 1-2장이 틀림없다고 생각한다. 이 3장은 실제는 독립된 문서였는데 전에 쓴 편지와 합쳐졌다고 생각하는 것이다.

이 두 가정 중에 어떤 것도 신빙성이 없다. 반드시 그렇게 해야 할 필연성도 없는 상태에서 베드로 외경 전집에 하나를 덧붙이고 그것도 초대 기독교 문서나 그 외 어디에서도 아무런 힌트조차 남아 있지 않은 것을 조작한다는 것은 무모한 시도가 아닐 수 없다. 두 번째 가설에 대해서도, 2장 후에 의심할 바 없이 단절이 있기는 하지만 저자가 유다서를 약간 산만하게 풀이한 다음에 숨을 돌렸다가 논쟁에서 자신의 원래 주제에 대한 건설적인 논의로 되돌아갔다고 보는 것이 마땅하다. 이 가설에 대한 결정적인 반론은 (물론 자료들을 거의 대부분 사용해 버렸고 어떤 경우에 있어서는 그다지 적절하지도 않기 때문에 더욱 드물어지기는 했지만) 저자가 이 3장에서도 유다서의 내용을 인용하고 있고(참조. 3:2, 3, 14, 18) 이따금씩 앞장들에서 문제가 되었던 것에 대한 암시가 나타난다는 점이다. 사실 이미 공식적이고 분명한 것에 대해 또 다른 설명을 찾아다닐 필요가 없다. 생각했던 것보다는 베드로후서가 훨씬 많은 것을 베드로전서에 빚지고 있다는 증거를 이미 살펴보았던 바이다(1:2, 3, 11, 14; 2:5을 보라). 주요 문제에 대해서 베드로전서의 내용과 베드로후서의 내용이 많은 유사성을 지니고 있다는 저자의 주장에 대한 주요한 논의는 저자가 관심을 갖는 주제라는 측면에서 볼 때 결코 억지스러운 것이 아니다. 아마도 저자가 지금 마음속에 생각하고 있는 바가, 베드로전서와 동일한 자료에 그렇게 많이 의존하지는 않았던 것으로 볼 수는 있을 것이다(G.H.Boobyer를 보라). 그 내용은 좀더 일반적으로 말해서 비도덕적인 것을 피하고 흠없고 거룩한 생활을 영위하는 것, 그리고 영광 가운데 나타나실 그리스도께서 가져올 의인을 위한 복된 기업과 악인에 대한 정죄 등에 대한 베드로전서의 편만한 관심사(이 모든 주제들은 저자의 마음에 친숙한 것들이었다)와 또한 모범으로서의 그리스도(2:21), 선한 삶을 가르치고(1:16; 2:6; 3:10-12), 행악자들의 종말을 예언하는 책으로서의 구약 및 (의미심장한 구절인 1:10-12에서) 구약의 선지자들, 그리스도의 영, 사도적인 교사들의 연합된 권위에 대한 호소 등이다.

바로 벧후 3:1이 베드로전서를 언급하고 있음을 인정한다 할지라도 베드로후서가 반드시 벧전 1:1에 거론된 네 개의 아나톨리아 지방과 동일 지역에 대하여 쓴 편지라고 단정을 지을 수는 없는 노릇이다. 아마도 이 당시에는 앞에 쓴 편지가 이미 꽤 넓은 지역에 전해졌음에 틀림없다. 그리고 우리가 추론해야 할 것은 저자가 심중에 생각하고 있는 바는 그가 당장에 우선적으로 염두에 두고 있는 그 공동체에서 그 편지가 읽히게 될 것이라는 점이다. 그렇지 않을 수도 있겠으나, 이들 초대교회 공동체들은 소아시아 어디엔가 있었을 것이다. 지명에 대한 언급은 익명성을 위장하기 위한 또 다른 장치일 뿐이다.

한편 3:1은 베드로전서에 대한 제 1 증인으로서, 또한 하나의 신약정경의 출현에 대한 증거로서 특별한 주목을 받을 가치가 있다. **사랑하는 자들아**(ἀγαπητοί)라는 호칭은, **전에 말했던 말씀들을 기억하라**는 권고 및 사도적 전통에 대한 언급과 마찬가지로 직접 유 17절에서 취해 온 말이다. 거기에서는 사도들만이 언급되어 있는데 반해 여기에서는 거룩한 사도라는 말이 덧붙여져 있다. 이는 아마도 벧전 1:10을 연상해서이거나 예언의 가치에 관하여 이미 논했던 1:19-21의 논증과 연결시키기 위해서였던 것으로 보인다. 그래서 **일깨워 생각나게 하여**는 1:13의 똑같은 어구에서 취하여 왔다(이러한 점들은 1-2장과 3장과의 통일성에 대한 귀중한 단서를 제공하고 있다). **순수한 이해**(pure understanding, 한글 성경은

'진실한 마음')에서 명사 διάνοιαν은 지적(知的) 의미에서의 마음이나 지능을 가리키는 것이 아니다. 이 말은 신약성경(예를 들어 엡 4:18; 골 1:21; 요일 5:20)과 그리스어를 일상어로 사용한 유대인의 작품(예를 들어 *Ep. Arist.* 292; Josephus, *Ant.* vii. 381; Epictetus, *Diss.* iii. 22. 20)에서 종종 그렇게 쓰이듯이 영적인 신령한 분별을 하는 정신 기능을 가리킨다. 그러므로 εἰλικρινής(RSV와 같이 'sincere' – '진실한'으로 번역하기보다 여기서는 'pure' – '순수한'으로 번역했다)는 '혼합되지 않은', '뒤섞이지 않은', 그래서 '더럽지 않은', '도덕적으로 건전한'이라는 본래의 의미를 지니고 있다(예를 들어, 플라톤, *Phaed.* 66a διάνοια도 함께 볼 것; *Phil.* 52d; Wis. vii. 25; Josephus, *Bell. Iud.* ii. 345; *Ant.* xix. 321).

선지자들(여기서 선지자들이란 실제로는 그리스도를 예언하고 있다고 여겨지고 있었던 구약을 가리킨다)과 사도들을 기독교 계시에 대한 연합된 증인들로서 함께 묶는 것은(참조. 엡 2:20) 2세기 초에 관례화되었다(예로서 이그나티우스, *Philad.* v. 1f.; ix. 1f.; 폴리캅, *Phil.* vi. 3; 헤르마스, *Sim.* ix. 15. 4). **계명**(한글 성경은 '명하신 것', ἐντολῆς)에 대해서는 2:21에 대한 주해를 보라. 거기서보다는 속사도 시대의 저자들에게서 더 구체적으로 볼 수 있는 것처럼(예를 들어 *1 Clem.* xiii. 3; 이그나티우스, *Eph.* ix. 2; *2 Clem.* iii. 4; vi. 7; xvii. 1) 기독교는 새로운 율법으로, 그리고 그리스도는 입법자(lawgiver)로 묘사되어 있다. 헬라어 구문상 이 문장의 구조는 지극히 번거로운데, 이는 소유격 προφητῶν(사도들의)를 수식하는 전치사가 없는 까닭이다. 보다 정확하게 옮기자면 아마도 "너희 사도들의 계명, 즉 주의 계명…" 정도가 될 것이나(참조. 2:18에 나타나 있는 두 개의 여격을 나란히 병치시킨 문장과 그 주해를 보라). **너희의 사도**들이라는 표현은 물론 역사상 실재했던 베드로에 의해 쓰여지지는 않았을 것이다. 이 표현은 무심결에 저자가 사도들이 그리스도의 교훈을 권위적으로 전체 교회에게 전달하는 사람들로 추앙되었던 시대에 속한다는 사실을 드러내고 있다.

**[3] 먼저 이것을 알지니 말세에 조롱하는 자들이 와서 자기의 정욕을 따라 행하며 조롱하여**

그 후 저자는 이 중요한 시점에 예언 및 사도적 전통과 특별한 관계가 있는 메시지로 보이는 내용을 선정한다. **먼저 이것을 알지니**(1:20 상반절과 동일한 어구이다) **마지막 때에 조롱하는 자들이 와서 비웃으며 자기 자신의 정욕을 따라 행하며.** 다시 말해서, 그러한 자들의 출현은 선량한 기독교인들을 혼란스럽게 하기는커녕, 오히려 그들의 신앙을 실질적으로 강화시켜 주는 것이다. 왜냐하면 그러한 자들이 출현한다는 사실은 하나님께서 이미 예언하신 바이며 다가오는 종말의 분명한 증거이기 때문이다. **조롱하는 자들이 … 조롱하며**와 같은 쓸데없어 보이는 말의 중복은 히브리적 어법이다(참조. 3:1 이하, '일깨워 생각나게' ; 눅 22:15, '내가 원하고 원하였노라' ). 비웃는 자들은 물어볼 것도 없이 제 2장에서 공격의 대상이 되었던 거짓 선생들이다. 몇몇 편집자들은 다음과 같은 근거에서 이 점에 대하여 의문을 제기해 왔다. 첫째, 3장에서 새로운 공격이 시작되는 듯이 보인다. 둘째, 베드로후서 2장이 많이 인용한 유다서에서는 거짓 선생들이 '파루시아' (*παρουσία*, 그리스도의 재림)를 의심하는 자들로 나오지 않는다는 점이다. 그러나 첫째, 사실상 저자는 2장에서 유다서를 많이 끌어다 쓴 후에 어느 정도 새롭게 시작해야 할 책임이 있었다. 둘째, 베드로후서와 유다서에 나오는 이단들을 모든 면에서 동일시한다는 것은 중대한 실수가 아닐 수 없다. 이 절에서 쓰인 단어는 유다서 18절의 단어들과 거의 유사하다. 유다서 18절에서(그 주해를 보라) 신앙에 대한 조롱은 역시 부도덕성과 연결되어 있다(**행하며**는 문자적으로는 '걸으며' - walking이다. 참조. 2:10 상반절; 유다서 11절 주해). 거기에서 예언은 사도들이 한 것으로 되어 있으나 여기서는 구약의 선지자들도 그렇게 한 것으로 되어 있다. 저자가 마음속에 품고 있는 특정한 성경 구절은 전혀 없다. 저자는 종말이 다가올 때 그 전조로 도덕적 퇴락과 건전한 신앙에 대한 방해 공작을 일삼는 자들이 출현한다는 일반적인 유대 기독교적 전망을 그대로 진술하고 있다(2:1에 대한 주해를 보라).

**[4] 이르되 주께서 강림하신다는 약속이 어디 있느냐 조상들이 잔 후로부터 만물이 처음 창조될 때와 같이 그냥 있다 하니**

구체적으로, 조롱하는 자들은 주께서 강림하신다(*παρουσίας*)는 약속이 어디 있느냐(즉, '된 일이 무엇이냐?' ; 회의를 표명하는 전통적 표현 양식이다―예컨대, 시 42:10; 렘 17:15; 말 2:17)라고 물으면서 종말론적 대단원의 실현에 대한 그 동안의 소망이 명백히 실패로 끝났다고 조롱한다. 그들의 주장에 따르면, **조상들이 잔 후로부터**(즉, '죽은 후로부터' : 죽음에 대한 은유를 '잠자다' 로 쓴 예로는 마 27:52; 고전 15:6, 18, 20 기타를 참조하라), **만물이 처음 창조된 이후 있었던 그대로 지속되고 있기** 때문에, 종말의 소망은 허황된 속임수에 불과하다는 것이다. 그들이 의미하는 '조상들' 은 요 6:31; 롬 9:5에서와 같이 구약의 조상들이 아니라 그들 자신과 독자들의 부모와 친척들이다. 분명히 기독교 제1세대들은 어찌되었든지 과거의 사람들이 되어 있다. 이들 조롱하는 자들의 주장의 전제들은 첫째, '파루시아' (그리스도의 재림)가 전적으로 새로운 질서를 몰고 오는 세계 대변혁과 함께 이루어질 것이라는 믿음, 둘째, 주께서 그들의 생전에 다시 오시리라는 주님의 말씀(예를 들어 마 10:23; 막 9:1; 13:30)을 의지하는 1세기 기독교도들의 확신, 셋째, 이 확신이 해당되는 사람들이 전부 세상을 떠났으나 주의 강림도, 창조 질서의 변혁도 발생되지 않았다는 사실 등이다. 바울 때부터 이미 이러한 우려는 나타나기 시작했다. 우리는 그가 이러한 우려들을 없애기 위하여 했던 설명에 대하여 알고 있다(살전4:13-18). 비슷한 문제에 대하여 벧전 4:6과 그 주해를 참조하라. 1세기 기독교회는 대체적으로 구약과 후기 유대 문학적 종말론적 소망과 구분되는 기독교적 종말론 내에 본래부터 내재해 있던 긴장(緊張)을 받아들임으로써 그 문제를 해결하기에 이르렀다. 어떤 의미에서 종말, 즉 역사에 의미를 제공하는 하나님의 결정적인 행동은 예수 그리스도의 성육신과 죽음과 부활에서 이미 실현되었으며 다른 의미에서 그 종말은 심판자로서의 그리스도가 재림하심으로 완성될 때까지 계속해서 유지되는 것이라고 받아들였던 것이다. 그러나 그리스도인들이 계속해서 혼돈을 겪는 것은 그리 놀랄 만한 일이 못 된다. 예를 들어 *1 Clem.* xxiii.

3f.(c. 95: 참조. *2 Clem.* xi. 2-4)은 "이러한 일들에 대해서는 우리의 조상들이 살아 있을 때도 들었다. 그리고 보라. 우리가 이제 늙었으나 아무 일도 일어나지 않았다"고 불평하면서 재림을 의심하는 사람들을 '성경'을 인용하여 꾸짖고 있다. 그러나 **이 조롱하는 자들**은 재림과 대심판이 명백한 사기극이기 때문에 자기들은 **정욕**에 따라 마음대로 살아도 된다고(3절 참조) 결론 내림으로써 사태를 더욱 악화시켰다.

**[5] [6] 이는 하늘이 옛적부터 있는 것과 땅이 물에서 나와 물로 성립된 것도 하나님의 말씀으로 된 것을 그들이 일부러 잊으려 함이로다 이로 말미암아 그 때에 세상은 물이 넘침으로 멸망하였으되**

베드로는 이러한 의구심과 부정들이 절대적으로 근거가 없는 것이라는 사실을 그렇게 많은 말들로 진술하기보다는 생략적으로 암시한다(이것이 다음 문장을 이끌고 있는 **이는**의 의미이다). 그런 후에 저자는 이러한 회의론과 반대론을 반박하기 위하여 네 가지 주장을 전개시킨다. 그 첫째(5-7절)는 만물이 **하나님의 말씀으로** 피조되었다는 사실과 그 하나님께서 그 만물을 태초부터 변동 없이 유지시켜 오셨던 것이 아니라는 사실을 들어, 만물이 변함없이 그대로 있다는 그들의 주장은 자연질서를 유지시키는 것이 하나님의 말씀임을 **일부러 잊으려** 한 데서 나온 것임을 지적한다. 하나님은 이미 한번 세상을 홍수로 멸하셨으며 때가 되면 다시 그 동일한 말씀으로 그렇게 하실 것이다. 그러나 그 의도는 충분히 명확하게 나타나지만 이 문장은 분석하기 까다로운 문법적 · 주해적 · 구문론적 난점들을 가지고 있다. 첫째는 자체적으로 소홀히 다뤄진 것으로서, 이제 방금 인용된 첫 절(*λανθάνει…αὐτοὺς τοῦτο θέλοντας*)에 관련되어 있는데 이에 대한 원문에 충실한 직역은 "그들이 이것을 원할 때 그것은 그들을 피한다" 혹은 "그들이 [무지한 채 남아 있기를] 원하기 때문에 이것은 그들의 인식을 피한다"이다. 채택된 번역은(NEB가 그렇다 : 참조. TWNT Ⅲ, 45) 전자에 따른 것이다. 이 번역은 *τοῦτο*(즉, '이것') 의 위치가 *θέλοντας*(즉, '원한다') 바로 앞이며 *λανθάνει*와는 상당히 멀리 떨어져 있다는 사실의 뒷받침을 받고 있다. 이 경우 동사 *θελω*(즉,

'원하다')에 예외적인 의미를 부여해야 하지만 "문제의 사실에 반대되는 주장을 하다"라는 뜻으로 쓰인 사례가 전혀 없는 것은 아니다(예를 들어, Epictetus, *Diss.* i. 19. 12; Pausanias, *Descr. Graec.* i. 4. 6; Herodian, *Ab exc. d. Marci* v. 3.5). 대부분의 편집자들은 후자를 선호한다(참조. RSV: 'They deliberately ignore'). 그러나 *τοῦτο*의 위치가 *λανθάνει*의 주어로 생각하기에는 큰 장애가 된다. 그러나 독단적으로 단정하기에는 성급한 것 같다.

이단자들이 **알지 못한 것**(또는 '고의적으로 무시한 것')은 **하늘들이 오래 전에 존재했으며 땅이 하나님의 말씀에 의해 물로부터 물에 의하여 형성되었고 그때 있었던 세상이 그 말씀을 통하여 멸망하고 물에 잠겨버렸다**는 사실이다. 그 문장이 헬라어상으로 조잡하게 구성되어 있기 때문에 가능한 한 번역도 문자적으로 원문의 순서에 가깝게 유지하도록 하였다. 합리적으로 명확하게 보이는 한 가지 점은 **오래전에 존재했던**(*ἔκπαλαι*; 2:3에서 사용된 부사와 동일한 부사이지만 약간 다른 뉘앙스로 쓰였다)의 주어는 복합 주어로서 **하늘들**과 **땅**을 취하고 있다는 점과, **하나님의 말씀에 의해서**가 **형성된** 뒤에 바로 붙어 있음에도 불구하고 그 단어만 수식하는 것이 아니라 역시 **오래전에 존재했던**도 수식하고 있다는 사실이다. 이러한 해석은 '하나님의 창조의 말씀에 의해 태초에 성립된 하늘들과 땅' 그리고 7절 이하에 따라 '동일한 말씀에 의해 멸망을 위해 예비되어 있는 현재의 하늘과 땅' 사이의 면밀한 대비에 따른 것이다. 하나님의 창조의 대리 행위자로서의 **하나님의 말씀**에 대해서는 창 1장(하나님이 이르시되…); 시 33:6; 히 11:3; *1 Clem.* xxvii. 4; Hermas, *Vis.* i. 3. 4을 참조하라.

**물에서 나와 … 형성되었다**에 대한 정확한 해석은 그리 쉬운 편이 아니다. 첫째, **형성**(한글 성경은 성립)**되었다**는 말이 **땅**만을 지칭하는가(예를 들어 AV; RV; RSV), 아니면 **하늘도** 지칭하는가(NEB)? 그 분사(*συνεστῶσα*)는 여성 단수이다. 그러므로 구문론상 엄격하게 따진다면 오직 전자만을 수식해야 한다. 그러나 이 단수는 더 가까이에 있는 명사의 성과 수에 영향을 받아 초래된 결과일 수도 있다. 이 양자 중에서 두 번째 견해가 훨씬 타당한 것처럼 여겨진다. 왜냐하면 문맥이 하늘과 땅을 포함하여 전 우주가, 원래 그로 말미암아 형성되었던 바로 그 동일한 요소인 말씀에 의해서 파멸당한다는 점을 강조하는 데 집중되어 있기 때문이다. 이 부분은 시내산 사본에서도 확인되는데, 거기서는 *συνεστῶσα*를 중성 복수로 읽고 있다(교정의 흔적이 역력하지만 글을 쓴 사람이 어떤 의미를 취하고자 했는가는 잘 보여주고 있는 예이다). 저자의 우주론의 출발점은 창 1:2, 6-8이다. 이 구절들에 따르면 하나님께서 하늘들과 땅을 창조하시기 이전에 물이 단 하나의 원초적인 현존물이었다. 물이 바로 하나님께서 하늘들과 땅을 창조해 낸 물질(또는 소재)이었다고 진술함으로써 저자는 창세기의 기사를 더 깊이 파고들었다. 그리고 일반적으로 창세기의 그 기사를 인용하고 있는 병행구들은(시 24:2; 에녹 2서 47:4; Hermas *Vis.* i. 3. 4) 단지 하나님께서 '우주를 물 위에 건설하셨다' 고 단순하게 진술하고 있으므로 꼭같지는 않다. 이 점에 좀더 부합하는 것은 만물의 기원을 물(水)로 돌리고 있는 Ps. Clem. *Hom.* xi. 24와, 물을 만물이 만들어지며 만물이 다시 그것으로 환원되는 기본적인 원소(元素)라고 가르치는 밀레도의 탈레스(Thales of Miletus, c. 600 B.C. : 참조. H. Diels, *Fragmente der Vorsokratiker*, 1956, 67-81)의 가르침이 있다. 그러나 이 가르침의 배후에는 태고 시대의 바다를 우주의 기원이 되는 원소로 묘사했던 앗시리아, 바빌로니아, 이집트 등지의 창조 신화가 자리하고 있다.

둘째, 만약 이 점이 인정된다면(다시금 독단적인 판단을 제외하고) 우리는 어떻게 물에서(*ἐξ ὕδατος*)와 물에 의하여(*δι' ὕδατος*, 여기에서 *διά*는 글자 그대로 '…을 통하여' -through를 뜻한다)라는 이 흥미로운 두 어구를 이해하여야 할 것인가? 앞에서 이미 살펴본 바대로 앞의 '물에서' 는 확실한 우주론적 전통의 시각에서 창 1:2, 6-8에 대한 이해할 만한 용어이다. 후자는 많은 사람들의 견해대로(예를 들어 RV) 포괄적으로 '물 한가운데' 로 번역할 수 있을 것이다. 이러한 가정에 참조되는 관련 구절은 창 1:6-8이다. 이 구절에 따르면 하나님께서는 하늘이라 이름하신 궁창을 '물들의 가운데' 두셨으며, 이리하여 위의 물과 아래의 물이 있어 물에 의하여 하늘들과 땅이 에워싸이게 되었다. 이러한 해석은 매우 매력적인 것이며, 때때로 주장되듯이 전치사 *διά*의 그렇게 전례가 없는 사용도 아니다(참조. Homer, *Od.* ix. 298: '양떼 가운데에 뻗은'; 또한 이 단어를 '…의 사이, 혹은 중간에 선' 이라는 의미로 일반적으로 사용한 용례). 그러나 확실히 이는 난점이 있으며(우리가 주목해야 할 점은 창 1:6 이하를 70인역은 '…의 한가운데에' 라는 뜻을 지닌 *ἀνὰ μέσον*으로 쓰고 있다는 사실이다), *διά*가 바로 다음 절에서 '…을 통하여', '…의 수단에 의하여' 라는 뜻을 가지고 있다는 사실에 의해 더욱 그러하다. 그러므로 대부분(RSV, NEB이 그렇다)은 여기에서 채택하고 있는 번역을 받아들여 물의 역할을 무게 있게 강조하는 구절로서 그 어구를 풀이한다. 즉, 물은 우주를 형성하고 있는 기초 재료일 뿐만 아니라 우주 창조의 수단이나 도구였다는 것이다.

셋째, 다음 절은 그 요지는 매우 분명하지만 더욱 혼동을 불러일으킨다. 저자가 2:5의 '옛 세상' (the ancient world)이라는 말로 인류나 지구를 의미했던 것과 달리 **그때 (존재했던) 세상**(*κόσμος*)이라는 말로 전체 우주를 뜻하고 있다는 점이다. 조롱하는 자들에 대한 저자의 반박의 핵심은 우주가 그냥 남아 있는 것은 고사하고 원래 피조되었던 세상 질서는 이미 한 번 멸절되었으며 지금의 질서에 의해 대체되었다는 것이다(참조. 7절 상반절 이하). 다시 저자는 벧전 3:19 이하에서 되살렸던 홍수 주제에 대한 기억으로 되돌아가고 있다. 창세기 7장은 홍수가 우주적인 멸망을 초래시켰다는 아무런 암시도 없으나, 유대 묵시 문학과 사상에서는 이 사건에 무시무시한 전개를 포함시키고 있다. 그리하여 에녹 1서 83:3-5에서는 하늘들이 부서져 땅으로 무너져 내리는 것으로, 또 땅 자체는 광막한 음부 속에 삼켜지는 것으로 묘사되고 있다. 이의 영향은 필로의 글과 클레멘트 1서에서 볼 수 있다. 필로는 (*Vit. Mos.* ii. 63-65) 노아의 대홍수 후에 자연 만물이 안전히 새로워지고 노아와 그의 가족은 재편된 질서의 지도자이자 제2의 역사의 출범자로 묘사하고 있다. *1 Clem.* ix. 4에서는 노아를 '우주의 재창조(*παλιγγενεσία*)를 선언한 사람' 으로 진술하고 있다. 위(僞) 클레멘트(Pseudo-Clementine)의 글, *Hom.* ix. 2 역시

대홍수가 인류만이 아니라 우주에까지 영향을 미쳤다고 암시하고 있다.

문제는 **그것을 통하여**(δι' ὧν, through which ; 한글 성경은 '이로 말미암아' )의 의미이다. 여기에서 관계대명사 ὧν은 소유격 복수이다. 있는 그대로 보아서는 관계대명사 ὧν의 선행사는 5절에서 두 번 (한 번은 원재료로서, 그 다음에는 창조의 수단으로서) 언급된 물인 것으로 보인다. 그러나 첫째, 단수 선행사가 두 번 다른 방식으로 쓰이고 있기 때문에 적어도 복수형 관계대명사의 사용은 어색하다. 둘째, 똑같은 간략한 어구에서 **넘침으로**와 더불어 **물에 의해서**를 반복하는 것은 무의미한 것처럼 보인다. 보다 신빙성 있는 제안은 복수형 ὧν이 물과 동시에 5절의 **하나님의 말씀**을 지칭하며, 이 둘이 '멸망시키는 일에 협력하는 창조의 두 동인' 이 된다는 견해이다(C. Bigg). 두 번째의 반론이 제기되어 왔으나, (이 해석에 따른) 저자의 모호한 ὧν 다음에, 저자가 실제로 세상을 뒤덮은 것은 물이라고 말하고 싶었을 수도 있으므로 그 반론은 적용되지 않는다. 앞 문장에서 다른 관계와 다른 경우에 있는 두 사상을 선행사로 쓴다는 것이 어색하다는 사실은 인정하지만, 베드로는 그의 의욕적인 기세에도 불구하고 눈에 띄게 부주의한 문장가이다. 이러한 해석은 다음 절에서 지지를 받는다. 이 다음 절에서는 그 말씀과 불이 제 2의 대재난시에 각각 다른 역할을 하면서 협력하고 있다. 또 다른 독법(후대의 사소한 자료에 제시되고 J.B. Mayor가 인정한)을 받아들이려는 필사적인 시도에서는 δι' ὧν을 '그것 때문에' (because of which)로 읽고 '그것' 이 '하나님의 말씀' 이라고 해석하는데, 이 해석은 결점이 많기는 해도 뜻은 자못 훌륭하다. 그러나 이는 난점을 회피하려는 뻔한 시도이다.

**[7] 이제 하늘과 땅은 그 동일한 말씀으로 불사르기 위하여 보호하신 바 되어 경건하지 아니한 사람들의 심판과 멸망의 날까지 보존하여 두신 것이니라**

베드로가 논의하고 있는 예전의 우주적 재앙은 거짓을 퍼뜨리는 자들의 냉소적인 회의주의에 대항하여 **바로 그 동일한 말씀에 의하여, 현재 존재하고 있는 하늘들과 땅은 불사르기 위하여 보호하신 바 되어서 경건**

**하지 아니한 자들의 심판 및 멸망의 날까지 보존하여 두신 것**임을 믿을 수 있는 기초를 제공하고 있다. 베드로가 단정하고 있고 또 자기의 독자들이 믿기를 원하고 있는 과거에 일어난 일들은, 장래에 일어날 일의 증거이며 **경건하지 아니한 사람들**(방종한 자들에 대한 강력한 지적이다)이 만물의 부동성을 기화로 안전하다는 망상에 빠져서는 안 된다는 표적으로 기능하고 있다. **심판이 예비되어 있다**에서 저자는 다시 유다서 6절의 단서를 사용하고 있다. 물에 의한 하나님의 이전의 심판은 앞으로 올 불에 의한 심판과 유사하리라는 베드로의 이론은 후기 유대 사상을 반영하고 있다. 요세푸스의 *Ant.* i. 70과 제 1세기 후반의 *Vit. Ad. et Ev.* xlix. 3을 참조하라. 첫 번째 자료에서는 아담이, 두 번째 자료에서는 하와가 이러한 재난의 순서를 예언하는 것으로 묘사하고 있다. 세상이 마침내는 불에 의하여 멸절된다는 생각은 신약에서 베드로후서에서만 나타나며, 이런 생각이 완전히 발전된 형태는 전혀 비성경적이다. 구약의 구절들은 때로 정반대의 사실이 드러난다(예를 들면, 사 30:30; 66:15-16; 나훔 1:6; 습 1:18; 3:8). 여기서 불은 오히려 여호와의 원수들을 멸망시키는 하나님의 도구로 나타난다(예를 들어 시 97:3). 그러나 우리는 그러한 생각이 유대 묵시문학에서, 구체적으로 Sibylline Oracles(ii. 187-213; iii. 83-92; iv. 171-182; v. 155-161: 참조. 에녹 1서 1:6-9; 52:6; 에스드라 2서 13:10-11)에서 형태를 갖춰가고 있음을 살펴볼 수 있다. 그리고 쿰란 종파도 그러한 생각을 수용했던 것으로 보인다(예를 들어, 1QH 3:29-36). 신약의 외부에서는 때때로 기독교 문헌(예를 들어 Eth. *Apoc. Pet.* v; Hermas, *Vis.* iv. 3. 3)에서 발견되기도 하며 비록 3세기 중엽까지 내려가기는 하지만 오리겐(*C. Cels.* iv. 11-13)은 그 사상이 이교도 지성인 셀수스(Celsus)와 더불어 최후의 대변천에 대한 기독교적 설명의 이점들을 논하는 데 가치가 있다고 생각했다. 이 가르침과 *ἐκπυρωσις*(예를 들면, Justin, *1 Apol.* xx; Seneca, *Quaest. nat.* iii. 29; Diogenes Laertius, *Vit. phil.* vii. 134; Plutarch, *Mor.* 1067a), 즉 우주는 주기적으로 불에 의해 소멸된다는 스토아 학파의 학설 사이에는 상당한 유사점도 있지만 명백한 차이점들도 있다(참조. 특히 후자는 세상이 멸망과 갱신을 번갈아가며 되풀이한다고 보았다). 그리고 양자는 고대 이란 지방의 종말론적 개념과 이미지에 심대한 영향을 받았다. TWNT Ⅵ, 927-948을 보라.

### [8] 사랑하는 자들아 주께는 하루가 천 년 같고 천 년이 하루 같다는 이 한 가지를 잊지 말라

오로지 거짓 선생들을 겨냥한 첫 번째 반증은 이 정도로 맺지만, 저자는 재림의 지체가 신실한 자들까지도 동요시킬 수 있음을 감지한다. 그래서 계속해서 저자는 오류에 대하여 반박하는 것만큼 신실한 자들에게 재확신을 불어넣어 주는 일도 계속한다. 따라서 두 번째 논의를 시작하면서 저자는 그 신실한 자들을 **사랑하는 자들아**(ἀγαπητοί, 3:1에서와 동일하다)라고 부르면서 곧장 그들에게 말문을 돌려 그들의 편에서 **절대로 명심해야 할 한 가지 사실**이 있음을 당부한다(그는 위 5절에서와 동일한 표현을 사용하여 그 앞의 **그들**과 신중하게 대조시켜 여기에서는 **너희**를 강조한다). 반드시 알아야 할 사실은 **주께는 하루가 천년 같고 천 년이 하루 같다는** 이 한 가지 사실이다. 다른 말로 해서 단순한 인간적인 기준에 의한 계산은 하나님께서 약속을 성취하시는 시간의 느림이나 빠름을 평가하기에 부적당하다는 것이다. 우리가 그에 대하여 확신할 수 있고 확신해야 하는 사실은 하나님께서는 반드시 자기의 약속을 성취하신다는 것이다. 이 문장은 시편 90:4에 대한 재구성이며 동시에 확장이다. 70인역에서는 이 시편 구절을 "천년이란 너희 눈에 마치 지나가버린 어제와 같도다"로 읽고 있다. 절을 시작하면서 **하루**라는 말을 도입함으로써, 저자는 단번에 하나님의 영원한 경영에 있어서 시간성이 전혀 문제가 되지 않음을 강조하면서 더욱 자기의 논점을 효과적으로 만든다. 이와 비슷하게 쿰란 종파들도 그 문제와 씨름하고 성찰을 함으로써 위로를 찾고 (1QpHab vii. 13-14) 하박국 2:3에 근거하여 "하나님의 모든 시대들은 하나님께서 그 시대에 대하여 그의 지혜의 신비 속에서 결정하시는 대로 그 정해진 목표에 도달한다"고 주장하였다. 오직 베드로후서만이 마지막 때의 정확한 일시를 왜 우리가 예언할 수 없는지를 설명하기 위하여 시편 90:4을 사용하고 있다. 그러나 본문은 묵시 문학 및 랍비 집단에서 창조

기사, 메시아 시대, 세계의 지속 등에서 '날'의 의미에 열쇠를 제공하는 것으로 자주 이용되었다(참조. Jub. iv. 30; 2 En. xxxii. ff. : 또한 SB Ⅲ, 773f.). 기독교인들 사이에서 이에 대한 지나친 문자적 해석은, 세계는 6천 년 동안, 즉 하나님께서 세상을 창조하시기 위해 필요로 했던 그 '날수' 만큼 지속되며 그 다음은 그의 성도들을 위한 천 년 동안의 안식일이 올 것이라는 천년왕국 이론을 낳게 되었다(*Barn.* xv. 4-7; Justin, *Dial.* lxxxi. 3f.; Irenaeus, *Haer.* v. 28. 3).

**[9] 주의 약속은 어떤 이들이 더디다고 생각하는 것 같이 더딘 것이 아니라 오직 주께서는 너희를 대하여 오래 참으사 아무도 멸망하지 아니하고 다 회개하기에 이르기를 원하시느니라**

세 번째 반증 역시 보통의 공동체 구성원들에게 한 말로서, 우리를 문제의 핵심에 더 다가서게 한다. **주**(이 단어는 다시 8절에서와 같이 하나님을 지칭하는 단어이다)**께서 어떤 사람들이 느리다고 여기듯이**-예컨대 주께서 겉으로 보기에 활동하지 않으심은 무능이나 태만의 소치라고 상상하는 것처럼-**자기의 약속**(ἐπαγγελίας: 앞의 4절에서 쓰인 동일한 단어)**에 관하여 느리다**(βραδύνει: 이 단어는 '꾸물거림' 에 대한 경멸의 뉘앙스가 담겨있다)는 가정은 매우 중대한 오류가 아닐 수 없다. 방자한 익명의 **어떤 이**(τινες: 참조. 유다서 4절 상반절의 동일한 용법)에는 조롱하는 자들도 포함될 수 있으나, 주로 조롱하는 자들의 회의주의에 감염된 기독교인들을 가리킨다. 베드로는 그 지체의 이유에 대한 참된 설명은 하나님의 오래 참으시는 관대함에서 찾을 수 있다고 천명한다. **너희를 대하여 오래 참으사 아무도 멸망하지 아니하고 다 회개하기에 이르기를 원하시느니라.** 하나님의 '견인'(堅忍: μακροθυμεῖ)에 대한 이 언급은 베드로전서(3:20)를 연상시키는 또 하나의 어투이다. 신앙의 매우 상이한 배경에도 불구하고 여기에 내재된 문제는 생각이 깊은 이교도들에게도 역시 당혹스런 문제였으며 때때로 비슷한 결론에 도달하기도 했다. '신들의 복수의 지연' (*On the Delays of Divine Vengeance*)에 대한 플루타르크의 매혹적인 논의를 참조하라. 이 글에서 그는 '신'의 지체(βραδύτης:

여기에서 사용한 명사와 동일한 명사이다)가 섭리에 대한 우리의 신앙을 해친다고 지적하면서도(*Mor.* 549b), 신은 개입할 적절한 때를 가장 잘 알고 있으며(550a) 이로써 많은 사람들에게 경고를 주고 벌을 피할 수 있도록 해주기 때문에 이는 '신의 온유함과 광대함'을 보여주는 것이라고 주장한다(551c). 성경 계시는 일관되게 하나님의 자비하심과 노하기를 더디하심과 참으심에 대하여 이야기하고 있으며(예를 들어, 출 34:6; 민 14:18; 시편 86:15; 욘 4:2; 전 2:11; 롬 2:4; 9:22; 벧전 3:20) 이러한 사상들은 우리 주님의 가르침과 태도에 깊고 풍성하게 표현되어 있다.

하나님께서 만인의 회개와 변화를 소원하신다는 진리는 포로기 이후 선지자들과 후기 유대교에서도 인식하였으며(예를 들어, 겔 18:23; 33:11; 랍비 자료로서는 SB Ⅲ, 774f.를 보라), 유대교에서는 때때로 하나님의 전능하심에 관련시켰다(Wis. xi. 23–26; *Ep. Arist.* 194; Philo, *Leg. alleg.* iii. 106). 신약에서는 요 3:16 이하; 롬 11:32; 딤전 2:4에 나타나 있거나 함축되어 있다(참조. *1 Clem.* viii. 5: "하나님은 그의 사랑하시는 자들 모두가 회개에 참여하기를 원하셔서 자기의 전능한 의지로 회개를 확고히 하셨다."). 본서의 저자가 이 사상을 재림의 지연이라는 특정한 문제에 적용한 것은 그 자신의 영감 있는 통찰력인 듯하다. 그러나 (그러한 개념은 저자의 생각과 거리가 먼 것임에는 틀림없지만) 저자의 이러한 통찰은 부활과 재림 사이의 시간에 하나님의 사랑을 선포하고 사람들을 회개와 믿음으로 이끄는 교회의 사명을 인식하게 해준다.

**[10] 그러나 주의 날이 도둑같이 오리니 그 날에는 하늘이 큰 소리로 떠나가고 물질이 뜨거운 불에 풀어지고 땅과 그 중에 있는 모든 일이 드러나리로다**

저자 베드로의 네 번째이자 마지막 논의는 그의 두 번째 및 세 번째의 세련된 신학화와는 모순된 듯하며 원시 전승(primitive tradition)으로 복귀하는 것처럼 보인다. **주의 날이 임할 것인데**(헬라어 본문에는 동사를 이 문장의 서두에 두어 강조하고 있다) 그 임함이 마치 **도둑 같을** 것이다. 즉 예기치 않게 경고 없이 임할 것이다. 그러므로 기독교인들은 경성하여 어떤 순간에라도 그 도래에 대비하고 있어야 한다. **주**라는 말이 8-9절에서 하나님을 가리키고 있으므로, 여기에서도 그렇게 보는 것이 자연스럽다. 따라서 **주의 날**은 구약에서 '여호와의 날'(참조. 12절 이하에서 '하나님의 날')에 해당하는 의미를 지니고 있다(사 13:9; 렘 46:10; 욜 1:15 등). 그러므로 바울은 살전 5:2; 살후 2:2에서 '주'를 메시아로 이해하고 있지만 '주 예수의 날' 또는 그와 같은 유의 것에 대한 그의 후기의 선호와는 대조적으로 예부터 내려온 '주의 날'을 사용한다(고전 1:8; 5:5; 고후 1:14). 공관복음 저자들에 따르면(마 24:43; 눅 12:39) 그리스도께서는 몸소 사람의 아들(인자)의 도래를 도둑같이 순식간에 침입하는 것에 비유하셨다. 그리고 이 활력 있는 이미지는 곧 원시 기독교 교리 교육에서 확고하게 자리를 잡게 되었다(살전 5:2; 계 3:3; 16:5).

더욱이 그날이 임할 때는, 독자들이 아마도 예상하듯이, 거짓 선생들과 같이 행악하는 자들을 삼켜버리는 우주적인 대변화가 일어날 것이다. **하늘들이 큰 소리와 더불어 사라질 것이며 천체가 불에 타 해체될 것이다.** 앞의 7절(주해를 보라)에서 시작된 불에 의한 우주의 소멸에 대한 묘사는 천체의 혼돈과 파멸에 대한 다채로운 내용으로 가득 차 있다. 이러한 묘사는 구약의 예언서(사 34:4; 욜 3:15)와 원시 기독교 묵시문학(막 13:24-31; 계 6:12-17)에도 나타난다. **급격한 소리와 함께**(with a rushing sound)로 번역된 의성어(擬聲語) 부사 *ῥοιζηδὸν*은 *ῥοῖζος*, 즉 휙 하는 소리 또는 휘파람 소리(예를 들어, 활이 활시위를 떠나면서 공중을 가르는 소리)와 연관이 있으며(Ps. Oecumenius, PG cxix, 616에서와 같이) 불에 타는 것들이 타면서 내는 소리를 표시할 수도 있다. **천체**(celestial bodies, 한글 성경은 '물질')로 번역된 명사 *στοιχεῖα*는 다음의 세 가지를 가리킬 수 있다. 첫째, 모든 자연 물질을 구성하고 있는 기본 요소들(예를 들면 Diogenes Laertius, *Vit. phil.* vii. 136; Hermas, *Vis.* iii. 13. 3: "지구는 네 개의 스토이케이아(*στοιχεῖα*, 체질)에 의해 유지된다." 둘째, 태양, 달, 주요한 하늘의 별무리(Diogenes Laertius, *Vit. phil.* vi. 102에서 12궁〈宮〉에 관한 글 : Justin, 2 *Apol.* v.2; Theopilus of Antioch, *Autol.* ii. 35). 또는 셋째, 기본 요소 및 별들과 연관이 있으며 인간의 운명을 지배한다고 생각되는 우주적인 정령들(cosmic spirits; 예를 들어 갈 4:3; 골 2:8). 물론 그 기본적인 뜻은 '연달아 있는 것 중의 하나' 였다. 그러므로 알파벳 글자에 의해 표시되는 기본 음성, 지식 또는 과학의 요소 등을 나타낼 수 있다. 그러나 이러한 의미들은 여기와는 무관하다. 비록 어떤 편집자들은 선호하지만, 첫 번째 해석은 **하늘**과 **땅**을 총괄적으로 언급하고 있다는 점에 비추어 볼 때 부적절하다. 즉 하늘과 땅의 구성요소로서는 더 특정하게 관련되어 있는 것이 남아도는 형편이다. 이 하늘과 땅 사이에서 *στοιχεῖα*의 위치는 이것이 제 3의 우주적 실체, 즉 천체를 가리킨다는 것을 암시한다. 이것이 위치상 하늘과 땅 사이에 있으며 이것들의 소멸과 붕괴가 종말에 대한 사상에서 잘 나타나는 표현(사 13:10; 34:4; 겔 32:7-8; 욜 2:10; 마 24:29; 막 13:24-25; 계 6:13)이기 때문에 전적으로 타당한 주석이라 여겨진다.

**그리고 땅과 그 중에 포함되어 있는 일들이 드러날 것이다**로 옮긴 다음 구절이 무슨 뜻인지 확신있게 판단한다는 것은 불가능하다. 물론 **땅**은 우리가 발붙이고 사는 지구를 의미하지, 어떤 학자들이 주장하듯이 거기 사는 자들을 가리키지 않는다. 반면에 그 지구에 가득 차 있는 **일들**(works)은 인간의 활동이 아니라(이 말은 어색하게 '그중에 있는 모든 일' 로 표기되어 있다. 그리고 어떤 경우든지 그 일들은 그 일들을 지어낸 자들을 영원까지 따라간다-계 14:13) 자연의 모든 산물, 그리고 무엇보다도 인간 문화, 문명, 예술 그리고 과학 기술의 산물을 가리킨다. 여기에서 채택한 번역은 동사가 *εὑρεθήσεται* 즉 '드러날 것이다. 발견될 것이다' 라고 상정하고 있다. 이러한 채택은 가장 뛰어난 사본들의 많은 지지를 받고 있다(Codex Sin.; B; K; P; Pap. 72 기타 등등; 또한 수리아 알메니아 역본 등). 동시에 이는 가장 난해한 독법이기도 하다. 통상적으로 이를 받아들이는 학자들은 이 절을 직설법으로 취급하여(예를 들면 NEB: will be laid bare) 그 뜻을 땅과 인간의 성취가 하나님의 심판에 드러나고 노출될 것이라는 뜻으로 본다. 이들은 예를 들어 고전 3:13-15("각 사람의 공적이 나타날 터인데 그 날이 공적을 밝히리니…")과 *2 Clem.* xvi. 3("심판날이 다가와 인간의 비밀한 일들과 드러난 일들을 밝히리라")을 인용한다. 그러나 이들 구절들 모두 주제는 마지막 심판의 정련하는 불길에 의해 인간들의 행위의 참된 성격이 드러난다는 것이다. 여기서는 '드러나리로다'에 이러한 의미를 부여함에 있어서의 커다란 어려움은 차치하고라도, 전면에 어렴풋이 나타나고 있는 사상은 오히려 땅과 땅에 포함되어 있는 모든 것이 모두 불에 타 없어진다는 것이다. 이러한 해석은 앞의 두 절과 11절 서두에 맞다. 여기에 채택된 번역은 이 구절이 사실상 수사적 의문문이라는 바이스(B. Weiss)의 제안을 따른 것이다. 성경에서 '발견하다' 또는 '발견되다'는 흔히 '있다' 또는 '존재하다'에 가깝다. 그리고 이 단어들이 부정문에서 사용될 때나 혹은 의문문의 형태로 사용될 때는 '존재하지 않는다'는 의미를 지닐 수가 있다. 그 예는 70인역 창 5:24('Enoch … was not found' -한글 성경은 "에녹이 … 세상에 있지 아니하였더라"); 신 18:11('There shall not be found among you anyone who…' -한글 성경은 "너희 가운데에 용납하지 말라")'; 70인역 시편 37:10('You shall look for his place and shall not find it' -한글 성경은 "잠시 후에는 악인이 없어지리니 네가 그곳을 자세히 살필지라도 없으리로다"); 잠 20:6('but a faithful man who can find?' -한글 성경은 "충성된 자를 누가 만날 수 있으랴?"); 잠 31:10('a faithful wife who can find?' -한글 성경은 "누가 현숙한 여인을 찾아 얻겠느냐?"); 사 35:9('no ravenous beast shall go up to it or be found there' -한글 성경은 "사나운 짐승이 그리로 올라가지 아니하므로 그것을 만나지 못하겠고"); Ecclus. 44:19('no one has been found like him in glory' -아무도 그렇게 영광 가운데 있는 자가 없었다"); 계 16:20('every island fled away, and no mountains were to be found' -한글 성경은 "각 섬도 없어지고 산악도 간 데 없더라")가 있다. 단어 *φαίνεσται*, 즉 '나타나다'(appear)의 용법에도 매우 유사한 용법이 있는데, 이 단어는 부정문에서나 준(準) 부정문에 해당하는 표현에서 사실상 단순히 '나타나지 않다'가 아니라 '사라지다' 또는 더 나아가 '존재하기를 그치다'라는 뜻을 의미할 수가 있다. (참조. 잠 23:5('if you set your eyes on it [wealth], it will not appear' -한글 성경은 "네가 어찌 허무한 것에 주목하겠느냐 정녕히 재물은 스스로 날개를 내어 하늘을 나는 독수리처럼 날아가리라"); 토비트 6:17(S 사본, 'the demon will flee and will nowhere appear' –공동번역은 "그러면 귀신이 그 냄새를 맡고 달아나서 다시는 얼씬도 하지 않을 것이다"〈18절〉), 그리고 무엇보다도 잠 11:31('where will the impious and sinful man appear?' –한글 성경은 "보라 의인이라도 이 세상에서 보응을 받겠거든 하물며 악인과 죄인이리요?")을 인용하고 있는 벧전 4:18이 있다.

이러한 해석에서, 특히 갑자기 의문문으로 전환시키는 것은 난점이 있음을 인정한다(한글 성경은 '드러나리로다'로 되어 있으나, 영어로는 'will they be found?' 라는 의문문으로 되어 있다–역자 주). 그러나 이 주석은 무엇이 정확한 본문인가를 파악하는데 이점이 있으며 또한 천체와 하늘들의 사라짐과 함께 논리적으로 땅과 그 중에 포함되어 있는 것들의 갑작스런 소멸을 위치시키는 이점이 있다. 여기에는 *κατακαήσεται*('불 타버릴 것이다' : AV; RV; RSV 등이 채택)와 *ἀφανισθήσονται*('제거될 것이다')와 같은 다른 독법들이 있으나 대체로 임시방편처럼 보인다. 그리고 만약 이 단어들이 원래의 단어였다면 왜 바뀌어야 했는지 상상하기 어렵다. 사히딕 역본(The Sahidic)은 *εὑρεθήσεται* 앞에 *οὐχ*를 포함시키고 있다(즉, '발견되지 아니할 것이다'). 이는 필사자의 부주의로 인해 발생한 원래의 부정어의 누락을 지적하는 것으로 생각할 수도 있으나, 최소한의 변화로 갑작스럽게 나타나는 의문문의 거리낌을 제거해 보려는 시도로 보는 것이 타당할 듯하다. 어찌되었든지 부정어 *οὐχ*의 포함은 앞에서 받아들였던 일반적인 의미를 지지해 주고 있다. 흥미있는 다른 표현이 유독 파피루스 72 사본에만 나오는데 *εὑρεθήσεται λυόμενα*, 즉 '드러나 풀어질 것이다' 이다. 물론 분사의 삽입은 난해한 본문을 쉽게 해보려는 뜻에서 이루어진 것이겠지만 *λυόμενα*가 베드로가 실제로 썼던 단어이며 11절의 *λυομένων*과 12절의 *λυθήσονται*의 유사성 때문에 중복되어 빠졌을 가능성도 있다.

**[11] [12] 이 모든 것이 이렇게 풀어지리니 너희가 어떠한 사람이 되어야 마땅하냐 거룩한 행실과 경건함으로 하나님의 날이 임하기를 바라보고 간절히 사모하라 그 날에 하늘이 불에 타서 풀어지고 물질이 뜨거운 불에 녹아지려니와**

다른 신약 기자들(이를테면 살전 5:6 이하; 히 10:25; 벧전 4:7 이하)과 마찬가지로 베드로는 지역 기독교인들의 마음에 공포를 불러일으키기 위해서가 아니라 긴급한 도덕적 및 영적 권면을 하기 위하여 임박해 오는 마지막 날의 두려운 장면을 묘사하고 있다. **이 모든 것들이**(즉, 그가 기술했던 우주) **이렇게 멸절되어 버릴 것이므로 너희는 너희 자신을 거룩한 행실과 경건함으로 생활하는 사람으로 나타내야 할 것이다.** 여기에서 **풀어지리니**(*λυομένων*)로 번역된 분사는 현재시제이다. 문맥이 제시하듯이 미래적인 뜻을 가지고 있기도 하지만 해체 과정이 이미 시작되었음을 제시하여 자신의 요청의 긴박성을 강조하기 위해 저자가 일부러 채택한 현재시제일 수도 있다(이 가능성이 더욱 클 것이다). 후기 헬라어에서 *ποταπούς*(**어떠한 종류**)는 영어가 전하는 것보다 훨씬 긍정적인 뜻을 지니고 있다(참조. 마 8:27; 요일 3:1에서의 용례). 이 문맥에서 *ποταπούς*는 독자들에게 큰 일이 기대되고 있다는 암시를 주고 있다('얼마나 뛰어난' 이라고 옮겨도 될 것이다). 그리고 그 이유는 멀리 있지 않다. 그들은 **하나님의 날의 도래를 … 기대하고 있는** 자들일 뿐만 아니라(이들이 거짓 선생들의 회의론을 거부하였으며 또는 단호히 배격할 것임을 아주 당연시하고 있다) 신실한 품행을 지님으로 말미암아 실제적으로 그 도래를 **앞당길 수 있을** 것이다(can be hastening it on).

많은 역본들이 이 두 번째 분사 *σπεύδοντας*를 '간절히 사모하는' 정도의 뜻으로 옮기고 있다(이를테면 AV; RV). 이러한 번역은 언어학적으로 상당히 가능한 것이며(사 16:5-"정의를 (간절히) 구하며" (참조. Herodotus, *Hist.* i. 38; Thucydides, *Hist.* v. 16. 1) 수긍할 만한 의미를 제시한다. 그러나 직접 목적어와 함께 쓰인 *σπεύδω*의 보다 통상적인 의미는 '…을 움직이기 시작하게 하다' (set going), '촉구하다' (urge on), '재촉하다' (hasten on)이다. 그리고 이러한 뜻이 문맥에 훨씬 더 부합된다. 주의 도래가 가능한 한 많은 사람들을 회개시키려는 주님의 뜻 때문에 지체되고 있다는, 3:8-9에 표현된 확신은 신자들의 믿음과 선행에 의해 그 날이 재촉될 수도 있다는 추론도 가능하게 한다. 이러한 사상이 후기 유대주의와 친숙하다는 사실은 탈무드의 잘 알려진 격언에 의해 밝혀진다(SB I, 163f.를 보라. 그 외에도 그 비슷한 것들이 있다). 여기에는 "만약 이스라엘 민족이 단 하루만에 진정으로 회개할 수만 있다면 메시아가 나타날 것이다"라고 쓰여 있다. 또 에스드라 2서 4:38 이하에서도 그러한데, 이에 따르면 심판이 인류의 죄 때문에 미루어지고 있다. 이와 관련이 있는 초대 기독교의 병행구로는 행 3:19 이하가 있다. 이 구절들은 회개와 회심이 그리스도의 재림을 앞당긴다는 사실을 당연한 것으로 여기고 있다.

여기에 쓰여진 마지막 대격변에 대한 세부 사항은 10절 이하의 사실들과 매우 밀접하게 연결되어 있으며, 천체(*στοιχεῖα*, 10절 하반절과 동일함)가 열에 의해 녹아 버릴 것이라고 생생하게 묘사하고 있다. 이 이미지에 대해서는 사 34:4; 63:19; Test. Lev. 4:1; *2 Clem*. xvi. 3을 참조하라. 그러나 주목해야 할 사실이 있다. 첫째, 여기에서 재림은 3:4절 상반절과는 대조적으로 오직 신약의 이곳에서만, 오실 것으로 기대되는 하나님이나 혹은 그리스도와 같은 분이 아니라 오히려 그 날과 관련되어 있다(이 표현은 일종의 전문용어가 된 것이 틀림없다). 둘째, 하나님의 날이 매우 드문 표현이라는 사실이다. 이는 통상 신약에서 '주의 날' 또는 그 비슷한 표현으로 쓰이며, 그리스도의 친히 강림하심보다는 우주적인 종국을 제시하고 있다(오직 계 16:14만을 이에 견줄 수가 있을 따름이다). 셋째, 그 때문에(저자의 사역 'because of'에 따른 주석으로, '하나님의 날의 도래 때문에'라는 뜻이다-역자 주)가 함축하고 있는 바는, 우주적인 소멸이 스토아 사상에서 그려지듯 우주의 주기적인 대화재(大火災)와 같은 어떤 자연의 순환 과정의 결과가 아니라 하나님의 주권적인 의지의 직접적인 효과라는 점이다.

**[13] 우리는 그의 약속대로 의가 있는 곳인 새 하늘과 새 땅을 바라보도다**

저자는 계속하여, 기독교인들은 이러한 끔찍한 대변혁의 사건이 새롭고 완전하게 정돈된 세계를 창조하기 위한 서곡임을 인식하고 있다고 말한다. 이리하여 **우리는 그의**(즉, 하나님의; 참조 12절의 **하나님의 날**) **약속을 의지하여 의로움이 있는 곳인 새 하늘과 새 땅을 대망하는도다**. 하나님의 크신 약속들에 대해서는 1:4 상반절을 참조하라. 그리스도께서 직접 '인자가 자기 영광의 보좌에 앉게 될 새 시대'에 대하여 언급하셨다(마 19:28). 그리고 새 하늘과 새 땅은 메시아 잔치의 무대가 될 것이다(막 13:26). 그리고 바울의 견지에서(롬 8:19-22) 볼 때 현 피조계는 보다 영광스런 피조계를 탄생시키는 고통 중에 있다. 초대 기독교의 이러한 열렬한 종말론적 대망은 요한계시록에 가장 찬란하게 표현되어 있다. 계시록에는 부활하신 그리스도께서 '만물을 새롭게 하신다'는 단언과(계 21:5) 새 하늘과 새 땅, 새 예루살렘에 대한 환상이 표현되어 있다(21:1-2; 10-27). 이 모든 이미지들은 구체적으로 **새 하늘과 새 땅**의 창조를 예언하고 있는 이사야 65:17; 66:22에서 시작된 것으로, 오랜 유대적 소망과 염원을 기독교에서 받아들여 발전시킨 것이다. 아마도 이러한 구절들은 여기에 언급되고 있는 하나님의 **약속**을 포함하고 있으며(참조. 에녹 1서 72:1 역시 새 창조를 예언하고 있다), 저자의 마음속에도 있었을 것이다. 그러나 요한계시록 21장 이하의 저자와는 달리 우리의 저자는 현재의 재료와 덧없는 질서에서 빌어온 찬란한 상징들을 사용하여 재창조된 세계를 묘사하려고 시도하지는 않는다. 구약과(예를 들면 렘 23:5-6; 슥 9:9; 지혜서 2:18) 후기 유대교(예를 들어 Ps. Sol. xvii. 35)의 한층 영적인 지층에서 메시아는 의로운 자로 묘사되며 **의**(義) 또는 정의는 메시아 시대의 특성으로 그려지고 있다(이를테면 사 32:16-18; 61:3; Ps. Sol. xvii. 36; 에녹 1서 45:4-6; 48:1-4; 51:4-5; 특히 에녹 2서 65:8- '위대한 의의 시대'). 신약에서도 역시 기독교인들은 '의에 주리고 목마른 것'을 위로받으며(참조. 마 5:6) 부활하신 주님을 '의로써' 세상을 심판하시는 분으로서 묘사하고 있다(참조. 행 17:31; 계 19:11). 그러므로 우리의 저자가 자기의 독자들에게 도래하는 새 질서를 단순히 의가 있는 곳으로 대략적으로 묘사하고 있는 것은 자연스럽다. 그 새 질서는 정욕과 썩어질 것의 지배를 받는 현재의 질서의 정반대일 것이다(참조 1:4).

## 10. 마지막 훈계
## 3:14-18

**3:14-18**

14 그러므로 사랑하는 자들아 너희가 이것을 바라보나니 주 앞에서 점도 없고 흠도 없이
평강 가운데서 나타나기를 힘쓰라 15 또 우리 주의 오래 참으심이 구원이 될 줄로 여기
라 우리가 사랑하는 형제 바울도 그 받은 지혜대로 너희에게 이같이 썼고 16 또 그 모든
편지에도 이런 일에 관하여 말하였으되 그 중에 알기 어려운 것이 더러 있으니 무식한
자들과 굳세지 못한 자들이 다른 성경과 같이 그것도 억지로 풀다가 스스로 멸망에 이르
느니라 17 그러므로 사랑하는 자들아 너희가 이것을 미리 알았은즉 무법한 자들의 미혹
에 이끌려 너희가 굳센 데서 떨어질까 삼가라 18 오직 우리 주 곧 구주 예수 그리스도의
은혜와 그를 아는 지식에서 자라 가라 영광이 이제와 영원한 날까지 그에게 있을지어다

14 사랑하는 여러분, 그 날을 기다리며 죄를 멀리하고 흠 없이 살도록 노력하십시오. 하
나님과 평안 가운데 거하시기 바랍니다. 15 우리 주님의 오래 참으심으로 우리가 구원
받았다는 사실을 잊지 마시기 바랍니다. 사랑하는 형제 바울도 하나님께 받은 지혜로
이와 같은 편지를 여러분에게 보냈습니다. 16 바울이 그의 편지 가운데 이 모든 것을 써
놓았습니다. 그의 편지 가운데 이해하기 힘든 부분이 조금 있어, 몇몇 사람들이 그것을
잘못 설명하기도 하였습니다. 무식하고 믿음이 약한 사람들은 다른 성경도 잘못 해석
합니다. 그러나 이것은 그들에게 스스로 멸망을 불러들일 뿐입니다. 17 사랑하는 여러
분, 이제 이 모든 것을 알았으니 부디 조심하십시오. 악한 자들의 꾀임에 빠져 잘못된
길에 들어서지 말며, 굳건한 믿음에서 떨어지지 않도록 주의하십시오. 18 오직 우리 구
주 예수 그리스도를 아는 지식과 그의 은혜 가운데 자라나기를 빕니다. 이제부터 영원
까지 주님께 영광이 있기를 바랍니다. 아멘. _아가페 쉬운성경

**[14] 그러므로 사랑하는 자들아 너희가 이것을 바라보나니 주 앞에서 점도 없고 흠도 없이 평강 가운데서 나타나기를 힘쓰라**

이 간략한 종결 단락에서(불변화사 *Διό*, 즉 **그러므로**와 다시 등장한 **사랑하는 자들아**는 새로운 단락으로의 이행을 표시한다) 저자는 다가오는 종말과 그때 이루어질 복된 변모라는 측면에서 예기치 않게 사도 바울의 권위에 호소하면서(15절) 높은 도덕 수준을 유지하고 신앙의 지조를 지킬 것을 다시 역설한다. 독자들이 **이러한 것들**, 즉 하나님의 뜻이 최고도로 나타나는, 새롭게 피조된 하늘과 땅을 **기대하고 있음으로**(*προσδοκᾶω*: 앞의 13절에서 되풀이된 동사) 그들은 **주 앞에서 점도 없고 흠도 없이 평강 가운데서 나타나기를 힘써야 한다**. 동사 '힘쓰다'(make effort; *σπουδάζω*)는 저자의 특징적인 표현이다(참조. 1: 10, 15). **점도 없고 흠도 없이** 되어야 한다는 권고는 그가 2:13에서 '점이요 흠'이라고 낙인을 찍었던 골칫거리들에 대한 간접적인 공격을 포함하고 있다. 이 전치사구 자체는(*ἄσπιλοι καὶ ἀμώμητοι*) 벧전 1:19 (*ἀμώμου καὶ ἀσπίλου*: 그리스도에 대해서 쓴 말)의 영향 및 유다서 24절 (*ἀμώμους*: 유다서에서도 역시 종말론적인 문맥에서 쓰였다)의 영향을 반영하고 있다.

**평강 가운데서**는 선한 기독교인의 동요없는 양심을 가리키는 것도 아니며, 공동체의 각 지체들 사이에서의 형제적 관계를 가리키는 것도 아니다. 오히려 이 말은 구속받은 죄인이 누리는 하나님과의 화목의 상태를 묘사하고 있다(벧전 1:2; 유 2절의 주해를 보라). 어떤 접속사도 없이 두 번째 서술부를 덧붙여 놓은 것이 문체면에서 약간 어색하지만 이는 저자의 '접속사 생략'(asyndeton: 2:18에 대한 주해를 참조하라)에 대한 선호의 또 다른 예라 볼 수 있다. **나타나기를**로서 기자가 뜻하는 바는 '주께서 오실 때 주님에 의해서 드러나게 되기를'이라는 뜻이다. 반면 **주 앞에서**(in his sight, 문자적으로는 '그에게'–'to him'이다 : 헬라어상으로 여격이다)는 심판에 대한 언급임에 분명하다.

**[15] [16] 또 우리 주의 오래 참으심이 구원이 될 줄로 여기라 우리가 사랑하는 형제 바울도 그 받은 지혜대로 너희에게 이같이 썼고 또 그 모든 편지에도 이런 일에 관하여 말하였으되 그 중에 알기 어려운 것이 더**

**러 있으니 무식한 자들과 굳세지 못한 자들이 다른 성경과 같이 그것도 억지로 풀다가 스스로 멸망에 이르느니라**

더 나아가 독자들은 **우리 주님의 오래 참으심을 구원으로 여겨야** 한다. 이 말은 3:9에서 "더디다고 생각하는"(βραδύτητα ἡγοῦνται) 사실에 대한 노골적인 반대 명제로서 **구원으로 여기다**(σωτηρίαν ἡγεῖσθε)를 배치시킴으로써 3:9에서 쓴 재림의 지연에 대한 설명을 요약 반복하고 있다. 사실상 심판의 지연은 회개하고 그리스도를 영접함으로 구원을 받을 기회를 우리 모두에게 주고자 하시는 하나님의 끈기 있는 바람을 나타내고 있다. 여기서 **우리 주**는 하나님을 지칭할 가능성이 크다. 이 표현에 이런 의미를 담는 예는 극히 드물지만(참조. 계 11:15) 3:8, 9, 10에서 '주'의 용례 및 3:12에서의 '하나님의 날'의 용법은 실제적으로 그렇게 봐야 한다. 그리고 저자는 자기가 지금 전하는 이 교훈을 단호하게 말하면서 **우리가 사랑하는 형제 바울이 그 받은 지혜대로** 주었던 그 교훈과 일치시킨다. 그리고 바울은 **그 모든 편지에서 이러한 일들에 관하여** 되풀이하여 말하였다.

저자는 여기서 다시 자신을 역사적 베드로와 동일시하고 바울을 단지 동료 기독교인이 아닌 동료 사도로서, 자기의 **사랑하는 형제**라고 주장함으로써(이러한 특별한 의미에서 '형제'라는 말이 쓰인 예로서는 엡 6:21; 골 4:7; 살전 3:2을 참조하라) 자기 자신의 권위를 뒷받침하고자 노력하고 있다. 그러나 이렇게 하는 저자의 태도는 이 편지의 어느 다른 구절보다도 더욱 더 베드로와 바울 사이에 있던 긴장(이를테면 갈 2:11-16), 즉 한편으로는 바울, 다른 편으로는 원래의 사도 그룹 사이에 있었던 긴장과 더불어 사도 시대가 희미한 과거 속에 묻혀 있음을 은연중에 보여 주고 있다 하겠다. 지금 여기서 사도 베드로와 바울은 협동 지도자로서, 사도적 교회의 지도자로서 사도행전에서와 같이 서로 상대방을 존경하는 사이로 나타나고 있다. 참조. *1 Clem*. v. 3-7("우리는 베드로와 … 바울과 같은 훌륭한 사도들을 우리의 눈 앞에 두도록 하자"); Ignatius, *Rom*. iv. 3("본인은 베드로나 바울이 했던 것처럼 여러분에게 명하지 않습니다"); *Ep. apost*. xxxi ff. 등등. 바울이 자기와 동일하게 교훈했다는 그의 언급

(참조. **그의 모든 편지에서**) 역시 같은 방향을 지적하고 있다. 명백하게 저자는 원래 특정한 교회, 또는 개인들에게 따로 발송되었던 사도의 편지들이 다시 수집되기 시작했던 시기에 살고 있다. 참조. Ignatius, *Eph.* xii. 2("모든 서신에서 바울이…"). 이 단계에서 바울의 서신들이 다 모여졌는지 아니면 신약에 포함된 편지들만 추려졌는지에 대해서는 아무런 단서가 없지만 어느 정도 바울의 정경이 모아져 공식적인 인정을 받는 과정에 있음을 알 수 있다.

**그에게 부여된 지혜대로**라는 표현 역시 주목할 만한 가치가 있다. 바울 자신은 '하나님의 비밀과 감추어진 지혜' (고전 2:6–7; 참조. 골 1:28) 및 성령의 사역 아래 하나님의 은사들을 나누어주는 전달자(고전 2:12–13)라는 의식이 있었다. 바울은 그 글 가운데에서(갈 2:9) 사도들이 '자기에게 부여된 은혜를 인정했다' –여기서와 똑같은 분사인 $\delta o\theta\epsilon\hat{\iota}\sigma\alpha\nu$이다– 고 회상하고 있는데, 여기 베드로후서의 이 말들은 그 말들의 영향으로 보인다. 클레멘트 1서의 저자(xlvii. 3)는 바울이 '성령의 주관하심 아래' (under the influence of the Spirit) 고린도전서를 기록했다고 인정하고 있다. 반면에 폴리갑(Polycarp)은 '축복되고 영광스런 바울의 지혜' 라고 언급하고 있다(*Phil.* iii. 2). 바울의 저작들을 영감된 것으로서 공식 시인했음을 지적하는 표시를 우리는 여기에서 발견할 수 있으며, 16절 하반절은 그 글들이 당시 '성경' 으로 간주되었음을 확증하고 있다.

이것과 관련하여 매우 어려운 두 가지 문제가 학자들 사이에 제기되었다. 첫째, 저자가 바울의 지지를 받고 있다고 언명하고 있는데 저자 자신의 가르침 속에 과연 그러한 특별한 항목이 있는가? 둘째, **너희에게 이같이 썼고**라고 했는데 저자가 여기에서 언급하고 있는 사도 바울의 편지가 과연 어떤 것인가 하는 것이다. 첫 번째 문제에 대한 대답은 재림이 다가옴에 비추어 흠 없는 삶들을 영위하도록 하라는, 14절부터 시작된 권고와 중간 기간을 구원을 확실히게 하는 기회로 사용하라는 부분이 유일한 대답이라 할 수 있다. 바울과 교리적으로 겹치는 사실들을 찾기 위하여 이 서신의 나머지 부분들을 샅샅이 뒤지는 것은 그리 바람직한 것이 못 된다. 왜냐하면 **이같이**($\kappa\alpha\theta\grave{\omega}\varsigma$)가 다음 구절을 바로 앞 문맥에 견고하게 연결시키기 때문이다. 이 문맥에서 14절 하반절과 15절 상반절을 상호 배타적인 대안으로 간주하는 것도 부적당하다. 이 두 어구는 하나의 삽입구에서 불가분리의 요소들이다. 마지막 때가 임박하고 있다는 사실과 기독교인들은 그에 적합한 표준과 도덕적 태도를 갖춰야 한다는 사실은 병행구를 열거할 필요가 없을 정도로 바울 서신에서 일반적인 주제이다. 자칭 베드로라 하는 이 저자의 언급은 (앞으로 보게 되겠지만) 일반적이다. 그러나 사도 바울은 롬 2:4; 3:25-26; 9:22-23; 11:22-23에서 하나님의 견인에 대해서, 롬 13:11-14; 고전 1:7; 7:29-35; 고후 5:6-10; 엡 4:30-32; 빌 2:15-16; 골 3:4-17; 살전 5:4-11에서 재림에 대비한 도덕적 준비의 필요성에 대하여 보다 구체적으로 강조하고 있다.

두 번째 문제는 3:1에서 저자가 자기는 베드로전서의 수신자들에게 편지를 쓰고 있다고 단언하고 있는 반면에 바울이 소아시아의 그런(즉, 베드로전서를 수신한) 회중 집단에 보낸 것으로 여겨지는 편지는 단 한 건도 없다는 사실에서 발생한다. 어떤 사람들은 갈라디아서와 골로새서 또는 (에베소서가 회람 서신이라는 점에 비추어) 에베소서가 좀더 이 조건에 부합한다고 주장하기도 한다. **너희에게 이같이 썼고**라는 표현에서 굳이 특정한 서신을 지칭해야만 한다면 하나 또는 몇 개를 지적할 수 있을지도 모르지만, 그 어느 것도 정확히 들어맞지는 않다. 우리는 또한 이 말이 지금은 사라져 버린 사도 바울의 어떤 서신을 의미한다는 추측도 확고하게 배격해야 한다. 사도 바울의 편지의 수신인들이 많았으리라는 점은 분명하지만, 오늘날 우리가 손에 쥐고 있는 것 이상의 어떤 서신들이 저자가 썼던 그 시대에 남아 있었을 가능성은 원칙적으로 희박하다. 메이어(J.B. Mayor)는 상당히 다른 입장을 취한다. 그는 저자가 15절 상반절에 있는 주님의 오래 참으심에 관한 자기의 교훈에 대해서만 바울 서신들의 지지를 구하는 것이며, 그러므로 언급된 것은 아마도 특히 로마서(특히 롬 2:4; 3:25-26 등)일 것이라고 주장한다. 그러나 사도 바울의 권위에 호소하는 내용의 범위에서 14절을 배제시키는 것은 자의적인 것으로 여겨진다. 그러나 그러한 고찰들이 기초하고 있는 전제들과 더불어 그 모든 추론들은 거의 확실히 사실과는 거리가 먼 것임에 분명하다. 이미 살펴보았듯이 저자의 입장에서 바울 서신서들은 거의 정경의 지위를 차지하고 있었으며 아마도 저자는 그와 같이 그 서신서들을 세계 어느 곳에 있는 기독교인들이라 할지라도 받아들여야 하는 기독교인 공동의 자산으로 여기고 있었을 것이다. 무라토리 정경(Muratorian Canon: 로마, 2세기 후반; 처음으로 발견한 사람의 이름을 따서 명명한 것임)이 후대에 논의했듯이, 바울 서신은 처음에는 일곱 개의 공동체들에게 따로 보내졌지만 실제적으로는 전 세계의 교회에게 보낸 것이 되었다. 저자는 은연중에 이것이 역시 베드로전서에 대한 자기의 태도임을 나타내고 있다. 3:1에도 불구하고 1:1의 도입부는 저자가 이 서신의 대상을 더 넓은 범위로 생각하고 있다는 인상을 준다. 그러므로 바울이 **너희에게** 썼다고 언급할 때도 이 말을 특히 강조하거나 자기가 의중에 두고 있는 특별한 지역이나 서신들을 들추어 낼 필요가 없었다. **너희**라고 쓴 대상은 베드로의 서신이 도달하는 어느 공동체이든 다 포함하고 있다. 왜냐하면 베드로는 모든 기독교의 회중이 **이런 일에 관하여** 다루고 있는 사도 바울의 서신서의 어떤 것을 소유하고 있음이 분명함을 알고 있기 때문이다. 또는 15절 하반절과 16절 상반절에서 저자가 바울의 어떤 특별한 서신과 그의 나머지 서신들을 구별하고 있다고 단정할 필요는 없다. 16절 하반절에서 저자는 단지 그 점, 즉 이 주제들에 관한 사도 바울의 가르침과 자기의 가르침이 일치함을 강조함으로써 자신의 요점을 공고히 하고 있을 따름이다.

그러나 그가 갑자기 바울을 꼭 끌어들일 만한 동기가 있었을까? 우리는 바울의 서신들이 **그 중에 알기 어려운 것이 더러 있으니 무식한 자들과 굳세지 못한 자들이 다른 성경과 같이 그것도 억지로 풀다가 스스로 멸망에 이르느니라**에 해당하는 구절들을 포함하고 있다는 그의 진술에서 실마리를 찾을 수 있다. 이 절의 전반부는 일찍이 바울의 신학에 의하여 혼란이 야기되었음을 증거해 주는 흥미있는 내용이다. **알기 어려운 것**(hard to understand)으로 번역된 형용사 *δυσνόητά*는 대단히 드물게 사용된 단어로, 이해하기 어려운 신탁(神託)에 대하여 루시안(Lucian, *Alex.* 54)이 사용한 바 있다. 또한 디오게네스 라에르티우스(Diogenes Laertius, *Vit. phil.* ix. 13)에서는 *δυσνόητά*와 더불어 헤라클레이투스

(Heracleitus)의 논제에 적용되어 '이해하고 해석하기가 어려운' 이라는 뜻을 가지고 있다. 이 뜻이 바로 여기에서 이 단어가 의미하고 있는 뜻과 동일하다. 이 절의 후반구는 경멸적인 언사와 더불어 명백하게 거짓 선생들을 목표로 삼고 있다. 그들은 **무식하고**, 즉 전통적인 교육을 받지도 않았고 배우고자 하지 않았으며 또한 그 품성이 **굳세지 못하여**(참조. 2:14) 그렇게 심오한 문서들을 해명할 자격이 없는 자들이었다. 베드로가 바울을 이 논쟁에 끌어들인 이유는 바로 이 사람들이었음이 분명하다. 아마도 이들은 사도 바울의 이름이 가지고 있는 엄청난 권위를 이용하여 자기들의 의견을 주장하기 위한 버팀목으로 삼고자 했을 것이다. 그래서 우리의 저자는 그러한 자들과 자기의 독자들에게 공히, 바울의 진짜 메시지가 얼마나 오해하기 쉬운 것인가를 알리고 경고할 필요가 있다고 느꼈던 것이다. 저자는 이미 앞서 1:20에서 예언을 함부로 자의적으로 사용하는 그들의 그릇된 태도를 꾸짖은 바 있으며, 지금 여기에서 또한 그들이 일반적으로 성경을 다루는 자세가(참조. **다른 성경과 같이**, 즉 구약과 성립 과정 중에 있는 신약 정경) 편파적이고 해로우며 인정된 해석에서 벗어난 것이라는 비난을 덧붙이고 있다. 저자는 직접 다른 어떤 개인이나 집단이 아닌 공교회(公敎會)가 성경의 고유한 해석자라는 한 원칙을 제시하고 있다 (1:21-22에 대한 주의를 해석하라). 그리고 이것은 바울의 서신서들과 같이 난해 문서들에 대해서는 더욱더 강조하여 적용해야 할 원칙이다.

베드로가 암시하고 있는 죄목은 그들이 자기들의 윤리적인 방탕주의(ethical libertinism, 참조. 2:19과 그 주해)와 그릇된 종말론에 맞추어 바울의 서신들을 왜곡(twisting: *στρεβλοῦσιν*: 본래 범선에서 닻을 감아올리는 기계인 윈들라스에 줄을 단단히 감아올리는 것을 가리키며, 여기에서 말의 의미를 곡해한다는 뜻이 파생되었다)시키고 있다는 것임에 틀림없다. 이것이 저자의 가장 주된 비판 내용이었기 때문이다. 저자가 더 이상 자세한 내용을 제공하고 있지는 않지만-이레니우스(Irenaeus)와 터툴리안(Tertullian)으로부터, 이와 비슷한 경향을 가졌던-비록 더 발전된 형태이고 세련된 것이기는 하지만 2세기 후반의 영지주의자(Gnostics)들이 바울의 롬 8:21; 고전 3:17; 갈 5:13 등과 같은 구절들을 방법론 또는 반율법주의(antinomianism)를 지지하는 구절들이라고 계속해서 주장했음을 알 수가 있다. 우리로서는 어떤 본문들을 가지고 말썽을 일으키는 자들이 재림에 대한 자기들의 회의주의를 지지하는 구절들로 삼았는지를 단지 추측할 수 있을 뿐이다. (사도 바울은 살전 2:2에서 자기가 재림이 이미 발생했다고 가르치고 있다는 오해를 받고 있다고 불평하고 있다.) 그러나 후기 영지주의자들은 고전 15:50, 53; 다시 롬 6:3 이하와 같은 구절들을 중요 밑천으로 삼아 서 자기들이 정통적인 부활에 대한 '물질주의적인' 가르침보다도 훨씬 '영적인' 부활 교리를 갖고 있다고 주장하였다. 바울의 서신서들을 영지주의자들이 이용하고 또 그릇 이용한 용례에 대하여 더 충분히 살펴보려면, 바우어(W. Bauer)의 *Rechtgläubigkeit und Ketzerei im ältesten Christentum*(1934), 227; 알라이트(E. Aleith, *Paulusverständnis in der alten Kirche*(Beiheft 18 to ZNTW, 1937)을 보라. 경우야 어찌 되었든지 저자는 그러한 왜곡된 해석은 결국 **스스로의 멸망**(*ἀπώλειαν*: 마지막 날의 심판에 대한 언급과 관련하여 쓰인 2:1, 3; 3:7에서와 마찬가지로 다시 쓰였다)만을 초래시킬 것이라는 사실로 만족하고 있다.

**[17] 그러므로 사랑하는 자들아 너희가 이것을 미리 알았은즉 무법한 자들의 미혹에 이끌려 너희가 굳센 데서 떨어질까 삼가라**

자칭 베드로라 하는 저자는 2장과 1장에서 각각 따로 다루었던 주제들을 간결하게 모아서 두 가지 권면을 함으로써 자신의 편지를 마무리한다. 우선 부정적인 어조로, 저자는 **사랑하는 자들에게 원칙에서 벗어난 사람들의 그릇됨에 이끌려** 들어가 그들이 **굳게 선 데에서 내쫓기지 않도록** 자기들을 **지킬** 것을 권고한다. '굳센 데' 또는 '굳게 선 데'로 번역된 명사는 아주 희귀하게 쓰인 *στηριγμός*로서 움직임이나 운동에 대항하여 견고함을 뜻하며 이단자들과 믿는 자들을 속이는 자들의 특성인(2:14), 앞에 쓰인 **굳세지 못한**(unstable; *ἀστήρικτος*)에 의식적으로 대조시키기 위하여 쓰이고 있다. 안정됨 또는 신앙 안에서 견고하게 서는 것(참조. 1:12)은 분명히 저자가 매우 높이 평가하고 있는 자질임에 틀림없다. 안정되고 굳건한 신앙은 지금 그가 그토록 걱정하고 있는 거짓 교사들의 반율법주의의 치명적인 현혹에 대항할 수 있는 최선의 방책인 것이다. 유다서 11절에서처럼(주해를 보라) **미혹** 혹은 **그릇됨**(error; πλάνῃ)은 수동적인 의미로 그릇된 교훈이라고 번역할 수도 있으며, 능동적인 의미로 '그릇 인도하다' 라고 쓸 수도 있다(한글 성경은 후자를, 켈리는 전자를 택하고 있다-역자 주).

그러나 저자의 독자들은, 그 독자들을 미혹하려고 애쓰는 **원칙 없는 자들**(2:7에서와 마찬가지로 ἀθέσμων이다)과는 달리, **미리 알았은즉** 곧 이 편지를 쓴 자칭 '사도' 가 애써서 바로 이러한 위험들을 제거해 버리려고 쓰고 있는 이 편지에서 미리 경고를 받았으므로 잘 준비하여 시험에 저항해야 할 것이다. 이 말은 유다서 5절을 연상케 하고 있다("너희가 본래 모든 사실을 알고 있으나").

**[18] 오직 우리 주 곧 구주 예수 그리스도의 은혜와 그를 아는 지식에서 자라 가라 영광이 이제와 영원한 날까지 그에게 있을지어다**

앞절에서 소극적인 권면을 한 저자는 여기에서 1:3-11의 권면을 다시 반복하면서 적극적으로 그들에게 **오직 우리 주 곧 구주 예수 그리스도의 은혜와 그를 아는 지식에서 자라 가라**고 권한다. 어떤 역본들은 …**에서 자라 가라**(grow in) 대신에 '…의 도움을 받아 자라 가라' (grow with the help of)는 번역을 선택하고 있다(예를 들어 NEBm). 그러나 골 1:10("하나님을 아는 것에 자라게 하시고"-growing in the knowledge of God)을 참조하라.

1:2에서와 마찬가지로 **은혜**라는 말에 의해서는 "하나님의 호의로' 라는 뜻을 표시하고 있다. 기독교가 **예수 그리스도를 아는 지식**으로 구성된다는 저자의 개념에 대해서는 1:2에 대한 주해를 살펴보라. 이 책에서 채택된 번역은 좀더 일반적인 번역 즉 '우리의 주인이시자 구주이신 예수 그리스도의 그 은혜와 그에 대한 지식' 을 선호하는 듯이 보인다. 왜냐하면 **지식**이 우리에게 소유격 **예수 그리스도**를 동시에 (**은혜**와 관련시켜서는) 주격으로, (**지식**과 관련시켜서는) 목적격으로 취급할 것을 요구하고 있기

때문이다. 이는 불가능하지는 않지만 상당히 까다로운 구문이다. **우리의 주님이시요 구주가 되신 예수 그리스도**라는 형식에 대해서는 1:11; 2:20; 3:2을 참조하라.

**영광이 이제와 영원한 날까지 그에게 있을지어다**라는 영광송과 딤후 4:18에 나타나는 이에 해당하는 부분은 신약에만 나타나는 것들로서 오직 그리스도만이 그 유일한 대상이 되신다. 히 13:21과 벧전 4:11(주해를 보라)에 있는 영광송들은 아마도 하나님을 그 대상으로 하고 있는 듯하다. 몇몇 영광송들은 **영광**(이 단어의 뜻에 대해서는 벧전 1:7; 유 25절을 보라), '예수 그리스도를 통하여, 예수 그리스도로 말미암아', '하나님께 영광' (롬 7:25; 16:27; 유 25절)이라는 형식이나 어떤 다른 방식으로 예수 그리스도의 이름 안에서 역사하는 영광(고전 15:57; 엡 3:21)으로 묘사하는 중간 단계를 드러내고 있다. 일반적인 경우에서와 마찬가지로 원문에는 동사가 없다. **있을지어다**보다는 **속하도다**(저자 켈리는 'To him belong, glory…' 를 택하고 있다-역자 주)를 삽입시킨 이유에 대해서는 벧전 4:11; 유 25절에 대한 주해를 참조하라. **영원한 날**(문자적으로는 '그 시대의 날' )이라는 어구는 독특한 신약적 용어이지만 경외전(집회서) 18:10("인간이 사는 그 몇 해를 영원에 비하면 대양의 물 한 방울이요 백사장의 모래 한 알이다"-공동 번역)에 병행구가 나타난다. 이 영원한 날의 의미는 영광송에 관례적으로 쓰인 표현인 (예를 들어, 롬 16:27) '영원까지' ('for all eternity' ; 문자적으로는 '시대들의 시대들에까지' ; 'unto the ages of the ages' )일 수 있다. 혹은 저자가 임박해 오는 주님의 그날(3:10, 12)을 생각하면서, 그리스도의 재림으로 말미암아 개시되는 영원하고 축복된 시대가 시작되는 그 날을 가리키기 위하여 이와 같이 보통의 전례와는 다른, 인상적인 어법을 선택하였을 가능성도 있다.

# *Jude*

# 유다서 주석

# 제 1 장

## 1. 인사말
## 1:1-2

**1:1-2**

1 예수 그리스도의 종이요 야고보의 형제인 유다는 부르심을 받은 자 곧 하나님 아버지
안에서 사랑을 얻고 예수 그리스도를 위하여 지키심을 받은 자들에게 편지하노라 2 긍
휼과 평강과 사랑이 너희에게 더욱 많을지어다

1 예수 그리스도의 종이며 야고보의 형제인 유다는 하나님의 부르심을 받은 모든 사람
들에게 이 편지를 띄웁니다. 이제껏 예수 그리스도 안에서 여러분을 안전하게 돌보아
주신 하나님께서 지금 이 순간에도 여러분을 사랑하고 계십니다. 2 하나님의 자비와 평
안과 사랑이 여러분에게 넘치기를 기도합니다. _아가페 쉬운성경

**[1] 예수 그리스도의 종이요 야고보의 형제인 유다는 부르심을 받은 자 곧 하나님 아버지 안에서 사랑을 얻고 예수 그리스도를 위하여 지키심을 받은 자들에게 편지하노라**

본 서신은 그리스도인들에 의해서 차용된 유대인의 관례적인 형식의 인사말로 시작된다. 본절들은, 비록 벧전 1:1-2(주석을 보라)의 것보다 훨씬 간결하기는 하지만, 근본적인 형식이나 내용에 있어서는 동일하다. 기록자의 이름은 유다(Ἰούδας)로 제시된다. 그의 신원에 대해서는 서론의 친저성 문제를 다룬 부분을 참조하라. 그 의도는 저자가 그 당시 사도 시대의 교회에서 잘 알려져 있지 않은 무명의 한 개인이 아니라, 막 6:3; 마 13:55에서 언급된 주의 형제라는 사실을 상기시키려는 목적인 듯하다.

이러한 사실은 유다가 어떤 유다(이 이름이 당시 유대에서는 매우 흔한 것이었다)를 가리키는지 보여주고 권위를 강조하려는 뚜렷한 목적으로

제시한 두 가지 칭호로 더욱 구체화된다. 첫째, 저자는 **예수 그리스도의 종**(문자적으로는 '노예')이다. 이러한 일정한 표현법은 약 1:1, 벧후 1:1에서처럼 바울의 영향을 반영하는 것인지도 모르는데, 그는 비록 '그리스도 예수'(공동 서신들에서 **예수 그리스도**라는 어순의 변천은 후대에 이루어진 것이다)라는 어순을 택하긴 하지만, 서신의 초두에서 종종 사용하였다(롬 1:1, 빌 1:1). 이러한 표현법은 구약에서 유래하였는데, 거기서 하나님의 택한 백성의 일원들인 모세와 다윗 같은 헌신적이고, 특히 종교적인 지도자들이 '하나님의 종'이라 불린다. 후자의 칭호는 신약에서 좀더 특징적이고 적절한 '예수 그리스도의 종'(예 : 롬 1:1, 고전 7:22, 엡 6:6)이라는 칭호로 대체되어 잘 쓰이지 않게 되었다. (그러나 이 칭호가 실로 전혀 거리낌 없이 사용되는 딛 1:1, 벧전 2:16을 참조하라.) 여기서 우선하는 사상은, 그리스도인들은 죄와 죽음에 대한 노예 상태로부터 그리스도에 의해 구출되었으므로 이제는 그리스도의 노예(slave)로서 전적으로 그에게 속한다는 것이다. 그러나 이러한 칭호는 스스로 칭하는 것으로 특별한 의미를 갖고 있다. 곧 이것은 그리스도를 섬기는 데 전력하도록 분부받은 자, 곧 그의 권한을 부여받은 사역자와 대표자를 의미한다. 그 실례로서 롬 1:1, 빌 1:1을 들 수 있는데, 거기서 이 칭호는 사도로서 바울의 역할에 대한 언급과 관련되거나 대용되며, 갈 1:10, 골 4:12, 약 1:1, 벧후 1:1에서는 이것이 주로 대리적인 활동이나 직무에 관련된다(참고. TWNT Ⅱ, 264-80). 그러므로 여기서 암시하는 것은 **유다**는 순전한 그리스도인일 뿐만 아니라, 말에 권위가 있는 인정받은 지도자라는 것이다.

둘째, 저자는 **야고보의 형제**이다. 아무개의 아들이라 언급하는 것이 훨씬 자연스럽겠지만 왜 그는 야고보의 형제라 하는가? 이러한 표현은 신약의 유사절들이 명백히 하고 있듯이, 이 **야고보**가 신원이 즉시 인정될 유명한 사람이어야만 이 표현은 의미있게 된다. 이러한 표현은 그(여기서 말하는 야고보 역자)가 주의 형제들 중 가장 나이가 많은 자였고(막 6:3), 바울이 '기둥들'(pillars) 중 하나로 인정하였으며(갈 2:9), 수년 동안 예루살렘 교회의 지도자였던(행 12:17) 야고보라는 것과 일치한다. 실제로 주의 형제들이었던 이 야고보와 유다는 우리가 신약에서 듣게 되는 그('야고보' 와 '유다' 라는) 이름으로 짝이 맞는 유일한 형제들이다. 만일 여기서 의미하는 것이 이 야고보라면 그에 대한 언급은 자기의 권위를 강조하는 것일뿐 아니라 여기서 **유다**가 누구로 가정되어야만 하는가를 전적으로 명백히 하여 준다. 이러한 목적들은 물론, (바울이 야고보를 갈 1:19에서 묘사하고 있듯이 : 또한 고전 9:5를 참조하라) 자기를 직접 '주의 형제' 로 묘사하는 것으로 성취되었을 것이다. 이 서신이 실제로 유다가 쓴 것이라면 왜 그는 그러한 말(주의 형제인 유다–역자 주)을 사용하지 않았는지 이해하기가 어렵다. 이러한 칭호가 조심스럽게 회피되고 있다는 사실은 여기서 익명의 저자가 있음을 암시한다. 그 당시 본 서신을 기록한 실제 저작자가 누구였든 간에 구주에 대한 경외심으로 말미암아 혈연관계를 주장하는 것은 주제넘게 간주되었을 수도 있다.

여기서 대상자들은 단순히, **부르심을 받은 자들**(τοῖς…κλητοῖς)로 묘사된다. 특정한 지명이 언급되지 않는다는 이유로, 학자들은 충분한 정당성을 증명하는 일도 없이, 본 서신은 '특정 집단에 국한되지 않은' 서신, 곧 전 세계 그리스도인들을 향해 쓰여진 것이라고 추론해 왔다. 이 서신의 간결함과 이 서신에서 혹평되고 있는 실책들의 특수한 성격에 비추어 볼 때 이러한 추론은 가능성이 낮다. 또한 이 서신은 저자가 특정한 공동체나 공동체들에 악영향을 미치는 구체적인 위급한 사태를 의중에 두고 있었다는 암시들을 내포하고 있다(본서 p.309 이하를 보라). 동사에서 나온 형용사 **부르심을 받은**(κλητοῖς)은 바울 시대부터 이미 사실상 '그리스도인' 이란 말과 동의어적인 명사로 사용되기에 이르렀다(롬 1:6, 8:28, 고전 1:24: 참조. 계 17:14). 그 이유는, 하나님의 '부르심' 의 개념(벧전 2:9에 관한 주석을 보라)이 모든 그리스도인에게 생생한 개인적인 경험이었기 때문이다. 곧 모든 그리스도인은 하나님의 부르심의 결과 자신이 죄와 죽음으로부터, 그리스도께서 베푸시는 구속된(redeemed) 생명으로 전환되었음을 알았다.

이 말('부르심을 받은')이 의미하는 바에 대한 암시가 뒤따르는 두 분사구에 내포되어 있다. 그리스도인들로서 그 수신자들은 첫째, **하나님 아버지 안에서 사랑을 받았다**(ἠγαπημένοις). 많은 사본들을 따라 흠정역에는 '거룩하여지고'(ἡγιασμένοις)라 되어 있는데, 이것은 명백히 고전 1:2을 참고하여 외형적으로 난해한 원문을 정정한 것이다. 저자가 이 말에서 의미하는 것은, 그들이 하나님에게서 유래하는 사랑으로 스스로 사랑받는 것이 아니라, 오히려 하나님에 의해 사랑받으며 하나님의 사랑이 그들을 감싼다는 것이다. 그들은 부르심을 받은 결과 하나님과의 친교를 나누며 그러한 친교에서 하나님의 사랑을 경험한다. 이것이 바울의 유사 절들(골 3:12; 살전 1:4; 살후 2:13)뿐 아니라, 그들에 대한 하나님의 행위의 객관적인 면에 대해서 말하는 다음의 동격구가 갖는 의미이다.

둘째, 그들은 **예수 그리스도를 위하여** 곧 그의 재림과 그가 세우실 나라를 위해 **지키심을 받았다**. 그 위대한 날이 도래할 때 그들은 더 이상 두려워할 필요가 없게 될 것이다. 이러한 사상에 대해서는 살전 5:23을 참조하라. 앞서 언급된 **사랑을 받은**이 그러하듯이 여기서 분사('지키심을 받은')는 완료시제로 되어 있다는 것에 주목해야 한다. 이것은 그들이 한 때뿐 아니라 계속하여 하나님의 사랑과 돌보심의 대상이라는 것을 암시한다. 비록 저자의 요지가 우리가 다음 절들을 계속 읽어 볼 때까지는 명백하게 나타나지는 않지만, 저자는 그의 독자들이 받고 있는 하나님의 사랑과 보호하심을 그가 이제 탄핵하려는 불행한 자들의 참상(慘狀)과 은근히 대조시키고 있다.

여기서 성령에 대한 언급이 없는 것을 놀랍게 여길 수도 있다. 벧전 1:2은 본절과 주목할 만하게 대조를 이루고 있다. 그러나 하나님 아버지와 예수 그리스도에 의거한 이위일체론적(two-membered) 교리는 삼위일체론적(three-membered) 교리('하나님 아버지, 예수 그리스도, 성령' -역자 주)만큼이나 신약에 자주 등장할 뿐더러(예 : 롬 4:24; 고전 8:6; 딤전 2:5; 6:13), 이러한 교리는 2세기까지 존속하였다(예 : Ignatius, *Magn*. viii. 2; Irenaeus, *Haer*. iii. 1. 2; 4. 2). 본 서신의 저자는 이러한 구성을 선호하는 것처럼 보이긴 하지만(4절 하반절과 그 주해 및 25절을 보라) 그렇다고 해서 성령의 역할에 대한 무지나 경시를 의미하지는 않는다(19, 20절을 참조하라).

**[2] 긍휼과 평강과 사랑이 너희에게 더욱 많을지어다**

이 인사말에는 수신자들을 위한 축원이 따른다. 이러한 것은 고대 서신에서 하나의 관습이었다. 특히 유대적 전통에 따르는 **더욱 많을 지어다**란 어형에 대해서는 벧전 1:2의 주해를 보라. 바울의 축원은 보통 '하나님 우리 아버지와 주 예수 그리스도로부터 은혜와 평강' 을 위한 것이기 때문에 이러한 기도는 바울의 것과는 약간 다르고 오히려 딤전 1:2; 딤후 1:2; 요이 3절('은혜, 긍휼, 평강')에 가깝다. 이러한 관용적 표현은 명백히 표준화되었던 것이다. 왜냐하면 우리는 유다서와는 전혀 별개의 기록인 '폴리캅의 순교 이야기' 서문(156년경)에서도 거의 동일한 말('하나님 아버지와 우리 주 예수 그리스도로부터 은혜와 평강과 사랑이 더욱 많을지어다')을 발견할 수 있기 때문이다.

어떤 주석가들에 의하면, 이 기도는 1절에 내재된 생각을 나타내는 것으로, **긍휼**은 하나님의 부르심의 효과적인 행위이고, **평강**은 **지키심을 받았음**에 대한 확신에서 오는 영혼의 평온함이며, **사랑**은 **사랑을 받은** 사람들에게 주어지는 자비라고 한다. 그러나 여기서 긍휼은 하나님의 객관적인 선물임이 명백하기 때문에 다른 두 단어에 대해서도 주관적인 해석을 하는 것은 자의적인 것으로 보인다. 이 세 단어는 모두 확실히 하나님의 은혜의 동등한 면들을 나타낸다. **긍휼**은 신약에서 종종 그러하듯이(예 : 롬 15:9; 딛 3:5), 주로 그리스도 안에서 인간을 구원하시는 하나님의 행위에 관련되며, 21절에서처럼 이것은 하나님께서 심판 때에 자비로우시리라는 것을 암시함으로써 종말론적인 어조도 갖고 있는 듯하다. 또한 그리스도인들에게 **평강**은 신자의 내적인 평온보다는, 그리스도께서 자신의 죽으심과 부활로 말미암아 이루신 하나님과 그들의 화해와, 그 결과 최후 멸망으로부터 보호받은 것을 의미한다(벧전 1:2의 주해를 보라). 마찬가지로 이와 같은 문맥에서의 **사랑**은 주로 '우리 주 그리스도 예수 안에 있는 하나님의 사랑' (롬 8:39, 참고. 5:8)을 의미한다. 사람들로 하여금 하나님의 자녀가 되게 하는 것도 바로 이러한 사랑인데(요일 3:1), 그것이 그들에게 **더욱 많아지게** 될수록 그들은 그 안에 거하게 되며 기쁨이 더욱 충만하게 된다(요 15:11).

## 2. 신앙에 대한 위협
## 1:3-4

**1:3-4**

3 사랑하는 자들아 우리가 일반으로 받은 구원에 관하여 내가 너희에게 편지하려는 생각이 간절하던 차에 성도에게 단번에 주신 믿음의 도를 위하여 힘써 싸우라는 편지로 너희를 권하여야 할 필요를 느꼈노니 4 이는 가만히 들어온 사람 몇이 있음이라 그들은 옛적부터 이 판결을 받기로 미리 기록된 자니 경건하지 아니하여 우리 하나님의 은혜를 도리어 방탕한 것으로 바꾸고 홀로 하나이신 주재 곧 우리 주 예수 그리스도를 부인하는 자니라

3 사랑하는 친구들이여, 나는 우리 모두가 함께 누리고 있는 구원에 관해 여러분에게 편지 쓰기를 간절히 원했습니다. 그러나 이제는 여러분에게 편지를 써야 할 다른 이유가 생겼습니다. 그것은 하나님께서 그의 귀한 백성에게 주신 믿음을 여러분이 굳게 지키라는 것입니다. 하나님께서는 이 믿음을 한 번 주셨고, 또 그것은 한 번으로 영원한 것이 되는 것입니다. 4 몇몇 사람들이 몰래 여러분 가운데 들어왔고, 그들은 자기들이 한 짓 때문에 벌을 받게 될 것입니다. 이런 사람에 관해서는 옛 예언자들이 오래전에 기록해 놓았습니다. 그들은 하나님을 반대하고, 하나님이 주시는 은혜를 죄짓는 데 사용하였습니다. 또한 단 한 분이신 통치자, 곧 우리 주 예수 그리스도를 거부하였습니다. _아가페 쉬운성경

**[3] 사랑하는 자들아 우리가 일반으로 받은 구원에 관하여 내가 너희에게 편지하려는 생각이 간절하던 차에 성도에게 단번에 주신 믿음의 도를 위하여 힘써 싸우라는 편지로 너희를 권하여야 할 필요를 느꼈노니**

저자는 간결한 인사말을 끝내자마자 바로 이 편지를 써야만 했던 배경을 설명한다. 그는 가만히 들어온 자들에 의해서, 바른 교리와 윤리에 관한 교회의 전통적인 가르침이 위협을 받는 데 불안을 느낀 나머지 이 서신을 쓰지 않을 수 없었다고 말한다. 그러나 비록 이것이 명백한 사실이라 하더라도, 나는(…할) **필요를 느꼈노니**(I have found it necessary)라는 말을 이끄는 분사절의 정확한 의미를 이해하기란 쉽지가 않다. 위에서 채택된 번역(NEB도 그렇다)에 따르면, **우리가 일반으로 받은 구원에 관하여 너희에게 편지하려는 것**(to write to you about our common salvation), 곧 저자가 원래 의도했던 바는 그들에게 신앙의 전반적인 내용을 명확하게 진술하려는 것이었지만, 이러한 의도는 위급한 상황을 다뤄야 할 긴급한 필요에 의해 중단되었다는 뜻이다. 이와 반대로 많은 학자들은 저자의 말에서 그의 의도의 변경에 대한 어떠한 암시도 발견할 수 없다고 주장한다. 그들은 **일반으로 받은 구원**이라는 어구가 실제로 **단번에 주신 믿음**이란 말과 같은 뜻이라는 것과, 이 두 구(句)가 서로 대조적인 것이 아니라 보완적인 것이라고 지적한다. 저자가 말하려던 것은 단지 "수신자들에게 편지하려는 생각이 간절하던 차에"('being very eager to write to', RSV에서도 그렇다) 위급한 상황의 발생으로 말미암아 더욱 그렇게 하지 않을 수 없게 되었다는 것이다. 이상의 두 해석은 훌륭한 의미를 나타낼뿐더러 구문론적으로도 모두 가능하다. 그러나 전자를 지지하는 입장에서 보면 다음과 같이 주장될 수도 있다. 첫째, 후자의 해석(일반적인 구원과 단번에 주어진 믿음을 동의어로 보는 해석-역자 주)은 문장을 불필요하고 부자연스럽게 반복되게 한다는 것이다. 둘째, 본절에서 **편지하다**란 두 부정사의 시제(전자는 현재, 후자는 부정과거이다)의 차이는 성취되지 못한 전체적인 의도를 성취된 구체적인 행위와 구별하는 것 같다. 셋째, 문장의 구성과 어법은 믿음에 대한 전반적인 소론(小論)과 이를 옹호하려는 단호한 훈계를 대조시키려는 의도로 보인다는 것 등이다. 만일 우리가 이 해석을 받아들인다면 저자가 자기 본래의 계획을 이행하였는지의 여부를 숙고한다는 것은 무익한 일이다. 게다가 여기서 묘사된 상황은 전적으로 실제적이며, 유다서는 일반적인 설교가 아니라 특수한 상황에 따라 작성된 진정한 편지라는, 서론의 3장에서 밝혔던 견해와도 일치한다.

사랑에 넘치는 **친애하는 친구들아**(Dear friends, ἀγαπητόι: 문자적으로는 '사랑받는!' 이것은 1절 하반절에서의 **사랑을 받고**란 말을 다시 거론한 것이지만, 이번에는 하나님의 사랑보다는 저자의 사랑을 강조한 것이다)에 대해서는 벧전 2:11에 관한 주해를 보라. 어떤 해석자들은, 여기서 저자는 **우리가 일반으로 받은 구원**(our common salvation)이라는 말이 유대 그리스도인인 자신과 이방 그리스도인들인 그들이 똑같이 공유하는 구원을 염두에 두었다고 생각한다. 그러나 본 서신에는 그러한 구별에 대한 어떤 다른 언급이 없으므로 이러한 견해는 부자연스럽게 보인다. 그러한 표현은 거의 틀림없이 '우리 모든 그리스도인이 공동으로(in common) 소유한 구원'을 의미한다. 그것은 하나님의 백성으로서의 의식에 따라 유대교가 이해했던 구원의 공동체적 성격을 그리스도 안에서의 친교에 대한 확신에 따라 기독교가 더욱 생생하게 이해하게 된 것을 보여준다. 그리스도인의 구원에 나타난 보편적 성격은, 구원(특히 신비종교들을 참조하라)이 개인의 사적인 경험에 매여 있는 헬라의 개인적 경건주의와는 뚜렷한 차이를 보여 주고 있다. 다른 한편 우리는 '구원'(*σωτηρία*)에 대한 (본 서신의) 저자의 개념과, 베드로전서와 바울 서신에서 발견되는 구원의 개념 간의 현저한 차이를 지각할 수 있다. 베드로전서(1:5의 주해를 보라)에서 우리는 "말세에 나타내기로 예비하신 구원"이란 말을 읽게 되며, 바울 서신(예 : 롬 5:9; 13:11; 고전 5:5; 빌 1:28; 딤후 2:10)에서도 구원의 종말론적인 면이 매우 두드러지게 나타나 있다. 이와는 대조적으로 **우리가 일반으로 받은 구원**이란, 그리스도인들이 바로 지금 여기, 즉 현실에서 참여하는 어떤 것을 의미하는 것 같다. 이것은 '우리가 공유하는 기독교'란 말과 거의 같은 뜻이다.

**나는** (…할) **필요를 느꼈노니**(I have found it necessary)에서 헬라어 동사는 부정과거(*ἔσχον* : 문자적으로는 '**나는** …할 필요를 가졌다', 혹은 '받았다')이며, 따라서 이것은 현재진행분사 (편지하려고) **갖은 노력을 하는 중에**(making every effort)와 대조를 이룰뿐더러, 3절 상반절에 대한 해석을 지지한다. 저자는 이러한 마음 상태에서 그의 독자들에게 그들의 신앙(여기서 명사는 여격인데 이러한 경우는 싸움의 상대방이나 싸우는 사람이 쓰는 도구를 의미할 수 있지만, 여기에서는 명백히 사람을 위해 싸우는 목적 또는 대의를 의미한다 : 참조. Plutarch, *Mor.* 1075d)을 **위해 싸우라고 호소**하게 되었다. 동사(*ἐπαγωνίζεσθαι*, '위해 싸우라.' 이 단어는 신약 중 여기에만 나온다)의 어조는 매우 강한데, 이 동사와 같은 어원의 어휘들로 묘사되는 상황은 전쟁이 아니라 운동 경기, 곧 레슬링이나 기타 경기에서의 시합이다. 이러한 비유는 '믿음의 선한 싸움'

(the noble contest of faith : 딤전 6:12)과 바울이 자신의 싸움을 '선한 싸움'(the noble match : 딤후 4:7)이라고 표현하는 목회 서신들에서 더욱 생생하게 나타나며 생동감이 넘친다. 사도 바울은 그의 서신에서 그리스도인의 삶(고전 9:24-27; 엡 6:10-17)이나, 사도의 소명 자체에 대한 엄격한 요구들(골 1:29)을 깊이 인식시키기 위해 투기장, 육상 경기장이나 전장(戰場)을 연상시켜서 설명한다. 그러나 이러한 이미지들이 특별히 기독교적이라고는 할 수 없다. 헬라의 작가들(예 : Plutarch, *Mor.* 593de)은 덕 있는 삶을 격렬한 훈련과 경기자들의 고된 시합에 곧잘 비유하곤 했다. 헬라주의 유대교 문학에서도 경건한 이들이 이 세상에서 계속해야만 하는 투쟁을 생생하고도 의식적(意識的)으로 경기에 관한 용어로 부단히 묘사한다(예 : Wis. iv. 2; Ecclus. v. 28; 2 Macc. xiii. 14; 4 Macc. xi. 20; xvii. 10-16; Philo, *Agric.* 102, 119). 그러나 본절에서처럼 내재된 이미지는 완전히 사라지거나 실제 전투의 이미지로 바뀌는 경우가 많았다. 이 구절에 대한 명백한 유사 문장은 빛의 아들들(the Sons of Light), 곧 선택받은 공동체로서 어둠의 아들들(the Sons of Darkness)과의 맹렬한 전투에 참전하는 것으로 생각했던 쿰란 종파의 문헌에도 나타난다(1QM 참조).

그들이 이 싸움에서 지켜야 할 것은 **성도에게 단번에 주신 믿음**이다. 이것은, 위에서 언급했던 **우리가 일반적으로 받은 구원**이란 말과 관련하여 생각해 볼 때 기독교 신앙에 대한 본 서신 저자의 개념에 정확성을 더해 주는 실로 중요한 표현이다. 여기서 **믿음**은 명백히 그리스도에 대한 신자의 반응(the *fides qua creditur*)이 아니라, *fides quae creditur*, 곧 교회 안에서 바른 교리(orthodox)로 받아들여진 구원하는 믿음의 메시지, 혹은 그 본체로 이해되어야 한다. 더욱이 이것(믿음)은 **성도에게**(τοῖς ἁγίοις: 문자적으로는 '거룩한 자들' -벧전 1:15 이하에 관한 주석을 보라), 곧 초기 기독교의 관용어로는 '교회의 지체들에게'(행 9:32; 롬 8:27; 15:26 등) **단번에**(이 단어가 5절에서 다시 사용되고 있음을 참조하라) **전하여졌다**(has been delivered). 즉 전달의 개념으로 '넘겨졌다'(handed down), '맡겨졌다'(committed), 혹은 '위탁되었다'(entrusted)라는 단어와 함께 교회 안에서 사용되었다. 환언하면, 기독교는 계시된 가르침의 체계로서 자체의 본질상 불변적이며 규범적이라 간주된다(이것이 단번에라는 말의 취지이다). 믿음의 권위 있는 원천이 하나님 자신으로 생각되는지, 아니면 사도들로 생각되는지의 여부가 얼른 보아서는 명백하지가 않다. 그러나 후자가 정확한 해석으로 보이는데(17절을 참조하라), 이는 신약에서 교의의 '인도'(引度)나 전달의 대행자는 언제나 인간이기 때문이다(예 : 눅 1:2, 행 16:4, 롬 6:17, 고전 11:2, 살후 2:15, 3:6, 딤후 2:1 이하).

이러한 견해가 초기의 신약 단계에는 결코 생소한 것이 아니다. 왜냐하면 교회에 위탁되고 전하여진 권위 있는 메시지인 복음, 그 자체에 대한 그러한 전통적인 사상은 처음부터 기독교에 있어서 불가결한 것이었다는 사실이 명백하기 때문이다. 예컨대 일단 바울의 서신들을 분석해 보면 그것들이 얼마나 전통적인 자료들로 가득 차 있는지가 드러난다. 더욱이 바울은 믿음이란 것을 신앙의 내용의 객관적인 의미로 사용할 준비가 되어 있으며(예 : 롬 10:8; 갈 1:23; 6:10), 전통에 호소할뿐더러(예 : 고전 11:23; 15:1), 권위 있는 가르침에 대한 충성을 명한다(롬 16:17; 고전 11:2). 그럼에도 불구하고 이러한 전통적이며 규범적인 면에 대한 강조가 시간이 경과함에 따라, 그리고 '이단' 교의의 출현으로 인하여 끊임없이 강화된다는 것은 부인될 수 없다. 그러한 면은 바울이 노년에 직접 또는 대필시켜 저술한 목회서신(예. 딤전 1:3; 4:6; 딤후 2:2; 4:3; 딛 1:9)에서 훨씬 더 뚜렷하게 나타난다. 매우 유사한 20절에서의 "너희의 지극히 거룩한 믿음"이란 말로 지지되는 본절은 매우 간결하며 명확히 정의되고 권위 있게 전하여져 쌓인 교회의 메시지에 대한 더욱 공식화된 견해를 전제로 하는 것 같다.

**[4] 이는 가만히 들어온 사람 몇이 있음이라 그들은 옛적부터 이 판결을 받기로 미리 기록된 자니 경건하지 아니하여 우리 하나님의 은혜를 도리어 방탕한 것으로 바꾸고 홀로 하나이신 주재 곧 우리 주 예수 그리스도를 부인하는 자니라**

왜 전통적인 사도적 신앙의 방어가 불가피하게 되었는가? 이는 믿음의

도를 왜곡하고 부식시키는 어떤 사람들이 은밀히 들어왔기 때문이다. **어떤 사람들**(*τινες ἄνθρωποι*: 갈 1:7, 2:12에서 *τινές*에 대한 바울의 용법을 참조하라)이라는 말에는 경멸적인 어조가 있다. 여기서 저자는 특정한 개인들을 의중에 두고 있지만, 또한 그의 마음속에는 전절(3절)에서의 **성도**와의 의도적인 대조가 있는 듯하다. 여기서 동사 **가만히 들어왔다**(smuggled themselves in), 혹은 '기어들어 왔다'(NEB: *παρεισεδύησαν*, 바티칸 사본은 이 헬라어를, 통상적인 용법으로 교정한 듯한 *παρεισέδυσαν*을 쓰고 있지만, 여기서는 이보다 *παρεισεδύησαν*이 채택되어야 한다)는 이들이 그 공동체들에 들어와 앉아 있는 간섭자들(*Eph*. vii. 1; ix. 1에서 이그나티우스가 언급하는 자들과 같은, 어쩌면 돌아다니는 훼방꾼들)이라는 것을 나타낸다. 그들은 분리주의 종파를 형성하기보다는 그들의 이단적인 견해들을 퍼뜨리려 하고 있으며(그들이 교회 내에서 활동하고 있다는 것은 12절에서 명백하다), 또한 모종의 영향력을 행사하고 있다는 것도 저자의 명백한 우려를 통해서 읽을 수 있다. 그 상황은 갈 2:4과 유사한데, 거기서 바울은 "이는 가만히 들어온 거짓 형제들 때문이라 그들이 가만히 들어온 것은 그리스도 예수 안에서 우리가 가진 자유를 엿보고 우리를 종으로 삼고자 함이로되"라고 말한다. '공인된' 교회가 권위 있는 가르침으로 생각하는 것을 곡해하고 사람들을 탈선시키는 이와 같은 혁신주의자들이 2세기뿐 아니라, 1세기의 교회 내에서 계속되는 문젯거리였던 것 같다. 다음의 절들을 참조하라. 고후 11장(특히 5절에서 '지극히 크다는 사도들'에 대한 언급) ; 빌 3:2('개들을 삼가고 행악하는 자들을 삼가라') ; 딤후 3:6('남의 집에 가만히 들어가 어리석은 여자를 유인하는 자들') ; 벧후 2장 ; 요일 4:1('많은 거짓 선지자가 세상에 나왔음이라') ; 요이 7절('많은 미혹자…') ; 요삼 9절('으뜸되기를 좋아하는 디오드레베').

저자는 이들의 과오를 언급하기도 전에, 수신자들에게 매우 강력히 그들을 조심하라고 권한다. 따라서 저자는 그들이 **오래전에 이 판결을 받기로 예정되었다**고 노기에 찬 어조로 선언한다. 그들은 이미 정죄받은 자들이며 선한 그리스도인들도 그들로 인해 위기에 처해 있다는 것이다. 여기서 **판결**(심판)은 확실히 그들을 기다라는 무서운 운명이지만, **이**(this)란 한정 형용사가 이해하기에 난해하다. 어떤 해석자들에 의하면 회고적인 것으로 4절 하반절과 관련되는데 거기서 바른 교리의 옹호자들에 의한 이단들의 패배가 넌지시 암시된다는 것이다. 그러나 this에 대한 이와 같은 추론은 지나친 것이다. 오히려 이 한정 형용사(this)는 벧전 3:9(주해를 보라)에서처럼 장차 올 사건을 묘사한 것임에 틀림없다. 그러나 이러한 경우에서도 그것이 아주 분명하다거나 정확한 참조라고 볼 수는 없다. 그들에 대한 최후의 유죄 판결이 15절에서 정식으로 진술되지만, 이것은 너무 동떨어져 있다. **이 판결**이란 말은, 기자가 5-7절과 15절에서 묘사하게 될, 그리고 이미 저자의 상상을 선점하고 있는 죄인들에 대해 하나님께서 준비해 두신 엄한 형벌을 막연하고도 추상적인 방법으로 지적하고 있다. 따라서 본절의 문장은 부주의하게 씌어졌다는 것이 가장 그럴 법한 설명이다.

**옛적부터 … 미리 기록된 자**란 표현도 난제이다. 새 영어 성경(NEB)은 헬라어 본문이, 어쩌면 롬 15:4에서와 동일한 단어(무엇이든지 전에 기록된 바)를 사용하고 있다는 것에 근거하여 '성경이 오래전에 기록한 자' (whom scripture long ago marked down)이라고 번역하고 있지만, 바울이 이 단어를 '성경' 으로 해석했을 때는 특정한 성경을 의미하는 것이지, 일반적인 의미의 '신성한 책들' (sacred texts)을 참고한 것이 아니다. (NEB는 일반적인 의미를 취해서 번역했다-역자 주.) 이제 대다수의 사람들이 유다서는 베드로후서보다 연대적으로 앞선다는 것을 확신하고 있는 이상, 벧후 2:1-3에서 거짓 선지자들과 선생들에 대해 선고된 멸망에 대한 예언을 저자가 상기시키고 있다는, 한때 널리 받아들여진 견해는 이제 거부되어야 한다. 여기서 저자가 성경(예: 행 20:17 이하에서 밀레도 장로들에 대한 바울의 경고)에서든, 그 외 다른 곳에서든 사도들에 의한 유사한 예언들을 생각하고 있다는 더욱 최근의 설도 다음과 같은 이유들에서 받아들일 수 없다. 첫째, 그러한 언급은 부연 설명 없이는 이해할 수 없으며, 둘째, 만일 그러한 경우라면 그는 구태여 '오래전에' 라고 기록하지 않았을 것이기 때문이다. 보통 **오래전에**(long ago)를 의미하는 이 부사가 구어체(口語體)로는 단기간을 뜻하지만, 이러한 구어체 용법이 여기에서는 부적절하게 보인다. 그러므로 우리는 다음과 같은 대립되는 두 해석 중 하나를 택일해야만 한다. 첫째, 저자의 요점은, 이 '현대주의자들'의 이름이 유대 사상에 따르면 오래전에 천상의 책에 쓰여지고 기록되었으며 하나님은 선악 간에 개인의 운명을 입력해 놓으셨고(시 69:28; 139:16; 사 4:3-문자적으로는 '생명으로 기록된'; 렘 22:30; 단 7:10; 말 3:16), 유대인 계시록 저자들(특히 다음과 같은 것들을 참조하라. Test. Ash. vii. 5; Apoc. Bar. xxiv. 1; 1 En. lxxxix. 62-71, cvi. 19: cviii. 7)은 이러한 상상에 매료되었다. 이에 대해서는 SB Ⅱ, 169-174; Ⅲ, 840; TWNT I, 772를 보라. 본절은 단지 구약과(에녹 1서를 포함하여) 다른 성문서들에서 언급될뿐더러, 특히 유 5-7, 9, 14절에서 구체적으로 묘사된 경고에 의해 예증되는 행악자들과 모독자들에 대한 명백한 탄핵에 관련되는 것이므로, 천상의 책들에 대한 그러한 사상은 어쩌면 잘못된 것일지도 모른다. 두 가지 주석 모두가 받아들일 만한 것이지만, 알렉산드리아 클레멘트의 것(*Adumb. in ep. Iud.*: 'praedestinati erant in iudicium')이기도 한 전자의 주석이 좀더 나은 것 같다. 첫째, 저자는 14절에서 에녹 1서 1:9을 인용하고 있기 때문에 에녹 1서에 특히 친숙하며, 천상의 책들이 그곳에서 자주 언급된다. 둘째, 이러한 해석은 동사('미리 기록하다')에 의해 지지되고 있는데, 이 동사는 추방된 사람들의 이름을 목록에 기재한다는 전문적인 의미를 갖고 있다(예 : Polybius, *Hist.* xxxii. 5. 12; 6. 1; Lucian, *Tim.* 51: 또한 1 Macc. x. 36을 참조하라. 거기서 이 동사는 군에 입대하는 것을 의미한다). 이 동사는 전치사 '…쪽으로'(to)나 '…(을) 향하여'(for)와 함께 '추방하다'(proscribe)를 의미할 수 있다(Appian, *Bell.* civ. iv. 1. 1). 셋째, 천상의 책들에 이름이 기재되어 있다는 개념이 신약의 저자들 중에 널리 퍼져 있었다(예: 빌 4:3; 계 20:12). 그러나 이에 대한 심각한 반론은, 오래전에(*πάλαι*)라고 보통 번역되는 이 단어가, (알렉산드리아의 클레멘트나 칼빈에 의해서 받아들여졌던) 시간 전, 즉 태초의 하나님의 계획이 아니라 먼 과거, 곧 인간 역사(예 : 히 1:1)에서의 어느 시대를 가리킨다는 것이다. 시간 전이라는 의미를 가지는 것은 하여간 부적절하게 보인다. 본문은 그 이름들이 '천상의 책들' 에 태초에 기재되었다는 것을 주장하지도 않을뿐더러, 그 이름들이 언제 기재되었는가에 대해서도 언급하지 않는다.

이러한 준비 단계 후, 저자는 그러한 위험스러운 간섭자들을 간결하고도 함축성 있게 묘사하기 시작한다. 저자는 그들이 **경건하지 않은 사람들**이라고 주장하며, 다소 일반적인 그 특징의 내용을 두 절로 상세히 설명한다. 첫째, 그들은 **우리 하나님의 은혜를 방탕한 것으로 바꾸었다.** 저자는 **은혜**(*χάριτα*; *χάριν*이라는 전치사 대신 쓰인 이 생소한 목적격에 주목할 만하다)란 말로서 '하나님의 자녀들의 영광스러운 자유' (롬 8:21, 참조. 고후 3:17)를 표현하는데, 그리스도인은 자기의 죄를 사함 받고, 율법으로부터 해방되며, 하나님의 자녀가 된 결과로 이러한 자유를 누린다. **방탕한 것**(*ἀσέλγεια*)이라고 번역된 명사는 헬라의 윤리학에서처럼, 호색(sensuality) 혹은 방탕(debauchery, 예 : 막 7:22; 엡 4:19; 벧전 4:3)을 의미하며, 때로는 더욱 특별히 성적 방종(롬 13:13; 고후 12:21; 벧후 2:2, 7, 18)을 의미한다. 이러한 것은 그들이 일종의 도덕률 초월론의 죄를 범하고 있다는 사실을 암시한다. 이 죄에 대해서는 바울이 자신의 수신자들에게 반복하여 경계시켰다(롬 3:8; 4:1, 15; 갈 5:13; 그리고 벧후 2:16과 그 주해를 보라). 이는 율법의 행위가 아니라 하나님의 은혜로 말미암아 믿음으로 의롭게 된다는 칭의에 관한 바울의 가르침을 오해하거나 곡해하는 데서 기인된다. 이러한 도덕률 초월론이 육신을 경시했던 이원론적인 교의와 결합되어 2세기 영지주의의 특징이 된다. (특히 Irenaeus의 *Haer*. i. 6. 2-4에서의 상세한 설명을 참조하라. cf. Hippolytus, *Ref.* vi. 19; Clement Alex., *Strom*. iii. 30.) 여기서 비판받는 행악자들은 초기의 영지주의자들이라는 해석이 가능하다. 19절(주석을 보라)이 이러한 견해를 암시하고 있다. 그러나 믿음 안에서의 특권적인 지위로 말미암아 일반인들을 구속하는 윤리를 초월할 수 있다는 교만하고 불경한 생각은 다양한 전제를 배경으로 해서 모든 시대에 그 모습을 드러내 주고 있다.

두 번째 비난은 그들이 **홀로 하나이신 주재와 우리의 주 예수 그리스도**

**를 부인**한다는 것이다. 즉 하나님 아버지와 그리스도(RV, RSV, NEB의 각주에 첨가된 번역)를 부인한다는 것이다. "우리의 유일한 주재와 주 예수 그리스도"(AV, RV, RSV, NEB)라는 번역과 각주에 있는 번역은 어느 것을 취하더라도 어학적으로는 가능하며, 두 번역 중 어느 것이 더 정확한 것인지도 판단하기 힘들다. **유일한 주재**(only Master) 앞에 정관사가 있고 **우리 주 예수 그리스도** 앞에는 없다는 사실이 이 표현들 모두 한 위격(person)에 적용된다는 것을 암시하는 것처럼 보일지도 모르지만, 그러한 논법은 타당하지 않다. 정관사가 '하나님', '주' 등의 말 앞에서는 종종 생략되기 때문이다(5절; 엡 5:5; 살후 1:12; 딤전 5:21; 딛 2:13). 더욱 중요한 점은 본절을 모방한 벧후 2:1에서는 명백히, **주재**(Master)를 그리스도에 관련되는 것으로 이해하였다는 것이다. 어쨌든 이 구절이 쓰여진 이래 지금까지 이 모호성은 해결되지 않고 혼란을 일으키고 있다. 본서에 채택된 설명을 지지하는 몇 가지 고려사항을 살펴보자. 첫째, 초기 기독교 자료에서 유일한(*μόνον*)과 주재(*δεσπότην*)는 특히 함께 쓰일 경우 당연히 하나님을 암시한다. '유일한 하나님'(Only God), '유일한 주재'(Only Master) 등은 기독교 저작들에서는 물론 유대교 저작들에서, 다신론 혹은 가이사 숭배(Caesar-Worship)와는 뚜렷이 구별되는 유일신론을 나타내는 표준적인 관용 표현이었다(예 : 25절; 요 5:44; 17:3; 롬 16:27; 딤전 1:17; Josephus, *Bell. Iud.* vii. 323; *Ant.* xviii. 23; Philo, *Mut. nom.* 22). **주재**(Master)란 말이 신약의 벧후 2:1 외에는 어디에서도 그리스도를 의미하지 않으며, 이 말이 특히 예배식적(liturgical)이거나 의식적(儀式的)인 어조의 본문에서는 하나님에 대한 통상적인 표현이었다(예 : 눅 2:29; 행 4:24; 계 6:10; *1 Clem.* lix. 4; lx. 3; lxi. 1; *Did.* x. 3; Justin, *1 Apol.* lxi. 3). 둘째, 그리스도를 **주재**(Master)와 **주**(Lord)로 묘사하는 것은 중복적인 것으로서 전례가 없는 것이다. 셋째, 우리가 1절에서 주목했듯이, 저자는 이위일체론적인 표현을 좋아하는 것 같다. 넷째, 에녹 1서 48:10에는 어법과 의미에서 주목할 만한 유사절이 있는데('그들은 영들의 주와 그의 기름부으신 자를 부인하였다'), 유다서 저자가 에녹서를 잘 알고 있었기에 이 표현을 골라쓴 것일 수도 있다. 여러 사본들과 수리아어 역본이 주재 다음에 '하나님'이란 말을 삽입함으로써 본절을 이러한 식으로(에녹 1서 48:10처럼-역자 주) 이해하였다는 것은 주목할 만하다.

그들은 하나님과 그리스도(혹은 그리스도, 유일한 주재이신 그리스도-역자 주)를 어떻게 부인하는가? 많은 해석자들에 의하면 그들은 단지 윤리적인 타락에 의해 부인하는데, 이 '부인'은 하나님과 그리스도 혹은 그리스도에게 순종하는 대신에 복음이 정죄하는 삶의 노선을 따르기를 택하였기 때문에 하나님과 그리스도에 대한 부인에 상응하는 것이다. 본절과의 유사절에 대해서는 딛 1:16("그들이 하나님을 시인하나 행위로는 부인하니…")을 참조하라. 그러나 3절에서의 교의적인 순수성에 대한 저자의 관심, 그가 8절에서 가하는 비난과 25절의 '유일하신 하나님'에 대한 강조로 미루어 볼 때, 그들의 부인(denial)이 교리에 대한 어떤 종류의 변질을 내포하였다고 생각할 수밖에 없다. 우리는 본절을 요일 2:22 이하와 비교해 볼 수 있는데, 거기서 아버지와 아들에 대한 '부인'은 결함이 있는 기독론이다. 이러한 교리적 변질에 대한 추정은 이 사람들이 영지주의적인 경향을 띠고 있었다는 본 서신의 다른 곳(특히 19절을 참조하라)에서의 암시들에 의해 지지된다. 왜냐하면 영지주의는 지고의 하나님(the Supreme God)과 조물주(the Demiurge) 곧 창조주 하나님(creator-God)을 구분하고 육신을 경시하여, 엄격한 유일신론과 성육신의 실재성을 부정하였기 때문이다. 그러나 본 서신에는 그러한 특징적인 면모에 대한 직접적인 암시가 전혀 없을뿐더러, 근본적인 유일신론과 기독론에 대한 어떤 종류의 곡해가 함축되어 있기는 하지만 증거가 너무 희박하여 정확히 어떤 형태를 취하였는지는 알 수 없다.

# 3. 잘 알고 있는 실례 세 가지 1:5-7

**1:5-7**

5 너희가 본래 모든 사실을 알고 있으나 내가 너희로 다시 생각나게 하고자 하노라 주께서 백성을 애굽에서 구원하여 내시고 후에 믿지 아니하는 자들을 멸하셨으며 6 또 자기 지위를 지키지 아니하고 자기 처소를 떠난 천사들을 큰 날의 심판까지 영원한 결박으로 흑암에 가두셨으며 7 소돔과 고모라와 그 이웃 도시들도 그들과 같은 행동으로 음란하며 다른 육체를 따라 가다가 영원한 불의 형벌을 받음으로 거울이 되었느니라

5 여러분도 이미 다 알고 있겠지만, 다시 한 번 기억을 떠올려 보십시오. 주께서 자기 백성을 이집트에서 구해내셨지만, 믿지 않는 자들은 나중에 다 멸망시키셨습니다. 6 또 힘과 능력이 있던 천사들도 자기가 해야 할 일을 하지 않고 마음대로 행하자, 이 천사들을 영원한 쇠사슬에 묶어 마지막 심판날까지 어둠 속에 가두어 두셨습니다. 7 소돔과 고모라, 그리고 그 주변 도시들은 어떠했습니까? 그들 역시 하나님께 순종하지 않은 천사들처럼 행했고, 온 마을이 성적인 죄로 뒤덮여 있었습니다. 그래서 그들은 다음 세대를 위한 본보기로 영원한 불의 심판을 받게 되었습니다. _아가페 쉬운성경

여기서 저자는 이른바 혁신주의자들의 오류들을 약술하면서 가공할 만한 심판이 그들을 기다리고 있다는 사실에 대하여 의문의 여지를 남기지 않는다. (저자는 동요하는 자들의 마음을 확고하게 해야 했다.) 그러므로 저자는 하나님의 은혜를 누리고도 반역적이며 방종에 빠졌던 자들을 하나님께서 어떻게 취급하는지에 대해서 고전적인 세 가지 실례를 든다. 저자는 그의 수신자들이 이미 충분히 잘 알고 있는 사실들을 상기시키는 것에 대해 양해를 구하는 것으로 시작한다.

**[5] 너희가 본래 모든 사실을 알고 있으나 내가 너희로 다시 생각나게 하고자 하노라 주께서 백성을 애굽에서 구원하여 내시고 후에 믿지 아니하는 자들을 멸하셨으며**

수신자들의 지식에 관한 저자의 이와 유사한 찬사가 신약의 서신들(롬

15:14; 살전 4:9; 벧후 1:12; 요일 2:21, 27)과 신약 외에 초기 기독교도들의 서신들(*1 Clem.* liii. 1; *Barn.* i. 2ff.; Ignatius, *Eph.* iii. 1; viii. 1)에서 자주 나온다. 그러나 여기에서는 관례적인 예의보다 깊은 의미를 갖고 있다. 그 수신자들은 '모든 사실을 안다'(*πάντα*). 그들의 지식은 이제 인용될 신성한 역사로부터의 경고적인 이야기뿐 아니라 하나님의 충만한 계시와 그리스도인이 필요로 하는 모든 것을 포함한다. 더욱이 이 구원의 지식은 **단번에**(3절을 보라. 몇몇 주요 사본들이 자연스러운 독법을 위해 이 부사를 다음 절의 that 뒤에 놓지만, 본문의 배열이 바른 배열이다) 획득된 것이다. '전통'은 '기억하기'와 '상기시키기'라는 관련된 개념과 더불어(예 : 눅 24:8; 요 12:16; 14:26; 롬 15:15; 고전 11:2; 딤후 2:8, 14; 딛 3:1; 벧후 3:1) 구약과 신약 종교의 필수 요소였고, 역사 속에서 구원하시는 하나님의 행위에 근간을 두고 있다(참고. TWNT IV, 678-682). 그러나 3절 하반절에서처럼 여기서 우리는 사도적인 믿음은 사람들에게 결정적으로 주어진 것으로 결코 변개될 수 없는 완전체라는 한층 단호한 주장을 접하게 된다. 요일 2:20에서처럼 "너희는 … 모든 것을 아느니라"란 말에는 그러한 사도적 믿음이 참되고도 결정적인 지식이며, 거짓 선생들의 가르침은 헛되다는 암시가 내포되어 있는 것 같다.

첫 번째 실례는, 하나님께서 일찍이 애굽에서의 속박으로부터 구하여 낸 이스라엘 백성 중에서 불신하는 자들을 광야에서 멸망시키신 사건이다. **주께서 자기 백성을 애굽 땅에서 구원하여 내신 후 그 다음 믿지 아니하는 자들을 멸하셨으며.** 비록 이러한 번역이 본문을 거의 정확히 옮긴 것이긴 하지만, 본절에 대해서는 중요한 여러 독법들이 있다. 첫째, 위에서 진술하였듯이 시내 사본을 포함해서 몇몇 사본들은 앞 절의 *ἅπαξ*('단번에')를 이 절로 옮기는데, 그 사본들이 그렇게 하는 동기는 부분적으로는, 어색한 **그 다음**(next time : 다음 문단을 보라)이란 말을 완화시키기 위한 것이다. 그러나 *ἅπαξ*는 '연속된 것 중에서 한 번'이 아니라 '오직 한 번'을 의미하며(3절), '단번에 주신 믿음'을 '너희가 모든 사실을 단번에 아느니라'에 비교하여 균형을 맞추려는 시도임에 틀림없다. 둘째, Clement Alex., a corrector of C와 Philoxenian Syriac을 포함해서 몇몇 전거(典據)가 되는 문서들은 주(κύριος, 여기에는 정관사가 있는 것도 있고 없는 것도 있다) 대신에 '하나님' (ὁ θεός)이란 말을 사용한다. 전거가 되는 다른 문서들(오리겐, 알렉산드리아 사본, 바티칸 사본, 여러 초서체 사본들과 초기의 역본들)은 이보다 훨씬 더 흥미로운 '예수' 라는 말을 사용한다. 한편, Pap. 72는 두 전통을 융합시켜 '하나님 그리스도' (θεός Χριστός)라 되어 있다. 어떤 비평가들은, '예수' 란 말은 '여호수아' (NEB에서도 그렇다)를 가리킬지도 모른다는 가능성이나, 또는 사도 시대의 기독교 저작자들이 선재하는 그리스도를 구약 시대의 사건들에서 활동하신 것으로 인식(요 12:41; 고전 10:4, 9; 히 11:26; 벧전 1:11-주해를 보라)하려는 열망을 지적함으로써 '예수' 란 말을 지지하지만, 이러한 것이 원래의 독법이었던 것 같지는 않다. 여호수아에 대해서 말하자면 이스라엘인들을 애굽에서 이끌어 내어 그들을 멸망시켰던 장본인이 아니었다. 그리스도에 대해서 말하자면, 광야에서 불평자들을 벌하셨던 자(Hc)가 다음 절에서 타락한 천사들을 가두어 두셨던 것으로 선언되지만 그리스도가 이러한 일을 하셨다는 증거는 전혀 없다. 벧후 2:4은 명백히 그러한 일을 하나님이 하신 것으로 말한다. 가장 개연적인 해결법은 여기서 저자는 주(κύριος : 아마 관사가 없었을 것이다)란 말로써 (9절에서처럼) 하나님을 의미하고 있기 때문에 이것('주')이 원문의 본문이지만, 어떤 집단에서는 방금 언급된 그리스도의 선재성에 대한 관심과 여호수아/예수의 예표론의 영향으로, 신약에서 가장 많이 '주' 로 지칭되었던 예수를 나타내는 것으로 해석하는 경향이 갈수록 더 높아졌다. 이에 대해서는 "우리의 조상들을 애굽에서 인도하여 내시기도 한 예수" 라고 말한 저스틴(Justin. *Dial.* cxx. 3)을 참조하고 또한 알렉산드리아의 클레멘트(Clement Alex., *Paed.* i. 60. 3; Origen, *Hom. in Ex.* xi. 3; *In lib. Iesu nave hom.* i. 1)에 의한 동일한 사상의 묘사를 참조하라.

하나님의 보응에 대한 실례는 민 14:1-38; 26:64에서 잘 설명되고 있다. 그 후 경고를 위해 이 사실을 적용한 경우에 대해서는 시 95:10; 집회서 16:9; 고전 10:1-13; 히 3:7-4:10을 참조하라. 그 백성은 모세의 능력과 하나님의 약속들에 대한 믿음이 없었기 때문에(민 14:11, 신 1:32), 곧 믿지 않았기 때문에 '불평하였고', 이십 세 이상된 자는 그 벌로 여호수아와 갈렙 외에는 모두 전염병으로 멸망하였으며, 그 두 사람만이 생존하여 약속의 땅에 들어갔다. 여기서 우리를 어리둥절케 하는 다음에(next time, 한글 성경에는 '후에' 라고 번역되었음–역주)란 말은 헬라어 *δεύτερον*, 문자적으로는 '두 번째'(the second time)를 나타낸다. 하나님은 자기 백성을 애굽에서 오직 한 차례 구원하여 내시고 그때에 그들을 오직 한 차례 멸하셨기 때문에, 학자들은 이러한 난제를 A.D. 70년 예루살렘의 멸망을 실례로 들어 해결하려고 시도해 왔다. 어떤 주석가들에 의하면 '두 번째' 란 말은 구원하여 내었다(had saved)와 함께 해석되어야 하는데, 이는 이 둘째 구원이 A.D. 70년 예루살렘에서의 그리스도인 공동체의 구원을 말하기 때문이라는 것이다. 다른 해석자들에 의하면 이것('두 번째')은 멸망시켰다(destroyed)와 함께 이해되어야만 하는데, 이 두 번째 멸망이 메시아를 인정하기를 거부했던 그 성에 거하던 유대인들의 멸절을 의미하기 때문이라는 것이다. 그러나 이 두 주석은 실로 무리하고도 불필요한 가정으로서, 저자의 사상과는 거리가 먼 것이다. 곧 광야에서 그 선민에게 가하여졌던 보응은 저자가 즉시 적용할 수 있었던 표준적인 실례였다. '두 번째' 란 말은 명백히 멸망시켰다에 부속된다. 이는 '주께서 자기 백성을 애굽에서 구원하여 내심의 사실' 을 첫 번째로 여겼다는 것이며, 이러한 사실은 명백히 나타나 있진 않지만 충분히 암시되어 있다. 그래서 우리는 '두 번째' 란 말을 '다음에 그가 이스라엘 역사에 개입하셨을 때'(when next He intervened in Israel's history)라고 이해할 수도 있다.

**[6] 또 자기 지위를 지키지 아니하고 자기 처소를 떠난 천사들을 큰 날의 심판까지 영원한 결박으로 흑암에 가두셨으며**

저자는 두 번째 실례로서, '자기 지위를 지키지 아니하고 자기 본래의(proper) 처소를 떠난 천사들' 의 운명을 제시한다. 창 6:1–4에 따르면 이들은 '사람의 딸들' 의 매력에 끌려 그들과 결혼한 '하나님의 아들들' 이다. 후기 유대 사상에서(유다가 이를 따르고 있다) 그 전설이 환상적인 이야기(참고. 벧전 3:19에 관한 주해를 보라)로 발전되었는데, 여기서 '하나님의 아들들'이 천사들과 동일시되고 있다. (70인역의 알렉산드리아 사본에서도 그렇다.) 창세기에서의 간결한 이야기들이 풍부한 내용으로 확대되어 초기 교부들에 의해 채택되고 쉽사리 적용되었다는 것은 주목할 만하다(예 : Justin. 2 *Apol.* v. 3; Irenaeus, iv. 36. 4; Tertullian, *De idol.* ix. 1; *De cult. fem.* i. 2; *Apol.* xxii. 3; Clement Alex., *Paed.* iii. 2. 14; *Strom.* iii. 7. 59). 이 천상의 존재들은 하나님에 의해 허락된 **지배권**(ἀρχή : 이 명사는 '처음' 혹은 AV가 번역하고 있듯이 '최초의 지위'를 의미할 수 있지만, 이것이 본절에서는 적당치 못하다)을 소유하였으며, 신약에서 그들은 실로, '권세', 혹은 '권세와 권능'(롬 8:38; 골 2:15; '권세'에 대한 헬라어는 ἀρχή이다) 또는 '세상 주관자들'(엡 6:12)과 같은 칭호로 언급된다. 그들에게 이러한 칭호들을 붙이게 된 근거는, 세계 열방이 그들에게 주어졌고(70인역의 신 32:8), 우주 곧, 해, 달, 별 등의 천체 운행이 그들의 감독하에 있다(예 : 1 En. lxxii–lxxxii)는 믿음 때문이었다. 따라서 그들은 **자기 본래의 처소**를 갖고 있었는데 이것이 에녹 1서 12:4(참고. 15:3, 7절)에서 '높은 하늘, 거룩하며 영원한 곳'('the high heaven, the holy, eternal place')으로 묘사된다. 그러나 그들 중 '사람의 딸들에 대해 육욕을 품었던' 자들(에녹 1서 6:6에 따르면 모두 200명)은 **자기 지위**를 지키지 않았을뿐더러 **처소**를 저버리는 죄를 범하였다.

하나님께서는 그 벌로써 그들을 **큰 날의 심판을 대기하는 중에 영원한 사슬로 흑암에 가두셨다**. 그들에 대한 벌이 창 6:1–4에서 언급되지 않으나, 명백히 (본 서신의) 저자의 주된 자료인 에녹 1서의 여러 절들에서 상세하게 진술된다. (그의 본문은 헬라어 역본의 잔존하는 단편들과 여러 일치점들을 갖고 있다. 에녹 1서에 대한 그의 실제 인용에 대해서는 14절에 관한 주석을 보라.) 에녹 1서의 여러 절들, 특히 다음과 같은 12:4–13:1은 실로 본절에 관한 가장 훌륭한 주해를 제공하여 준다. "의의 서기관 너 에녹아, 가서 높은 하늘, 거룩하며 영원한 처소를 떠나 자신들을 여인들로 더럽힌 하늘의 감시자(Watchers)들에게 다음과 같이 선언하라. '너희가 땅에 큰 멸망을 초래하였으니 너희는 평강이나 죄 용서를 받지 못하리라' …그래서 에녹은 가서 말하였다. "아자젤(Azazel-그들의 지도자)아, 네가 평강을 얻지 못하리니 너를 결박하기 위한 엄한 판결이 너에 대해 내려졌음이라!" 또한 10:4-6 : "그리고 다시 주께서 라파엘에게 말씀하셨다. '아자젤의 손과 발을 묶어 그를 흑암 속으로 내던져라 … 그리고 그(아자젤) 위에 험한 톱니 모양의 바위들을 놓고 그를 흑암으로 덮으라. 그리하여 그로 그곳에서 영원히 거하게 하고 그의 얼굴을 덮어버림으로써 그로 빛을 보지 못하게 하라. 그는 또한 큰 심판날에 불 속에 내던져지리라." 보통 해석에 따르면 **흑암**은 하계(下界)의 것이며(RSV에서 '하계의 흑암', 'nether darkness'를 참조하라) 고전 작가들이 이 헬라어(*ζόφος*)를 지옥의 어둠(the gloom of Hades)에 적용한다는 것이 사실이다. 그러나 타락한 천사의 억류처는 후기 유대교와 초기 기독교가 공통으로 지닌 우주론을 따라 둘째 하늘이라고 하는 것이 훨씬 더 그럴 법하다. (참조. 2 En. vii. 1-3; Test. Lev. iii. 2: 벧전 3:19에 관한 주해를 보라.) 관용어 **큰 날**, 곧 종말에 대해서는 이상에서 인용한 에녹 1서 10:6; 22:11; 행 2:20; 계 6:17; 16:14를 참조하라.

어떤 학자들은 범죄한 천사들이 사슬(본절에 사용된 *δεσμοῖς*와 같다)로 결박되어 무저갱(*Τάρταρος* : 벧후 2:4에서 동사 *ταρταρώσας*를 참조하라)의 흑암(본절에서와 같은 *ζόφος*)에 던져졌다는 것을 지적함으로써, 본절(벧후 2:4의 유사절)과 타이탄 족들의 형벌에 관한 헤시오드(Hesiod)의 『신들의 계보』*(Theogony)* 간에 의미심장한 유사점이 있다고 주장한다. 그러나 이러한 자료로부터 어떤 문학적 영향을 받았느냐 하는 문제에 대해 쓸모있는 결론을 도출해낼 수 있는지는 의문스럽다. 언어상의 유사점들은 사소하고 중요하지도 않을뿐더러(예 : *δεσμός*는 '사슬'이라는 뜻으로 보통 쓰는 말이다) 신들에 대한 초인적인 존재들의 반역과, 그 결과 그들에 대한 형벌에 관한 신화는 동방의 여러 나라들에서 숱한 전설들로 다시 나타난다.

지고한 책임에 대한 천사들의 반역과 더 나아가 그들의 사악함의 필수 요소는(후기 유대교가 이해하였듯이. 예 : 에녹 1서 12:4) 그러한 것들을 야기한 억제되지 않은 성적 열정이었다. 그러므로 저자가 혁신주의자들이 범하는 성적 무절제의 죄를 지적하는 것이 그럴듯하며, 다른 곳(4, 10, 16절)에서의 저자의 언급과도 일치한다. (7절의 주해에 계속된다.)

**[7] 소돔과 고모라와 그 이웃 도시들도 그들과 같은 행동으로 음란하며 다른 육체를 따라 가다가 영원한 불의 형벌을 받음으로 거울이 되었느니라**

6절의 사실은, **소돔과 고모라와 그 이웃 도시들**(신 29:23; 호 11:8에 따르면 아드마와 스보임인데, 다섯째 도시인 소알은 롯의 중재로 보존되었다. 창 19:20 이하를 참조하라)의 행위와 그에 따른 멸망으로부터 이끌어낸 저자의 세 번째 실례('**바로…처럼**' 을 참조하라)에 의해 입증되는데, **그 도시들은 그들**(곧 타락한 천사들 : **이**들은 남성이므로, 여성으로 취급되는 **소돔과 고모라**에 관련될 수 없다)과 **같은 행동으로 음란을 행하며 다른 육체를 열망하였다**. 성경의 기사(창 19:1-25; 특히 5-9절)는 소돔 사람들(그러나 고모라, 아드마, 스보임과 소알의 사람들의 것은 묘사하지 않는다 : 이 모든 도시들이 같은 운명을 접하였기 때문에 전승은 필시 동일한 악덕을 그들 모든 도시에 똑같이 돌렸을 것이다)의 음행과, 특히 롯이 영접하고 있던 두 천사와 성적 관계를 가지려는 그들의 열망을 묘사한다. 여기서는 암시적으로 언급되어 있기 때문에, 많은 주석가들은 **다른 육체를 열망하였다**(lusted after different flesh, *ἑτέρας σαρκὸς*)를 '남색(sodomy)에 빠졌다' 를 의미하는 것으로 해석하였다. 그러나 헬라어로는 이러한 의미가 없다. 체인(J. Chaine, *ad loc.*)이 적절하게 말하고 있듯이, 헬라어는 그들이 열망한 **육체**가 **다른**(이 선한 천사들은 인간의 형상으로 나타났지만 그들의 **육체**는 본질적으로 다른 종류의 것이었을 것이다) 육체였다고 진술할 뿐이며, 반면 동성애는 '본성이 너무나 똑같은 것' 을 열망하는 것이다. 문제의 해결은 여기서 저자가 음란의 실례들로서 요단 평원의 도시들(소돔과 고모라와 인접 도시들-역주)을 택하고 있지만, 그의 주의력은 그 성읍 거민들의 비행(이에 대해서는 롬 1:24, 27을 참조하라)보다는, 그들의 비행과 악한 천사들의 비행 간의 밀접한 유사점에 집중되어 있다는 것을 인정하는 데 있다. 양자는 **다른 육체**를 열망함으로써, 곧 천사들은 그들이 비록 영적인 존재들이었지만 죽음을 면치 못할 운명에 있는 인간 여인들을 탐하였기 때문에, 그리고 소돔인들은 자신들이 비록 인간들이었지만 천사들과의 성관계를 갈망하였기 때문에 둘 다 그 죄가 더욱 가증스러운 것이었다. 여기서 저자는 동성애의 혁신주의자들을 신랄히 비난하고 있다고 결론짓는 것이 바른 견해일 것이다(8절의 주해를 보라).

결과적으로 그 불행한 도시들은 **영원한 불의 형벌을 받음으로 거울이 되었다.** "형벌을 받음으로써 영원한 불의 본보기로 두드러진다"는 번역도 문법적으로 가능하지만, 이것은 그 의미상 만족스럽지 못하다. 그 도시들이 본보기이긴 하지만, 엄밀하게 말해서 영원한 불의 본보기는 아니다. 그 도시들의 멸망(특히, 소돔의 멸망)은 죄에 대한 하나님의 보응을 보여주는 구체적인 실례가 되었다. 사 1:9; 렘 23:14; 겔 16:48-50; 암 4:11; Test. Napht. iii. 4; iv. 1; Test. Ash. vii. 1; 3 Macc. ii. 5; 마 10:15; 11:24; 롬 9:29를 참조하라. 전승(예 : Josephus, *Bell. Iud.* iv. 483-485)에 따르면, 그 도시들은 사해 남단에 위치해 있었고 역청의 증기, 유황의 뜨거운 분출과 침전물에 의해서 황량하게 되어서, 마치 그 성읍들을 다 태워버리고 '지금도 계속하여 타고 있는'('still continues to burn.' Philo, *Abr.* 140f.) **영원한** 불을 증거하는 것 같았다고 기록한다. 따라서 현재시제 **두드러지다**(stand out, *πρόκεινται*, '거울이 **되었느니라**' -한글 성경)와 형용사 **영원한**은 독자들에게, 그 큰 재해로 말미암은 가공스러운 결과가 지금도 모든 사람이 볼 수 있고 두려움으로 주목할 수 있을 만큼 명백하다는 인상을 주기 위해 쓰여진 것이다. 그 다섯 도시들에 대해 말하는 Wis. x. 7도 다음과 같이 보고한다. "그것들(다섯 도시들)의 사악함에 대한 증거가 지금도 남아 있다-계속하여 연기를 내고 있는 황무지, 열매를 맺으나 여물지 않는 식물들과, 불신자들에 대해 기념물로 서 있는 듯한 소금 기둥이 이를 증거한다." 한편, 필로(Philo)는 다음과 같이 기록한다(*Vit. Mos.* ii. 56). "그때 하늘로부터 벼락이 내려쳐 사악한 주민들과 그 도시들을 다 태워 버렸다. 그리고 바로 오늘날까지도 형언할 수 없는 참사의 명백한 증거들, 곧 황폐, 타다 남은 잿더미, 유황, 연기, 그리고 여전히 타고 있는 불에서 일어나고 있는 것처럼 계속하여 올라오는 음울한 불꽃들이 수리아에서 발견된다."

## 4. 구체적인 탄핵 1:8-13

**1:8-13**

8 그러한데 꿈꾸는 이 사람들도 그와 같이 육체를 더럽히며 권위를 업신여기며 영광을 비방하는도다 9 천사장 미가엘이 모세의 시체에 관하여 마귀와 다투어 변론할 때에 감히 비방하는 판결을 내리지 못하고 다만 말하되 주께서 너를 꾸짖으시기를 원하노라 하였거늘 10 이 사람들은 무엇이든지 그 알지 못하는 것을 비방하는도다 또 그들은 이성 없는 짐승 같이 본능으로 아는 그것으로 멸망하느니라 11 화 있을진저 이 사람들이여, 가인의 길에 행하였으며 삯을 위하여 발람의 어그러진 길로 몰려 갔으며 고라의 패역을 따라 멸망을 받았도다 12 그들은 기탄 없이 너희와 함께 먹으니 너희의 애찬에 암초요 자기 몸만 기르는 목자요 바람에 불려가는 물 없는 구름이요 죽고 또 죽어 뿌리까지 뽑힌 열매 없는 가을 나무요 13 자기 수치의 거품을 뿜는 바다의 거친 물결이요 영원히 예비된 캄캄한 흑암으로 돌아갈 유리하는 별들이라

8 여러분 가운데 들어온 사람들도 마찬가지입니다. 그들은 꿈에 의해 인도함을 받고 있으며, 죄로 자신의 몸을 더럽히고 있습니다. 하나님의 권위를 무시하고 영광스런 천사들에 대해 나쁜 말을 해댑니다. 9 천사들 가운데 최고로 높은 미가엘도 이렇게까지는 하지 못했습니다. 누가 모세의 시체를 가져갈 것인지 마귀와 논쟁하면서, 미가엘은 마귀에게조차 욕하지 않았고 비난하지 않았습니다. 단지 "주님께서 네게 벌을 내리실 것이다"라고만 하였습니다. 10 그러나 이 사람들은 알지도 못하면서 욕을 해대고 있습니다. 조금 아는 것을 가지고 아는 척하며, 말 못하는 짐승과 같이 이성이 아닌 감정과 본능으로만 판단합니다. 그들은 바로 그것 때문에 멸망당할 것입니다. 11 그들에게는 불행이 닥칠 것입니다. 그들은 가인이 간 길을 따라갔고, 돈에 눈이 어두워 발람처럼 나쁜 일을 저질렀으며, 고라처럼 하나님을 거역하였습니다. 그들은 고라처럼 죽고 말 것입니다. 12 이들은 여러분이 하나님의 사랑으로 함께 나누는 귀한 만찬에 끼어든 더러운 흠집과도 같은 자들입니다. 마음대로 먹고 마시며, 아무도 개의치 않고 자신들의 이

> 익을 채우기에만 급급합니다. 비 한 방울 내려 주지 못하고 바람에 밀려다니는 구름같이, 가을이 되어도 열매 하나 맺지 못하다가 뿌리째 뽑히는 나무같이 이들은 두 번 죽는 최후를 맞게 될 것입니다. 13 이들은 또한 바다의 거친 파도와도 같이 거품을 뿜어내듯 자신의 부끄러움을 드러냅니다. 하늘에서 헤매는 별처럼 깜깜한 어둠 속을 떠다니며 방황합니다. _아가페 쉬운성경

저자는 하나님의 심판에 대한 두려운 실례들을 든 후, 거짓 선생들이 범하고 있는 세 가지 형태의 사악함을 묘사함으로써 직접적인 탄핵을 재개한다. 저자가 세 부류의 집단들(참고. 5-7, 11)로 분류하여 언급하기를 좋아한다는 것은 흥미롭다.

**[8] 그러한데 꿈꾸는 이 사람들도 그와 같이 육체를 더럽히며 권위를 업신여기며 영광을 비방하는도다**

본 대목은 앞 부분과 긴밀하게 연결되어 있는데, **그러한데**(*μέντοι* : 이 단어의 뜻을 파악하기 위해서는 '방금 언급된 세 집단의 참혹한 운명에도 불구하고' 라고 풀어볼 수 있다)라는 단어뿐 아니라, **…도 그와 같이**에서 더욱 그러한 상관성을 찾을 수 있다. 헬라어 본문에는 이 후자의 부사(*ὁμοίως*, '그와 같이')가 문장 초두에 와 있는데, 이는 이제 비난받게 될 이들의 행위가 소돔인들의 행위에 비유되고 있다는 사실을 보여 주기 위함이다. **꿈으로**(*ἐνυπνιαζόμενοι* : '그들의 꿈의 결과로서' 라는 의역이 그 의미를 보다 잘 나타내긴 하지만)라고 번역된 분사의 의미에 대해서는 주석가들 사이에서도 견해가 나뉜다. 어떤 학파에 의하면 이것은 몸을 더럽히는 정욕적인 꿈의 결과를 의미하는 것으로서 **그들의 육체를 더럽히다**와 밀접하게 관련된다. (흠정역은 '부정한 꿈꾸는 자들' 로 번역되었다 : 또한 Clement Alex., *Adumb. in ep. Iud.*: 'qui somniant imaginatione sua libidines' 를 참조하라.) 그러나 문장구조에 의하면 이 분사는 다음의 세 절 전체를 망라해야 한다. 70인역의 용법이 찬된 해석을 보여준다. 신 13:2,4,6; 사 56:10; 렘 34:9; 36:8에서 동일한 단어 '꿈꾸다' 는 거짓 선지자들과 그 동류에게 적용된다. 그러므로 여기서 '꿈꾸는 자들' 이란, 그들이 소망(꿈) 가운데 살고 있다는 의미에서가 아니라,

거짓 선생들로서 무아경의 환상적인 경험을 하거나, 혹은 그러한 경험을 하였다고 주장할 뿐만 아니라 그러한 경험에 의지하여 자신들의 가르침과 행위를 정당화하는 자들이다. 그러한 의미에서 그들이 '꿈꾸는 자들'이라는 것이다(참고. 골 2:18 "그가 그 본 것에 의지하여"). 영지주의의 사건 기록을 편집한 4세기의 에피파니우스(Epiphanius, *Pan. haer.* xxvi. 3)는 일부 영지주의자들이 바로 이러한 일을 하였다고 보고한다.

그래서 저자는 비난하기 시작한다. 첫째, 그들은 **그들의 몸**(문자적으로는, 7절 하반절의 **육체**를 반영하는 '육체' -한글 성경은 7절에서 '육체' 라고 번역됨)을 **더럽힌다**는 것이다. 우리는 앞서 개괄적인 말로 그들의 **방종**(licentiousness, 4절)에 대해 들었다. 여기서 그들의 행위는 소돔과 고모라 주민들과 연관되어 (**그와 같이**) 더욱 정확하게 규정된다. 대체로 성적인 부도덕이 명백히 지적되는 한, 동성애 행위에 대한 언급은 필수적이다. 저자는 천사들과의 성관계에 대한 소돔인들의 요구에 더 집중한 나머지 7절에서 이러한 동성애 행위를 지적하지 않았다. (여기서 비난받는 비행자들은 이러한 것-천사들과의 성관계-에 대해서는 아마 무죄할 것이다.) 그러나 소돔인들의 동성애에 대한 역사적인 전승들은 여기서도 그와 같은 유형의 비행을 생각나게 하였음이 틀림없다(참고. SB Ⅲ, 785f.).

필자의 번역문[私譯]에서는 그 다음의 두 죄과가 **동시에**(at the same time)란 말로 지적된다. 이 말은 헬라어에서는 분명하지만 대부분 번역에서 유실되는 뉘앙스를 나타내기 위해, 곧 첫 절이 불변화사 *μέν*에 의해 시작되기 때문에 *δέ*에 의해 시작되는 그 다음 두 절에 대해서 균형을 맞추기 위해 삽입되었다. 이 점이 중요한 것은 다음의 두 절("권위를 업신여기며 영광을 비방하는도다")이 아주 밀접하기 때문이다. 곧 두 절이 묘사하는 뻔뻔스러운 죄들은 상반절에서 언급된 육신적인 방종과 선명한 대조를 이루고 있기 때문이다(10절의 주해를 보라).

**그들이 권위를 업신여긴다**란 둘째 탄핵 역시 해석상으로 문제시되어 왔다. 우리는 이 말이 '교회의(혹은 국가의) 권위를 조롱하였다' 를 의미한다는 견해를 다음과 같은 이유들 때문에 즉시 거부할 수 있다. 첫째, 비고전적인 명사('주권', '통치권')가 비잔틴 시대에 사용되었다 하더라도 그것은 오직 '권위' 라는 뜻으로만 쓰였을 뿐이며, 초기 기독교 문헌에서도 '교회의 법규' 라는 의미를 지닌 듯하지는 않기 때문이다. 둘째, 11절의 암시로 미루어볼 때 '비방' 은 거짓을 퍼뜨리는 자들이 알지도 못하는 문제와 관련되기 때문이다. 신약에서 *κυριότης*는 본절과 (본절에 의존하고 있는) 벧후 2:10 외에도 엡 1:21(모든 통치와 권세와 능력과 **주권**)과 골 1:16(왕권들이나 **주권들**이나 통치자들이나 권세들)에서 사용되는데, 이러한 절들에서는 이 단어가 한결같이 천사와 같은 부류의 '권능' 을 의미한다. 이러한 사실은 1 En. lxi. 10; 2 En. xx. 1; Test. Sal. D. viii. 6에 의해 확증된다. 그러므로 많은 주석가들은 천사와 같은 부류의 권능이 여기에서의 이 말의 의미임에 틀림없을 뿐 아니라, (우리가 보겠지만) 천사들을 모욕하는 거짓 선생들을 비난하는 다음 절에서 지지를 얻는다고 결론짓는다. 그러나 이러한 결론에 대해서는 다음과 같은 반론이 제기된다. 첫째, 두 절에서 사실상 동일한 비난을 되풀이한다는 것은 그다지 타당성이 없다. 둘째, 단수인 *κυριότης*를 이러한 의미로 사용한다는 것은 무리다. 왜냐하면 이 단어가 천사적인 존재를 의미하는 곳에서는 언제나 복수로 되어 있거나 복수 개념을 나타내기 때문이다. 그보다 더 적극적인 측면에서 보자면, 여기서 언급되는 다른 두 가지 죄가 대체로 5-7절에서 열거된 죄들 중 두 가지 것과 관련되는데, 그 중 하나는 육신과 관계되어 있고 다른 하나는 천사들과 관계되어 있다. 그러므로 우리는 여기서, 5절에서 이스라엘인들의 '주' 께 대한 반역에 비견할 만한 것을 기대할 수 있다. 따라서 우리는 결국 이 단어의 근본적인 의미가 되는 것으로, 곧 '주권', '신적 통치권' 에 상당하는, '주' (*κυρίος*)라는 말에서 파생한 추상명사로 이해하지 않으면 안 될 것 같다. 신약 외에도 초기 기독교 문헌에 이러한 의미에 대한 실례들이 있다. 예를 들면, *Did.* iv. 1은 주 하나님의 위엄으로서 *κυριότης*에 대해 말하며, Hermas, *Sim*, v. 6. 1은 하나님의 아들이 주권으로서 *κυριότης*에 대해 말한다. 한편 교부들의 저작에서는 이 명사가 신성의 본질적이며 독특한 특성을 의미한다. 4절에 대한 우리의 해석에 따르면 이러한 주권에 대한 거부는 거짓 선생들의 자유분방함에 있는 것으로 행위적인 것이거나 신학적인 것일 것이다. 그러나 후자(신학적)가 훨씬 더 그럴 법하다(4절의 주해를 보라). 그렇다 하더라도 우리는, 그러한 거부가 하나님에 대한 그들의 교리나 기독론, 혹은 양자(전체적으로 볼 때 이것이 더욱 개연적인 것으로 보인다)에 영향을 주고 있는지의 여부는 오직 추측할 수 있을 뿐이다.

그들이 **영광스러운 자들**(glorious ones)을 **비방한다**는 세 번째 탄핵은, 먼저 **영광스러운 자들**(*δόξαι* : 문자적으로는 '영광들')이라는 단어가 주는 생소함에도 불구하고, '권위를 업신여긴다' 란 말보다는 덜 모호하다. 이 말은 위에서의 **권위**란 말 이상으로, 그리고 거의 같은 이유들에서, 그리스도인 공동체의 지도자들을 가리키기에는 부적합하다. 왜냐하면 문맥상으로도 들어맞지 않을뿐더러, 이 말이 그러한 의미를 갖는 적당한 예를 찾을 수도 없기 때문이다. (종종 인용되는 Diodorus Sic., *Bib. hist.* xv. 58. 1에서 이 말은 '공공연한 명성' 을 의미할 뿐, 공적인 직분을 의미하지 않으며 하물며 공직자는 더욱 의미하지 않는다.) 본절의 문맥과, 본절에서 따온 벧후 2:10에 비추어 볼 때, 여기서 사용된 이 단어가 천사와 같은 천상의 존재들을 의미한다는 것에는 의문의 여지가 없다. 그리고 이 명사의 이러한 용법은 70인역의 출 15:11에 의해 지지된다. '영광'(*δόξα*)은 본래 하나님 자신에 속하는 무수한 광휘를 뜻하지만(예 : 출 24:16; 33:18-23; 시 19:1), 그러나 후에는 하나님을 둘러싸는 천사들이 그 광휘를 함께 나누는 것으로 간주되기에 이르렀다. (참조. Philo, *Spec. leg.* i. 8. 45: 나는 하나님의 영광이란 말을 그를 둘러싸 호위하는 권세들로 이해한다.) 그러므로 우리는 히 9:5에서 '영광의 그룹들', Test. Lev. xviii. 5에서 '영광의 천사들', 그리고 Test. Jud. xxv. 2에서 '영광의 권세들' 이란 말을 발견한다. 천사들을 '영광들' 로 부르는 표현의 비약은 전혀 황당한 것은 아니다.

유대 그리스도인인 저자는, 후기 유대교의 특징인 천사들에 대한 관심들 가운데서, **영광스러운 자들**에 대해 올바른 경의의 태도를 취한다. 어떤 이들은 여기서 저자가 '영광스러운 자' 들에 대해서 달갑지 않게 여기고 있다고 확신하는데, 이 말이 9절의 '마귀' 라는 단어와 병행을 이룰 뿐 아니라 벧후 2:10에서도 사악한 천사들에 대해서 그 말을 사용한 것을 근거로 삼는다. 그러나 첫째, 이러한 견해는 타당하지 못하며 필수적이지도 않다. 오히려 선한 천사들에 대해 죽을 수밖에 없는 인간들이 보여 주는 오만함이, 불신받는 천사들에 대한 천사장(the prince of angels)의 자제에 필적된다면 여기서 의도된 대조는 더욱 인상적이다. 둘째, **권위**와 **영광스러운 자들**의 병렬과, 영광스러운 자들이 모욕당하는 것을 저자가 얼마나 싫어하는지를 보면, 그들이 마땅히 존경을 받을 자라고 하는 전제가 성립되는 게 맞다. 하여튼 악한 천사들과 선한 천사들 간의 구별은 호도된 것이며 지나치게 강조되어서는 안된다. 천사들은 우주 통치와 인간들의 보호를 위한 중요한 기능을 수행하도록 하나님에 의해 지명된 천상의 권세들이었다. 그래서 그들에게 신적 경배를 드리는 것은 명백히 불경스러운 것이었음에 비하여(골 2:18), 그들 모두에게 존경과 경의를 표하는 것은 적절한 것이었다. 이레나우스(Irenaeus, *Haer.* i. 25. 1f.)에 의하면 2세기의 어떤 영지주의자들은 천사들을 멸시하면서, 우주를 존재하게 한 열등한 창조주 신의 대리자로 여겼다고 한다. 그러한 체계화된 견해들을 거짓 선생들이 지녔다고 생각할 만한 이유는 전혀 없지만, 그들이 여기서 천사들을 염두에 두고 있음이 틀림없으며 천사들에 대한 그들의 경멸은 태동하는 초기 영지주의의 징조일지도 모른다. 신학자들은 그들이 자신의 허물을 천상적인 권세들(천사들-역자)에 전가하였거나, 혹은 알지 못하는 권위를 조롱하였거나, 또는 그들 자신이 거부한 도덕법의 중개자들(행 7:53; 갈 3:19)로서 천상의 권세들을 조소하였을지도 모른다고 가정하였다. 그러나 이러한 것은 단지 추측일 뿐이다.

**[9] 천사장 미가엘이 모세의 시체에 관하여 마귀와 다투어 변론할 때에 감히 비방하는 판결을 내리지 못하고 다만 말하되 주께서 너를 꾸짖으시기를 원하노라 하였거늘**

유다는 본절에서 비행자들이 주제넘은 행동이 **천사장 미가엘**이 보여준 겸손 및 자제와 현저한 대조를 이루고 있다고 지적한다. 성경에서 미가엘은 1급 천사들 중 하나인데 그 이름은 '하나님과 같은 자'라는 의미이다. 신약의 이곳과 살전 4:16에서만 발견되는 **천사장**(archangel)이란 칭호는 천사들을 등급별로 분류했던 후기 유대교를 반영하고 있다. 후기 유대교는 천사장의 숫자를 넷, 여섯 아니면 일곱으로 생각했다. 천사장은 단 10:13, 21; 12:1('대천사'), 에녹 1서 20:5; 40:4-9, 에녹 2서 22:6; 33:10; 모세 승천기 10:2; 계 12:7; Hermas, *Sim.* viii. 3. 3 등에서 언급되는데, 그 절들에서 천사장은 유대인들의 수호천사이며, 마귀의 적대자로 나타난다. (계 12:7에서 미가엘은 적절하게 움직이면서 교회가 용과 싸울 때 교회를 보호하는 역할을 한다.) **마귀**에 대해서는 벧전 5:8의 주해를 보라.

우리가 재구성할 수 있는 한도 내에서 저자가 언급하고 있는 그 고대의 전설은 다음과 같다. 즉 모세가 죽었을 때 미가엘이 그 시체를 매장하도록 지명받았지만, 마귀는 자기가 물질의 주재로서 질서에 따라 시신이 자기 것이라고 주장했다. 마귀는 미가엘의 일을 방해하려고 갖은 노력을 다했는데 미가엘이 이를 물리치자, 모세가 애굽인을 살인한 것에 대해(출 2:12) 모세를 고발(하나님 앞에 사람들을 고발하는 것이 마귀가 맡은 일의 일부였다)하겠다고 위협했다는 내용이다. 그러나 천사장은 **비방하는 판결**(*κρίσιν βλασφημίας*에 대한 이러한 번역이 '그의 비방에 대한 판결' 보다 본 문맥에 더 잘 맞는다)로 응수하는 대신에, 실제로 슥 3:2에서 비롯된 약한 저주를 사용함으로써 마귀의 오만에 대한 심판을 하나님께 맡기고는 모세를 자기 손으로 매장하였다. 이에 대한 상세한 설명을 위해서는 TWNT Ⅳ, 858, 870을 보라. 이러한 이야기가 성경에는 나오지 않으며, 성경은 단지, "그(곧, 주)가 그(모세)를 벧브올 맞은편 모압 땅에 있는 골짜기에 장사하였고 오늘까지 그의 묻힌 곳을 아는 자 없느니라"(신 34:6)고 기록할 뿐이다. 70인역은 이러한 모욕적인 신인동형론을 배제하기 위해 동사를 '그들이 장사하였고' 란 복수형으로 바꾼다. 그리고 필로(Philo, *Vit. Mos.* ii. 291)는 '불멸의 천사적인 권세들이 모세를 매장하였다' 고 말한다. 초기의 여러 기독교 저자들(Clement Alex., *Adumb. in ep. Iud.*; Origen, *De Princ.* iii. 2. 1; Didymus Alex., *In ep. Iud. enarr.* -PG, xxxix, 1815; Gelasius of Cyzicus, *Hist. eccl.* ii. 20. 7)에 의하면 본 서신의 저자는 그가 권위 있는 것으로 생각하였음이 틀림없는, 모세 승천기(the Assumption of Moses)에 나오는 전설을 여기에 나타난 형식으로 인용하고 있다. 이 모세 승천기는 바리새인 신비주의자가 1세기 초반기에 히브리어나 아람어로 기록하였지만 곧 헬라어로 번역된 유대적인 혼합 묵시 작품이었다. 라틴어역으로도 상당 부분이 남아 있지만, 거기에는 모세의 죽음과 장사를 다루는 대목들이 빠져 있다.

**[10] 이 사람들은 무엇이든지 그 알지 못하는 것을 비방하는도다 또 그들은 이성 없는 짐승같이 본능으로 아는 그것으로 멸망하느니라**

저자는 9절의 짧은 이탈 후에 다시 8절의 내용으로 되돌아가, 거기서 비난받고 있는 육체적인 비행과 영적인 비행에 대한 더 근본적인 문제를 끌어낸다. 저자는 다시금 경멸적인 **이 사람들**(*οὗτοι*)이란 말로 절을 시작하는데, 그는 이 말을 8절 상반절에서 사용하였고, 12, 14, 16, 19절에서는 점점 더 신랄하게 반복해서 사용한다. 이 말은 서언적인 관용구로서 경멸적인 어조로 자주 쓰이지만 언제나 그러한 것은 아니다. 이 말이 묵시 문헌(예: 1 En. xlvi. 3; 2 En. vii. 3; xviii. 3; Rev. vii. 14; xi. 4; xiv. 4)에서는 자주 사용되었다. 저자는 주권과 천사들에 대한 그들의 경멸(여기서 **비방하다**는 명백히 9절의 **비방하다**와 8절의 **비방하다**를 재현하는 것이지만 8절의 '업신여기다' 라는 의미도 포함하고 있다)은 그들이 남보다 우수한 지식을 갖고 있는 결과가 아니라고 주장한다. (여기에 '영지주의' 의 주장에 대한 공격이 내재하는 것일까?) 오히려 **무엇이든지 그 알지 못하는 것을 비방하는 것**이 그들의 습관이다. 저자가 19절에서도 설명하겠지만 그들은 자기들 안에 성령이 있다고 주장할 수 없다. 본절에 대한 이해를 도와주는 주해가 고전 2:7-16, 특히 10절과 15절에 있는데, 거기서 바울은 신령하지 못한 자는 하나님의 비밀을 풀지 못한다고 선언한다. 지금 여기 유다서에서 비밀이란, 하나님의 위엄과 천사적인 존재들의 참된 지위이다. 다른 한편, 그들은 실제로 알지 못하는 문제에 대해 우쭐대면서도 **짐승같이 본능으로 아는 그것들로 인해 멸망에 이른다**. 달리 말하면, 그들이 전문가들로 자처할 수 있는 분야가 있지만, 그것은 육신적인 경험의 분야일 뿐이라는 것이다. 저자는 그들의 몸을 더럽힌다는 8절 상반절에서의 자신의 언급을 상기하고 있을뿐더러, 그들의 '방종' 에 대한 4절 하반절과 '자신들의 정욕을 따름' 에 대한 16절에 관련해서 그들의 성적인 비행에 대해 생각하고 있다. 저자는 이러한 종류의 지식, 혹은 전문 지식을 **야수의** 지식에 비교함으로써 **순전히 자연적인**(이에 대한 헬라어 부사는 *φυσικῶς*이다. '자연히'), 곧 육체적인 혹은 물질적인 지식으로 무시해 버린다. **그들이 그러한 지식으로 멸망에 이른다**는 것은 전혀 놀라울 것이 없다. 이 말에 내포되어 있는 경고는 육체적인 병과 죽음에 대한 것도 아니고 윤리적이며 영적인 타락에 대한 것도 아니며, 다만 심판날에 있을 하나님의 정죄에 대한 것이다.

**[11] 화 있을진저 이 사람들이여, 가인의 길에 행하였으며 삯을 위하여 발람의 어그러진 길로 몰려 갔으며 고라의 패역을 따라 멸망을 받았도다**

다시 한 번 유다는 이 비행자들과 잘 비교가 될 수 있는 구약의 예를 찾아서 말머리를 돌린다. 그래서 그곳에 나타난 그들의 사악함-오는 세상에서의 축출을 포함한 재앙을 초래했던 그 악-에 대한 세 가지의 주목할 만한 특징을 찾아낸다. (우리는 여기서 세 가지를 좋아하는 저자의 습관을 엿볼 수 있다.) 유사한 운명이 저자 당대의 비행자들을 기다리고 있으며, 그들의 꼬임을 받아 넘어가는 어리석은 독자들도 마찬가지이다. 저자는 고전 9:16에서 발견되며 복음서에서 자주, 그리고 에녹 1서(특히 94-100장)에서 반복하여 나오는 멸망에 대한 저주를 사용하여 **화 있을진저 이 사람들이여!** 라고 외친다. 첫째, **그들은 가인의 길로 걸어갔다**. 곧 그들의 행위(*πορεύομαι*, 문자적으로는 행위나 생활 양식에 관련하여 '가다' 혹은 '걷다' 라는 의미로 사용되었다. 유 16절, 18절; 시 119:1; 눅 1:6; 벧전 4:3을 참조하라)는 가인의 것을 닮았다. 가인에 대해서 현대인들의 마음속에 가장 크게 확대되어 보이는 것은 그가 자기 동생을 살해하여 최초의 살인자가 되었다는 것이다. 따라서 비행자들과의 유사성은 그들이 그리스도인 형제들을 영적, 도덕적 죽음으로 몰아가고 있다는 혐의로 입증된다. 그러나 당시의 유대교의 견지에서 볼 때, 가인은 '마귀의 자식' (a child of the Evil One; 요일 3:12)이었으며, 훨씬 더 큰 범위에서의 죄악의 표상이었다. 필로(Philo, *De Post. Cain.* 38f.; *Migr. Abr.* 75; *Quod* *det. pot. ins. sol.* 32, 48, 78)는 가인을 자기애에 빠진 자, 자기 수단을 신뢰하는 하나님에 대한 반역자, 불경스러움과 정욕에 몰두하고 영원한 타락으로 운명지어진 자들의 수령이요 지도자로 보았다. 요세푸스(*Ant.* i. 52-66)도 가인을 대체로 폭력과 정욕, 탐욕과 신성모독의 화신으로 취급한다. 그러므로 (창 4:7에 관한) 예루살렘 탈굼(the Jerusalem Targum: 아람어로 번역된 구약성경-역자 주)에서 가인은 다음과 같이 말하는 최초의 냉소자(cynic)이다. "결코 심판도 없고, 심판자도 없으며, 미래의 삶도 없다. 의인에게 어떠한 상급도 주어지지 않을 것이며, 악인에게 어떠한 심판도 내려지지 않을 것이다." 히 11:4은 믿음 없음을 암암리에 가인에게 돌림으로써 이러한 전통을 반영한다. 구약의 하나님을 이 세상의 죄악에 대해 책임이 있는 것으로 간주하고, 그 결과 하나님에 저항했던 것으로 기록된 자들(예 : 가인, 에서, 고라)을 찬양하면서 스스로 가인의 후예들로 지칭했던 1세기의 영지주의 종파가 있었다(Irenaeus, *Haer.* i. 31. 1; Epiphanius, *Haer.* xxxviii. 1. 1-3)는 사실을 우리는 주목해야 한다. 그러므로 그 혁신주의자들을 가인에 비유하면서 유다는 그들의 사악함, 윤리적인 무책임과 궁극적인 멸망을 최대한 강한 표현으로 묘사하고 있다.

둘째, **그들은 이를 위하여 발람의 과실에 빠졌다**(they have abandoned themselves for profit to Balaam's error). 동사 **빠졌다**(ἐκχέω의 수동태 : 문자적으로는 '퍼붓다')에 대해서는 Ecclus. xxxvii. 29; Test. Reub. i. 6; Ignatius, *Philad.* v. 1; Plutarch, *Vit.* Anton. xxi. 1을 참조하라. 여기서 이 단어는 '…에 뛰어들거나 몰두하는' 것을 나타낸다. 현대의 성경학도들은 발람을 이러한 집단에 포함시키는 것에 대하여 처음에는 놀라는 경향이 있다. 성경을 읽어 보면 발람은 주께서 자기에게 명하신 것 외에는 예언하기를 거부했던 선지자로서 명백히 호의적인 태도로 나오기 때문이다. 사실 민 22:24; 수 24:9; 미 6:5에서 발견되는 것과 같은 (발람에 대한) 묘사는 좀더 오랜 구약의 전통이다. 그러나 후기 전통에 의하면 미디안인들이 이스라엘인들로 하여금 우상숭배에 빠지게 한 것은 발람의 조언의 결과였으며(민 31:16), 이에 대한 보복으로 발람 자신은 죽임당하였다(민 31:8). 이것이 후기 유대교가 취한 해석이다(예 : Philo, *Vit. Mos.* i.

264-300과 민수기에 대한 랍비들의 주석 : SB Ⅲ, 771, 793). 더욱이, 더 오랜 전통(예 : 민 22:18; 24:12-14)에서는 발람이 만일 그가 이스라엘을 저주하기만 하면 발락이 자기에게 줄 뇌물들을 한결같이 거부하였지만, 후기 전통은 발람이 그러한 뇌물들에 따랐던 것으로 묘사하였다(신 23:4; 느 13:2; 계 2:14; Philo, *Vit. Mos.* i. 268; *Migr. Abr.* 113f.; Josephus, *Ant.* iv. 118: 그의 탐욕에 대해서는 SB Ⅲ. 771을 참조하라). 따라서 발람은 금전상의 이익을 위해 죄과를 회피하지 않을 뿐 아니라, 발람과 같이 (*Pirke Aboth* v. 29) 지옥에 떨어지기로 정해진 절조가 없는 사람들의 본보기가 되었다.

명백히 이것이 저자가 발람의 성격에 대해서 취하는 견해인데, 그는 비행자들을 발람의 제자라고 정죄한다. **과실**(error)이라고 번역된 헬라어 명사는 *πλάνη*인데 이것은 '타락함'(going astray), 혹은 '타락시킴'(leading astray)을 의미할 수 있다. 그러므로 **발람의 과실**은 수동적인 의미(곧 그들은 그를 유혹했던 연약함의 희생물이다)로나 능동적인 의미(곧 그들은 그가 그랬던 것과 동일한 방법으로 다른 사람들을 유혹한다)로 이해될 수 있다. 동사는 그들이 유혹을 받았다는 것을 암시하며, 또한 문맥도 그들이 발람이 그랬던 것처럼 행하고 있다는 것을 함축하는 전자를 지지한다. 그들은 명백히 신약에서 비난받는(딤전 6:5; 딛 1:11; 참조. *Did.* xi. 5f.) 다른 혁신적인 거짓 선생들과 공통된 특징으로서, 자신들의 선전 행위에 의해 돈을 벌려고 하였다(**이익을 위해**, 또는 16절 하반절을 참조하라). 본절은 교회의 사역자들이 그러한 비난을 받는 일이 있어서는 안 된다는, 사도 시대 교회 지도자들의 염려를 상기시킨다(고후 12:14-18; 딤전 3:3; 딛 1:7; 벧전 5:2-각 절의 주해를 보라).

셋째, **그들은 고라의 반역으로 멸망하였다.** 이 말은, 다단과 아비람과 이스라엘 회중 250명이 함께 모세와 아론의 지도권에 반발하여 제사장직을 차지하려고 했던 이스할의 아들 고라에 관한 것이다. 성경의 기록에 의하면(민 16:1-35), 무서운 보복이 그들에게 가하여졌다. 곧 땅이 그 입을 열어 고라, 다단, 아비람과 그들의 가족을 산 채로 삼켰으며, 한편 하늘로부터 불이 내려와 250명의 동료 선동자들을 다 태워 버렸다. 그래서 그들은 불경스러운 완악함과 그러한 완악함을 따라 내려진 신속한 천벌로 말미암아 그 오명이 널리 알려진 자들이었다(민 26:10). 후기 전통(Mishnah, *Sanhed.* x. 3)은 그들 중에 부활에 참여하지 못할 자들이 있다고 가르쳤다. 저자가 고라를 예로 든 것은 우연이 아닐 것이며, 오히려 이것은 거짓 선생들이 교회의 감독들에게 도전하고 공동체 안에서 불안과 분열을 야기해 왔음을 가리키는 것인지도 모른다.

헬라어 본문에서 동사 **멸망하였다**(have perished, *ἀπώλοντο*)는 부정과거이므로 어떤 주석가들은 이 동사를, 그들에게 다가오는 멸망은 그들의 도덕적인 타락에서 이미 효력을 나타내고 있음을 의미하는 것으로 이해하여 왔다. 그러나 이 과거시제는, 그들의 운명이 이미 결정되었다는 것을 극적으로 말하기 위함이라는 것이 훨씬 그럴듯한 해석이다. 그들은 이미 교회에 대해서 잃어 버려진 자들이며 그들의 멸망은 심판 때에 확증될 것이다. 다른 한편, 본절에서 세 동사는 모두 부정과거로 되어 있으므로 그것들은 각기 다른 비유적인 표현에 의해 (이단적인) 혁신주의자들에 대한 하나님의 심판을 나타내는 것으로 이해되어야 한다는 견해가 있다(G.H. Boobyer). 곧 "그들은 가인의 방식대로 멸망에 이르렀고, 발람의 과실로 멸망하였으며, 고라의 반역으로 멸망하였다." 이러한 해석은 실로 어휘상으로 가능할뿐더러 어떤 매력을 갖고 있기도 하다. 그러나 이것은 의심할 바 없이 첫 두 동사를 어색하게 취급한다. 첫째 동사(*πορεύομαι*, '가다')는 확실히, 사람이 죽음을 향해 가는 것에 대한 완곡 어법으로 사용될 수 있다(예 : 눅 22:22, *1 Clem.* v. 4). 하지만 논제가 윤리적인 것일 때 이 단어의 보통 의미(11, 16, 18절의 '행하다'를 참조하라)는 '처신하다', '행동하다'이다. 그러므로 본절에서처럼 '길'과 함께 사용될 때는 이것('가다')이 가장 자연스러운 의미이다(예 : 1 En. xcix. 10; *Barn.* xix. 2; Hermas, *Mand.* vi. 1. 2).

**[12] 그들은 기탄없이 너희와 함께 먹으니 너희의 애찬에 암초요 자기 몸만 기르는 목자요 바람에 불려가는 물 없는 구름이요 죽고 또 죽어 뿌리까지 뽑힌 열매 없는 가을 나무요**

이제 저자는 구약을 뒤로 하고, 몇 가지 생생한 표현으로 분열의 요소들을 묘사한다. **그들은 너희 애찬에 암초로서 너희와 함께 기탄없이 먹는 자들이다.** 8, 10절로부터 반복되는 비난적인 **그들**(these)에 대해서는 10절 상반절에 관한 주해를 보라. 그 '불경스러운' 비행자들은 명백히 교회의 완전한 일원들이며, 그들은 교회의 공동 식사(common repast) 혹은 *ἀγαπάι*(이 구절에서 최초로 *ἀγαπάι*가 공동 식사라는 의미로 기록되었다)에 참여할 수 있다. 이 애찬은 경건하다는 특징이 있으며, 유대인의 관습을 초기 기독교에서 받아들인 것이었는데(참조. the *chaburah* meals; 또한 쿰란 종파에서, 1QS vi. 2-8; 1QSa ii. 17-22), 이것이 초대교회에서는 그리스도인 공동체를 결속시키는 형제애(兄弟愛)를 나타내는 것이 되었다. 이 애찬은 관례적으로 저녁에 베풀어졌으며, 공복을 채우기 위해 마련된 실제적인 식사였는데, 초기 기독교 시대에는 지역에 따라 성찬식(Eucharist)과 밀접하게 관련되어 있었다. 고전 11:17-34은 애찬 형식의 성찬에서 있었을 법한 사실들에 대해 확실한 이해를 더해준다. 행 2:46; *Did.* ix f.; *Ep. apost.* (160년경) xv.에서 언급되는 것으로 보이는 *ἀγαπαί* 역시 성찬식과 관련되었다. 그러나 2세기에 접어들면서 *ἀγαπαί*는 어디에서나 성찬식과는 무관하게 되었던 것 같다. Ignatius, *Smyrn.* viii. 2 (추정); Pliny, *Ep.* x. 96. 7; Tertullian, *Apol.* xxxix; Minucius Felix, *Octav.* xxxi; Hippolytus, *Trad. apost.* xxvi. 본절에서는 문제의 식사가 직접적으로 성찬식과 관련되었는지의 여부에 대해서 지적해 주는 바가 전혀 없다. 그러나 어떻게 가정하든지, 식사는 깊은 종교적 의미를 갖고 있었음이 틀림없다. 본문에서 저자의 질책은, 거짓 선생들이 애찬을 무시하고 이를 폭식과 이기의 기회로 이용한다는 고전 11:20 이하에서의 바울의 지적과 본질적으로 같은 것이다. **너희와 함께**(이것은 분사 *συνευωχούμενοι*-문자적으로는 '…와 함께 진수성찬을 먹는' -에서 접두사 *συν*의 뜻을 나타낸다)라는 부언은, 그들이 동료 그리스도인들과 함께 자리한 공동 식사에서 탐식과 폭식의 행위를 저지른 까닭에 그러한 행위가 더욱더 충격적이라는 것을 암시하며, 또한 만일 그들의 동료 그리스도인들이 조심하지 않으면 그 비행자들의 추한 행위에 영향을 받게 될지도 모른다는 것을 암시한다. 여러 주석가들이 '함께'(together: RSV), 곧 '서로서로'(with one another)란 번역을 택하는데, 이는 부분적으로는 회중의 일반 구성원들이 '흥청댔다'는 인상을 주지 않기 위해서이고, 다른 한편으로는 **자기 몸만 기르는**이라는 표현과 19절(주해를 보라)로 미루어 볼 때 그들이 식사를 독점했다는 것을 암시하는 듯하다. 그러나 여기서 채택된 번역('with'–역자)은 미혹된 견해와 행위에도 불구하고, 그들이 여전히 그리스도인 공동체의 모임에 참여한다는 비난의 실제적인 요점을 나타내는 것처럼 보인다.

따라서 저자는 그들을 **암초들**로 묘사했다. 이것은, 마치 물속에 잠긴 암초가 선박을 파선시킬 수 있듯이, 이러한 식사에서 그들은 동료 그리스도인들의 믿음과 예의바른 행위를 훼손시키기 쉽다는 것을 의미한다. 명사 *σπιλάδες*(단수로는 *σπιλάς*)는 호머(Homer, 스파르타의 왕 메넬라우스의 배들이 *σπιλάδες* 위의 파도에 의해 어떻게 파선되었는지를 이야기하는 *Od.* iii. 298를 참조하라) 시대 이래 헬라어에서는 일반적으로 해안 가까운 곳의 물속에 잠겨있어서 항해하는 배들에게는 위험천만한 바위나 암초들을 가리키는 말이다. *Etymologicum Magnum*(약 1000년경)에서도 이 단어에 대해 이와 같이 정의하며, 요세푸스(Josephus, *Bell. Iud.* iii. 420)는 이를, 바다 물속에 돌출해 있어 텔아비브 항구의 출입을 방해하는 암초들에 대해 사용한다. 그러나 많은 주석학자들은 이 단어(*σπιλάδες*)가 통상적으로 쓰이는 *σπῖλος*와 같은 의미인 '얼룩', '오점'을 의미할 수 있다는 매우 빈약한 증거를 들어서, '암초'라는 해석에 반기를 든다(RSV와 NEB도 그렇다). 그들은 명백히 본절에서 따왔다고 생각되는 벧후 2:13의 지지를 얻어서 *σπῖλοι*(곧 '얼룩들')라고 표현하며, 벌게이트 역본에는 *μακυλαε*(*maculae*, 곧 '얼룩 점들')라 되어 있다. 이러한 판단은 납득하기 어려운데, 이는 **암초**란 표현이 자연현상에서 도출한 생생한 비유에 대한 저자의 기호와 놀랍게 조화를 이루며, 또한 교부들의 주석과도 일치하는(Ps. Oecumenius in PG cxix. 716) 훌륭한 의미를 나타내기 때문이다(12절 하반절과 13절을 보라). 여하튼 명사 *σπιλάδες*(여성형)는, 12절 하반절과 13절에서의 모든 명사가 그러하듯이, '진수성찬을 먹는 자들'(남성형)과 동격이다. 따라서 "그들은 너희 애찬, 곧 성찬의 암초, 혹은 오점들이요…"와 같은 번역은 저자가 이 구문에서 의도했던 의미를 잘못 표현하는 것이다.

여기서 간결하게 단평을 하고 지나가야 할 하나의 독법이 있다. 곧 Pap. 72를 포함하여 대다수의 사본들이 쓰고 있는 *ἐν ταῖς ἀγάπαις ὑμῶν*(너희 애찬에) 대신에, 어떤 사본들에는 *ἐν ταῖς ἀπάταις ὑμῶν* 혹은 *αὐτόν* ('너희 속임수에' 혹은 '그들의 속임수에')이라고 되어 있다. 후자의 명사 *ἀπάταις*는 벧후 2:13(주해를 보라)에서 나타나지만, 여기서는 문맥뿐 아니라 이 단어(*ἀπάταις*)의 희소(稀少)성과 문맥상의 실제적인 부적절성으로 미루어볼 때 의심할 바 없이 *ἀγάπαις*가 정확하다. 그 사본들에 나타난 *ἀπάταις*라는 변형은 벧후 2:13의 후기 필사자들의 영향을 받았거나, 교회의 신성한 애찬에 참여하는 이들 비행자들과 같은 중상적인 이교도들의 사상에 대한 불쾌함 때문이었는지도 모른다. 이러한 고찰은 *ὑμῶν*과 *αὐτον*의 변형된 표현도 설명하여 주는데, 이는 일단 *ἀπάταις*가 받아들여진다면 여기서 *ὑμῶν*의 부적절성이 명백해지기 때문이다.

저자는 그의 묘사에 또 하나의 이미지를 추가한다. **뻔뻔스럽게 자신들을 돌보는**(brazenly looking after themselves: 문자적으로는, '자신들을 기르는', '자신들을 치는' - 'pasturing themselves'). 여기서 저자가 대체로 이익에 대한 그들의 이기적인 집착에 대해서 생각하고 있는지, 혹은 특히 애찬에서의 그들의 행위에 대해서 생각하고 있는지의 여부는 확실치 않다. 문맥과 본 동사의 선택으로 미루어 볼 때 후자가 훨씬 더 그럴듯한 해석이다. 고린도 교회에서처럼(고전 11:20-22) 그들은 가난한 형제들의 궁핍을 돌아보지 않고 파렴치하고 게걸스럽게 먹는다. 이러한 사상에 대해서는 겔 34:8("내 목자들이 내 양을 찾지 아니하고 자기만 먹이고 내 양 떼를 먹이지 아니하였도다")과 70인역의 잠 29:3("매춘부들을 먹이는-본절의 것과 동일한 동사인 *ποιμαίνω* -목자는 자기의 부를 잃으리라")을 참조하라. 우리는 부사 **뻔뻔스럽게**(brazenly)가 **기탄없이 먹는다**(carouse: RSV, NEB)와 똑같이 잘 어울릴 수 있다는 것에 주목해야 한다. 앞서 암초('넘어뜨린다'는 뜻–역주)를 후자의 단어와 관련시켰으므로, 만일 이 단어를 **돌보는**(looking after)과 관련하여 이해한다면 본절의 균형은 더욱 잘 맞게 될 것이다. 그러므로 **뻔뻔스럽게**는 그들의 행위의 이기성을 강조하는 역할을 하는 것으로 이해된다.

유다는, 상호 일관성을 고려하지 않고 자연에 대한 자신의 느낌을 드러내고 각각 다른 각도에서 거짓 선생들의 무익함, 유해함과 다가오는 심판을 폭로하려는 의도에서 다채로운 네 가지 비유적인 표현을 전개한다. 여기서 네 명사는 모두 대체로, **기탄없이 먹는 자**들과 동격을 이루고 있다. 첫째, 그들은 **바람에 불려가는 물 없는 구름**이다. 시리아, 요르단, 레바논과 이스라엘을 여행하는 사람들은 비를 내리지 못하고 심한 열기만을 증가시키는 짙은 구름 때문에 종종 짜증을 내게 된다. 여기서 암시하는 것은, 그 비행자들은 모두 겉치레일 뿐 전혀 내용이 없다는 것이다. 즉, 그들은 어리석게도 자신들에게 경청하는 자들에게 줄 아무것도 갖고 있지 않다. 자기가 결코 주지도 않는 선물에 대해 허풍 떠는 자가 잠 25:14(참조. 히브리어 본문 : 대체로 여기서 유다의 회상은 70인역에 대한 것이지만, 때로는 원문에 대한 것이기도 하다–앞의 겔 34:8도 그렇다)에서 여기에서와 매우 유사하게 '비 없는 구름과 바람'에 비유된다.

둘째, 그들은 **죽고 또 죽어 뿌리까지 뽑힌 열매를 맺지 않는 늦가을 나무**이다. 여기서 다시금 전반적으로 시사하는 것은, 그들은 철두철미하게 부패해 있으므로 열매를 맺지 못하여 나누어 줄 것을 전혀 갖고 있지 않으며 따라서 그들의 존재 자체가 이미 버려져 있다는 것이다. 그러나 이러한 비유적 표현에 대한 분석은 주의를 요한다. 따라서 주석가들은 **늦가을**(late autumn, *φθινοπωρινός* –한글 성경은 '가을'로 번역됨)이라고 번역된 형용사의 정확한 취지에 대해서 견해를 각각 달리한다. 대다수의 주석가들은 **늦가을**이 건강한 나무라면 잘 익은 열매를 맺을 것으로 기대될 수도 있는 수확기의 바로 마지막 때를 의미한다고 주장한다. 따라서 **열매를 맺지 않는** 나무는(눅 13:6–9에서 우리 주님의 비유에 나오는 무화과나무처럼) 베어 버리기에 적합할 뿐 실로 무익한 것임에 틀림없다. 그러나 이러한 주석은 다음과 같은 사실을 간과하고 있는 것이다. 첫째, 남지중해와 근동 지방에서의 추수는, 수확기가 헬라어로는 *φθινοπωρόν*이 아니라 *οπω̑ρα*(정확하게는, 늦여름)라 불리는데 보통 **늦가을**이 되기 전이다. 둘째, 고대 작가들(예: Plutarch, *Mor.* 735b)은 **늦가을**(*φθινοπωρόν*)을 나뭇잎들이 떨어지는 계절로 묘사하는 반면, 헤로도투스(Herodotus, *Hist.* iv. 42)는 그것을 겨울 파종기라고 말한다. 달리 말하면, 늦가을은 열매가 조금이라도 기대되는 계절이 아니다. 그러므로 1세기 독자들에게 **늦가을 나무들**이라는 묘사가 주는 이미지는, 겨울이 다가오면서 모든 성장이 둔화되고 잎이 떨어져 버린 앙상한 가지들에 대한 것이었다는 해석이 훨씬 더 그럴듯하다. 만일 이것이 정확한 것이라면, 형용사 **열매를 맺지 않는**(*ἄκαρπα*)은 그들의 상태를 완전한 의미로 설명하기 위해 덧붙여진 것이다. 곧, 그들은 수액이 없고 메말라 있어 어떠한 열매도 기대할 수 없는 나무들이다.

다음의 두 구절은 **열매를 맺지 않는**이라는 구절과 점진적으로 배열되어 있으며, 그 구절에 내포되어 있는 비난을 구체화한다. 곧, 거짓 선생들로 비유되는 **나무들은 죽고 또 죽어**(*δὶς ἀποθανόντα*) **뿌리가 뽑혔다.** 앞 구절(*δίς ἀποθανόντα*)은 첫째, 열매를 맺지 못한다는 의미에서, 둘째, 실제로 생명이 없다는 의미에서 '두 번 죽은' 나무라 표현될 수 있을 것이다. 그러나 여기서 저자는 수목을 재배하는 방법에 대해서 보다는 그의 통렬한 비난의 대상들(즉 거짓 선생들)에 관심을 갖고 있기 때문에, 나무에 대한 그의 비유가 강조되어서는 안 된다. 저자의 비유를 비난의 대상들에 정확히 적용시키는 일이 더 중요하며, 또한 그의 비유는 어떤 해명을 필요로 한다. 본 구절에 대한 일반적 해석은, 죄로 인해 죽었다가 세례를 통하여 그리스도로 말미암아 살아난(골 2:13) 그 비행자들이, 현재의 재타락과 실제적인 배교로 말미암아 죽음으로 되돌아가 있다는 것이다(참고. 히 6:4-8; 벧후 2:18-22). 이 자체는 충분히 받아들일 만하다. 그러나 계시록에 익숙해 있던(계 2:11; 20:6, 14; 21:8) 1세기의 유대 그리스도인들에게는, 특히 종말론적인 문맥에서는 '둘째 사망'에 대한 사상이 퍽 친밀하게 느껴졌을 듯하므로, 최초의 독자들이 이처럼 난해한 해석을 선뜻 떠올릴 수 있었을지의 여부에 대해서는 의심할 수도 있다. 첫째 사망은 물론 모든 사람이 당하는 육신적인 죽음이었으며, 둘째 사망은 내세에서의 사악한 자들의 결정적인 멸망이었다. 이러한 사상에 대한 랍비적인 배경에 대해서는 SB Ⅲ, 830f.(특히 신 33:6에 대한 예루살렘 탈굼 : '르우벤은 이 세대에 살고, 불경한 자들이 오는 세상에서 죽는 둘째 사망을 죽지 않기를 원하도다')를 보라. 여기서 저자의 생각은 상상의 세계에서 움직이고 다가오는 심판에 사로잡혀 있기 때문에(4, 5-7, 14절을 참조하라), 이러한 해석은 매력적인 것이 된다. 여기서 저자는 비행자들의 육체적 사망과 그에 따른 저주를 이미 이루어진 사실(11절 하반절의 **멸망하였다**는 말에 대한 용법 참조)로 생생하게 다루고 있다. 또한 좀더 가능성이 높은 시각에서, 열매 맺지 못하는 것으로 드러난 그들의 영적, 도덕적 죽음으로 미루어 그들은 이미 심판의 날에 '둘째 사망'을 받을 자로 낙인 찍혀 있는 것으로 다루고 있다.

저자는 쓸모없는 과일 나무라는 비유를 **뿌리가 뽑힌**이란 말로 발전시킨다. 그러한 나무들은 보통 뿌리째 뽑혀서 불에 태워졌다(마 3:10; 7:19; 15:13, 눅 13:6-9; 요 15:2-6). 이 분사가 비행자들에게 적용될 때, 이것(분사)은 궁극적으로 그들을 기다리고 있는 멸망을 예상케 하며, 그것('멸망')을 이미 결정된 것으로 취급한다. 그러나 하나님께서는 그들을 사실상 그리스도인 공동체로부터 분리시켰기 때문에 이 분사는 그들이 어떤 참된 의미에서도 더 이상 공동체의 일원이 아니라는 것을 암시하는 것으로 보인다.

**[13] 자기 수치의 거품을 뿜는 바다의 거친 물결이요 영원히 예비된 캄캄한 흑암으로 돌아갈 유리하는 별들이라**

유다는 거짓 선생들인 그 비행자들의 무익함에 대한 비난에서 방향을 바꾸어 그들의 도덕적인 타락에 대해서 마지막 두 비유적 표현을 사용하여 공박한다. 첫째, 그들은 **자기의 수치스러운 행위를 거품 같이 뿜는 바다의 거친 물결**이다. 이토록 생생한 묘사는(70인역이 아니라) 히브리어 본문의 다음과 같은 사 57:20을 반영한다 : "악인은…그 물이 진흙과 더러운 것을 늘 솟구쳐내는 요동하는 바다와 같으니라." 더러운 찌꺼기와 부스러기가 거품으로 모아져 바닷가로 밀려 나간다. 이와 같은 방법으로 거짓 선생들은 자신들의 부패와 불순한 행위의 영향을 도처에 퍼뜨린다. 형용사 **거친**(wild, *ἄγριος* : 이것은 지혜서 14:1에서 '파도'에 대해 사용된다)은 자제심의 결여를 시사하기 위해 의도된 것인지도 모른다. 둘째, 그들은 **영원히 예비된 캄캄한 흑암으로 돌아갈 유리하는 별들**이다. 언뜻 이 말은 결국 어둠 속으로 사라지는, 밤하늘을 가로질러 휙 스치는 별똥별이나 유성(遊星)들에 관한 것으로 보일지도 모르지만, 그렇게만 보면 고대의 과학적 종교적인(scienfitic-religious) 개념들을 놓치게 된다. 사실상(참고. TWNT Ⅵ, 251), 저자가 **별들**과 함께 사용하는 헬라어 형용사(*πλανήτης* '유리하는')가 가리키고 있듯이 그는 유성에 대해 생각하고 있다. 고대인들은 하나님에 의해 정하여진 천체의 완전한 질서를 파괴하는 것으로 보였던 유성들의 불규칙한 운행을 이해하지 못하였으며, 따라서 동방의 민담까지 거슬러 올라가는 복잡한 신화에서 그러한 운행은 유성들을 지배하는 천사들의 불순종 탓으로 여겨졌다. 에녹 1서 18:13-16; 21:1-10에 의하면, 이 천사들은 벌로서 **영원히** 불못에 갇혔다. 거짓 선생들이 이 천사들을 닮았는데, 이는 그들도 반역과 죄의 결과 바른 길에서 벗어났을 뿐 아니라 빛을 발하는 체하면서도 실제로는 사람들이 길을 잃어버리게 만들기 때문이다(*πλανῆται*, 곧 '유리하는 별들'과 *πλάνη*, 곧 11절에서의 '어그러진 길' 간에는 언어 유희[word play]가 있다). 저자는(*ζόφος*, '흑암'이라는 말이 사용되는) 6절 하반절에서의 개념과 어법을 빌림으로써 에녹이 환상 중에 보았다는(에녹서에 나타남) '불길의 감옥'(fiery gaol) 대신에 **어둠의 흑암**(the murky gloom of darkness, *ὁ ζόφος τοῦ σκότους*)이라는 말을 사용한다. 2세기 안디옥의 변증자 데오필루스(Theophilus)는 유다서를 잘 알고 있었다고 추측할 근거는 없지만, "의롭고 법을 준수하는 이들은 항성과 같지만, 이곳저곳으로 돌아다니며 유성이라 불리는 별들은 율법과 그 명령을 저버림으로써 자신들을 하나님으로부터 분리시키는 자들에 대한 상징이다"라고 지적함으로써(*Ad Autol*. ii. 15. 47-49), 정확히 동일한 주제를 전개한다.

# 5. 에녹의 예언
# 1:14-16

**1:14-16**

14 아담의 칠대 손 에녹이 이 사람들에 대하여도 예언하여 이르되 보라 주께서 그 수만의 거룩한 자와 함께 임하셨나니 15 이는 뭇 사람을 심판하사 모든 경건하지 않은 자가 경건하지 않게 행한 모든 경건하지 않은 일과 또 경건하지 않은 죄인들이 주를 거슬러 한 모든 완악한 말로 말미암아 그들을 정죄하려 하심이라 하였느니라 16 이 사람들은 원망하는 자며 불만을 토하는 자며 그 정욕대로 행하는 자라 그 입으로 자랑하는 말을 하며 이익을 위하여 아첨하느니라

14 아담의 칠 대 후손인 에녹은 이러한 사람들에 대해 다음과 같이 예언하였습니다. "주님께서 수많은 거룩한 천사들을 거느리고 곧 오실 것이다. 15 오셔서 각 사람을 심판하시고, 하나님을 거역한 자들에게 벌을 내리실 것이다. 그들이 저지른 악한 일들과 하나님에 대해 마음대로 떠들어댔던 죄에 대해 그들은 벌을 받게 될 것이다." 16 이런 사람들은 다른 사람에 대해 늘 불평하고, 하고 싶은 대로 악한 일을 행하고, 자기 자랑을 하기에 여념이 없습니다. 다른 사람을 칭찬할 때라곤 자기에게 유익이 있을 때뿐입니다. _아가페 쉬운성경

저자는 예언에 호소함으로써 자신의 질책을 마무리한다. 지금까지 그는 잘 알려진 죄인들에게 닥쳐왔던 멸망을 엄중히 지적해 왔을뿐더러 거짓 선생들도 같은 운명에 놓여 있다는 확신을 표현해 왔다. 이제 저자는 그들의 형벌이 이전부터 이미 권위 있게 예언되어 왔다는 것을 보여 준다.

**[14] 아담의 칠대 손 에녹이 이 사람들에 대하여도 예언하여 이르되 보라 주께서 그 수만의 거룩한 자와 함께 임하셨나니**

저자가 표현하고 있듯이, 에녹도 … 이들에 관해서 예언했다. 후기 유대교는 '하나님과 동행하였고', '하나님이 데려가셨다'(창 5:24)는 신비로운 인물인 에녹을 의(義)의 본보기이자 하나님의 특별한 친구로 간주하

였다. 곧, 하늘로 올리워 간 에녹은 천상의 모든 보화를 지키고 천상의 모든 비밀과 신비로움을 아는 자가 되었다. 에녹을 그리스도에 대한 상징으로 이해하는 기독교적인 이해에 대해서는 벧전 3:19에 관한 주해를 보라. 계보에 따르면 에녹은 **아담의 칠대 손**(곧 우리의 계산법으로는 6대손이었다. 그의 혈통에 대해서는 창 5:4-20; 대상 1:1-3을 참조하라)이었으며, 이것이 그에 대한 정형화된 표현이다(예: 1 En. lx. 8; xciii. 3; Philo, *De post. Cain.* 173; 또한 SB Ⅲ, 787에서의 랍비 문헌을 참조하라). 7은 가장 신성한 숫자이며 하나님의 은혜에 대한 표징이므로(안식일-Sabbath-을 참조하라) 에녹이 **칠대 손**임에 대한 강조는 그의 권위와 말의 무게를 강화하는 효력을 지녔다.

**에녹이 이 사람들에 대하여도 예언하여**(He too … prophesied … with reference to these)에서 **이들**(*τούτοις*, 한글 성경은 '사람들'로 번역되었음-역주)이라는 지시대명사는 여격으로 되어 있는데(문자적으로는 '…에게' 혹은 '…을 위하여'로 본절에서는 용법상으로 이상하지만 의미는 명백하다), 이것은 경멸이 담긴 표현으로써 방종자들과 연관이 되는 말이다(10절 상반절에 대한 주해를 보라). 많은 주석가들이 …**도**(too, *καὶ*)-헬라어 분문에서 이것은 바로 **이들**(these) 앞에 위치해 있다-를 **이들**과 결부시켜 해석하여, 에녹의 예언이 당대의 사람들은 물론 오늘날의 비행자에게도 적용된다는 것이 저자의 요점이라고 주장한다. 그러나 이러한 해석, 즉 선지자의 예언이 우선적으로 자기 세대의 사람들에게 해당된다는 가정은 그 당대 독자들의 생각이라기보다는 오늘날의 우리들의 생각이다. 실제로 에녹 자신은, 그의 환상이 '이 세대가 아니라 먼 미래의 세대에' 관계된 것이라고 명백하게 진술하고 있다(1 En. i. 2). 이러한 불변화사(*καὶ*)의 도치에 대한 실례는 신약에서 결코 드물지 않을뿐더러 여기서도 그러한 도치를 가정할 만하다. 확실히 '또한 이들에 관하여도'(with reference to these too)는 의미를 썩 적절하게 나타내지 못하는데, 이는 저자의 사상이, "직접 이 사람들을 겨냥한 에녹의 예언이 있다"(Further, there is a prophecy of Enoch's aimed directly at these people)와 같은 의역에 의해 더 논리적으로 표현되는 것 같기 때문이다

(한글 성경은 '사람들에게 대하여도').

다음의 예언은, 헬라어 및 에티오피아어 역본들에도 나타나는 에녹 1서 1:9에 매우 가까운 인용문이다. 우리의 본문(부록으로 실린 필자의 사역을 참조하라-역자 주)은, 본절 초두가 후자(에티오피아어 역본들)와 더욱 밀접하게 일치하지만, 나머지 부분은 전자(헬라어 역본)와 더욱 일치한다. 이상으로부터 우리는 저자가 에녹 1서의 구절을 셈어로 된 원문이 아니라 헬라어로 읽고 있다고 결론지을 수도 있을 것이다. 비록 문헌적 의존성이 뚜렷하긴 해도 여기서 저자는 기억에 의존하고 있는 것 같다. 본 문맥은, 자기의 피택자들에게는 복을 베푸시고 사악한 자들에게는 멸망을 선포하러 오시는, 거룩하시고 영원하신 하나님에 대한 환상을 묘사한다. 유다는 '하나님' 대신에 원문에는 나오지 않는 **주**란 말을 사용하였다. 기독교에서 이 단어를 읽거나 들을 때 그리스도에 관계되는 것으로 이해하였음이 틀림없는데, 초대교회는 그리스도께서 세상을 심판하기 위해 천사들에 의해 호위되어 오실 것으로 기대하였다(마 25:31). **오셨다**(has come)라 번역된 동사(ἦλθεν : 부정과거)는 하나님의 행위를 이미 성취된 것으로 그려 냄으로써 그 확실성을 강조하기 위해 쓰여지는 부정과거들과 유사한 '예언적 과거형'(prophetic preterite)으로 14절에서 사용되었다. **그의 수만의 거룩한**(his holy myriads), 곧 특히 심판의 때에 하나님과 함께하는 수천의 천사들이나 '거룩한 자들'에 대해서는 신 33:2; 단 7:10; 슥 14:5을, 그리스도에 관한 것으로는 마 25:31; 히 12:22를 참조하라.

**[15] 이는 뭇 사람을 심판하사 모든 경건하지 않은 자가 경건하지 않게 행한 모든 경건하지 않은 일과 또 경건하지 않은 죄인들이 주를 거슬러 한 모든 완악한 말로 말미암아 그들을 정죄하려 하심이라 하였느니라**

환상을 보는 에녹이 이해하고 있듯이, 주(혹은, 원문에서 '거룩하신 위대한 자'-Holy Great One-로 불리는 자)께서 오시면 **모두를 심판하실** 것이다. 곧 문맥이 제시하듯이 이 심판은 정죄하기 위한 **심판**이며, 여기서 **모두**(all)는 모든 악인들을 의미한다. 특히 주는 **경건하지 않은 자들이**

범한 모든 경건하지 않은 행위와, 그들이 주를 거슬러 말한 모든 악의적인 것에 대해 정죄하실 것이다. 여기서 경건하지 않은(ἀσεβείας)이라는 말에 대한 의도적인 반복과 이것의 파생어들에 주목해야 한다. 저자는 이 말을 이미 4절에서 꽤 강조하여 사용하였고, 나아가 이와 관련된 명사 '경건하지 않음' 이란 말을 18절에서 다시 사용하는데, 이것은 이교도들에 대한 그의 견해를 단적으로 표명하는 것이다. 에녹 1서는 '경건하지 않은 자들' 에 대한 탄핵으로 가득한데, 이것이 예언에 대한 저자의 주의를 끌었음이 틀림없다. 그들의 죄를 행위의 죄와 언사(word)의 죄로 분류하는 것은 에녹 1서의 특징이다. 에녹 1서는 사회적인 불의(94:6-9; 96:4-8 등), 우상숭배(99:7-9)와 율법에 대한 위반 행위(5:4)에 대해서 되풀이하는 한편, 하나님의 위엄을 떨어뜨리는 오만하고도 모욕적인 말(예: 5:4; 27:2; 101:3)에 대해서 여러 번 언급하고 있다.

저자는 명백히, 에녹 1에서 에녹에게 주어졌다고 알려진 계시들에 포함된 이질적(heterogeneous) 자료(에녹서에 포함되어 있는 여러 부분이, 기원전 마지막 두 세기에 작성된 것 같다)를 깊이 존중하고 있다(6:13을 참조하라). 그가 본 서신을 기록하던 당대에는 그러한 자료들의 명성이 매우 높았기 때문에 그리 놀랄 일은 아니다. 후기 유대 문학과 초기 기독교 문학에서 에녹서를 사용한 예에 대해서는 R.H. Charles, *Apocrypha and Pseudepigrapha* Ⅱ, 177-184를 보라. 유대교에서 에녹서의 인기는, 쿰란(Qumran)에서 아람어로 된 단편들이 다량 발견됨으로 확인되었다. 비록 어떤 부분(예. 벧후: 서론을 참조하라)에서는 보류적으로 보이지만, 에녹서는 초기 몇몇 그리스도인 저작자들에 의해 성경으로 취급되었다(예 : *Barn.* xvi. 5; Tertullian, *De idol.* xv. 6; Clement Alex., *Ecl. proph.* iii). 그리고 에티오피아 역본이 나타내고 있듯이, 아비시니아(Abyssinia, 에티오피아의 옛 이름-역자 주)가 4세기에 기독교화 되던 때에 그 나라에서 받아들였던 헬라어 성경에는 이 책이 포함되었음이 틀림없다. 에녹서가 인기를 잃고 경시되기 시작한 것은 4세기 초부터였는데, 제롬(Jerome)은 유다서가 바로 이러한 '외경' 의 증언에 대한 호소 때문에 많은 이들에 의해 거부되었다고 보고한다(*De vir. ill.* iv.). 이 책은

*Const. apost.* vi. 16. 3(380년경)에서 결정적으로 비난받는다. 저자가 **예언하였다**(prophesied)란 말을 사용하고 있음은, 그가 에녹 1서를 에녹 자신의 저작으로 뿐만 아니라, 하나님의 계시를 받은 자로서 에녹의 특권 있는 지위를 존중하여 성령의 감동을 받은 것으로 간주하였다는 것을 의미한다.

**[16] 이 사람들은 원망하는 자며 불만을 토하는 자며 그 정욕대로 행하는 자라 그 입으로 자랑하는 말을 하며 이익을 위하여 아첨하느니라**

유다는 인용을 끝내고, 그 인용문에 비추어 거짓 선생들에 대한 그의 공격을 재개한다. 저자는 **이들이 자신들의 상태에 대해 불평하며 자신들의 정욕을 따르는 불평자들**(these are grumblers who complain of their lot and who follow their own passions)이라고 강경한 어조로 말한다. 그들의 비행은 에녹의 예언에서처럼 말과 행위의 죄로 분류된다. 말에 의한 죄에 관해서 말하자면, 원문에서 사용된 **불평자들**(*γογγυσταί* : 신약에서 단 한 번 나온다)과 형용사 '불만스러운'(*μεμψίμοιροι* : 역시 신약에서 단 한 번 나온다)이라는 두 단어는 밀접하게 병행하는데, 후자의 문자적인 의미는 '자신들의 운명을 저주하는'이다. 많은 주석가들에 의하면, 본절의 비난은 거짓 선생들이 교회를 위해서 임명된 지도자들의 권위에 대해 불평하고 그것을 거부하면서 불순종한다는 것이다. 한편, 다른 주석가들은 여기서 거짓 선생들이 영지주의자들이므로 그들은 자신들에게 있는 빛의 섬광이 물질적인 육체에 갇혀 있는 데서 느끼는 존재에 관한 불만을 토로하는 것으로 본다. 그러나 이것들은 모두 엉뚱한 해석이다. 에녹의 예언(**그들이 주께 거슬러 말한 모든 악의적인 것**), 70인역에서 '불평하다'(*γογγύζω*: TWNT Ⅰ, 727-738을 보라)라는 말의 사용과 출 16:7-12; 17:3; 민 14:27-29; 17:5, 10 등에서의 '불평하는'(*γογγυσμός*)이라는 말로 미루어 볼 때, 여기서는 하나님께 대한 그 비행자들의 무례한 태도임이 분명하다. 그들은 자신들의 상태에 불만족하여 섭리에 대해 통렬히 불평함으로써 믿음 없음을 드러내는 자들이다. 형용사 '불만스러운'(*μεμψίμοιροι*)은 모세 승천기 7:7에 대한 반영일지도 모른다. 필로(Philo)는 이 단어와 관련된 동사 *μεμψίμοιρειν*을 광야에서 '불평하였던' 히브리인들에 대해 사용하고 있음(*Vit. Mos.* i. 181)을 볼 수 있는데, 그것은 지도자로서의 모세와 아론에 대해서가 아니라 하나님에 대해서 불평했던 것으로 이해되었다(예. 민 14:27–29).

그 비행자들이 **자신들의 정욕**(desires)을 **따른다**(문자적으로는 '…에 따라 걷다' : 11절 상반절의 주해를 보라)는 비난은 좀더 이해하기 쉽다. 이 말은 그들의 호색(4, 8, 10절을 참조하라) 또는 이익에 대한 탐욕(11절과 본절 이하의 이익을 참조하라)을 가리키며, 양자 모두를 가리킬 가능성이 제일 높다. 도덕적으로 중성어일 수 있는 **정욕**(desires, *ἐπιθυμία*)이라는 말은 벧전 1:14(주해를 보라)에서처럼 비난적인 어조를 띠고 있다. 저자에게는 이러한 정욕이 결국, 에녹이 매우 정확하게 예언한 **경건하지 않은 행위**가 된다는 것이 명백하다. 그러나 저자의 비난은 아직 끝나지 않았다. 곧 저자는 **그들의 입은 과장된 말을 한다**고 덧붙인다. 이와 정확하게 동일한 표현(*λαλεῖ ὑπέρογκα*: '과장된 말')이 테오도시우스 역본의 단 11:36에서 하나님에 대한 안티오쿠스 에피파네스(Antiochus Epiphanes)의 불경스러운 말을 묘사할 때 사용될뿐더러 모세 승천기 7:9에 대한 라틴어역('os eorum ingentia loquetur') 배후에도 깔려있는 것 같다. 곧 유다는 이 말을 그가 정통해 있던(9절의 주해를 보라) 라틴어역에서 취하였을지도 모른다. 오만하고 무례한 말을 사용하는 것에 대한 비난은 에녹 1서 5:4; 27:2; 101:3에서도 발견된다. 이러한 절들은 4, 8절에서 하나님의 권위를 부인하거나 거부하는 것에 대한 비난과 관련해서 생각해 볼 때, 여기서 **과장된 말**이란 어구는 그들의 자기자랑에 대한 것이라기보다는, 하나님에 대한 그들의 교리를 주제넘고도 오만하게 표현한 것이라고 봐야 한다.

**그리고 그들의 입이 과장된 말을 한다**는 절은, 번역상으로는 단절이 숨겨져 있지만, 헬라어로는 구문을 방해하는 삽입절이다. 이것은 다시 뒤따르는 분사절에 걸치면서, 비행자의 또 다른 불경스러운 면모를 들춰낸다. **그들은 이익을 위하여 아첨하느니라.** 이에 대한 더 문자적인 번역은 '그들은 얼굴을 칭찬한다, 혹은 얼굴에 경의를 표한다'가 될 것이다. 이 말은 신약의 다른 곳에서는 전혀 나오지 않는 표현으로, 70인역에서는 히브리 관용구인 נָשָׂא פָּנִים(사람의 얼굴을 들다, 곧 사람에게 경의를 표하다, 혹은 그에게 호의를 보이다)을 번역하는 데 자주 사용된다(예: 창 19:21; 신 10:17; 28:50; 대하 19:7; 욥 13:10; 22:8). 이러한 관용 표현은, 어떤 사람이 인사할 목적으로 엎드릴 때 '그의 얼굴을 들게 하는', 곧 환영의 표로 그를 땅에서 일으키는 동방의 관습에 기원을 두고 있다. 이를 대신하여 70인역에서 채택하는 더 나은 번역은 '얼굴을 받아들이다' 였다(예. 레 19:15; 욥 42:8; 말 1:8, 9). 환영의 표로서 엎드리고 일으키는 원래의 이미지는 곧 사라졌으며, 그 두 표현은 '…에 대해 치우친 사랑을 보이다' 혹은 '…의 환심을 사다' 란 경멸적인 의미를 띠는 단어로 바뀌었다. 이 표현들은 부자와 권세자들에게는 호의를 보이고, 가난하고 약한 자에게는 멸시를 보내는 것에 대한 구약의 부단한 질타에 규칙적으로 나온다(예. 레 19:15; 신 10:17; 잠 24:23; 28:21; Ecclus. iv. 22). 또한 구약에는 하나님이 '결코 사람들(문자적으로는, '용모들')을 차별 대우하는 분이 아니라' 고 자주 언급되었다(예: 신 10:17; 대하 19:7; 행 10:34).

그러한 모든 편파나 편애가 약 2:1-9에서 신랄하게 비난받는다. 비행자들도 그러한 편파나 편애의 허물에 빠져 있는 자들이다. 곧 본절에서 비난하고 있는 허물은 물질이나 세력을 갖추지 못한 자들을 멸시함으로써 그리스도인 공동체의 부하고 세력 있는 자들의 환심을 사는 행위인데, 저자는 이른바 혁신주의자들이 그러한 죄가 있다고 암시하는 것 같다. 그들의 동기는 순전히 자기 이익을 위한 것이다. 우리는 이러한 이익에 대한 언급을 11절에서의 그들의 물욕에 대한 언급과 관련시키지 않을 수 없다. 이와 거의 동일한 질책이 모세 승천기 5:5에서도 나타난다. "그날에 그들이 부한 사람들을 칭찬할 것이며(여기서 *θαυμάζοντες πρόσωπα* '아첨하느니라' 에 대한 정확한 라틴 동의어는 *mirantes personas*이다), 선물을 받으리라." 이것은 유다가 외경 자료에 익숙하였다는 또 하나의 증거이기도 하다. 여기서 정확히 무슨 내용을 묘사하는 것인지 알아내지 못하여 조바심이 난다면, 이러한 비난들이 표현된 언어가 전통적인 것이며, 그 배경은 서너 가지의 좀더 구체적인 고발 내용에 반하는 것으로 그렇게까지 무시무시하지 않을 수도 있다는 생각으로 위로받기 바란다.

## 6. 신실한 자들에 대한 권고 1:17-23

**1:17-23**

17 사랑하는 자들아 너희는 우리 주 예수 그리스도의 사도들이 미리 한 말을 기억하라
18 그들이 너희에게 말하기를 마지막 때에 자기의 경건하지 않은 정욕대로 행하며 조
롱하는 자들이 있으리라 하였나니 19 이 사람들은 분열을 일으키는 자며 육에 속한 자
며 성령이 없는 자니라 20 사랑하는 자들아 너희는 너희의 지극히 거룩한 믿음 위에 자
신을 세우며 성령으로 기도하며 21 하나님의 사랑 안에서 자신을 지키며 영생에 이르
도록 우리 주 예수 그리스도의 긍휼을 기다리라 22 어떤 의심하는 자들을 긍휼히 여기
라 23 또 어떤 자를 불에서 끌어내어 구원하라 또 어떤 자를 그 육체로 더럽힌 옷까지도
미워하되 두려움으로 긍휼히 여기라

17 사랑하는 친구들이여, 우리 주 예수 그리스도의 사도들이 했던 말을 기억하십시오.
18 그들이 말하기를 "마지막 때가 되면 하나님을 비웃고 거역하며, 제멋대로 행동하는
사람들이 있을 것이다"라고 하였습니다. 19 이들은 사람들 사이를 갈라 놓고, 죄로 물
든 육신의 정욕대로 행동합니다. 그들 속에는 성령님이 거하지 않습니다. 20 그러나 사
랑하는 친구 여러분, 여러분만은 성령 안에서 기도하며, 가장 거룩한 믿음으로 자신을
튼튼히 세우십시오. 21 하나님의 사랑 안에서 자기를 지키고, 주 예수 그리스도께서 은
혜로 내려 주신 영원한 생명을 기대하십시오. 22 믿음을 굳게 갖지 못하고, 의심하는 자
들을 불쌍히 여기고, 23 그들을 불 가운데서 끄집어 내어 구원하십시오. 두려움을 가지
고 그들에게 자비를 베풀되, 죄에 관한 것은 육체의 욕망으로 더럽혀진 옷까지도 미워
하십시오. _아가페 쉬운성경

**[17] 사랑하는 자들아 너희는 우리 주 예수 그리스도의 사도들이 미리 한 말을 기억하라**

이 새로운 문단은 앞의 대목과 밀접하게 관련되어 있긴 하지만(본절의 그러나 너희-But you-와 16절에서의 이 사람들-these-간의 대조를 참조하라), 이 문단의 취지는 지금까지의 내용과는 전혀 다르다. 5-16절에

나타난 저자의 기록 목적은 비행자들을 폭로하고, 그들의 확실한 멸망을 경고하는 것이었다. 그러나 여기서는 그의 동료 신자들에게 다시금 확신을 주려는 것이 그 목적이다. 이들의 비정상적인 신앙과 행위들이 1세기 말의 교회에 굉장한 놀라움과 당황으로 나타났다는 사실이 저자의 어조에서 생생하게 전달된다. 그러면서도 저자가 권면하기는, 사도들이 바로 이러한 사태를 정확하게 예언하였기 때문에 독자들은 낙담할 이유가 없다는 것이다. 훌륭한 그리스도인들은 사도들의 예언의 증거를 따라서 이러한 위험들을 확고하게 서 있으라는 도전으로 간주하고, 모든 최선의 수단을 동원해서 동요하는 형제들을 긍휼한 마음으로 도와야 한다.

그래서 저자는 수신자들에게, **사도들이 우리 주 예수 그리스도에 관하여 전에 한 말들을 기억하도록** 권고한다. 그러면 그러한 예언을 했던 **사도들은** 누구인가? 저자는 어떤 사도들을 염두에 두고 있는가? 이 복잡한 문제를 파고들지 않아도 우리는 대체로 신약 안에서 이 용어는 협의의 집단을 가리킬 수도 있고, 광의의 집단을 가리킬 수도 있다고 말할 수 있다. 전자는 열두 제자 및 바울과 바나바와 같은 특별한 신분의 사람들로 이루어졌고, 후자는 그리스도인 공동체의 임명을 받은 전도자들이나 선교사들로 이루어졌다(예 : 롬 16:7; 고후 8:23; 빌 2:25). 어떤 해석자들은 이 말이 여기서 후자의 의미를 갖고 있음이 틀림없다고 주장하면서, 18절의 **그들이 너희에게 말하기를**은 그들이 복음을 저자의 독자들에게 전하였음을 의미한다고 주장한다. 그러나 이러한 용법은 드물 뿐 아니라 곧 사라진다. 더욱이, 이 말을 아주 엄밀한 의미에서 사도적 집단을 가리키는 것으로 우리가 받아들이지 않을 수 없게 하는 엄숙한 어조가 **우리 주 예수 그리스도의 사도들**이란 말에 내포되어 있다. 이러한 해석은 본 서신의 저자가 가지고 있는 일반적인 견해와도 부합되는 것으로, 그 견해에 따르면 (3절에 관한 주해를 보라) 믿음은 교회에 권위 있게 전하여진 일단의 가르침이다. 우리는 다음 사항에 주목해야 한다. 첫째, 저자는 본절에서 자신을 사도로 부르지 않기 때문에 그 자신을 **사도들**에 포함시키지 않았다는 것. 둘째, **전에 말한**(spoken before)은 꼭 '오래전에 말한'을 의미하는 것이 아니고 단지 '예언된 사건들에 앞서 말한'을 의미하지만, 본절 전체의 어조는 사도들이 초기 기독교인들의 존경받는 집단이었다는 인상을 심어 준다.

**[18] 그들이 너희에게 말하기를 마지막 때에 자기의 경건하지 않은 정욕대로 행하며 조롱하는 자들이 있으리라 하였나니**

본절에서 저자는 사도들이 그들에게 말한 것을 상기시키고 있다. 위에서 언급하였듯이, 이 말은 저자의 수신자들이 소속된 그 공동체들을 사도들이 실제로 방문하여 복음화하였다는 것을 의미하는 것으로 주장되어 왔다. 그러나 이러한 것은 별로 타당치 않은 해석인데, 이는 **사도들**이 개인적 명칭으로나 평이한 용어로 언급되지 않고 유사한 집단('사도들…')으로만 언급되기 때문이다. 여기서 저자의 요점은, 사도들이 메시지를 전하였을 때는 저자의 수신자들을 포함하여 모든 세대의 그리스도인들에게 그것을 보내었다는 것이다. 저자는 이 메시지가 **마지막 때에 자기의 경건하지 않은 정욕대로 행하며**(문자적으로는 '…에 따라 걷다' : 11절 상반절에 관한 주해를 보라) **조롱하는 자들**(scoffers)**이 있으리라**는 예언을 내포한다고 진술한다. 사도들의 저작이라고 전해져 내려오는 기록들 중에서 벧후 3:3 외에는 정확히 본절과 일치하는 절이 단 하나도 없다. 베드로후서는 본 서신보다 후기의 것으로, 그 서신의 3:3은 바로 본절(유 18절)에 의존하고 있는 것이 아닐까 생각된다. 베드로후서에서는 특정한 사도가 말한 것으로 주장하지 않고, 선지자들과 주의 사도들의 예언을 요약한 것으로 언급하고 있다. 여기서 저자는 여러 사도 혹은 한 명의 사도에 의한 특정한 진술을 염두에 둔 것이 아니라, 사도들이 교회 내에서 가르친 교훈 중에서 어떤 특징적인 요소를 생각하고 있음이 분명하다. 거짓 선생들의 임박한 출현과 그들이 일으키게 될 명백한 혼란과 위험에 대한 경고는, 실로 1세기 선교 활동의 부단한 주제였다(예: 행 20:29; 딤전 4:1-3; 딤후 3:1-5; 4:3; 「열두 사도 교훈집」 16:3을 참조하라). 내적인 어려움에 직면했던 초대교회는, 주님께서 친히 신실한 자들을 미혹하는 자들이 나타날 것이라고 예언하셨다(막 13:5, 21)는 믿음에서도 그러하였듯이, 이러한 경고에서 도움과 위안을 얻었다.

**마지막 때**란 말에 대해서는 벧전 1:20('이 말세에')에 관한 주해를 보고, 또한 요 12:48('마지막 날에'); 행 2:17; 딤후 3:1('말세에')을 보라. 이 모든 다양한 표현들은 히브리인들의 예언(예: 사 2:2; 렘 49:39; 호 3:5; 미 4:1)의 말과 개념을 상기시킨다. 그러한 예언에 따르면 '마지막 날'은 메시아의 구원과 심판의 날이라는 이중적인 면을 동시에 갖고 있다. 신약에서는 이 이중적인 면이 서로 연결되어, '실현된 종말'이라는 뜻으로 강하게 나타나지만(예 : 행 2:17; 히 1:2; 벧전 1:20), 후기의 신약서들에는 메시아의 때가 이제는 과거의 역사라는 의식이 형성되면서 '마지막 날'을 심판의 날로 바라보도록 유도하고 있다(예: 요 12:48). 유다가 이해하고 있듯이, 이곳에서의 **마지막 때**는 실현되는 과정 중에 있으며, 다른 사도들이 그러하였듯이(예: 딤후 3:1; 요일 2:18), 마지막 때에 대한 실제적인 증거를 하나님을 모독하는 자들과 **자기의 경건하지 않은 정욕대로 행하며 조롱하는 자**들의 파렴치한 출현에서 발견한다.

이 분사절을 문자적으로 직역하면 '경건하지 않은 자신들의 욕망에 따라 걷는'(walking according to their own desires of ungodlinesses)이 되며, 분사 '걷는'(walking)은 두 명사('정욕'과 '경건하지 않음'–역자) 사이에 위치해 있다. 이러한 문장 구조는 어색하지만, 어떤 해석자들이 주장하듯이, 두 번째 명사가 말을 가다듬기 위해 삽입된 것이라고 속단할 만큼 서투르게 표현되지는 않았다. 본문의 전통적 해석은 이에 강하게 반대될뿐더러, 이 둘째 명사는 이 단어가 나오는, 14절에서 인용된 에녹 1서의 구절에 대한 추가적인 회고의 결과라는 추측이 가능하다. 그러나 구문은 명확하지 않으며, 만일 '경건하지 않은'이 주격적인 속격이라면 그 의미는 '경건하지 않음에서 비롯되는 욕망'이다. 그러나 이 말이 목적격적인 속격이라면 그 의미는 '경건하지 않은 행위에 대한 욕망'이다. 경건하지 않은 구체적인 행위들을 암시하는 복수형의 관점에서 볼 때 후자의 번역이 그럴 듯하다. 15절에서의 '경건하지 않은 행위'를 참조하라. 하여튼 저자가 의중에 두고 있는 것(독특한 관례적인 비난)은, 필시 저자가 사도들이 정확히 예상하였다고 주장하는 비행자들의 방종과 부도덕일 것이다(4. 8절 등을 참조하라). 더 판단하기 어려운 것은 **조롱하는**

자들(ἐμπαῖκται, 이 단어는 신약에서 본절과 벧후 3:3에만 나온다)의 정확한 의미이다. 어떤 해석자들은 병행 구절인 벧후 3:3에 의지하여, 이 말을 주의 재림의 지연 때문에 교회의 종말론적인 가르침을 조롱하는 사람들을 나타내는 것으로 제한시킨다. 그러나 우리가 이해할 수 있는 한에서는, 주의 재림이 유다서에서의 논쟁의 문제는 아니다. 그러므로 그 의미는 다른 곳에 있는 것으로 보아야 한다. 구약(예: 시 35:16; 잠 14:6; 19:25, 29; 70인역의 사 3:4)에서 조롱하는 자는 윤리와 신앙을 경멸하는 자, 곧 오만하고 불경한 방종자이다. 그는 진정으로 경건하며 하나님을 두려워하는 사람과 극명한 대조를 이루는데, (이단자들에 대한 저자의 앞에서의 묘사에도 나오는) 이러한 대조가 여기서 명백히 의도되어 있는 것 같다.

**[19] 이 사람들은 분열을 일으키는 자며 육에 속한 자며 성령이 없는 자니라**

저자는 또 하나의 신랄하지만, 우리에게는 설명이 되는 비평을 덧붙인다. **이 사람들은 분열을 일으키고 세속적**(worldly-minded)**이며 성령이 없는 사람들이라. 이 사람들은 … 이다**란 표현법에 대해서는 12, 16절 및 10절 상반절에 대한 주해를 참조하라. **분열을 일으키다**(ἀποδιορίζω)라 번역된 동사는 극히 드물게 쓰이는 말로, 본절 이외의 거의 유일한 실례가 아리스토텔레스의 *Pol.* iv. 3. 9에 나온다. 거기서 이 말은 분류의 목적으로 규정한다는 의미로 사용된다('…의 한계를 정하다', '분리하다', 혹은 '한정하다'를 의미하는, 더욱 빈번히 사용되는 διορίζω을 참조하라). 여러 해석자들에 의하면, 이 말은 거짓 선생들이 그리스도인 공동체를 서로 싸우는 여러 파벌이나 당파로 분열시킴으로써 공동체가 서로 불화하도록 영향을 미친다는 것을 나타내기 위해 사용되었다는 것이다. 그런 뜻에서 받아들일 만한 주해이다. 이 말은, 신실한 자들에게 공동체를 분열시키지 말고 그것을 굳게 하고 스스로 견고케 하라고 권면하는 다음 절을 예비한다. 또한 이 말은 당파 싸움과 분열의 유행에 대한 1세기의 다른 자료들(예 : 고전 1:10 이하; 갈 5:20; 딤전 4:1 이하)의 증거와도 일치한다. 그러나 우리는 이러한 전반적인 진술이 그러한 생소한 동사의 선택을 설명해 주는지, 혹은 그것에 고유한 한정이나 분류의 개념을 충분히 정당하게 다루는지의 여부에 대해서는 의문을 품을 수도 있다. 만일 다음에 오는 말이 비행자들이 **일으키는 분열**의 특수한 본질을 거의 확실히 보여준다는 점을 인식한다면 이러한 난제는 충분히 해결된다. 그들은 기독교 공동체의 보통 일원들, 곧 유다가 편지하고 있는 신실한 자들을 **세속적인**(*ψυχικοί*) 자들로, 자신들을 '신령한' (*πνευματικοί*) 자들로 분류함으로써 공동체 내에서 분열을 야기한다. 그러나 이에 대한 유다의 즉각적인 반박은 그러한 분류 행위는 바로 진리를 거스리는 행위라는 것이다. 곧 **세속적**일 뿐 아니라, '신령한' 것과는 거리가 먼, 실로 **성령**이 없는 자는 거짓 선생들 자신이다.

이것이 *ἀποδιορίζω*(분열을 일으키다)이 갖고 있는 특유의 의미를 잘 나타내는 유일한 해석이다. 또한 이러한 해석이 선호되어야 하는데, 이는 일반적인 분열에 대해 단순히 언급하는 것으로는 **세속적인**과 **성령이 없는**이란 갑작스럽고 매우 날카로운 삽입구를 설명하는 데 아무런 도움도 주지 않기 때문이다. *ψυχικός*(자연적인 사람)와 *πνευματικός*(신령한 사람) 간의 구별이 바울에게는 친근한 것이었는데(예. 고전 2:13-15), 전자는 자연적인 수준에 따라 살며 하나님의 일들을 이해할 수 없는 **세속적인** 사람인데 비하여, 후자는 성령에 의해 교화되어 모든 것을 판단할 수 있는 사람이다. 우리는 2세기의 어떤 영지주의자들(예. 발렌타인 신봉자들 : 참조. Irenaeus, *Haer*. i. 6. 1ff.; Epiphanius, *Pan. haer*. xxxi. 7)에 대해 알고 있다. 그들은, 평범한 그리스도인에 비하여 깨달음을 얻은 영지주의자는 높은 내면의 요소를 지각하며 그런 사람만이 '영적' 인 사람이라고 주장함으로써 표면적으로는 바울과 유사한 구별을 주장하였다. 비록 유다의 말이 매우 간결하긴 하지만, 그는 여기서 그러한 주장에 반대하고 있다. 만일 특별히 '영적인 사람들' 이 있다면 그것은 어떤 비밀의 '지식' 을 획득한 사람들로 이루어지지 않고 성령을 받은 자들로 이루어진다는 것을 함축적으로 확언하고 있다. (20절을 근거로 추정해 볼 때, 본절에서 **영**은 요 3:5; 갈 5:16 이하의 구절들이 그러하듯이 성령을 의미함이 명백하다.) 만일 이러한 해석이 정확하다면, 거짓 선생들이 영지주의 경향을 띠고 있었다는 것은 의심할 여지가 없다.

저자는 문제를 일으키는 자들에게 마지막으로 일격을 가한 후, 직접 그의 수신자들에게 말을 한다. 그의 어조는 긍정적이고 건설적인 것으로 바뀌며, 그리스도인들이 그러한 상황에서 살아가야 할 방법에 대해 빠르게 요약한다. 그 초점은 믿음, 기도, 사랑, 소망인데, 이 4대 요소는 믿음, 소망, 사랑(고전 13:13; 골 1:4; 살전 1:3)이라는 잘 알려진 삼단양식의 확장처럼 보인다. 20절 이하에서 식별할 수 있는 성령-하나님-예수 그리스도라는 삼단양식은 또한 교회 안에서 점진적으로 확립되어 가는 삼위일체 교리의 과정(또 다른 고전적 실례에 대해서는 벧전 1:2을 참조하라)을 나타내는 것으로 주목을 받을 만하다.

**[20] 사랑하는 자들아 너희는 너희의 지극히 거룩한 믿음 위에 자신을 세우며 성령으로 기도하며**

저자는 17절에서처럼 그의 수신자들과 비행자들 간의 대조를 명시하기 위하여, **그러나 친애하는 친구들아**(But you, dear friends)란 말로 시작한다. 저자의 첫째 권고는, 그들은 자신들을 **지극히 거룩한 믿음 위에 세워야**(ἐποικοδομοῦντες : 현재분사) 한다는 것이다. 신약의 다른 곳에서 그러하듯이(벧전 2:5과 주해를 참조하라) 여기서도 기독교 신자들의 공동체가 건물이나 성전으로 묘사된다. 그것은 이단의 맹공격에 저항하기 위해 확고한 기초 '위에 세워질' 필요가 있는 견고하고 통합된 건축물일 뿐 아니라 성전이어야만 한다. 고전 3:9-17에서 예수 그리스도는 기독 교회가 세워지는 기초이다. 엡 2:20-22에서는 그리스도가 모퉁잇돌이신데 비하여, 그 기초는 사도들과 선지자들이다. 여기서 이단의 가르침의 위협에도 불구하고 건물을 떠받치고 안전하게 유지하는 기초는 **너희의 지극히 거룩한 믿음**인 것으로 선언된다. 3절에서처럼, 여기서 믿음은 사도들의 가르침의 총체를 내포하는 객관적인 의미를 갖고 있다. 그것은 혁신주의자들의 이단적 가르침에 반대되는 신자들의 **믿음**이다. 그리고 그것은 거룩하신 하나님에 의해 계시 되었고, 믿음을 소유하는 자들을 성화시키기 때문에 **지극히 거룩하다**. 본구(本句)에 대한 이러한 주석은, 본절에 대하여 종종 제시되는 다른 번역, 곧 '너희 자신을 너희의 지극히 거룩한 믿음으로(by means of) 세우며' 라는 번역의 약점을 잘 드러내고 있다. 물론 믿음이라는 말은 도구적 여격으로도 사용이 가능하다. 그러나 후자의 해석은 *ἐποικοδομοῦντες*('세우며' -한글 성경)에 대하여 *ἐπί*란 전치사를 불필요하게 번역한다. 또한 그것은 첫째, 그리스도에 대한 신뢰와 그의 가르침을 따르는 **믿음**을 주관적으로 받아들이는 것(이는 3절에서 갖고 있는 의미와 모순된다)을 함축하며, 둘째, **지극히 거룩한**이란 말을 실로 어색하게 만든다.

둘째, 그들은 **성령으로 기도하기**를 계속해야만 한다. 이러한 명령은 엡 6:18에서의 다음과 같은 바울의 명령을 상기시킨다. "항상 성령 안에서 기도하라." 성령 '안에서' (in) 혹은 '으로' (by) 기도하라는 것이 사도 바울의 위대한 주제이다(롬 8:26; 고전 12:3; 갈 4:6). 그러므로 우리는 여기서 바울 신학의 영향을 접하고 있는지도 모른다. 다시금 거짓 선생들과의 대조가 다음과 같이 의도적으로 제시된다. 곧 그들은 슬프게도 성령을 소유하고 있지 않음으로(19절) 말미암아 참된 기도를 드릴 수 없다. 그러나 사도들의 가르침 위에 자신들을 세우는 신실한 자들은 성령을 받았을뿐더러, 성령을 받은 명백한 결과로 기도를 한다.

**[21] 하나님의 사랑 안에서 자신을 지키며 영생에 이르도록 우리 주 예수 그리스도의 긍휼을 기다리라**

셋째, 그들은 **하나님의 사랑 안에서 자신을 지켜야** 한다. 많은 해석자들은 앞에서의 두 훈계('… 세우며' 와 '… 기도하며')가 수신자들 편에서의 적극적인 행동을 강조하고 있기 때문에, 여기서도 하나님께 대한 사랑 안에 견고하게 서라는 격려의 말이 타당하다는 인식 아래 '하나님에 대한(for) 너희 사랑 안에서' 라 번역하는 편을 택한다. 이러한 해석은 명백히 훌륭한 의미를 나타낸다. 본절에서와 같이 객관적으로 사용된 '하나님의 사랑' (the love of God)에 대해서는 눅 11:42; 요 5:42; 살후 3:5; 요일 2:5, 15을 참조하라. 다른 한편, 이러한 표현('하나님의 사랑')은 첫째, 의심할 바 없이 속격이 주격적으로 쓰인 다음 구에서의 '그리스도의 긍휼'이란 표현과 균형을 이루는 것 같다. 둘째, 저자는 앞에서 그리스도인들은 '하나님 아버지 안에서 사랑을 얻었다'(1절)는 것을 강조하였다. 셋째, **지키다**(keep, *τηρέω* : 저자가 이 말을 1, 6, 13절에서도 사용하고 있는 것으로 미루어 볼 때, 명백히 이것은 그가 즐겨 사용하는 단어이다)란 동사의 완전한 의미는 '너희 자신을 안전하고 무사하게 지키라'(keep yourselves safe and unharmed)이다. 이러한 고찰에서는 여기서 언급하는 것이 하나님의 사랑이라는 견해를 지지한다(참고. 요 15:9; 롬 5:5; 8:39). 여기서 저자의 함축된 의미는, 그리스도인인 그의 독자들은 하나님의 사랑의 대상이지만 죄나 불신앙에 빠짐으로 그 사랑을 인식하지 못하거나 자신과 그 사랑 사이에 장벽을 쌓을 수도 있다는 것이다. 그들이 하나님의 계명을 지키면 "그의 사랑 안에 거할"(요 15:9) 수 있다. 그러나 실로 이러한 하나님의 사랑과 하나님에 대한 사랑 간의 미묘한 구별이 저자의 사고에는 존재하지 않았을지도 모른다. 사람들이 하나님에 대하여 갖는 사랑은 그분이 그들에게 베푸는 사랑의 발현(flowering)이며, 여기서 속격(*θεοῦ*)은 스피크(C. Spicq, *Agapé* Ⅱ, 351–353)가 적절히 말했듯이 양자(하나님의 사랑과 하나님에 대한 사랑–역자 주)를 포함하고 있는 '포괄적인' 속격이라고 볼 수도 있다.

넷째, 저자는 그의 독자들의 생각을 미래로 향하게 한다. 곧 그들은 **영생에** 이르는, **우리 주 예수 그리스도의 긍휼**을 고대해야 한다. 여기서 사용된 동사(*προσδέχομαι*, '기다리다'는 눅 2:25; 12:36; 딛 2:13에서도 여기서와 유사한 배경에서 사용된다. 히 9:28을 참조하라)는 그리스도인들이 마지막 날(참고. 벧전 4:7)을 기다리는 확신에 찬 기대, 곧 유다가 암시하였듯이 믿음에 대한 충성과, 성령과 하나님의 사랑 안에서 거함으로부터 오는 확신을 잘 묘사한다. 저자가 확신(사도들이 교회에 대하여 갖고 있는 이러한 확신에 대해서는 마 25:31–46; 26:64; 고후 5:10을 참조하라)에 차 있음은 그리스도께서 친히 심판자가 되시며, 그가 경건하지 않은 자들(14절 이하를 참조하라)을 정죄하실 것인데 비하여, 참된 신자들에게는 **긍휼**을 베푸실 것이기 때문이다. 여기에는, 주께서 의인들에게 베푸신 긍휼에 대하여 그들이 심판 때에 주를 어떻게 찬양할 것인가를 감동적으로 묘사하는 에녹 1서 27:3 이하의 영향이 있을지도 모른다. 죄를 안 짓고 살 수 있는 사람은 아무도 없으며(요일 1:8), 신실한 그리스도인들조차 하나님의 **긍휼**을 필요로 한다. 그러나 그러한 **긍휼**의 결과, 그는 자기가 **영생** 곧 부활 때에 의인들을 위해 예비되어 있는 하나님 나라에서의 복된 삶(후기 유대교에서 중시되었던 개념이다. 예 : Ps. Sol. iii. 16; 1 En xi. 9 ; lviii. 3; 2 Macc. vii. 9; 4 Macc. xv. 3: 신약에서는 막 10:17, 30을 참조하라)을 시작하리라는 것을 안다. 이러한 주해에 의하면 **영생**은 **우리 주 예수 그리스도의 긍휼**과 밀접하게 관련하여 이해된다. 곧 그것은 그리스도의 긍휼로 말미암아 나타나는 결과이다. 어떤 주석가들은 영생을 위에서의 **너희 자신을 지키라**(keep yourselves)와 관련시키는 편을 택한다. 그러나 이러한 해석이 훌륭한 의미(사람은 하나님의 사랑 안에서 자신을 지킴으로써 영생을 얻는다)와 훌륭한 문법적인 구조를 나타내긴 하지만, 그 사이에 들어 있는 분사절('기다리며' – 역주)이 너무 큰 간격을 이룬다. 그러므로 종말론적인 문맥에서 **영생**을 그리스도의 **긍휼**과 관련시키는 것('영생에 이르기까지 그리스도의 긍휼을' –역주)이 가장 자연스럽게 보인다.

**[22] [23] 어떤 의심하는 자들을 긍휼히 여기라 또 어떤 자를 불에서 끌어내어 구원하라 또 어떤 자를 그 육체로 더럽힌 옷까지도 미워하되 두려움으로 긍휼히 여기라**

다음으로 저자는 전환에 대한 어떠한 예고도 없이, 그의 독자들이 문제를 야기하는 자들에 현혹되어 크든 작든 영향을 받은 형제들에 대해 어떻게 처신해야 하는가에 대한 간결하지만 훌륭한 그리스도인의 생활에 대한 분석을 덧붙인다. 본질적으로 난해한 본 대목은, 특히 혼란된 상태로 우리에게 전해져 내려온 본문상의 불확실성에 의해 더욱 어렵게 되었다. 그러나 수많은 변형들 중에서 대체로 대립적인 두 종류의 본문이 나왔다. 그중에서 바티칸 사본과 알렉산드리아의 클레멘트역으로 대표되는 좀더 짧은 본문은 앞에서 번역된 것으로(저자의 사역(私譯)에 의하면

"의심하는 자를 긍휼히 여기고 그들을 불에서 끌어내어 구원하라…"로서 한글 성경의 처음 두 구절을 하나로 합쳤다-역주), 이것은 타락한 자들을 두 집단으로 나누고 있다. 이와 대조적으로 시내 사본, 알렉산드리아 사본과 그외 사본들에 의해 지지되는 좀더 긴 본문이 있다. 이 후자의 본문에서는 세 집단을 구별하는데(한글 성경이 이에 따름-역주) 이것이 가장 그럴 듯한 형태(자체 내에 여러 이문이 포함되어 있다)로는 다음과 같이(RSV) 번역되어 있다. "그리고 어떤 의심하는 자들을 확신시키라. 어떤 자들을 불에서 끌어내어 구원하라. 그 육신으로 더럽힌 옷까지도 미워하는 동시에 어떤 자들을 두려움으로 긍휼히 여기라."('And convince some, who doubt; save some, by snatching them out of the fire; on some have mercy with fear, hating even the garment spotted by the flesh'). 이러한 번역이 나타내는 의미는 훌륭할 뿐 아니라, 이하에서 제시되는 것 외의 주석을 거의 또는 전혀 요구하지 않는다. 이 본문에 대한 평가에서는 편집자들이 양분되며, 어느 한 편이 전적으로 맞고 틀린 것은 물론 아니다. 짧은 쪽의 본문을 옹호하게 하는 고려 사항들은, 첫째, 긴 쪽에 비해 거칠고 난해하며 매끄러움과 정확도는 상대적으로 떨어진다. 둘째, 긴 쪽은 단절적인 느낌이 주는 짧은 본문을 말이 되게 하기 위해 고친 것으로 논리적으로 설명 가능하다.

만일 이 견해가 받아들여질 수 있는 것이라면 두 집단 중 첫째는 **망설이는 자들**('의심하는 자들' -한글 성경)로 이루어져 있다. 현재분사로 사용된 동사(*διακρίνω*)는 이미 9절에서, '…와 불화하다'(be at odds with), '논쟁하다'(dispute)라는 의미로 나왔다. 그러므로 이것이 여기서 이 말의 의미임에 틀림없다고 가정한 몇몇 사본들은 '긍휼히 여기다'(*ἐλεεῖτε*) 대신에 *ἐλεᾶτε*('확신시키다' 혹은 '논박하다')라는 말을 써 넣었던 것 같다. 새 영어 성경(NEB)의 다음과 같은 번역을 참조하라. "어떤 논쟁을 야기하는 자들이 있으니 너희는 이들을 논박해야만 한다"(there are some who raise disputes; those you should refute). 그러나 이 동사가 중간태나 수동태로는 실로 빈번히(예 : 마 21:21; 행 10:20; 롬 4:20; 약 1:6) '의심하다', '동요하다'를 의미한다. 이것이 이 구절에서 이 동사의 의미인 것으로 보인다. 곧 여기서 상정되는 사람들은 거짓 선생들에 의해 위험한 상황에 빠졌지만, 다행히도 그들은 여전히 삼가고 있으며 아직은 치명적인 단계에 이르지는 않았다. 그러므로 여기서 신실한 자들은 그들을 **긍휼히 여기고 그들을 불에서 끌어내어 구원하기** 위해 열심히 노력하라는 권고를 받는다. '불 붙는 가운데서 빼낸 나무 조각'의 비유에 대해서는 암 4:11; 슥 3:2을 참조하라. 여기서 거짓 선생들에 의해 불행하게도 속아 넘어간 자들이 이미 빠져 들어간 **불**은 마지막 날에 악인들의 심판을 위해 예비되어 있는 불이다(마 13:42, 50; 25:41).

본문에 대한 이러한 독법에 따르면 둘째 집단은 훨씬 더 악화된 상태에 있다. 그들은 아무런 의심도 품지 않고 위험스러운 선전 활동에 미혹되었다. 그렇다 하더라도 교회는 그들을 **두려움으로 긍휼히 여기라**는 권고를 받는다. (다른 곳에서의 논쟁적인 격렬함과는 매우 다른 저자의 훌륭한 그리스도인적인 긍휼이 여기서 실로 명백히 나타난다.) 이 **두려움은** (다음 절에 의해 포함되는) 자신들에게 영향이 미칠 것을 두려워하는 것이 아니라 특히 경건한 두려움(religious dread), 혹은 구약에서 매우 두드러지며 베드로전서에서도 그토록 강조되는(1:17-주해를 보라. 2:17, 18; 3:2, 16) 하나님에 대한 경외이다. 이러한 경건한 경외는 그들이 **육체로 더럽힌 옷까지 미워함**에 의해 나타날 것이다. 이러한 노골적으로 생생한 표현에 의해 전달하려는 것은 그 비참한 사람들과의 어떠한 접촉도, 즉 거리에서 그러한 자들과 우연히 부딪히는 것과 같은 사소한 관계까지도 피해야만 한다는 것이다. 그들의 그 **옷**(*χιτών* : 몸에 직접 닿는 속옷)은 그들의 **육체**와의 접촉에 의해 **더럽혀**졌고 오염되었다. 다시금 저자는 거짓 선생들의 부도덕과, 그 결과 그들이 동료들에게 미치기 쉬운 퇴폐적인 영향을 공격하고 있다. 여기서 저자가 말하는 더럽힘은, 그들의 옷이 그들의 방탕한 행위의 결과로 더럽혀졌기 때문에(계 3:4을 참조하라) 문자적인 것으로 이해될 수도 있으며, 영적인 혹은 마귀적인 능력이 바로 사람의 옷에 전하여지고 그것으로 돌아갈 수 있다는 원시 신앙(예 : 막 5:27-30; 행 19:11 이하)을 반영하는 것일 수도 있다. 그러나 여기에는 또한 **육체**는 그 자체로 악하며 죄의 근원이라는, 바울이 뚜렷하게 표명하는(예 : 롬 7:18; 8:3; 벧전 2:11의 주해를 보라) 사상이 내포되어 있다. 여기에서의 권고는 대체로, 고전 5:9-11, 살후 3:14에서 명하는 것과 유사하다. 행악자들은 실로 하나님의 심판을 받도록 되어 있지만 그리스도인 공동체는 그들에 대한 긍휼을 저버려서는 안 된다. 비록 일반적인 사회적 관계를 피해야만 하더라도 '그들을 형제같이 권면하는' (살후 3:15) 것은 여전히 가능하다. 또한 어쩌면 이그나티우스(Ignatius)의 권고(*Smyrn.* iv. 1; *Did.* ii. 7)에서 볼 수 있듯이 그들을 위해 중보기도를 드리는 것도 가능할 것이다.

## 7. 마지막 축복을 비는 송영 1:24-25

**1:24-25**

24 능히 너희를 보호하사 거침이 없게 하시고 너희로 그 영광 앞에 흠이 없이 기쁨으로 서게 하실 이 25 곧 우리 구주 홀로 하나이신 하나님께 우리 주 예수 그리스도로 말미암아 영광과 위엄과 권력과 권세가 영원 전부터 이제와 영원토록 있을지어다 아멘

24 하나님은 강하시니 여러분이 넘어지지 않도록 도와주실 것입니다. 아무 흠 없는 자로 자기 영광 앞에 서게 하시며, 큰 기쁨을 내려 줄 분이시니 25 우리의 구원자 되신 유일하신 하나님께, 우리 주 예수 그리스도를 통해 영광과 위엄과 능력과 권세가 영세 전에서부터 지금과 앞으로도 영원히 함께하시기를 기도합니다. 아멘. _아가페 쉬운성경

본 서신은 신약의 서신들에서 관례적으로 나오는 개인들에 대한 메시지나 사적인 인사말이 전혀 없이 끝난다. 그 대신, 여기에는 수신자들의 궁극적인 안녕을 위해 적절히 표현된 기도를 동시에 내포하고 있는 감동적이며 예배 의식적으로 들리는 송영(doxology)이 있다. 문장 구성과 사상의 측면에서 본 서신은 롬 16:25-27(또한 엡 3:20; 살전 5:23; 딤전 1:17을 참조하라)의 유명한 송영과 다소 유사하다. 그러나 유다가 필연적으로 로마서에 의존하고 있다고 결론짓는 것은 경솔한 판단이 될 것이다.

롬 16:25-27이 바울적인 특성을 띠고 있지 않다는 것은 널리 인정되고 있으며, 그것이 2세기 초의 삽입절이라는 견해에 대해서는 할 말이 많다. 그러므로 로마서와 유다서는 그 당시 현존하는 예배 의식의 자료에 독자적으로 의존하고 있다는 것이 타당할 것이다. 이와 매우 유사한 송영이 폴리캅 순교기 20:2에 나온다는 것에 주목할 만하다.

**[24] 능히 너희를 보호하사 거침이 없게 하시고 너희로 그 영광 앞에 흠이 없이 기쁨으로 서게 하실 이**

본 송영은 관례적 형식에 따라 하나님의 능력을 묘사하는 말로 시작한다. …하기에 **능하신 이에게**(To him who is able…). 이러한 어법(*τῷ δυναμένῳ*)에 대해서는 롬 16:27; 엡 3:20; 폴리캅 순교기 20:2을 참조하라. 여기서 저자는 그의 독자들이 당면하고 있으며 그들로 마지막 날에 재난에 이르게 할 수도 있는 위험들을 민감하게 의식하고 있다. 따라서 저자는 그의 송영을 의도적으로 하나님이, 오직 하나님만이 그들을 **보호하시어 거침이 없게 하시고** 그들로 **그 영광 앞에 흠이 없이 기쁨으로 서게 하시기에 능하시다**는 것을 강조하도록 구성한다. 만일 그들을 방임하여 둔다면, 그들은 모두 쉽사리 타락하여 약속된 유업을 상실할지도 모른다. 이러한 사상에 대해서는 특히 고전 1:8(주께서 너희를 우리 주 예수 그리스도의 날에 책망할 것이 없는 자로 끝까지 견고하게 하시리라)과, 살전 5:23(너희의 온 영과 혼과 몸이 우리 주 예수 그리스도께서 강림하실 때에 흠 없게 보전되기를 원하노라)을 참조하라. 드물게 쓰이는 형용사 **거침이 없는**(*ἄπταιστος*)은, 유대인들을 '상함 없이' (without hurt) 완전하게 구원하시는 통치자에 대해 언급하는 마카비 3서 6:39에서 발견된다. 이것이 문자적으로는 '넘어지지 않는' (말들-horses-에 대해 언급하는 Xenophon, *De re eq.* i. 6을 참조하라)을 의미하며, 비유적으로는 '비틀거리지 않는' (Marcus Aurelius, *Med.* v. 9), 혹은 '사람의 삶을 방해하지 않는' (Epictetus, *Fr.* 52)을 의미한다. 어떤 해석자들은 이와 어원이 같은 동사 *πταίω*이 약 2:10; 3:2에서 '죄를 짓다' 의 의미로 사용되고 있음을 지적함으로써 이 단어를 '죄 없는' (without sin)이라 의역하지만,

이 개념은 다음 절에서 다루고 있다. 여기서 주된 사상은, 동사 **보호하다**(keep safe)가 암시하고 있듯이, 심판 날의 멸망으로부터 그들을 보전하는 것이다.

형용사 **흠 없는**(ἄμωμος: 벧전 1:19의 주해를 보라)은 하나님께서 요구하시는 흠 없는 희생 제물을 의미하는 것으로서(출 29:1; 레 1:3, 10 등) 제사와 관련되어 있지만, 이것이 하나님께서 예배자들에게 참으로 요구하시는 정직과 도덕적인 순결을 의미하기에 이르렀다(시 15:2; 잠 11:5; 엡 1:4; 5:27; 히 9:14; 계 14:15). 명사 **기쁨**(ἀγαλλίασις)과 이와 관련된 동사 '기뻐하다'(ἀγαλλιάω)는 종말에 하나님이 나타나실 때 택하신 자들이 누리는 환희를 의미하는 것으로서 특별히 종말론적인 어조를 갖고 있다(벧전 1:6에 관한 주해를 보라). 여기서 이 단어는 **흠 없는**과 유사하며, 독자들이 견고함으로 말미암아 대심판자(the Judge)에 의해 무죄 판결을 받은 자들의 기쁨에 참여하리라는 것을 암시한다. **그 영광 앞에**(before the presense of his glory)라는 표현에서 우리는 '하나님의 존전에'('in His presence')라는 존대로서 관례적인 히브리어의 완곡법을 접한다. 하나님의 **영광**(벧전 1:7의 주해를 보라)은 특히 최후의 날에 드러나게 될 그의 광휘와 위엄을 의미한다(사 40:5).

**[25] 곧 우리 구주 홀로 하나이신 하나님께 우리 주 예수 그리스도로 말미암아 영광과 위엄과 권력과 권세가 영원 전부터 이제와 영원토록 있을지어다 아멘**

이러한 25절의 정교한 송영에 하나님에 관한 두 가지의 속성 묘사가 다음과 같이 덧붙여진다. 곧 그는 **유일하신 하나님**(the only God)이시며 또한 **우리 구주**이시다. 롬 16:27에서 우리는 '유일하게 지혜로우신 하나님'(only wise God; 흠정역을 참조하라-역자)이라는 말을 읽게 되는데, 우리는 여러 사본들이 의심할 바 없이 이러한 형식에 영향을 받아 여기에 '지혜로운'이라는 말을 삽입하고 있다는 사실을 주목해야 한다. 여기서 **유일한**(only)은 관용적인 형용사구로서 모든 형태의 다신교에 대립되는 하나님의 유일성에 대한 전통적인 유대-기독교적 확신을 재언급한 것에 지나지 않는 것일까? 이것이 많은 학자들의 견해이다. 그러나 첫째, 의심할 바 없이 이 형용사가 내포하고 있는 진리가 대다수의 집단들에서 이미 당연시되었기 때문에 이것이 신약에서 새삼스럽게 하나님에 대해 쓰이는 경우는 극히 드물다. 둘째, 이 형용사를 다신교적 배경을 가진 이방 그리스도인들에게 사용하는 것은 자연스러울 수도 있지만 여기서 강조적으로 사용되고 있는 것은 다소 이상하다. 왜냐하면, 비록 유다서의 수신자들이 이방인들이었을지도 모르긴 하지만 그들은 명백히 후기 유대 교회의 사상들에 젖어 있었기 때문이다. 셋째, 우리는 거짓 선생들이 이미 '유일하신 주(the only Master)를 부인함' 에 대해 비난받았었음(4절을 참조하라)을 기억한다. 그러므로 여기서 **유일하신 하나님**에 대한 강조는 그들의 가르침에 내재된 근본적인 결함 및 영지주의적인 경향과 더 관련되어 있다는 것이 더 그럴 법한 주장이다. 하지만 이 말(유일하신 하나님)이 나타내는 취지는 너무나 약하고 모호하기 때문에, 종종 주장되듯이 열등한 창조주 하나님(an inferior creator-God)과 알 수 없는 지고의 하나님(an unknowable Supreme God) 간의 구별에 대한 2세기 영지주의의 발전된 사상들을 그들이 갖고 있었다고 보기는 무리이다. 우리는 그들의 가르침이 엄격한 일신론을 침해했던 정확한 방식에 관하여 전혀 아는 바가 없다.

신약에서 **구주**(*σωτήρ*)라는 칭호가 비교적 드물게 쓰이는 말이긴 하지만, 대다수의 경우 이것은 예수 그리스도께 해당된다. 이 칭호가 하나님께 적용되는 경우는, 삼상 2:1을 반영하고 있는 눅 1:47은 별개로 하고, 목회 서신들(딤전 1:1; 2:3; 4:10; 딛 1:3; 2:10; 3:4-또한 딛 2:13; 3:6을 참조하라)에 국한되어 있다. 이러한 용법은 유대교(예 : Philo, *De confus. ling.* 93), 특히 70인역에서 유래한다. 70인역에서는 하나님이 이스라엘을 구원하셨고(예 : 신 32:15; 사 17:10; 45:15; 시 79:9), 그리고 신자들을 현세적인 곤경에서 구출하시기 때문에(예 : 시 25:5; 27:1, 9) 하나님을 구원자로 지칭하는 반면, 신약에서 이 표현은 강하게 종말론적인 의미를 갖는다. 곧 하나님은 믿는 자들을 모두 마지막 날의 멸망으로부터 구출하며 그들에게 영원한 구원을 베푸시기 때문에 모든 믿는 자의 구주이시다.

**우리 주 예수 그리스도로 말미암아**(이 말이 후기의 많은 사본에는 생략되어 있다)가 **우리 구주**와 함께 이해되어야 하는지, 아니면 문장에 찍혀 있는 구두점(through Jesus Christ our Lord, belong glory…)이 암시하듯이, **영광이 …(에) 속하다**와 함께 이해되어야 하는지에 대해서는 견해가 양분된다. 전자의 해석에 따르면, 하나님은 그의 구원 사역을 그가 보내신 아들을 통하여 성취하신다. 창조 역사에 있어서든 구속사에 있어서든(특히 요 1:3, 17; 3:17; 행 10:36; 고후 5:18; 골 1:20; 딤전 2:5) 하나님의 사역(activity)은 그리스도를 통하여 이루어진다는 것이 신약의 교리이므로 여기에는 반론의 여지가 없다. 다른 한편, **말미암아**(*διά*)라는 전치사를 이렇게 명사 **구주**에 바싹 붙여놓는 것은 곤란하며 그러한 전례도 거의 없다. 더욱이 전자의 해석은 정확히 롬 7:25; 16:27; 고후 1:20; 골 3:17; 벧전 4:11과 일치한다. 이 모든 절들은 1세기의 그리스도인들이 영광을 하나님께 돌릴 때, **우리 주 예수 그리스도로 말미암아** 그렇게 한다는 그들의 확신을 예증하여 준다. 여기서 이러한 해석을 따를 때 제일 심각한 반론은 영광이 **우리 주 예수 그리스도** 곧 성육하신 아들로 **말미암아 영원 전부터**(before all time) 하나님께 속한다는 말의 부적절성이다. 그러나 이러한 표현의 엄밀한 정확성은(어떤 경우든 그의 선재성에 대한 언급은 없다) 정형화되고 장엄하게 들리는 어투로 되어 있는 문장 내에서 기대할 수 없는 것이다. 대다수의 후기 사본에서 **모든 시간 전에**(before all time)라는 말을 생략한 것은 필시 이러한 표면적인 어색함을 없애보려는 의도가 내재해 있었을 것이므로, 이러한 생략은 전자의 해석이 그 당시의 보편적인 해석 방법이었다는 것을 보여주는 것이다.

네 가지 속성, 즉 영광과 위엄과 권능과 권세가 하나님께 **속한다**고 언급된다. 헬라어 본문에는 여기에 해당하는 동사가 없으며, 대다수의 번역문들은 여기에 기원법이 보충되어야 한다는 것을 암시하고 있다. 그러나 첫째, 사람은 현재나 미래를 위해 무엇을 기원하거나 소원할 수 있는 반면에 과거('영원 전부터'를 참조하라–역주)를 위해서는 그렇게 할 수 없다. 둘째, 송영에서 일관된 신약의 용법(벧전 4:11의 주해를 보라)은 기원법보다는 직설법의 사용을 인정한다. 어떠한 경우에서도 송영의 요점은 하나님께서 이미 소유하고 있지 않은 무엇을 그에게 돌리는 것이 아니라, 정당하게 그의 것인 복되심을 경모하는 자세로 인정하는 것이다. 첫째 특성인 **영광**은 신약의 송영에서 거의 일반적으로 하나님의 속성인 것으로 단언될 뿐 아니라, 멀리 구약 신학으로 거슬러 올라가서 거기에 나타나는 사상들에 따르면 그것은 하나님의 실재에 속하는 눈부신 광채를 의미한다.(벧전 1:7의 주해를 보라.) 이와 마찬가지로, 성경에서 하나님에 대해서만 사용되는 말인 **위엄**(*μεγαλωσύνη*)은 그의 장엄하고 두려운 초월성을 묘사한다. 이 단어는 대상 29:11에서의 송영과 신 32:3; 집회서 39:15; 또한 유다서와는 독자적인 초기 기독교의 송영(*1 Clem.* xx. 12; lxi. 3; lxiv; lxv. 2; *Mart. Polyc.* xx. 2; xxi)에서도 동등한 관용 표현으로 나타난다.

나머지 두 속성인 **권능**(*κράτος*)과 **권세**(*ἐξουσία*) 중 전자는 궁극적인 승리를 보장하는 하나님의 절대적인 권능을 의미하고, 후자는 창조주로서 그분이 행하시는 주권적인 자유를 암시한다는 것 외에는 거의 동의어나 다름없다. 히 2:14(여기서의 언급은 특히 능력의 범위에 대한 것이다) 만이 유일한 예외이며 대부분의 신약에서는 **권능**이라는 말이 오직 하나님께만 돌려지는데, 주로 송영(딤전 6:16; 벧전 4:11; 5:11; 계 1:6; 5:13)에서 규칙적으로 쓰인다. **권세**라는 말이 신약에서는 여러 가지 의미로 자주 나온다. 막 1:22(그리스도의 교수법에 관하여); 11:28(그가 따라 행하시는 '권위' 에 대하여); 6:7(악령들에 대한 능력에 대하여); 마 28:18(아버지께서 주신 우주적인 권세에 대하여); 엡 3:10, 6:12(천사, 혹은 마귀적인 세력에 대하여); 70인역(예: 단 4:17)과 후기 유대교적인 용법에서는 이것이 하나님의 속성으로 언급되지만, 송영에서는 어디에서도 이 말이 나오지 않는다.

다음과 같은 장엄하게 들리는 구절, 즉 **영원 전부터 이제와 영원토록**이라는 구절에서 하나님은 영원 전부터 이상과 같은 속성들을 소유하고 계시다고 선언된다. 신약에서는 이러한 형식의 표현이 이외에도 다양하게 나온다. 다음의 절들을 참조하라. 고전 2:7(만세 전에); 요 17:24; 엡 1:4; 벧전 1:20(창세 전에); 롬 1:25; 9:5(영원히); 갈 1:5; 빌 4:20; 벧전 4:11;

5:11(세세토록). 이 모든 표현들과 그 변형들은 70인역과 헬라주의 유대교의 어휘에 속한다. 이와 마찬가지로 **아멘**(벧전 4:11의 주해를 보라)은 히브리인의 확언으로, 일반적으로 기도와 송영을 마치는 '그렇게 될지어다'를 의미한다.

# 부 록

독자들의 연구에 도움에 되도록, 이하에 켈리(Kelly)가 사역(私譯)한 성경 분문의 전문을 실었다.

## 베드로전서

**1** Peter, apostle of Jesus Christ, to God's scattered people settled temporarily in Pontus, Galatia, Cappadocia, Asia and Bithynia who have been chosen (2) as a result of God the Father's foreknowledge, by the sanctifying action of the Spirit, with a view to obedience and sprinkling with the blood of Jesus Christ. May grace and peace be multiplied to you. (3) Blessed be the God and Father of our Lord Jesus Christ, who in his great mercy has caused us to be born again to a living hope through the resurrection of Jesus Christ from the dead, (4) to an inheritance which cannot be destroyed, polluted or made to decay, and which is preserved in heaven for you (5) who through God's power as a result of your faith, are being kept safe for a salvation which is all ready to be revealed in the last time. (6) In this you exult, even though now you have been distressed for a short while(since it has to be) by various trials, (7) so that the sterling quality of your faith may be found to be more precious than gold(which is perishable even though it is tested by fire) and so redound to your praise and glory and honour at the revelation of Jesus Christ. (8) Without having set eyes on him, you love him; though you do not at present see him, you believe in him and exult with joy inexpressible and full of glory, (9) receiving as the consummation of your faith the salvation of your souls. (10) It was this salvation that the prophets who prophesied about the grace which was to be yours searched for and inquired after, (11) inquiring what time or circumstances the Spirit of Christ within them was pointing to when foretelling the sufferings in store for Christ and the glories that would follow them; (12) and it was revealed to them that it was not for themselves but for your that they were ministering these things–things which have now been proclaimed to you through those who preached the good news to you in the Holy Spirit sent from heaven, and into which the angels desire to look. (13) Gird up therefore the loins of your mind, be sober and set your hope unreservedly on the grace which is being conveyed to you at the revelation of Jesus Christ. (14) As children of obedience, do not be conformed to the passions which in your ignorance formerly dominated you, (15) but as he who has called you is holy be yourselves holy too in all your conduct, (16) since it is written, 'You are to be holy, for I am holy'. (17) And since you invoke as Father One who judges inpartially in the light of what each has done, conduct yourselves with fear for the duration of your temporary stay. (18) You know that it was not with perishable goods, like silver or gold, that you were ransomed from the futile mode of conduct you inherited from your ancestors, (19) but with the precious blood of Christ, as of a lamb without blemish or stain (20) –predestined before the foundation of the world, but made manifest at the end of the times for your sake, (21) who through him have faith in God, who raised him from the dead and gave him glory, so that your faith and hope are fixed on God. (22) Now that through obedience to the truth you have purified your souls for sincere love of your brothers, love one another strenuously from the heart, (23) having been born afresh, not from perishable seed but from imperishable, through God's living and abiding word. (24) For 'all flesh is like grass, and all its glory like the flower of grass. The grass has withered and its flower has failen; (25) but the Lord's utterance abides for ever'. This 'utterance' is the good news which has been preached to you.

**2** Having therefore put off all wickedness, all deceit, pretences and jealousies, and all recriminations, (2) newborn babes as you are, crave for the milk of the word that is free from deceit so that by it you may grow up to salvation, (3) seeing 'you have tasted that the Lord is good' : (4) to whom coming, the living stone, rejected indeed by men but chosen and honoured in God's sight, (5) you are yourselves, like living stones, built up as a spiritual house, so as to form a holy priesthood to offer spiritual sacrifices acceptable to God through Jesus Christ. (6) For it is set down in scripture, 'See, I appoint in Sion a choice and honoured corner-stone, and he who has faith in it will not be put to shame.' (7) The honour, therefore, belongs to you who have faith; but for those who lack faith, 'the stone which the builders rejected, this has been made the head of the corner', (8) indeed 'a stone to trip men up, a rock to stumble over'; for they stumble when they disobey the word-the lot for which they were appointed. (9) You, however, are a chosen race, a royal house, a priesthood, a holy nation, a people for God's possession, that you may proclaim the mighty deeds of him who has called you out of darkness into his marvellous light, (10) you who were once no people but are now God's people, who had not received mercy but now have received mercy. (11) I appeal to you, dear friends, as aliens and temporary sojourners, to abstain from the passions of the flesh which wage war against the soul. (12) See that your conduct among the pagan is good, so that in cases where they vilify you as wrongdoers, they may, through taking note of your good actions, glorify God on the day of visitation. (13) Be subject for the Lord's sake to every human creature–whether to the emperor as sovereign, (14) or to governors as sent under his commission for the punishment of wrongdoers and the commendation of those who do right. (15) For such is God's will, that by doing right you should put the ignorance of foolish men to silence. (16) Live as free men, but without using your freedom as a covering for wickedness–in fact, as servants of God. (17) Do honour to all, love the brotherhood, fear God, honour the emperor. (18) House–servants, be subject to your masters with all fear, not only to the ones that are kind and considerate, but also to the harsh. (19) For this is a fine thing, if a man is suffering unjustly puts up with the pain because of his consciousness of God. (20) For what credit is it if you take it patiently when you do wrong and are beaten? But if when you act rightly and suffer you take it patiently, that is a fine thing in God's sight. (21) For it is to this that you have been called, because Christ himself suffered on your behalf, leaving you a pattern, that you might follow his tracks: (22) who committed on sin, and no deception was found in his mouth; (23) who when he was reviled did not revile in return, when he suffered did not threaten but entrusted his cause to him who judges justly; (24) who himself bore our sins in his body on the tree so that, having broken with our sins, we might live for righteousness: by whose bruise you have been healed. (25) For you were wandering astray like sheep, but have now turned to the shepherd and Guardian of your souls.

**3** In the same ways, wives, be suject to your husbands, so that if any do not obey the word they may be won over without a word by their wives' behaviour, (2) when they take note of your reverent, pure behaviour. (3) Your adornment should not be the external sort–braiding of the hair, wearing of gold trinkets, putting on of gowns–, (4) but the hidden person of the heart, with the imperishable quality of a gentle, tranquil spirit, which is very precious in God's sight. (5) For that was how in the old days the holy women who hoped in God used to adorn themselves, being submissive to their husbands, (6) just as Sarah obeyed Abraham, calling him her lord. It is her children that you have become, if you do what is right and let nothing terrify you. (7) In the same way, husbands, show understanding in your marital relations, paying honour to the female as the weaker vessel, and also since you are joint heirs of the grace of life, so that your prayers may not be hindered. (8) Finally, be all of you of the same mind, full of sympathy and love of your brothers, compassionate, humbleminded. (9) Do not return evil for evil or abuse for abuse, but on the contrary bless; for it is to this that you have been called, that you might inherit a blessing. (10) For 'He who desires to choose life and see good days should restrain his tongue from evil and his lips from talking deceit; (11) he should turn away from evil and do good; he should seek peace and pursue it'. (12) For 'the Lord's eyes are on the righteous, and his ears are open to thier prayer; but the Lord's face is against those who do evil.' (13) Who then is going to harm you if you are devoted to what is good? (14) But if indeed you should suffer because of your upright behaviour, you are blessed. Have no fear of them and do not be alarmed, (15) but sanctify the Lord Christ in your hearts. Be always ready to make your defence to everyone who asks for an account of the hope that is in you, (16) but with gentleness and reverence, maintaining a good conscience, so that in cases where you are abused those who vilify your good behaviour in Christ may be put to shame. (17) For it is better to suffer when doing right, if such be God's will, than when doing wrong. (18) For Christ also died once for all for sins, the just on behalf of the unjust, in order to bring us to God, being put to death in the flesh but made alive in the spirit: (19) in which he also went and made his proclamation to the spirits in prison (20) who once upon a time refused obedience, when God's patience waited in the days of Noah during the building of the ark, in which a few(eight persons in fact) were saved through water: (21) which thus prefigured now saves you too, [I mean] baptism-not the removal of filth from the body, but the pledge to God of a good conscience-through the resurrection of Jesus Christ, (22) who has gone into heaven and is at God's right hand, with angels, authorities and powers made subject to him.

**4** Since then Christ has suffered in the flesh, you too should arm yourselves with the same thought, that he who has suffered in the flesh has finished with sin, (2) so that you may no longer live your remaining time in the flesh in accordance with the passions of men but with God's will. (3) For the time that is past has been sufficient for accomplishing what the pagans wish to do, living in sensualities, passions, intoxications, revelries, drunken parties, and lawless idolatries. (4) In this they are astonished that you no more rush with them into the same dissolute profligacy, and they vilify you; (5) but they will give account to him who stands ready to judge living and dead. (6) For this is why he was preached to those who are dead also, in order that they might be judged in the flesh in the eyes of men, but might live in the spirit in the eyes of God. (7) But the end of all things is at hand. So be self-controlled and keep clearheaded for your prayers. (8) Above everything, keep your love for one another at full strength, for love covers a multitude of sins. (9) Practise hospitality towards one another without grumbling. (10) Use whatever gift each has received in service to one another, as responsible stewards of God's manifold grace. (11) If a man speaks, let it be as God's oracles; if a man renders service, let it be as from strength which God supplies: so that in everything God may be glorified through Jesus Christ, to whom belong glory and power for ever and ever. Amen. (12) Dear friends, do not be surprised at your fiery ordeal, which comes upon you for your testing, as though something strange were happening to you. (13) But rejoice in so far as you are sharing Christ's sufferings, so that you may rejoice with exultation also at the revelation of his glory. (14) If you are insulted for the name of Christ, you are blessed, because the Spirit of glory and of God rests upon you. (15) For let none of you suffer as a murderer or a thief or a malefactor, or as a mischief-maker; (16) but if as a Christian, a man should feel no disgrace, but should glorify God in this name. (17) For time has come for the judgment to begin with the house of God; and if first with us, what will be the end of those who do not obey the gospel of God? (18) And if the righteous man is saved with difficulty, where will the impious and sinful man appear? (19) Therefore those too who suffer according to God's will should, in active well-doing, entrust their souls to their faithful Creator.

**5** So I appeal to the elders among you–I who am a fellow–elder and witness to Christ' s sufferings, who am also a partaker in the glory which is going to be revealed: (2) Tend the flock of God in your charge, exercising your oversight not under constraint but willingly, as God would have it, not for shameful gain but eagerly, (3) not as domineering over the charges allotted you, but making yourselves examples to the flock. (4) So when the Chief Shepherd is manifested, you will receive the unfading garland of glory. (5) In the same way, you younger people should be subject to your elders. All of you, however, should gird yourselves with humility towards one another, for 'God is opposed to the arrogant, but gives grace to the humble.' (6) Humble yourselves therefore under God' s mighty hand so that he may exalt you at the appointed time, (7) casting all your anxiety on him, for he cares about you. (8) Be sober, be watchful. Your adversary, the Devil, is prowling around like a roaring lion seeking someone to devour. (9) Resist him, firm in your faith, realizing that the same kinds of suffering are being accomplished for your brotherhood in the world. (10) But the God of all grace, who has called you to his eternal glory in Christ, after you have suffered a short while, will himself restore, establish, strengthen and settle you. (11) To him belongs dominion for ever and ever. Amen. (12) I have written you this short letter by Silvanus, our faithful brother as I account him, exhorting you and testifying that this is God' s true grace. Stand fast in it. (13) She who is in Babylon, elect like you, sends you her greetings, as does my son Mark. (14) Greet one another with the kiss of love. May peace be with all you who are in Christ.

## 베드로후서

**1** Symeon Peter, a servant and apostle of Jesus Christ, to those who have been granted a faith of equal privilege with ours through the justice of our God and Saviour Jesus Christ: (2) May grace and peace be multiplied to you through the knowledge of God and of Jesus our Lord, (3) seeing that his divine power has bestowed on us everything that makes for life and godliness, through the knowledge of him who has called us by his own glory and excellence, (4) by means of which he has bestowed on us his precious and magnificent promises, so that through them you may become sharers of the divine nature, having escaped from the corruption which is in the world as a result of desire. (5) For this very reason, then, apply every effort to supplement your faith with virtue, your virtue with knowledge, (6) your knowledge with self-control, your self-control with steadfastness, your steadfastness with godliness, (7) your golliness with brotherly affection, and your brotherly affection with love. (8) For if these qualities are yours in abundance, they prevent you from being ineffective and unfruitful in the knowlege of our Lord Jesus Christ. (9) For anyone who lacks these is blind and short-sighted, and has forgotten the cleansing of his former sins. (10) Because of this, my brothers, make all the more effort to confirm your calling and election, for if you do these things you will never come to grief. (11) For thus you will have an entrance richly provided for you into the eternal kingdom of our Lord and Saviour Jesus Christ. (12) For this reason I intend always to remind you of these things, although you are aware of them and are firmly settled in the truth which lies before you. (13) I think it right, however, so long as I am in this tent, to stir you up by way of reminder, (14) knowing as I do that my tent will soon hve to be discarded, as indeed our Lord Jesus Christ has revealed to me. (15) So I shall make the effort to see that, even after my departure, you may be able on all occasions to recall these things. (16) For we were not following cleverly contrived fables when we made known to you the power of our Lord Jesus Christ and his Coming, but we had been eye-witnesses of his majesty. (17) For having received honour and glory from God the Father, when a voice was borne to him from the Majestic Glory in these terms, 'This is my Son, my beloved, on whom my favour rests' – (18) this very voice we heard borne from heaven when we were with him on the sacred hill. (19) Thus we have confirmation of the prophetic message, to which you would do well to pay attention as to a lamp shining in a darksome place, until the day breaks and the morning star rises in your hearts, (20) understanding this first, that no prophecy in scripture is a matter of one' s own interpretation, (21) because no prophecy was ever brought by the volition of man, but men spoke from God under the influence of the Holy Spirit.

**2** But false prophets too appeared among the people, just as there will be false teachers among you also, who will smuggle in destructive heresies, denying even the Master who bought them– bringing swift destruction on themselves. (2) And many will follow their licentiousnesses, and because of them the way of truth will be reviled. (3) In their cupidity they will exploit you with false words; but from of old their condemnation has not been idle, and their destruction is not asleep. (4) For if God did not spare the angels when they had sinned, but casting them into hell consigned them to pits of darkness to be kept until the judgment; (5) if he did not spare the ancient world, but kept Noah, a herald of reghteousness, safe with seven others when he brought the deluge upon a world of ungodly men; (6) if he reduced the towns of Sodom and Gomorrah to ashes and sentenced them to extinction, making them an example of the fate in store for ungodly people; (7) and if he rescued righteous Lot when he was greatly troubled by the licentious behaviour of unprincipled men (8) (for as a result of what he saw and heard that righteous man, as he resided among them, was day after day tortured in his righteous soul by their lawless deeds): (9) then the Lord knows how to rescue the godly from trial, and how to keep the unrighteous under punishment until the day of judgment (10) –especially those who indulge the flesh with polluting lust and despise authority. Brazen and self–willed, they are not afraid to revile the glorious ones, (11) whereas angels, though superior in might and power, do not advance a reviling judgment against them before the Lord. (12) But these people, like irrational animals which according to their nature are born for capture and destruction, reviling in matters where they have no knowledge, will themselves be destroyed in their destruction, (13) suffering injury as the recompense for the injury they have done. They count revelling in the day–time pleasure, and are blots and blemishes as they carouse with you, revelling in their deceptions. (14) They have eyes filled with a loose woman and insatiable for sin; they ensnare unstable souls and have hearts well trained in cupidity–accursed creatures! (15) Abandoning the straight path they have gone astray, following the path of Balaam, son of Bosor, who loved profit from wrong–doing, (16) but received a rebuke for his wickedness: a dumb beast spoke with a man's voice and put a stop to the prophet's madness. (17) These people are waterless springs and mists blown away by a squall, for whom the gloom of darkness has been reserved. (18) For, declaiming bombastic futilities, they ensnare in fleshly passions, in sensualities, men who are only just escaping from those who live in error. (19) They promise them freedom, although they are themselves slaves of corruption; for a man becomes the slave of him who overpowers him. (20) For if, after escaping from the pollutions of the world through the knowledge of the Lord and Saviour Jesus Christ, they again get entangled in and overpowered by them, their final state is worse than the first. (21) For it would have been better for them not to have got to know the way of righteousness than, having got to know it, to turn back from the holy commandment which was delivered to them. (22) What has happened to them is what the true proverb teaches, 'A dog which has returned to his vomit and a sow which has washed in order to wallow in mire.'

**3** This is now the second letter, dear friends, that I am writing to you, and in both I am stirring up your pure understanding by way of reminder, (2) that you should remember the words which were spoken before by the holy prophets and the commandment of the Lord and Saviour by your apostles, (3) understanding this first, that scoffers will come in the last days with scoffing, behaving according to their own passions (4) and saying, 'where is the promise of his coming? For ever since the fathers fell asleep, all things continue exactly as they have done from the beginning of creation.' (5) For in maintaining this they fail to notice that heavens existed long ago and an earth formed out of water and by means of water by the word of God, (6) through which the world that then existed was destroyed, deluged with water. (7) But by the same word the heavens and earth that now exist have been stored up for fire, being reserved until the day of judgment and destruction of ungodly men. (8) But do not you fail to notice this one fact, dear friends, that with the Lord a single day is like a thousand years, and a thousand years like a single day. (9) The Lord is not slow about his promise, as some reckon slowness, but is being forbearing with you, not wishing that any should perish but that all should come to repentance. (10) But the day of the Lord will come like a thief, and on it the heavens will pass away with a rushing sound, the celestial bodies will be set ablaze and disintegrate, and the earth and the works it contains—will they be found? (11) Since all these things are disintegrating in this way, what sort of people ought you to show yourselves in the holiness and godliness of your lives, (12) looking forward to and hastening on the coming of the day of God, because of which the heavens will be set on fire and disintegrate and the celestial bodies will melt in flames! (13) But according to his promise we look forward to new heavens and a new earth in which righteousness dwells. (14) Since therefore, dear friends, you have these things to look forward to, make the effort to be found without spot or blemish in his sight, at peace. (15) and reckon the forbearance of our Lord as salvation, just as our dear brother Paul also has written to you in virtue of the wisdom granted to him. (16) as indeed in all his letters when speaking of these things; but in them there are passages hard to understand, which ignorant and unstable people twist(as they do the other scriptures too) to their own destruction. (17) You therefore, dear friends, since your know in advance, be on your guard so as not to be carried away by the error of unprincipled men and dislodged from your firm stance. (18) But grow in grace and the knowledge of our Lord and Saviour Jesus Christ. To him belongs glory both now and to the day of eternity.

## 유다서

(1) Jude, servant of Jesus Christ and brother of James, to those who are called, beloved in God the Father and kept safe for Jesus Christ: (2) May mercy, peace and love be multiplied to you. (3) Dear friends, although I was making every effort to write to you about our common salvation, I have found it necessary to write to you with an appeal to struggle for the faith which has been delivered once for all to the saints. (4) For certain persons have smuggled themselves in, who were long ago marked out for this condemnation–ungodly people, who pervert the grace of our God into licentiousness and deny the only Master and our Lord Jesus Christ. (5) I should like to remind you–you who have been informed of all things once for all–that after the Lord had saved his people out of the land of Egypt, he next time destroyed those who did not believe; (6) and that he has kept under darknes in eternal chains, awaiting the judgment of the great day, the angels who did not keep their dominion but abandoned their proper dwelling place: (7) just as Sodom and Gomorrah and the surrounding cities, which practised immorality in the same way as these and lusted after different flesh, stand out as an example, undergoing as they do a punishment of everlasting fire. (8) Notwithstanding these men too, in similar fashion, in their dreamings pollute their bodies, and at the same time set authority at nought and revile the glorious ones. (9) But the archangel Michael, when he was at odds with the devil, disputing about Moses's body, did not presume to pronounce a reviling judgment against him, but said, 'May the Lord rebuke you.' (10) But these men revile whatever they do not understand, while they are brought to destruction by those things which they

know in a purely natural manner like brute beasts. (11) Woe to them! For they have walked in the way of Cain, have abandoned themselves for profit to Balaam's error, and have perished in Korah's rebellion. (12) These are people who at your love-feasts, hidden rocks, carouse with you, brazenly looking after themselves-waterless clouds scurrying before the winds, late autumn trees bearing no fruit, dead twice over and uprooted; (13) wild waves of the sea tossing up their shameful deeds as foam; stars straying from their courses for whom the murky gloom of darkness has been reserved for ever. (14) It was with reference to these that Enoch, too, who was seventh from Adam, prophesied, saying, 'See, the Lord has come with his holy myriads (15) to execute judgment on all and to convict all the ungodly of all their deeds of ungodliness which they have committed and of all the despiteful things which, ungodly sinners, they have spoken against him.' (16) These are grumblers who complain of their lot and who follow their own desires, and their mouth utters bombastic words; they flatter individuals for the sake of advantage. (17) But you, dear friends, should remember the words which were spoken before by the apostles of our Lord Jesus Christ, (18) how they said to you, 'In the last time there will be scoffers, following their own ungodly desires.' (19) These are the people who set up divisions, worldly-minded, lacking the Spirit. (20) But you, dear friends, building yourselves up on your most holy faith and praying in the Holy Spirit, (21) keep yourselves in the love of God, looking forward to the mercy of our Lord Jesus Christ unto eternal life. (22) On some have pity, the ones who are still hesitating-(23) save them by snatching them from the fire; but on others have pity with fear, hating the very clothing which has been contaminated by the flesh.

(24) To him who is able to keep you safe without falling and to present you faultless, with exultation, before the presence of his glory, (25) the only God our Saviour, through Jesus Christ our Lord, belong glory, majesty, dominion and authority before all time, now, and for all ages. Amen.

헨드릭슨 패턴 주석 시리즈

J.N.D 켈리 성경주석
# 베드로전후서 · 유다서

초판 1쇄 발행 1988년 5월 15일
개정판 1쇄 발행 2014년 10월 30일

지은이 J.N.D. 켈리
옮긴이 전순영 · 김유배

펴낸이 정형철
펴낸곳 (주)아가페출판사
등 록 제21-754호 (1995년 4월 12일)

주 소 (137-823) 서울시 서초구 효령로 8길 5 (방배동)
전 화 (02) 584-4835 (본사) / (02) 522-5148 (편집부)
팩 스 (02) 586-3078 (본사) / (02) 586-3088 (편집부)
홈페이지 www.iagape.co.kr



ISBN 978-89-97713-43-1 (04230)
ISBN 978-89-97713-42-4 (세트) (04230)

이 도서의 국립중앙도서관 출판시도서목록(CIP)은
서지정보유통지원시스템 홈페이지(http://seoji.nl.go.kr)와
국가자료공동목록시스템(http://www.nl.go.kr/kolisnet)에서
이용하실 수 있습니다.
(CIP제어번호: CIP2014030969)